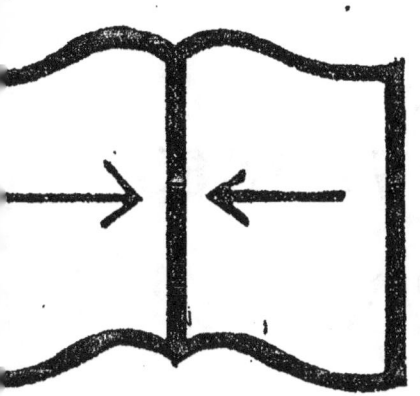

RELIURE SERREE
Absence de marges
intérieures

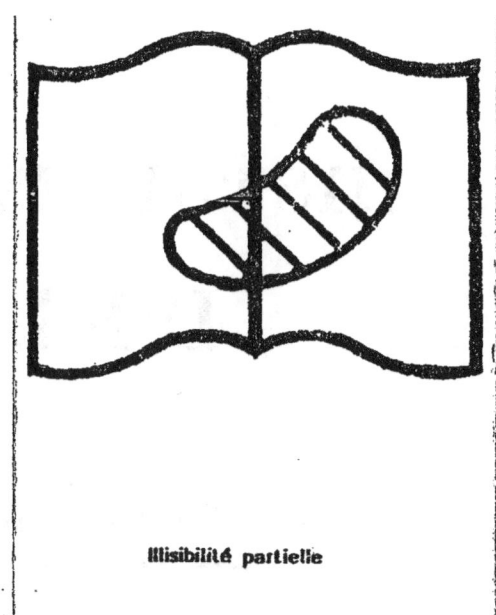

Illisibilité partielle

VALABLE POUR TOUT OU PARTIE
DU DOCUMENT REPRODUIT

HISTOIRES DIVERSES
D'ÉLIEN.

GREC-FRANÇAIS.

CHEZ LE MEME LIBRAIRE.

Pensées de Platon sur la Religion, la Morale, la Politique, recueillies et traduites par M. Jos.-Vict. Le Clerc, Professeur d'Eloquence latine à la Faculté des Lettres (Académie de Paris). Seconde édition, augmentée d'une Histoire abrégée du Platonisme, et de notes sur le texte. *Grec seul*, à l'usage des élèves; *ouvrage classique, adopté par l'Université pour la Rhétorique et les Humanités*, in-8°.

Les mêmes, *grec-français en regard*, in-8°.

Les mêmes, *français seul*, in-8°.

Chrestomathie Élémentaire, *Cours de Versions grecques*, composé de divers morceaux d'Histoire, de Morale, de Littérature, etc., *texte grec seul, à l'usage des élèves*, par M. J. V. Le Clerc, Professeur à la Faculté des Lettres de Paris, nouvelle édition, suivie d'un Lexique *grec-français*, in-8°.

La même, avec les corrigés en regard, *grec-français*, nouvelle édition, revue et *augmentée de plus d'un tiers en devoirs*, in-8°.

Conciones Poeticæ Græcæ, ou choix de Harangues et de Discours, extraits des Poëtes épiques grecs, *texte grec seul, à l'usage des élèves*, par M. Amar, in-12.

Le même, *grec-français en regard*, 2 vol. in-12.

Hérodote (Histoire d') d'Halicarnasse, *texte grec seul*, avec Notes critiques, Variantes de cinq Manuscrits de la Bibliothèque Royale, et un Index des choses et des personnes, considérablement augmenté, par M. Gail, 2 vol. in-8°.

Le même 2 vol. in-4°.

Iliade d'Homère, *grec-français en regard*, 2 vol. in-12.

La même, *français seul*, in-12.

Odyssée d'Homère, *grec-français en regard*, 2 vol. in-12.

La même, *français seul*, in-12.

Dictionnaire ou Lexique français-grec, *avec le mot latin*, ouvrage entièrement neuf, composé par M. Fleury Lécluse, Professeur de Littérature Grecque et de Langue Hébraïque à l'Académie Royale de Toulouse. Un vol. grand in-8°, de 600 pages à deux colonnes, petit-romain, *Paris*.

HISTOIRES
DIVERSES
D'ÉLIEN,

TRADUITES DU GREC,

AVEC LE TEXTE EN REGARD, ET DES NOTES;

PAR M. DACIER,

SECRÉTAIRE PERPÉTUEL DE L'ACADÉMIE ROYALE DES INSCRIPTIONS ET BELLES-LETTRES,

MEMBRE DE L'ACADÉMIE FRANÇAISE.

NOUVELLE ÉDITION.

PARIS,
DE L'IMPRIMERIE D'AUGUSTE DELALAIN,
Lib.-Éditeur, rue des Mathurins St.-Jacques, n°. 5.

1827.

Toute contrefaçon de cet Ouvrage sera poursuivie conformément aux lois.

AVIS
DU TRADUCTEUR,
SUR CETTE NOUVELLE EDITION.

Le progrès des études classiques n'a rien fait perdre à Elien de son mérite ni de son intérêt. On a cru que ma traduction pouvait leur être utile, et je me suis décidé, pour ce seul motif, à la faire réimprimer aujourd'hui, et telle que je l'ai donnée il y a plus d'un demi-siècle. Cette nouvelle édition est accompagnée du texte grec mis en regard; il manquait dans la première, et je ne me serais vraisemblablement pas imposé cette obligation, si je n'avais pas compté sur le concours d'un de nos professeurs les plus distingués, M. J. V. Le Clerc, qui s'est chargé de revoir le texte grec d'après les éditions de Gronovius et Coray. On trouvera donc dans un seul volume les *Histoires d'Elien* telles que peuvent les désirer les savans et les gens du monde. Les Remarques pouvant être de quelque secours aux uns et aux autres, du moins

pour leur épargner la peine de quelque recherche, on les a réunies à la fin du texte de l'ouvrage, telles aussi qu'elles se trouvaient à la suite de divers chapitres de la première édition. Celle-ci n'en sera donc qu'une simple réimpression : mon âge n'est plus celui des entreprises nouvelles.

D.

PRÉFACE
DE LA PREMIÈRE ÉDITION (1772).

Pline le jeune commençait ainsi une de ses lettres : « Cette année, nous avons des poëtes en abondance, *Magnum proventum poëtarum annus hic attulit*[1]. » Ne pourrions-nous pas dire aujourd'hui, de l'année précédente, qu'il n'en est peut-être aucune qui ait produit autant de traducteurs ? J'ose en augmenter le nombre.

Je présente au public la traduction d'un auteur grec peu connu, si ce n'est des gens de lettres, et qui, par la variété des matières qu'il embrasse, a mérité d'être mis au rang des écrivains les plus agréables de l'antiquité[2]. Particularités de l'histoire des différens peuples ; anecdotes sur leurs usages, et sur leurs pratiques religieuses ; traits singuliers, concernant les personnages célèbres dans tous les genres ; *apophthegmes*, ou dits mémorables ; reparties vives et rencontres heureuses, que nous appellerions *Bons mots* ; actions brillantes de valeur ; exemples de vertu ; portraits de vices ou de ridicules ; tout est du ressort d'Elien. Ses *Histoires diverses* sont un recueil de ce

---

[1] Liv. I, lettre 13.
[2] C'est ainsi qu'en parle l'auteur de la *Méthode grecque* dite de *Port-Royal*, pag. 33 *de la Préface*. (Pag xxiij de l'édition de 1819, chez A. Delalain.)

qu'il avait remarqué, dans les anciens auteurs, de plus intéressant et de plus curieux. Il rapproche souvent, dans ses extraits, ce qui a été dit sur le même fait par différens écrivains, entre lesquels il s'en trouve dont les ouvrages n'existent plus : il y joint ce qu'il avait ouï raconter à d'autres. Quelques chapitres seulement, mais en petit nombre, sont si courts qu'on ne peut les regarder que comme de simples notes, destinées à soulager sa mémoire, ou à lui rappeler, dans l'occasion, l'idée qu'il y avait attachée en les écrivant.

D'après cette notice sommaire des *Histoires diverses*, on peut les comparer aux mélanges si connus chez nous sous le nom d'*Ana*, et qui ont eu plus d'un modèle dans l'antiquité, sous différens titres qu'Aulu-Gelle a recueillis au commencement de ses *Nuits Attiques*. Ce sera, si l'on veut, un vaste jardin, dont l'ensemble n'offre aucun dessin suivi, mais où le manque de symétrie est compensé par l'abondance et la diversité des productions : toutes ne sont pas également précieuses; mais chacune a son utilité ou son agrément. Quiconque ouvrira le livre au hasard (car il est indifférent qu'on le lise de suite, ou par morceaux détachés), tombera toujours sur un article de l'un ou de l'autre genre. Les lecteurs instruits, en le parcourant, y trouveront des traits isolés, qui ne tenaient point à la chaîne de leurs connaissances; en même temps qu'il épargnera la fatigue et l'ennui des recherches à ceux qui n'ont d'autre objet que d'acquérir une notion générale des usages de l'antiquité, et de connaître les grands hommes qui ont rendu célèbres le pays et le siècle où ils ont vécu.

S'il s'agissait de relever le mérite de l'ouvrage

d'Elien, j'alléguerais d'abord, pour établir un préjugé en sa faveur, le grand nombre d'éditions qu'on en a données depuis 1545, qu'il fut imprimé pour la première fois, à Rome, sans version, jusqu'en 1731, que parut en Hollande la belle édition d'Abraham Gronovius, en 2 volumes in-4°[1]. Je lui ferais honneur du suffrage non suspect des savans illustres qui ont employé leurs veilles à réparer le tort que les injures du temps ou l'ignorance des copistes avaient fait au texte, et à éclaircir les passages difficiles; et on verrait dans cette liste les noms de Casaubon, de Scheffer, de Le Fèvre, de Kuhnius, de Périzonius, enfin de Gronovius, qui, dans l'édition dont je viens de parler, a joint ses propres observations à celles de ces critiques du premier ordre. J'ajouterais qu'il est peu d'écrits modernes sur l'antiquité grecque où Elien ne se trouve cité, non seulement comme témoin subsidiaire d'un fait ou d'un usage, mais comme faisant autorité, lorsqu'il n'est pas en contradiction avec quelque écrivain, qui, plus voisin des temps et des lieux, est encore plus digne de foi. Enfin, je dirais qu'outre le témoignage qui lui est ainsi rendu par les modernes, plusieurs écrivains anciens n'ont pas dédaigné de parler d'après lui: tels sont Stobée, Etienne de Byzance, Eustathe, Philostrate, et Suidas. C'est aux deux derniers que nous devons quelques particularités sur sa personne et ses ouvrages, dont une partie ne nous est point parvenue.

Claude Elien naquit à Préneste, aujourd'hui Pa-

---

[1] Fabricius a donné la notice de ces différentes éditions, au tome III de sa *Bibliothèque grecque*.

lestrine, ville d'Italie : il serait difficile de fixer la date précise de sa naissance ; mais Périzonius a prouvé qu'il écrivait sous les empereurs Élagabale et Alexandre Sévère, qui ont régné depuis l'an 218 jusqu'à l'an 235 ; d'où l'on peut inférer qu'il était né vers la fin du second siècle de notre ère. Il était Romain : lui-même le dit expressément en plusieurs endroits; à quoi Philostrate ajoute qu'Élien « n'était jamais sorti de l'Italie, et n'avait jamais monté sur un vaisseau ». Rome fut son séjour ordinaire : il y enseigna la rhétorique; et ce fut probablement cet emploi qui lui mérita le titre de *Sophiste* que lui donnent Philostrate et Suidas. Il était de plus, selon Suidas, revêtu de la dignité de grand-prêtre d'une divinité dont nous ignorons le nom. Au zèle amer avec lequel il censure ceux dont la croyance lui était suspecte, ainsi qu'au respect religieux qu'il témoigne partout pour le culte des dieux, on ne peut, en effet, méconnaître l'homme intéressé par état à le défendre. Ses mœurs répondaient à la gravité de son ministère : il ne se permet jamais rien qui puisse alarmer la pudeur. Libre d'ambition, il méprisait ce que le vulgaire admire et recherche avec ardeur. C'est lui-même encore qui se rend ce témoignage, à la fin de son *Histoire des Animaux* : « Je préfère, dit-il, l'avantage de cultiver mon esprit, et de multiplier mes connaissances, aux honneurs et aux richesses que j'aurais pu obtenir à la cour des princes. Je sais que les avares et les ambitieux m'en feront un crime : mais j'ai mieux aimé observer la nature des animaux, en étudier le caractère, en écrire l'histoire, que de travailler pour mon élévation et pour ma fortune. »

Après une vie laborieuse, qui avait été consacrée à

l'étude, particulièrement à la lecture des écrivains grecs, poëtes, orateurs, historiens, philosophes, Elien mourut, âgé d'environ soixante ans, sans avoir été marié.

Nous avons de lui, outre les *Histoires diverses*, une *Histoire des Animaux*, que Vossius et Gesner ont mal à propos attribuée à un autre écrivain du même nom.

Il ne nous reste rien d'un discours intitulé, *Accusation du tyran Gynnis* (du tyran efféminé), qu'Elien avait composé vraisemblablement contre l'empereur Elagabale, non contre Domitien, ainsi que l'ont pensé ceux qui le font vivre du temps de l'empereur Adrien.

Suidas nous a conservé quelques fragmens de deux traités, sous le titre, l'un, *de la Providence*, l'autre, *des Apparitions* ou *Manifestations divines*, dans lesquels Elien attaquait le système impie d'Epicure. Peut-être ces deux titres n'indiquent qu'un seul et même ouvrage.

Quelques savans ont confondu l'auteur des *Histoires diverses* avec l'auteur des *Tactiques*, qui écrivait sous le règne d'Adrien. Cette méprise est une suite de l'erreur dans laquelle ils étaient tombés sur le temps où vivait le premier. Ils l'auraient évitée s'ils avaient fait attention que l'auteur des *Tactiques* donne assez à entendre, dans son *Avant-Propos*, qu'il était Grec d'origine; car on ne saurait douter que l'autre ne fût Romain.

Entre les *Epîtres grecques* dont Alde Manuce publia le recueil en 1499, il s'en trouve vingt que

Conrad Gesner attribue à Elien, dans l'édition qu'il a donnée, en 1556, de tous les ouvrages qui portent le nom de cet écrivain. Celui d'Elien se lit véritablement à la tête de ces lettres; mais on ignore si elles sont de l'auteur des *Histoires diverses*, ou de l'auteur des *Tactiques*, ou de quelqu'autre écrivain du même nom.

Comme Elien se permet quelquefois de copier des phrases entières des auteurs d'après lesquels il parle, surtout en ce qu'il emprunte d'Athénée, dont il était à peu près contemporain et qu'il ne nomme jamais, des critiques peu prévenus pour lui diront sans doute que cet ouvrage offre plutôt un échantillon du style de différens écrivains grecs, qu'il ne peut nous faire connaître le sien. Mais ces mêmes critiques, s'ils sont de bonne foi, ne disconviendront pas que plusieurs chapitres des *Histoires diverses*, principalement ceux qui sont d'une certaine étendue, comme la *Description de Tempé* [1], *l'Histoire d'Aspasie* [2], *l'Histoire d'Atalante* [3], et d'autres morceaux considérables, lui appartiennent en propre, et sont écrits avec une simplicité élégante qui a pu mériter que Philostrate dît de lui, *Qu'il écrivait, quoique Romain, avec toute l'élégance attique*. Je doute néanmoins qu'on voulût adopter sans restriction, et cet éloge, et le surnom de *Bouche de miel* qui lui fut donné par ses contemporains, si nous n'avions de lui que les *Histoires diverses*. Heureusement, *l'Histoire des Animaux*,

---

[1] Liv. III, c. 1.
[2] Liv. XII, c. 1.
[3] Liv. XIII, c. 1.

écrite avec beaucoup plus de soin, lui donne quelque droit à l'un et à l'autre.

Tel est l'auteur que j'ai entrepris de traduire. Il m'a paru indispensable d'y joindre des remarques, soit pour faire connaître les personnages dont il parle, et qu'il ne désigne souvent que par leur nom, sans rien ajouter qui indique leur patrie, leur état, le temps même où ils ont vécu; soit pour éclaircir les usages ou les événemens auxquels il fait allusion, et qui peuvent être ignorés du commun des lecteurs. Je ne dissimulerai pas que les commentaires réunis dans l'édition de Gronovius, dont je me suis servi, ont, à cet égard, extrêmement facilité mon travail, et m'ont fourni une partie des matériaux que j'ai employés: mais je me permettrai de dire qu'entre ces remarques, on en trouvera un assez grand nombre que je ne leur dois point.

Ceux qui prendront la peine de comparer la traduction avec le texte, s'apercevront que j'ai changé presque toujours les titres des chapitres. Ce n'est point une infidélité faite à Élien : ces titres sont l'ouvrage des copistes, et ils m'ont paru d'ailleurs avoir le double défaut d'être trop longs, et de mal annoncer le sujet des chapitres.

Je m'étais flatté d'être le premier traducteur des *Histoires diverses*. Dans cette confiance, j'étais près de livrer mon ouvrage à l'impression, lorsque j'appris, par une feuille périodique (*Gazette de Deux-Ponts*, 1771, n°. 85), que j'avais été prévenu, et que M. Formey en avait publié une traduction à Berlin en 1764. Je cherchai aussitôt à me la procurer. A l'inspection du livre, je vis qu'au moins les remar-

ques dont j'accompagne le texte, mettraient entre les deux traductions une assez grande différence, pour que la mienne ne parût pas tout-à-fait inutile. Du reste, il me siérait mal de porter un jugement sur celle de M. Formey, et d'apprécier le travail d'un homme si avantageusement connu dans la république des Lettres. Je me contenterai de dire, après Phèdre, ne fût-ce que pour terminer cette préface comme je l'ai commencée, c'est à dire par une citation :

Quoniam occupârat alter, ne primus forem ;
Ne solus esset, studui.

HISTOIRES DIVERSES
D'ÉLIEN.

GREC-FRANÇAIS.

ΑΙΛΙΑΝΟΥ
ΠΟΙΚΙΛΗΣ ΙΣΤΟΡΙΑΣ
ΒΙΒΛΙΟΝ ΠΡΩΤΟΝ.

α. Περὶ πολύποδος.

ΔΕΙΝΟΙ κατὰ κοιλίαν οἱ πολύποδες, καὶ πᾶν ὁτιοῦν φαγεῖν ἄμαχοι. Πολλάκις οὖν οὐδὲ ἀλλήλων ἀπέχονται· ἀλλὰ τῷ μείζονι ὁ βραχύτερος ἁλούς, καὶ ἐμπεσὼν τοῖς ἀνδρειοτέροις θηράτροις, τοῖς καλουμένοις τοῦ ἰχθύος πλοκάμοις, εἶτα αὐτῷ γίνεται δεῖπνον. Ἐλλοχῶσι δὲ οἱ πολύποδες καὶ τοὺς ἰχθῦς τὸν τρόπον τοῦτον. Ὑπὸ ταῖς πέτραις κάθηνται, καὶ ἑαυτοὺς εἰς τὴν ἐκείνων μεταμορφοῦσι χρειάν, καὶ τοῦτο εἶναι δοκοῦσιν, ὅπερ οὖν καὶ πεφύκασιν αἱ πέτραι. Οἱ τοίνυν ἰχθῦς προσνέουσιν οἱονεὶ τῇ πέτρᾳ, τοῖς πολύποσιν· οἱ δὲ ἀφυλάκτους ὄντας αὐτοὺς περιβάλλουσι ταῖς ἐξ ἑαυτῶν ἄρκυσι, ταῖς πλεκτάναις.

β. Περὶ φαλαγγίων.

ΥΦΑΝΤΙΚΗΝ, καὶ ὑφαίνειν, καὶ δῶρα Ἐργάνης Δαίμονος, οὔτε ἴσασιν αἱ φάλαγγες, οὔτε εἰδέναι βούλονται. Ἢ ποῖ γὰρ ἂν καὶ χρήσαιτο τῷ τοιῷδε ἐσθήματι τὸ τοιοῦτον θηρίον; Τὸ δὲ ἀράχνιον πάγη, καὶ οἱονεὶ κύρτος ἐστὶ τοῖς ἐμπίπτουσι. Καὶ ἡ μὲν ἀρκυωρεῖ, πάνυ σφόδρα ἀτρεμοῦσα, καὶ ἔοικεν ἀκινήτῳ. Καὶ τὸ μὲν ἔπεσεν, ὅ,τι ποτέ ἐστι τὸ ἐμπεσόν, ἡ δ᾽ ἔχει δαῖτα. Τοσοῦτον δ᾽ ἐμπίπτει, ὅσον καὶ τὸ ὕφασμα στέγειν δυνατόν ἐστι, κ᾽ τὶ ἐκείνη δειπνεῖν ἀπόχρη.

HISTOIRES DIVERSES
D'ÉLIEN.
LIVRE PREMIER.

1. *Du polype.*

Les polypes¹ sont voraces et insatiables : il n'y a rien que leur ventre n'engloutisse. Souvent même ils ne font pas grâce à leur espèce. Le plus petit est saisi par le plus gros, dans les bras duquel, comme dans un filet, il se trouve embarrassé sans pouvoir s'en dégager, et devient sa proie. Les polypes dressent aussi des embûches aux poissons ; voici comment. Ils se postent sous des rochers, et en prennent si parfaitement la couleur², qu'ils semblent en faire partie et former un même tout. Le poisson qui nage avec sécurité, s'approche des polypes en s'approchant du rocher : alors ceux-ci, étendant leurs bras, enveloppent comme dans un filet l'imprudent animal.

2. *Des araignées.*

Les araignées ignorent et dédaigneraient d'apprendre l'art d'ourdir et de faire de la toile³, ainsi que les autres arts inventés par Minerve⁴. Quel usage feraient-elles d'un pareil tissu pour se vêtir ? La toile qu'elles fabriquent est une espèce de nasse, un filet tendu pour prendre les insectes. L'araignée, immobile dans son poste, et parfaitement semblable à un corps inanimé, veille sans cesse sur ce filet : ce qui y tombe⁵ fait son repas. Or, il en tombe autant que la toile en peut retenir, et qu'il en faut à l'araignée pour sa nourriture⁶.

γ. Περὶ Αἰγυπτίων βατράχων.

Σοφόν τι ἄρα χρῆμα ἦν γένος βατράχων Αἰγυπτίων, καὶ οὖν καὶ τῶν ἄλλων ὑπερφέρουσι κατὰ πολύ. Ἐὰν γὰρ ὕδρῳ περιπέσῃ, Νείλου θρέμματι, βάτραχος, καλάμου τρύφος ἐνδακών, πλάγιον φέρει, καὶ ἀπρὶξ ἔχεται, καὶ οὐκ ἀνίησι κατὰ τὸ καρτερόν. Ὁ δὲ ἀμηχανεῖ καταπιεῖν αὐτὸν αὐτῷ τῷ καλάμῳ· οὐ γάρ οἱ χωρεῖ περιλαβεῖν τοσοῦτον τὸ στόμα, ὅσον ὁ κάλαμος διείργει. Καὶ ἐκ τούτου περιγίνονται τῆς ῥώμης τῶν ὕδρων οἱ βάτραχοι τῇ σοφίᾳ.

δ. Περὶ κυνὸς Αἰγυπτίου.

Καὶ ἐκεῖνο δὲ κυνὸς Αἰγυπτίου σοφόν. Οὐκ ἀθρόως, οὐδὲ ἀνέδην, οὐδὲ ἐλευθέρως ἐκ τοῦ ποταμοῦ πίνουσιν, ἐπικύπτοντες ἅμα, καὶ ὅσον διψῶσι λάπτοντες· ὑφορῶνται γὰρ τὰ ἐν αὐτῷ θηρία. Παραθέουσι δὲ τὴν ὄχθην, καὶ παρακλέπτοντες πίνουσιν, ὅσον ἁρπάσαι, πάλιν καὶ πάλιν. Εἶτα οὕτως ἐκ διαλειμμάτων ἐκορέσθησαν, οὐ μὴν ἀπώλοντο, καὶ οὖν καὶ ἠκέσαντο τὸ δίψος.

ε. Περὶ θαλαττίας ἀλώπεκος.

Ἡ ἀλώπηξ, οὐ μόνον τὸ χερσαῖον θηρίον δολερόν ἐστιν, ἀλλὰ καὶ ἡ θαλαττία πανοῦργός ἐστι. Τὸ μὲν γὰρ δέλεαρ οὐχ ὑφορᾶται, οὐδὲ μὴν φυλάττεται διὰ τὴν ἀκρασίαν τοῦτο· τοῦ δὲ ἀγκίστρου καταφρονεῖ καὶ πάνυ ἡ ἀλώπηξ. Πρὶν ἢ γὰρ τὸν ἀσπαλιέα σπάσαι τὸν κάλαμον, ἥδε ἀνέθορε, καὶ ἀπέκειρε τὴν ὁρμιάν, καὶ νήχεται αὖθις. Πολλάκις δ' οὖν καὶ δύο καὶ τρία κατέπιεν ἄγκιστρα· ὁ δ' ἁλιεὺς ἐκείνην οὐκ ἐδείπνησε, προϊοῦσαν τῆς θαλάσσης.

3. *Des grenouilles d'Égypte.*

Les grenouilles d'Égypte sont douées d'une intelligence qui les élève singulièrement au-dessus de leur espèce. Si par hasard une grenouille rencontre dans le Nil une des hydres [1] qui vivent dans ce fleuve, aussitôt elle saisit avec ses dents un brin de roseau et le porte en travers dans sa gueule, le serrant de toute sa force sans jamais le lâcher. L'hydre, dont la mâchoire ne peut s'ouvrir de la longueur du roseau, fait de vains efforts pour avaler et le roseau et la grenouille, dont l'adresse triomphe ainsi de la force de l'hydre.

4. *Du chien Égyptien.*

Voici un pareil trait de l'intelligence des chiens d'Égypte [2]. On ne les voit point se pencher sur le fleuve pour y boire à leur aise, librement et de suite, autant qu'ils en auraient besoin. La crainte des monstres qui habitent le Nil, les tient dans une défiance continuelle : ils passent donc en courant le long des bords, et lapent furtivement, à différentes reprises. Cette précaution, de ne boire que par intervalles, met leur vie en sûreté, et ils n'en parviennent pas moins à étancher leur soif.

5. *Du renard marin.*

Si le renard de terre est fin et rusé, le renard de mer ne l'est pas moins. Cet animal est si gourmand, qu'il ne se défie point des appâts, et qu'il ne cherche nullement à s'en garantir [3]. A l'égard de l'hameçon qui y est attaché, il s'en moque. Avant que le pêcheur ait tiré sa ligne, le renard fait un saut, coupe la corde, et se met à nager. Souvent il avale jusqu'à deux et trois hameçons, au grand dépit du pêcheur, qui comptait l'emporter pour son souper.

ς'. Περὶ χελωνῶν θαλαττίων.

Αἱ χελῶναι αἱ θαλάσσιαι ἐν τῇ γῇ τίκτουσι. Τεκοῦσαι δὲ, παραχρῆμα κατέχωσαν ἐν τῇ γῇ τὰ ᾠά· εἶτα, ἐπιστρέψασαι ὀπίσω εἰς ἤθη τὰ ἑαυτῶν, νήχονται. Εἰσὶ δὲ εἰς τοσοῦτον λογιστικαὶ, ὥστε ἐφ' ἑαυτῶν ἐκλογίζεσθαι τὰς ἡμέρας τὰς τεσσαράκοντα, ἐν αἷς τὰ ἔγγονα αὐταῖς, τῶν ᾠῶν συμπαγέντων, ζῶα γίνονται. Ὑποστρέψασαι οὖν αὖθις εἰς τὸν χῶρον, ἐν ᾧ κατέθεντο κρύψασαι τὰ ἑαυτῶν βρέφη, ἀνώρυξαν τὴν γῆν, ἣν ἐπέβαλον, καὶ κινουμένους ἤδη τοὺς νεοττοὺς, καὶ ἕπεσθαι δυναμένους αὐταῖς ἀπάγουσιν.

ζ'. Περὶ ἀγρίων συῶν.

ΗΣΑΝ ἄρα οἱ σῦς οἱ ἄγριοι ἰατρικῆς οὐκ ἀπαίδευτοι, καὶ θεραπείας ἅμα. Οὗτοι γοῦν, ὅταν αὐτοὺς λαθόντες ὑοσκυάμου φάγωσι, τὰ ἐξόπισθεν ἐφέλκουσι, παρειμένως ἔχοντες οὕτως ἑαυτῶν. Εἶτα σπώμενοι, ὅμως ἐπὶ τὰ ὕδατα παραγίνονται, καὶ ἐνταῦθα τῶν καρκίνων ἀναλέγουσι, καὶ ἐσθίουσι προθυμότατα. Γίνονται δὲ οὗτοι τοῦ πάθους φάρμακον, καὶ ἐργάζονται ὑγιεῖς αὐτοὺς αὖθις.

η'. Περὶ φαλαγγίου.

ΦΑΛΑΓΓΙΟΝ ἐλάφοις τοσοῦτόν ἐστι κακὸν, ὅσον καὶ ἀνθρώποις· καὶ κινδυνεύουσιν ἀπολέσθαι διὰ ταχέων. Ἐὰν μέντοι κιττοῦ γεύσωνται, ἐλύπησεν αὐτοὺς τὸ δῆγμα οὐδέν· δεῖ δὲ εἶναι τὸν κιττὸν ἄγριαν.

θ'. Περὶ λέοντος νοσοῦντος.

ΛΕΟΝΤΑ δὲ νοσοῦντα τῶν μὲν ἄλλων οὐδὲν ὀνίνησι· φάρμακον δέ ἐστιν αὐτῷ τῆς νόσου, βρωθεὶς πίθηκος.

6. *Des tortues de mer.*

Les tortues de mer font leur ponte à terre ; dès qu'elle est faite, elles enfouissent leurs œufs et retournent en nageant vers les lieux qu'elles ont coutume d'habiter. Elles savent assez de calcul pour compter quarante jours, pendant lesquels leur progéniture s'anime dans les œufs où elle est renfermée. Alors retournant vers le lieu où elles les ont déposés et cachés, elles remuent la terre dont elles les avaient couverts, et emmènent leurs petits, déjà capables de se mouvoir et assez forts pour suivre leur mère.

7. *Des sangliers.*

Les sangliers ont quelque connaissance de la médecine et de l'art de guérir. S'il leur est arrivé de manger imprudemment de la jusquiame [1], devenus sur-le-champ paralytiques, ils ne traînent qu'avec peine leur derrière. En cet état, ils s'efforcent de gagner quelque lieu aquatique, où il se trouve des écrevisses : ils en ramassent le plus promptement qu'ils peuvent, ils les mangent, et sont guéris. C'est un remède sûr pour leur mal.

8. *De la tarentule.*

La morsure de la tarentule est aussi dangereuse pour les cerfs que pour les hommes ; ils pourraient en mourir, et même très-promptement. Mais s'ils mangent du lierre, pourvu que ce soit du lierre sauvage, alors la morsure n'a rien de fâcheux.

9. *Du lion malade.*

Le seul remède pour un lion malade, est de manger un singe. Nulle autre chose ne le peut soulager [2].

ι. Πῶς αἱ βεβλημέναι ἐν Κρήτῃ αἶγες θεραπεύονται.

Οἱ Κρῆτές εἰσι τοξεύειν ἀγαθοί· καὶ οὖν καὶ τὰς αἶγας βάλλουσιν ἐπ᾽ ἄκροις νεμομένας τοῖς ὄρεσιν. Αἱ δὲ βληθεῖσαι παραχρῆμα τῆς δικτάμου βοτάνης διέτραγον, καὶ ἅμα τῷ γεύσασθαι, ὅλα ἐκείναις τὰ βέλη ἐκπίπτει.

ιαʹ. Ὅτι μαντικοὶ οἱ μῦες.

ἮΣΑΝ δ᾽ ἄρα μαντικώτατοι τῶν ζώων καὶ μῦες· γηρώσης γὰρ οἰκίας ἤδη καὶ μελλούσης καταολισθαίνειν, αἰσθάνονται πρῶτοι· καὶ ἀπολιπόντες τὰς μυωπίας τὰς αὑτῶν, καὶ τὰς ἐξ ἀρχῆς διατριβάς, ᾗ ποδῶν ἔχουσιν, ἀποδιδράσκουσι, καὶ μετοικίζονται.

ιβʹ. Περὶ μυρμήκων.

Ἔχουσι δὲ καὶ οἱ μύρμηκες, ὡς ἀκούω, μαντικῆς τινα αἴσθησιν· ὅταν γὰρ μέλλῃ λιμὸς ἔσεσθαι, δεινῶς εἰσι φιλόπονοι πρὸς τὸ θησαυρίσαι, καὶ ἑαυτοῖς ἀποταμιεύσασθαι τοὺς πυροὺς, καὶ τὰ λοιπὰ τῶν σπερμάτων, ὅσα μυρμήκων δεῖπνόν ἐστιν.

ιγʹ. Περὶ Γέλωνος.

Ὁ ΣΥΡΑΚΟΥΣΙΟΣ Γέλων κατ᾽ ὄναρ ἐβέβλητο κεραυνῷ, καὶ διὰ τοῦτο ἐβόα, οὐκ ἀμυδρὸν, οὐδὲ ἀσθενὲς, ὡς ἐν ὀνείρῳ, ἀλλ᾽ ἀνδρικῶς, ἅτε δεινῶς ἐκπλαγεὶς ὑπὸ τοῦ δέους. Ὁ δὲ κύων, ὅσπερ οὖν αὐτῷ παρεκάθευδεν, ἐκ τῆς βοῆς διεταράχθη, καὶ περιβὰς αὐτὸν, ὑλάκτει πάνυ σφοδρῶς ἀπειλητικὸν, καὶ σύντονον. Καὶ ἐκ τούτων ὁ Γέλων ἅμα τε ἀφυπνίσθη, καὶ τοῦ δέους ἀφέθη.

10. *Comment les chèvres de Crète se guérissent elles-mêmes de leurs blessures.*

Les Crétois sont adroits à tirer de l'arc; de leurs flèches ils atteignent les chèvres qui paissent sur le haut des montagnes. Dès que ces animaux se sentent blessés, ils vont promptement brouter la plante appelée *dictamne* [1]; et à peine ils en ont goûté, que les flèches tombent d'elles-mêmes.

11. *Que les souris savent prévoir l'avenir.*

Les souris doivent être mises au nombre des animaux qui ont le don de prévoir l'avenir [2] : quand une maison est vieille et près de tomber en ruine, elles sont les premières à s'en apercevoir; alors, quittant leurs trous et leurs anciennes retraites, elles fuient à toutes jambes, et vont chercher ailleurs un asyle.

12. *Des fourmis.*

J'ai ouï dire que les fourmis ont de même une sorte de pressentiment de l'avenir; car s'il arrive qu'on soit menacé de la famine, elles travaillent avec une ardeur surprenante à amasser et à serrer dans leurs magasins une provision de blé et de toutes les graines propres à leur nourriture.

13. *De Gélon.*

Gélon de Syracuse [3], rêvant qu'il était frappé de la foudre, se mit à crier, non d'une voix faible et étouffée, ainsi qu'il arrive en dormant, mais à plein gosier, comme fait un homme saisi de la plus grande terreur. Un chien qui dormait auprès de lui, se mit de son côté à pousser des hurlemens épouvantables, en tournant autour de son maître comme pour le défendre [4]. A ce bruit Gélon s'éveilla et fut guéri de sa peur.

ιδ. Περὶ κύκνου.

ΛΕΓΕΙ Ἀριστοτέλης τὸν κύκνον καλλίπαιδα εἶναι, καὶ πολύπαιδα· ἔχειν γε μὴν καὶ θυμόν. Πολλάκις γοῦν εἰς ὀργὴν καὶ μάχην προελθόντες, καὶ ἀλλήλους ἀπέκτειναν οἱ κύκνοι. Λέγει δὲ ὁ αὐτὸς, καὶ μάχεσθαι τοὺς κύκνους τοῖς ἀετοῖς· ἀμύνεσθαί γε μὴν αὐτοὺς, ἀλλ᾽ οὐκ ἄρχειν ἀδίκων. Ὅτι δέ εἰσι φιλῳδοί, τοῦτο μὲν ἤδη καὶ τεθρύλληται. Ἐγὼ δὲ ᾄδοντος κύκνου οὐκ ἤκουσα, ἴσως δὲ οὐδὲ ἄλλος· πεπίστευται δ᾽ οὖν, ὅτι ᾄδει. Καὶ λέγουσί γε αὐτὸν μάλιστα ἐκεῖνον εἶναι τὸν χρόνον εὐφωνότατόν τε, καὶ ᾠδικώτατον, ὅταν ᾖ περὶ τὴν καταστροφὴν τοῦ βίου. Διαβαίνουσι δὲ καὶ πέλαγος, καὶ πέτονται καὶ κατὰ θαλάσσης, καὶ αὐτοῖς οὐ κάμνει τὸ πτερόν.

ιε. Περὶ περιστερῶν.

Ἐκ διαδοχῆς φασιν ἐπῳάζειν τὰς περιστεράς. Εἶτα τῶν νεοττῶν γενομένων, ὁ ἄρρην ἐμπτύει αὐτοῖς, ἀπελαύνων αὐτῶν τὸν φθόνον, φασίν, ἵνα μὴ βασκανθῶσι δι᾽ ἄρα τοῦτο. Τίκτει δὲ ᾠὰ δύο ἡ θήλεια, ὧν τὸ μὲν πρῶτον ἄρρεν ποιεῖ πάντως, τὸ δὲ δεύτερον, θῆλυ. Τίκτουσι δὲ αἱ περιστεραὶ κατὰ πᾶσαν ὥραν τοῦ ἔτους. Ἔνθεν τοι καὶ δεκάκις τοῦ ἔτους ὠδίνουσι. Λόγος δέ τις περίεισιν Αἰγύπτιος, λέγων δωδεκάκις τὰς ἐν Αἰγύπτῳ τίκτειν. Λέγει δὲ Ἀριστοτέλης καὶ διάφορον εἶναι τῆς περιστερᾶς τὴν πελειάδα· τὴν μὲν γὰρ περιστερὰν εἶναι μείζονα, τὴν δὲ πελειάδα βραχυτέραν· καὶ τὴν μὲν περιστερὰν τιθασσὸν εἶναι, τὴν δὲ οὔ. Λέγει δὲ ὁ αὐτὸς, μὴ πρότερον ἐπιβαίνειν τὸν ἄρρενα τῇ θηλείᾳ, πρὶν ἢ φιλήσῃ αὐτήν· μὴ γὰρ ἀνέχεσθαι τὰς θηλείας τὴν τῶν ἀρρένων ὁμιλίαν, τοῦ φιλήματος ἔρημον. Προστίθησι τούτοις καὶ ἐκεῖνα,

14. Du cygne.

Aristote dit que les cygnes sont très-féconds et que leur famille est aussi belle que nombreuse, mais qu'ils sont naturellement colères, et que souvent, dans un accès de fureur, ils se battent entre eux jusqu'à se tuer les uns les autres. Aristote ajoute que les cygnes sont en guerre avec les aigles; guerre défensive de la part des cygnes; car jamais ils ne sont les agresseurs. Que n'a-t-on pas dit de la voix et du chant des cygnes [1]? Pour moi, je n'ai jamais entendu de cygnes chanter; et personne peut-être n'a eu cette bonne fortune. Cependant on croit qu'ils chantent; on prétend même que leur voix n'est jamais plus agréable et plus harmonieuse que quand ils approchent du terme de leur vie. Les cygnes traversent les mers en volant, sans se fatiguer.

15. Des colombes.

On dit que les pigeons, mâle et femelle, couvent chacun à leur tour, et que dès que leurs petits sont éclos, le mâle souffle sur eux une matière liquide qui a la vertu de les garantir de tout maléfice; en sorte qu'ils sont à l'abri des enchantemens [2]. La femelle pond deux œufs, dont le premier produit toujours un mâle, et le second, une femelle. Les colombes pondent dans toutes les saisons de l'année; d'où il arrive qu'elles font jusqu'à dix pontes par an. Une tradition égyptienne porte même qu'en Égypte elles en font jusqu'à douze. Aristote prétend qu'il y a une grande différence entre la colombe et le pigeon-biset; la colombe est plus grosse et s'apprivoise; le biset est sauvage et plus petit. Selon le même Aristote, le mâle ne couvre jamais sa femelle, qu'il n'ait commencé par la caresser de son bec; les femelles ne souffriraient pas même l'approche des mâles, s'ils n'avaient préludé par ces caresses. Il ajoute que quand les femelles sont dépourvues

ὅτι καὶ αἱ θήλειαι ἀλλήλας ἀναβαίνουσιν, ὅταν τῆς πρὸς ἄρρενα μίξεως ἀτυχήσωσι· καὶ οὐδὲν μὲν εἰς ἀλλήλας προΐενται, τίκτουσι δὲ ὠά, ἐξ ὧν νεοττοὶ οὐ γίνονται αὐτοῖς. Εἰ δέ τι Καλλιμάχῳ χρὴ προσέχειν, φάσσαν, καὶ πυραλλίδα, καὶ περιστεράν, καὶ τρυγόνα φησὶ μηδὲν ἀλλήλαις ἐοικέναι.

Ἰνδοὶ δέ φασι λόγοι, περιστερὰς ἐν Ἰνδοῖς γίνεσθαι μηλίνας τὴν χρόαν. Χάρων δὲ ὁ Λαμψακηνὸς περὶ τὸν Ἄθω φανῆναι περιστερὰς λευκὰς λέγει, ὅτε ἐνταῦθα ἀπώλοντο αἱ τῶν Περσῶν τριήρεις, περικάμπτουσαι τὸν Ἄθω.

Ἐν Ἔρυκι δὲ τῆς Σικελίας, ἔνθα ἐστὶν ὁ τῆς Ἀφροδίτης νεώς, σεμνός τε, καὶ ἅγιος, ἔνθα κατά τινα καιρὸν θύουσιν οἱ Ἐρυκινοὶ τὰ Ἀναγώγια, καὶ λέγουσι τὴν Ἀφροδίτην εἰς Λιβύην ἀπὸ τῆς Σικελίας ἀνάγεσθαι, ἀφανεῖς ἐκ τοῦ χώρου αἱ περιστεραὶ γίνονται, ὡσπεροῦν τῷ θεῷ συναποδημοῦσαι. Κατά γε μὴν τὸν λοιπὸν χρόνον πάμπολύ τι πλῆθος τῶνδε τῶν ὀρνίθων ἐπιπολάζειν τῷ ναῷ τῆς θεοῦ ὡμολόγηται.

Ἀχαϊκοὶ δὲ αὖ πάλιν λέγουσι λόγοι, καὶ τὸν Δία αὐτὸν μεταβαλεῖν τὴν μορφὴν εἰς περιστεράν, ἐρασθέντα παρθένου, Φθίας ὄνομα. Ἐν Αἰγίῳ δὲ ᾤκει ἡ Φθία αὕτη.

ιϛ. Περὶ Σωκράτους, ὅτε τὸ κώνειον ἔπιεν.

Ὅτε ἧκεν ἡ ναῦς ἡ ἐκ Δήλου, καὶ ἔδει Σωκράτην ἀποθνήσκειν, ἀφίκετο εἰς τὸ δεσμωτήριον Ἀπολλόδωρος, ὁ τοῦ Σωκράτους ἑταῖρος, χιτῶνά τε αὐτῷ φέρων ἐρίων πολυτελῆ καὶ εὔητριον, καὶ ἱμάτιον τοιοῦτο. Καὶ ἠξίου ἐνδύντα αὐτὸν τὸν χιτῶνα, καὶ θοἰμάτιον περιβαλόμενον, εἶτα οὕτω πιεῖν τὸ φάρμακον. Ἔλεγε γὰρ αὐτῷ, καλῶν ἐνταφίων μὴ ἀμοιρήσειν, εἰ ἐν αὐτοῖς ἀποθάνοι· καὶ γὰρ οὖν καὶ προκεῖσθαι σὺν τῷ κόσμῳ τὸν νεκρὸν οὐ πάνυ τι ἀδόξως. Ταῦτα τὸν Σωκράτην ὁ Ἀπολλόδωρος. Ὁ δὲ οὐχ ἠνέσχετο, ἀλλ' ἔφη πρὸς τοὺς ἀμφὶ τὸν Κρίτωνα, καὶ Σιμμίαν, καὶ Φαίδωνα. Καὶ πῶς ὑπὲρ ἡμῶν

de mâles, elles font l'amour entre elles; mais que n'ayant pas la faculté de se féconder, elles pondent des œufs qui ne produisent point de petits. Si l'on peut en croire Callimaque, le ramier, la pyrallide [1], la colombe et la tourterelle n'ont rien de commun.

Les histoires de l'Inde nous apprennent qu'il y a dans ce pays des colombes de couleur jaunâtre : Charon de Lampsaque assure qu'on en vit paraître de blanches autour du mont Athos, lorsque la flotte des Perses y périt en voulant le doubler [2].

Sur le mont Éryx en Sicile, est un temple auguste et vénérable, consacré à Vénus, où, dans une certaine saison de l'année, les habitans célèbrent, par une fête nommée Anagogie [3], le départ de la déesse, qui, selon eux, quittait en ce moment la Sicile pour aller en Libye. Alors on ne voit plus de colombes sur l'Éryx : il semble qu'elles soient parties avec la déesse. Mais il est certain que dans toute autre saison de l'année, il s'en rassemble autour de son temple une quantité prodigieuse.

Les Achéens racontent aussi que Jupiter, devenu amoureux d'une jeune fille nommée Phthia, qui demeurait à Égium [4], prit la figure d'une colombe.

16. *De Socrate buvant la ciguë.*

Le vaisseau étant revenu de Délos [5], et la mort de Socrate ne pouvant plus se différer, Apollodore, un de ses amis, lui apporta dans la prison une robe d'une laine très-fine et bien travaillée, avec un manteau pareil, le priant de se revêtir de la robe et de s'envelopper du manteau avant que de boire la ciguë. Ces habits, lui disait-il, vous serviront au moins d'ornemens funèbres : il est honorable pour un mort d'être couché avec décence. Ainsi parlait Apollodore; ce propos ne plut pas à Socrate : « Certes, dit-il à Criton, à Simmias et à Phédon, qui étaient au-

καλῶς Ἀπολλόδωρος οὕτω δοξάζει, εἴγε αὐτὸ πεπίστευκεν, ὅτι μετὰ τὴν ἐξ Ἀθηναίων φιλοτησίαν, καὶ τὸ τοῦ φαρμάκου πόμα, ἔτι οὕτως ὄψεται Σωκράτην; Εἰ γὰρ οἴεται τὸν ὀλίγον ὕστερον ἐρριμμένον ἐν ποσὶ καὶ κεισόμενόν γ᾽ ἐμὲ εἶναι, δῆλός ἐστί με οὐκ εἰδώς.

ιζ. Περὶ τῶν σμικροτάτων τεθρίππων, καὶ ἐλεγείου.

ΤΑΥΤΑ ἄρα ἐστὶ τὰ θαυμαζόμενα Μυρμηκίδου τοῦ Μιλησίου, καὶ Καλλικράτους τοῦ Λακεδαιμονίου, τὰ μικρὰ ἔργα. Τέθριππα μὲν ἐποίησαν ὑπὸ μυίας καλυπτόμενα, καὶ ἐν σησάμῳ δίστιχον ἐλεγεῖον χρυσοῖς γράμμασιν ἐπέγραψαν. Ὧν, ἐμοὶ δοκεῖν, ὁ σπουδαῖος οὐδέτερον ἐπαινέσεται· τί γὰρ ἄλλο ἐστὶ ταῦτα, ἢ χρόνου παρανάλωμα;

ιη. Περὶ τρυφωσῶν γυναικῶν.

ΠΩΣ δὲ οὐ διέρρεον ὑπὸ τρυφῆς αἱ παλαιαὶ τῶν γυναικῶν; Ἐπὶ μὲν γὰρ τῆς κεφαλῆς στεφάνην ἐπετίθεντο ὑψηλήν, τοὺς δὲ πόδας σανδάλοις ὑπεδοῦντο, ἐκ δὲ τῶν ὤτων αὐταῖς ἐνώτια μακρὰ ἀπεκρέμαντο· τῶν δὲ χιτώνων τὰ περὶ τοὺς ὤμους ἄχρι τῶν χειρῶν οὐ συνέρραπτον, ἀλλὰ περόναις χρυσαῖς, καὶ ἀργυραῖς, συνεχέσι κατελάμβανον. Καὶ ταῦτα αἱ πάνυ παλαιαί. Τῶν δὲ Ἀττικῶν γυναικῶν τὴν τρυφὴν Ἀριστοφάνης λεγέτω.

ιθ. Περὶ τῆς τῶν Συβαριτῶν, καὶ Κολοφωνίων, καὶ Κορινθίων τρυφῆς.

Ο ΜΕΝ δημώδης λόγος καὶ εἰς πάντας ἐκφοιτήσας λέγει. Συβαρίταις καὶ αὐτῇ τῇ Συβάρει αἰτίαν τῆς ἀπωλείας γενέσθαι τὴν πολλὴν τρυφήν. Ἃ δὲ οὐκ ἔστι τοῖς πολλοῖς γνώρι-

près de lui, Apollodore a une grande idée de nous, s'il croit qu'après que j'aurai bu la coupe que me présentent les Athéniens, il verra encore Socrate. S'il pense que celui qui dans peu sera étendu à vos pieds est Socrate, assurément il ne m'a jamais connu¹. »

17. *Des petits chars à quatre chevaux, et du distique élégiaque.*

Voici quels sont les ouvrages de Myrmécide de Milet, et de Callicrate de Lacédémone, ouvrages tant admirés, et qui ne sont admirables que par leur petitesse. Ils ont fait des chars à quatre chevaux, qu'une mouche pouvait couvrir² : ils ont écrit en lettres d'or un distique élégiaque sur un grain de Sésame. A mon avis, les gens sages ne loueront ni l'un ni l'autre ; car enfin, qu'ont-ils fait autre chose que de perdre laborieusement leur temps à des choses inutiles³ ?

18. *Du luxe des femmes.*

A quel excès la plupart des femmes de l'antiquité n'ont-elles pas poussé le luxe ? Elles portaient sur la tête une couronne très-haute et des sandales⁴ aux pieds ; de grandes boucles pendaient à leurs oreilles ; et les manches de leurs robes, au lieu d'être cousues, étaient attachées depuis les épaules jusqu'aux mains avec des agrafes d'or et d'argent. C'est ainsi que les femmes se paraient autrefois. Je ne parlerai point du luxe des Athéniennes ; c'est l'affaire d'Aristophane.

19. *Du luxe des Sybarites, des Colophoniens et des Corinthiens.*

C'est un fait généralement connu et répandu partout, que les Sybarites se sont perdus eux et leur ville par l'excès de leur luxe⁵. Mais on ignore communément ce que je vais

μα, ταῦτ' ἐγὼ ἐρῶ. Κολοφωνίους φασὶ καὶ αὐτοὺς διὰ τὴν πάνυ τρυφὴν ἀπολέσθαι· καὶ γάρ τοι καὶ οὗτοι ἐσθῆτι πολυτελεῖ ἐθρύπτοντο, καὶ τραπέζης ἀσωτίᾳ καὶ ὑπὲρ τὴν χρείαν χρώμενοι ὕβριζον. Καὶ ἡ τῶν Βακχιαδῶν δὲ τῶν ἐν Κορίνθῳ ἀρχὴ, ἐπὶ μέγα δυνάμεως προελθοῦσα, ὅμως, διὰ τὴν τρυφὴν τὴν ἔξω τοῦ μέτρου, καὶ αὐτὴ κατελύθη.

κ. Περὶ Διονυσίου συλήσαντος τὰ τῶν Θεῶν.

ΔΙΟΝΎΣΙΟΣ ἐξ ἁπάντων τῶν ἐν Συρακούσαις ἱερῶν ἐσύλησε τὰ χρήματα. Τοῦ δὲ ἀγάλματος τοῦ Διὸς περιεῖλε τὴν ἐσθῆτα καὶ τὸν κόσμον, ὃς ἦν, φασὶ, χρυσίου πέντε καὶ ὀγδοήκοντα ταλάντων. Ὀκνούντων δὲ τῶν δημιουργῶν ἅψασθαι, ὅδε πρῶτός ἔκρουσε τὸ ἄγαλμα. Καὶ τὸ ἄγαλμα δὲ τοῦ Ἀπόλλωνος περιεσύλησεν, ἔχον καὶ αὐτὸ χρυσοῦς βοστρύχους, κελεύσας ἀποκεῖραί τινα αὐτό. Πλεύσας δὲ εἰς Τροιζηνίους, τὰ τοῦ Ἀπόλλωνος, καὶ τῆς Λευκοθέας ἅπαντα ἐσύλησε χρήματα, τὴν παρακειμένην ἀργυρᾶν τῷ Ἀπόλλωνι τράπεζαν κελεύσας ἀφελεῖν, Ἀγαθοῦ Δαίμονος τῷ Θεῷ διδόντας πρόποσιν.

κα. Ἰσμηνίας, αἰσχύνης χωρὶς, πῶς Περσῶν βασιλεῖ προσεκύνησεν.

ἸΣΜΗΝΊΟΥ τοῦ Θηβαίου σοφὸν ἅμα καὶ Ἑλληνικὸν οὐκ ἂν ἀποκρυψαίμην ἔργον. Πρεσβεύων οὗτος ὑπὲρ τῆς πατρίδος πρὸς βασιλέα τῶν Περσῶν, ἀφίκετο μὲν, ἐβούλετο δὲ αὐτὸς, ὑπὲρ ὧν ἧκεν, ἐντυχεῖν τῷ Πέρσῃ. Ἔφατο οὖν πρὸς αὐτὸν ὁ χιλίαρχος, ὁ καὶ τὰς ἀγγελίας εἰσκομίζων τῷ βασιλεῖ, καὶ τοὺς δεομένους εἰσάγων, Ἀλλ', ὦ ξεῖνε Θηβαῖε (ἔλεγε δὲ ταῦτα παίζων δι' ἑρμηνέως, Τιθραύστης δὲ ἦν ὄνομα τῷ χιλιάρχῳ), νόμος ἐστὶν ἐπιχώριος Πέρσαις, τὸν εἰς ὀφθαλμοὺς ἐλθόντα τοῦ βασιλέως μὴ πρότερον λόγου μεταλαγχάνειν, πρὶν ἢ προσκυνῆσαι αὐτόν. Εἰ τοίνυν αὐτὸς δι' ἑαυτοῦ συγγενέσθαι θέλεις

rapporter. On dit que la ruine des Colophoniens est venue de la même cause : par la magnificence de leurs vêtemens, autant que par la somptuosité immodérée de leur table¹, ils semblaient insulter aux autres hommes². J'ajouterai que ce fut encore l'excès du luxe, qui fit déchoir les Bacchiades du haut degré de puissance auquel ils s'étaient élevés dans Corinthe.

20. *De Denys pillant les temples des dieux.*

DENYS pilla les richesses de tous les temples de Syracuse : il dépouilla la statue de Jupiter de ses habits et de ses ornemens, qui pouvaient être estimés quatre-vingt-cinq talens d'or ; et comme les ouvriers paraissaient craindre d'y toucher, il porta le premier la main sur la statue. Il traita de même celle d'Apollon : la chevelure du dieu était d'or ; Denys ordonna qu'on lui rasât la tête. Ayant ensuite fait voile vers Trezène ³, il enleva toutes les richesses consacrées à Apollon et à Leucothée, entr'autres, une table d'argent qui était auprès du dieu, ordonnant de lui verser *le coup du bon génie*, qui terminait le repas ⁴.

21. *Comment Isménias adora le roi de Perse, sans bassesse.*

JE ne passerai pas sous silence l'action du Thébain Isménias : c'est un trait d'habileté bien digne d'un Grec. Isménias ayant été envoyé par ses concitoyens en ambassade à la cour de Perse, voulait traiter l'affaire qui l'amenait, avec le roi lui-même ⁵. Le chiliarque, nommé Tithraustès, qui était chargé d'annoncer au roi les ambassadeurs et de les introduire, lui dit, par le moyen d'un interprète ⁶ : « Etranger, c'est une coutume établie chez les Perses, qu'on ne paraît devant le roi et qu'on ne peut avoir d'entretien avec lui, qu'après s'être prosterné pour l'adorer. Il faut donc, si vous voulez obtenir une audience, que vous

ÉLIEN. — GR.-FR.

αὐτῷ, ὥρα σοι, τὰ ἐκ τοῦ νόμου δρᾶν· εἰ δὲ μή, τὸ αὐτό σοι τοῦτο καὶ δι' ἡμῶν ἀνυσθήσεται, καὶ μὴ προσκυνήσαντι. Ὁ τοίνυν Ἰσμηνίας, Ἄγε με, εἶπε· καὶ προσελθὼν καὶ ἐμφανὴς τῷ βασιλεῖ γενόμενος, περιελόμενος τὸν δακτύλιον, ἔρριψεν ἀδήλως παρὰ τοὺς πόδας, ὃν ἔτυχε φορῶν, καὶ ταχέως ἐπικύψας, ὡς δὴ προσκυνῶν, πάλιν ἀνείλετο αὐτόν· καὶ δόξαν μὲν ἀπέστειλε τῷ Πέρσῃ προσκυνήσεως, οὐ μὴν ἔδρασεν οὐδὲν τῶν ἐν τοῖς Ἕλλησιν αἰσχύνην φερόντων. Πάντα οὖν, ὅσα ἠβουλήθη, κατεπράξατο, οὐδὲ ἠτύχησέ τι ἐκ τοῦ Πέρσου.

κβ. Δῶρα τὰ διδόμενα παρὰ Περσῶν βασιλέως τοῖς πρεσβευταῖς.

ΔΩΡΑ τὰ ἐκ βασιλέως διδόμενα τοῖς παρ' αὐτὸν ἥκουσι πρεσβευταῖς, εἴτε παρὰ τῶν Ἑλλήνων ἀφίκοιντο, εἴτε ἑτέρωθεν, ταῦτ' ἦν. Τάλαντον μὲν ἑκάστῳ Βαβυλώνιον ἐπισήμου ἀργυρίου, ταλαντιαῖαι δὲ* φιάλαι δύο ἀργυραῖ. Δύναται δὲ τὸ τάλαντον τὸ Βαβυλώνιον δύο καὶ ἑβδομήκοντα μνᾶς Ἀττικάς. Ψέλλιά τε καὶ ἀκινάκην ἐδίδου, καὶ στρεπτόν· χιλίων δαρεικῶν ἄξια ταῦτα. Καὶ στολὴν ἐπ' αὐτοῖς Μηδικήν· ὄνομα δὲ τῇ στολῇ δωροφορική.

κγ. Περὶ Γοργίου καὶ Πρωταγόρου.

ΕΝ τοῖς Ἕλλησι τοῖς πάλαι, μακρᾷ τῇ δόξῃ διέπρεπε Γοργίας ὁ Λεοντῖνος Φιλολάου, καὶ Πρωταγόρας Δημοκρίτου· τῇ δὲ σοφίᾳ τοσοῦτον ἐλείποντο, ὅσον ἀνδρῶν παῖδες. Ἔοικε γάρ πως ἡ δόξα μὴ πάνυ τι ἀκριβὲς, μήτε ὁρᾶν, μήτε ἀκούειν· ἔνθεν τοι καὶ πολλὰ σφάλλεται, καὶ τὰ μὲν καταχαρίζεται, τὰ δὲ ψεύδεται.

---

* Vulg., τάλαντα δέ.

vous conformiez à l'usage ; sinon c'est avec nous que vous traiterez, et vous n'en terminerez pas moins votre affaire, sans subir la loi de l'adoration ». Introduisez-moi, répartit Isménias. Quand il se fut approché jusqu'à être vu du prince, il tira la bague qu'il portait au doigt, et la laissa tomber, sans que personne s'en aperçût ; puis se baissant promptement, comme s'il se fût incliné pour satisfaire à la cérémonie, il la ramassa. Ainsi, le roi de Perse se crut adoré, et Isménias ne fit rien dont un Grec dût rougir. Il obtint tout ce qu'il demandait ; rien ne lui fut refusé.

22. *Présens du roi de Perse aux ambassadeurs.*

Voici les présens que le roi de Perse avait coutume de faire aux ambassadeurs qui lui venaient, soit de la Grèce, soit de tout autre pays. Il donnait à chaque envoyé un talent babylonien d'argent monnayé, deux vases d'argent de la valeur de deux talens (on peut apprécier le talent babylonien à soixante-douze mines attiques), des bracelets, une épée persique, et un collier ; ces trois articles valant ensemble mille dariques [1] ; enfin une robe à la façon des Mèdes, qu'on appelait dorophorique [2].

23. *De Gorgias et de Protagoras.*

Gorgias le Léontin [3] et Protagoras [4] eurent autrefois chez les Grecs beaucoup plus de célébrité que Philolaüs [5] et Démocrite [6]. Cependant Démocrite et Philolaüs étaient autant au-dessus des deux autres par leur sagesse, que les hommes faits sont au-dessus des enfans. Tant il est vrai que les yeux et les oreilles de la renommée ne sont pas toujours fidèles : aussi se trompe-t-elle souvent, ou dans l'éloge, ou dans le blâme [7].

κδ. Περὶ φιλονεικίας Ἡρακλέους, καὶ Λεπρέου.

ΓΛΑΥΚΩΝΟΣ τοῦ Ποσειδῶνος, καὶ Ἀστυδαμείας τῆς Φόρβαντος, γίνεται παῖς Λεπρέας, ὅσπερ οὖν συνεβούλευσε τῷ Αὐγέᾳ δῆσαι τὸν Ἡρακλῆ, ὅτε αὐτὸς ἀπῄτει τὸν ὑπὲρ τοῦ ἄθλου μισθὸν Ἡρακλῆς. Ἦν οὖν, οἷα εἰκὸς, πολέμιος τῷ Ἡρακλεῖ ὁ Λεπρέας ἐκ τῆς τοιαύτης συμβουλῆς. Χρόνῳ δὲ ὕστερον ὁ μὲν τοῦ Διὸς παῖς εἰς Καύκωνας* ἀφίκετο· δεηθείσης δὲ τῆς Ἀστυδαμείας, διαλύεται τὴν πρὸς τὸν Λεπρέαν ὁ Ἡρακλῆς ἔχθραν. Φιλονεικία δ᾽ οὖν αὐτοῖς ἐμπίπτει νεανική, καὶ ἐρίζουσιν ἀλλήλοις περὶ δίσκου, καὶ ὕδατος ἀντλήσεως, καὶ τίς καταδειπνήσει ταῦρον πρότερος· καὶ ἐν πᾶσι τούτοις ἡττᾶται Λεπρέας. Καὶ ὑπὲρ πολυποσίας ἀγὼν αὐτοῖς ἐγένετο, καὶ ἐνταῦθα πάλιν ὁ Ἡρακλῆς ἐκράτει. Διανυόμενος δὲ ὁ Λεπρέας, λαβὼν ὅπλα, εἰς μονομαχίαν προκαλεῖται τὸν Ἡρακλῆ. Καὶ οὖν καὶ ἔτισε δίκας ὑπὲρ τῶν παρ᾽ Αὐγέᾳ· μαχόμενος γὰρ ἀποθνῄσκει.

κε. Περὶ Ἀλεξάνδρου μεγαλοφροσύνης εἰς τὸν Φωκίωνα, καὶ τούτου εἰς ἐκεῖνον.

ἈΛΕΞΑΝΔΡΟΣ ὁ Φιλίππου (εἰ δέ τῳ δοκεῖ, ὁ τοῦ Διός, ἐμοὶ γὰρ οὐδὲν διαφέρει) Φωκίωνι μόνῳ, φασί, τῷ Ἀθηναίων στρατηγῷ γράφων, προσετίθει τὸ Χαίρειν· οὕτως ἄρα ᾑρήκει τὸν Μακεδόνα ὁ Φωκίων. Ἀλλὰ καὶ τάλαντα αὐτῷ ἀργυρίου ἔπεμψεν ἑκατὸν, καὶ πόλεις τέσσαρας ὠνόμασεν, ὧν ἠξίου μίαν, ἣν βούλεται, προελέσθαι αὐτὸν, ἵνα ἔχῃ καρποῦσθαι τὰς ἐκεῖθεν προσόδους. Ἦσαν δὲ αἱ πόλεις αἵδε, Κίος, Ἐλαία, Μύλασα, Πάταρα. Ὁ μὲν οὖν Ἀλέξανδρος μεγαλοφρόνως ταῦτα καὶ μεγαλοπρεπῶς· ἔτι γε μὴν μεγαλοφρονέστερον ὁ Φωκίων, μήτε τὸ ἀργύριον προσέμενος, μήτε τὴν πόλιν. Ὡς δὲ μὴ δοκοίη

---

* Legimus, Καύκωνος, ut jam suprà legendum pro Γλαύκωνος.

24. *Du défi d'Hercule et de Léprée.*

Caucon[1] fils de Neptune, et Astydamée, fille de Phorbas, eurent un fils nommé Léprée. Ce Léprée avait conseillé à Augias d'enchaîner Hercule, qui lui demandait la récompense de son travail[2]; et vraisemblablement ce conseil avait indisposé Hercule contre Léprée. Quelque temps après, le fils de Jupiter partit pour aller chez Caucon[3] : là, cédant aux prières d'Astydamée, il lui sacrifia son ressentiment contre Léprée. Mais il s'éleva entre eux une de ces disputes ordinaires entre jeunes gens; ils se défièrent à qui jetterait le plus loin un palet, puiserait la plus grande quantité d'eau, mangerait en moins de temps un taureau. Léprée ayant été vaincu dans tous ces jeux, ils se défièrent à qui boirait le plus : Hercule fut encore vainqueur. Enfin Léprée, dans l'excès de son dépit, prit ses armes et appela Hercule en combat singulier; mais sa témérité lui coûta la vie. Ainsi fut puni le mauvais service qu'il avait rendu à Hercule chez Augias.

25. *De la générosité d'Alexandre envers Phocion, et de Phocion envers Alexandre.*

On dit qu'Alexandre, fils de Philippe, ou si on l'aime mieux, fils de Jupiter, peu m'importe, n'accordait dans ses lettres la formule *chairein* (le salut) qu'au seul Phocion, général des Athéniens[4]; tant ce général avait su gagner l'estime du prince macédonien. Alexandre fit quelque chose de plus; il envoya un jour à Phocion cent talens d'argent, et y joignit les noms de quatre villes, entre lesquelles il lui mandait d'en choisir une, dont les revenus et tout le produit lui appartiendraient[5] : ces villes étaient, Cio, Elée, Mylase et Patare. L'action d'Alexandre était certainement grande et magnifique; mais Phocion fut encore plus généreux et plus noble : il refusa l'argent et la

πάντη ὑπερφρονεῖῳ τοῦ Ἀλεξάνδρου, ἐτίμησεν αὐτὸν κατὰ τοῦτο· τοὺς ἐν τῇ ἄκρᾳ τῇ ἐν Σάρδεσι δεδεμένους ἄνδρας ἠξίωσεν αὐτὸν ἀφεῖναι ἐλευθέρους αὐτῷ, Ἐχεκρατίδην τὸν σοφιστὴν, καὶ Ἀθηνόδωρον τὸν Ἱμεραῖον, καὶ Δημάρατον, καὶ Σπάρτωνα· ἀδελφὼ δὲ ἄρα ἤστην οὗτοι Ῥοδίω.

κϛ. Περὶ Ἀγλαΐδος τῆς ἀδδηφάγου.

ΓΥΝΑΙΚΑ ἀκούω σαλπίσαι, καὶ τοῦτο ἔργον ἔχειν ἅμα καὶ τέχνην, Ἀγλαΐδα ὄνομα, τὴν Μεγακλέους παῖδα. Περίθετον δὲ εἶχε κόμην, καὶ λόφον ἐπὶ τῆς κεφαλῆς. Καὶ ὁμολογεῖ Ποσείδιππος ταῦτα. Δεῖπνον δὲ ἦν ἄρα αὐτῇ κρεῶν μὲν μναῖ δώδεκα, ἄρτων δὲ χοίνικες τέσσαρες, ἔπινε δὲ οἴνου χόα.

κζ. Περὶ ἀδδηφαγίας πολλῶν.

ΑΔΔΗΦΑΓΟΥΣ λέγουσιν ἀνθρώπους γεγονέναι, Πιτυρέα τὸν Φρύγα, καὶ Καμβῆτα τὸν Λυδόν, καὶ Θῦον τὸν Παφλαγόνα, καὶ Χαρίδαν, καὶ Κλεώνυμον, καὶ Πείσανδρον, καὶ Χάριππον, καὶ Μιθριδάτην τὸν Ποντικόν, καὶ Καλαμόδρυν τὸν Κυζικηνόν, καὶ Τιμοκρέοντα τὸν Ῥόδιον, τὸν ἀθλητὴν ἅμα καὶ ποιητήν, καὶ Καντίβαριν τὸν Πέρσην, καὶ Ἐρυσίχθονα τὸν Μυρμιδόνος· ἔνθεν τοι καὶ Κάνθων ἐκλήθη οὗτος. Λέγεται δὲ ἐν Σικελίᾳ Ἀδδηφαγίας ἱερὸν εἶναι, καὶ Σιτοῦς ἄγαλμα Δήμητρος. Ὁμολογεῖ δὲ καὶ Ἀλκμὰν ὁ ποιητὴς ἑαυτὸν πολυβορώτατον γεγονέναι. Καὶ Κτησίαν δέ φησί τινα Ἀναξίλας, ὁ τῆς κωμῳδίας ποιητής, πολλὰ ἐσθίειν.

κη. Περὶ τῶν παρὰ Ῥοδίοις τιμωμένων ὄψων.

ΑΛΛΑ ἔγωγε ὑμῖν ἐθέλω εἰπεῖν Ῥόδιον δόξαν. Ἐν Ῥόδῳ φασὶ τὸν μὲν εἰς τοὺς ἰχθῦς ὁρῶντα, καὶ θαυμάζοντα αὐτοὺς, καὶ ὄντα τῶν ἄλλων ὀψοφαγίστατον, ἀλλὰ τοῦτόν γε ὡς ἐλευ-

ville. Cependant, afin que son refus n'eût pas l'air du mépris, il fit l'honneur au monarque de lui demander la liberté du philosophe Echécratide, d'Athénodore d'Himère [1], et des deux frères Démarate et Sparton, Rhodiens de naissance, qui étaient prisonniers dans la citadelle de Sardes.

26. *De la voracité d'Aglaïs.*

J'AI ouï parler d'une femme nommée Aglaïs, fille de Mégaclès, qui sonnait de la trompette; c'était, dit-on, sa seule occupation, comme son seul talent. Posidippe ajoute qu'elle avait une chevelure artificielle [2], et qu'elle portait sur sa tête une aigrette. Cette Aglaïs mangeait à son souper douze livres de viande, huit livres de pain, et buvait six pintes de vin [3].

27. *De plusieurs grands mangeurs.*

ON nomme entre les grands mangeurs, qui ont été célèbres par leur gourmandise, Pityrée de Phrygie [4], Cambès de Lydie [5], Thyos de Paphlagonie [6], Charidas [7], Cléonyme [8], Pisandre [9] et Charippe [10], Mithridate de Pont [11], Calamodrys [12] de Cyzique, Timocréon de Rhodes [13], poète et athlète, Cantibaris de Perse, et Erysicthon [14], fils de Myrmidon, qui fut surnommé l'*Ane* [15], à cause de sa gourmandise. On dit qu'en Sicile il y a un temple consacré à la voracité, et une statue de Cérès, sous le nom de *Sito* [16]. Le poète Alcman [17] avoue lui-même qu'il était un grand mangeur. Anaxilas le comique [18] parle d'un certain Ctésias [19], comme d'un homme très-vorace.

28. *Des mets les plus estimés des Rhodiens.*

IL faut que je vous parle d'une idée singulière des Rhodiens [20]. Qu'un homme aime le poisson, qu'il le recherche et qu'il le préfère à toute autre chose, c'en est assez, dit-on,

θήριον ὑπὸ τῶν δημοτῶν ἐπαινεῖσθαι· τόν γε μὴν πρὸς τὰ κρέα ἀποκνύοντα, ὡς φορτικὸν καὶ γάστριν διαβάλλουσι Ῥόδιοι. Εἴτε δὲ ἐκεῖνοι ὀρθῶς, εἴτε οὗτοι φλαύρως, ὑπερφρονῶ τοῦτο ἐξετάζειν.

κθ. Ὅτι ὄϊς λέοντα ἔτεκεν.

ΛΕΓΟΥΣΙ Κώων παῖδες ἐν Κῷ τεκεῖν, ἔν τινι ποίμνῃ Νικίππου τοῦ τυράννου, ὄϊν· τεκεῖν δὲ οὐκ ἄρνα, ἀλλὰ λέοντα. Καὶ οὖν τὸ σημεῖον τοῦτο τῷ Νικίππῳ τὴν τυραννίδα τὴν μέλλουσαν αὐτῷ μαντεύσασθαι, ἰδιώτῃ ἔτι ὄντι.

λ. Ὅτι Γαλέτης οὐ μᾶλλον διὰ τὴν μορφήν, ἢ διὰ τὴν σύνεσιν, ὑπὸ τοῦ Πτολεμαίου λίαν ἠράσθη.

ΠΤΟΛΕΜΑΙΟΣ ὁ βασιλεὺς ἐρώμενον εἶχε Γαλέτην ὄνομα, ἰδεῖν κάλλιστον. Ἀμείνων δὲ ἦν ἄρα τῷ μειρακίῳ γνώμη τῆς μορφῆς. Πολλάκις γοῦν αὐτῷ καὶ ὁ Πτολεμαῖος ἐμαρτύρει, καὶ ἔλεγεν, Ὦ ἀγαθὴ κεφαλή, κακοῦ μὲν οὐδεπώποτε οὐδενὶ γέγονας αἴτιος, πολλοῖ ... καὶ πολλὰ ἀγαθὰ προὐξένησας. Ὁ μὲν ἵππευε σὺν τῷ βα ..., τὸ μειράκιον. Ἰδὼν δὲ πόρρωθεν ἀγομένους τινὰς ἐπὶ θανάτῳ, οὐ ῥᾳθύμως εἶδεν· ἀλλ' ἔφη πρὸς τὸν Πτολεμαῖον, Ὦ βασιλεῦ, ἐπεὶ κατά τινα δαίμονα τῶν ἀγομένων ἀγαθὸν ἐφ' ἵππῳ ἐτύχομεν ὄντες, φέρε, εἴ σοι δοκεῖ, τὴν ἔλασιν ἐπιτείναντες, καὶ συντονώτερον ἐπιδιώξαντες, Διόσκουροι τοῖς δειλαίοις γενώμεθα,

Σωτῆρες ἔνθα, κἀγαθοὶ παραστάται,

τοῦτο δὴ τὸ λεγόμενον ἐπὶ τῶν θεῶν τούτων. Ὁ δὲ ὑπερησθεὶς αὐτοῦ τῇ χρηστότητι, καὶ τὸ φιλοίκτιρμον ὑπερφιλήσας, καὶ ἐκείνους ἔσωσε, καὶ ἐπὶ πλέον προσέθηκε τῷ φίλτρῳ τοῦ κατ' αὐτὸν ἔρωτος.

pour que les Rhodiens le regardent comme un homme sorti de bon lieu et bien élevé. Au contraire, ils traitent de grossiers et de gens adonnés à leur ventre, ceux dont le goût est décidé pour la viande. Ont-ils tort ou raison? c'est une question que je me soucie peu d'examiner.

29. *D'une brebis qui engendra un lion.*

Les habitans de Cos racontent que, dans leur île, une brebis d'un des troupeaux du tyran Nicippe [1], mit bas, non un agneau, mais un lion. Ce prodige, selon eux, fut pour Nicippe, qui menait encore une vie privée, un présage de sa grandeur future.

30. *Ptolémée aimait autant Galétès pour son esprit que pour sa beauté.*

Le roi Ptolémée aimait tendrement un jeune homme parfaitement beau, nommé Galétès, et dont l'âme était encore plus belle que la figure. C'est le témoignage que lui rendait souvent Ptolémée, en s'écriant, « O âme bienfaisante! tu n'as jamais fait de mal à personne, et tu as fait du bien à plusieurs. » Un jour que Galétès se promenait à cheval avec le roi, il aperçut de loin des gens qu'on menait au supplice : « Grand roi, dit-il à Ptolémée avec vivacité, puisque, par un hasard favorable à ces malheureux qu'on entraîne, nous nous trouvons ici, et bien montés, si vous vouliez, nous pourrions presser nos chevaux; et courant à toute bride nous irions vers ces infortunés, dont nous serions les *Dioscures* [2] *sauveurs*, *et les protecteurs généreux*. » Ce sont les titres qu'on donne à ces fils de Jupiter. Cet acte de bonté plut beaucoup à Ptolémée : touché de la sensibilité compatissante de Galétès, il fit grâce aux coupables, et aima ce jeune homme avec plus de tendresse.

λα. Περσικὸς νόμος, περὶ τοῦ δῶρα προσφέρειν τῷ βασιλεῖ.

Νόμος οὗτος Περσικὸς ἐν τοῖς μάλιστα ὑπ᾽ αὐτῶν φυλαττόμενος· ὅταν εἰς Πέρσας ἐλαύνῃ βασιλεὺς, πάντες αὐτῷ Πέρσαι κατὰ τὴν ἑαυτοῦ δύναμιν ἕκαστος προσκομίζει. Ἅτε δὴ ὄντες ἐν γεωργίᾳ, καὶ περὶ γῆν πονούμενοι, καὶ αὐτουργοὶ πεφυκότες, οὐδὲν τῶν ὑβρισμένων, οὐδὲ τῶν ἄγαν πολυτελῶν, προσφέρουσιν, ἀλλ᾽ ἢ βοῦς, ἢ ὄϊς, οἱ δὲ σῖτον, καὶ οἶνον ἄλλοι. Παρεξιόντι δ᾽ αὐτῷ, καὶ παρελαύνοντι, ταῦτα ὑπὸ ἑκάστου πρόκειται, καὶ ὀνομάζεται δῶρα, καὶ δοκεῖ τούτῳ. Οἱ δὲ ἔτι τούτων ἐνδεέστεροι τὸν βίον, καὶ γάλα, καὶ φοίνικας αὐτῷ, καὶ τυρὸν προσφέρουσι, καὶ τρωκτὰ ὡραῖα, καὶ τὰς ἄλλας ἀπαρχὰς τῶν ἐπιχωρίων.

λβ. Περὶ δεδωρημένου ὕδατος τῷ Περσῶν βασιλεῖ.

Λόγος οὖν καὶ οὗτος Περσικός. Φασὶν ἄνδρα Πέρσην, ᾧ ὄνομα ἦν Σιναίτης, πόῤῥω τῆς ἐπαύλεως τῆς ἑαυτοῦ ἐντυχεῖν Ἀρταξέρξῃ τῷ ἐπικαλουμένῳ Μνήμονι. Ἀπολειφθέντα οὖν θορυβηθῆναι δέει τοῦ νόμου, καὶ αἰδοῖ τοῦ βασιλέως. Οὐκ ἔχων δὲ ὅ τι χρήσεται τῷ παρόντι, ἡττηθῆναι τῶν ἄλλων Περσῶν μὴ φέρων, μηδὲ ἄτιμος δόξαι, τῷ μὴ δωροφορῆσαι βασιλέα· ἀλλ᾽ οὗτός γε πρὸς τὸν ποταμὸν τὸν πλησίον παραῤῥέοντα, ᾧ Κῦρος ὄνομα, ἐλθὼν σὺν σπουδῇ, καὶ ᾗ ποδῶν εἶχε μάλιστα, ἐπικύψας, ἀμφοτέραις ταῖς χερσὶν ἀρυσάμενος τοῦ ὕδατος, Βασιλεῦ (φησὶν) Ἀρταξέρξη, δι᾽ αἰῶνος βασιλεύοις· νῦν μὲν οὖν σε, ὅπῃ τε καὶ ὅπως ἔχω, τιμῶ, ὡς ἂν μὴ ἀγέραστος, τὸ γοῦν ἐμὸν καὶ τὸ κατ᾽ ἐμὲ, παρέλθῃς. Τιμῶ δέ σε Κύρου ποταμοῦ ὕδατι· ὅταν δὲ ἐπὶ τὸν σταθμὸν τὸν σὸν παραγένῃ, οἴκοθεν, ὡς ἂν μάλιστα ἑαυτοῦ κράτιστα καὶ πολυτελέστατα χωρήσαιμι,

31. *Loi qui oblige les Perses à porter des présens au roi.*

C'EST une loi chez les Perses, et de toutes les lois celle qu'on observe le plus exactement, que les habitans des lieux où le roi passe dans ses voyages, lui offrent des présens, chacun selon ses facultés [1]. Les laboureurs, tous ceux généralement qui travaillent à cultiver la terre, les artisans, ne lui offrent rien de superbe, rien de précieux : ceux-ci donnent un bœuf, ceux-là une brebis, les uns du blé, les autres du vin. Lorsque le roi passe, chacun expose sur sa route ce qu'il a eu soin d'apporter. Tout cela est appelé du nom de présent, et reçu du roi sous ce nom [2]. Les plus pauvres présentent du lait, du fromage, des dattes, des fruits de la saison, et les prémices des autres productions de leur contrée.

32. *De l'eau offerte en présent au roi de Perse.*

AUTRE trait de l'histoire des Perses. On raconte qu'un Perse, nommé Sinétès, ayant rencontré, loin de sa chaumière, Artaxerxe, surnommé Mnémon, fut troublé à la vue du roi, et par respect pour sa personne, et par la crainte que lui inspirait la loi, à laquelle il n'était pas en état de satisfaire. N'ayant rien sous la main qu'il pût offrir au monarque, il voyait avec douleur l'avantage qu'auraient sur lui les autres Perses, et ne pouvait supporter la honte d'être le seul qui n'eût point fait de présent. Il prend aussitôt son parti : il court en hâte, de toutes ses forces, vers le fleuve Cyrus, qui coulait près de là, se penche sur le bord, y puise de l'eau dans ses deux mains; puis, adressant la parole à Artaxerxe, « Seigneur, lui dit-il, puisse votre règne n'avoir jamais de fin ! Je vous offre ce que je puis avoir ici, et comme je puis vous l'offrir : je ne vous aurai point vu passer sans vous offrir mon présent; c'est de l'eau du Cyrus. Lorsque vous serez arrivé à votre première station, je vous présenterai ce que j'ai dans ma mai-

ούτω τιμήσω σε, καὶ δὴ οὐδὲν ἐλάττων γενοίμην τινὸς τῶν ἄλλων τῶν ἤδη σε δεξιωσαμένων τοῖς δώροις. Ἐπὶ τούτοις ὁ Ἀρταξέρξης ἥσθη, καὶ, Δέχομαι ἡδέως, φησὶν, ἄνθρωπε, τὸ δῶρον, καὶ τιμῶ γε αὐτὸ τῶν πάνυ πολυτελῶν, καὶ ἰσοστάσιον ἐκείνοις λέγω· πρῶτον μὲν, ὅτι ὕδωρ ἐστὶ τὸ πάντων ἄριστον, δεύτερον δὲ, ὅτι Κύρου ὄνομα ἐν ἑαυτῷ φέρει. Καὶ σὺ δέ μοι καταλύοντι ἐν τῷ σταθμῷ πάντως ἐπιφάνηθι. Ταῦτα εἰπὼν προσέταξε τοὺς εὐνούχους λαβεῖν τὸ ἐξ αὐτοῦ δῶρον. Οἱ δὲ τὴν ταχίστην προσδραμόντες, εἰς χρυσῆν φιάλην ἐδέξαντο ἐκ τῶν χειρῶν αὐτοῦ τὸ ὕδωρ. Ἐλθὼν δὲ, ἔνθα κατέλυεν, ὁ βασιλεὺς, ἔπεμψε τῷ ἀνδρὶ τῷ Πέρσῃ στολὴν Περσικὴν, καὶ φιάλην χρυσῆν, καὶ χιλίους δαρεικούς· καὶ προσέταξε τὸν κομίζοντα αὐτὰ εἰπεῖν τῷ λαμβάνοντι, Κελεύει σε βασιλεὺς, ἐκ μὲν τούτου τοῦ χρυσίου εὐφραίνειν τὴν σεαυτοῦ ψυχὴν, ἐπεὶ καὶ σὺ τὴν ἐκείνου εὔφρανας, μὴ αὐτὸν ἀγέραστον, μηδὲ ἄτιμον ἐάσας, ἀλλ' ὡς ἤδη ἐχώρει, ταύτῃ τιμήσας· βούλεται δέ σε καὶ τῇ φιάλῃ ταύτῃ ἀρυόμενον πίνειν ἐξ ἐκείνου τοῦ ὕδατος.

λγ. Περὶ μεγάλης ῥοιᾶς τῷ αὐτῷ δεδωρημένης.

Ῥοιὰν ἐπὶ λίκνου μεγίστην ὁ Μίσης * Ἀρταξέρξῃ τῷ βασιλεῖ ἐλαύνοντι τὴν Περσίδα προσεκόμισε. Τὸ μέγεθος οὖν αὐτῆς ὑπερεκπλαγεὶς ὁ βασιλεὺς, Ἐκ ποίου παραδείσου, φησὶ, λαβὼν φέρεις μοι τὸ δῶρον τοῦτο; Τοῦ δὲ εἰπόντος, ὅτι οἴκοθεν, καὶ ἐκ τῆς αὐτοῦ γεωργίας, ὑπερήσθη· καὶ δῶρα μὲν αὐτῷ βασιλικὰ ἔπεμψε, καὶ ἐπεῖπε, Νὴ τὸν Μίθραν, ἀνὴρ οὗτος ἐκ τῆς ἐπιμελείας ταύτης δυνήσεται καὶ πόλιν, κατά γε τὴν ἐμὴν κρίσιν, ἐκ μικρᾶς μεγάλην ποιῆσαι. Ἔοικε δὲ ὁ λόγος ὁμολογεῖν οὗτος, ὅτι πάντα ἐκ τῆς ἐπιμελείας, καὶ τῆς διαρκοῦς

* Scheffer conjicit, Ὠμίσης.

son de meilleur et de plus précieux, je vous en ferai hommage; et ce don ne le cédera peut-être à aucun de ceux que vous avez reçus. » Ce propos divertit beaucoup Artaxerxe : « Bon homme, lui répondit-il, je reçois de bon cœur votre don : j'en fais autant de cas que des plus riches qui m'ont été offerts; d'abord, parce que l'eau est la meilleure des choses du monde [1]; puis, parce que celle-ci porte le nom de Cyrus. Dès que je serai arrivé dans le lieu où je dois me reposer, je veux vous y voir. » Après avoir ainsi parlé, Artaxerxe ordonna aux eunuques de prendre le don de Sinétès; ils accoururent, et reçurent dans un vase d'or l'eau qu'il portait dans ses mains. Le roi étant arrivé au lieu où il avait résolu de s'arrêter, lui envoya une robe persique [2], un vase d'or, et mille dariques. Celui qui était chargé de les remettre à Sinétès, avait ordre de lui dire : « Le roi souhaite que cet or vous fasse autant de plaisir que lui en a fait votre attention à ne le point laisser passer sans lui offrir votre présent, tel du moins que la circonstance vous le permettait. Il veut que vous buviez de l'eau du Cyrus, puisée avec ce vase même. »

33. *D'une très-grosse grenade donnée au même roi.*

Comme le roi Artaxerxe voyageait à cheval dans la Perse, Misès [3] lui apporta, dans une corbeille, une grenade d'une grosseur extraordinaire. Le roi surpris de la beauté de ce fruit : « Dans quel jardin, lui dit-il, avez-vous cueilli la grenade que vous me présentez? »—« Dans le mien, dans un champ que je cultive de mes mains, » répondit Misès. Artaxerxe, charmé de la réponse, le combla de présens dignes de la magnificence royale : « Par Mithra, ajouta-t-il, je crois que cet homme, avec le soin dont il est capable, pourrait d'une petite ville en faire une grande. » Ce propos paraît signifier qu'il n'y a rien qu'avec une vigilance continue, une attention suivie et un travail infatigable,

φραντίδος, καὶ τῆς σπουδῆς τῆς ἀνελλιποῦς, καὶ τῶν κατὰ φύσιν δύναιτο ἂν κρείττονα γενέσθαι.

λδ. Περὶ πατρὸς υἱοῦ θάνατον καταγινώσκεσθαι ζητοῦντος.

Ἀνὴρ γένει Μάρδος, ὄνομα Ῥακώκης, παῖδας εἶχεν ἑπτά. Ἀλλὰ τούτων ὁ νεώτατος ἐκαλεῖτο Καρτώμης· κακὰ δὲ πολλὰ τοὺς μάγους εἰργάζετο. Καὶ τὰ μὲν πρῶτα ἐπειρᾶτο αὐτὸν ὁ πατὴρ παιδεύειν, καὶ ῥυθμίζειν λόγῳ· ἐπεὶ δὲ οὐκ ἐπείθετο, τῶν δικαστῶν τῶν περιχώρων ἀφικομένων, ἔνθα ᾤκει ὁ τοῦ νεανίσκου πατήρ, ἀλλ' ἐκεῖνός γε συλλαβὼν τὸ παιδίον, καὶ τὼ χεῖρε ὀπίσω περιαγαγὼν αὐτοῦ, πρὸς τοὺς δικαστὰς ἤγαγε· καὶ ὅσα αὐτῷ τετόλμηται, πάντα ἀκριβῶς κατηγόρησε, καὶ ᾔτει παρὰ τῶν δικαστῶν ἀποκτεῖναι τὸν νεανίσκον. Οἱ δὲ ἐξεπλάγησαν, καὶ αὐτοὶ μὲν ἐφ' ἑαυτῶν οὐκ ἔκριναν τὴν καταδικάζουσαν ἀγαγεῖν ψῆφον· ἀμφοτέρους δὲ ἐπὶ τὸν βασιλέα τῶν Περσῶν τὸν Ἀρταξέρξην ἤγαγον. Τὰ αὐτὰ δὲ λέγοντος τοῦ Μάρδου, ὑπολαβὼν ὁ βασιλεὺς ἔφη, Εἶτα τολμήσεις τοῖς ὀφθαλμοῖς τοῖς ἑαυτοῦ τὸν υἱὸν ἀποθνήσκοντα ὑπομεῖναι; Ὁ δὲ ἔφη, Πάντων μάλιστα· ἐπεὶ καὶ ἐν τῷ κήπῳ, ὅταν τῶν φυομένων θριδακινῶν τὰς ἐκφύσεις τὰς πικρὰς ἀποκλῶ καὶ ἀφαιρῶ, οὐδὲν ἡ μήτηρ αὐτῶν ἡ θριδακίνη λυπεῖται, ἀλλὰ θάλλει μᾶλλον, καὶ μείζων καὶ γλυκίων γίνεται· ἅμα καὶ ἐγώ, ὦ βασιλεῦ· τὸν βλάπτοντα τὴν ἐμὴν οἰκίαν καὶ τὸν τῶν ἀδελφῶν βίον, εἶπε, θεωρῶν ἀπολλύμενον, καὶ τῆς κακουργίας τῆς εἰς αὐτοὺς παυόμενον, καὶ αὐτὸς αὐξηθήσομαι, καὶ τοῖς λοιποῖς τοῖς κατὰ γένος συνέσομαι τὰ αὐτὰ ἐμοὶ εὖ πάσχουσιν. Ὧν ἀκούσας Ἀρταξέρξης ἐπῄνεσε μὲν τὸν Ῥακώκην, καὶ τῶν βασιλικῶν δικαστῶν ἐποίησεν ἕνα, εἰπὼν πρὸς τοὺς παρόντας, ὅτι ὁ περὶ τῶν ἰδίων παίδων οὕτω δικαίως ἀποφαινόμενος, πάντως καὶ ἐν τοῖς ἀλλοτρίοις ἀκριβὴς ἔσται δικαστής, καὶ ἀδέκαστος· ἀφῆκε δὲ καὶ τὸν νεανίαν τῆς παρούσης τιμωρίας, ἀπειλῶν αὐτῷ θανάτου τρόπον βαρύτατον, ἐὰν ἐπὶ τοῖς φθάσασιν ἀδικῶν φωραθῇ ἕτερα.

on ne puisse porter à un degré de perfection qu'il n'avait pas naturellement.

34. *D'un père qui sollicitait la condamnation de son fils.*

Un certain Rhacocès, Marde d'origine [1], avait sept enfans, dont le plus jeune, nommé Cartomès, insultait sans cesse les mages [2]. Rhacocès n'épargna d'abord ni les exhortations ni les avis, pour tâcher d'adoucir son humeur. Mais n'ayant pu rien gagner, un jour que les juges de la contrée étaient venus dans le lieu où il demeurait, il le saisit, lui attacha les mains derrière le dos, et le traîna devant eux : là, se rendant lui-même l'accusateur de son fils, il exposa en détail tous ses forfaits, et demanda qu'il fût condamné à la mort. Les juges étonnés, ne voulant point prendre sur eux de prononcer la sentence, firent mener le père et le fils devant Artaxerxe, roi de Perse. Comme Rhacocès soutint constamment ce qu'il avait dit : « Eh quoi, reprit le monarque, vous pourriez voir mourir votre fils sous vos yeux ? » — « Oui, répartit le Marde. Lorsque, dans mon jardin, je romps ou coupe les rejetons amers des jeunes laitues, la tige mère qui les produit, loin d'en souffrir, n'en profite que mieux ; elle en devient et plus grosse et plus douce. De même, seigneur, quand j'aurai vu périr un fils qui déshonore ma maison, et qui empoisonne la vie de ses frères ; quand je le saurai hors d'état de leur nuire, je me sentirai plus fort, et je jouirai avec mes autres enfans d'une satisfaction qui nous sera commune. » Artaxerxe, après avoir entendu le discours de Rhacocès, le combla d'éloges, et lui donna une place parmi les juges royaux ; puis, adressant la parole à ses courtisans : « Un homme, dit-il, qui se montre si juste à l'égard de ses propres enfans, sera certainement un juge équitable et incorruptible pour ceux qui lui seront étrangers. » Le roi fit grâce à Cartomès, en le menaçant de la mort la plus cruelle, si à ses anciens désordres il en ajoutait de nouveaux.

ΒΙΒΛΙΟΝ ΔΕΥΤΕΡΟΝ.

α. *Πῶς ὁ Σωκράτης ἐθάρσυνε τὸν Ἀλκιβιάδην, ὥστε μηκέτι μᾶλλον τοῦ πρέποντος εὐλαβεῖσθαι τὸν δῆμον.*

Καὶ ταῦτα Σωκράτους πρὸς Ἀλκιβιάδην. Ὁ μὲν ἠγωνία, καὶ ἐδεδίει πάνυ σφόδρα εἰς τὸν δῆμον παρελθεῖν, τὸ μειράκιον. Ἐπιθαρσύνων δὲ αὐτὸν, καὶ ἐγείρων ὁ Σωκράτης, Οὐ καταφρονεῖς, εἶπεν, ἐκείνου τοῦ σκυτοτόμου; τὸ ὄνομα εἰπὼν αὐτοῦ. Φήσαντος δὲ τοῦ Ἀλκιβιάδου, ὑπολαβὼν πάλιν ὁ Σωκράτης, Ἔτι δὲ ἐκείνου, τοῦ ἐν τοῖς κύκλοις κηρύττοντος; ἢ ἐκείνου τοῦ σκηνογράφου; Ὁμολογοῦντος δὲ τοῦ Κλεινίου μειρακίου, Οὐκοῦν, ἔφη ὁ Σωκράτης, ὁ δῆμος ὁ Ἀθηναίων ἐκ τοιούτων ἤθροισται· καὶ εἰ τῶν καθ᾽ ἕνα καταφρονεῖς, καταφρονητέον ἄρα καὶ τῶν ἠθροισμένων. Μεγαλοφρόνως ταῦτα ὁ τοῦ Σωφρονίσκου καὶ τῆς Φαιναρέτης, τὸν τοῦ Κλεινίου καὶ τῆς Δεινομάχης διδάσκων.

β. *Περὶ γραφῶν ἐπαινουμένων κακῶς.*

Μεγαβύζου ποτὲ ἐπαινοῦντος γραφὰς εὐτελεῖς καὶ ἀτέχνους, ἑτέρας δὲ σπουδαίως ἐκπεπονημένας διαψέγοντος, τὰ παιδάρια τὰ τοῦ Ζεύξιδος, τὴν μηλίδα τρίβοντα, κατεγέλα. Ὁ τοίνυν Ζεῦξις ἔφατο, Ὅταν μὲν σιωπᾷς, ὦ Μεγάβυζε, θαυμάζει σε τὰ παιδάρια ταῦτα· ὁρᾷ γάρ σου τὴν ἐσθῆτα καὶ τὴν θεραπείαν τὴν περί σε. Ὅταν γε μὴν τεχνικόν τι θέλῃς* εἰπεῖν, καταφρονεῖ σου. Φύλαττε τοίνυν σεαυτὸν εἰς τοὺς ἐπαινουμέ-

---

* Al. male, θέλεις.

LIVRE SECOND.

1. *Comment Socrate guérit Alcibiade de la crainte que lui imprimait le peuple assemblé.*

VOICI un trait de la conduite de Socrate avec Alcibiade. Alcibiade étant jeune, tremblait de peur et tombait presque en défaillance, toutes les fois qu'il fallait paraître devant le peuple assemblé. Pour l'encourager et l'animer, « Faites-vous grand cas d'un tel ? » lui dit un jour Socrate ; c'était un cordonnier, qu'il lui nomma. « Non, » répondit Alcibiade. « Et de ce crieur public, ou de ce faiseur de tentes ? » reprit Socrate, « Pas davantage », répondit le fils de Clinias. « Eh bien, lui dit Socrate, ne sont-ce pas ces gens-là qui composent le peuple d'Athènes ? Si vous ne redoutez pas chacun d'eux en particulier, pourquoi vous imposent-ils, quand ils sont assemblés [1] ? » Telle est la leçon de courage que le fils de Sophronisque et de Phénarète donnait au fils de Clinias et de Dinomaque.

2. *Mot de Zeuxis à Mégabyze.*

UN jour que Mégabyze [2] louait de mauvais tableaux, composés sans art, tandis qu'il en critiquait d'autres qui étaient travaillés avec le plus grand soin, les élèves de Zeuxis, occupés à broyer de la couleur jaune, riaient de ce qu'il disait. « Mégabyze, lui dit alors Zeuxis [3], quand vous gardez le silence, ces enfans vous admirent, en voyant la richesse de vos habits et le nombreux cortége qui vous suit : mais dès que vous voulez parler de ce qui a rapport aux arts, ils se moquent de vous. Retenez donc

νους, κρατῶν τῆς γλώσσης, καὶ ὑπὲρ μηδενὸς τῶν μηδέν σοι προσηκόντων φιλοτεχνῶν.

γ. Περὶ Ἀλεξάνδρου οὐκ ἐπαινέσαντος εἰκόνα κατὰ τὴν ἀξίαν.

ΑΛΕΞΑΝΔΡΟΣ θεασάμενος τὴν ἐν Ἐφέσῳ εἰκόνα ἑαυτοῦ, τὴν ὑπὸ Ἀπελλοῦ γραφεῖσαν, οὐκ ἐπῄνεσε κατὰ τὴν ἀξίαν τοῦ γράμματος. Εἰσαχθέντος δὲ τοῦ ἵππου, καὶ χρεμετίσαντος πρὸς τὸν ἵππον τὸν ἐν τῇ εἰκόνι, ὡς πρὸς ἀληθινὸν καὶ ἐκεῖνον, Ὦ βασιλεῦ, εἶπεν ὁ Ἀπελλῆς, ἀλλ' ὅ γε ἵππος ἔοικέ σου γραφικώτερος εἶναι κατὰ πολύ.

δ. Περὶ ἔρωτος Χαρίτωνος καὶ Μελανίππου, καὶ Τυράννου εἰς αὐτοὺς συμπαθείας.

ΦΑΛΑΡΙΔΟΣ ὑμῖν ἔργον οὐ μάλα ἐκείνῳ σύνηθες εἰπεῖν ἐθέλω. Τὸ δὲ * ἔργον φιλανθρωπίαν ἄμαχον ὁμολογεῖ, καὶ διὰ τοῦτο ἀλλότριον ἐκείνου δοκεῖ. Χαρίτων ἦν Ἀκραγαντῖνος, φιλόκαλος ἄνθρωπος, καὶ περὶ τὴν ὥραν τὴν τῶν νέων ἐσπουδακὼς δαιμονίως. Διαπύρως δὲ ἠράσθη μάλιστα Μελανίππου, Ἀκραγαντίνου καὶ ἐκείνου, καὶ τὴν ψυχὴν ἀγαθοῦ, καὶ τὸ κάλλος διαφέροντος. Τοῦτον ἐλύπησέ τι Φάλαρις τὸν Μελάνιππον. Δικαζομένῳ γὰρ αὐτῷ πρός τινα τῶν ἑταίρων αὐτοῦ τοῦ Φαλάριδος, προσέταξεν ὁ τύραννος τὴν γραφὴν καταθέσθαι. Τοῦ δὲ μὴ πειθομένου, ὅδε ἠπείλησε τὰ ἔσχατα δράσειν αὐτὸν μὴ ὑπακούσαντα. Καὶ ἐκεῖνος μὲν παρὰ τὴν δίκην ἐκράτησε τῇ** ἀνάγκῃ προστάξαντος τοῦ Φαλάριδος· καὶ οἱ ἄρχοντες τὴν γραφὴν τοῦ ἀγῶνος ἠφάνισαν. Βαρέως δὲ ἐπὶ τούτοις ὁ νεανίσκος ἤνεγκεν, ὑβρίσθαι λέγων, καὶ ὡμολόγει τὴν ὀργὴν τὴν ἑαυτοῦ πρὸς τὸν ἐραστὴν ὁ Μελάνιππος, καὶ ἠξίου κοινωνὸν αὐτὸν γενέσθαι τῆς ἐπιθέσεως τῆς κατ' αὐτοῦ· καὶ ἄλλους δὲ ἔσ-

* Al. omittunt δὲ. Male.
** Al., τοῦ. Locus dubius.

votre langue, si vous voulez que l'on vous considère; et n'affectez pas de discourir des choses qui ne sont point de votre ressort [1].

3. *Mot d'Apelle à Alexandre.*

ALEXANDRE considérait un jour, à Éphèse, son portrait, peint par Apelle, et ne le louait pas autant que le méritait la beauté de l'ouvrage. On fit entrer un cheval, qui, à la vue de celui sur lequel Alexandre était représenté dans le tableau, se mit à hennir, comme s'il eût vu un véritable cheval. « Prince, dit Apelle, cet animal paraît être plus connaisseur que vous dans l'art de la peinture. »

4. *De l'amitié de Chariton et de Mélanippe, et de la clémence de Phalaris à leur égard.*

JE veux vous raconter une action de Phalaris [2], à laquelle on ne devait pas s'attendre : c'est une action de la plus grande humanité, et par-là, tout-à-fait étrangère à son caractère. Chariton d'Agrigente aimait tendrement Mélanippe, Agrigentin comme lui, jeune homme en qui les qualités de l'âme égalaient la beauté de la figure. Phalaris avait sensiblement chagriné Mélanippe, en lui ordonnant de se désister d'un procès qu'il avait intenté contre un des amis du tyran. Comme Mélanippe ne se rendait pas, Phalaris avait été jusqu'à le menacer du traitement le plus rigoureux, s'il n'obéissait promptement. Enfin, contre toute justice, l'adversaire de Mélanippe, appuyé de l'autorité du tyran, l'emporta [3]; et les magistrats dévoués à Phalaris, supprimèrent les pièces du procès. Mélanippe, outré de ce procédé, criait à l'injustice : il court chez son ami, lui montre toute sa colère, et le conjure de l'aider dans le projet qu'il a de se venger du tyran. En même temps, il songe à s'associer quelques autres

πευδε προσλαβεῖν τῶν νεανίσκων, οὓς μάλιστα ᾔδει περὶ τὴν τοιαύτην πρᾶξιν θερμοτάτους. Ὁρῶν δὲ αὐτὸν ὁ Χαρίτων ἐνθουσιῶντα, καὶ ὑπὸ τῆς ὀργῆς ἀναφλεγόμενον, καὶ γινώσκων, ὅτι τῶν πολιτῶν οὐδεὶς αὐτοῖς συλλήψεται, δέει τῷ ἐκ τοῦ τυράννου, καὶ αὐτὸς ἔφη πάλαι τοῦτο ἐπιθυμεῖν, καὶ σπεύδειν ἐκ παντὸς τὴν πατρίδα ῥύσασθαι τῆς δουλείας τῆς καταλαβούσης· ἀσφαλὲς δὲ μὴ εἶναι πρὸς πολλοὺς τὰ τοιαῦτα ἐκφέρειν. Ἠξίου δὲ τὸν Μελάνιππον οἱ συγχωρῆσαι ὑπὲρ τούτων ἀκριβέστερον διασκέψασθαι, καὶ ἐᾶσαι παραφυλάξαι τὸν χρόνον τὸν ἐπιτήδειον εἰς τὴν πρᾶξιν. Συνεχώρησε τὸ μειράκιον. Ἐφ' ἑαυτοῦ τοίνυν ὁ Χαρίτων βαλόμενος τὸ πᾶν τόλμημα, καὶ κοινωνὸν αὑτοῦ μὴ θελήσας παραλαβεῖν τὸν ἐρώμενον, ἵν', εἰ καταφωραθείη*, αὐτὸς ὑπέχοι τὴν δίκην, ἀλλὰ μὴ καὶ ἐκεῖνον εἰς τὰ αὐτὰ ἐμβάλοι· ἡνίκα οὖν ἐδόκει καλῶς ἔχειν, ἐγχειρίδιον λαβὼν, ὥρματο ἐπὶ τὸν τύραννον. Οὐ μὴν ἔλαθε· κατεφωράθη δὲ, πάνυ σφόδρα τῶν δορυφόρων ἀκριβῶς τὰ τοιαῦτα φυλαττόντων. Ἐμβληθεὶς δὲ ὑπὸ τοῦ Φαλάριδος εἰς τὸ δεσμωτήριον, καὶ στρεβλούμενος, ἵν' εἴπῃ τοὺς συνεγνωκότας, ὁ δὲ ἐνεκαρτέρει καὶ ἐνήθλει ταῖς βασάνοις. Ἐπεὶ δὲ μακρὸν τοῦτο ἦν, ὁ Μελάνιππος ἧκεν ἐπὶ τὸν Φάλαριν, καὶ ὡμολόγησεν οὐ μόνον κοινωνὸς εἶναι τῷ Χαρίτωνι τῆς βουλῆς, ἀλλὰ καὶ αὐτὸς ἄρξαι τῆς ἐπιβουλῆς. Τοῦ δὲ πυνθανομένου τὴν αἰτίαν, εἶπε τὸν ἐξ ἀρχῆς λόγον, καὶ τὴν τῆς γραφῆς ἄρσιν, καὶ ἐπὶ τούτοις ὡμολόγει περιαλγῆσαι. Θαυμάσας οὖν, ἀμφοτέρους ἀφῆκε τῆς τιμωρίας, προστάξας αὐθημερὸν ἀπελθεῖν μὴ μόνον τῆς Ἀκραγαντίνων πόλεως, ἀλλὰ καὶ τῆς Σικελίας· συνεχώρησε δὲ αὐτοῖς τὰ ἴδια δίκαια καρποῦσθαι. Τούτους ὕστερον ἡ Πυθία, καὶ τὴν φιλίαν αὐτῶν, ὕμνησε διὰ τούτων τῶν ἐπῶν·

---

* Vulg., καταφωραθείς.

jeunes gens, surtout ceux qu'il savait être par leur audace les plus propres à une pareille entreprise. Chariton le voyant enflammé de colère et hors de lui-même, prévoyant d'ailleurs qu'aucun des citoyens, par la crainte du tyran, n'entrerait dans leur complot, dit à Mélanippe : « Il y a long-temps que j'ai la même pensée, et que je cherche en moi-même les moyens de délivrer ma patrie de la servitude dans laquelle elle gémit : mais comme il serait dangereux de multiplier les confidens de ce projet, trouvez bon que j'y réfléchisse plus mûrement, et laissez-moi épier le moment le plus propre pour l'exécution. » Mélanippe y consentit. Ainsi Chariton prit sur lui seul toute l'entreprise, et ne voulut point y associer son ami, pour ne pas l'exposer au danger de subir la même peine que lui, s'il était découvert. Chariton, croyant avoir trouvé l'occasion qu'il cherchait, se saisit d'un poignard. Déjà il allait se jeter sur le tyran; mais son mouvement fut aperçu par les gardes, qui veillaient sans cesse pour prévenir de pareils attentats. Phalaris ordonna qu'on le mît en prison, et qu'on le forçât par les tourmens à déclarer ses complices. Il souffrit courageusement la torture : rien ne put ébranler sa constance. Il y avait assez long-temps qu'on l'éprouvait, lorsque Mélanippe vint s'accuser devant Phalaris, non-seulement d'être complice de Chariton, mais d'avoir le premier formé le projet de la conjuration. « Eh, quelle raison peut vous y avoir porté, » lui dit le tyran. Mélanippe reprit toute son affaire, depuis l'origine, et avoua que la suppression de la procédure l'avait mis au désespoir. Phalaris, étonné de la générosité des deux amis, fit grâce à l'un et à l'autre; mais il leur enjoignit de sortir le jour même de la ville d'Agrigente et de la Sicile, leur permettant néanmoins de percevoir les revenus des biens qu'ils possédaient [1]. La Pythie célébra dans la suite leur amitié par ces paroles :

Θείας ἡγητῆρες ἐφημερίοις φιλότητος,
Εὐδαίμων Χαρίτων καὶ Μελάνιππος ἔφυ,

τοῦ θεοῦ τὸν ἔρωτα αὐτῶν θείαν ὀνομάσαντος φιλίαν.

ε. Περὶ χρόνου ταμιεύσεως, καὶ τοῦ μὴ ἐᾶσαι Λακεδαιμονίους περιπατεῖν.

ΛΑΚΕΔΑΙΜΟΝΙΟΙ δεινὴν ἐποιοῦντο τοῦ χρόνου τὴν φειδώ, ταμιευόμενοι πανταχόθεν αὐτὸν εἰς τὰ ἐπειγόμενα, καὶ μηδενὶ τῶν πολιτῶν ἐπιτρέποντες, μήτε ῥᾳστωνεύειν, μήτε ῥᾳθυμεῖν εἰς αὐτὸν, ὡς ἂν μὴ πρὸς τὰ ἔξω τῆς ἀρετῆς ἀναλισκόμενος, εἶτα μάτην διαφθείροιτο. Μαρτύριον τούτου πρὸς τοῖς ἄλλοις καὶ τοῦτο.

Ἀκούσαντες οἱ Ἔφοροι Λακεδαιμονίων τοὺς Δεκέλειαν καταλαβόντας περιπάτῳ χρῆσθαι δειλινῷ, ἐπέστειλαν αὐτοῖς, Μὴ περιπατεῖτε· ὡς τρυφώντων αὐτῶν μᾶλλον, ἢ τὸ σῶμα ἐκπονούντων. Δεῖν γὰρ Λακεδαιμονίους, οὐ διὰ τοῦ περιπάτου, ἀλλὰ διὰ τῶν γυμνασίων τὴν ὑγείαν πορίζεσθαι.

ς. Παράδειγμα, ὅτι οὐ δεῖ τοῖς πολλοῖς ἀρέσκειν.

ΙΠΠΟΜΑΧΟΣ, φασιν, ὁ γυμναστής, ἐπεὶ πάλαισμά τι ὁ ἀθλητὴς ὁ ὑπ᾽ αὐτῷ γυμναζόμενος ἐπάλαισεν, εἶτα ὁ πᾶς ὄχλος ὁ περιεστὼς ἐξεβόησε, καθίκετο αὐτοῦ τῇ ῥάβδῳ, ὁ Ἱππόμαχός, φασιν, καὶ εἶπεν, Ἀλλὰ σύ γε κακῶς, καὶ οὐχ ὡς ἐχρῆν ἐποίησας, ὅπερ ἐχρῆν ἄμεινον γενέσθαι· οὐ γὰρ ἂν ἐπῄνεσαν οὗτοι τεχνικόν σε δράσαντά τι. Αἰνιττόμενος, ὅτι τοὺς εὖ καὶ καλῶς ἕκαστα δρῶντας, οὐ τοῖς πολλοῖς, ἀλλὰ τοῖς ἔχουσι νοῦν θεωρητικὸν τῶν δρωμένων, ἀρέσκειν δεῖ.

« Héros de la divine amitié parmi les mortels, Chariton et Mélanippe furent heureux. »

Ainsi le dieu honorait l'amitié du nom de *divine*.

5. *De l'économie du temps. Exemple de Lacédémone.*

Les Lacédémoniens voulaient qu'on ménageât le temps avec la plus grande économie, et qu'il ne fût jamais employé qu'à des choses utiles : ils ne souffraient dans aucun de leurs concitoyens, ni oisiveté, ni paresse. Le temps dont l'emploi ne tournait pas au profit de la vertu, était, selon eux, un temps perdu. Entre plusieurs traits qui le prouvent, je ne citerai que celui-ci.

Les éphores ayant appris que ceux qui étaient restés en garnison à Décélie [1], se promenaient après le dîner, leur écrivirent, *Ne vous promenez pas*. C'était leur reprocher qu'ils se divertissaient plutôt qu'ils ne s'exerçaient ; au lieu que des Lacédémoniens devaient entretenir leur santé, non par la promenade, mais par la gymnastique.

6. *Ce n'est pas à la multitude qu'il importe de plaire.*

On raconte qu'un athlète, élève d'Hippomaque, maître de gymnastique [2], s'exerçant un jour à quelque tour de lutte, reçut de grands applaudissemens d'un peuple nombreux qui l'environnait ; mais Hippomaque, lui donnant un coup de baguette, « Ce que vous venez de faire, lui dit-il, n'a pas été fait comme il devait l'être, et aurait dû être mieux : si vous aviez observé les règles de l'art, ce peuple ne vous aurait pas applaudi [3]. » Hippomaque voulait faire entendre qu'on ne peut, dans tous les genres, s'assurer d'avoir véritablement réussi, qu'autant qu'on aura plu, non à la multitude, mais aux connaisseurs.

Ἔοικε δὲ καὶ Σωκράτης τὴν τῶν πολλῶν ἐκφαυλίζειν κρίσιν ἐν τῇ συνουσίᾳ τῇ πρὸς Κρίτωνα, ὅτε ἀφίκετο ὁ Κρίτων εἰς τὸ δεσμωτήριον, καὶ δὴ ἔπειθεν αὐτὸν ἀποδρᾶναι, καὶ τὴν τῶν Ἀθηναίων τὴν κατ' αὐτοῦ κρίσιν διαφθεῖραι.

ζ. Περὶ τοῦ μὴ ἐκτιθέναι * βρέφη Θηβαίους.

Νόμος οὗτος Θηβαϊκὸς, ὀρθῶς ἅμα καὶ φιλανθρώπως κείμενος ἐν τοῖς μάλιστα, Ὅτι οὐκ ἔξεστιν ἀνδρὶ Θηβαίῳ ἐκθεῖναι παιδίον, οὐδὲ εἰς ἐρημίαν αὐτὸ ῥίψαι, θάνατον αὐτοῦ καταψηφισάμενος. Ἀλλ' ἐὰν ᾖ πένης εἰς τὰ ἔσχατα ὁ τοῦ παιδὸς πατὴρ, εἴτε ἄῤῥεν τοῦτο, εἴτε θῆλύ ἐστιν, ἐπὶ τὰς ἀρχὰς κομίζειν ἐξ ὠδίνων τῶν μητρῴων σὺν τοῖς σπαργάνοις αὐτό. Αἱ δὲ, παραλαβοῦσαι, ἀποδίδονται τὸ βρέφος τῷ τιμὴν ἐλαχίστην δόντι· ῥήτρα τε πρὸς αὐτὸν, καὶ ὁμολογία γίνεται, ἦ μὴν τρέφειν τὸ βρέφος, καὶ αὐξηθὲν ἔχειν δοῦλον, ἢ δούλην, θρεπτήρια αὐτοῦ τὴν ὑπηρεσίαν λαμβάνοντα.

η. Περὶ Ξενοκλέους καὶ Εὐριπίδου ἀγωνισαμένων.

Κατὰ τὴν πρώτην καὶ ἐννενηκοστὴν Ὀλυμπιάδα, καθ' ἣν ἐνίκα Ἐξαίνετος ὁ Ἀκραγαντῖνος στάδιον, ἀντηγωνίσαντο ἀλλήλοις Ξενοκλῆς καὶ Εὐριπίδης. Καὶ πρῶτός γε ἦν Ξενοκλῆς, ὅς τίς ποτε οὗτός ἐστιν, Οἰδίποδι, καὶ Λυκάονι, καὶ Βάκχαις, καὶ Ἀθάμαντι Σατυρικῷ. Τούτου δεύτερος Εὐριπίδης ἦν, Ἀλεξάνδρῳ, καὶ Παλαμήδῃ, καὶ Τρωσί, καὶ Σισύφῳ Σατυρικῷ. Γελοῖον δὲ, οὐ γάρ; Ξενοκλέα μὲν νικᾶν, Εὐριπίδην δὲ ἡττᾶσθαι, καὶ ταῦτα τοιούτοις δράμασι. Τῶν δύο τοίνυν τὸ ἕτερον, ἢ ἀνόητοι ἦσαν οἱ τῆς ψήφου κύριοι, καὶ

---

* Vulg., ἐκθεῖναι.

Il paraît aussi que Socrate faisait peu de cas du jugement de la multitude, par l'entretien qu'il eut avec Criton [1], lorsque celui-ci vint dans la prison pour lui conseiller de se sauver, et de se soustraire à la sentence des Athéniens.

7. *Que les Thébains n'exposent point les enfans.*

Les Thébains avaient une loi qui fait honneur à leur justice et à leur humanité [2]. Il était défendu chez eux d'exposer les enfans, ou de les abandonner dans un désert pour s'en défaire. Si le père était fort pauvre, il devait prendre l'enfant, soit garçon, soit fille, aussitôt après sa naissance, et le porter, enveloppé de ses langes, chez les magistrats. Ceux-ci le recevaient de ses mains, et le donnaient, pour une somme modique, à quelque citoyen, qui se chargeait de le nourrir, par un acte solennel, dont la condition était, que l'enfant devenu grand le servirait, afin que le service qu'il lui rendrait, devînt le prix de la nourriture qu'il en avait reçue.

8. *De Xénoclès et d'Euripide disputant le prix de la tragédie.*

Dans la quatre-vingt-onzième olympiade, où Exénète d'Agrigente fut vainqueur à la course, Euripide et Xénoclès se disputèrent le prix de la tragédie [3]. Xénoclès le remporta : j'ignore quel était ce Xénoclès [4]. Les pièces qu'il donna étaient Œdipe, Lycaon, les Bacchantes, et Athamas, drame *satyrique*. Les ouvrages d'Euripide, sur qui il eut l'avantage, étaient Alexandre, Palamède, les Troyens, et pour *satyre*, Sisyphe. N'est-il pas ridicule qu'avec de pareilles pièces Euripide n'ait pas vaincu Xénoclès [5]? cela ne put arriver que par l'une de ces deux causes : les juges, ou étaient des ignorans, gens sans esprit et sans goût, ou avaient été corrompus par des pré-

ἀμαθεῖς, καὶ πόρρω κρίσεως ὀρθῆς, ἢ ἐδεκάσθησαν. Ἄτοπον δὲ ἑκάτερον, καὶ Ἀθηναίων ἥκιστα ἄξιον.

θ. Περί τινων ἀποστατῶν Ἀθηναίων ψηφίσματα.

ΟΙΑ ἐψηφίσαντο Ἀθηναῖοι, καὶ ταῦτα ἐν δημοκρατίᾳ; Αἰγινητῶν μὲν ἑκάστου τὸν μέγαν ἀποκόψαι τῆς χειρὸς δάκτυλον τῆς δεξιᾶς, ἵνα δόρυ μὲν βαστάζειν μὴ δύνωνται, κώπην δὲ ἐλαύνειν δύνωνται. Μιτυληναίους δὲ ἡβηδὸν ἀποσφάξαι· καὶ τοῦτο ἐψηφίσαντο, εἰσηγησαμένου Κλέωνος τοῦ Κλεαινέτου. Τούς γε μὴν ἁλισκομένους αἰχμαλώτους Σαμίων στίζειν κατὰ τοῦ προσώπου, καὶ εἶναι τὸ στίγμα γλαῦκα, καὶ τοῦτο Ἀττικὸν ψήφισμα. Οὐκ ἐβουλόμην δὲ αὐτὰ, οὔτε Ἀθήνῃσι κεκυρῶσθαι, οὔτε ὑπὲρ Ἀθηναίων λέγεσθαι, ὦ Πολιὰς Ἀθηνᾶ, καὶ Ἐλευθέριε Ζεῦ, καὶ οἱ Ἑλλήνων θεοὶ πάντες.

ι. Τιμόθεος, Πλάτωνος διαλεγομένου ἀκούσας, ἧττον εὐδαίμονα ἑαυτὸν ἔκρινεν.

ΤΙΜΟΘΕΟΝ ἀκούω τὸν Κόνωνος, τὸν Ἀθηναίων στρατηγὸν, ὅτε ἐν ἀκμῇ τῆς εὐτυχίας ἦν, καὶ ᾕρει τὰς πόλεις ῥᾷστα, καὶ οὐκ εἶχον Ἀθηναῖοι ὅποι ποτὲ αὐτὸν κατάθωνται ὑπὸ θαύματος τοῦ περὶ τὸν ἄνδρα· ἀλλὰ τοῦτόν γε Πλάτωνι τῷ Ἀρίστωνος περιτυχόντα, βαδίζοντι ἔξω τοῦ τείχους μετά τινων γνωρίμων, καὶ ἰδόντα σεμνὸν μὲν ἰδεῖν * τὸ πλάτος, ἵλεων δὲ τῷ προσώπῳ, διαλεγόμενον δὲ οὐχὶ περὶ εἰσφορᾶς χρημάτων, οὐδὲ ὑπὲρ τριήρων, οὐδὲ ὑπὲρ ναυτικῶν χρειῶν, οὐδὲ ὑπὲρ πληρω-

---

* Abest ἰδεῖν ab uno ms.

sens. Dans l'un et dans l'autre cas, le fait est également honteux et indigne des Athéniens.

9. *Décrets des Athéniens contre quelques peuples qui avaient abandonné leur parti.*

N'EST-IL pas étonnant que, sous un gouvernement démocratique, les Athéniens aient rendu des décrets si cruels ? L'un ordonnait de couper aux habitans d'Égine le pouce de la main droite [1], pour les mettre hors d'état de manier la lance, sans les rendre incapables de ramer ; un autre, dont Cléon, fils de Cléénète [2], fut l'auteur, condamnait à mort tous les jeunes gens de Mitylène [3]. Les Athéniens encore firent imprimer avec un fer chaud un hibou sur le visage de tous les prisonniers Samiens [4]. O Minerve, protectrice d'Athènes, ô vous, Jupiter Éleuthère [5], et tous les dieux des Grecs, vous savez que je désirerais qu'Athènes ne se fût jamais souillée par de semblables décrets, et qu'on n'eût pas à les reprocher à ses habitans !

10. *Timothée se crut moins heureux après avoir entendu discourir Platon.*

J'APPRENDS que Timothée, fils de Conon, général des Athéniens, dans le temps même où il était au comble du bonheur ; où, assiéger une ville et s'en rendre maître, était pour lui une même chose ; où enfin les Athéniens, dans l'excès de leur admiration pour lui, ne savaient plus à quel degré d'honneur ils devaient l'élever, rencontra Platon, fils d'Ariston, qui se promenait hors des murs, avec quelques-uns de ses disciples. En voyant ce philosophe, dont la taille avait je ne sais quoi d'imposant, qui était tempéré par la douceur de sa physionomie, discourir, non sur les contributions pécuniaires des citoyens, sur les trirèmes et les équipemens des vaisseaux, sur les

μάτων, οὐδὲ ὑπὲρ τοῦ δεῖν βοηθεῖν, οὐδὲ ὑπὲρ φόρου τοῦ τῶν συμμάχων, οὐδὲ ὑπὲρ τῶν νησιωτῶν, ἢ ὑπὲρ ἄλλου τινὸς τοιούτου φληνάφου· ὑπὲρ ἐκείνων δὲ, ὧν ἔλεγε Πλάτων, καὶ ὑπὲρ ὧν εἴθιστο σπουδάζειν, ἐπιστάντα τὸν Τιμόθεον τὸν τοῦ Κόνωνος, εἰπεῖν, Ὦ τοῦ βίου, καὶ τῆς ὄντως εὐδαιμονίας. Ἐκ τούτων οὖν δῆλον, ὡς ἑαυτὸν οὐ πάνυ τι εὐδαίμονα ἀπέφαινεν ὁ Τιμόθεος, ὅτι μὴ ἐν τούτοις, ἀλλ' ἐν τῇ παρ' Ἀθηναίων δόξῃ καὶ τιμῇ ἦν.

ια. *Περὶ τῶν ῥηθέντων ὑπὸ Σωκράτους περὶ τῶν ὑπὸ τῶν Τριάκοντα σφαττομένων.*

ΣΩΚΡΑΤΗΣ ἰδὼν* κατὰ τὴν ἀρχὴν τῶν Τριάκοντα τοὺς ἐνδόξους ἀναιρουμένους, καὶ βαρύτατα τοὺς πλουτοῦντας ὑπὸ τῶν Τυράννων ἐπιβουλευομένους, Ἀντισθένει φασὶ περιτυχόντα εἰπεῖν, Μή τί σοι μεταμέλει, ὅτι μέγα καὶ σεμνὸν οὐδὲν ἐγενόμεθα ἐν τῷ βίῳ, καὶ τοιοῦτοι, οἵους ἐν τῇ τραγῳδίᾳ τοὺς μονάρχας ὁρῶμεν, Ἀτρέας τε ἐκείνους, καὶ Θυέστας, καὶ Ἀγαμέμνονας, καὶ Αἰγίσθους; Οὗτοι μὲν γὰρ ἀποσφαττόμενοι, καὶ ἐκτραγῳδούμενοι, καὶ πονηρὰ δεῖπνα δειπνοῦντες καὶ ἐσθίοντες ἑκάστοτε ἐκκαλύπτονται· οὐδεὶς δὲ οὕτως ἐγένετο τολμηρός, οὐδὲ ἀναίσχυντος τραγῳδίας ποιητής, ὥστε εἰσαγαγεῖν εἰς δρᾶμα ἀποσφαττόμενον χοῖρον **.

ιβ. *Περὶ Θεμιστοκλέους παυσαμένου τῆς ἀσωτίας.*

ΘΕΜΙΣΤΟΚΛΕΟΥΣ τοῦ Νεοκλέους, οὐκ οἶδα εἰ ἐπαινεῖν χρὴ τοῦτο. Ἐπεὶ γὰρ τῆς ἀσωτίας ἐπαύσατο Θεμιστοκλῆς, ἀποκη-

---

* Gesner conj. Σωκράτην ἰδόντα. Frustra.
** Holstenius, χορόν.

soldats et les matelots qui devaient composer l'embarquement, sur la nécessité d'envoyer des secours, sur les tributs des alliés, sur les insulaires, et autres objets de cette espèce ; mais sur les matières philosophiques qu'il avait coutume de traiter, et dont il s'occupait uniquement : j'apprends, dis-je, que le fils de Conon s'écria : *Voilà ce qui s'appelle vivre, et jouir du véritable bonheur !* Timothée, par cette exclamation, témoignait clairement qu'il ne se croyait pas lui-même parfaitement heureux, puisqu'il cherchait le bonheur, non dans les grands objets qui occupaient Platon, mais dans la gloire et les honneurs dont les Athéniens pouvaient le combler.

11. *Ce que dit Socrate à l'occasion de ceux que les trente tyrans avaient fait mourir.*

SOCRATE voyant, dit-on, que sous la domination des trente tyrans, les personnages les plus illustres étaient mis à mort, et que les riches surtout étaient l'objet des plus rigoureuses recherches, dit un jour à Antisthène [1] qu'il rencontra : « Êtes-vous bien fâché que dans le cours de notre vie nous n'ayons rien fait de grand et de mémorable, et que nous ne soyons pas tels que ces rois si célèbres dans nos tragédies, les Atrée, les Thyeste, les Agamemnon, les Égisthe, qu'on nous représente toujours, ou déplorant leurs malheurs, ou assassinés, ou faisant des repas abominables [2] ; au lieu que nul poète tragique n'a eu l'audace et l'effronterie d'introduire dans sa pièce un pourceau [3] qu'on égorge ? »

12. *Mot de Thémistocle.*

JE ne sais si ce que je vais raconter de Thémistocle est digne de quelque louange. Thémistocle se voyant déshérité par son père [3], quitta la vie dissolue qu'il avait menée

ρυχθεὶς ὑπὸ τοῦ πατρὸς, καὶ ὑπήρχετό πως τοῦ σωφρονεῖν, καὶ τῶν μὲν ἑταιρῶν ἀπέστη, ἤρα δὲ ἔρωτα ἕτερον, τὸν τῆς πολιτείας τῶν Ἀθηναίων, καὶ θερμότατα ἐπεχείρει ταῖς ἀρχαῖς, καὶ ἑαυτὸν ἔσπευδεν εἶναι πρῶτον, ἔλεγέ, φασι, πρὸς τοὺς γνωρίμους, Τί δ' ἂν ἐμοὶ * δοίητε, ὃς οὔπω φθονοῦμαι; Ὅστις δὲ ἐρᾷ φθονεῖσθαι, τοῦτο δή που τὸ τοῦ Εὐριπίδου, Περιβλέπεσθαι σπεύδει. Ὅτι δὲ τοῦτ' ἔστι κενὸν, ὁ αὐτὸς Εὐριπίδης φησί.

ιγ. Περὶ Σωκράτους κωμῳδουμένου ὑπὸ Ἀριστοφάνους.

Ἐπετίθεντο τῷ Σωκράτει καὶ ἐπεβούλευον οἱ ἀμφὶ τὸν Ἄνυτον, ὧν χάριν καὶ δι' ἃς αἰτίας, λέλεκται πάλαι. Ὑφορώμενοι δὲ τοὺς Ἀθηναίους, καὶ δεδιότες, ὅπως ποτὲ ἕξουσι πρὸς τὴν κατηγορίαν τοῦ ἀνδρὸς (πολὺ γὰρ ἦν τὸ τοῦ Σωκράτους ὄνομα, διά τε τὰ ἄλλα, καὶ ὅτι τοὺς σοφιστὰς ἤλεγχεν, οὐδὲν ὑγιὲς ὄντας, οὐδέ τι σπουδαῖον, ἢ εἰδότας, ἢ λέγοντας)· ἐκ τούτων οὖν ἐβουλήθησαν πεῖραν καταθεῖναι ** ὑπὲρ τῆς κατ' αὐτοῦ διαβολῆς. Τὸ μὲν γὰρ ἄντικρυς ἀπενέγκασθαι γραφὴν κατ' αὐτοῦ παραχρῆμα οὐκ ἐδοκίμαζον, δι' ἃ προεῖπον, καὶ δὴ ἐκεῖνα δὲ, μή ποτε ἄρα ἀγριάναντες οἱ φίλοι οἱ τοῦ Σωκράτους ἐξάψωσι κατ' αὐτῶν τοὺς δικαστάς, εἶτά τι πάθωσι κακὸν ἀνήκεστον, ἅτε συκοφαντοῦντες ἄνδρα, οὐ μόνον οὐδενὸς αἴτιον κακοῦ τῇ πόλει, ἐκ δὲ τῶν ἐναντίων καὶ κόσμον ταῖς Ἀθήναις ὄντα. Τί οὖν ἐπινοοῦσιν; Ἀριστοφάνην τὸν τῆς κωμῳδίας ποιητὴν, βωμολόχον ἄνδρα καὶ γελοῖον ὄντα, καὶ εἶναι σπεύδοντα, ἀναπείθουσι κωμῳδῆσαι τὸν Σωκράτη, ταῦτα δή που τὰ περιφερόμενα, Ὡς ἦν ἀδολέσχης, λέγων τε αὖ καὶ τὸν

---

* Coray post Casaub., ἐμοῦ.
** Id. post Kuhnium, καθεῖναι.

jusqu'alors, et commença à penser plus sensément; il cessa surtout d'avoir aucun commerce avec les courtisanes. L'ambition d'entrer dans le gouvernement d'Athènes remplaça ses anciennes passions. Comme il briguait les charges de la république avec ardeur, et qu'il aspirait à la première place, on rapporte qu'il dit un jour à ses amis : « Quel emploi pourriez-vous me donner, à moi qui n'ai point encore mérité d'avoir des envieux? » Chercher à exciter l'envie, c'est désirer, comme dit Euripide, de fixer sur soi les regards du public [1]; et cela même, ajoute le poète, est une chose bien vaine.

13. *De Socrate joué sur le théâtre par Aristophane.*

ANYTUS et ses amis épiaient les occasions de nuire à Socrate, pour des raisons dont il a été souvent parlé [2] : mais ils n'étaient pas sûrs des dispositions des Athéniens; ils les craignaient, ne sachant comment le peuple recevrait une accusation formée contre un homme tel que Socrate : car le nom de Socrate était généralement respecté pour bien des motifs, surtout à cause du talent qu'il avait de confondre la vanité des sophistes, en leur prouvant qu'ils ne savaient et n'enseignaient rien de vrai, rien d'utile. Ils prirent donc la résolution de tâter les esprits par un essai; car ils jugèrent qu'il ne serait pas sage, pour les raisons que j'ai dites, d'appeler brusquement Socrate en justice : il était d'ailleurs à craindre que ses amis irrités n'animassent les juges contre les accusateurs, et ne les fissent punir sévèrement, pour avoir osé calomnier un citoyen qui, loin d'avoir causé aucun dommage à la république, en était l'ornement et la gloire. Voici comment ils s'y prirent : ils engagèrent Aristophane, poète comique, bouffon de profession, naturellement plaisant et s'étudiant à l'être, à représenter Socrate dans une comédie, avec tous les défauts qu'on lui reprochait : qu'il était grand parleur; qu'en discourant il avait l'art de faire pa-

ἥττω λόγον ἀπέφαινε κρείττονα, καὶ ἐσῆγε ξένους δαίμονας, καὶ οὐκ ᾔδει θεοὺς, οὐδ᾽ ἐτίμα, τὰ δὲ αὐτὰ ταῦτα καὶ τοὺς προσιόντας αὐτῷ ἐδίδασκέ τε, καὶ εἰδέναι ἀνέπειθεν. Ὁ δὲ Ἀριστοφάνης, λαβόμενος ὑποθέσεως εὖ μάλα ἀνδρικῆς*, ὑποσπείρας γέλωτα, καὶ τὸ ἐκ τῶν μέτρων αἱμύλον, καὶ τὸν ἄριστον τῶν Ἑλλήνων λαβὼν ὑπόθεσιν· οὐ γάρ οἱ κατὰ Κλέωνα** ἦν τὸ δρᾶμα, οὐδὲ ἐκωμῴδει Λακεδαιμονίους, ἢ Θηβαίους, ἢ Περικλέα αὐτόν· ἀλλ᾽ ἄνδρα τοῖς τε ἄλλοις θεοῖς φίλον, καὶ δὴ καὶ μάλιστα τῷ Ἀπόλλωνι· ἅτε οὖν ἄηθες πρᾶγμα καὶ ὅραμα παράδοξον ἐν σκηνῇ καὶ κωμῳδίᾳ Σωκράτης, πρῶτον μὲν ἐξέπληξεν ἡ κωμῳδία τῷ ἀδοκήτῳ τοὺς Ἀθηναίους. Εἶτα δὲ καὶ, φύσει φθονεροὺς ὄντας, καὶ τοῖς ἀρίστοις βασκαίνειν προῃρημένους, οὐ μόνον τοῖς ἐν τῇ πολιτείᾳ καὶ ταῖς ἀρχαῖς, ἀλλ᾽ ἔτι καὶ πλέον τοῖς εὐδοκιμοῦσιν, ἢ ἐν λόγοις ἀγαθοῖς, ἢ ἐν βίου σεμνότητι, ἄκουσμα ἔδοξεν ἥδιστον αἵδε αἱ Νεφέλαι, καὶ ἐκρότουν τὸν ποιητὴν, ὡς οὔ ποτε ἄλλοτε, καὶ ἐβόων νικᾷν, καὶ προσέταττον τοῖς κριταῖς ἄνωθεν Ἀριστοφάνην, ἀλλὰ μὴ ἄλλον, γράφειν. Καὶ τὰ μὲν τοῦ δράματος τοιαῦτα. Ὁ δὲ Σωκράτης σπάνιον μὲν ἐπεφοίτα τοῖς θεάτροις, εἴ ποτε δὲ Εὐριπίδης ὁ τῆς τραγῳδίας ποιητὴς ἠγωνίζετο καινοῖς τραγῳδοῖς, τότε γε ἀφικνεῖτο. Καὶ Πειραιοῖ δὲ ἀγωνιζομένου τοῦ Εὐριπίδου, καὶ ἐκεῖ κατῄει· ἔχαιρε γὰρ τῷ ἀνδρὶ, δηλονότι διά τε τὴν σοφίαν αὐτοῦ, καὶ τὴν ἐν τοῖς μέτροις ἀρετήν. Ἤδη δέ ποτε αὐτὸν ἐρεσχελῶν Ἀλκιβιάδης ὁ Κλεινίου, καὶ Κριτίας ὁ Καλλαίσχρου, καὶ κωμῳδῶν ἀκοῦσαι παρελθόντα εἰς τὸ θέατρον ἐξεβιάσαντο. Ὁ δὲ αὐτοῖς οὐκ ἠρέσκετο, ἀλλὰ δεινῶς κατεφρόνει (ἅτε ἀνὴρ σώφρων, καὶ δίκαιος, καὶ ἀγαθὸς, καὶ ἐπὶ τούτοις σοφός) ἀνδρῶν κερτόμων, καὶ ὑβριστῶν, καὶ ὑγιὲς λεγόντων οὐδέν·

---

* Gesner, ἀνδρικῶς.
** Kuhn, Κλέωνος.

raître bon ce qui était mauvais; qu'il introduisait de nouvelles divinités [1]; qu'il ne reconnaissait ni n'adorait les dieux des Athéniens; que c'était là ce qu'il enseignait, ce qu'il exigeait qu'apprissent ceux qui allaient l'entendre. Aristophane saisit ardemment ce sujet, y jeta le ridicule avec profusion, l'orna des grâces de la poésie, et traduisit ainsi sur le théâtre le plus grand homme de la Grèce : car il ne s'agissait plus de jouer ni Cléon, ni les Lacédémoniens ou les Thébains, ni même Périclès [2]; c'était un homme chéri des dieux et surtout d'Apollon, qui devenait le sujet du drame. Les Athéniens, qui ne s'attendaient pas au spectacle qu'on leur avait préparé, et moins encore à voir Socrate sur la scène dans une comédie, furent d'abord singulièrement étonnés. Mais comme ils sont envieux par caractère et détracteurs nés, tant de ceux qui ont part au gouvernement et qui remplissent les magistratures, que de tous ceux qui se distinguent par leur sagesse, ou se rendent respectables par leur vertu, ils prirent beaucoup de plaisir à la comédie des *Nuées* : ils donnèrent au poëte plus d'applaudissemens qu'il n'en avait jamais reçu, le déclarèrent vainqueur avec acclamation, et ordonnèrent aux juges d'inscrire le nom d'Aristophane au-dessus de ceux de ses concurrens [3]. Voilà ce qui regarde la pièce. A l'égard de Socrate, il allait rarement aux spectacles : on ne l'y voyait que quand Euripide entrait en lice avec quelques nouveaux poëtes tragiques; il allait de même au Pirée, quand Euripide y disputait le prix. Il faisait grand cas de ce poëte, pour l'excellence de son talent, et pour la vertu que respirent ses ouvrages. Quelquefois cependant Alcibiade, fils de Clinias, et Critias, fils de Calleschrus, contraignaient, par leurs plaisanteries, Socrate d'aller au théâtre, et le forçaient d'entendre la comédie; mais loin d'y prendre aucun plaisir, cet homme sensé, juste, vertueux, et par-dessus tout, bon connaisseur, méprisait des auteurs qui ne savent que

ἅπερ ἐλύπει δεινῶς αὐτούς. Καὶ ταῦτα οὖν τῆς κωμῳδίας ἦν αὐτῷ τὰ σπέρματα, ἀλλ' οὐ μόνον, ἃ παρὰ τοῦ Ἀνύτου καὶ Μελίτου ὡμολόγηται. Εἰκὸς δὲ καὶ χρηματίσασθαι ὑπὲρ τούτων Ἀριστοφάνην. Καὶ γὰρ βουλομένων, μᾶλλον δὲ ἐκ παντὸς συκοφαντῆσαι τὸν Σωκράτη σπευδόντων ἐκείνων, καὶ αὐτὸν δὲ πένητα ἅμα καὶ κατάρατον ὄντα, τί παράδοξον ἦν, ἀργύριον λαβεῖν ἐπ' οὐδενὶ ὑγιεῖ; Καὶ ὑπὲρ μὲν τούτων αὐτὸς οἶδεν.

Εὐδοκίμει δ' οὖν αὐτῷ τὸ δρᾶμα. Καὶ γάρ τοι καὶ τὸ τοῦ Κρατίνου τοῦτο συνέβη, εἴ ποτε ἄλλοτε, καὶ τότε, τῷ θεάτρῳ νοσῆσαι τὰς φρένας. Καὶ ἅτε ὄντων Διονυσίων, πάμπολύ τι χρῆμα τῶν Ἑλλήνων σπουδῇ τῆς θέας ἀφίκετο. Περιφερομένου τοίνυν ἐν τῇ σκηνῇ τοῦ Σωκράτους, καὶ ὀνομαζομένου πολλάκις, οὐκ ἂν δὲ θαυμάσαιμι, εἰ καὶ βλεπομένου ἐν τοῖς ὑποκριταῖς (δῆλα γὰρ δὴ, ὅτι καὶ οἱ σκευοποιοὶ ἔπλασαν αὐτὸν ὡς ὅτι μάλιστα* ἐξεικάσαντες), ἀλλ' οἵγε ξένοι (τὸν γὰρ κωμῳδούμενον ἠγνόουν), θροῦς παρ' αὐτῶν ἐπανίσταται**, καὶ ἐζήτουν, ὅς τίς ποτε οὗτος ὁ Σωκράτης ἐστίν. Ὅπερ οὖν ἐκεῖνος αἰσθόμενος (καὶ γάρ τοι καὶ παρῆν οὐκ ἄλλως, οὐδὲ ἐκ τύχης, εἰδὼς δὲ, ὅτι κωμῳδοῦσιν αὐτόν· καὶ δὴ καὶ ἐν καλῷ τοῦ θεάτρου ἐκάθητο)· ἵνα οὖν λύσῃ τὴν τῶν ξένων ἀπορίαν, ἐξαναστὰς, παρ' ὅλον τὸ δρᾶμα, ἀγωνιζομένων τῶν ὑποκριτῶν, ἑστὼς ἐβλέπετο. Τοσοῦτον ἄρα περιῆν τῷ Σωκράτει τοῦ*** κωμῳδίας καὶ Ἀθηναίων καταφρονεῖν.

ιδ. Περὶ πλατάνου ὑπὸ τοῦ Ξέρξου ἐρωμένης.

Γελοῖος ἐκεῖνος ὁ Ξέρξης ἦν, εἴ γε θαλάσσης μὲν καὶ γῆς

---

* Olim malè, κάλλιστα.
** Cod. Mediceus, ἐπανίστατο. — *** Al., τῆς.

mordre et insulter, sans dire jamais rien d'utile. Voilà ce qui les indisposait contre lui ; ce qui contribua peut-être autant à le faire jouer, que le complot d'Anytus et de Mélitus, dont j'ai parlé. Il est néanmoins vraisemblable que ces deux hommes payèrent bien Aristophane, pour l'engager à y entrer. Serait-il étonnant que des gens qui désiraient avec ardeur de perdre Socrate, et qui en cherchaient tous les moyens, eussent donné de l'argent, et qu'Aristophane, pauvre et méchant, l'eût reçu, pour prix d'une action indigne ? Il sait ce qui en est.

Sa pièce fut très applaudie : jamais on n'eut une plus belle occasion de dire avec Cratinus, *que le théâtre avait l'esprit malade* [1]. Ce fut aux fêtes de Bacchus, pendant lesquelles la curiosité attire dans Athènes une multitude innombrable de Grecs, qu'on introduisit Socrate sur la scène. Comme son nom était répété sans cesse, qu'on pouvait même le croire en personne sur le théâtre, tant on avait rendu naturellement ses traits dans le masque du comédien qui le représentait ; il s'éleva une sorte de rumeur entre les étrangers, qui, ne connaissant pas celui qui était l'objet de la comédie, demandaient quel est ce Socrate. Le philosophe qui se trouvait au spectacle, non par hasard, mais parce qu'il avait su qu'on devait le jouer, s'était placé dans l'endroit le plus apparent ; le philosophe, dis-je, s'étant aperçu de l'inquiétude des étrangers, se leva pour la faire cesser, et resta debout durant la pièce, exposé aux regards de tout le monde [2]. Tant l'élévation de son âme lui faisait mépriser et les traits satiriques, et les Athéniens eux-mêmes.

14. *De la passion de Xerxès pour un platane.*

Xerxès dut paraître bien ridicule, lorsqu'on vit ce

κατεφρόνει τῆς Διὸς τέχνης, ἑαυτῷ δὲ εἰργάζετο καινὰς ὁδοὺς, καὶ πλοῦν ἀήθη, δεδούλωτο δὲ πλατάνῳ, καὶ ἐθαύμαζε τὸ δένδρον. Ἐν Λυδίᾳ γοῦν, φασὶν, ἰδὼν φυτὸν εὐμέγεθες πλατάνου, καὶ τὴν ἡμέραν ἐκείνην κατέμεινεν, οὐδέν τι δεόμενος, καὶ ἐχρήσατο σταθμῷ τῇ ἐρημίᾳ τῇ περὶ τὴν πλάτανον. Ἀλλὰ καὶ ἐξῆψεν αὐτῆς κόσμον πολυτελῆ, στρεπτοῖς καὶ ψιλλίοις τιμῶν τοὺς κλάδους, καὶ μελεδωνὸν αὐτῇ κατέλιπεν, ὥσπερ ἐρωμένῃ φύλακα καὶ φρουρόν. Ἐκ δὲ τούτων τί τῷ δένδρῳ καλὸν ἀπήντησεν; Ὁ μὲν γὰρ κόσμος ὁ ἐπίκτητος, καὶ μηδὲν αὐτῷ προσήκων, ἄλλως ἐκρέματο, καὶ συνεμάχετο εἰς ὥραν οὐδέν. Ἐπεὶ τοῦ φυτοῦ κάλλος ἐκεῖνό ἐστιν, εὐγενεῖς οἱ κλάδοι, καὶ ἡ κόμη πολλὴ, καὶ στερεὸν τὸ πρέμνον, καὶ αἱ ῥίζαι ἐν βάθει, καὶ διασείοντες οἱ ἄνεμοι, καὶ ἀμφιλαφὴς ἡ ἐξ αὐτοῦ σκιὰ, καὶ ἀναστρέφουσαι αἱ ὧραι, καὶ ὕδωρ τὸ μὲν διὰ τῶν ὀχετῶν ἐκτρέφον, τὸ δὲ ἐξ οὐρανοῦ ἐπάρδον· χλαμύδες δὲ αἱ Ξέρξου, καὶ χρυσὸς ὁ τοῦ βαρβάρου, καὶ τὰ ἄλλα δῶρα, οὔτε πρὸς τὴν πλάτανον, οὔτε πρὸς ἄλλο δένδρον εὐγενὲς ἦν.

ιε. Περὶ τῶν τοὺς τῶν Ἐφόρων θρόνους ἀσβόλῳ χρισαμένων.

ΚΛΑΖΟΜΕΝΙΩΝ τινὲς εἰς τὴν Σπάρτην ἀφικόμενοι, καὶ ὕβρει καὶ ἀλαζονείᾳ χρώμενοι, τοὺς τῶν Ἐφόρων θρόνους, ἔνθα εἰώθασι καθήμενοι χρηματίζειν, καὶ τῶν πολιτικῶν ἕκαστα διατάττειν, ἀλλὰ τούτους γε τοὺς θρόνους ἀσβόλῳ κατέχρισαν. Μαθόντες δὲ οἱ Ἔφοροι, οὐκ ἠγανάκτησαν, ἀλλὰ τὸν δημόσιον κήρυκα καλέσαντες, προσέταξαν αὐτὸν δημοσίᾳ κηρύξαι τοῦτο δὴ τὸ θαυμαζόμενον, Ἐξέστω Κλαζομενίοις ἀσχημονεῖν.

prince, qui semblait avoir insulté à Jupiter, dont la terre et les mers sont l'ouvrage [3], en ouvrant à ses vaisseaux des passages dans des lieux qui n'étaient point navigables, et se formant des routes solides sur les ondes; lorsqu'on le vit, dis-je, se passionner pour un platane, et lui rendre une espèce de culte. On raconte qu'ayant trouvé en Lydie un platane d'une prodigieuse hauteur, il fit dresser ses tentes autour de cet arbre, et s'arrêta un jour entier dans ce lieu désert, où rien ne l'obligeait de rester. Il y suspendit ce qu'il avait de plus précieux; il orna les branches de colliers et de bracelets; puis, en partant, il laissa quelqu'un pour en avoir soin, et pour être comme le surveillant et le gardien de l'objet de sa passion. Que gagnait l'arbre à cette décoration? Les ornemens dont on le chargeait, parure bien étrangère, pendaient inutilement à ses branches, et n'ajoutaient rien à sa beauté. Ce qui embellit un arbre, ce sont des rameaux vigoureux, un feuillage touffu, un tronc robuste, des racines profondes, un ombrage épais, le souffle léger du zéphyr, le retour égal des saisons; enfin les eaux du ciel qui viennent l'arroser, et celles que des canaux conduisent jusqu'aux racines pour les nourrir. Mais les robes de Xerxès, son or, tous ses autres dons, ne peuvent rien pour un platane, ni pour quelque arbre que ce soit.

15. *Des Clazoméniens qui barbouillèrent de suie les siéges des éphores.*

Quelques Clazoméniens se trouvant à Sparte, eurent l'audace et l'insolence de barbouiller de suie les siéges sur lesquels les éphores s'asseyaient ordinairement pour rendre la justice, et pour délibérer sur les affaires de l'État [1]. Les éphores, en apprenant cette insulte, au lieu d'en témoigner de l'indignation, mandèrent un crieur public, et lui ordonnèrent de publier partout ce décret mémorable : *Qu'il soit permis aux Clazoméniens d'être insolens.*

ιϛ´. Περὶ Φωκίωνος.

ΦΩΚΙΩΝΟΣ δὲ τοῦ Φώκου καὶ τοῦτο ἔγωγε ἔγνων καλόν· παρελθὼν γὰρ εἰς τοὺς Ἀθηναίους, ἐκκλησίας οὔσης, ἐπεί τι αὐτοῖς ἐμέμφετο ἀγνωμονοῦσι, πάνυ σφόδρα πεπαιδευμένως καὶ πληκτικῶς εἶπε, Βούλομαι μᾶλλόν τι ὑφ᾿ ὑμῶν παθεῖν κακὸν αὐτὸς, ἢ αὐτός τι ὑμᾶς κακῶς δρᾶσαι.

ιζ´. Περὶ Μάγων τῶν ἐν Πέρσαις σοφίας, καὶ Ὤχου.

Ἡ ΤΩΝ ἐν Πέρσαις Μάγων σοφία, τά τε ἄλλα οἶδεν, ὁπόσα αὐτοῖς εἰδέναι θέμις, καὶ οὖν καὶ μαντεύεσθαι. Οἵπερ οὖν καὶ προεῖπον τὴν τοῦ Ὤχου περὶ τοὺς ὑπηκόους ἀγριότητα, καὶ τὸ φονικὸν αὐτοῦ, διά τινων ἀπορρήτων συμβόλων καταγνόντες τοῦτο. Ὅτε γὰρ Ἀρταξέρξου, τοῦ πατρὸς αὐτοῦ, τελευτήσαντος, εἰς τὴν βασιλείαν τῶν Περσῶν ὁ Ὤχος παρῆλθεν, οἱ Μάγοι προσέταξαν τῶν εὐνούχων τινὶ, τῶν πλησίον παρεστώτων, φυλάξαι τὸν Ὤχον, τῆς τραπέζης παρατεθείσης, τίνι πρῶτον τῶν παρακειμένων ἐπιχειρεῖ. Καὶ ὁ μὲν εἱστήκει τηρῶν τοῦτο· ὁ δὲ Ὤχος, τὰς χεῖρας ἐκτείνας, τῇ μὲν δεξιᾷ τῶν μαχαιρίων τῶν παρακειμένων ἓν ἔλαβε, τῇ δὲ ἑτέρᾳ τὸν μέγιστον τῶν ἄρτων προσειλκύσατο, καὶ ἐπιθεὶς ἐπ᾿ αὐτὸν * τῶν κρεῶν, εἶτα τέμνων, ἤσθιεν ἀφειδῶς. Ἅπερ ἀκούσαντες οἱ Μάγοι, δύο ταῦτα ἐμαντεύσαντο, εὐετηρίαν τὴν ἐξ ὡρῶν, καὶ εὐφορίαν τὴν παρὰ τὸν τῆς ἀρχῆς αὐτοῦ χρόνον, καὶ πολλοὺς φόνους· καὶ οὐ διεψεύσαντο.

---

* Vulg. habent αὐτῶν. Kuhnius legere suadet, αὐτῷ. Sequimur, ut jam Cor. fecit, emendationem Cuperi.

16. *De Phocion.*

JE sais un beau trait de Phocion, fils de Phocus. Un jour qu'il parlait dans l'assemblée des Athéniens, et qu'il leur faisait quelques reproches sur leur ingratitude : « Au reste, ajouta-t-il, avec autant d'honnêteté que de force, j'aime encore mieux avoir à me plaindre de vous, que de vous donner sujet de vous plaindre de moi. »

17. *Des mages de la Perse, et d'Ochus.*

LA science des mages chez les Perses n'était pas bornée aux objets dont ils devaient être instruits par état; elle s'étendait à beaucoup d'autres choses, et particulièrement à la connaissance de l'avenir. C'est ainsi, par exemple, qu'ils annoncèrent que le règne d'Ochus [1] serait cruel et sanguinaire : ce qu'ils connurent à des signes qu'eux seuls pouvaient entendre. Lorsque après la mort d'Artaxerxe, Ochus son fils monta sur le trône de Perse, les mages ordonnèrent à un eunuque, du nombre de ceux qui approchaient le plus près de la personne du roi, d'observer, quand on aurait servi, auquel des plats Ochus porterait d'abord la main. L'eunuque, qui regardait avec attention, remarqua que le roi étendant à la fois ses deux mains, prit de la droite un des couteaux qui étaient sur la table, de la gauche un très-gros pain, sur lequel il mit de la viande, et qu'après l'avoir coupé il mangea avec avidité. Les mages, sur le compte qui leur fut rendu, firent cette double prédiction, que l'année serait fertile dans toutes les saisons, et que les récoltes seraient abondantes durant tout le règne d'Ochus, mais qu'il y aurait beaucoup de sang répandu. Leurs prédictions furent accomplies.

ιη. Περὶ δείπνων πολυτελῶν.

Τιμόθεος ὁ Κόνωνος, στρατηγὸς τῶν Ἀθηναίων, ἀποστὰς ποτὲ τῶν δείπνων πολυτελῶν καὶ τῶν ἑστιάσεων τῶν στρατηγικῶν ἐκείνων, παραληφθεὶς ὑπὸ Πλάτωνος εἰς τὸ ἐν Ἀκαδημίᾳ συμπόσιον, καὶ ἑστιαθεὶς ἀφελῶς ἅμα, καὶ μουσικῶς, ἔφη πρὸς τοὺς οἰκείους ἐπανελθών, Ὅτι ἄρα οἱ παρὰ Πλάτωνι δειπνοῦντες, καὶ τῇ ὑστεραίᾳ καλῶς διάγουσιν. Ἐκ δὴ τούτου διέβαλε Τιμόθεος τὰ πολυτελῆ δεῖπνα, καὶ φορτικά, ὡς πάντως εἰς τὴν ὑστεραίαν οὐκ εὐφραίνοντα. Λόγος δέ, καὶ ἐκεῖνος ἀδελφὸς τῷ προειρημένῳ, καὶ ταὐτὸν νοῶν, οὐ μὴν τὰ αὐτὰ λέγων, περίεισιν, ὅτι ἄρα τῇ ὑστεραίᾳ ὁ Τιμόθεος περιτυχὼν τῷ Πλάτωνι εἶπεν, Ὑμεῖς, ὦ Πλάτων, εὖ δειπνεῖτε μᾶλλον εἰς τὴν ὑστεραίαν, ἢ εἰς τὴν παροῦσαν.

ιθ. Περὶ Ἀλεξάνδρου Θεὸν ἑαυτὸν καλεῖσθαι βουλομένου.

Ἀλέξανδρος, ὅτε ἐνίκησε Δαρεῖον, καὶ τὴν Περσῶν ἀρχὴν κατεκτήσατο, μέγα ἐφ᾿ ἑαυτῷ φρονῶν, καὶ ὑπὸ τῆς εὐτυχίας, τῆς περιλαβούσης αὐτὸν τότε, ἐκθεούμενος, ἐπέστειλε τοῖς Ἕλλησι, Θεὸν αὐτὸν ψηφίσασθαι. Γελοίως γε· οὐ γὰρ ἅπερ οὖν ἐκ τῆς φύσεως οὐκ εἶχε, ταῦτα ἐκ τῶν ἀνθρώπων αἰτῶν ἐκεῖνος ἐκέρδαινεν. Ἄλλοι μὲν οὖν ἄλλα ἐψηφίσαντο· Λακεδαιμόνιοι δὲ ἐκεῖνα, Ἐπειδὴ Ἀλέξανδρος βούλεται Θεὸς εἶναι, ἔστω Θεός· Λακωνικῶς τε ἅμα, καὶ κατὰ τὸν ἐπιχώριον σφίσι τρόπον, ἐλέγξαντες τὴν ἔμπληξιν οἱ Λακεδαιμόνιοι τοῦ Ἀλεξάνδρου.

κ. Περὶ Ἀντιγόνου βασιλέως πρᾳότητος.

Ἀντίγονόν φασι τὸν βασιλέα δημοτικὸν καὶ πρᾷον γενέσθαι. Καὶ ὅτῳ μὲν σχολὴ τὰ κατ᾿ αὐτὸν εἰδέναι, καὶ αὐτὰ ἕκαστα ἐξετάζειν ὑπὲρ τοῦ ἀνδρός, εἴσεται ἑτέρωθεν. Εἰρήσε-

18. *Mot de Timothée*

Un jour Timothée, fils de Conon, général des Athéniens, s'étant dérobé à un de ces repas splendides, tels qu'on les sert sur la table d'un général, alla souper chez Platon dans l'Académie. Il y trouva une chère frugale, mais une conversation savante. De retour chez lui, il dit à ses familiers : « Ceux qui soupent avec Platon, s'en trouvent encore bien le lendemain. » Timothée faisait ainsi la critique de ces repas dont la somptuosité est à charge, et qui ne laissent pour le lendemain aucun sentiment de plaisir. On rapporte ce même mot de Timothée exprimé autrement, quoiqu'il renferme le même sens : on dit qu'ayant rencontré Platon le lendemain de ce souper, « Vous autres, lui dit-il, vous soupez mieux pour le lendemain, que pour le jour même. »

19. *D'Alexandre qui voulait être appelé* Dieu.

Alexandre, après la défaite de Darius et la conquête du royaume de Perse, ne mit plus de bornes à ses vues ambitieuses : enivré de sa fortune, il s'érigea lui-même en divinité, et manda aux Grecs qu'ils eussent à le déclarer Dieu. Idée bien ridicule : pouvait-il espérer d'obtenir des hommes ce que la nature lui avait refusé ? Il y eut différens décrets rendus à cette occasion ; et tel fut celui des Lacédémoniens : *Puisque Alexandre veut être dieu, qu'il soit dieu*. Cette courte réponse, conforme à leur génie, était un trait sanglant contre l'extravagance d'Alexandre.

20. *De l'humanité du roi Antigonus.*

Le roi Antigonus était, dit-on, très-populaire, et d'un caractère extrêmement doux. Ceux qui voudront en savoir davantage sur ce prince, et s'instruire à fond du détail de

ται δ' οὖν αὐτοῦ καὶ πάνυ πρᾷον, καὶ ἄτυφον, ὃ μέλλω λέγειν. Ὁ Ἀντίγονος οὗτος, ὁρῶν τὸν υἱὸν τοῖς ὑπηκόοις χρώμενον βιαιότερόν τε καὶ θρασύτερον, Οὐκ οἶσθα, εἶπεν, ὦ παῖ, τὴν βασιλείαν ἡμῶν ἔνδοξον εἶναι δουλείαν; Καὶ τὰ μὲν τοῦ Ἀντιγόνου πρὸς τὸν παῖδα πάνυ ἡμέρως ἔχει καὶ φιλανθρώπως. Ὅτῳ δὲ οὐ δοκεῖ ταύτῃ, ἀλλ' ἐκεῖνός γε οὐ δοκεῖ μοι βασιλικὸν ἄνδρά τε εἰδέναι, οὐδὲ πολιτικόν, τυραννικῷ δὲ συμβιῶσαι μᾶλλον.

κα. Περὶ Παυσανίου, Ἀγάθωνος τοῦ ποιητοῦ ἐρωμένου.

ἈΓΆΘΩΝΟΣ ἤρα τοῦ ποιητοῦ Παυσανίας ὁ ἐκ Κεραμέων *. Καὶ τοῦτο μὲν διατεθρύλληται· ὃ δὲ μὴ εἰς πάντας πεφοίτηκεν, ἀλλ' ἐγώ, ὦ ἐρῶ. Εἰς Ἀρχελάου ποτὲ ἀφίκοντο, ὅ τε ἐραστὴς καὶ ὁ ἐρώμενος οὗτοι. Ἦν δὲ ἄρα ὁ Ἀρχέλαος ἐρωτικὸς οὐχ ἧττον, ἢ καὶ φιλόμουσος. Ἐπεὶ τοίνυν ἑώρα διαφερομένους πρὸς ἀλλήλους τόν τε Παυσανίαν καὶ τὸν Ἀγάθωνα πολλάκις, οἰόμενος τὸν ἐραστὴν ὑπὸ τῶν παιδικῶν παρορᾶσθαι, ἤρετο ἄρα τὸν Ἀγάθωνα ὁ Ἀρχέλαος, τί βουλόμενος οὕτω πυκνὰ ἀπεχθάνεται τῷ πάντων μάλιστα φιλοῦντι αὐτόν; Ὁ δέ, Ἐγώ σοι, ἔφη, φράσω, βασιλεῦ. Οὔτε γὰρ εἰμι πρὸς αὐτὸν δύσερις, οὔτε ἀγροικίᾳ πράττω τοῦτο· εἰ δέ τι καὶ ἐγὼ ἠθῶν ἐπαΐω τῇ τε ἄλλῃ, καὶ ἐκ ποιητικῆς, ἥδιστον εὑρίσκω εἶναι τοῖς ἐρῶσι πρὸς τὰ παιδικὰ ἐκ διαφορᾶς καταλλάσσεσθαι, καὶ πεπίστευκα, οὐδὲν αὐτοῖς οὕτως ἀπαντᾶν τερπνόν. Τούτου γοῦν τοῦ ἡδέος πολλάκις αὐτῷ μεταδίδωμι, ἐρίζων πρὸς αὐτὸν πλεονάκις. Εὐφραίνεται γὰρ καταλυομένου μου τὴν πρὸς αὐτὸν ἔριν συνεχῶς. Ὁμαλῶς δὲ καὶ συνήθως προσιόντος, οὐκ εἴσεται τὴν διαφορότητα. Ἐπῄνεσε ταῦτα ὁ Ἀρχέλαος, ὡς λόγος. Ἤρα δέ, φασι, τοῦ αὐτοῦ Ἀγάθωνος τούτου καὶ Εὐριπίδης ὁ ποιητής, καὶ τὸν Χρύσιππον

---

* Malè mss., Κεραμείων.

ses actions, pourront l'apprendre ailleurs. Le trait que je vais rapporter suffira pour donner une idée de sa modération et de sa douceur. Antigonus, voyant que son fils traitait ses sujets avec hauteur et avec dureté : « Ne savez-vous pas, mon fils, lui dit-il, que notre royauté n'est qu'un honorable esclavage? » Ce mot d'Antigonus respire la bonté et l'humanité : quiconque ne pense pas de même, me paraît ignorer ce que c'est qu'un roi, ou un homme d'état, et n'avoir vécu qu'avec des tyrans.

21. *De Pausanias, et du poëte Agathon son ami.*

On a beaucoup parlé de la tendresse de Pausanias [1], habitant du Céramique, pour le poëte Agathon [2] : en voici un trait qui est peu connu. Ces deux amis allèrent un jour à la cour d'Archélaüs [3], prince également sensible aux charmes de la littérature et à la douceur de l'amitié. Archélaüs remarqua qu'ils étaient souvent en querelle : il soupçonna que la mésintelligence venait du côté d'Agathon, et lui demanda d'où pouvait naître l'aigreur avec laquelle il contrariait sans cesse l'homme du monde qui le chérissait le plus. « Prince, répondit Agathon, je vais vous le dire. Ce n'est ni par humeur, ni par grossièreté que j'en use ainsi avec Pausanias; mais comme, par la lecture des poëtes et par d'autres études, j'ai acquis quelque connaissance du cœur humain, je sais qu'entre gens qui s'aiment, les alternatives d'empressement et de froideur font un effet délicieux, et que rien n'est plus agréable que le raccommodement après une brouillerie [4]. Afin donc de procurer ce plaisir à Pausanias, je suis rarement d'accord avec lui : aussi, la joie renaît dans son cœur, dès que je cesse de le quereller. Si ma conduite avec lui était toujours égale et uniforme, il ne connaîtrait pas le charme de la variété. » Archélaüs loua, dit-on, cette façon d'agir. On prétend que le poëte Euripide fut aussi des amis

τὸ δρᾶμα αὐτῷ χαριζόμενος λέγεται διαφροντίσαι. Καὶ εἰ μὲν σαφὲς τοῦτο, ἀποφήνασθαι οὐκ οἶδα, λεγόμενον δ᾽ οὖν αὐτὸ οἶδα ἐν τοῖς μάλιστα.

κβ. *Ὅτι εὐνομώτατοι Μαντινεῖς.*

Εὐνομωτάτους γενέσθαι καὶ Μαντινέας ἀκούω οὐδὲν ἧττον Λοκρῶν, οὐδὲ Κρητῶν, οὐδὲ Λακεδαιμονίων αὐτῶν, οὐδ᾽ Ἀθηναίων. Σεμνὸν γάρ τι χρῆμα καὶ τὸ Σόλωνος ἐγένετο, εἰ καὶ μετὰ ταῦτα Ἀθηναῖοι κατὰ μικρὸν τῶν νόμων τινὰς, τῶν ἐξ αὐτοῦ γραφέντων αὐτοῖς, διέφθειραν.

κγ. *Ὅτι Νικόδωρος, πύκτης ὤν, καὶ νομοθέτης ἐγένετο.*

Νικόδωρος δὲ ὁ πύκτης ἐν τοῖς εὐδοκιμωτάτοις Μαντινέων γενόμενος, ἀλλὰ ὀψὲ τῆς ἡλικίας, καὶ μετὰ τὴν ἄθλησιν, νομοθέτης αὐτοῖς ἐγένετο, μακρῷ τοῦτο ἄμεινον πολιτευσάμενος τῇ πατρίδι τῶν κηρυγμάτων τῶν ἐν τοῖς σταδίοις. Φασὶ δὲ αὐτῷ Διαγόραν τὸν Μήλιον συνθεῖναι τοὺς νόμους, ἐραστὴν γενόμενον. Εἶχόν τι καὶ περαιτέρω ὑπὲρ Νικοδώρου εἰπεῖν· ὡς δ᾽ ἂν μὴ δοκοίην καὶ τὸν ἔπαινον τὸν τοῦ Διαγόρου προσπαραλαμβάνειν, εἰς τοσοῦτον διηνύσθω τὰ τοῦ λόγου. Θεοῖς γὰρ ἐχθρὸς Διαγόρας, καὶ οὔ μοι ἥδιον ἐπὶ πλεῖστον μεμνῆσθαι αὐτοῦ.

κδ. *Ὅτι ὁ Μίλων τὸ σῶμα ἰσχυρὸς ἦν, τὴν δὲ ψυχὴν οὐκ ἀνδρεῖος.*

Ἤδη τινὲς τὴν Μίλωνος τοῦ Κροτωνιάτου περιφερομένην ῥώμην ἐξέβαλον, τοιαῦτα ὑπὲρ αὐτοῦ λέγοντες· Μίλωνος τούτου τὴν ῥοιὰν, ἣν ἐν τῇ χειρὶ κατεῖχεν, οὐδεὶς τῶν ἀντιπάλων ἑλεῖν ἐδύνατο· ἡ δὲ ἐρωμένη αὐτοῦ, ῥᾷστα αὐτὴν ἐξῄρει, φιλονεικοῦσα πρὸς αὐτὸν πολλάκις. Ἐκ δὴ τούτου νοεῖν ἔσται, ὅτι ὁ Μίλων ἰσχυρὸς μὲν τὸ σῶμα ἦν, ἀνδρεῖος δὲ τὴν ψυχὴν οὐκ ἦν.

d'Agathon, et même qu'il composa pour lui la tragédie de *Chrysippe*. Je ne puis garantir ce fait : tout ce que je sais, c'est que je l'ai ouï souvent répéter.

22. *De la sagesse des lois de Mantinée* [1].

LES Mantinéens avaient des lois très-sages, et qui ne le cédaient point à celles des Locriens [2], des Crétois, des Lacédémoniens, et même des Athéniens. A l'égard de ceux-ci, ils abrogèrent peu à peu une partie des lois que le respectable Solon leur avait données.

23. *De Nicodore, athlète et législateur.*

CE fut Nicodore, un des athlètes les plus renommés parmi les Mantinéens, qui, dans sa vieillesse, ayant renoncé au pugilat, devint leur législateur. Il servit ainsi bien plus utilement sa patrie qu'il ne l'avait fait par ses victoires dans le stade. On dit, à la vérité, que ses lois étaient l'ouvrage de Diagoras de Mélos, qui les composa pour son ami. J'aurais beaucoup d'autres choses à dire de Nicodore ; mais je m'arrête pour ne pas donner lieu au soupçon que j'aie voulu joindre à son éloge celui de Diagoras [3]. Ce Diagoras était l'ennemi des dieux ; et je n'aimerais pas à m'étendre sur son compte.

24. *De Milon le Crotoniate* [4].

ON a dit autrefois, pour déprimer la force tant vantée de Milon de Crotone : « Quand Milon tient dans sa main une grenade, aucun de ses adversaires ne peut l'arracher ; mais si sa maîtresse s'en mêle, elle la lui ôte sans peine. » Je conclurais de là que Milon avait un corps vigoureux, et une âme faible.

κε'. Ὅτι ἡ ἕκτη τοῦ Θαργηλιῶνος δεξιὰ τοῖς Ἕλλησιν.

Τὴν ἕκτην τοῦ μηνὸς τοῦ Θαργηλιῶνος πολλῶν καὶ ἀγαθῶν αἰτίαν γενέσθαι λέγουσιν, οὐ μόνον τοῖς Ἀθηναίοις, ἀλλὰ καὶ ἄλλοις πολλοῖς. Αὐτίκα γοῦν Σωκράτης ἐν ταύτῃ ἐγένετο· καὶ Πέρσαι δὲ ἡττήθησαν τῇ ἡμέρᾳ ταύτῃ· καὶ Ἀθηναῖοι δὲ τῇ Ἀγροτέρᾳ ἀποθύουσι τὰς χιμαίρας τὰς τριακοσίας, κατὰ τὴν εὐχὴν τοῦ Μιλτιάδου δρῶντες τοῦτο. Τοῦ δ' αὐτοῦ μηνὸς ἕκτῃ ἱσταμένου, καὶ τὴν ἐν Πλαταιαῖς μάχην φασὶ γενέσθαι, καὶ νικῆσαι τοὺς Ἕλληνας· τὴν γὰρ προτέραν ἧτταν αὐτῶν, ἧς ἐμνήσθην, ἐπ' Ἀρτεμισίῳ γεγονέναι. Καὶ τὴν ἐν Μυκάλῃ δὲ τῶν Ἑλλήνων νίκην οὐκ ἄλλης ὡμολόγηται δῶρον ἡμέρας γενέσθαι, ἢ ταύτης, εἴγε κατὰ τὴν αὐτὴν ἐνίκων καὶ ἐν Πλαταιαῖς καὶ ἐν Μυκάλῃ. Καὶ Ἀλέξανδρον δὲ τὸν Μακεδόνα, τὸν Φιλίππου παῖδα, τὰς πολλὰς μυριάδας τὰς τῶν βαρβάρων φθεῖραι καὶ αὐτὸν λέγουσιν ἕκτῃ ἱσταμένου, ὅτε καὶ Δαρεῖον καθεῖλεν Ἀλέξανδρος. Καὶ ὁμολογοῦσι τοῦ αὐτοῦ μηνὸς πάντα. Καὶ αὐτὸν δὲ τὸν Ἀλέξανδρον καὶ γενέσθαι, καὶ ἀπελθεῖν τοῦ βίου, τῇ αὐτῇ ἡμέρᾳ, πεπίστευται.

κϛ'. Περὶ Ὑπερβορείου Ἀπόλλωνος, καὶ περί τινων παρὰ Πυθαγόρου θαυμασίων.

Ἀριστοτέλης λέγει ὑπὸ τῶν Κροτωνιατῶν τὸν Πυθαγόραν Ἀπόλλωνα Ὑπερβόρειον προσαγορεύεσθαι. Κἀκεῖνα δὲ προσεπιλέγει ὁ τοῦ Νικομάχου, ὅτι τῆς αὐτῆς ἡμέρας ποτὲ κατὰ τὴν αὐτὴν ὥραν, καὶ ἐν Μεταποντίῳ ὤφθη ὑπὸ πολλῶν, καὶ ἐν Κρότωνι τῷ ἀγῶνι ἐξανιστάμενος, ἔνθα καὶ τῶν μηρῶν ὁ Πυθαγόρας παρέφηνε τὸν ἕτερον χρυσοῦν. Λέγει δὲ καὶ ὁ αὐτὸς, ὅτι ὑπὸ τοῦ Κώσα ποταμοῦ διαβαίνων προσερρήθη· καὶ πολλοὺς φησὶν ἀκηκοέναι τὴν πρόσρησιν ταύτην.

25. *Tradition des Grecs touchant le sixième jour du mois thargélion* [1].

C'est une opinion commune que le sixième jour du mois thargélion a été souvent marqué par des événemens heureux, soit pour les Athéniens, soit pour plusieurs autres peuples de la Grèce. Par exemple, c'est ce jour là que naquit Socrate, et que les Perses furent défaits. C'est aussi ce même jour que les Athéniens acquittent le vœu de Miltiade, en immolant trois cents chèvres à Diane [2]. On prétend que le combat de Platées, où les Grecs furent vainqueurs, se donna pareillement le six de thargélion commençant [3]. Ce que je viens de dire d'une première défaite des Perses, doit s'entendre de la bataille d'Artémisium [4]. On ne peut rapporter à un autre jour la victoire que les Grecs remportèrent à Mycale [5], puisqu'on sait d'ailleurs que les actions de Platées et de Mycale sont du même jour. Ce fut, dit-on, le six de ce mois commençant, qu'Alexandre, roi de Macédoine, fils de Philippe, défit entièrement Darius, et mit en déroute un nombre prodigieux de barbares. On assure que tous ces événemens sont du mois thargélion. Enfin, on ajoute que le sixième jour de ce mois fut celui de la naissance et de la mort d'Alexandre.

26. *Choses merveilleuses concernant Pythagore.*

Selon Aristote [6], les Crotoniates surnommèrent Pythagore l'*Apollon hyperboréen* [7]. Il raconte de plus que Pythagore fut vu par plusieurs personnes le même jour et à la même heure, à Métaponte et à Crotone; qu'il apparut au milieu du peuple assemblé pour les jeux, et qu'il y montra une de ses cuisses, qui était d'or. Il ajoute encore que ce philosophe, passant le fleuve Cosas [8], entendit une voix qui l'appelait, et que plusieurs l'entendirent comme lui.

κζ. Ὅτι Ἀννίκερις ἱππεὺς δεξιός· καὶ ὅτι, ὑπὲρ μικρῶν λίαν σπουδάζων, τὰ μεγάλα ὠλιγώρει.

ΑΝΝΙΚΕΡΙΣ ὁ Κυρηναῖος ἐπὶ τῇ ἱππείᾳ μέγα ἐφρόνει, καὶ ἁρμάτων ἐλάσει. Καὶ οὖν ποτε καὶ ἐβουλήθη Πλάτωνι ἐπιδείξασθαι τὴν τέχνην. Ζεύξας οὖν τὸ ἅρμα, περιήλασεν ἐν Ἀκαδημίᾳ δρόμους παμπόλλους, οὕτως ἀκριβῶς φυλάττων τοῦ δρόμου τὸν στοῖχον, ὡς μὴ παραβαίνειν τὰς ἁρματοτροχίας, ἀλλ᾽ ἀεὶ κατ᾽ αὐτῶν ἰέναι. Οἱ μὲν οὖν ἄλλοι πάντες, ὥσπερ εἰκός, ἐξεπλάγησαν· ὁ δὲ Πλάτων, τὴν ὑπερβάλλουσαν αὐτοῦ σπουδὴν διέβαλεν, εἰπών, Ἀδύνατόν ἐστι, τὸν εἰς μικρὰ οὕτω, καὶ οὐδενὸς ἄξια, τοσαύτην φροντίδα κατατιθέμενον, ὑπὲρ μεγάλων τινῶν σπουδάσαι. Πᾶσαν γὰρ αὐτῷ τὴν διάνοιαν εἰς ἐκεῖνα ἀποτεθεῖσαν ἀνάγκη ὀλιγωρεῖν τῶν ὄντως θαυμάζεσθαι δικαίων.

κη. Ἀλεκτρυόνων ἀγὼν πόθεν ἀρχὴν ἔλαβεν.

ΜΕΤΑ τὴν κατὰ τῶν Περσῶν νίκην, Ἀθηναῖοι νόμον ἔθεντο, ἀλεκτρυόνας ἀγωνίζεσθαι δημοσίᾳ ἐν τῷ θεάτρῳ μιᾶς ἡμέρας τοῦ ἔτους. Πόθεν δὲ τὴν ἀρχὴν ἔλαβεν ὅδε ὁ νόμ.., ἐρῶ. Ὅτι Θεμιστοκλῆς ἐπὶ τοὺς βαρβάρους ἐξῆγε τὴν πολιτικὴν δύναμιν, ἀλεκτρυόνας ἐθεάσατο μαχομένους· οὐδὲ ἀργῶς αὐτοὺς εἶδεν· ἐπέστησε δὲ τὴν στρατιάν, καὶ ἔφη πρὸς αὐτούς, Ἀλλ᾽ οὗτοι μέν, οὔτε ὑπὲρ πατρίδος, οὔτε ὑπὲρ πατρῴων θεῶν, οὐδὲ μὴν ὑπὲρ προγονικῶν ἠρίων κακοπαθοῦσιν, οὐδὲ ὑπὲρ δόξης, οὐδὲ ὑπὲρ ἐλευθερίας, οὐδὲ ὑπὲρ παίδων, ἀλλ᾽ ὑπὲρ τοῦ μὴ ἡττηθῆναι ἑκάτερος, μηδὲ εἶξαι θατέρῳ τὸν ἕτερον. Ἅπερ οὖν εἰπὼν ἐπέῤῥωσε τοὺς Ἀθηναίους. Τὸ τοίνυν γενόμενον αὐτοῖς συν-

27. *Mot de Platon à Annicéris.*

Annicéris de Cyrène [1] se croyait un homme merveilleux, parce qu'il savait bien manier un cheval et conduire habilement un char. Voulant un jour donner à Platon une preuve de son talent, il attela des chevaux à un char, et fit plusieurs courses dans l'Académie, gardant toujours avec tant de justesse la même direction, qu'à chaque tour les roues suivaient exactement, et sans jamais s'écarter, les premières traces qu'elles avaient formées. On se doute bien que tous les spectateurs s'extasièrent d'admiration. Mais Platon lui fit de cet excès d'adresse un sujet de blâme. « Quand on se livre, lui dit-il, avec tant d'application à des objets frivoles, peu dignes du prix qu'on y attache, on ne peut plus s'occuper d'objets sérieux. Celui qui porte toute son attention vers de petites choses, perd nécessairement le goût de celles qui sont véritablement estimables. »

28. *Origine du combat des coqs.*

Les Athéniens, après avoir vaincu les Perses, rendirent un décret qui portait que dorénavant, un jour de chaque année, on donnerait au peuple le spectacle d'un combat de coqs sur le théâtre. Voici quel en fut le motif : Thémistocle, conduisant toutes les forces d'Athènes contre les barbares, aperçut des coqs qui se battaient; il songea sur le champ à tirer parti de la rencontre, et faisant faire halte à son armée : « Ce n'est, dit-il à ses soldats, ni pour la patrie, ni pour les dieux de leurs pères, ni pour défendre les tombeaux de leurs ancêtres, que ces coqs affrontent le péril; non plus que pour la gloire, pour la liberté, ou pour leurs enfans : ici, chacun combat pour n'être pas vaincu, pour ne pas céder. » Ce discours excita le courage des Athéniens. Il fut donc arrêté que ce qui avait servi à

θῆμα τότε εἰς ἀρετὴν, ἐβουλήθη διαφυλάττειν καὶ εἰς τὰ ὅμοια ἔργα ὑπόμνησιν.

κθ. Τὴν τύχην πῶς ἐσήμανεν ὁ Πιττακὸς*.

Πιττακὸς ἐν Μιτυλήνῃ κατεσκεύασε τοῖς ἱεροῖς κλίμακα, εἰς οὐδεμίαν μὲν χρῆσιν ἐπιτήδειον, αὐτὸ δὲ τοῦτο, ἀνάθημα εἶναι· αἰνιττόμενος τὴν ἐκ τῆς τύχης ἄνω καὶ κάτω μετάπτωσιν τρόπον τινὰ, τῶν μὲν εὐτυχούντων ἀνιόντων, κατιόντων δὲ τῶν δυστυχούντων.

λ. Περὶ Πλάτωνος.

Πλάτων ὁ Ἀρίστωνος τὰ πρῶτα ἐπὶ ποιητικὴν ὥρμησεν, καὶ ἡρωικὰ ἔγραφε μέτρα. Εἶτα αὐτὰ κατέπρησεν ὑπεριδὼν αὐτῶν, ἐπεὶ τοῖς Ὁμήρου αὐτὰ ἀντικρίνων ἑώρα κατὰ πολὺ ἡττώμενα. Ἐπέθετο οὖν τραγῳδίᾳ, καὶ δὴ καὶ τετραλογίαν εἰργάσατο, καὶ ἔμελλεν ἀγωνιεῖσθαι, δοὺς ἤδη τοῖς ὑποκριταῖς τὰ ποιήματα. Πρὸ τῶν Διονυσίων δὲ παρελθὼν ἤκουσε Σωκράτους, καὶ ἅπαξ αἱρεθεὶς ὑπὸ τῆς ἐκείνου σειρῆνος, τοῦ ἀγωνίσματος οὐ μόνον ἀπέστη τότε, ἀλλὰ καὶ τελέως τὸ γράφειν τραγῳδίαν ἀπέρριψε, καὶ ἀπεδύσατο ἐπὶ φιλοσοφίαν.

λα. Ὅτι μηδεὶς τῶν βαρβάρων ἄθεος.

Καὶ τίς οὐκ ἂν ἐπῄνησε τὴν τῶν βαρβάρων σοφίαν; εἴ γε μηδεὶς αὐτῶν εἰς ἀθεότητα ἐξέπεσε, μηδὲ ἀμφιβάλλουσι περὶ θεῶν, ἄρά γέ εἰσιν, ἢ οὐκ εἰσι, καὶ ἄρά γε ἡμῶν φροντίζουσιν, ἢ οὔ. Οὐδεὶς γοῦν ἔννοιαν ἔλαβε τοιαύτην, οἵαν ὁ Εὐήμε-

---

* Titulus est in al. mss., Ὡραῖον περὶ τῆς κλίμακος.

échauffer leur valeur, serait consacré par un établissement, qui perpétuerait un souvenir capable de produire le même effet en d'autres occasions.

29. *Comment Pittacus représentait la Fortune.*

Pittacus [1] fit placer des échelles dans les temples de Mitylène, comme une offrande qu'il y consacrait ; car elles ne pouvaient d'ailleurs être d'aucun usage. C'était un emblème, par lequel il voulait désigner les vicissitudes de la fortune, qui élève ou abaisse à son gré : les uns montent ; et ce sont ceux qu'elle favorise : les autres descendent ; et ce sont ceux qu'elle maltraite.

30. *De Platon.*

Platon, fils d'Ariston, s'appliqua d'abord à la poésie, et composa des vers héroïques. Il les brûla dans la suite, comme en faisant peu de cas, depuis que les comparant avec ceux d'Homère, il avait senti combien les siens étaient inférieurs. Il s'adonna pour lors au genre tragique : déjà il avait composé une Tétralogie [2], et remis ses pièces aux acteurs, afin de disputer le prix ; lorsque étant allé entendre Socrate, avant les fêtes de Bacchus, il fut si épris des charmes de ses discours, que non seulement il se désista sur le champ du concours, mais qu'il renonça absolument à la poésie dramatique, pour se livrer tout entier à la philosophie.

31. *Qu'il n'y a point d'athées chez les barbares* [3].

Qui pourrait ne pas louer la sagesse des peuples qu'on nomme barbares ? On n'en vit jamais aucun nier l'existence de la divinité : jamais ils n'ont mis en question s'il y a des dieux, ou s'il n'y en a pas ; si les dieux s'occupent, ou non, de ce qui concerne les hommes. Nul Indien, nul

ρος ὁ Μεσσήνιος, ἢ Διογένης ὁ Φρὺξ, ἢ Ἵππων, ἢ Διαγόρας, ἢ Σωσίας, ἢ Ἐπίκουρος, οὔτε Ἰνδὸς, οὔτε Κελτὸς, οὔτε Αἰγύπτιος. Λέγουσι δὲ τῶν βαρβάρων οἱ προειρημένοι, καὶ εἶναι θεοὺς, καὶ προνοεῖν ἡμῶν, καὶ προσημαίνειν τὰ μέλλοντα, καὶ διὰ ὀρνίθων καὶ διὰ συμβόλων, καὶ διὰ σπλάγχνων, καὶ δι' ἄλλων τινῶν μαθημάτων τε, καὶ διδαγμάτων· ἅπερ οὖν ἐστι τοῖς ἀνθρώποις διδασκαλία ἐκ τῆς παρὰ τῶν θεῶν εἰς αὐτοὺς προνοίας. Καὶ δι' ὀνείρων δὲ λέγουσι, καὶ δι' αὐτῶν τῶν ἀστέρων πολλὰ προδηλοῦσθαι. Καὶ ὑπὲρ τούτων ἰσχυρὰν ἔχοντες τὴν πίστιν, θύουσί τε καθαρῶς, καὶ ἁγνεύουσιν ὁσίως, καὶ τελετὰς τελοῦσι, καὶ ὀργίων φυλάττουσι νόμον, καὶ τὰ ἄλλα πράττουσιν, ἐξ ὧν, ὅτι τοὺς θεοὺς ἰσχυρῶς καὶ σέβουσι, καὶ τιμῶσιν, ὡμολόγηται.

λβ. Περὶ Ἡρακλέους μετωνυμίας, καὶ χρησμοῦ Φοίβου ὑπὲρ αὐτοῦ.

Λέγουσί τινες λόγοι Πυθικοὶ τὸν Ἡρακλῆν, τὸν Διὸς καὶ Ἀλκμήνης παῖδα, ἀπὸ γενεᾶς Ἡρακλῆν * οὐ κεκλῆσθαι· χρόνῳ δὲ ὕστερον ἐλθόντα εἰς Δελφοὺς, διά τινα αἰτίαν δεόμενον χρησμοῦ, μήτε, ὧν ἧκε χάριν, ἀμοιρῆσαι, προσακοῦσαι δὲ ἐκείνοις καὶ ἰδίᾳ παρὰ τοῦ θεοῦ ταῦτα·

Ἡρακλῆν δέ σε Φοῖβος ἐπώνυμον ἐξονομάζει·
Ἥρᾳ γὰρ ἀνθρώποισι φέρων κλέος ἄφθιτον ἕξεις.

λγ. Περὶ ἀγαλμάτων ποταμῶν.

Τὴν τῶν ποταμῶν ῥύσιν, καὶ τὰ ῥεῖθρα αὐτῶν ὁρῶμεν· ὅμως δὲ οἱ τιμῶντες αὐτοὺς, καὶ τὰ ἀγάλματα αὐτῶν ἐργαζόμενοι, οἱ μὲν ἀνθρωπομόρφους αὐτοὺς ἱδρύσαντο, οἱ δὲ

* Mss., Ἡρακλείδην.

Celte, nul Égyptien n'imagina jamais de système pareil à ceux d'Evhémère de Messène, de Diogène de Phrygie¹, d'Hippon, de Diagoras², de Sosias, d'Épicure³. Toutes les nations que je viens de nommer, reconnaissent qu'il y a des dieux, et que ces dieux veillent sur nous, et nous annoncent ce qui doit nous arriver, par certains signes dont leur providence bienfaisante nous donne l'intelligence; comme le vol des oiseaux, les entrailles des animaux, et quelques autres indices, qui sont autant d'avertissemens et d'instructions. Ils disent que les songes, que les astres mêmes nous découvrent souvent l'avenir. Dans la ferme croyance de toutes ces choses, ils offrent d'innocens sacrifices, auxquels ils se préparent par de saintes purifications; ils célèbrent les mystères; ils observent la loi des Orgies; enfin, ils n'omettent aucune des autres pratiques religieuses. Pourrait-on après cela ne pas avouer que les barbares révèrent les dieux, et leur rendent un véritable culte?

32. *D'Hercule.*

SUIVANT une ancienne tradition de Delphes, Hercule, fils de Jupiter et d'Alcmène, avait porté originairement le nom d'*Alcée*⁴; mais étant allé un jour consulter l'oracle de Delphes, sur je ne sais quel objet, il reçut d'abord la réponse qu'il était venu demander; puis, le dieu fit entendre ces paroles :

« Apollon te donne aujourd'hui le surnom d'*Héraclès*
« (Hercule), parce qu'en faisant du bien aux hommes, tu
« acquerras une gloire immortelle⁵. »

33. *Des statues des fleuves.*

Nous connaissons la nature des fleuves; nous avons sous les yeux leur lit et leur cours : cependant ceux qui les révèrent comme des divinités, et ceux qui leur consacrent des statues, les représentent, les uns sous la figure hu-

βοῶν εἶδος αὐτοῖς περιέθηκαν. Βουσὶ μὲν οὖν εἰκάζουσιν, οἱ Στυμφάλιοι μὲν τὸν Ἐρασῖνον, καὶ τὴν Μετώπην· Λακεδαιμόνιοι δὲ τὸν Εὐρώταν· Σικυώνιοι δὲ καὶ Φλιάσιοι τὸν Ἀσωπόν· Ἀργεῖοι δὲ, τὸν Κηφισσόν. Ἐν εἴδει δὲ ἀνδρῶν Ψωφίδιοι τὸν Ἐρύμανθον, τὸν δὲ Ἀλφειὸν Ἡραιεῖς· Χερρονήσιοι δὲ οἱ ἀπὸ Κνίδου, καὶ αὐτοὶ τὸν αὐτὸν ποταμὸν ὁμοίως. Ἀθηναῖοι δὲ τὸν Κηφισσὸν ἄνδρα μὲν δεικνύουσιν ἐν τιμῇ*, κέρατα δὲ ὑποφαίνοντα. Καὶ ἐν Σικελίᾳ δὲ Συρακούσιοι μὲν τὸν Ἄναπον ἀνδρὶ εἴκασαν, τὴν δὲ Κυανὴν πηγὴν γυναικὸς εἰκόνι ἐτίμησαν· Αἰγεσταῖοι δὲ τὸν Πόρπακα, καὶ τὸν Κριμισσὸν, καὶ τὸν Τελμισσὸν ἀνδρῶν εἴδει τιμῶσιν· Ἀκραγαντῖνοι δὲ τὸν ἐπώνυμον τῆς πόλεως ποταμὸν παιδὶ ὡραίῳ εἰκάσαντες, θύουσιν. Οἱ δὲ αὐτοὶ καὶ ἐν Δελφοῖς ἀνέθεσαν, ἐλέφαντος διαγλύψαντες ἄγαλμα, καὶ ἐπέγραψαν τὸ τοῦ ποταμοῦ ὄνομα· καὶ παιδός ἐστι τὸ ἄγαλμα.

λδ. Περὶ γήρως.

ἘΠΙΧΑΡΜΟΝ φασί, πάνυ σφόδρα πρεσβύτην ὄντα, μετά τινων ἡλικιωτῶν ἐν λέσχῃ καθήμενον, ἐπεὶ ἕκαστος τῶν παρόντων ἔλεγεν, ὁ μέν τις, Ἐμοὶ πέντε ἔτη ἀπόχρη βιῶναι· ἄλλος δὲ, Ἐμοὶ τρία, τρίτου δὲ εἰπόντος, Ἐμοί γε τέσσαρα, ὑπολαβὼν ὁ Ἐπίχαρμος, Ὦ βέλτιστοι, εἶπε, τί στασιάζετε καὶ διαφέρεσθε ὑπὲρ ὀλίγων ἡμερῶν; πάντες γὰρ οἱ συνελθόντες κατά τινα δαίμονα, ἐπὶ δυσμαῖς ἐσμέν· ὥστε ὥρα πᾶσιν ἡμῖν τὴν ταχίστην ἀνάγεσθαι, πρὸ τοῦ τινος καὶ ἀπολαῦσαι κακοῦ πρεσβυτικοῦ**.

---

* Cor. emendat feliciter, ἐν προτομῇ. — ** Sic idem. Vulg., πρεσβυτιδίου.

maine, les autres sous la figure d'un bœuf. C'est celle que les Stymphaliens donnent à l'Érasine et à la Métope, les Lacédémoniens à l'Eurotas, les Sicyoniens et les Phliasiens à l'Asopus, les Argiens au Céphise. Chez les Psophidiens, l'Érymanthe a les traits d'un homme, de même que l'Alphée chez les Héréens. C'est aussi la forme que donnent à ce fleuve les Cherronésiens de Cnide [1]. Les Athéniens, dans les honneurs qu'ils rendent au fleuve Céphise, le représentent comme un homme, avec des cornes naissantes. En Sicile, les Syracusains honorent le fleuve Anapus, sous la figure d'un homme, et la fontaine Cyané, sous celle d'une femme. Les Égestains [2] donnent la ressemblance humaine aux fleuves Porpax, Crimisse et Telmisse [3], à qui ils rendent un culte. Pour les Agrigentins, c'est sous l'emblème d'un enfant parfaitement beau, qu'ils offrent des sacrifices au fleuve qui donne son nom à leur ville. Ils lui ont consacré, dans le temple de Delphes, une statue d'ivoire, au bas de laquelle est écrit le nom du fleuve; et la statue représente un enfant.

34. *De la vieillesse.*

On raconte qu'Épicharme [4], dans un âge fort avancé, s'entretenant un jour avec quelques vieillards de même âge que lui : « Je serais content, dit l'un d'entre eux, d'avoir encore cinq ans à vivre. » — « Je n'en demanderais que trois », dit un autre. — « Et moi quatre », reprit un troisième. Épicharme prenant la parole : « Mes amis, leur dit-il, pourquoi ce débat entre vous, et ce peu d'accord pour un petit nombre de jours? Tout ce que nous sommes ici, que le hasard y a rassemblés, nous touchons au dernier terme de notre vie : souhaitons plutôt qu'elle finisse promptement, avant que nous éprouvions les maux qui sont attachés à la vieillesse. »

λε. Ὅτι ὁ ὕπνος θανάτου ἀδελφός, καὶ περὶ Γοργίου τελευτῆς.

ΓΟΡΓΙΑΣ ὁ Λεοντῖνος ἐπὶ τέρματι ὢν τοῦ βίου, καὶ ἐγηρακὼς εὖ μάλα, ὑπό τινος ἀσθενείας καταληφθείς, κατ᾽ ὀλίγον εἰς ὕπνον ὑπολισθαίνων ἔκειτο. Ἐπεὶ δέ τις αὐτὸν παρῆλθε τῶν ἐπιτηδείων ἐπισκοπούμενος, καὶ ἤρετο, τί πράττοι; ὁ Γοργίας ἔφη, Ἤδη με ὁ ὕπνος ἄρχεται παρακατατίθεσθαι τῷ ἀδελφῷ.

λϛ. Περὶ Σωκράτους γηρῶντος, καὶ νοσοῦντος.

ΣΩΚΡΑΤΗΣ δὲ, καὶ αὐτὸς βαθύτατα γηρῶν, εἶτα νόσῳ περιπεσὼν, ἐπεί τις αὐτὸν ἠρώτησε, πῶς ἔχει; Καλῶς, εἶπε, πρὸς ἀμφότερα· ἐὰν μὲν γὰρ ζῶ, ζηλωτὰς ἕξω πλείονας· ἐὰν δὲ * ἀποθάνω, ἐπαινέτας πλείονας.

λζ. Περὶ νόμου τοῦ τοὺς νοσοῦντας οἶνον πίνειν κωλύοντος.

ΖΑΛΕΥΚΟΥ τοῦ Λοκροῦ, πολλοὶ μέν εἰσι καὶ ἄλλοι νόμοι κάλλιστα καὶ εἰς δέον κείμενοι, καὶ οὗτος δὲ οὐχ ἥκιστα. Εἴ τις Λοκρῶν τῶν Ἐπιζεφυρίων νοσῶν ἔπιεν οἶνον ἄκρατον, μὴ προστάξαντος τοῦ θεραπεύοντος, εἰ καὶ περιεσώθη, θάνατος ἡ ζημία ἦν αὐτῷ, ὅτι μὴ προσταχθὲν αὐτῷ ὅδε ἔπιεν.

λη. Ῥωμαίων καὶ ἄλλων τινῶν νόμος, οἶνον μήτε παντί, μήτε ἡλικίᾳ πάσῃ παραχωρῶν.

ΝΟΜΟΣ καὶ οὗτος Μασσαλιωτικός, γυναῖκας μὴ ὁμιλεῖν οἴνῳ, ἀλλ᾽ ὑδροποτεῖν πᾶσαν γυναικῶν ἡλικίαν. Λέγει δὲ Θεόφραστος καὶ παρὰ Μιλησίοις τὸν νόμον τοῦτον ἰσχύειν, καὶ πείθεσθαι αὐτῷ τὰς Ἰάδας, τὰς Μιλησίων γυναῖκας. Τί δὲ οὐκ ἂν εἴποιμι καὶ τὸν Ῥωμαίων νόμον; καὶ πῶς οὐκ

---

* Al., εἰ δέ.

35. *De la mort de Gorgias.*

GORGIAS le Léontin, arrivé à une extrême vieillesse ¹, et touchant au terme de sa carrière, fut attaqué d'une maladie qui lui causait un assoupissement presque continuel. Un de ses amis l'étant venu voir, lui demanda comment il se trouvait : « Je sens, lui répondit Gorgias, que le sommeil commence à me livrer à son frère ². »

36. *De Socrate vieux et malade.*

SOCRATE, dans un âge très avancé, tomba malade ; quelqu'un lui ayant demandé comment il se portait : « Fort bien, répondit-il, quelque chose qui m'arrive ; car si j'en reviens, plusieurs me porteront envie ; si je meurs, je ne manquerai pas de panégyristes. »

37. *D'une loi de Zaleucus.*

ENTRE plusieurs lois sages et utiles que Zaleucus ³ donna aux Locriens ⁴, celle-ci ne doit pas tenir le dernier rang. Si quelque malade, chez les Épizéphyriens, buvait du vin pur, sans que les médecins l'eussent ordonné, et qu'il revînt en santé, il encourait la peine de mort, pour avoir pris une boisson qui ne lui avait pas été prescrite.

38. *Loi qui ne permettait le vin ni à tout le monde ni à tout âge* ⁵.

LES Marseillais avaient une loi qui défendait aux femmes l'usage du vin, et ne leur permettait, à quelque âge qu'elles fussent, d'autre boisson que l'eau. Cette loi, suivant Théophraste, était en vigueur chez les Milésiens : leurs femmes, quoique Ioniennes ⁶, y étaient soumises. Pourquoi ne parlerais-je pas aussi des Romains ? n'aurait-

ὀφλήσω δικαίως ἀλογίαν; εἰ τὰ μὲν Λοκρῶν, ἢ Μασσαλιωτῶν, καὶ τὰ Μιλησίων διὰ μνήμης ἐθέμην, τὰ δὲ τῆς ἐμαυτοῦ πατρίδος ἀλόγως ἐάσω. Οὐκοῦν καὶ Ῥωμαίοις ἦν ἐν τοῖς μάλιστα νόμος ὅδε ἐῤῥωμένος. Οὔτε ἐλευθέρα γυνὴ ἔπιεν ἂν οἴνου, οὔτε οἰκέτις, οὐδὲ μὴν τῶν εὖ γεγονότων οἱ ἐφ᾽ ἥβης μέχρι πέντε καὶ τριάκοντα ἐτῶν.

λθ. Κρητῶν νόμος περὶ μαθημάτων.

ΚΡΗΤΕΣ δὲ τοὺς παῖδας τοὺς ἐλευθέρους μανθάνειν τοὺς νόμους ἐκέλευον μετά τινος μελῳδίας, ἵνα ἐκ τῆς μουσικῆς ψυχαγωγῶνται, καὶ εὐκολώτερον αὐτοὺς τῇ μνήμῃ διαλαμβάνωσι· καὶ ἵνα μή, τι τῶν κεκωλυμένων πράξαντες, ἀγνοίᾳ πεποιηκέναι ἀπολογίαν ἔχωσι. Δεύτερον δὲ μάθημα ἔταξαν, τοὺς τῶν θεῶν ὕμνους μανθάνειν. Τρίτον, τὰ τῶν ἀγαθῶν ἀνδρῶν ἐγκώμια.

μ. Ζῶα ἀλλοτρίως πρὸς οἶνον ἔχοντα, καὶ ἄλλως μεθύοντα.

ΠΑΝ μὲν, ὅσον ἄλογόν ἐστιν, ἀλλοτρίως πρὸς οἶνον πέφυκε, μάλιστα δὲ τῶν ζώων ἐκεῖνα, ὅσα σταφυλῆς, ἢ γιγάρτων ὑπερπλησθέντα μεθύει. Καὶ οἱ κόρακες δὲ, τὴν καλουμένην Οἰνοῦτταν βοτάνην ὅταν φάγωσι, καὶ οἱ κύνες δὲ, καὶ αὐτοὶ βακχεύονται. Πίθηκος δὲ, καὶ ἐλέφας, ἐὰν οἶνον πίωσιν, ὁ μὲν τῆς ἀλκῆς ἐπιλανθάνεται, ὁ ἐλέφας, ὁ δὲ τῆς πανουργίας· καὶ εἰσιν αἱρεθῆναι πάνυ ἀσθενεῖς.

μα. Φιλοπόται τινές, καὶ πολυπόται.

ΦΙΛΟΠΟΤΑΙ δὲ λέγονται γενέσθαι Διονύσιος ὁ Σικελίας τύραννος, καὶ Νυσαῖος καὶ οὗτος τύραννος, καὶ Ἀπολλοκράτης ὁ

on pas sujet de trouver déraisonnable, que retraçant le souvenir de ce qui se passe chez les Locriens, les Marseillais, les Milésiens, je gardasse un injuste silence sur ce qui concerne ma patrie? Je dirai donc que la même loi s'observait très rigoureusement à Rome; qu'aucune femme, soit libre, soit esclave, n'y buvait jamais de vin; et que même les hommes, d'une naissance au-dessus du commun, s'en abstenaient depuis la puberté, jusqu'à ce qu'ils eussent atteint leur trente-cinquième année.

39. *Lois des Crétois sur l'éducation.*

Les Crétois exigeaient que leurs enfans apprissent par cœur les lois, accompagnées d'une certaine mélodie, afin que le charme de la musique les gravât plus aisément dans leur mémoire, et que s'ils les violaient dans la suite, ils ne pussent pas alléguer pour excuse qu'ils les ignoraient. La seconde chose qu'ils leur ordonnaient d'apprendre, c'était les hymnes en l'honneur des dieux, et la troisième, les éloges des grands hommes [1].

40. *Les animaux haïssent le vin.*

Tous les animaux ont une aversion naturelle pour le vin, surtout ceux que le raisin, ou les pepins du raisin enivrent, lorsqu'ils en mangent trop. La plante nommée *OEnanthe* [2] produit le même effet sur les corbeaux et sur les chiens. Pour le singe et l'éléphant, quand ils ont bu du vin, l'un perd sa force, l'autre n'est plus capable de ruse; et alors il est très-facile de les prendre.

41. *Liste de quelques anciens qui aimaient à boire et qui buvaient beaucoup.*

Denys, tyran de Sicile, Nisée autre tyran [3], Apollocrate fils de Denys, Hipparinus son parent [4], Timoléon de

Διονυσίου τοῦ τυράννου υἱὸς, καὶ Ἱππαρῖνος Διονυσίου ἀνεψιὸς καὶ οὗτος, καὶ Τιμόλαος ὁ Θηβαῖος, καὶ Χαρίδημος ὁ Ὠρείτης, καὶ Ἀρκαδίων, καὶ Ἐρασίξενος, καὶ Ἀλκέτας ὁ Μακεδὼν, καὶ Διότιμος ὁ Ἀθηναῖος. Οὗτός τοι καὶ χώνη ἐπεκαλεῖτο· ἐντιθέμενος γὰρ τῷ στόματι χώνην, ἀδιαλείπτως ἐχώρει τὸν εἰσχεόμενον οἶνον.

Κλεομένης ὁ Λακεδαιμόνιος, οὐ μόνον φασὶν, ὅτι πολυπότης ἦν· ἀλλὰ γὰρ προστιθέασιν αὐτῷ καὶ τοῦτο δήπου τὸ Σκυθικὸν κακὸν, ὅτι ἀκρατοπότης ἐγένετο. Καὶ Ἴωνα δὲ τὸν Χῖον τὸν ποιητὴν, καὶ αὐτόν φασι περὶ τὸν οἶνον ἀκρατῶς ἔχειν.

Καὶ Ἀλέξανδρος δὲ ὁ Μακεδὼν ἐπὶ Καλάνῳ τῷ Βραχμᾶνι, τῷ Ἰνδῶν σοφιστῇ, ὅτε ἑαυτὸν ἐκεῖνος κατέπρησεν, ἀγῶνα μουσικῆς, καὶ ἱππικῶν, καὶ ἀθλητῶν διέθηκε. Χαριζόμενος δὲ τοῖς Ἰνδοῖς, καί τι ἐπιχώριον αὐτῶν ἀγώνισμα εἰς τιμὴν τοῦ Καλάνου συγκατηρίθμησε τοῖς ἄθλοις τοῖς προειρημένοις. Οἰνοποσίας γοῦν ἀγωνίαν προὔθηκε, καὶ ἦν τῷ μὲν τὰ πρῶτα φερομένῳ, τάλαντον τὸ γέρας; τῷ δὲ δευτέρῳ, τριάκοντα μναῖ· τῷ γε μὴν τρίτῳ, δέκα. Ὁ δὲ τὰ νικητήρια ἀναδησάμενος ἐν αὐτοῖς ἦν Πρόμαχος.

Καὶ ἐν Διονύσου δὲ τῇ τῶν Χοῶν ἑορτῇ προὔκειτο ἆθλον τῷ πιόντι πλέον, στέφανος χρυσοῦς. Καὶ ἐνίκησε Ξενοκράτης ὁ Χαλκηδόνιος, καὶ τὸν στέφανον λαβὼν, ὅτε ἐπανῄει μετὰ τὸ δεῖπνον, τῷ Ἑρμῇ τῷ πρὸ τῶν θυρῶν ἑστῶτι ἐπέθηκεν αὐτὸν, κατὰ τὸ ἔθος τῶν ἔμπροσθεν ἡμερῶν· καὶ γὰρ καὶ τοὺς ἀνθίνους, καὶ τοὺς ἐκ τῆς μυρρίνης, καὶ τὸν ἐκ τοῦ κιττοῦ, καὶ τὸν ἐκ τῆς δάφνης, ἐνταῦθα ἀνέπαυε, καὶ ἀπέλειπε.

Καὶ Ἀνάχαρσις δὲ πάμπολύ, φασιν, ἔπιε παρὰ Περιάνδρῳ, τοῦτο μὲν καὶ οἴκοθεν ἑαυτῷ ἐπαγόμενος τὸ ἐφόδιον· Σκυθῶν γὰρ ἴδιον τὸ πίνειν ἄκρατον. Καὶ Λακύδης δὲ, καὶ Τίμων, οἱ φιλόσοφοι, καὶ τούτους πιεῖν πάμπολύ φασι.

Καὶ Μυκερῖνος δὲ ὁ Αἰγύπτιος, ὅτε αὐτῷ τὸ ἐκ Βουτης μαντεῖον ἀφίκετο, προλέγον τὴν τοῦ βίου στενοχωρίαν, εἶτα ἐβου-

Thèbes, Charidème d'Orée, Arcadion, Erasixène, Alcète de Macédoine, et l'Athénien Diotime, ont eu la réputation d'être de grands buveurs. Diotime, entre les autres, fut surnommé l'*Entonnoir*, parce qu'en se mettant un entonnoir dans la bouche, il avalait, d'un trait, tout le vin qu'on voulait lui verser.

On dit du Lacédémonien Cléomène [1], non seulement qu'il buvait beaucoup, mais qu'à l'exemple des Scythes, il avait la mauvaise coutume de boire toujours son vin pur. Le poëte Ion, de l'île de Chio [2], est encore cité parmi ceux qui ont aimé le vin avec excès.

Lorsque Alexandre, roi de Macédoine, pour honorer la mémoire du brachmane Calanus, sophiste indien [3], qui s'était brûlé lui-même, ordonna des jeux, où il devait y avoir un concours de musique, une course de chevaux et un combat d'athlètes; il y ajouta, pour plaire aux Indiens, un genre de combat qui leur était familier, un combat de boisson; assignant pour le premier prix un talent, trente mines pour le second, et dix pour le troisième. Promachus remporta la victoire sur tous ses concurrens [4].

Pendant les fêtes de Bacchus, nommées *Choës* [5], on avait proposé pour prix à celui qui boirait le plus, une couronne d'or : Xénocrate de Chalcédoine obtint la couronne; il la prit, et la plaça, en sortant de souper, sur l'Hermès qui était devant la porte de la maison, comme il y avait déposé, les jours précédens, les couronnes de fleurs, de myrte, de lierre, de laurier, qu'il avait gagnées.

On dit qu'Anacharsis [6] but beaucoup chez Périandre [7], où il avait apporté ce goût national; car les Scythes boivent le vin pur. Lacyde et Timon ne sont pas moins connus comme buveurs que comme philosophes. [8]

Mycérinus d'Egypte mérite bien de leur être associé [9] : quand on lui eut apporté la réponse de l'oracle de Buto, qui lui annonçait qu'il ne vivrait pas long-temps, il pensa

λήθῃ σοφίσασθαι τὸ λόγιον ἐκεῖνος, διπλασιάζων τὸν χρόνον, καὶ ταῖς ἡμέραις προστιθεὶς τὰς νύκτας, διετέλει καὶ αὐτὸς ἀγρυπνῶν, καὶ πίνων ἅμα.

Τίθει μετὰ τούτων καὶ Ἄμασιν τὸν Αἰγύπτιον, ἐπεί τοι καὶ Ἡρόδοτος ἱκανὸς τεκμηριῶσαι. Καὶ Νικοτέλην δὲ τὸν Κορίνθιον οὐ χρὴ ἀπὸ τούτων τάττειν, καὶ Σκόπαν τὸν Κρέοντος υἱόν.

Κυ. Ἀντίοχον τὸν βασιλέα φασὶν οἰνεραστὴν γενέσθαι· διὰ ταῦτά τοι καὶ τὴν βασιλείαν αὐτῷ διῴκουν Ἀρισταῖός τε, καὶ Θεμίσων, οἱ Κύπριοι, αὐτὸς δὲ διὰ τὴν πολυποσίαν ἐπεγέγραπτο τῇ ἀρχῇ ἄλλως. Καὶ ὁ Ἐπιφανὴς δὲ κληθεὶς Ἀντίοχος ὁ Ῥωμαίοις δοθεὶς ὅμηρος, καὶ οὗτος ἀκρατῶς ἐδίψα οἴνου πίνειν. Καὶ ὁ ὁμώνυμος δὲ τούτου Ἀντίοχος, ὁ Μήδοις πρὸς Ἀρσάκην πολεμήσας, καὶ οὗτος ἦν τοῦ πίνειν δοῦλος. Καὶ ὁ Μέγας δὲ καλούμενος Ἀντίοχος, καὶ οὗτος σὺν τούτοις τετάχθω. Καὶ Ἄγρωνα δὲ τὸν Ἰλλυριῶν βασιλέα ἀπέκτεινεν ἡ πρὸς τὸν οἶνον ἄδικος ὁρμή, καὶ αὐτῷ πλευρῖτιν ἐνειργάσατο. Καὶ ἕτερος Ἰλλυριῶν βασιλεὺς Γέντιος πίνειν καὶ οὗτος εἴθιστο ἀκρατῶς. Τόν γε μὴν Καππαδόκην βασιλέα Ὀρροφέρνην, τί τοῦτον δράσομεν, καὶ ἐκεῖνον πίνειν γενόμενον δεινόν;

Εἰ δὲ χρὴ καὶ γυναικῶν μνημονεῦσαι, ἄτοπον μὲν γυνὴ φιλοπότις, καὶ πολυπότις ἔτι μᾶλλον, εἰρήσθω δὲ οὖν καὶ περὶ τούτων. Κλειώ, φασιν, εἰς ἅμιλλαν ἰοῦσα, οὐ γυναιξὶ μόναις, ἀλλὰ καὶ τοῖς ἀνδράσι τοῖς συμπόταις, δεινοτάτη πιεῖν ἦν, καὶ ἐκράτει πάντων, αἴσχιστόν γε τοῦτο φερομένη τὸ νικητήριον, ὥς γε ἐμοὶ κριτῇ.

μβ. Περὶ Πλάτωνος δόξης, καὶ περὶ ἰσονομίας.

Ἡ ΠΛΑΤΩΝΟΣ δόξα, καὶ ὁ τῆς κατ' αὐτὸν ἀρετῆς λόγος, καὶ εἰς Ἀρκάδας ἀφίκετο, καὶ Θηβαίους. Καὶ οὖν ἐδεήθησαν αὐτοῦ, πρέσβεις ἀποστείλαντες, σὺν τῇ ἀνωτάτω σπουδῇ, ἀφικέσθαι σφίσι τὸν ἄνδρα, οὐκ ἐπὶ μόνῃ τῇ τῶν νέων προστασίᾳ,

qu'un moyen d'éluder cette prédiction, serait de doubler le temps qu'il avait à vivre, en faisant des nuits autant de jours. Il prit donc le parti de ne plus dormir, pour ne pas cesser de boire.

A tous ceux que je viens de nommer, joignez l'Égyptien Amasis [1], sur la foi d'Hérodote; Nicotélès de Corinthe, et Scopas fils de Créon.

On dit que le roi Antiochus aima passionnément le vin: c'est ce qui le réduisit à n'avoir de la royauté que le titre, tandis qu'Aristée et Thémison de Cypre gouvernaient son royaume. Trois autres Antiochus ont été les esclaves de la même passion: Antiochus Épiphane, qui fut donné en ôtage aux Romains; un autre Antiochus, qui fit la guerre en Médie contre Arsace; enfin, Antiochus surnommé le Grand. Un excès de vin causa au roi des Illyriens, Agron, une pleurésie dont il mourut. Un autre roi des Illyriens, nommé Gentius [2], ne fut pas moins immodéré dans l'usage du vin. Pourrais-je omettre Orropherne de Cappadoce, ce puissant et terrible buveur [3]?

S'il faut aussi parler des femmes, en qui le goût, et plus encore l'excès du vin, me paraît le comble de l'indécence, je n'en dirai qu'un mot. On prétend que Clio, dans des défis de table, l'emportait non seulement sur les femmes, mais sur les hommes, et qu'elle les terrassait tous. Qu'une pareille victoire me semble honteuse [4]!

42. *Conduite de Platon à l'égard des Arcadiens et des Thébains* [5].

La renommée de Platon et la réputation de sa vertu ayant pénétré chez les Arcadiens et chez les Thébains, ces deux peuples le firent prier, par des députés qu'ils lui envoyèrent, de venir incessamment vers eux, non pour former seulement leur jeunesse, ou discourir avec eux de matières

οὐδ' ἵνα αὐτοῖς συγγένηται ἐπὶ τοῖς λόγοις τοῖς κατὰ φιλοσοφίαν, ἀλλὰ γὰρ καὶ, τὸ ἔτι τούτων μεῖζον, νομοθέτην αὐτὸν ἐκάλουν. Οὔκουν ἔμελλον ἀτυχήσειν τοῦ ἀνδρός· καὶ γὰρ ᾔσθη ὁ τοῦ Ἀρίστωνος τῇ κλήσει, καὶ δὴ καὶ ἔμελλεν ὑπακούσεσθαι. Ἤρετο μέν τοι τοὺς ἥκοντας, Πῶς ἔχουσι πρὸς τὸ ἴσον ἔχειν ἅπαντες; Ἐπεὶ δὲ ἔμαθε παρ' αὐτῶν, ὅτι καὶ πάνυ ἀλλοτρίως, οὐδὲ πείσειν αὐτοὺς τιμᾶν τὴν ἰσονομίαν, ἀπείπατο τὴν πρὸς αὐτοὺς ἐπιδημίαν.

μγ. Τινὲς τῶν Ἑλλήνων ἄριστοι, πενέστατοι.

ΠΕΝΕΣΤΑΤΟΙ ἐγένοντο οἱ ἄριστοι τῶν Ἑλλήνων, Ἀριστείδης ὁ Λυσιμάχου*, καὶ Φωκίων ὁ Φώκου, καὶ Ἐπαμινώνδας ὁ Πολύμνιδος, καὶ Πελοπίδας ὁ Θηβαῖος, καὶ Λάμαχος ὁ Ἀθηναῖος, καὶ Σωκράτης ὁ Σωφρονίσκου, καὶ Ἐφιάλτης δὲ ὁ Σοφωνίδου καὶ ἐκεῖνος.

μδ. Εἰκόνος τοῦ Θέωνος ζωγράφου ἔκφασις.

ΘΕΩΝΟΣ τοῦ ζωγράφου πολλὰ μὲν καὶ ἄλλα ὁμολογεῖ τὴν χειρουργίαν ἀγαθὴν οὖσαν, ἀτὰρ οὖν καὶ τόδε τὸ γράμμα. Ὁπλίτης ἐστὶν ἐκβοηθῶν, ἄφνω τῶν πολεμίων εἰσβαλλόντων καὶ δῃούντων ἅμα, καὶ κειρόντων τὴν γῆν. Ἐναργῶς δὲ καὶ πάνυ ἐκθύμως ὁ νεανίας ἔοικεν ὁρμῶντι εἰς τὴν μάχην. Καὶ εἶπες ἂν αὐτὸν ἐνθουσιᾶν, ὥσπερ ἐξ Ἄρεος μανέντα. Γοργὸν μὲν αὐτῷ βλέπουσιν οἱ ὀφθαλμοί· τὰ δὲ ὅπλα ἁρπάσας, ἔοικεν, ᾗ ποδῶν ἔχει, ἐπὶ τοὺς πολεμίους ἄττειν. Προβάλλεται δὲ ἐντεῦθεν ἤδη τὴν ἀσπίδα, καὶ γυμνὸν ἐπισείει τὸ ξίφος, φονῶντι ἐοικὼς, καὶ σφάττειν βλέπων, καὶ ἀπειλῶν δι' ὅλου τοῦ σχήματος, ὅτι μηδενὸς φείσεται. Καὶ πλέον οὐδὲν περιείργασται τῷ Θέωνι, οὐ λοχίτης, οὐ ταξίαρχος, οὐ λόχος, οὐχ

---

* Mss., ὁ Νικομάχου, et post, ὁ Πολυμάτιδος.

philosophiques, mais pour un objet bien plus important ;
pour leur donner des lois. Ils se flattaient que Platon ne rejeterait pas leur demande. En effet, cette invitation lui
causa un mouvement de joie; et il était prêt à s'y rendre
lorsque, ayant demandé aux envoyés comment on pensait
dans leur pays sur l'article de l'égalité, il apprit par leur
réponse qu'on y pensait tout autrement que lui, et qu'il ne
parviendrait jamais à la faire adopter : dès ce moment, il
renonça au projet du voyage.

43. *Grands hommes de la Grèce qui ont été pauvres.*

Les plus grands hommes de la Grèce ont été réduits à
une extrême pauvreté. Tels furent Aristide fils de Lysimaque [1], Phocion fils de Phocus, Epaminondas fils de Polymnis, le Thébain Pélopidas [2], Lamachus d'Athènes [3], Socrate fils de Sophronisque, enfin, Ephialte fils de Sophonide [4].

44. *Description d'un tableau du peintre Théon [5].*

Entre plusieurs ouvrages du peintre Théon, qui prouvent à quel point il excellait dans son art, celui-ci mérite
bien d'être cité. Il représentait un jeune guerrier s'armant
précipitamment pour marcher contre des ennemis qui
viennent d'entrer dans son pays qu'ils ravagent et qu'ils
dévastent. On le voit voler impétueusement au combat : à
la fureur qui l'anime, on dirait que Mars tout entier a passé
dans son âme. Son regard farouche inspire la terreur. Il a
saisi ses armes. Déjà il paraît courir de toute la force de ses
jambes, et avoir atteint l'ennemi. D'un bras il présente son
bouclier ; de l'autre il agite son épée nue, en homme qui
ne respire que le meurtre et le carnage. Ses yeux, toute
l'habitude de son corps annoncent, en menaçant, qu'il
n'épargnera personne. Théon ne peignit rien de plus; il
n'ajouta ni cavalier, ni archer, ni taxiarque, ni aucune

ἱππεὺς, οὐ τοξότης· ἀλλ᾽ ἀπέχρησέν οἱ καὶ ὁ εἷς ὁπλίτης οὗτος πληρῶσαι τὴν τῆς εἰκόνος ἀπαίτησιν. Οὐ πρότερόν γε μὴν ὁ τεχνίτης ἐξεκάλυψε τὴν γραφὴν, οὐδὲ ἔδειξε τοῖς ἐπὶ θέαν συνειλεγμένοις, πρὶν ἢ σαλπιγκτὴν παρεστήσατο, καὶ προσέταξεν αὐτῷ τὸ παρορμητικὸν ἐμπνεῦσαι μέλος, διάτορόν τε καὶ γεγωνὸς ὅτι μάλιστα, καὶ οἷον εἰς τὴν μάχην ἐγερτήριον. Ἅμα τε νῦν τὸ μέλος ἠκούετο τραχὺ, καὶ φοβερὸν, καὶ οἷον εἰς ὁπλιτῶν ἔξοδον ταχέως ἐκβοηθούντων μελῳδούσῃ σάλπιγγι, καὶ ἐδείκνυτο ἡ γραφὴ, καὶ ὁ στρατιώτης ἐβλέπετο, τοῦ μέλους ἐναργεστέραν τὴν φαντασίαν τοῦ ἐκβοηθοῦντος ἔτι καὶ μᾶλλον παραστήσαντος.

autre figure : le jeune guerrier composait seul tout le tableau. Mais avant que de le découvrir et de l'exposer aux yeux de la multitude assemblée, il plaça près de lui un trompette, et lui ordonna de sonner un de ces airs vifs, aigus et perçans, qu'on avait coutume d'employer pour exciter le courage des soldats. Tandis que les oreilles étaient frappées de ces sons effrayans et terribles, semblables à ceux que fait éclater la trompette, quand elle appelle les bataillons au combat, il découvrit le tableau. Ainsi, on vit le soldat dans un moment où l'harmonie militaire gravait plus fortement encore dans l'âme des spectateurs l'image d'un guerrier courant au secours de son pays.

ΒΙΒΛΙΟΝ ΤΡΙΤΟΝ.

α. Περιήγησις τῶν Θετταλικῶν Τεμπῶν.

Φέρε οὖν καὶ τὰ καλούμενα Τέμπη τὰ Θετταλικὰ διαγράψωμεν τῷ λόγῳ καὶ διαπλάσωμεν. Ὁμολόγηται γὰρ καὶ ὁ λόγος, ἐὰν ἔχῃ δύναμιν φραστικὴν, μηδὲν ἀσθενέστερον, ὅσα βούλεται, δεικνύναι τῶν ἀνδρῶν τῶν κατὰ χειρουργίαν δεινῶν.

Ἔστι δὴ χῶρος μεταξὺ κείμενος τοῦ τε Ὀλύμπου, καὶ τῆς Ὄσσης. Ὄρη δὲ ταῦτ' ἐστὶν ὑπερύψηλα, καὶ οἷον ὑπό τινος θείας φροντίδος διεσχισμένα, καὶ μέσον δέχεται χωρίον, οὗ τὸ μῆκος ἐπὶ τεσσαράκοντα διήκει σταδίους, τόγε μὴν πλάτος, τῇ μὲν ἔστι πλέθρου, τῇ δὲ καὶ πλεῖον ὀλίγῳ. Διαρρεῖ δὲ μέσου αὐτοῦ ὁ καλούμενος Πηνειός· εἰς τοῦτον δὲ καὶ οἱ λοιποὶ ποταμοὶ συρρέουσι, καὶ ἀνακοινοῦνται τὸ ὕδωρ αὐτῷ, καὶ ἐργάζονται τὸν Πηνειὸν ἐκεῖνοι μέγαν. Διατριβὰς δ' ἔχει ποικίλας καὶ παντοδαπὰς ὁ τόπος οὗτος, οὐκ ἀνθρωπίνης χειρὸς ἔργα, ἀλλὰ φύσεως αὐτόματα, εἰς κάλος τότε φιλοτιμησαμένης, ὅτε ἐλάμβανε γένεσιν ὁ χῶρος. Κιττὸς μὲν γὰρ πολὺς καὶ εὖ μάλα λάσιος ἐνακμάζει, καὶ τέθηλε, καὶ δίκην τῶν εὐγενῶν ἀμπέλων κατὰ τῶν ὑψηλῶν δένδρων ἀνέρπει, καὶ συμπέφυκεν αὐτοῖς· πολλὴ δὲ σμίλαξ, ἡ μὲν πρὸς αὐτὸν τὸν πάγον ἀνατρέχει καὶ ἐπισκιάζει τὴν πέτραν, καὶ ἐκείνη μὲν ὑπολανθάνει, ὁρᾶται δὲ τὸ χλοάζον πᾶν, καὶ ἔστιν ὀφθαλμῶν πανήγυρις. Ἐν αὐτοῖς δὲ τοῖς λείοις καὶ καθειμένοις ἄλση τέ ἐστι ποικίλα, καὶ ὑποδρομαὶ συνεχεῖς, ἐν ὥρᾳ θέρους καταφυγεῖν ὁδοιπόροις ἥδιστα καταγώγια, ἃ καὶ δίδωσιν ἀσμένως ψυχᾶσθαι. Διαρρέουσι δὲ καὶ κρῆναι συχναὶ, καὶ ἐπιρρεῖ νάματα ὑδάτων ψυχρῶν, καὶ πιεῖν ἡδίστων. Λέγεται δὲ τὰ

LIVRE TROISIÈME.

1. *Description de Tempé en Thessalie.*

Essayons maintenant de peindre et de décrire le lieu nommé Tempé, en Thessalie. Tel est, de l'aveu de tout le monde, l'avantage de la parole, quand elle est employée avec énergie, qu'elle peut, aussi bien que la main du plus fameux artiste, rendre sensibles toutes sortes d'objets.

Il est une contrée entre l'Olympe et l'Ossa, montagnes d'une hauteur prodigieuse, et qu'il semble que les dieux n'aient séparées l'une de l'autre, que pour ménager entre elles un espace de la longueur de quarante stades, sur un plethre [1] de largeur en quelques endroits, un peu plus dans d'autres. Au milieu coule le Pénée, que d'autres fleuves grossissent dans son cours, en confondant leurs eaux avec les siennes. Là, sont mille réduits, variés à l'infini; ouvrages non de l'art, mais de la nature, qui se plut à embellir ce canton, quand ses mains le formèrent. Le lierre y croît en abondance, et y devient extrêmement touffu : tel que la vigne ambitieuse, il embrasse en serpentant les arbres les plus hauts, et prend racine sur leur écorce. Le smilax [2], qui n'y est pas moins commun, s'élève sur le côteau, et de son ombre couvre tellement les rochers, qu'on ne voit plus qu'un tapis de verdure, qui flatte agréablement la vue. La plaine et les vallées sont semées de différens bocages : partout, des asyles charmans, où les voyageurs peuvent, pendant l'été, se mettre à l'abri de la chaleur et goûter délicieusement le frais. Les fontaines, les ruisseaux d'eau fraîche y coulent de tous côtés : ces eaux, très-agréables à boire, ont encore, dit-on, l'a-

ὕδατα ταῦτα καὶ τοῖς λουσαμένοις ἀγαθὸν εἶναι, καὶ εἰς ὑγίειαν αὐτοῖς συμβάλλεσθαι. Κατᾴδουσι δὲ καὶ ὄρνιθες ἄλλος ἄλλῃ διεσπαρμένοι, καὶ μάλιστα οἱ μουσικοί, καὶ ἑστιῶσιν εὖ μάλα τὰς ἀκοάς, καὶ παραπέμπουσιν ἀπόνως καὶ σὺν ἡδονῇ, διὰ τοῦ μέλους τὸν κάματον τῶν παριόντων ἀφανίσαντες.

Παρ' ἑκάτερα δὲ τοῦ ποταμοῦ αἱ διατριβαί εἰσιν αἱ προειρημέναι καὶ αἱ ἀνάπαυλαι· διὰ μέσων δὲ τῶν Τεμπῶν ὁ Πηνειὸς ποταμὸς ἔρχεται, σχολῇ καὶ πρᾴως προϊὼν ἐλαίου δίκην. Πολλὴ δὲ κατ' αὐτοῦ ἡ σκιὰ ἐκ τῶν παραπεφυκότων δένδρων, καὶ τῶν ἐξηρτημένων κλάδων τίκτεται, ὡς ἐπὶ πλεῖστον τῆς ἡμέρας αὐτὴν προήκουσαν ἀποστέγειν τὴν ἀκτῖνα, καὶ παρέχειν τοῖς πλέουσι πλεῖν κατὰ ψύχος. Πᾶς δὲ ὁ περίοικος λεὼς συνίασιν, ἄλλοι σὺν ἄλλοις, καὶ θύουσι, καὶ συνουσίας ποιοῦνται, καὶ συμπίνουσιν. Ἅτε οὖν πολλῶν ὄντων τῶν θυόντων, καὶ τῶν καθαγιζόντων συνεχῶς, εἰκότως καὶ τοῖς βαδίζουσι καὶ τοῖς πλέουσιν ὀσμαὶ συμπαρομαρτοῦσιν ἥδισται. Οὕτως ἄρα ἡ τιμὴ ἡ διαρκὴς ἡ περὶ τὸ κρεῖττον ἐκθεοῖ τὸν τόπον.

Ἐνταῦθά τοι φασι παῖδες Θετταλῶν καὶ τὸν Ἀπόλλωνα τὸν Πύθιον καθήρασθαι, κατὰ πρόσταγμα τοῦ Διός, ὅτε τὸν Πύθωνα τὸν δράκοντα κατετόξευσεν, ἔτι φυλάττοντα τοὺς Δελφούς, τῆς Γῆς ἐχούσης τὸ μαντεῖον· στεφανωσάμενον οὖν ἐκ ταύτης τῆς δάφνης τῆς Τεμπικῆς, καὶ λαβόντα κλάδον εἰς τὴν δεξιὰν χεῖρα ἐκ τῆς αὐτῆς δάφνης, ἐλθεῖν εἰς Δελφούς, καὶ παραλαβεῖν τὸ μαντεῖον τὸν Διὸς καὶ Λητοῦς παῖδα. Ἔστι δὲ καὶ βωμὸς ἐν αὐτῷ τῷ τόπῳ, ἐν ᾧ καὶ ἐστεφανώσατο, καὶ τὸν κλάδον ἀφεῖλε. Καὶ ἔτι καὶ νῦν ἔτους ἐννάτου οἱ Δελφοὶ παῖδας εὐγενεῖς πέμπουσι, καὶ ἀρχιθέωρον ἕνα σφῶν αὐτῶν. Οἱ δὲ παραγενόμενοι καὶ μεγαλοπρεπῶς θύσαντες ἐν τοῖς Τέμπε-

vantage d'être salutaires à ceux qui s'y baignent, et de fortifier leur santé. Des oiseaux du plus mélodieux ramage, dispersés çà et là, charment les oreilles : ils escortent, en chantant, le voyageur, qui marche sans se lasser, et ne sent plus que le plaisir d'entendre ce doux concert.

Les réduits, les lieux de repos dont je viens de parler, se trouvent sur les deux rives du Pénée, qui traverse la vallée de Tempé, roulant ses eaux lentement et sans bruit; on croirait voir couler de l'huile. Les arbres nés sur les bords du fleuve, joignant ensemble leurs rameaux, forment un ombrage épais, qui, pendant la plus grande partie du jour, le garantit des ardeurs du soleil, et procure aux navigateurs une fraîcheur agréable. Tous les peuples du voisinage se réunissent dans ce lieu; ils y offrent des sacrifices, et tiennent des assemblées, qui se terminent par des festins. Comme, en immolant les victimes, on brûle sans cesse des parfums, il est aisé de juger que les voyageurs et ceux qui naviguent sur le Pénée, respirent continuellement les plus douces odeurs. Ainsi ce lieu est consacré par les hommages qu'on ne cesse d'y rendre à la Divinité.

C'est ici, disent les Thessaliens, que, suivant l'ordre de Jupiter, Apollon Pythien fut purifié, lorsqu'il eut percé de ses flèches le serpent Python, qui gardait le temple de Delphes ; tandis que la Terre, sa mère, y rendait des oracles. Ils ajoutent que le fils de Jupiter et de Latone, partant pour Delphes, où il s'empara du siége de l'oracle, se couronna du laurier de Tempé, et qu'il en portait une branche à la main. Il existe aujourd'hui un autel dans l'endroit même où le dieu prit sa couronne et la branche de laurier. Maintenant encore les habitans de Delphes envoient tous les neuf ans à Tempé un certain nombre de jeunes gens distingués, sous la conduite d'un chef choisi

σιν, ἅπασι πάλιν, στεφάνους ἀπὸ τῆς αὐτῆς δάφνης διαπλέ-ξαντες, ἀφ᾽ ἧσπερ οὖν καὶ τότε ὁ Θεὸς ἐστεφανώσατο. Καὶ τὴν ὁδὸν ἐκείνην ἔρχονται, ἣ καλεῖται μὲν Πυθιὰς, φέρει δὲ διὰ Θετταλίας, καὶ Πελαγονίας, καὶ τῆς Οἴτης, καὶ Αἰνιάνων χώ-ρας, καὶ τῆς Μηλιέων, καὶ Δωριέων, καὶ Λοκρῶν τῶν Ἑσπε-ρίων. Οὗτοι δὲ καὶ παραπέμπουσιν αὐτοὺς σὺν αἰδοῖ καὶ τι-μῇ, οὐδὲν ἧττον, ἤπερ οὖν ἐκεῖνοι, οἳ τοὺς ἐξ Ὑπερβορέων τὰ ἱερὰ κομίζοντας τῷ αὐτῷ Θεῷ τούτῳ τιμῶσι. Καὶ μὴν καὶ τοῖς Πυθίοις ἐκ ταύτης τῆς δάφνης τοῖς νικῶσι τοὺς στεφάνους δι-δόασιν.

Ὑπὲρ μὲν οὖν τῶν ἐν Θετταλίᾳ Τεμπῶν, καὶ ἐμοὶ νῦν τοσ-αῦτα εἰρήσθω.

β. Περὶ Ἀναξαγόρου ἀνδρείως τὸν τῶν τέκνων θάνατον ἐνεγκόντος.

ΑΝΑΞΑΓΟΡᾼ τις τῷ Κλαζομενίῳ, σπουδάζοντι πρὸς τοὺς ἑταί-ρους, προσελθὼν ἔφη τεθνηκέναι οἱ τοὺς δύο παῖδας, οὕσπερ οὖν καὶ εἶχε μόνους ὁ Ἀναξαγόρας. Ὁ δὲ, μηδὲν διαταραχθεὶς, εἶπεν, Ἤιδειν θνητοὺς γεγεννηκώς.

γ. Περὶ Ξενοφῶντος τὸν τοῦ υἱοῦ θάνατον ἀνδρείως ἐνεγκόντος.

ΞΕΝΟΦΩΝΤΙ θύοντι ἧκέ τις ἐκ Μαντινείας ἄγγελος, λέγων τὸν υἱὸν αὐτῷ τὸν Γρύλλον τεθνάναι. Κἀκεῖνος ἀπέθετο μὲν στέφανον, διετέλει δὲ θύων. Ἐπεὶ δὲ ὁ ἄγγελος προσέθηκε καὶ ἐκεῖνο, ὅτι νικῶν τέθνηκε, πάλιν ὁ Ξενοφῶν ἐπέθετο τὸν στέ-φανον. Ταῦτα μὲν οὖν δημώδη, καὶ ἐς πολλοὺς ἐκπεφοίτηκεν.

δ. Ὅτι ὁ Δίων ὑπὲρ τοῦ υἱοῦ θανάτου οὐκ ἐταράχθη.

ΔΙΩΝ δὲ ὁ Ἱππαρίνου μὲν παῖς, Πλάτωνος δὲ ὁμιλητής,

entre eux : ils offrent en arrivant de somptueux sacrifices, et s'en retournent, après s'être fait des couronnes du même laurier dont l'amant de Daphné ceignit autrefois sa tête. Ils prennent la route nommée Pythias, qui traverse la Thessalie, la Pélagonie ¹, le Mont OEta, le pays des Æniens, des Méliens, des Doriens, et des Locriens surnommés Hespériens. Tous ces peuples reçoivent ces jeunes gens, à leur passage, avec autant de respect et d'honneurs qu'on en rend aux Hyperboréens, lorsqu'ils vont porter à Délos des offrandes au même dieu. C'est de ce même laurier qu'on fait les couronnes des vainqueurs aux jeux Pythiens.

Je ne m'étendrai pas davantage sur la vallée de Tempé, en Thessalie.

2. *Du courage avec lequel Anaxagore supporta la mort de ses fils.*

Quelqu'un étant venu annoncer au Clazoménien Anaxagore, fortement occupé à instruire ses disciples, que la mort venait de lui enlever ses deux fils, les seuls qu'il eût : « Je savais bien, répondit le philosophe sans se troubler, qu'ils n'étaient nés que pour mourir ². »

3. *Xénophon soutint courageusement la nouvelle de la mort de son fils.*

Un messager vint de Mantinée apprendre à Xénophon, qui pour lors sacrifiait aux dieux, que son fils Gryllus était mort : Xénophon ôta sa couronne, et continua son sacrifice ³. Le messager ayant ajouté que Gryllus était mort vainqueur, Xénophon reprit sa couronne. Ce fait est connu et répandu partout.

4. *De Dion apprenant la mort de son fils.*

Un jour que Dion, fils d'Hipparinus, et disciple de Pla-

ἔτυχε μὲν χρηματίζων ὑπέρ τινων δημοσίων καὶ κοινῶν πραγμάτων· ὁ δὲ παῖς αὐτοῦ ἐκ τοῦ τέγους κατενεχθεὶς εἰς τὴν αὐλὴν, τὸν βίον κατέστρεψεν. Οὐδὲν οὖν ἐπὶ τούτοις μετεβάλετο ὁ Δίων· ἀλλ᾽ ὅπερ οὖν ἐξ ἀρχῆς ἔπραττε, τοῦτο καὶ δρῶν διετέλεσεν.

ε. Ἀντίγονος τὸν υἱὸν νεκρὸν ἰδὼν οὐδὲν συνεταράχθη.

ΑΝΤΊΓΟΝΟΝ γέ μὴν φασὶ τὸν δεύτερον, ἐπεί τινες τὸν υἱὸν αὐτῷ ἐκ τῆς παρατάξεως ἐκόμισαν νεκρόν, εἶδε μὲν αὐτὸν, οὐδὲν δὲ τρέψας τοῦ χρωτός, οὐδὲ μὴν ἐπιδακρύσας, ἐπαινέσας δὲ ὡς ἀγαθὸν στρατιώτην, θάπτειν προσέταξεν.

ϛ. Περὶ μεγαλοφροσύνης Κράτητος.

ΚΡΆΤΗΣ ὁ Θηβαῖος τά τε ἄλλα μεγαλόφρων ὢν πεφώραται, καὶ καταφρονητικὸς τῶν ὑπὸ τοῦ πλήθους θαυμαζομένων, ἀτὰρ οὖν καὶ χρημάτων, καὶ πατρίδος. Ὅτι μὲν οὖν τῆς οὐσίας ἀπέστη τοῖς Θηβαίοις, τοῦτο μὲν καὶ εἰς πάντας ἐξεφοίτησε· τὸ δὲ ἕτερον αὐτοῦ οὐ πᾶσι γνώριμον. Ἔστι δὲ ἐκεῖνο· ἀπαλλαττόμενος τῶν Θηβῶν οἰκισθεισῶν πάλιν, ἔφη, Οὐ δέομαι πόλεως, ἣν Ἀλέξανδρος κατασκάψει ἄλλος.

ζ. Περὶ τῆς τῶν πολλῶν κακοφημίας.

ΔΗΜΟΧΆΡΗΣ, ὁ τοῦ Δημοσθένους ἀδελφιδοῦς, ἐπιδεῖξαι βουλόμενος, ὅτι τῆς ἐκ τῶν πολλῶν κακοφημίας ὑπερφρονεῖ, θεασάμενός τινας καθεζομένους ἐν ἰατρείῳ ψογερούς, καὶ κακῶς ἀγορεύειν ἐκ παντὸς τρόπου διψῶντας, Τί φατε ὑμεῖς (εἶπε) δυσμενίδαι; τὸ ἦθος αὐτῶν ἅμα ἐκκαλύψας διὰ τούτου τοῦ ὀνόματος.

ton, était occupé de quelques affaires qui intéressaient la république, son fils tomba du toît de la maison dans la cour, et mourut de sa chute. Dion, sans être ému de cet accident, poursuivit le travail qu'il avait commencé.

5. *Antigonus ne fut point ému à la vue du cadavre de son fils.*

On dit qu'Antigonus second, en voyant le corps de son fils [1] qu'on rapportait du champ de bataille, ne changea pas de couleur et ne versa pas une larme; mais qu'après l'avoir loué d'être mort en brave soldat, il ordonna qu'on l'ensevelît.

6. *De la grandeur d'âme de Cratès.*

Le Thébain Cratès [2] est connu par plusieurs traits qui prouvent l'élévation de son âme. Il faisait peu de cas des choses pour lesquelles le vulgaire se passionne; de la fortune, par exemple, et même de la patrie. Tout le monde sait qu'il abandonna ses richesses à ses concitoyens; mais voici un fait que peu de gens savent. Lorsque Cratès quitta Thèbes, qu'on venait de rebâtir [3] : « Je me soucie peu, dit-il, d'une ville qu'un nouvel Alexandre viendra détruire. »

7. *De la calomnie.*

Démocharès, neveu de Démosthène par sa sœur, voulut montrer un jour combien il méprisait les propos malins du peuple. Apercevant, dans la boutique d'un chirurgien [4], quelques-uns de ces méchans de profession, empressés à saisir toutes les occasions de médire : « De quoi parlez-vous là, leur dit-il, vrais *dysménides* ? [5] » Il peignait par ce seul mot tous les vices de leur caractère.

η. *Ὅτι ὁ Φρύνιχος διά τι ποίημα στρατηγὸς ᾑρέθη.*

ΦΡΥΝΙΧΟΝ Ἀθηναῖοι στρατηγὸν εἵλοντο, οὔτε κατὰ σπουδὰς, οὔτε κατὰ τὴν τοῦ γένους ἀξίαν, οὐδὲ μὴν ὅτι ἦν πλούσιος. Πολλάκις γὰρ καὶ ἐκ τούτων ἐθαυμάζοντο ἐν ταῖς Ἀθήναις, καὶ τῶν ἄλλων προηροῦντο. Ἀλλ' ἐπεὶ τοῖς πυρριχισταῖς ἔν τινι τραγῳδίᾳ ἐπιτήδεια μέλη καὶ πολεμικὰ ἐξεπόνησεν, οὕτως ἄρα κατεκτήσατο τὸ θέατρον, καὶ ἐκράτησε τῶν παρόντων, ὥστε παραχρῆμα αὐτὸν εἵλοντο στρατηγεῖν, πιστεύσαντες, ὅτι τῶν πολεμικῶν ἔργων ἡγήσεται καλῶς καὶ εἰς δέον· ὅπου μὴ ἀπᾴδοντα τοῖς ἐνοπλίοις ἀνδράσιν εἰργάσατο τά ἐν τῷ δράματι μέλη τε καὶ ποιήματα.

θ. Περὶ ἔρωτος.

ΕΡΩΝΤΙ ἀνδρί τις οὐκ ἐρῶν, ὅπλοις, ἐπειγούσης τῆς μάχης, καὶ συνάγοντος τοῦ πολέμου, οὐκ ἂν συμμίξειεν. Ὁ γὰρ ἀνέραστος φεύγει καὶ ἀποδιδράσκει τὸν ἐρωτικὸν, ἅτε βέβηλος καὶ ἀτέλεστος τῷ θεῷ, καὶ τοσοῦτον ἀνδρεῖος, ὅσον αὐτῷ καὶ ἡ ψυχὴ χωρεῖ, καὶ τὸ σῶμα ῥώμης ἔχει. Δέδοικε δὲ τὸν ἕτερον, ἅτε ἐκ θεοῦ κατόχως ἐνθουσιῶντα, καὶ οὐ, μὰ Δία, τοῦτο τὸ κοινὸν, ἐξ Ἄρεος, ἀλλ' ἐξ Ἔρωτος μανέντα. Οἱ μὲν γὰρ ἐκ τοῦ ἑτέρου τῶν θεῶν κατειλημμένοι, ὧν ἕνα φησίν Ὅμηρος ὅμοια τῷ Ἄρει μαίνεσθαι, ἀλλ' ἐκεῖνοι μὲν ἐξ ἑνὸς περιειλημμένοι δαίμονος, εὖ καὶ καλῶς ἀγωνίζονται τοσοῦτον, ὅσον ἐνθουσιᾶν αὐτοὺς ἅπαξ. Οἱ δὲ Ἔρωτος βάκχοι, πολεμοῦντες, καὶ ὑπὸ τῆς Ἄρεως ὁρμῆς, καὶ ὑπὸ τῆς Ἔρωτος ἐκκαύσεως, διπλῆν τὴν λατρείαν ὑπομένοντες, εἰκότως, κατὰ τὴν Κρητῶν ἔννοιαν, καὶ κατορθοῦσι διπλᾶ. Οὔκουν τῷ ἐξ Ἄρεως καὶ Ἔρωτος φονῶντι, αἰτιάσαιτο ἄν τις, εἰ μὴ ὑπο-

8. *Un poëme valut à Phrynichus le commandement de l'armée athénienne* [1].

LORSQUE les Athéniens choisirent Phrynichus pour général de leur armée, il ne dut cet honneur, ni à la brigue, ni à la noblesse de sa naissance, ni à ses richesses. Ce n'est pas que toutes ces choses ne fussent capables de remuer les Athéniens, et qu'elles n'aient même déterminé souvent leur choix : mais Phrynichus avait inséré dans une de ses tragédies quelques vers, dont le rhythme militaire convenait aux mouvemens de la danse pyrrhique. Toute l'assemblée en fut frappée; et les spectateurs enchantés l'élurent sur-le-champ pour général, ne doutant pas qu'un homme capable de faire des vers si parfaitement assortis au génie guerrier, ne fût également propre à conduire des opérations guerrières avec succès.

9. *De la puissance de l'amour* [2].

QUEL est celui qui, n'aimant point, voudrait, dans un combat et dans la mêlée, avoir affaire à un homme amoureux? Le premier fuit la rencontre de l'autre; il l'évite par le sentiment de sa faiblesse : c'est un profane qui n'est point initié aux mystères de l'amour. N'ayant pour lui que sa propre valeur et la force de son corps, il redoute un guerrier qu'un dieu remplit d'une fureur surnaturelle : et ce dieu n'est point Mars (cet avantage leur serait commun); c'est l'amour. Ceux qui ne sont animés que par le premier, portent au combat le courage que peut inspirer une seule divinité; tel fut Hector [3], qu'Homère n'a pas craint de mettre à côté de Mars. Mais des guerriers amans, pénétrés à la fois de la fureur de Mars, et embrasés des feux de l'amour, réunissant l'influence des deux divinités, objets de leur culte, doivent, disent les Crétois, être doublement braves, doublement redoutables. Il n'y aurait donc point de re-

μένοι ὁπλίτης ἀνταγωνίσασθαι, ὑφ' ἑνὶ τεταγμένος θεῷ, ἀλλ' οὐχ ὑπὸ τοῖς δύο.

ι. Περὶ τῶν ἐν Λακεδαίμονι ἐραστῶν καὶ ἐρωμένων.

Περὶ τῶν ἐν Λακεδαίμονι Ἐφόρων πολλὰ μὲν εἰπεῖν καὶ ἄλλα καλὰ ἔχω· ἃ δ' οὖν προῄρημαι, νῦν ἐρῶ ταῦτα. Ὅτε τις τῶν παρ' αὐτοῖς καλῶν πλούσιον ἐραστὴν προείλετο τοῦ χρηστοῦ πένητος, ἐπέβαλον αὐτῷ χρήματα, κολάζοντες, ὡς ἔοικε, τὴν φιλοχρηματίαν τῇ τῶν χρημάτων ζημίᾳ. Ἄλλον δέ τινα ἄνδρα καλὸν κἀγαθὸν, οὐδενὸς ἐρῶντα τῶν καλῶς πεφυκότων, καὶ τοῦτον ἐζημίωσαν, ὅτι χρηστὸς ὢν οὐδενὸς ἤρα· δῆλον γὰρ, ὡς ὅμοιον ἂν ἑαυτῷ κἀκεῖνον ἀπέφηνεν, ἴσως δ' ἂν καὶ ἄλλον. Δεινὴ γὰρ ἡ τῶν ἐραστῶν πρὸς τὰ παιδικὰ εὔνοια, ἀρετὰς ἐνεργάσασθαι, ὅταν αὐτοὶ σεμνοὶ ὦσιν. Ἐπεί τοι Λακωνικὸς καὶ οὗτος νόμος, ὅταν ἁμάρτῃ μειράκιον, τῇ μὲν ἀφελείᾳ τοῦ τρόπου καὶ τῷ νεαρῷ τῆς ἡλικίας συγγινώσκουσι· τὸν δὲ ἐραστὴν ὑπὲρ αὐτοῦ κολάζουσιν, ἐπιγνώμονας αὐτοὺς, καὶ ἐξεταστὰς, ὧν ἐκεῖνοι πράττουσι, κελεύοντες εἶναι.

ια. Περὶ Ψυχῆς.

Οἱ περιπατητικοί φασι μεθ' ἡμέραν θητεύουσαν τὴν ψυχὴν τῷ σώματι περιπλέκεσθαι, καὶ μὴ δύνασθαι καθαρῶς τὴν ἀλήθειαν θεωρεῖν· νύκτωρ δὲ διαλυθεῖσαν τῆς περὶ τοῦτο λειτουργίας, καὶ σφαιρωθεῖσαν ἐν τῷ περὶ τὸν θώρακα τόπῳ, μαντικωτέραν γίνεσθαι· ἐξ ὧν τὰ ἐνύπνια.

proche à faire à un guerrier qui, n'ayant pour lui qu'une seule divinité, n'oserait se mesurer avec celui qui en aurait deux.

10. *Du choix des amis chez les Lacédémoniens.*

JE pourrais citer plusieurs beaux traits concernant les éphores de Lacédémone : j'en ai choisi quelques-uns, que je vais rapporter. Si un jeune Lacédémonien, beau et bien fait, préférait pour ami un homme riche à un pauvre vertueux, les éphores le condamnaient à une amende ; sans doute, afin qu'il fût puni de son amour pour les richesses par la perte d'une partie des siennes. Ils punissaient de même tout citoyen honnête homme, qui ne s'attachait, par l'amitié, aucun des jeunes gens que l'on connaissait pour être bien nés [1] : ils pensaient que l'honnête homme aurait rendu son ami, et peut-être encore quelque autre, semblables à lui. En effet, la bienveillance de celui qui aime, s'il mérite d'ailleurs d'être respecté, est un puissant aiguillon pour exciter l'objet aimé à la vertu. Une loi lacédémonienne ordonnait même qu'on pardonnât à un jeune homme, en faveur de sa jeunesse ou de son inexpérience, les fautes qu'il commettait, et qu'on punît en sa place le citoyen qui l'aimait, pour lui apprendre à être le surveillant et le juge des actions de son ami.

11. *De l'âme.*

SUIVANT les péripatéticiens, l'âme étant pendant le jour asservie au corps, et enveloppée dans la matière, ne peut voir clairement la vérité ; mais durant le sommeil [2], délivrée de cette servitude, et repliée sur elle-même dans la région de la poitrine, elle acquiert la faculté de prévoir l'avenir. De là, disent-ils, naissent les songes.

ιβ. Περὶ ἔρωτος παρὰ Λακεδαιμονίοις.

Οὐκ εἰσὶ θρυπτικοὶ πρὸς τοὺς ἐραστὰς οἱ Λακεδαιμονίων καλοί, οὐδὲ ἀλαζόνες· ἐπεὶ τοὐναντίον ἢ παρὰ τοῖς ἄλλοις ὡραίοις τὰ ἐκ τούτων καταμαθεῖν ἐστιν. Αὐτοὶ γοῦν δέονται τῶν ἐραστῶν Εἰσπνεῖν αὐτοῖς· Λακεδαιμονίων δέ ἐστιν αὕτη ἡ φωνὴ, ἐρᾶν δεῖν λέγουσα. Σπαρτιάτης δὲ ἔρως αἰσχρὸν οὐκ οἶδεν. Εἴτε γὰρ μειράκιον ἐτόλμησεν ὕβριν ὑπομεῖναι, εἴτε ἐραστὴς ὑβρίσαι, ἀλλ᾽ οὐδετέροις ἐλυσιτέλησε τῇ Σπάρτῃ καταμεῖναι· ἢ γὰρ τῆς πατρίδος ἀπηλλάγησαν, ἢ, καὶ τὸ ἔτι θερμότερον, καὶ τοῦ βίου αὐτοῦ.

ιγ. Περὶ Ταπύρων οἰνοφλυγίας.

Ὅτι φιλοινότατον ἔθνος τὸ τῶν Ταπύρων, τοσοῦτον, ὥστε ζῆν αὐτοὺς ἐν οἴνῳ, καὶ τὸ πλεῖστον τοῦ βίου ἐν τῇ πρὸς αὐτὸν ὁμιλίᾳ καταναλίσκειν. Καὶ οὐ μόνον εἰς πόμα καταχρῶνται αὐτῷ, ἀλλὰ καὶ χρῖσμά ἐστιν αὐτοῖς ὁ οἶνος, ὥσπερ ἄλλοις τὸ ἔλαιον.

ιδ. Περὶ οἰνοφλυγίας Βυζαντίων.

Βυζαντίους δὲ, δεινῶς οἰνόφλυγας ὄντας, ἐνοικεῖν τοῖς καπηλείοις λόγος ἔχει, τῶν οἰκιῶν τῶν ἰδίων καὶ τῶν δωμάτων ἐξοικισθέντας, καὶ τοῖς ξένοις τοῖς ἐπιδημοῦσι τῇ πόλει ἐπιμισθώσαντας αὐτὰ, καὶ οὐ μόνον ἐκείνων, ἀλλὰ καὶ τῶν γυναικῶν αὐτοῖς ἀποστάντας, ὡς ἐν ταὐτῷ τοὺς Βυζαντίους διπλῆν αἰτίαν φέρεσθαι, καὶ οἰνοφλυγίας, καὶ προαγωγείας. Ἅτε δὲ ὑπὸ τῆς μέθης καὶ τοῦ οἴνου διαρρέοντες, αὐλοῦ μὲν ἀκούοντες χαίρουσι, καὶ τὸ ἔργον αὐτοῖς αὐλεῖσθαί ἐστι· σάλπιγγα δὲ οὐδὲ ἀρχὴν ὑπομένουσι. Καὶ ἐκ τούτων ἔξεστι νοεῖν, ὅτι καὶ πρὸς ὅπλα καὶ πρὸς πολέμους ἀλλοτριώτατα διάκεινται Βυζάντιοι. Διὰ ταῦτά τοι καὶ Λεωνίδης ὁ στρατηγὸς αὐτῶν

12. *De l'amour chez les Lacédémoniens.*

A LACÉDÉMONE, les jeunes gens ne se montrent ni dédaigneux ni fiers à l'égard de leurs amans; et ce qui prouve qu'ils diffèrent en cela de ceux qui chez les autres peuples se distinguent par leur beauté, c'est qu'ils prient leurs amans de *respirer en eux* : expression lacédémonienne, par laquelle ils les prient de les aimer. L'amour spartiate ne connaît rien de honteux. Ceux qui seraient assez lâches pour souffrir un affront, ou assez audacieux pour outrager un concitoyen, ne sauraient demeurer à Sparte : il ne leur reste plus que l'exil, ou la mort même.

13. *De l'ivrognerie des Tapyriens.*

LES Tapyriens sont tellement passionnés pour le vin, qu'ils passent à boire la meilleure partie de leur vie : on pourrait dire qu'ils vivent dans le vin. Ce n'est pas seulement comme boisson qu'ils en usent : il s'en servent pour oindre leur corps, ainsi que les autres peuples se servent de l'huile.

14. *De la passion des Byzantins pour le vin.*

ON dit que les Byzantins aiment si passionnément le vin, qu'on les voit quitter leurs maisons, et les louer à des étrangers qui viennent habiter leur ville, pour aller s'établir dans les tavernes : ils leur laissent jusqu'à leurs femmes; commettant ainsi deux crimes à la fois, ivrognerie et prostitution. Quand ils sont bien ivres, ils ne connaissent d'autre plaisir que d'entendre jouer de la flûte : le son de cet instrument les met en gaieté; ils ne soutiendraient pas celui de la trompette. Sur cela, on peut juger de l'éloignement des Byzantins pour les armes et pour la guerre. C'est pour cette raison que, durant le siège de Byzance, Léonidas, leur général, voyant qu'ils avaient abandonné

ἐν πολιορκίᾳ ἰσχυρᾷ, ἐπεὶ, τῶν πολεμίων τοῖς τείχεσι προσβαλόντων, ἐκεῖνοί γε τὰς φρουρὰς ἐκλιπόντες διημέρευον ἐν ταῖς συνήθεσι διατριβαῖς, προσέταξε τὰ καπηλεῖα ἐπὶ τῶν τειχῶν διασκηνωθῆναι αὐτοῖς. Καὶ τοῦτο τὸ σόφισμα ἀνέπεισεν αὐτοὺς ὀψὲ καὶ βραδέως τὴν τάξιν μὴ καταλιπεῖν, ἅτε τῆς προφάσεως αὐτοῖς περιῃρημένης. Λέγει δὲ ταῦτα ὑπὲρ αὐτῶν Δάμων. Ὁμολογεῖν δὲ τούτοις ἔοικε καὶ ὁ Μένανδρος, ὅταν λέγῃ,

..... Μεθύσους τοὺς ἐμπόρους
Ποιεῖ τὸ Βυζάντιον· ὅλην ἐπίνομεν
Τὴν νύκτα. . . . .

ιε. Περὶ Ἀργείων, Τιρυνθίων, Θρᾳκῶν, Ἰλλυριῶν οἰνοφλυγίας.

ΚΑΙ Ἀργεῖοι δὲ καὶ Τιρύνθιοι κεκωμῴδηνται καὶ οὗτοι ἀκρατέστερον τῷ οἴνῳ προσιόντες. Τό γε μὴν ὑπὲρ τῶν Θρᾳκῶν, ἀλλὰ τοῦτο μὲν διαβεβόηται ἤδη, καὶ διατεθρύλληται, ὡς εἰσὶ πιεῖν δεινότατοι. Οὐ διαπεφεύγασι δὲ νῦν* ταύτην τὴν αἰτίαν οὐδὲ Ἰλλυριοί· ἀλλ᾽ ἐκεῖνοί γε προσειλήφασι κἀκεῖνο τὸ ἐπίκλημα, ὅτι ἐφεῖται τοῖς ἐν τῷ συνδείπνῳ παροῦσι ξένοις προπίνειν ταῖς γυναιξίν, ἕκαστον ᾗ ἂν βούληται **, κἂν μηδὲν προσήκῃ ἡ γυνὴ αὐτῷ.

ις. Σύγκρισις Δημητρίου καὶ Τιμοθέου στρατηγῶν.

ΕΙΤΑ τίς ἀμείνων ἦν στρατηγεῖν, Δημήτριος ὁ πολιορκητὴς, ἢ Τιμόθεος ὁ Ἀθηναῖος; Ἐγὼ μὲν ἐρῶ τὸν τῶν ἀμφοτέρων τρόπον· ἔνεστι δ᾽ ὑμῖν προτιμῆσαι τὸν ἕτερον. Δημήτριος μὲν βίᾳ, καὶ πλεονεξίᾳ, καὶ λυπῶν τὰ μέγιστα, καὶ ἀδικῶν ᾕρει τὰς πόλεις, μηχανὰς προσάγων, καὶ κατασείων, καὶ ὑπορύττων τὰ τείχη· Τιμόθεος δὲ, πείθων, καὶ διδάσκων λόγῳ, ὅτι λυσιτελέστερόν ἐστι τῶν Ἀθηναίων ἀκούειν.

---

* Cor. non agnoscit νῦν. Neque omnes habent mss.
** Sic Id. Vulg., ἐὰν βούληται.

la garde des murailles, vivement attaquées par les ennemis, et qu'ils passaient les jours entiers dans leurs réduits accoutumés, ordonna qu'on établît des cabarets sur les remparts. Cet ingénieux artifice les engagea, quoiqu'un peu tard, à ne pas s'écarter de leur poste : il ne leur restait plus de motif de le quitter. Nous tenons ces faits de Damon [1]. Ménandre semble s'accorder avec lui, quand il dit que l'air de Byzance rend ivrognes ceux qui y abordent pour faire le commerce, et qu'on y emploie toute la nuit à boire.

15. *De la même passion chez les Argiens, les Tirynthiens les Thraces, etc.*

Les Argiens et les Tirynthiens ont été souvent joués sur le théâtre, comme excessivement adonnés au vin [2]. Il est constant, et personne ne l'ignore, que les Thraces sont aussi de puissans buveurs. Les Illyriens d'aujourd'hui ne sont point à l'abri de ce reproche : on dit même à leur honte qu'ils souffrent qu'un étranger, admis à leurs festins, boive à la santé de telle femme qu'il lui plaît, quoiqu'il n'ait avec elle aucune liaison de parenté [3].

16. *Comparaison de Démétrius et de Timothée.*

Lequel, de Démétrius Poliorcète ou de l'Athénien Timothée, fut le plus grand homme de guerre ? Pour réponse, je me contenterai de vous marquer le caractère de l'un et de l'autre : vous pourrez après cela vous décider pour la préférence. Démétrius, violent, ambitieux, injuste, portant partout la consternation, ne s'emparait des villes qu'en détruisant et renversant leurs murailles avec ses machines de guerre : mais Timothée, pour s'en rendre maître, n'employait que la parole ; il persuadait aux habitans qu'il leur était avantageux de se soumettre aux Athéniens [4].

ιζ. Ὅτι ἡ φιλοσοφία οὐκ ἀπολίτευτος, καὶ τίνες τῶν φιλοσόφων ἐπολιτεύσαντο.

Ἐπολιτεύσαντο οὖν καὶ φιλόσοφοι, ἢ αὐτὸ τοῦτο μόνον, τὴν διάνοιαν ἀγαθοὶ γενόμενοι, ἐφ᾽ ἡσυχίας κατεβίωσαν*; Ἐπηνώρθωσαν γὰρ τὰ κοινά, Ζάλευκος μὲν τὰ ἐν Λοκροῖς, Χαρώνδας δὲ τὰ ἐν Κατάνῃ, καὶ τὰ ἐν Ῥηγίῳ**, ὅτε ἐκ Κατάνης ἔφευγε. Ταραντίνοις δὲ ἐγένετο ἀγαθὸν Ἀρχύτας, Σόλων δὲ Ἀθηναίοις· Βίας δὲ καὶ Θαλῆς τὴν Ἰωνίαν πολλὰ ὤνησαν, Χίλων δὲ Λακεδαιμονίους, Μιτυληναίους γε μὴν Πιττακός, Κλεόβουλος δὲ Ῥοδίους. Καὶ Ἀναξίμανδρος δὲ ἡγήσατο τῆς εἰς Ἀπολλωνίαν ἐκ Μιλήτου ἀποικίας. Ἀλλὰ καὶ Ξενοφῶν στρατιώτης ἀγαθὸς ἦν, καὶ ἀμείνων στρατηγός, ὅτε Κύρῳ συνανέβη· καὶ Κῦρος μὲν καὶ οἱ σὺν αὐτῷ ἀπέθανον, καλούσης δὲ τῆς χρείας τὸν δυνησόμενον σῶσαι τοὺς Ἕλληνας, καὶ ἀγαγεῖν τὴν ὀπίσω εἰς τὰ οἰκεῖα, οὗτος ἐκεῖνος ἦν. Πλάτων δὲ ὁ Ἀρίστωνος Δίωνα κατήγαγεν εἰς Σικελίαν, καὶ δι᾽ ὧν αὐτῷ συνεβούλευε, καὶ ἐδίδασκε, διὰ τούτων τυραννίδα τὴν Διονυσίου κατέλυσε. Σωκράτης δὲ τῇ μὲν Ἀθηναίων πολιτείᾳ οὐκ ἠρέσκετο· τυραννικὴν γάρ, καὶ μοναρχικὴν ἑώρα τὴν δημοκρατίαν οὖσαν· καὶ διὰ ταῦτα οὔτε ἐπεψήφισεν Ἀθηναίοις τὸν τῶν δέκα στρατηγῶν θάνατον, ἀλλ᾽ οὐδὲ τοῖς Τριάκοντα ἐκοινώνει τῶν ἀσεβημάτων. Ἔνθα δὲ ἐχρῆν ὑπὲρ τῆς πατρίδος ἀγωνίζεσθαι, ἀλλ᾽ ἐνταῦθά γε ἀπροφάσιστος ἐκεῖνος στρατιώτης ἦν. Ἐστρατεύσατο οὖν ἐπὶ Δήλιον, καὶ εἰς Ἀμφίπολιν, καὶ εἰς Ποτίδαιαν. Ἀριστοτέλης δὲ τὴν ἑαυτοῦ πατρίδα, οὐ τὸ λεγόμενον δὴ τοῦτο, εἰς γόνυ πεσοῦσαν, ἀλλ᾽ ἐπὶ στόμα, ἀνέστησεν αὖθις. Δημήτριος δὲ ὁ Φαληρεὺς καὶ Ἀθήνησιν ἐπιφανέστατα ἐπολιτεύσατο, ἔστ᾽ ἂν αὐτὸν ὁ συνήθης Ἀθηναίοις φθόνος

---

* Cor. primus conatus est locum sublevare interrogationis notâ; quem alii aliter interpretantur.

** Al. malè, Ῥηγίνῳ.

17. *La philosophie n'est point incompatible avec les qualités qu'exige l'administration.*

On a vu des philosophes à la tête des affaires publiques : d'autres, se bornant à cultiver leur raison, ont passé leur vie dans le repos. Entre les premiers sont Zaleucus [1] et Charondas [2] qui réformèrent, l'un, le gouvernement des Locriens, l'autre, d'abord celui des Catanéens, puis, après qu'il eut été exilé de Catane, celui des Rhéginiens. Archytas servit utilement les Tarentins [3]. Les Athéniens dûrent tout à Solon. Bias et Thalès rendirent les mêmes services à l'Ionie, Chilon à Lacédémone, Pittacus à Mitylène, Cléobule à Rhodes [4]. Anaximandre [5] fut chargé de conduire la colonie que les Milésiens envoyèrent à Apollonie [6]. Xénophon, connu d'abord pour un brave soldat, fit voir qu'il était encore meilleur général : lorsqu'après la mort de Cyrus et la perte de plusieurs de ceux qui l'avaient suivi dans son expédition, les Grecs furent réduits à choisir entre eux quelqu'un qui pût les sauver et les ramener dans leur patrie, leur choix tomba sur Xénophon [7]. Ce fut Platon, fils d'Ariston, qui fit rentrer Dion en Sicile, et qui par ses sages conseils le mit en état d'abolir la tyrannie de Denys. Socrate n'approuvait point le gouvernement des Athéniens ; leur démocratie lui paraissait n'être qu'un mélange de tyrannie et de monarchie : aussi, non seulement ne concourut-il point par son suffrage à la condamnation des dix généraux que les Athéniens livrèrent la mort [8] ; il refusa de plus, courageusement, de s'associer aux crimes des trente tyrans. Mais s'agissait-il de prendre les armes pour la défense de la patrie, aussitôt et sans hésiter il devenait soldat : il combattit aux journées de Délium [9], d'Amphipolis, de Potidée. Aristote remit sur pied sa patrie, qui était, je ne dis pas simplement ébranlée, mais tombée en ruines [10]. Démétrius de Phalère gouverna glorieusement Athènes, jusqu'au moment où, chassé de la ville par cet

ἐξέωσε· καὶ ἐν Αἰγύπτῳ δὲ, συνὼν τῷ Πτολεμαίῳ, νομοθεσίας ἦρξε. Τίς δὲ ἀντιφήσει, καὶ Περικλέα τὸν Ξανθίππου, φιλόσοφον γενέσθαι, καὶ Ἐπαμινώνδαν τὸν Πολύμνιδος, καὶ Φωκίωνα τὸν Φώκου, καὶ Ἀριστείδην τὸν Λυσιμάχου, καὶ Ἐφιάλτην τὸν Σοφωνίδου; Καὶ ἔτι κάτω τοῦ χρόνου Καρνεάδην, καὶ Κριτόλαον; εἴγε καὶ εἰς τὴν Ῥώμην ἀφίκοντο καὶ ἐκεῖνοι ὑπὲρ τῶν Ἀθηναίων πρεσβεύοντες, καὶ αὐτοῖς σωτηρίαν εὕραντο. Οἵπερ οὖν εἰς τοσοῦτον ἐνέτρεψαν τὴν σύγκλητον βουλὴν, ὡς εἰπεῖν αὐτοὺς, Ἔπεμψαν Ἀθηναῖοι πρεσβεύοντας, οὐ τοὺς πείσοντας, ἀλλὰ γὰρ τοὺς βιασομένους ἡμᾶς δρᾶσαι, ὅσα θέλουσιν.

Ἐγὼ* δὲ πολιτείαν φαίην ἂν καὶ τὸ Περσαίου, εἴγε Ἀντίγονον ἐπαίδευσε· καὶ τὸ Ἀριστοτέλους, ἐπεὶ καὶ αὐτὸς σὺν Ἀλεξάνδρῳ τῷ Φιλίππου, νέῳ ὄντι, φιλοσοφῶν ἦν δῆλος. Καὶ Λῦσις δὲ ὁ γνώριμος ὁ Πυθαγόρου, καὶ αὐτὸς Ἐπαμινώνδαν ἐξεπαίδευσεν. Εἴ τις οὖν ἀπράκτους λέγει τοὺς φιλοσόφους, ἀλλὰ εὐήθη γε αὐτοῦ καὶ ἀνόητα ταῦτα. Ἐγὼ μὲν γὰρ τὴν σὺν αὐτοῖς ἀπραγμοσύνην, καὶ τὸν τῆς ἡσυχίας ἔρωτα κἂν** ἁρπάσαιμι ἐπιδραμών.

ιη. Περὶ συνουσίας Μίδου τοῦ Φρυγὸς, καὶ Σειληνοῦ, καὶ τῶν ὑπὸ τούτου παραδόξως λεχθέντων.

Περιηγεῖται τινα Θεόπομπος συνουσίαν Μίδου τοῦ Φρυγὸς, καὶ Σειληνοῦ. Νύμφης δὲ παῖς ὁ Σειληνὸς οὗτος, θεοῦ μὲν ἀφανέστερος τὴν φύσιν, ἀνθρώπου δὲ κρείττων καὶ θανάτου ἦν. Πολλὰ μὲν οὖν καὶ ἄλλα ἀλλήλοις διελέχθησαν, καὶ ὑπὲρ τούτων ὁ Σειληνὸς ἔλεγε πρὸς τὸν Μίδαν· τὴν μὲν Εὐρώπην, καὶ τὴν Ἀσίαν, καὶ τὴν Λιβύην νήσους εἶναι, ἃς περιρρεῖν κύκλῳ τὸν Ὠκεανὸν, ἤπειρον δὲ μόνην εἶναι ἐκείνην τὴν ἔξω τούτου τοῦ κόσμου. Καὶ τὸ μὲν μέγεθος αὐτῆς ἄπειρον

---

* Ita Cor. Vulg., Ἐγὼ πολιτείαν φαίην καί.
** Sic idem. Vulg., καί.

esprit d'envie qui était familier aux Athéniens, il se retira en Egypte auprès de Ptolémée, et y fut à la tête de la législation [1]. Niera-t-on que Périclès fils de Xanthippe, Epaminondas fils de Polymnis, Phocion fils de Phocus, Aristide fils de Lysimaque, Ephialte fils de Sophonide, ne fussent de vrais philosophes? Je dirai la même chose de Carnéade et de Critolaüs, qui ont vécu dans des temps postérieurs [2]. Leur ambassade à Rome, où ils avaient été envoyés par les Athéniens, sauva la république : ils surent si bien disposer le sénat en leur faveur, que les sénateurs disaient : « Les Athéniens nous ont envoyé des ambassadeurs, non pour nous porter à faire ce qu'il désirent, mais pour nous y forcer. »

Je pourrais regarder encore comme ayant eu part à l'administration publique, Persée [3], qui eut Antigonus pour élève : Aristote, à qui on ne contestera pas d'avoir formé la jeunesse d'Alexandre fils de Philippe; enfin Lysis, cet illustre disciple de Pythagore, qui fut chargé de l'éducation d'Epaminondas. Il y aurait donc de l'imprudence, ou plutôt de la folie, à regarder les philosophes comme des citoyens oisifs et inutiles à la société. Pour moi, je me livrerais avec bien du plaisir à cette espèce d'oisiveté, à ce prétendu amour du repos.

18. *Entretien de Midas et de Silène.*

Si l'on en croit Théopompe, Midas, roi de Phrygie, s'entretint un jour avec Silène (Silène était fils d'une nymphe, et à ce titre, quoiqu'il fût par sa naissance d'un ordre inférieur aux dieux, comme eux néanmoins il était immortel, et fort au-dessus de la condition des hommes). Après s'être entretenus de différentes choses, Silène dit à Midas : « L'Europe, l'Asie et la Libye sont des îles que les flots de l'Océan baignent de tous côtés : hors de l'enceinte de ce monde il n'existe qu'un seul continent, dont l'étendue est

διηγεῖτο. Τρέφειν δὲ τὰ ἄλλα ζῶα μεγάλα, καὶ τοὺς ἀνθρώπους δὲ τῶν ἐνταῦθα διπλασίονας τὸ μέγεθος, καὶ χρόνον ζῆν αὐτοὺς, οὐχ ὅσον ἡμεῖς, ἀλλὰ καὶ ἐκεῖνον διπλοῦν. Καὶ πολλὰς μὲν εἶναι καὶ μεγάλας πόλεις, καὶ βίων ἰδιότητας, καὶ νόμους αὐτοῖς τετάχθαι ἐναντίως κειμένους τοῖς παρ' ἡμῖν νομιζομένοις. Δύο δὲ εἶναι πόλεις ἔλιγε μεγέθει μεγίστας, οὐδὲν δὲ ἀλλήλαις ἐοικέναι· καὶ τὴν μὲν ὀνομάζεσθαι Μάχιμον, τὴν δὲ, Εὐσεβῆ. Τοὺς μὲν οὖν Εὐσεβεῖς ἐν εἰρήνῃ τε διάγειν καὶ πλούτῳ βαθεῖ, καὶ λαμβάνειν τοὺς καρποὺς ἐκ τῆς γῆς χωρὶς ἀρότρων καὶ βοῶν· γεωργεῖν δὲ καὶ σπείρειν οὐδὲν αὐτοῖς ἔργον εἶναι. Καὶ διατελοῦσιν (ἦ δ' ὅς) ὑγιεῖς καὶ ἄνοσοι, καὶ καταστρέφουσι τὸν ἑαυτῶν βίον γελῶντες εὖ μάλα, καὶ ἡδόμενοι. Οὕτω δὲ ἀναμφιλόγως εἰσὶ δίκαιοι, ὡς μήτε τοὺς Θεοὺς πολλάκις ἀπαξιοῦν ἐπιφοιτᾶν αὐτοῖς. Οἱ δὲ τῆς Μαχίμου πόλεως, μαχιμώτατοί τέ εἰσι καὶ αὐτοὶ, καὶ γίνονται μεθ' ὅπλων, καὶ ἀεὶ πολεμοῦσι, καὶ καταστρέφονται τοὺς ὁμόρους, καὶ παμπόλλων ἐθνῶν μία πόλις κρατεῖ αὕτη. Εἰσὶ δὲ οἱ οἰκήτορες οὐκ ἐλάττους διακοσίων μυριάδων. Ἀποθνήσκουσι δὲ τὸν μὲν ἄλλον χρόνον νοσήσαντες· σπάνιον δὲ τοῦτο, ἐπεὶ τά γε πολλὰ ἐν τοῖς πολέμοις, ἢ λίθοις, ἢ ξύλοις παιόμενοι· ἄτρωτοι γάρ εἰσι σιδήρῳ. Χρυσοῦ δὲ ἔχουσι καὶ ἀργύρου ἀφθονίαν, ὡς ἀτιμότερον εἶναι παρ' αὐτοῖς τὸν χρυσὸν τοῦ παρ' ἡμῖν σιδήρου. Ἐπιχειρῆσαι δέ ποτε καὶ διαβῆναι τούτους εἰς τάσδε τὰς ἡμεδαπὰς νήσους, ἔφη γε, καὶ διαπλεύσαντάς γε τὸν Ὠκεανὸν μυριάσι χιλίαις ἀνθρώπων, ἕως Ὑπερβορέων ἀφικέσθαι. Καὶ πυθομένους τῶν παρ' ἡμῖν τούτους εἶναι τοὺς εὐδαιμονεστάτους, καταφρονῆσαι ὡς φαύλως καὶ ταπεινῶς πράττοντας, καὶ διὰ ταῦτα ἀτιμάσαι προελθεῖν περαιτέρω.

Τὸ δὲ ἔτι θαυμασιώτερον προσετίθει· Μέροπάς τινας οὕτω καλουμένους ἀνθρώπους οἰκεῖν παρ' αὐτοῖς ἔφη πόλεις πολλὰς

immense. Il produit de très-grands animaux, et des hommes d'une taille deux fois plus haute que ne sont ceux de nos climats : aussi leur vie n'est-elle pas bornée au même espace de temps que la nôtre; ils vivent deux fois plus longtemps. Ils ont plusieurs grandes villes, gouvernées suivant des usages qui leur sont propres; leurs lois forment un contraste parfait avec les nôtres. Entre ces villes, il y en a deux d'une prodigieuse étendue, et qui ne se ressemblent en rien. L'une se nomme *Machimos* (la Guerrière), et l'autre *Eusébie* (la Pieuse). Les habitans d'Eusébie passent leurs jours dans la paix et dans l'abondance : la terre leur prodigue ses fruits, sans qu'ils aient besoin de charrues ni de bœufs; il serait superflu de labourer et de semer. Après une vie qui a été constamment exempte de maladies, ils meurent gaiement et en riant. Au reste, leur vie est si pure, que souvent les dieux ne dédaignent pas de les visiter. A l'égard des habitans de *Machimos*, ils sont très-belliqueux : toujours armés, toujours en guerre, ils travaillent sans cesse à étendre leurs limites. C'est par-là que leur ville est parvenue à commander à plusieurs nations; on n'y compte pas moins de deux millions de citoyens. Les exemples de gens morts de maladie y sont très-rares. Tous meurent à la guerre, non par le fer (le fer ne peut rien sur eux), mais assommés à coups de pierres ou à coups de bâton. Ils ont une si grande quantité d'or et d'argent, qu'ils en font moins de cas que nous n'en faisons du fer. Autrefois, continua Silène, ils voulurent pénétrer dans nos îles; et après avoir traversé l'Océan avec dix millions d'hommes, ils arrivèrent chez les Hyperboréens : mais ce peuple parut à leurs yeux si vil et si méprisable, qu'ayant appris que c'était néanmoins la plus heureuse nation de nos climats, ils dédaignèrent de passer outre. »

Ce que Silène ajouta est beaucoup plus étonnant encore. « Dans ce pays, dit-il, des hommes qu'on distingue par le nom de *Méropes*, sont maîtres de plusieurs grandes

καὶ μεγάλας· ἐπ' ἐσχάτῳ δὲ τῆς χώρας αὐτῶν τόπον εἶναι καὶ ὀνομάζεσθαι Ἄνοστον, ἐοικέναι δὲ χάσματι, κατειλῆφθαι δὲ οὔτε ὑπὸ σκότους, οὔτε ὑπὸ φωτός, ἀέρα δὲ ἐπικεῖσθαι ἐρυθήματι μεμιγμένον θολερῷ. Δύο δὲ ποταμοὺς περὶ τοῦτον τὸν τόπον ῥεῖν, καὶ τὸν μὲν Ἡδονῆς καλεῖσθαι, τὸν δὲ Λύπης· καὶ παρ' ἑκάτερον τούτων ἑστηκέναι δένδρα τὸ μέγεθος πλατάνου μεγάλης. Φέρειν δὲ καρποὺς, τὰ μὲν περὶ τὸν τῆς Λύπης ποταμὸν τοιαύτην ἔχοντας τὴν φύσιν· ἐάν τις αὐτῶν ἀπογεύσηται, τοσοῦτον ἐκβάλλει δάκρυον, ὥστε κατατήκεσθαι, πάντα τὸν ἑαυτοῦ βίον τὸν λοιπὸν θρηνοῦντα, καὶ οὕτω τελευτᾶν. Τὰ δὲ ἕτερα τὰ παραπεφυκότα τῷ τῆς Ἡδονῆς ποταμῷ, ἀντίπαλον ἐκφέρειν καρπόν. Ὃς γὰρ ἂν γεύσηται τούτων, τῶν μὲν ἄλλων τῶν πρότερον ἐπιθυμιῶν παύεται· ἀλλὰ καὶ εἴ του ἤρα, καὶ αὐτοῦ λαμβάνει λήθην, καὶ γίνεται κατὰ βραχὺ νεώτερος, καὶ τὰς φθανούσας ἡλικίας, καὶ τὰς ἤδη διελθούσας, ἀναλαμβάνει ὀπίσω. Τὸ μὲν γὰρ γῆρας ἀπορρίψας, ἐπὶ τὴν ἀκμὴν ὑποστρέφει, εἶτα ἐπὶ τὴν τῶν μειρακίων ἡλικίαν ἀναχωρεῖ, εἶτα παῖς γίνεται, εἶτα βρέφος, καὶ ἐπὶ τούτοις ἐξαναλώθη.

Καὶ ταῦτα εἴ τῳ πιστὸς ὁ Χῖος λέγων, πεπιστεύσθω· ἐμοὶ δὲ δεινὸς εἶναι δοκεῖ μυθολόγος, καὶ ἐν τούτοις, καὶ ἐν ἄλλοις δέ.

ιθ. Περὶ διαφορᾶς Ἀριστοτέλους πρὸς Πλάτωνα.

ΛΕΓΕΤΑΙ τὴν διαφορὰν Ἀριστοτέλους πρὸς Πλάτωνα τὴν πρώτην ἐκ τούτων γενέσθαι. Οὐκ ἠρέσκετο * αὐτοῦ τῷ βίῳ ὁ Πλάτων, οὐδὲ τῇ κατασκευῇ τῇ περὶ τὸ σῶμα. Καὶ γὰρ ἐσθῆτι ἐχρῆτο περιέργῳ ὁ Ἀριστοτέλης, καὶ ὑποδέσει· καὶ κουρὰν δὲ ἐκείρετο καὶ ταύτην ἀήθη Πλάτωνι· καὶ δακτυλίους δὲ πολλοὺς φορῶν ἐκαλλύνετο ἐπὶ τούτῳ. Καὶ μωκία δέ τις ἦν αὐτοῦ περὶ τὸ πρόσωπον· καὶ ἄκαιρος στωμυλία λαλοῦντος, κατηγόρει

---

* Al. minùs rectè, ἠρέσατο.

villes : sur les confins du territoire qu'ils habitent, est un lieu appelé *Anoste* (sans retour), qui ressemble à un gouffre, et n'est ni éclairé, ni ténébreux; l'air qui forme son atmosphère, est mêlé d'un rouge obscur. Deux fleuves coulent aux environs; le fleuve *Plaisir*, et le fleuve *Chagrin*, c'est ainsi qu'on les nomme : leurs bords sont couverts d'arbres, de la hauteur d'un grand platane. Ceux qui croissent sur les bords du fleuve *Chagrin*, produisent des fruits d'une telle qualité, que quiconque en a goûté, verse tant de larmes qu'il s'épuise, et meurt enfin, après avoir passé ses jours dans la douleur. Les arbres qui ombragent l'autre fleuve, portent des fruits d'une qualité toute différente : celui qui en mange, sent tout-à-coup son âme débarrassée des passions qui l'agitaient; s'il a aimé, il en perd le souvenir. Il rajeunit par degrés, en repassant par tous les âges de la vie, qu'il avait laissés derrière lui : de la vieillesse il revient à l'âge mûr, de celui-ci à l'adolescence, ensuite à la puberté; il finit par devenir enfant; puis il meurt.

Ceux qui regardent Théopompe de Chio comme un écrivain digne de foi, peuvent croire ce récit : pour moi, dans cette histoire et dans plusieurs autres, je ne vois qu'un faiseur de contes.

19. *De la querelle d'Aristote avec Platon.*

Voici, dit-on, quelle fut l'origine du différend qui s'éleva entre Platon et Aristote. Platon n'approuvait ni la manière de vivre d'Aristote, ni le soin qu'il prenait de se parer. Ce philosophe était, en effet, très-recherché dans ses habits et dans sa chaussure. Il se coupait les cheveux, pratique étrangère à Platon; il étalait avec complaisance les bagues dont ses doigts étaient chargés. On voyait de plus sur son visage un certain air moqueur, qui, joint à la démangeaison de parler hors de propos, décelait le

καὶ αὕτη τὸν τρόπον αὐτοῦ. Πάντα δὲ ταῦτα ὡς ἔστιν ἀλλότρια φιλοσόφου, δῆλον. Ἅπερ οὖν ὁρῶν ὁ Πλάτων οὐ προσίετο τὸν ἄνδρα· προετίμα δὲ αὐτοῦ Ξενοκράτην, καὶ Σπεύσιππον, καὶ Ἀμύκλαν, καὶ ἄλλους, τῇ τε λοιπῇ δεξιούμενος αὐτοὺς τιμῇ, καὶ οὖν καὶ τῇ κοινωνίᾳ τῶν λόγων. Ἀποδημίας δέ ποτε γενομένης τῷ Ξενοκράτει εἰς τὴν πατρίδα, ἐπέθετο τῷ Πλάτωνι Ἀριστοτέλης, χορόν τινα τῶν ὁμιλητῶν τῶν ἑαυτοῦ περιστησάμενος, ὧν ἦν Μνάσων τε ὁ Φωκεὺς, καὶ ἄλλοι τοιοῦτοι. Ἐνόσει δὲ τότε ὁ Σπεύσιππος, καὶ διὰ ταῦτα ἀδύνατος ἦν συμβαδίζειν τῷ Πλάτωνι. Ὁ δὲ Πλάτων ὀγδοήκοντα ἐτῶν ἐγεγόνει ὁμοῦ τι*, καὶ διὰ τὴν ἡλικίαν ἐπελελοίπει τὰ τῆς μνήμης αὐτόν. Ἐπιθέμενος οὖν αὐτῷ καὶ ἐπιβουλεύων ὁ Ἀριστοτέλης, καὶ φιλοτίμως πάνυ τὰς ἐρωτήσεις ποιούμενος, καὶ τρόπον τινὰ καὶ ἐλεγκτικῶς, ἀδικῶν ἅμα καὶ ἀγνωμονῶν ἦν δῆλος. Καὶ διὰ ταῦτα ἀποστὰς ὁ Πλάτων τοῦ ἔξω περιπάτου, ἔνδον ἐβάδιζε σὺν τοῖς ἑταίροις. Τριῶν δὲ μηνῶν διαγενομένων, ὁ Ξενοκράτης ἀφίκετο ἐκ τῆς ἀποδημίας, καὶ καταλαμβάνει τὸν Ἀριστοτέλη βαδίζοντα, οὗ κατέλιπε τὸν Πλάτωνα. Ὁρῶν δὲ αὐτὸν μετὰ τῶν γνωρίμων, οὐ πρὸς Πλάτωνα ἀναχωροῦντα ἐκ τοῦ περιπάτου, ἀλλὰ καθ᾽ ἑαυτὸν ἀπιόντα εἰς τὴν πόλιν, ἤρετό τινα τῶν ἐν τῷ περιπάτῳ, ὅποι ποτὲ εἴη Πλάτων**· ὑπώπτευε γὰρ αὐτὸν μαλακίζεσθαι. Ὁ δὲ ἀπεκρίνατο, Ἐκεῖνος μὲν οὐ νοσεῖ, ἐνοχλῶν δὲ αὐτὸν Ἀριστοτέλης παραχωρῆσαι πεποίηκε τοῦ περιπάτου, καὶ ἀναχωρήσας ἐν τῷ κήπῳ τῷ ἑαυτοῦ φιλοσοφεῖ. Ὁ δὲ Ξενοκράτης ἀκούσας, παραχρῆμα ἧκε πρὸς Πλάτωνα, καὶ κατέλαβε διαλεγόμενον τοῖς σὺν ἑαυτῷ· ἦσαν δὲ μάλα συχνοὶ, καὶ ἄξιοι λόγου, καὶ οἱ μάλιστα δοκοῦντες τῶν νέων ἐπιφανεῖς. Ἐπεὶ δὲ ἐπαύσατο τῆς ὁμιλίας,

---

* Al., ὁμοῦ τε. Mendosa lectio.
** Ms. Lugd., ὁ Πλάτων.

fond de son caractère. Il est certain que toutes ces choses sont peu dignes d'un philosophe. Aussi Platon, qui remarquait ces ridicules, en conçut de l'éloignement pour Aristote : il lui préférait Xénocrate [1], Speusippe [2], Amyclas [3], quelques autres encore, qu'il traitait avec toutes sortes d'égards, et avec qui il s'entretenait familièrement. Pendant un voyage que Xénocrate était allé faire dans sa patrie, Aristote, accompagné d'une troupe de ses disciples, entre lesquels étaient Mnason le Phocéen et plusieurs autres de la même trempe, vint un jour attaquer Platon, dans le dessein de le surprendre. Le philosophe avait quatre-vingts ans. Par une suite de ce grand âge, la mémoire commençait à lui manquer; et Speusippe, alors malade, n'était point auprès de lui. Aristote, profitant de la circonstance, tomba comme d'une embuscade sur ce vieillard : il affecta de l'embarrasser par des questions captieuses, qui pouvaient en quelque sorte être prises pour de vraies objections; en quoi Aristote se montrait à la fois injuste et ingrat. Depuis ce jour, Platon s'abstint de toute promenade hors de chez lui : il ne se promena plus que dans l'intérieur de sa maison avec ses amis. Xénocrate, de retour de son voyage après trois mois d'absence, rencontra par hasard Aristote se promenant dans le lieu où il avait laissé Platon. Il vit qu'Aristote, au lieu d'aller avec ses disciples chez Platon, au sortir de la promenade, prenait dans la ville le chemin de son logis. « Où est Platon, dit-il à quelqu'un de ceux qui se promenaient? » soupçonnant que ce philosophe pouvait être malade. « Platon se porte bien, lui répondit-on; mais Aristote, en venant ici le chagriner, lui a fait abandonner sa promenade ordinaire : Platon s'est retiré chez lui, et ne traite plus de la philosophie que dans son jardin. » Sur cette réponse, Xénocrate va chez Platon : il le trouva discourant dans un cercle nombreux, composé des personnages les plus considérables et des jeunes gens les plus distingués.

ἠσπάσατό τε, ὡς τὸ εἰκός, τὸν Ξενοκράτην φιλανθρώπως, καὶ αὖ πάλιν ὁ Ξενοκράτης ἐκεῖνον ὁμοίως. Διαλυθείσης δὲ τῆς συνουσίας, οὐδὲν οὔτε εἰπὼν πρὸς τὸν Πλάτωνα Ξενοκράτης οὔτε ἀκούσας, συναγαγὼν τοὺς ἑταίρους, καὶ τῷ Σπευσίππῳ πάνυ ἰσχυρῶς ἐπέπληξε, παραχωρήσαντι τοῦ περιπάτου Ἀριστοτέλει, αὐτός τε ἐπέθετο τῷ Σταγειρίτῃ κατὰ τὸ καρτερόν, καὶ εἰς τοσοῦτον προῆλθε φιλοτιμίας, ὡς ἐξελάσαι αὐτὸν, καὶ ἀποδοῦναι τὸ σύνηθες χωρίον τῷ Πλάτωνι.

κ. Περὶ Λυσάνδρου, καὶ δώρων ἀνακομισθέντων αὐτῷ.

Λυσάνδρῳ τῷ Σπαρτιάτῃ εἰς Ἰωνίαν ἀφικομένῳ οἱ κατὰ τὴν Ἰωνίαν ξένοι πολλὰ μὲν καὶ ἄλλα ἀπέπεμψαν, ἀτὰρ οὖν καὶ βοῦν, καὶ πλακοῦντα. Ὁ δὲ ἀπιδὼν εἰς τὸν πλακοῦντα, ἤρετο, Τί βούλεται τὸ πέμμα ἐκεῖνο εἶναι; ὁ δὲ κομίζων ἀπεκρίνατο, ὅτι ἐκ μέλιτος, καὶ τυροῦ, καὶ ἄλλων τινῶν κατεσκεύασται. Ὁ δὲ Λύσανδρος, Ἀλλὰ τοῦτο μὲν, εἶπε, δότε τοῖς Εἵλωσιν· ἐλευθέρου γὰρ οὐκ ἔστι βρῶμα. Τὸν δὲ βοῦν προσέταξε κατὰ τὰ πάτρια σκευασθῆναι, καὶ ἐδείπνησεν ἡδέως.

κα. Περὶ μεγαλοφροσύνης τοῦ Θεμιστοκλέους.

Ἐπανήει ποτὲ ἐκ διδασκαλείου παῖς ἔτι ὢν Θεμιστοκλῆς. Εἶτα προσιόντος Πεισιστράτου, ὁ παιδαγωγὸς ἔφη τῷ Θεμιστοκλεῖ, μικρὸν ἐκχωρῆσαι τῆς ὁδοῦ, προσάγοντος τοῦ τυράννου. Ὁ δὲ καὶ πάνυ ἐλευθερίως ἀπεκρίνατο· Αὕτη γὰρ (εἶπεν) αὐτῷ οὐκ ἱκανὴ ὁδός; Οὕτως ἄρα εὐγενές τι καὶ μεγαλόφρον ἐνεφαίνετο τῷ Θεμιστοκλεῖ καὶ ἐξ ἐκείνου.

Platon ayant cessé de parler, Xénocrate et lui s'embrassèrent tendrement, comme on peut le penser : mais dès que la conversation fut finie, Xénocrate, sans rien dire à Platon, sans rien écouter, assembla ses camarades; et après avoir fait à Speusippe les reproches les plus vifs, de ce qu'il avait cédé la promenade au philosophe de Stagire, il alla lui-même attaquer Aristote de toutes ses forces; il le poussa si vivement, qu'il l'obligea d'abandonner le terrain, et qu'il rétablit Platon dans la possession de sa promenade ordinaire.

20. *Présens qu'on offrit à Lysandre.*

LE Lacédémonien Lysandre étant allé en Ionie, ceux du pays avec qui il avait des liaisons d'hospitalité, lui envoyèrent, entre autres présens, un bœuf et un gâteau. Dès qu'il eut jeté les yeux sur le gâteau, il demanda ce que c'était que cette pâte cuite. « C'est, répondit celui qui l'avait apporté, un composé de miel, de fromage, et d'autres ingrédiens. » — « Allez, repartit Lysandre, le porter aux Hilotes [1]; ce mets n'est pas fait pour un homme libre. » Quant au bœuf, il ordonna qu'on l'apprêtât à la façon de son pays; et il en mangea avec plaisir.

21. *De la grandeur d'âme de Thémistocle.*

THÉMISTOCLE encore enfant, revenant un jour de l'école, se trouva par hasard à la rencontre de Pisistrate [2], qui venait à lui par le même chemin. Le conducteur de l'enfant lui dit de s'écarter un peu, pour laisser passer le tyran. « Eh quoi, répondit fièrement Thémistocle, la rue n'est-elle pas assez large? » Réponse, qui déjà faisait entrevoir la noblesse et l'élévation de l'âme de Thémistocle.

κβ. Περὶ τῆς τοῦ Αἰνείου εὐσεβείας, καὶ τοῦ τῶν Ἑλλήνων ἐλέους πρὸς τοὺς Τρῶας.

Ὅτε ἑάλω τὸ Ἴλιον, οἰκτείραντες οἱ Ἀχαιοὶ τὰς τῶν ἁλισκομένων τύχας, καὶ πάνυ Ἑλληνικῶς τοῦτο ἐκήρυξαν, ἕκαϛον τῶν ἐλευθέρων ἕν, ὅ τι καὶ βούλεται, τῶν οἰκείων ἀποφέρειν ἀράμενον. Ὁ οὖν Αἰνείας τοὺς πατρῴους θεοὺς βαϛάσας ἔφερεν, ὑπεριδὼν τῶν ἄλλων. Ἡσθέντες οὖν ἐπὶ τῇ τοῦ ἀνδρὸς εὐσεβείᾳ οἱ Ἕλληνες, καὶ δεύτερον αὐτῷ κτῆμα συνεχώρησαν λαβεῖν. Ὁ δὲ τὸν πατέρα πάνυ σφόδρα γεγηρακότα ἀναθέμενος τοῖς ὤμοις ἔφερεν. Ὑπερεκπλαγέντες οὖν καὶ ἐπὶ τούτῳ οὐχ ἥκιϛα, πάντων αὐτῷ τῶν οἰκείων κτημάτων ἀπέϛησαν, ὁμολογοῦντες, ὅτι πρὸς τοὺς εὐσεβεῖς τῶν ἀνθρώπων, καὶ τοὺς θεοὺς καὶ τοὺς γειναμένους δι' αἰδοῦς ἄγοντας, καὶ οἱ φύσει πολέμιοι ἥμεροι γίνονται.

κγ. Περὶ Ἀλεξάνδρου.

Καλὰ μὲν οὖν Ἀλεξάνδρου τὰ ἐπὶ Γρανίκῳ, καὶ τὰ ἐπὶ Ἰσσῷ, καὶ ἡ πρὸς Ἀρβήλοις μάχη, καὶ Δαρεῖος ᾑρημένος, καὶ Πέρσαι δουλεύοντες Μακεδόσι. Καλὰ δὲ καὶ τὰ τῆς ἄλλης ἁπάσης Ἀσίας νενικημένης, καὶ Ἰνδοὶ δὲ καὶ οὗτοι Ἀλεξάνδρῳ πειθόμενοι. Καλὸν καὶ τὸ πρὸς τῇ Τύρῳ, καὶ τὰ ἐν Ὀξυδράκαις, καὶ τὰ ἄλλα αὐτοῦ. Τί γὰρ δεῖ νῦν ϛενοχωρίᾳ λόγου περιλαμβάνειν τοσαύτην ἀνδρὸς εἰς ὅπλα ἀρετήν; Ἔϛω δὲ καὶ τῆς Τύχης, Ἀλεξάνδρου ἀγαπώσης τὰ πλεῖϛα, εἴ τις εἴη δύσερις. Καλὸς δὲ οὖν Ἀλέξανδρος μὴ ἡττώμενος τῆς Τύχης, μηδὲ πρὸς τὴν ἐξ αὐτῆς εἰς αὐτὸν προθυμίαν ἀπαγορεύων.

Ἐκεῖνα δὲ οὐκ ἔτι καλὰ Ἀλεξάνδρου. Δίου μηνός, φασι,

22. De la piété d'Énée, et de la commisération des Grecs pour les Troyens.

Les Grecs, après la prise de Troie, touchés de compassion pour les malheureux habitans, leurs captifs (sentiment bien digne des Grecs), firent publier par un héraut, que tout citoyen libre pouvait emporter avec lui tel effet qu'il voudrait choisir. Énée choisit, par préférence, ses dieux domestiques. Il s'en saisit, et déjà il se mettait en marche, lorsque les Grecs, admirant cet acte de piété, lui permirent de faire un second choix. Énée prit son père, vieillard accablé sous le poids des années, et le chargea sur ses épaules. Tel fut alors l'excès de l'admiration des Grecs, qu'ils laissèrent à Énée l'entière disposition de tout ce qui lui appartenait. Hommage éclatant rendu à la piété ; preuve sensible que le respect pour les dieux et pour ceux de qui on a reçu le jour, est capable d'amollir le cœur des plus cruels ennemis.

23. D'Alexandre.

Les batailles d'Arbèle et d'Issus, le passage du Granique, Darius vaincu, les Perses réduits à l'esclavage par les Macédoniens, toute l'Asie conquise, les Indiens soumis, ce sont là certainement des traits brillans de l'histoire d'Alexandre. Les actions de ce prince à Tyr et chez les Oxydraques [1], sans parler de plusieurs autres faits semblables, n'eurent pas moins d'éclat. Mais pourquoi renfermer ici dans le cercle étroit d'un éloge, les prodiges de valeur de ce conquérant? Accordons plutôt à l'envie, si on le veut, qu'Alexandre dut la plupart de ses victoires à la fortune, dont il fut le favori [2]. On pourra du moins dire à sa gloire, qu'il ne fut jamais au-dessous de sa fortune, et que jamais il ne manqua aux occasions qu'elle lui offrit.

Ce que je vais rapporter ne fait pas autant d'honneur à

πέμπτῃ ἔπινε παρ' Εὐμαίῳ· εἶτα ἕκτῃ ἐκάθευδεν ἐκ τοῦ πότου, καὶ τοσοῦτον ἐκείνης τῆς ἡμέρας ἔζησεν, ὅσον ἀναστὰς χρηματίσαι τοῖς ἡγεμόσιν ὑπὲρ τῆς αὔριον πορείας, λέγων, ὅτι ἔσται πρωΐ. Καὶ ἑβδόμῃ εἱστιᾶτο παρὰ Περδίκκᾳ, καὶ ἔπινε πάλιν, καὶ ὀγδόῃ ἐκάθευδε. Πέμπτῃ δὲ ἐπὶ δέκα τοῦ αὐτοῦ μηνὸς καὶ ταύτῃ ἔπινε, καὶ τῇ ἐπομένῃ τὰ εἰθισμένα ἔδρα, τὰ ἐκ τοῦ πότου. Παρὰ Βαγώᾳ δὲ ἐδείπνησε τετράδι μετὰ εἰκάδα (ἀπεῖχε τῶν βασιλείων ὁ Βαγώα οἶκος δέκα σταδίους)· εἶτα τῇ τρίτῃ ἐκάθευδε. Δυοῖν οὖν θάτερον, ἢ Ἀλέξανδρος κακῶς τοσαύτας τοῦ μηνὸς ἡμέρας ἑαυτὸν ζημιοῖ διὰ τὸν οἶνον, ἢ οἱ ταῦτα ἀναγράψαντες ψεύδονται. Ἔξεστι δὲ ἐκ τούτων ἐννοεῖν καὶ τοῦ λοιποῦ χρόνου τὰ ὅμοια αὐτοὺς λέγοντας, ὧν καὶ Εὐμένης ὁ Καρδιανὸς καὶ ἐκεινός ἐστι.

κθ. Περὶ φιλοκαλίας Ξενοφῶντος.

Ξενοφῶντι ἔμελε τῶν τε ἄλλων σπουδαίων, καὶ οὖν καὶ ὅπλα καλὰ ἔχειν. Νικῶντι γάρ, ἔλεγε, τοὺς πολεμίους τὴν καλλίστην στολὴν ἁρμόττειν· καὶ ἀποθνήσκοντι ἐν τῇ μάχῃ, κεῖσθαι καλῶς ἐν καλῇ τῇ πανοπλίᾳ. Τῷ γὰρ ἀνδρὶ τῷ γενναίῳ ταῦτ' εἶναι τὰ ἐντάφια, τὰ ὡς ἀληθῶς κοσμοῦντα αὐτόν. Λέγεται οὖν ὁ τοῦ Γρύλλου τὴν μὲν ἀσπίδα Ἀργολικὴν ἔχειν, τὸν δὲ θώρακα Ἀττικόν, τὸ δὲ κράνος Βοιωτιουργές, τὸν δὲ ἵππον Ἐπιδαύριον. Φιλοκάλου δὲ ἔγωγε ἂν εἶναι φαίην τὰ τοιαῦτα ἀνδρός, καὶ ἀξιοῦντος ἑαυτὸν τῶν καλῶν.

Alexandre. On raconte qu'après avoir passé le cinquième jour du mois *dius* [1] à boire chez Eumée, il dormit le six pour cuver son vin, et ne donna, dans toute cette journée, d'autre signe de vie, que de se lever, et de communiquer à ses généraux le projet qu'il avait de partir le lendemain dès la pointe du jour; qu'il dîna le sept chez Perdiccas, où s'étant enivré, il dormit le huit; qu'il s'enivra de nouveau le quinze, et passa le jour suivant à dormir, selon sa coutume; que le vingt-sept il soupa chez Bagoas, dont la maison était à dix stades du palais, et dormit le vingt-huit. De deux choses l'une : il faut nécessairement, ou croire qu'en effet Alexandre passa dans une crapule honteuse la plus grande partie du mois *dius*, ou regarder comme des imposteurs les écrivains qui nous ont transmis ces faits : mais ils s'accordent tous, même Eumène le Cardien [2], à faire la même peinture du reste de la vie d'Alexandre.

24. *Goût de Xénophon pour le beau.*

XÉNOPHON, naturellement curieux de toutes les choses qui méritent d'être recherchées, était surtout jaloux d'avoir de belles armes [3]. Si le succès de la guerre, disait-il, est heureux, une parure magnifique sied bien à un vainqueur; et le corps de celui qui périt dans le combat, revêtu d'une belle armure, gît du moins avec dignité : c'est là le seul ornement funèbre qui convienne à un homme valeureux; c'est le seul qui le pare véritablement. Aussi assure-t-on que Xénophon avait un bouclier d'Argos, une cuirasse d'Athènes, un casque travaillé en Béotie [4], et un cheval d'Épidaure [5]. On reconnaît ici l'homme passionné pour le beau, et qui se sent digne de n'avoir que du beau.

κε. Περὶ Λεωνίδου, καὶ τῶν τριακοσίων ἐθελοντὶ ὑπὲρ τῆς Ἑλλάδος ἀποθανόντων.

Ο ΛΕΩΝΙΔΗΣ ὁ Λακεδαιμόνιος, καὶ οἱ σὺν αὐτῷ τριακόσιοι, τὸν μαντευόμενον αὐτοῖς θάνατον εἵλοντο ἐν Πύλαις· καὶ ὑπὲρ τῆς Ἑλλάδος εὖ καὶ καλῶς ἀγωνισάμενοι τέλους ἔτυχον εὐκλεοῦς, καὶ δόξαν ἑαυτοῖς ἀθάνατον ἀπέλιπον, καὶ φήμην ἀγαθὴν δι᾽ αἰῶνος.

κϛ. Περὶ Πινδάρου τοῦ τυράννου.

ΠΙΝΔΑΡΟΣ ὁ Μέλανος υἱὸς, Ἀλυάττου δὲ θυγατριδοῦς τοῦ Λυδοῦ, διαδεξάμενος τὴν Ἐφεσίων τυραννίδα, πρὸς μὲν τὰς τιμωρίας πικρὸς ἦν, καὶ ἀπαραίτητος, τά γε μὴν ἄλλα ἐδόκει φιλόπατρις εἶναι καὶ σώφρων, καὶ τοῦ μὴ δουλεῦσαι τὴν πατρίδα τοῖς Βαρβάροις πολλὴν πρόνοιαν ἔθετο. Ἔδειξε ταῦτα οὕτως ἔχειν ἐκεῖνα δήπου. Ἐπεὶ γὰρ Κροῖσος ὁ πρὸς μητρὸς αὐτοῦ θεῖος καταστρεφόμενος τὴν Ἰωνίαν, καὶ πρὸς τὸν Πίνδαρον πρεσβείαν ἀπέστειλεν, ἀξιῶν Ἐφεσίους ὑπ᾽ αὐτῷ γενέσθαι· ὡς δ᾽ οὐκ ἐπείσθη, ἐπολιόρκει τὴν πόλιν Κροῖσος. Ἐπεὶ δέ τις τῶν πύργων ἀνετράπη, ὁ κληθεὶς ὕστερον προδότης, καὶ ἐν ὀφθαλμοῖς ἑώρα τὸ δεινὸν, συνεβούλευσεν ὁ Πίνδαρος Ἐφεσίοις, ἐκδήσαντας ἐκ τῶν πυλῶν καὶ τῶν τειχῶν θώμιγγας, συνάψαι τοῖς κίοσι τοῦ τῆς Ἀρτέμιδος νεὼ, οἱονεὶ τὴν πόλιν ἀνάθημα ἐῶντας εἶναι τῇ Ἀρτέμιδι, ἀσυλίαν διὰ τούτων ἐπινοῶν τῇ Ἐφέσῳ· ὁ δὲ συνεβούλευε προσελθόντας δεῖσθαι τοῦ Λυδοῦ. Προβαλλομένων δὲ τὴν ἱκετηρίαν τῶν Ἐφεσίων, γελάσαντά φασι τὸν Κροῖσον, καὶ δεξάμενον πράως τὸ στρατηγηθὲν, τοῖς μὲν Ἐφεσίοις συγχωρῆσαι τὴν μετ᾽ ἐλευ-

25. *De Léonidas et des trois cents Lacédémoniens.*

Léonidas, roi de Lacédémone, et trois cents Lacédémoniens, allèrent volontairement chercher aux Thermopyles la mort qui leur avait été prédite par l'oracle [1], et terminèrent leur carrière avec honneur, en combattant valeureusement pour le salut de la Grèce. Par-là ils se sont acquis une gloire immortelle; et la réputation de leur courage se perpétuera dans tous les âges.

26. *Du tyran Pindare.*

Pindare, fils de Mélas et de la fille d'Alyattès, roi de Lydie, s'étant emparé du pouvoir souverain à Éphèse, fut d'une sévérité inexorable dans les cas qui méritaient des peines, mais doux et modéré dans toute autre circonstance. Il montra surtout son attachement à sa patrie [2], par le soin qu'il eut de la préserver du joug des barbares. Voici comment il se conduisit. Crésus, son oncle maternel, ayant assujetti l'Ionie, lui manda par des ambassadeurs, qu'il eût à remettre Éphèse entre ses mains : comme Pindare refusa de se rendre, Crésus forma le siége de la ville. Sur ces entrefaites, une des tours, qui depuis a été nommée *la Traîtresse*, vint à s'écrouler : Pindare, voyant alors que le danger devenait pressant, conseilla aux habitans d'attacher des cordes, d'un bout aux portes et aux murs de la ville, de l'autre aux colonnes du temple de Diane, comme pour faire de la ville même une offrande à la déesse [3] : il espérait par cette espèce de consécration la sauver du pillage. En même temps, il leur conseilla d'aller trouver Crésus pour lui demander grâce. On dit que ce prince, à la vue des Éphésiens qui venaient à lui, portant les marques ordinaires de supplians [4], sourit de leur stratagème, loin d'en être irrité; qu'il leur accorda la

θερίας φυγήν· τῷ δὲ Πινδάρῳ προστάξαι τῆς πόλεως ἀπαλλάττεσθαι. Ὁ δὲ οὐκ ἀντεῖπε· τῶν φίλων δὲ τοὺς συναπαίρειν αὐτῷ βουληθέντας παραλαβὼν, τὸν υἱὸν καὶ τῆς οὐσίας τὸ πλεῖστον τῇ πόλει παρακαταθέμενος, καὶ ἕνα τῶν συνήθων Πασικλέα ἀποδείξας ἐπίτροπον καὶ τοῦ παιδὸς, καὶ τῶν χρημάτων, ἀπῆρεν εἰς Πελοπόννησον, τυραννικοῦ βίου φυγὴν αὐθαίρετον ἀλλαξάμενος, ὑπὲρ τοῦ μὴ ποιῆσαι τὴν πατρίδα ὑποχείριον Λυδοῖς.

κζ. Περὶ Πλάτωνος πενίας, καὶ πῶς φιλοσοφίᾳ ἐπεχείρησεν.

ΠΕΠΥΣΜΑΙ καὶ τοῦτον τὸν λόγον, εἰ δὲ ἀληθής ἐστιν, οὐκ οἶδα· ὃ δ᾽ οὖν πέπυσμαι, ἐκεῖνό ἐστι. Πλάτων ὁ Ἀρίστωνος, ὑπὸ πενίας, φασὶ, καταπονούμενος, ἔμελλεν ἐπὶ στρατείαν ἀποδημῆσαι· καταληφθεὶς δὲ ὑπὸ Σωκράτους ὠνούμενος ὅπλα, ὁ Πλάτων, ἀνεστάλη τὴν ὁρμὴν, διαλεχθέντος αὐτῷ τοῦ Σωκράτους, ἃ εἰκὸς ἦν, καὶ πείσαντος φιλοσοφίας ἐπιθυμῆσαι.

κη. Πῶς ὁ Σωκράτης τὸν τοῦ Ἀλκιβιάδου τῦφον ἀνέστειλεν.

ΟΡΩΝ ὁ Σωκράτης τὸν Ἀλκιβιάδην τετυφωμένον ἐπὶ τῷ πλούτῳ, καὶ μέγα φρονοῦντα ἐπὶ τοῖς ἀγροῖς, ἤγαγεν αὐτὸν εἴς τινα τόπον, ἔνθα ἀνέκειτο πινάκιον ἔχον γῆς περίοδον, καὶ προσέταξε τὴν Ἀττικὴν ἐνταῦθα ἀναζητεῖν. Ὡς δὲ εὗρε, προσέταξε τοὺς ἀγροὺς τοὺς ἰδίους διαθρῆσαι. Τοῦ δὲ εἰπόντος, Ἀλλ᾽ οὐδαμοῦ γεγραμμένοι εἰσὶν, Ἐπὶ τούτοις, εἶπε, μέγα φρονεῖς, οἵπερ οὐδὲν μέρος τῆς γῆς εἰσίν;

κθ. Περὶ Διογένους πενίας, καὶ τύφου.

ΔΙΟΓΕΝΗΣ ὁ Σινωπεὺς συνεχῶς ἐπέλεγεν ὑπὲρ ἑαυτοῦ, ὅτι

liberté avec la vie ¹, et qu'il se contenta d'ordonner à Pindare de sortir d'Éphèse. Pindare obéit : il rassembla ceux d'entre ses amis qui se trouvèrent disposés à le suivre; et après avoir chargé Pasiclès, un de ceux qui lui étaient le plus attachés, de veiller sur son fils et sur les effets qu'il laissait dans la ville, il se retira dans le Péloponnèse. Ainsi, pour ne pas asservir sa patrie aux Lydiens, Pindare échangea l'honneur de gouverner contre un exil volontaire.

27. *De Platon, et comment il fut déterminé à s'appliquer à la philosophie.*

J'AI ouï conter un fait; je ne sais s'il est vrai ² : en tout cas, voici ce que j'ai entendu dire. Platon, fils d'Ariston, se voyant dans une extrême pauvreté, résolut de partir d'Athènes pour aller joindre l'armée. Socrate qui le surprit achetant des armes, lui fit changer de résolution, et par des discours tels que ce philosophe était capable de les tenir, lui persuada de se tourner vers la philosophie.

28. *Comment Socrate réprima l'orgueil d'Alcibiade.*

SOCRATE, voyant qu'Alcibiade tirait vanité de ses richesses, et qu'il s'enorgueillissait de ses grands domaines, le mena dans un lieu où était exposée une carte géographique ³, qui représentait la terre entière. « Dans cette carte, lui dit-il, cherchez, je vous prie, l'Attique. » Quand Alcibiade l'eût trouvée : « Cherchez, continua Socrate, les terres qui vous appartiennent. » — « Elles n'y sont pas marquées, » répondit Alcibiade. « Eh quoi, reprit le philosophe, vous vous enorgueillissez pour des possessions qui ne sont pas même un point sur la terre ! »

29. *De la pauvreté et de l'orgueil de Diogène.*

DIOGÈNE de Sinope avait coutume de dire que toutes les

τὰς ἐκ τῆς τραγῳδίας ἀρὰς αὐτὸς ἐκπληροῖ, καὶ ὑπομένει· εἶναι γὰρ πλάνης, ἄοικος, πατρίδος ἐστερημένος, πτωχὸς, δυσείμων, βίον ἔχων τὸν ἐφήμερον. Καὶ ὅμως ἐπὶ τούτοις μέγα ἐφρόνει οὐδὲν ἧττον, ἢ Ἀλέξανδρος ἐπὶ τῇ τῆς οἰκουμένης ἀρχῇ, ὅτε καὶ Ἰνδοὺς ἑλὼν εἰς Βαβυλῶνα ὑπέστρεψεν.

λ. Περὶ σωφρόνων τινῶν.

ΑΜΟΙΒΕΑΣ* ὁ κιθαρῳδὸς σωφρονέστατος ἐλέγετο, καὶ γυναῖκα ὡραιοτάτην ἔχων μὴ ὁμιλεῖν αὐτῇ. Καὶ Διογένης ὁ τῆς τραγῳδίας ὑποκριτής. Κλειτόμαχος δὲ ὁ παγκρατιαστὴς, εἴ ποτε καὶ κύνας εἶδε συμπλεκομένους, ἀπεστρέφετο· καὶ ἐν συμποσίῳ εἴ τις ἀφροδίσιος λόγος παρερρύη, ἀναστὰς ἀπηλλάττετο.

λα. Περὶ Νικίου σπουδῆς περὶ τὴν ἰδίαν τέχνην.

ΝΙΚΙΑΣ ὁ ζωγράφος τοσαύτην περὶ τὸ γράφειν σπουδὴν εἶχεν, ὡς ἐπιλαθέσθαι πολλάκις αὐτὸν τροφὴν προσενέγκασθαι προστετηκότα τῇ τέχνῃ.

λβ. Περὶ Ἀλεξάνδρου καὶ Ἡρακλέους κιθαρίζειν μανθανόντων.

ΑΛΕΞΑΝΔΡΟΣ ὁ Φιλίππου, παῖς ὢν οὔπω πρόσηβος, ἐμάνθανε κιθαρίζειν. Τοῦ δὲ διδάσκοντος κροῦσαι κελεύσαντος χορδήν τινα σὺν μέλει, καὶ ἣν ἀπῄτει τὰ κιθαρίσματα, Καὶ τί διοίσει, ἔφη, ἐὰν ταύτην κρούσω; ἑτέραν δείξας. Ὁ δὲ οὐδὲν ἔφη διαφέρειν τῷ μέλλοντι βασιλεύσειν, ἀλλὰ οὐκ ἐπὶ τέχνῃ κιθαρίζειν μέλλοντι. Ἔδεισε δὲ ἄρα οὗτος, μὴ ὢν ἀπαίδευτος, τὸ

---

* Scheffer malit Ἀμοιβεύς.

imprécations contenues dans les tragédies ¹ s'accomplissaient sur lui, et qu'il en ressentait les effets : car, disait-il, je suis errant, sans maison, sans patrie, pauvre, mal vêtu, réduit à vivre au jour le jour. Dans cet état, Diogène n'était pas moins fier qu'Alexandre, lorsque, maître de l'univers, ce prince revint à Babylone, après avoir subjugué les Indiens.

30. *De la continence de quelques Anciens.*

Le joueur de lyre Amébée ² est renommé par son extrême continence. Il avait épousé une très-belle femme, qui, dit-on, n'éprouva jamais qu'elle eût un mari. Diogène, l'acteur tragique, peut être cité comme un exemple de la même vertu. Clitomaque ³ le *pancratiaste* ⁴ portait la pudeur jusqu'à détourner la vue, quand il apercevait deux chiens accouplés, et même jusqu'à quitter la table dans un repas, lorsqu'on y parlait trop librement.

31. *Du peintre Nicias.*

Le peintre Nicias ⁵ travaillait avec une telle application, qu'absorbé dans son ouvrage, il oubliait souvent de manger.

32. *D'Alexandre apprenant à jouer de la lyre.*

Alexandre, fils de Philippe, était encore enfant, et n'avait pas atteint l'âge de puberté, lorsqu'il apprit à jouer de la lyre. Son maître ⁶ lui ayant dit un jour de pincer une certaine corde, pour en tirer un son, dont la modulation convînt à la pièce qu'il exécutait : « Eh, qu'importe, dit Alexandre, que je pince celle-là, » en lui montrant une autre corde? « Il importe peu, répondit le maître, pour qui doit être roi, mais beaucoup pour qui voudrait jouer de la lyre suivant les règles. » Le musicien, instruit

τοῦ Λίνου πάθος. Τὸν γὰρ Ἡρακλέα ὁ Λῖνος ἔτι παῖδα ὄντα κιθαρίζειν ἐπαίδευεν· ἀμουσότερον δὲ ἁπτομένου τοῦ ὀργάνου, ἐχαλέπηνε πρὸς αὐτὸν ὁ Λῖνος. Ὁ δὲ ἀγανακτήσας, ὁ Ἡρακλῆς, τῷ πλήκτρῳ τοῦ Λίνου καθίκετο, καὶ ἀπέκτεινεν αὐτόν.

λγ. Περὶ Σατύρου τοῦ αὐλητοῦ.

ΣΆΤΥΡΟΣ ὁ αὐλητὴς Ἀρίστωνος τοῦ φιλοσόφου πολλάκις ἠκροᾶτο, καὶ κηλούμενος ἐκ τῶν λεγομένων, ἐπέλεγεν,

Εἰ μὴ ἐγὼ τάδε τόξα φαεινῷ ἐν πυρὶ θείην,

τοὺς αὐλοὺς αἰνιττόμενος, καὶ τρόπον τινὰ τὴν τέχνην ἐκφαυλίζων παραβολῇ τῇ πρὸς φιλοσοφίαν.

λδ. Νόμος Λάκωσι καὶ Ῥωμαίοις κοινός.

Ὅτι Λάκωσι, καὶ Ῥωμαίοις νόμος ἦν, μὴ ἐξεῖναί τινι ὀψωνεῖν, μήτε ἃ βούλεται, μήτε ὅσα βούλεται· προσέταττον γὰρ διά τε τῶν ἄλλων σωφρονεῖν τοὺς πολίτας, καὶ διὰ τῆς τραπέζης οὐχ ἥκιστα.

λε. Ὅτι ἐν Ἀκαδημίᾳ γελᾶν οὐκ ἐξῆν.

Λόγος δέ τις διαῤῥεῖ καὶ οὗτος Ἀττικός, ὃς λέγει, πρότερον ἐν Ἀκαδημίᾳ μηδὲ γελάσαι ἐξουσίαν εἶναι· ὕβρει γὰρ, καὶ ῥαθυμίᾳ ἐπειρῶντο τὸ χωρίον ἄβατον φυλάττειν.

λϛ. Διὰ τί ὁ Ἀριστοτέλης ἀπέλιπε τὰς Ἀθήνας.

ΑΡΙΣΤΟΤΈΛΗΣ, ὅτε ἀπέλιπε τὰς Ἀθήνας δέει τῆς κρίσεως, πρὸς τὸν ἐρόμενον αὐτὸν, Τίς ἐστιν ἡ τῶν Ἀθηναίων πόλις; ἔφη, Παγκάλη· ἀλλ' ἐν αὐτῇ,

Ὄχνη ἐπ' ὄχνῃ γηράσκει, σῦκον δ' ἐπὶ σύκῳ,

de l'aventure de Linus¹, craignait d'avoir le même sort. Hercule, dans son enfance, eut Linus pour maître de lyre : Linus l'ayant un jour traité avec humeur, parce qu'il touchait mal son instrument, Hercule, dans un mouvement de colère, le tua d'un coup d'archet².

33. *De Satyrus le joueur de flûte.*

Le joueur de flûte Satyrus, qui assistait souvent aux discours d'Ariston³ sur la philosophie, en sortait si enchanté qu'il s'écriait (parodiant un vers d'Homère⁴), *Si je ne jette mon arc au feu, que....* Satyrus voulait parler de sa flûte ; et témoignait ainsi combien il tenait son art au-dessous de la philosophie.

34. *Loi commune aux Lacédémoniens et aux Romains.*

Les Lacédémoniens et les Romains avaient une loi qui réglait le nombre et la qualité des mets qu'il était permis d'avoir dans un repas. Ils voulaient que les citoyens fussent tempérans en tout, et particulièrement en ce qui regarde la table.

35. *Il n'était pas permis de rire dans l'académie.*

C'est une tradition athénienne, qu'autrefois il n'était pas permis de rire dans l'académie ; tant on était attentif à préserver ce lieu de tout ce qui pouvait le profaner, et y introduire la dissipation.

36. *Pourquoi Aristote se retira d'Athènes.*

Quelqu'un⁵ demandant à Aristote qui s'était retiré d'Athènes dans la crainte de s'y voir condamner⁶, si Athènes était une belle ville : « Parfaitement belle, répondit-il ; *mais comme on y voit les poires naître après les poires, de même aussi les figues y succèdent aux figues*⁷. » Par ce

τοὺς συκοφάντας λέγων. Καὶ πρὸς τὸν ἐρόμενον, διὰ τί ἀπέλιπε τὰς Ἀθήνας; ἀπεκρίνατο, ὅτι οὐ βούλεται Ἀθηναίους δὶς ἐξαμαρτεῖν εἰς φιλοσοφίαν, τὸ περὶ Σωκράτην πάθος αἰνιττόμενος, καὶ τὸν καθ' ἑαυτὸν κίνδυνον.

λζ. Νόμος Κείων κατὰ γερόντων.

ΝΌΜΟΣ ἐστὶ Κείων· οἱ πάνυ παρ' αὐτοῖς γεγηρακότες, ὥσπερ ἐπὶ ξενίᾳ παρακαλοῦντες ἑαυτούς, ἢ ἐπί τινα ἑορταστικὴν θυσίαν, συνελθόντες, καὶ στεφανωσάμενοι, πίνουσι κώνειον, ὅταν ἑαυτοῖς συνειδῶσιν, ὅτι πρὸς τὰ ἔργα τὰ τῇ πατρίδι λυσιτελοῦντα ἄχρηστοί εἰσιν, ὑποληρούσης ἤδη τι αὐτοῖς καὶ τῆς γνώμης διὰ τὸν χρόνον.

λη. Εὑρισκόμενά τινα πρῶτον ἐν Ἀθήναις.

Ὅτι ἐν Ἀθήναις εὑρεθῆναι λέγουσι πρῶτον τὴν Ἐλαίαν, καὶ τὴν Συκῆν, ἃ καὶ πρῶτον ἡ Γῆ ἀνέδωκε. Δίκας τε δοῦναι, καὶ λαβεῖν εὗρον Ἀθηναῖοι πρῶτοι. Καὶ ἀγῶνα τὸν διὰ τῶν σωμάτων πρῶτοι ἐπενόησαν, καὶ ἀπεδύσαντο, καὶ ἠλείψαντο. Καὶ ἵππους ἔζευξε πρῶτος Ἐριχθόνιος.

λθ. Τί τινες πάλαι ἤσθιον.

Ὅτι βαλάνους Ἀρκάδες, Ἀργεῖοι δ' ἀπίους, Ἀθηναῖοι δὲ σῦκα, Τιρύνθιοι δὲ ἀχράδας δεῖπνον εἶχον, Ἰνδοὶ καλάμους, Καρμανοὶ φοίνικας, κέγχρον δὲ Μαιῶται καὶ Σαυρομάται, τέρμινθον δὲ καὶ κάρδαμον Πέρσαι.

vers d'Homère qu'il parodiait, il voulait désigner les sycophantes [1]. « Pourquoi l'avez-vous quittée? » reprit celui qui l'interrogeait. « Je ne voulais pas, repartit Aristote, que les Athéniens se rendissent deux fois coupables envers la philosophie. » Il avait en vue la mort de Socrate, et le danger que lui-même avait couru.

37. *Loi de Céos sur les vieillards.*

SUIVANT une loi établie à Céos [2], les habitans de l'île qui, étant parvenus à un âge fort avancé, sentent eux-mêmes que l'affaiblissement de leur esprit les rend incapables de servir utilement la patrie, s'invitent réciproquement comme pour un festin où l'on doit recevoir ses hôtes, ou se réunissent comme pour un sacrifice solennel; puis se couronnent la tête, et avalent de la cigüe.

38. *Particularités de l'histoire d'Athènes.*

LA première découverte de l'olivier et du figuier s'est faite, dit-on, dans Athènes, dont le terroir a le premier produit ces deux arbres [3]. L'invention de l'action judiciaire appartient aux Athéniens. C'est chez eux qu'on vit pour la première fois des hommes combattre nus, après s'être oint le corps avec de l'huile [4]. Erichthonius est le premier qui ait attelé des chevaux à un char.

39. *De la première nourriture de quelques peuples.*

LES Arcadiens vivaient de gland, les Athéniens de figues, les Argiens et les Tirynthiens de poires [5], les Indiens du suc de certains roseaux [6], les Carmanes [7] du fruit des palmiers, les Méotes [8] et les Sarmates de millet, les Perses de pistaches et de cresson.

μ. Περὶ Σατύρων, Τιτύρων καὶ Σιληνῶν.

Ὅτι οἱ συγχορευταὶ Διονύσου Σάτυροι ἦσαν, οἱ ὑπ᾽ ἐνίων Τίτυροι ὀνομαζόμενοι. Ἔσχον δὲ τὸ ὄνομα ἐκ τῶν τερετισμάτων, οἷς χαίρουσι Σάτυροι. Σάτυροι δὲ ἀπὸ τοῦ σεσηρέναι. Σιληνοὶ δὲ ἀπὸ τοῦ σιλλαίνειν· τὸν δὲ σίλλον ψόγον λέγουσι μετὰ παιδιᾶς δυσαρέστου. Ἐσθὴς δ᾽ ἦν τοῖς Σιληνοῖς ἀμφίμαλλοι χιτῶνες. Αἰνίττεται δὲ ἡ στολὴ τὴν ἐκ τοῦ Διονύσου φυτείαν, καὶ τὰ τῶν οἰνάδων *, καὶ τὰ τῶν κλημάτων δάση.

μα. Πολλαὶ τοῦ Διονύσου μετωνυμίαι **.

Ὅτι τὸ πολυκαρπεῖν οἱ ἀρχαῖοι ὠνόμαζον Φλύειν. Ὅθεν τὸν Διόνυσον Φλεῶνα ἐκάλουν, καὶ Προτρύγην, καὶ Σταφυλίτην, καὶ Ὀμφακίτην, καὶ ἑτέρως πως διαφόρως.

μβ. Περί τινων μαινομένων γυναικῶν.

Ἐλέγη καὶ Κελαινὴ Προίτου θυγατέρες· μάχλους δὲ αὐτὰς ἡ τῆς Κύπρου βασιλὶς εἰργάσατο. Ἐπὶ μέρους δὲ τῆς Πελοποννήσου καὶ ἔδραμόν, φασι, γυμναὶ μαινόμεναι· ἐξεφοίτησαν δὲ καὶ εἰς ἄλλας χώρας τῆς Ἑλλάδος, παράφοροι οὖσαι ὑπὸ τῆς νόσου.

Ἀκούω δὲ ὅτι καὶ ταῖς Λακεδαιμονίων γυναιξὶν ἔπεσέ τις οἶστρος βακχικός, καὶ ταῖς τῶν Χίων. Καὶ αἱ τῶν Βοιωτῶν δὲ ὡς ἐνθεώτατοι ἐμάνησαν, καὶ ἡ τραγῳδία βοᾷ.

Μόνας δὲ ἀφηνιάσαι τῆς χορείας ταύτης λέγουσι τοῦ Διονύσου τὰς Μινυῶν θυγατέρας, Λευκίππην, καὶ Ἀριστίππην,

---

* Conjiciunt, οἰνάρων.

** Rectiùs scripsisset Ælianus, ἐπωνυμίαι, ut doctissimus Κοραῆς monuit, pag. 304.

40. *Des satyres et des silènes.*

Les satyres et les silènes étaient la compagnie ordinaire de Bacchus. Les satyres étaient ainsi nommés du mot *sairein* [1] (ouvrir tellement la bouche que les dents sont à découvert). On les a quelquefois appelés *tityres*, de leurs chansons lascives, *teretismata*. Quant aux silènes, ils tiraient leur nom du mot *sillainein*, railler : *sillos* se dit d'une invective accompagnée d'une plaisanterie désobligeante. Les silènes portaient des robes garnies de poil des deux côtés, comme pour désigner les plants de vignes consacrés à Bacchus, et le nombre prodigieux de ceps et de pampres dont un vignoble est hérissé.

41. *Divers surnoms de Bacchus.*

Les anciens ont donné différens noms à Bacchus : ils l'appelaient *Phléon*, de *phluein*, abonder en fruits; *Protrygas* [2], *Staphylite*, *Omphacite*. Et ce ne sont pas là les seuls surnoms de Bacchus.

42. *De quelques femmes devenues furieuses.*

Proetus avait deux filles, Elège et Célène [3] : le feu que Vénus alluma dans leurs veines, les rendit furieuses. On les vit, dit-on, parcourir toutes nues, comme des insensées, une partie du Péloponnèse et quelques autres contrées de la Grèce.

J'ai ouï dire que Bacchus remplit de ses fureurs les femmes de Lacédémone et de Chio. Les Béotiennes, possédées du même dieu, poussèrent encore plus loin leurs emportemens : les théâtres en ont retenti plus d'une fois [4].

On raconte que les filles de Minée, Leucippe, Aristippe et Alcithoé [5], furent un jour les seules qui manquèrent à

καὶ Ἀλκιθόην. Αἴτιον δὲ, ὅτι ἐπόθουν τοὺς γαμέτας, καὶ διὰ τοῦτο οὐκ ἐγένοντο τῷ θεῷ μαινάδες. Ὁ δὲ ὀργίζεται. Καὶ αἱ μὲν περὶ τοὺς ἱστοὺς εἶχον, καὶ ἐπονοῦντο περὶ τὴν Ἐργάνην εὖ μάλα φιλοτίμως· ἄφνω δὲ κιττοί τε καὶ ἄμπελοι τοὺς ἱστοὺς περιεῖρπον, καὶ τοῖς ταλάροις ἐνεφώλευον δράκοντες· ἐκ δὲ τῶν ὀρόφων ἔσταζον οἴνου καὶ γάλακτος σταγόνες. Τὰς δὲ οὐδὲ ταῦτα ἀνέπειθεν ἐλθεῖν εἰς τὴν λατρείαν τοῦ δαίμονος. Ἐνταῦθά τοι καὶ πάθος εἰργάσαντο ἔξω Κιθαιρῶνος, οὐ μεῖον τοῦ ἐν Κιθαιρῶνι. Τὸν γὰρ τῆς Λευκίππης παῖδα, ἔτι ἁπαλὸν ὄντα καὶ νεαρὸν, διεσπάσαντο, οἷα νεβρόν, τῆς μανίας ἀρξάμεναι αἱ Μινυάδες, εἶτα ἐντεῦθεν ἐπὶ τὰς ἐξ ἀρχῆς ᾖξαν Μαινάδας· αἱ δὲ ἐδίωκον αὐτὰς διὰ τὸ ἄγος. Ἐκ δὴ τούτων ἐγένοντο ὄρνιθες, καὶ ἡ μὲν ἤμειψε τὸ εἶδος εἰς κορώνην, ἡ δὲ εἰς νυκτερίδα, ἡ δὲ εἰς γλαῦκα.

μγ. Περὶ κιθαρῳδοῦ ὑπὸ τῶν Συβαριτῶν φονευθέντος.

Ἐν Συβάρει κιθαρῳδοῦ ᾄδοντος ἐν τῇ ἀγωνίᾳ, ἣν ἐπετέλουν τῇ Ἥρᾳ, στασιασάντων ὑπὲρ αὐτοῦ τῶν Συβαριτῶν, καὶ τὰ ὅπλα λαβόντων ἐπ' ἀλλήλους, φοβηθεὶς ὁ κιθαρῳδὸς σὺν αὐτῇ στολῇ κατέφυγεν εἰς τὸν τῆς Ἥρας βωμόν. Οἱ δὲ οὐδὲ ἐνταῦθα ἐφείσαντο τοῦ κιθαρῳδοῦ. Ὀλίγῳ δὲ ὕστερον ἐδόκει αἷμα ἐν τῷ τῆς Ἥρας ναῷ ἀναβρύειν, οὐδὲν ἔλαττον πηγῆς ἀεννάου. Συβαρῖται δὲ ἔπεμψαν εἰς Δελφούς. Ἡ δὲ Πυθία ἀπεκρίνατο·

Βαῖν' ἀπ' ἐμῶν τριπόδων, ἔτι τοι φόνος ἀμφὶ χέρεσσι
Πουλὺς ἀποστάζων ἀπὸ λαΐνου οὐδοῦ ἐρύκει·
Οὔ σε θεμιστεύσω. Μουσῶν θεράποντα κατέκτας.

célébrer la fête de Bacchus : par un excès d'amour pour leurs maris, dont elles ne voulaient pas s'éloigner, elles ne se mirent pas au nombre des Ménades en l'honneur du dieu. Bacchus en fut irrité. Pendant qu'elles travaillaient, attachées sans relâche à leur ouvrage, voilà que tout-à-coup leurs métiers se trouvent entourés de lierres et de ceps de vignes[1]; des dragons viennent s'établir dans les corbeilles où elles mettaient leurs laines; le lait et le vin dégouttent de leurs lambris. Ces prodiges ne touchèrent point les filles de Minée, et ne purent les engager à rendre au dieu le culte qu'il exigeait. Alors, sans être à Cithéron, elles furent saisies d'un accès de fureur, pareil à celui dont Cithéron fut témoin[2]. Le fils de Leucippe, jeune et tendre enfant, leur parut être un faon de chevreuil (victime ordinaire des orgies) : elles commencèrent par le déchirer; puis coururent se joindre à la troupe des bacchantes. Mais celles-ci chassèrent honteusement les filles de Minée, pour le crime qu'elles venaient de commettre; et les trois sœurs furent métamorphosées en oiseaux, l'une en corneille, l'autre en chauve-souris, la troisième en hibou[3].

43. *D'un joueur de lyre tué par les Sybarites.*

Durant certains jeux établis à Sybaris en l'honneur de Junon, il s'éleva une sédition entre les habitans, au sujet d'un joueur de lyre qui disputait le prix[4]. Comme des deux parts on courait aux armes, le musicien effrayé s'enfuit précipitamment, avec tout son appareil, vers l'autel de Junon; mais le respect dû à ce lieu ne put le sauver de la fureur des séditieux, qui le massacrèrent. On vit aussitôt jaillir dans le temple une veine de sang, qui semblait couler d'une source intarissable. Les Sybarites envoyèrent consulter l'oracle de Delphes sur ce prodige; et voici quelle fut la réponse de la Pythie :

« Éloignez-vous de mon sanctuaire : le sang dont vos

Ἥρης πρὸς βωμοῖσι, θεῶν τίσιν οὐκ ἀλεείνας.
Τοῖς δὲ κακῶς ῥέξασι δίκης τέλος οὐχὶ χρονιστὸν,
Οὐδὲ παραιτητὸν, οὐδ᾽ εἰ Διὸς ἔγγονοι εἶεν·
Ἀλλ᾽ αὐτῶν κεφαλῇσι, καὶ ἐν σφετέροισι τέκεσσιν,
Εἰλεῖται, καὶ πῆμα δόμοις ἐπὶ πήματι βαίνει.

Ἡ δὲ δίκη οὐκ ἐβράδυνε. Κροτωνιάταις γὰρ ἐναντίον ὅπλα θέμενοι, ἀνάστατοι ὑπ᾽ ἐκείνων ἐγένοντο, καὶ ἡ πόλις αὐτῶν ἠφανίσθη.

μδ. Περί τινος δυναμένου βοηθεῖν τοῖς ἑταίροις, καὶ μὴ βοηθοῦντος, καὶ ἑτέρου βοηθοῦντος μὲν, ἀποτυχόντος δέ.

ΝΕΑΝΙΣΚΟΙ τρεῖς εἰς Δελφοὺς ἀφικόμενοι θεωροὶ συμπολῖται κακούργοις συμπεριτυγχάνουσιν· Ὁ οὖν εἷς ἀπέδρα τοὺς λῃστάς· ὁ δὲ δεύτερος αὐτῶν συνεπλάκη τῷ λοιπῷ τῶν κακούργων, τῶν ἄλλων προαναλωθέντων, καὶ τοῦ μὲν λῃστοῦ ἥμαρτεν, ὦσε δὲ τὸ ξίφος κατὰ τοῦ φίλου. Τῷ ἀποδράντι οὖν ἡ Πυθία ἀνεῖλε τάδε,

Ἀνδρὶ φίλῳ θνήσκοντι παρὼν πέλας οὐκ ἐβοήθεις.
Οὔ σε θεμιστεύσω· περικαλλέος ἔξιθι νηοῦ.

Καὶ τῷ ἑτέρῳ δὲ ἀνεῖλε τάδε, ἐρομένῳ τὴν Πυθίαν,

Ἔκτεινας τὸν ἑταῖρον ἀμύνων· οὔ σ᾽ ἐμίανεν
Αἷμα, πέλεις δὲ χέρας καθαρώτερος, ἢ πάρος ἦσθα.

με. Χρησμὸς Φιλίππῳ δοθείς.

ΦΙΛΙΠΠΩ φασὶ χρηστήριον ἐκπεσεῖν ἐν Βοιωτοῖς ἐν Τροφωνίου, φυλάττεσθαι δεῖν τὸ ἅρμα. Ἐκεῖνον οὖν δέει τοῦ χρη-

« mains sont encore dégouttantes, vous interdit l'entrée
« de ce temple. Je ne vous annoncerai point vos destinées.
« Vous avez tué le ministre des muses aux pieds de l'autel
« de Junon, sans craindre de vous exposer à la vengeance
« des dieux. Mais le châtiment suivra de près le crime [1];
« et les coupables ne l'éviteront pas, fussent-ils issus de
« Jupiter : eux et leurs enfans en porteront la peine ;
« dans leurs familles, une calamité en appellera toujours
« une autre ».

L'oracle ne tarda pas à s'accomplir : les Sybarites, ayant pris les armes contre les Crotoniates, furent entièrement défaits, et leur ville fut détruite.

44. *De trois jeunes gens qui allaient à Delphes.*

Trois jeunes gens de la même ville, allant ensemble à Delphes pour consulter l'oracle, rencontrèrent des voleurs. Un des voyageurs s'enfuit : un autre tua tous ces brigands, à l'exception d'un seul, qui esquiva le coup dont il allait être percé ; mais l'épée du jeune voyageur atteignit le sein de son troisième camarade. La Pythie ayant été consultée, répondit à celui qui avait pris la fuite :

« Vous avez laissé périr votre ami sous vos yeux, sans
« le secourir : je n'ai point de réponse à vous donner.
« Sortez de ce temple auguste. »

Elle répondit à l'autre :

« En voulant sauver la vie à votre ami, vous la lui avez
« ôtée : vos mains, loin d'être souillées par ce meurtre,
« sont plus pures qu'elles n'étaient auparavant. »

45. *Oracle rendu à Philippe.*

On dit que Philippe fut averti par l'oracle de Trophonius [2] en Béotie, de se garantir des *chars*, et qu'effrayé

σμοῦ, λόγος ἔχει, μηδέποτε ἀναβῆναι ἅρμα. Διπλοῦς οὖν ἐπὶ τούτοις ὑπορρεῖ λόγος. Οἱ μὲν γάρ φασι τὸ τοῦ Παυσανίου ξίφος, ᾧ τὸν Φίλιππον διεχρήσατο, ἅρμα ἔχειν ἐπὶ τῆς λαβῆς διαγεγλυμμένον ἐλεφάντινον· ὁ δὲ ἕτερος, τὴν Θηβαϊκὴν, τὴν καλουμένην Ἅρμα, περιελθόντα λίμνην ἀποσφαγῆναι. Ὁ μὲν πρῶτος λόγος, δημώδης· ὁ δὲ, οὐκ εἰς πάντας ἐξεφοίτησεν.

μϛ. Νόμος Σταγειριτῶν.

Σταγειριτῶν νόμος οὗτος καὶ πάντη Ἑλληνικός. Ὁ μὴ κατέθου, φησὶ, μὴ λάμβανε.

μζ. Περὶ Τιμοθέου, καὶ ἄλλων οὐδὲν ὠφεληθέντων ὑπ' ἰδίας ἀνδραγαθίας.

Τιμόθεον τὰ μὲν πρῶτα ἐπῄνουν Ἀθηναῖοι· ἐπεὶ δὲ ἔδοξεν ἁμαρτεῖν, ἃ ἔδοξεν, ἡ φθάνουσα αὐτὸν ἀνδραγαθία ἀλλ' οὐδὲ ὀλίγον ἔσωσεν, οὐδὲ μὴν αἱ τῶν προγόνων ἀρεταί. Θεμιστοκλῆς δὲ οὐδὲν ὤνητο, οὔτε ἐκ τῆς ναυμαχίας τῆς περὶ Σαλαμῖνα, οὔτε ἐκ τῆς πρεσβείας τῆς εἰς Σπάρτην· λέγω δὲ ἣν ἐπρέσβευσε κλέπτων τὴν τῶν Ἀθηναίων τείχισιν. Ἔφυγε γὰρ κἀκεῖνος οὐ τὰς Ἀθήνας μόνον, ἀλλὰ καὶ τὴν Ἑλλάδα πᾶσαν. Καὶ Παυσανίαν δὲ τὸν Λακεδαιμόνιον οὐδὲν ὤνησεν ἡ ἐν Πλαταιαῖς νίκη· ὑπὲρ δὲ ὧν ἐν Βυζαντίῳ ἐκαινούργει, καὶ ἐνόσει Περσικὰ, ὑπὲρ τούτων διέφθειρε καὶ τὴν χάριν τὴν ἐπὶ τοῖς πρώτοις. Φωκίωνα δὲ ἡ εὐφημία ἡ καλοῦσα αὐτὸν Χρηστὸν, οὐδὲν ὠφέλησεν, οὐδὲ τὰ πέντε καὶ ἑβδομήκοντα ἔτη, ἅπερ οὖν διεβίωσεν, οὐδὲν ἀδικήσας τοὺς Ἀθηναίους ἐν βραχεῖ· ἐπεὶ δὲ ἔδοξεν Ἀντιπάτρῳ τὸν Πειραιᾶ προδιδόναι *, Ἀθηναῖοι κατέγνωσαν αὐτοῦ θάνατον.

---

* Al., παραδοῦναι.

de cet avis, il ne monta jamais dans aucun char. De là s'est formée une double tradition : les uns prétendent que sur la poignée de l'épée avec laquelle Pausanias assassina Philippe, il y avait un char sculpté en ivoire; les autres, que Philippe fut tué en faisant le tour d'un lac voisin de Thèbes, nommé *Char*. La première opinion est la plus commune ; la seconde est beaucoup moins répandue [1].

46. *Loi des Stagirites.*

VOICI une loi des habitans de Stagire, qu'on peut aisément reconnaître pour une loi grecque : *Ne prenez point dans un lieu ce que vous n'y avez pas mis* [2].

47. *De Timothée, et de quelques autres grands hommes.*

TIMOTHÉE commença par être l'objet des éloges des Athéniens; mais dès qu'ils crurent avoir sujet de lui imputer une faute [3], ni ses anciens exploits, ni la vertu de ses ancêtres [4], ne purent le sauver de l'exil. Thémistocle ne tira pas plus d'avantage de la victoire qu'il avait remportée dans le combat naval de Salamine, et de son ambassade à Sparte : je parle de l'ambassade durant laquelle il eut l'adresse de ménager aux Athéniens le temps de rebâtir les murs de leur ville. Ces deux actions n'empêchèrent pas qu'il ne fût banni, non seulement d'Athènes, mais de la Grèce entière. La victoire de Platées ne fut pas plus utile à Pausanias, roi de Lacédémone : ses manœuvres à Byzance, et ses liaisons avec les Perses [5], lui firent perdre la faveur que ses premières actions lui avaient méritée. Ce fut en vain que la renommée avait donné à Phocion le nom de *Juste :* parvenu à l'âge de soixante-quinze ans, sans avoir jamais fait aucun tort à ses concitoyens, Phocion fut soupçonné de vouloir livrer le Pirée à Antipater [6], et condamné à la mort.

ΒΙΒΛΙΟΝ ΤΕΤΑΡΤΟΝ.

α. Ἐθνῶν ἔθη διάφορα.

ΛΕΓΕΙ τις νόμος Λευκανῶν· ἐὰν ἡλίου δύναντος ἀφίκηται ξένος, καὶ παρελθεῖν ἐθελήσῃ εἰς στέγην τινός, εἶτα μὴ δέξηται τὸν ἄνδρα, ζημιοῦσθαι αὐτὸν καὶ ὑπέχειν δίκας τῆς κακοξενίας, ἐμοὶ δοκεῖ, καὶ τῷ ἀφικομένῳ, καὶ τῷ Ξενίῳ Διΐ.

Ὅτι Δαρδανεῖς, τοὺς ἀπὸ τῆς Ἰλλυρίδος, ἀκούω τρὶς λούεσθαι μόνον παρὰ πάντα τὸν ἑαυτῶν βίον, ἐξ ὠδίνων, καὶ γαμοῦντας, καὶ ἀποθανόντας.

Ἰνδοὶ οὔτε δανείζουσιν, οὔτε ἴσασι δανείζεσθαι. Ἀλλ᾽ οὐδὲ θέμις, ἄνδρα Ἰνδὸν οὔτε ἀδικῆσαι, οὔτε ἀδικηθῆναι. Διὸ οὐδὲ ποιοῦνται συγγραφήν, ἢ παρακαταθήκην.

Νόμος ἐστὶ Σαρδῷος· τοὺς ἤδη γεγηρακότας τῶν πατέρων οἱ παῖδες ῥοπάλοις τύπτοντες ἀνῄρουν, καὶ ἔθαπτον, αἰσχρὸν ἡγούμενοι τὸν λίαν ὑπέργηρων ὄντα ζῆν ἔτι, ὡς πολλὰ ἁμαρτάνοντα, τοῦ σώματος διὰ τὸ γῆρας πεπονηκότος. Τῶν δὲ αὐτῶν ἐστι νόμος τοιοῦτος· ἀργίας ἦσαν δίκαι, καὶ τὸν εἰκῇ ζῶντα ἔδει κρίνεσθαι, καὶ διδόναι τὰς εὐθύνας, ἀποδεικνύντα, ὅθεν ζῇ.

Ἀσσύριοι τὰς ὡραίας γάμου παρθένους ἀθροίσαντες εἴς τινα

LIVRE QUATRIÈME.

1. *Coutumes de différens peuples.*

Les Lucaniens ont une loi conçue en ces termes : « Si un « étranger arrivant vers le coucher du soleil, demande « un logement à quelqu'un ; que celui qui refusera de le « recevoir, soit condamné à une amende, pour avoir « manqué à l'hospitalité. » Je crois que l'objet de la loi, en décernant cette peine, était de venger à la fois et l'étranger, et Jupiter hospitalier [1].

J'ai ouï dire que les Dardaniens, peuple de l'Illyrie, ne sont baignés que trois fois dans leur vie ; lorsqu'ils viennent au monde, lorsqu'ils se marient, lorsqu'ils sont morts.

Les Indiens ne prêtent ni n'empruntent à usure : il est inouï que chez eux quelqu'un ait fait ou essuyé une injustice. Aussi ne connaissent-ils l'usage ni des billets, ni des nantissemens ou gages.

Suivant une loi des Sardes, les enfans, lorsque leurs pères sont parvenus à une extrême vieillesse, les assomment à coups de massue, puis les enterrent ; pour prévenir, disent-ils, la honte attachée à la décrépitude, et les faiblesses d'un corps que le poids des années rend incapable de remplir aucun devoir. Par une autre loi du même peuple, l'oisiveté était punissable en justice : ceux qu'on voyait sans état, et dont on ignorait les ressources, étaient obligés de déclarer les moyens qu'ils employaient pour vivre [2].

Les Assyriens rassemblent dans quelqu'une de leurs villes toutes les filles nubiles, et font publier qu'elles sont

πόλιν, ἀγορὰν αὐτῶν προκηρύττουσι· καὶ ἕκαστος, ἣν ἂν πρίηται, ἀπάγει νύμφην.

Βύβλιος ἀνὴρ ἐν ὁδῷ περιτυχὼν οὐδὲν, ὧν μὴ κατέθετο, ἀναιρεῖται· οὐ γὰρ ἡγεῖται τὸ τοιοῦτον εὕρημα, ἀλλὰ ἀδίκημα.

Δερβίκκαι τοὺς ὑπὲρ ἑβδομήκοντα ἔτη βεβιωκότας ἀποκτείνουσι, τοὺς μὲν ἄνδρας καταθύοντες, ἀπάγχοντες δὲ τὰς γυναῖκας.

Κόλχοι δὲ τοὺς νεκροὺς ἐν βύρσαις θάπτουσι, καὶ καταρράψαντες, ἐκ τῶν δένδρων ἐξαρτῶσι.

Λυδοῖς ἦν ἔθος, πρὸ τοῦ συνοικεῖν τὰς γυναῖκας ἀνδράσιν, ἑταιρεῖν· ἅπαξ δὲ καταζευχθείσας, σωφρονεῖν. Τὴν δὲ ἁμαρτάνουσαν εἰς ἕτερον, συγγνώμης τυχεῖν ἀδύνατον ἦν.

β. Περὶ Νικοστράτου τοῦ κιθαριστοῦ διαφορᾶς πρὸς Λαόδοκον τὸν κιθαρῳδόν.

ΝΙΚΟΣΤΡΑΤΟΝ τὸν κιθαριστὴν, λόγος τις περίεισι λέγων, Λαοδόκῳ τῷ κιθαρῳδῷ διαφερόμενον ὑπὲρ μουσικῆς εἰπεῖν, ὅτι ἄρα ἐκεῖνος μέν ἐστιν ἐν μεγάλῃ τῇ τέχνῃ μικρός, αὐτὸς δὲ ἐν μικρᾷ μέγας. Οὐ μόνον δὲ ἄρα ἐστὶ σεμνὸν οἰκίαν αὐξῆσαι, καὶ πλοῦτον, ἀλλὰ γὰρ καὶ τέχνην, εἴ γέ τι δεῖ προσέχειν Νικοστράτῳ, εὖ καὶ καλῶς τοῦτο εἰπόντι.

γ. Περὶ Πολυγνώτου καὶ Διονυσίου γραφέων.

ΠΟΛΥΓΝΩΤΟΣ ὁ Θάσιος καὶ Διονύσιος ὁ Κολοφώνιος γραφέε ἤστην. Καὶ ὁ μὲν Πολύγνωτος ἔγραφε τὰ μεγάλα, καὶ ἐν τοῖς τελείοις εἰργάζετο τὰ ἆθλα· τὰ δὲ τοῦ Διονυσίου, πλὴν

à vendre : chacun emmène, et prend pour sa femme, celle qu'il vient d'acheter [1].

Un habitant de Byblos [2] qui trouve par hasard quelque chose dans un chemin, ne s'en empare jamais : il ne prend point dans un lieu ce qu'il n'y avait pas mis. Autrement, il croirait faire un vol, non une trouvaille [3].

Les Derbices [4] font mourir tous les septuagénaires des deux sexes : ils égorgent les hommes comme des victimes [5]; ils étranglent les femmes.

Les habitans de la Colchide ensevelissent leurs morts dans des peaux bien cousues, puis les suspendent à des arbres.

C'était une pratique commune chez les Lydiens, que les nouvelles mariées se prostituassent, avant que d'habiter avec leurs maris [6] ; mais le mariage une fois consommé, elles devaient à leur époux une fidélité inviolable : il n'y avait point de grâce pour celle qui s'en serait écartée.

2. *Dispute de Nicostrate et de Laodocus.*

On raconte que le joueur de lyre Nicostrate, disputant un jour sur la musique avec Laodocus, qui savait, en jouant de la lyre, s'accompagner de la voix [7], lui dit : *Vous êtes petit dans un grand art; et je suis grand dans un art borné.* Si nous voulons nous en rapporter à ce mot très-sensé de Nicostrate, il n'y a pas moins de mérite à étendre les limites de son art, qu'à augmenter ses possessions et sa fortune.

3. *Comparaison de Polygnote et de Denys.*

Polygnote de Thasos [8] et Denys de Colophon étaient peintres. Le premier traitait tous ses sujets en grand : il ne présentait, pour disputer le prix, que des tableaux dont les personnages étaient peints avec les proportions de la plus belle nature. Les tableaux de Denys étaient beau-

τοῦ μεγέθους, τὴν τοῦ Πολυγνώτου τέχνην ἐμιμεῖτο εἰς τὴν ἀκρίβειαν, πάθος, καὶ ἦθος, καὶ σχημάτων χρῆσιν, ἱματίων λεπτότητας, καὶ τὰ λοιπά.

δ. Νόμος Θηβαϊκὸς περὶ τεχνιτῶν καὶ γραφέων.

Ἀκούω κεῖσθαι νόμον Θήβῃσι προστάττοντα τοῖς τεχνίταις, καὶ τοῖς γραφικοῖς, καὶ τοῖς πλαστικοῖς, εἰς τὸ κρεῖττον τὰς εἰκόνας μιμεῖσθαι. Ἀπειλεῖ δὲ ὁ νόμος τοῖς εἰς τὸ χεῖρόν ποτε ἢ πλάσασιν, ἢ γράψασι, ζημίαν τὸ τίμημα δρᾶν.

ε. Τίνες εὐεργεσιῶν ἐμνήσθησαν.

Εὐεργεσιῶν ἀπεμνήσθησαν, καὶ χάριτας ὑπὲρ αὐτῶν ἀπέδοσαν, Θησεὺς μὲν Ἡρακλεῖ.

Ἀϊδωνέως γὰρ αὐτὸν τοῦ Μολοττῶν βασιλέως δήσαντος, ὅτε ἐπὶ τὴν γυναῖκα αὐτοῦ ἦλθε μετὰ Πειρίθου ἁρπασόμενος αὐτὴν ὁ Θησεὺς (οὐχ ἑαυτῷ σπουδάζων τὸν γάμον, ἀλλὰ γὰρ τῇ τοῦ Πειρίθου χάριτι τοῦτο δράσας), Ἡρακλῆς εἰς τοὺς Μολοττοὺς ἀφικόμενος ἐρρύσατο τὸν Θησέα, καὶ διὰ ταῦτα ἐκεῖνος αὐτῷ βωμὸν ἀνέστησε.

Καὶ οἱ Ἑπτὰ ἐπὶ Θήβαις Πρώνακτι καὶ ἐκεῖνοι χάριτας ἀπέδοσαν· διὰ γὰρ αὐτοὺς ἀπολομένου τοῦ Πρώνακτος, τὸν ἀγῶνα ἔθεσαν ἐπ' αὐτῷ, ὃν οἱ πολλοὶ οἴονται ἐπ' Ἀρχεμόρῳ τεθῆναι ἐξ ἀρχῆς.

Καὶ Ἡρακλῆς δὲ χάριτας ἀπέδωκε Νέστορι. Νηλέως γὰρ αὐτὸν οὐ βουλομένου καθῆραι, οἱ μὲν ἄλλοι παῖδες σύμψηφοι ἦσαν τῷ Νηλεῖ, ὁ δὲ Νέστωρ οὐχί· καὶ διὰ ταῦτα ἑλὼν τὴν πόλιν Ἡρακλῆς, τὸν μὲν Νηλέα, καὶ τοὺς ἄλλους παῖδας αὐ-

coup plus petits : en cela seul il différait de Polygnote, auquel il n'était point inférieur dans l'expression des caractères et des passions, dans la position de ses figures, dans la délicatesse des draperies, et autres parties de l'art.

4. *Loi des Thébains concernant les peintres et les sculpteurs.*

J'ai ouï dire que les Thébains avaient une loi qui ordonnait aux artistes, soit peintres, soit sculpteurs, de représenter leurs figures de la manière la plus décente, sous peine, à ceux qui y contreviendraient, d'être punis par une amende [1].

5. *Traits de reconnaissance.*

Je vais citer quelques exemples mémorables de reconnaissance, en commençant par le fait de Thésée et d'Hercule.

Thésée étant allé avec Pirithoüs chez Aïdonée, roi des Molosses [2], dans le dessein de lui enlever son épouse, non pour en faire sa femme, mais uniquement pour seconder son ami, avait été arrêté et mis dans les fers par Aïdonée. Il en fut tiré par Hercule, qui passait dans le pays des Molosses. En mémoire de ce bienfait, Thésée érigea un autel à Hercule.

Les sept chefs qui assiégèrent Thèbes, pour s'acquitter envers Pronax dont ils avaient occasioné la mort [3], établirent en son honneur des jeux [4], que plusieurs ont cru avoir été ordinairement institués en l'honneur d'Archémorus.

Nestor éprouva la reconnaissance d'Hercule. Nélée avait refusé de purifier ce héros [5]; et ses fils, à l'exception du seul Nestor, avaient été de l'avis de leur père. Hercule irrité s'empara de la ville de Pylos, fit mourir Nélée avec

τοῦ ἀπέκτεινεν, οὐ μόνον δὲ ἐφείσατο Νέστορος, ἀλλὰ καὶ τὴν βασιλείαν τὴν πατρῴαν ἔχειν ἔδωκε.

Καὶ Ἀθηναῖοι δὲ πανδημεὶ τοῖς Ἡρακλέους ἀπογόνοις ἀπέτισαν χάριτας· ἐπεὶ γὰρ καὶ ἐκείνων ὁ προπάτωρ εὐεργέτης ἐγένετο τοῦ Θησέως, οἱ Ἀθηναῖοι διὰ ταῦτα κατήγαγον αὐτοὺς εἰς Πελοπόννησον.

Καὶ Ἡρακλῆς δὲ ἀπέδωκε χάριτας τοῖς ἐκ Κλεωνῶν τριακοσίοις καὶ ἑξήκοντα· τούτοις γὰρ ἐπὶ τοὺς Μολιονίδας συστρατεύσασιν αὐτῷ, καὶ ἀποθανοῦσιν εὖ καὶ καλῶς, ἀπέστη τῶν ἐν Νεμέᾳ τιμῶν, ἃς ἔλαβε παρὰ τῶν Νεμέων, ὅτε τὸν ἐπιχωριάζοντα αὐτοῖς, καὶ λυμαινόμενον αὐτῶν τὰ ἔργα, ἐχειρώσατο λέοντα.

Καὶ Μενεσθεὺς δὲ ὁ Πετεῶο περὶ τοὺς Τυνδαρίδας οὐκ ἐγένετο ἀχάριστος· ἐκβαλόντες γὰρ ἐκεῖνοι τοὺς Θησέως υἱούς, καὶ τὴν μητέρα τὴν Θησέως, Αἴθραν, αἰχμάλωτον λαβόντες, ἔδωκαν τὴν βασιλείαν τῷ Μενεσθεῖ. Διὰ ταῦτα πρῶτος ὁ Μενεσθεὺς Ἄνακτάς τε, καὶ Σωτῆρας ὠνόμασε.

Καὶ Δαρεῖος δὲ ὁ Ὑστάσπου παρὰ Συλοσῶντος λαβὼν ἱμάτιον, ἔτι ἰδιώτης ὤν, ὅτε ἐγκρατὴς ἐγένετο τῆς βασιλείας, ἔδωκεν αὐτῷ τῆς πατρίδος τὴν ἀρχήν, τῆς Σάμου· Χρύσεα χαλκείων, φαίη τις ἄν.

ς. Χρησμὸς ὑπὲρ τῶν Ἀθηναίων.

Ὅτι, ἡνίκα ἐβούλοντο Λακεδαιμόνιοι τὴν Ἀθηναίων ἀφανίσαι πόλιν, ἠρώτησαν τὸν θεόν· καὶ ἀπεκρίνατο, τὴν κοινὴν ἑστίαν τῆς Ἑλλάδος μὴ κινεῖν.

ζ. Ὅτι ἐνίοτε μήτε ἐν θανάτῳ κακῶν ἐστιν ἀναπαύσασθαι, καὶ περὶ Παυσανίου.

Οὐκ ἦν ἄρα τοῖς κακοῖς οὐδὲ τὸ ἀποθανεῖν κέρδος, ἐπεὶ μηδὲ τότε ἀναπαύονται· ἀλλ' ἢ παντελῶς ἀμοιροῦσι ταφῆς, ἢ καί,

tous ses enfans, et non content d'épargner Nestor, lui donna le royaume de son père.

Les Athéniens reconnurent, dans les descendans d'Hercule, le service que l'auteur de leur race avait rendu à Thésée. Ils les conduisirent dans le Péloponnèse [1].

Hercule, pour récompenser la valeur des trois cent soixante Cléoniens [2] qui l'avaient suivi dans son expédition contre les Molionides [3], et qui étaient morts en combattant vaillamment, leur transporta les honneurs qu'on lui rendait à Némée [4]; honneurs que les habitans lui avaient déférés, lorsqu'il eut tué le lion qui infestait leur pays et ravageait leurs campagnes.

Ménesthée [5], fils de Pétéus, ne fut point ingrat envers Castor et Pollux. Ces deux héros, après avoir chassé d'Athènes les fils de Thésée et emmené en captivité sa mère Æthra, avaient donné son royaume à Ménesthée [6]: ils y gagnèrent les noms de *Rois* et de *Sauveurs*; Ménesthée est le premier qui les ait appelés de ces deux noms.

Dans le temps où Darius, fils d'Hystaspe, n'était encore qu'un simple particulier, Syloson [7] lui avait fait présent d'une robe. Darius, étant parvenu au trône, donna à Syloson la souveraineté de Samos, sa patrie. C'est bien là l'occasion d'appliquer le proverbe, *de l'or pour du cuivre* [8].

6. *Oracle concernant Athènes.*

Les Lacédémoniens ayant consulté l'oracle sur le dessein qu'ils avaient de détruire la ville d'Athènes, en reçurent cette réponse : « Gardez-vous de porter la main sur l'asyle commun de la Grèce [9]. »

7. *De l'état des méchans après leur mort, et de Pausanias.*

La mort n'est point un état de repos pour les méchans : ou bien on leur refuse la sépulture [10]; ou, s'il arrive qu'elle

ἐὰν φθάσωσι ταφέντες, ὅμως καὶ ἐκ τῆς τελευταίας τιμῆς, καὶ τοῦ κοινοῦ πάντων σωμάτων ὅρμου, καὶ ἐκεῖθεν ἐκπίπτουσι. Λακεδαιμόνιοι γοῦν Παυσανίαν μηδίσαντα, οὐ μόνον λιμῷ ἀπέκτειναν, ἀλλὰ γὰρ καὶ τὸν νεκρὸν ἐξέβαλον αὐτοῦ ἐκτὸς τῶν ὅρων, φησὶν Ἐπιτιμίδης *.

η. Περὶ μεταβολῆς τύχης.

ΕΙΤΑ τίς οὐκ οἶδε τὰς τῆς τύχης μεταβολὰς ὀξυῤῥόπους καὶ ταχείας;

Λακεδαιμόνιοι γοῦν Θηβαίων ἄρξαντες, αὐτοὶ πάλιν ὑπ' ἐκείνων οὕτως ἐχειρώθησαν, ὡς τοὺς Θηβαίους μὴ μόνον εἰς Πελοπόννησον ἀφικέσθαι, ἀλλὰ γὰρ καὶ τὸν Εὐρώταν διελθεῖν, καὶ τὴν τῶν Λακεδαιμονίων τεμεῖν χώραν· καὶ ὀλίγου καὶ τὴν πόλιν κατέλαβον, εἰ μὴ Ἐπαμινώνδας ἔδεισε, μὴ Πελοποννήσιοι πάντες συμπνεύσωσι, καὶ ὑπὲρ τῆς Σπάρτης ἀγωνίσωνται.

Διονύσιος ὁ τύραννος, καταστὰς ὑπὸ Καρχηδονίων εἰς πολιορκίαν, οὐδεμιᾶς αὐτῷ σωτηρίας ὑποφαινομένης, αὐτὸς μὲν ἄθυμος ἦν, καὶ ὑπενενόει δρασμόν. Τῶν δὲ ἑταίρων αὐτῷ τις, Ἑλλοπίδης ὄνομα, προσελθὼν ἔφατο, Ὦ Διονύσιε, καλὸν ἐντάφιον ἡ τυραννίς. Αἰδεσθεὶς οὖν ἐπὶ τούτῳ ἀνερρώσθη τὴ γνώμην, καὶ σὺν ὀλίγοις παμπόλλους μυριάδας κατηγωνίσατο, ἀλλὰ καὶ τὴν ἀρχὴν μείζω ἐποίησε.

Καὶ Ἀμύντας δὲ ὁ Μακεδών, ἡττηθεὶς ὑπὸ τῶν προσοίκων βαρβάρων, καὶ ἀποβαλὼν τὴν ἀρχὴν, γνώμην μὲν εἶχεν ὡς καὶ ἀπολείψων τὴν χώραν τελέως· ἠγάπα γὰρ εἰ δυνηθείη διασῶσαι αὐτὸν γοῦν μόνον. Ἐπεὶ δὲ ἐν τούτοις ἦν, ἔφατό τις πρὸς αὐτὸν τὴν Ἑλλοπίδου φωνήν. Καὶ μικρὸν χῶρον καταλαβὼν

* Sic mss. Vulg., Ἐπιτιμήδης.

leur ait été accordée, ils perdent bientôt le fruit des honneurs funèbres qui leur ont été rendus, et sont bannis du port commun à tous les hommes. Epitimide [1] rapporte que les Lacédémoniens, après avoir fait mourir de faim leur roi Pausanias, qui s'était lié avec les Mèdes, firent jeter son cadavre hors des frontières de la Laconie [2].

8. *De l'inconstance de la fortune.*

Est-il quelqu'un qui n'ait pas entendu parler des vicissitudes si promptes et quelquefois si subites de la fortune?

Les Thébains, après avoir été soumis aux Lacédémoniens, les subjuguèrent à leur tour : non contens d'avoir pénétré dans le Péloponnèse, ils passèrent l'Eurotas et ravagèrent la Laconie. Peut-être même auraient-ils pris Lacédémone, si Épaminondas n'avait pas craint que tous les peuples du Péloponnèse ne s'unissent pour la défendre.

Denys le tyran, assiégé par les Carthaginois, avait perdu tout espoir de salut, son courage l'avait abandonné : déjà même il songeait à prendre la fuite, lorsqu'un de ses amis, nommé Ellopidas [3], s'approchant de lui, *O Denys*, lui dit-il, *que le titre de roi embellit bien une tombe!* Ce mot fit sentir à Denys la honte de son projet, et ranima tellement son courage, qu'après avoir battu, avec un petit nombre de soldats, plusieurs milliers d'ennemis, il étendit encore les bornes de sa domination.

Lorsqu'Amyntas, roi de Macédoine [4], eut perdu ses États, après la victoire que des barbares de son voisinage avaient remportée sur lui, il résolut d'abandonner son pays, s'estimant trop heureux s'il pouvait sauver sa personne. Pendant qu'il était occupé de cette idée, quelqu'un lui répéta le propos d'Ellopidas à Denys [5] : c'en fut assez; Amyntas se rendit maître d'une petite place, et avec

καὶ ἀθροίσας ὀλίγους στρατιώτας, ἀνεκτήσατο τὴν ἀρχήν.

Ὅτι τὸν Ὦχον οἱ Αἰγύπτιοι τῇ ἐπιχωρίῳ φωνῇ Ὄνον ἐκάλουν, τὸ νωθὲς αὐτοῦ τῆς γνώμης ἐκ τῆς ἀσθενείας τοῦ ζώου διαβάλλοντες. Ἀνθ᾽ ὧν ἐκεῖνος τὸν Ἆπιν πρὸς βίαν κατέθυσεν Ὄνῳ.

Δίων ὁ Ἱππαρίνου, φυγὰς ὢν ὑπὸ Διονυσίου, μετὰ δισχιλίων στρατιωτῶν αὖθις κατεπολέμησεν, καὶ ὃ πρότερον αὐτὸς ἦν, τοῦτο ἐκεῖνον εἰργάσατο, φυγάδα.

Συρακούσιοι δὲ ἐννέα τριήρεσι πρὸς ἑκατὸν καὶ πεντήκοντα τὰς τῶν Καρχηδονίων παραταξάμενοι, κατὰ πολὺ ἐκράτησαν.

θ. Περὶ Πλάτωνος ἀτυφίας, καὶ Ἀριστοτέλους ἀχαριστίας.

ΠΛΑΤΩΝ ὁ Ἀρίστωνος ἐν Ὀλυμπίᾳ συνεσκήνωσεν ἀγνῶσιν ἀνθρώποις, καὶ αὐτὸς ὢν αὐτοῖς ἀγνώς. Οὕτως δὲ αὐτοὺς ἐχειρώσατο, καὶ ἀνεδήσατο τῇ συνουσίᾳ, συνεστιώμενός τε αὐτοῖς ἀφελῶς, καὶ συνδιημερεύων ἐν πᾶσιν, ὡς ὑπερησθῆναι τοὺς ξένους τῇ τοῦ ἀνδρὸς συντυχίᾳ. Οὔτε δὲ Ἀκαδημίας ἐμέμνητο, οὔτε Σωκράτους· αὐτόγε μὴν τοῦτο ἐνεφάνισεν αὐτοῖς, ὅτι καλεῖται Πλάτων. Ἐπεὶ δὲ ἦλθον εἰς τὰς Ἀθήνας, ὑπεδέξατο αὐτοὺς εὖ μάλα φιλοφρόνως. Καὶ οἱ ξένοι, Ἄγε, εἶπον, ὦ Πλάτων, ἐπίδειξον ἡμῖν καὶ τὸν ὁμώνυμόν σου, τὸν Σωκράτους ὁμιλητήν, καὶ ἐπὶ τὴν Ἀκαδημίαν ἥγησαι τὴν ἐκείνου, καὶ ἐπισύστησον * τῷ ἀνδρί, ἵνα τι καὶ αὐτοῦ ἀπολαύσωμεν. Ὁ δέ, ἠρέμα ὑπομειδιάσας, ὥσπερ οὖν καὶ εἰώθει, Ἀλλ᾽ ἐγώ, φησιν, αὐτὸς ἐκεῖνός εἰμι. Οἱ δὲ ἐξεπλάγησαν, εἰ τὸν ἄνδρα ἔχοντες μεθ᾽ ἑαυτῶν τὸν τοσοῦτον ἠγνόησαν, ἀτύφως αὐτοῦ συγγενο-

---

* Al., ἀποσύστησον.

très-peu de soldats qu'il y rassembla, il recouvra son royaume.

Les Egyptiens désignaient Artaxerce Ochus par un mot de leur langue qui signifie *Ane* [1], se moquant ainsi de la lâcheté de ce prince, par la comparaison qu'ils en faisaient avec le caractère paresseux de l'animal. Ochus, pour se venger [2], leur enleva leur bœuf Apis, et en fit un sacrifice à l'âne.

Dion, fils d'Hipparinus, que Denys avait exilé, revint attaquer le tyran avec une armée de deux mille hommes, et le réduisit à l'état de fugitif, auquel lui-même l'avait réduit un peu auparavant.

Les Syracusains, avec neuf vaisseaux, remportèrent une victoire complète sur les Carthaginois qui en avaient cent cinquante.

9. *Modestie de Platon.*

PLATON, fils d'Ariston, étant à Olympie, se trouva logé avec des gens qu'il ne connaissait pas, et de qui il n'était pas connu. Il mangeait sans façon à la même table, et passait avec eux les jours entiers. Bientôt il sut tellement gagner l'amitié de ces étrangers, que, charmés de sa société, ils se félicitaient de l'heureux hasard qui leur avait fait rencontrer un tel homme. Il ne leur parla ni de l'académie ni de Socrate, et se contenta de leur dire qu'il se nommait *Platon*. Quelque temps après, ces étrangers étant venus à Athènes, Platon les reçut avec toute sorte d'honnêteté. Eux alors adressant la parole au philosophe, « Faites-nous voir, lui dirent-ils, le disciple de Socrate, qui porte le même nom que vous, conduisez-nous à son école; recommandez-nous à ce personnage célèbre, afin que nous puissions profiter de ses lumières. » Platon, avec un sourire qui lui était naturel, « C'est moi, » leur dit-il. Les étrangers furent extrêmement surpris d'avoir méconnu ce grand homme, dans le temps où il vivait familièrement avec

μένου καὶ ἀνεπιτηδεύτως αὐτοῖς, καὶ δείξαντος, ὅτι δύναται καὶ ἄνευ τῶν συνήθων λόγων χειροῦσθαι τοὺς συνόντας.

Ὅτι Πλάτων τὸν Ἀριστοτέλη ἐκάλει Πῶλον. Τί δὲ ἐβούλετο αὐτῷ τὸ ὄνομα ἐκεῖνο; Δηλονότι, ὡμολόγηται, τὸν πῶλον, ὅταν κορεσθῇ τοῦ μητρῴου γάλακτος, λακτίζειν τὴν μητέρα. Ἠνίττετο οὖν καὶ Πλάτων ἀχαριστίαν τινὰ τοῦ Ἀριστοτέλους. Καὶ γὰρ ἐκεῖνος τὰ μέγιστα εἰς φιλοσοφίαν παρὰ Πλάτωνος λαβὼν σπέρματα καὶ ἐφόδια, εἶτα ὑποπλησθεὶς τῶν ἀρίστων, καὶ ἀφηνιάσας, ἀντῳκοδόμησεν αὐτῷ διατριβήν, καὶ ἀντιπαρεξήγαγεν ἐν τῷ περιπάτῳ ἑταίρους ἔχων καὶ ὁμιλητάς, καὶ ἐγλίχετο ἀντίπαλος εἶναι Πλάτωνι.

ι. Πῶς εἶχε πρὸς τὸν δῆμον τῶν Ἀθηναίων ὁ Περικλῆς.

Εἶτα οὐκ ἦν τοῦ δήμου τοῦ Ἀθηναίων θεραπευτικὸς ὁ Ξανθίππου Περικλῆς; Ἐμοὶ μὲν δοκεῖ. Ὁσάκις γοῦν ἔμελλεν εἰς τὴν ἐκκλησίαν παριέναι, ηὔχετο μηδὲν αὐτῷ ῥῆμα ἐπιπολάσαι τοιοῦτον, ὅπερ οὖν ἔμελλεν ἐκτραχύνειν τὸν δῆμον, πρόσαντες αὐτῷ γενόμενον, καὶ ἀβούλητον δόξαν.

ια. Περὶ Σωκράτους φιλοκαλίας.

Διογένης ἔλεγε καὶ τὸν Σωκράτην αὐτὸν τρυφῆσαι· περιεργάσθαι γὰρ καὶ τῷ οἰκιδίῳ, καὶ τῷ σκιμποδίῳ, καὶ ταῖς βλαύταις δὲ αἷσπερ οὖν ἐχρῆτο Σωκράτης ἔστιν ὅτε.

ιβ. Περὶ Ἑλένης εἰκόνος ὑπὸ Ζεύξιδος γραφείσης.

Ὁ Ζεῦξις ὁ Ἡρακλεώτης, ὅτε τὴν Ἑλένην ἔγραψε, πολλὰ ἐχρηματίσατο ἐκ τούτου τοῦ γράμματος· οὐ γὰρ εἰκῆ, καὶ ὡς ἔτυχε, τοὺς βουλομένους ἀνέδην εἴα ὁρᾶν αὐτήν, ἀλλ᾽ ἔδει ῥητὸν ἀργύριον καταβαλεῖν, εἶτα οὕτω θεάσασθαι. Ὡς οὖν

eux : ils ne pouvaient s'en prendre qu'à sa modestie. Ainsi Platon avait fait voir qu'il pouvait plaire et se faire des amis, sans le secours de sa philosophie.

Le même Platon donnait à Aristote le nom de *Poulain*. Que signifiait ce nom? On sait que le poulain donne des coups de pied à sa mère, après s'être rassasié de son lait. Sans doute ce nom désignait l'ingratitude d'Aristote, qui, après avoir puisé dans les leçons de Platon les principes de la philosophie, après s'être rempli de ses préceptes, s'éloigna de lui, éleva une école contre celle de son maître, alla, escorté de ses disciples et de ses amis, l'attaquer au milieu de la promenade, et affecta de le contredire en tout [1].

10. *Conduite de Périclès envers le peuple d'Athènes.*

NE pourrait-on pas reprocher à Périclès, fils de Xanthippe, d'avoir poussé trop loin sa complaisance pour le peuple d'Athènes? Pour moi, je le pense ainsi. Toutes les fois que Périclès devait parler dans une assemblée, il faisait des vœux pour ne laisser échapper aucune parole qui pût choquer le peuple, ou contrarier ses penchans et ses volontés.

11. *De Socrate.*

DIOGÈNE accusait Socrate d'un excès de délicatesse peu philosophique. Il lui reprochait d'être trop recherché dans sa maison [2], dans son lit, et jusque dans certaines chaussures dont il se servait quelquefois [3].

12. *D'un tableau d'Hélène peint par Zeuxis.*

ZEUXIS d'Héraclée avait fait un tableau d'Hélène, qui lui valut beaucoup d'argent [4]. Bien loin de le montrer gratis, il ne permettait de le voir qu'autant qu'on payait d'avance une certaine somme qu'il avait fixée. Le trafic que Zeuxis

μίσθωμα τοῦ Ἡρακλεώτου λαμβάνοντος ὑπὲρ τῆς γραφῆς, ἐκάλουν οἱ τότε Ἕλληνες ἐκείνην τὴν Ἑλένην, Ἑταίραν.

ιγ. *Ἐπικούρου γνώμη, καὶ εὐδαιμονία.*

Ἐπίκουρος ὁ Γαργήττιος ἔλεγεν, ᾯ ὀλίγον οὐκ ἱκανόν, ἀλλὰ τούτῳ γε οὐδὲν ἱκανόν. Ὁ αὐτὸς ἔλεγεν ἑτοίμως ἔχειν καὶ τῷ Διῒ περὶ εὐδαιμονίας διαγωνίζεσθαι, μᾶζαν ἔχων καὶ ὕδωρ. Ταῦτ᾽ οὖν ἐννοῶν ὁ Ἐπίκουρος, τί βουλόμενος ἐπῄνει τὴν ἡδονήν, εἰσόμεθα ἄλλοτε.

ιδ. *Περὶ χρημάτων φειδοῦς καὶ φυλακῆς.*

Πολλάκις τὰ κατ᾽ ὀβολὸν μετὰ πολλῶν πόνων συναχθέντα χρήματα, κατὰ τὸν Ἀρχίλοχον, εἰς πόρνης γυναικὸς ἔντερον καταίρουσιν. Ὥσπερ γὰρ ἐχῖνον λαβεῖν μὲν ῥᾴδιον, συνέχειν δὲ χαλεπόν, οὕτω καὶ τὰ χρήματα. Καὶ Ἀναξαγόρας ἐν τῷ περὶ βασιλείας φησί, Χαλεπὸν χρήματα συναγείρασθαι, χαλεπώτερον δὲ φυλακὴν τούτοις περιθεῖναι.

ιε. *Περί τινων ἐν νόσῳ μουσικὴν καὶ ἄλλα μεμαθηκότων, καὶ ἰσχυρῶν γεγενημένων.*

Ἱέρωνά φασι τὸν Σικελίας τύραννον τὰ πρῶτα ἰδιώτην εἶναι, καὶ ἀνθρώπων ἀμουσότατον, καὶ τὴν ἀγροικίαν ἀλλὰ μηδὲ κατ᾽ ὀλίγον τοῦ ἀδελφοῦ διαφέρειν τοῦ Γέλωνος· ἐπεὶ δὲ αὐτῷ συνηνέχθη νοσῆσαι, μουσικώτατος ἀνθρώπων ἐγένετο, τὴν σχολὴν τὴν ἐκ τῆς ἀρρωστίας εἰς ἀκούσματα πεπαιδευμένα καταθέμενος. Ῥωσθεὶς οὖν Ἱέρων συνῆν Σιμωνίδῃ τῷ Κείῳ, καὶ Πινδάρῳ τῷ Θηβαίῳ, καὶ Βακχυλίδῃ τῷ Ἰουλιήτῃ. Ὁ δὲ Γέλων ἄνθρωπος ἄμουσος.

Μουσικώτατον δὲ λέγουσι καὶ Πτολεμαῖον γενέσθαι τὸν δεύτερον, καὶ αὐτὸν νοσήσαντα.

fit ainsi de son Hélène, donna lieu aux Grecs d'alors de la nommer *la Prostituée*.

13. *Sentiment d'Epicure sur le bonheur.*

ÉPICURE de Gargette [1] disait : « Celui qui ne sait pas se contenter de peu, n'en a jamais assez. » Il disait encore que pourvu qu'il eût du pain et de l'eau, il disputerait de bonheur avec Jupiter même. Puisqu'Epicure pensait ainsi, il nous reste à savoir dans quel esprit il a fait l'éloge de la volupté [2].

14. *De l'économie, et de la conservation de son bien.*

SOUVENT, dit Archiloque [3], des richesses amassées avec beaucoup de peine, et obole à obole, sont englouties par une prostituée. Il en est, ajoute-t-il, de l'argent comme du hérisson : il est aisé de se saisir de cet animal, et difficile de ne le pas laisser échapper. Anaxagoras [4], dans son ouvrage intitulé, *De la royauté*, dit pareillement des richesses, qu'il en coûte encore plus pour les conserver que pour les acquérir.

15. *Exemples singuliers de l'utilité de la maladie.*

HIÉRON, tyran de Sicile, qui n'avait jamais cultivé son esprit, était, dit-on, le plus ignorant des hommes, si l'on en excepte son frère Gélon [5] : mais étant tombé malade, réduit à l'inaction par sa faiblesse, il profita de son loisir pour prendre des leçons de quelques savans ; et bientôt il se trouva lui-même fort instruit. Aussi, depuis qu'il eut recouvré la santé, il conserva toujours une liaison intime avec Simonide de Céos, Pindare de Thèbes, et Bacchylide de Iulis [6]. Pour Gélon, il resta dans son ignorance.

J'ai ouï dire de même que Ptolémée II [7] devint savant durant le cours d'une maladie.

Λέγει δὲ καὶ Πλάτων τὸν Θεάγην φιλοσοφῆσαι δι᾽ οὐδὲν ἄλλο, ἢ διὰ τὴν νοσοτροφίαν· εἴργουσα γὰρ αὐτὸν ἐκείνη τῶν πολιτικῶν, συνήλασεν εἰς τὸν τῆς σοφίας ἔρωτα. Τίς δὲ οὐκ ἂν νοῦν ἔχων συνηύξατο καὶ Ἀλκιβιάδῃ νόσον, καὶ Κριτίᾳ, καὶ Παυσανίᾳ τῷ Λακεδαιμονίῳ, καὶ ἄλλοις; Ἀλκιβιάδῃ μὲν καὶ Κριτίᾳ, ἵνα μὴ, ἀποδράντες Σωκράτους, ὁ μὲν ὑβριστὴς γένηται, καὶ ποτὲ μὲν φιλολάκων, ποτὲ δὲ βοιωτιάζῃ τὸν τρόπον, καὶ αὖ πάλιν θετταλίζῃ, καὶ τοῖς Μήδων καὶ Περσῶν ἀρέσκηται, ἐν Φαρναβάζου γενόμενος· τυραννικώτατος δὲ καὶ φονικώτατος ὁ Κριτίας γενόμενος, καὶ τὴν πατρίδα ἐλύπησε πολλὰ, καὶ αὐτὸς μισούμενος, τὸν βίον κατέστρεψε.

Καὶ Στράτων δὲ ὁ Κορράγου εἰς δέον ἔοικε νοσῆσαι· εὖ γὰρ γένους ἥκων, εὖ δὲ καὶ πλούτου, οὐκ ἐγυμνάζετο. Καμὼν δὲ τὸν σπλῆνα, καὶ θεραπείας δεηθεὶς τῆς ἐκ τῶν γυμνασίων, τὰ μὲν πρῶτα, ὅσον ἐς τὸ ὑγιᾶναι, ἐχρῆτο αὐτοῖς· χωρῶν δὲ ἐς τὸ πρόσω τῆς τέχνης, καὶ ἐν ἔργῳ τιθέμενος αὐτὴν, Ὀλυμπιάσι μὲν ἐνίκησεν ἡμέρᾳ μιᾷ πάλην καὶ παγκράτιον, καὶ τῇ ἑξῆς Ὀλυμπιάδι *, καὶ ἐν Νεμέᾳ δὲ, καὶ Πυθοῖ, καὶ Ἰσθμοῖ.

Δημοκράτης ὁ παλαιστὴς, καὶ αὐτὸς νοσήσας τοὺς πόδας, παριὼν εἰς τοὺς ἀγῶνας, καὶ στὰς ἐν τῷ σταδίῳ, περιγράφων ἑαυτῷ κύκλον, προσέταττε τοῖς ἀντιπαλαισταῖς ἔξω τῆς γραμμῆς αὐτὸν προέλκειν· οἱ δὲ ἡττῶντο ἀδυνατοῦντες· ὁ δὲ,

---

* Οὐκ ἔρρωται τὸ χωρίον. Sic doctissim. Cor., ut multi jam sensere, qui alii aliter conjiciunt.

Nous apprenons de Platon, que Théagès [1] dut à une longue maladie ses connaissances philosophiques. Comme ses infirmités l'empêchaient de se livrer aux affaires publiques, il s'appliqua tout entier à l'étude de la philosophie. Quel est l'homme sensé qui n'eût pas souhaité une pareille maladie à Alcibiade, à Critias, au Lacédémonien Pausanias, et à quelques autres personnages du même caractère? On n'aurait pas vu Alcibiade et Critias s'éloigner des principes de Socrate; on n'aurait point eu à reprocher au premier les écarts de sa conduite; d'avoir changé de mœurs comme de pays, adoptant successivement les manières des Spartiates, des Béotiens, des Thessaliens, et finissant par se plonger dans les délices des Mèdes et des Perses, à la cour de Pharnabaze [2]. Le second ne serait pas devenu un tyran et un monstre de cruauté; il n'aurait pas fait le malheur de sa patrie; il n'aurait pas emporté au tombeau la haine de ses concitoyens [3].

Il fut avantageux à Straton, fils de Corrhagus [4], d'avoir été malade. Né riche et d'une famille considérable, Straton avait négligé les exercices de la gymnastique; mais ayant été attaqué d'un mal de rate, il y eut recours comme à un remède efficace. Ce ne fut d'abord que pour le besoin qu'en avait sa santé: ensuite, flatté des progrès qu'il faisait dans cet art, il s'y livra avec tant d'ardeur, qu'il parvint à remporter dans le même jour le prix de la lutte et du pancrace aux jeux olympiques. Il fut encore couronné à l'olympiade suivante, ainsi qu'aux jeux néméens, pythiques, et isthmiens.

Le lutteur Démocrate, quoique fort incommodé d'un mal aux pieds, se rendit au lieu destiné pour les jeux. Là, se plaçant au milieu du stade, et traçant un cercle autour de lui, il proposa aux lutteurs à qui il venait disputer le prix, d'essayer de le tirer de cette enceinte: comme ils ne purent en venir à bout, Démocrate, pour être demeuré

εὖ διαβὰς ἐν τῇ στάσει καὶ ἐγκρατῶς, στεφανούμενος ἀπῄει.

ιϛ. *Παλαιῶν τινων ἰδιότητες.*

Ἐὰν προσέχῃ τις Καλλίᾳ, φιλοπότην αὐτὸν ἐργάσεται ὁ Καλλίας· ἐὰν Ἰσμηνίᾳ, αὐλητήν· ἀλαζόνα, ἐὰν Ἀλκιβιάδῃ· ὀψοποιόν, ἐὰν Κρωβύλῳ· δεινὸν εἰπεῖν, ἐὰν Δημοσθένει· στρατηγικόν, ἐὰν Ἐπαμινώνδᾳ· μεγαλόφρονα, ἐὰν Ἀγησιλάῳ· καὶ χρηστόν, ἐὰν Φωκίωνι· καὶ δίκαιον, ἐὰν Ἀριστείδῃ· καὶ σοφόν, ἐὰν Σωκράτει.

ιζ. *Πυθαγόρου θαυμάσια καὶ δόξαι.*

ἘΔΙΔΑΣΚΕ Πυθαγόρας τοὺς ἀνθρώπους, ὅτι κρειττόνων γεγένηνται σπερμάτων, ἢ κατὰ τὴν φύσιν τὴν θνητήν· τῆς γὰρ αὐτῆς ἡμέρας ὤφθη καὶ κατὰ τὴν αὐτὴν ὥραν ἐν Μεταποντίῳ, φησί, καὶ ἐν Κρότωνι. Καὶ ἐν Ὀλυμπίᾳ δὲ παρέφηνε χρυσοῦν τὸν ἕτερον τῶν μηρῶν. Καὶ Μυλλίαν δὲ τὸν Κροτωνιάτην ὑπέμνησεν, ὅτι Μίδας ὁ Γορδίου ἐστὶν ὁ Φρύξ. Καὶ τὸν ἀετὸν δὲ τὸν λευκὸν κατέψησεν ὑπομείναντα αὐτόν. Ἀλλὰ καὶ ὑπὸ τοῦ Κώσα τοῦ ποταμοῦ διαβαίνων προσερρήθη, τοῦ ποταμοῦ εἰπόντος αὐτῷ, Χαῖρε Πυθαγόρα.

Ἔλεγε δὲ ἱερώτατον εἶναι τὸ τῆς μαλάχης φύλλον. Ἔλεγεν, ὅτι πάντων σοφώτατον ὁ Ἀριθμός· δεύτερος δέ, ὁ τοῖς πράγμασι τὰ ὀνόματα θέμενος.

Καὶ τὸν σεισμὸν ἐγενεαλόγει οὐδὲν ἄλλο εἶναι, ἢ σύνοδον τῶν τεθνεώτων. Ἡ δὲ Ἶρις, ἔφασκεν, ὡς ἡ γῆ τοῦ Νείλου*ἐστί. Καὶ ὁ πολλάκις ἐμπίπτων τοῖς ὠσὶν ἦχος, φωνὴ τῶν κρειττόνων. Οὐχ οἷόν τε δὲ ἦν διαπορῆσαι ὑπέρ τινος αὐτῷ, ἢ τοῖς

---

* Vid. not.

ferme et inébranlable dans son poste, remporta la couronne [1].

16. *Caractères particuliers de quelques anciens.*

CELUI qui se laisserait conduire par Callias [2], deviendrait ivrogne ; avec Isménias [3], on deviendrait joueur de flûte, avantageux avec Alcibiade ; Crobylus [4] ferait des cuisiniers. On apprendrait de Démosthène l'art de parler avec force ; d'Epaminondas, l'art de la guerre. Agésilas inspirerait la noblesse des sentimens, Phocion la bonté, Aristide la justice, Socrate la sagesse.

17. *Opinions de Pythagore ; traits singuliers qui le concernent.*

PYTHAGORE publiait hautement que l'excellence des germes dont il était formé lui avait communiqué l'immortalité [5]. On le vit, en effet, le même jour et à la même heure, à Métaponte et à Crotone : il montra dans Olympie une de ses cuisses, qui était d'or [6] : il rappela au Crotoniate Myllias [7], que c'était lui-même qui avait autrefois régné en Phrygie [8], sous le nom de Midas, fils de Gordius. Un jour, un aigle blanc vint se poser auprès de lui, et s'en laissa caresser. Une autre fois, en passant le fleuve Cosas [9], le dieu du fleuve l'appela par son nom, et lui dit, *Salut à Pythagore*.

Selon ce philosophe, la feuille de mauve [10] était un objet sacré. Rien dans l'univers n'était aussi sage que le Nombre [11] : la première place, après le Nombre, appartenait à celui qui donna des noms aux choses.

Il prétendait que les morts, en se rassemblant, produisent les tremblemens de terre ; que l'arc-en-ciel était la source du Nil [12], et que l'espèce de bourdonnement qui retentit souvent dans les oreilles, est la voix des génies. Personne n'osait lui proposer ni doute, ni question : on rece-

λεχθεῖσί τι προσερωτῆσαι, ἀλλ', ὡς χρησμῷ θείῳ, οὕτως οἱ τότε προσεῖχον τοῖς λεγομένοις ὑπ' αὐτοῦ. Ἐπιστρεφομένου δὲ τὰς πόλεις αὐτοῦ, διέρρει λόγος, ὅτι Πυθαγόρας ἀφίκετο οὐ διδάξων, ἀλλ' ἰατρεύσων.

Προσέτατε δὲ ὁ αὐτὸς Πυθαγόρας καρδίας ἀπέχεσθαι, καὶ ἀλεκτρυόνος λευκοῦ, καὶ τῶν θνησειδίων παντὸς μᾶλλον, καὶ μὴ χρῆσθαι βαλανείῳ, μηδὲ βαδίζειν τὰς λεωφόρους· ἄδηλον γὰρ εἰ καθαρεύουσι καὶ αὐτὰ ἐκεῖνα.

ιη. Περὶ αἰδοῦς καὶ τιμῆς τοῦ Διονυσίου πρὸς Πλάτωνα.

Ὅτε κατῆλθε Πλάτων ἐν Σικελίᾳ κλητός, πολλὰ ἐπὶ πολλοῖς ἐπιστείλαντος τοῦ Διονυσίου, καὶ ἀνήγαγεν αὐτὸν ἐπὶ τὸ ἅρμα ὁ νέος Διονύσιος, αὐτὸς μὲν ἡνιοχῶν, παραιβάτην δὲ ποιησάμενος τὸν Ἀρίστωνος, τότε δή φασι Συρακούσιον ἄνδρα, χαρίεντα, καὶ τῶν Ὁμήρου μὴ ἀπαίδευτον, ἡσθέντα τῇ ὄψει ταύτῃ, ἐπειπεῖν τὰ ἐξ Ἰλιάδος ἐκεῖνα, παρατρέψαντα ὀλίγον·

. . . . Μέγα δ' ἔβραχε φήγινος ἄξων
Βριθοσύνῃ· δεινὸν γὰρ ἄγεν βροτὸν, ἄνδρα τ' ἄριστον.

Ὅτι ὑπόπτης ὢν εἰς πάντας ὁ Διονύσιος, ὅμως εἰς Πλάτωνα τοσαύτην ἔσχεν αἰδῶ, ὡς ἐκεῖνον μόνον εἰσιέναι πρὸς αὐτὸν μὴ ἐρευνώμενον, καίτοι Δίωνος αὐτὸν ἐπιστάμενος ἑταῖρον εἰς τὰ ἔσχατα εἶναι.

ιθ. Ὅτι παιδείαν ἐτίμησε Φίλιππος, καὶ περὶ Ἀριστοτέλους.

Φίλιππος ὁ Μακεδὼν οὐ μόνον ἐλέγετο τὰ πολέμια εἶναι ἀγαθός, καὶ εἰπεῖν δεινός, ἀλλὰ καὶ παιδείαν ἀνδρειότατα ἐτίμα. Ἀριστοτέλει γοῦν χορηγήσας πλοῦτον ἀνενδεῆ, αἴτιος γέγονε πολλῆς καὶ ἄλλης πολυπειρίας, ἀτὰρ οὖν καὶ τῆς γνώσεως τῆς κατὰ τὰ ζῶα· καὶ τὴν ἱστορίαν αὐτῶν ὁ τοῦ Νικο-

vait ce qu'il avait dit comme autant d'oracles des dieux [1]. Lorsqu'en voyageant il arrivait dans une ville, « Pythagore, disait-on, vient ici, non pour enseigner, mais pour guérir [2]. »

Le même philosophe exigeait qu'on s'abstînt de manger le cœur des animaux [3], la chair du coq blanc [4], surtout celle des animaux qui étaient morts de leur mort naturelle [5]. Il interdisait aussi les bains [6], et ne voulait pas qu'on suivît les chemins publics [7], parce qu'on n'est jamais certain que ces lieux soient parfaitement purs.

18. *Honneurs que Denys rendit à Platon.*

Platon, que Denys le jeune avait invité par plusieurs lettres à venir en Sicile, y étant enfin arrivé, le tyran le fit monter sur son char, et voulut servir lui-même de cocher au fils d'Ariston. Alors, dit-on, un Syracusain, homme d'esprit, qui avait bien lu Homère, surpris agréablement de ce qu'il voyait, cita ces vers de l'Iliade, en y faisant un léger changement : *L'essieu gémit sous ce poids énorme ; il porte à la fois un mortel redoutable, et le plus vertueux des hommes* [8].

On remarque de plus que Denys, qui se défiait de tout le monde, avait tant de vénération pour Platon, que ce philosophe était le seul qui entrât chez le tyran sans être fouillé, quoique Denys fût instruit des liaisons intimes de Platon avec Dion [9].

19. *De Philippe et d'Aristote.*

Philippe, roi de Macédoine, ne fut pas seulement célèbre par son habileté dans l'art de la guerre et par son éloquence : à ces deux qualités, il joignit le mérite d'estimer le savoir. En comblant de richesses Aristote, il le mit en état d'acquérir des connaissances très-étendues dans tous les genres, et particulièrement dans l'histoire des ani-

μάχου διὰ τὴν ἐκ Φιλίππου περιουσίαν ἐκαρπώσατο. Καὶ Πλάτωνα δὲ ἐτίμησε, καὶ Θεόφραστον.

κ. Περὶ Δημοκρίτου, καὶ τῆς περὶ αὐτοῦ, Θεοφράστου, Ἱπποκράτους, καὶ ἄλλων δόξης.

ΔΗΜΟΚΡΙΤΟΝ τὸν Ἀβδηρίτην λόγος ἔχει τά τε ἄλλα γενέσθαι σοφὸν, καὶ δὴ καὶ ἐπιθυμῆσαι λαθεῖν, καὶ ἐν ἔργῳ θέσθαι σφόδρα πάνυ τοῦτο· διὰ ταῦτά τοι καὶ πολλὴν ἐπῄει γῆν. Ἧκεν οὖν καὶ πρὸς τοὺς Χαλδαίους, εἰς Βαβυλῶνα, καὶ πρὸς τοὺς Μάγους, καὶ τοὺς Σοφιστὰς τῶν Ἰνδῶν. Τὴν παρὰ τοῦ Δαμασίππου τοῦ πατρὸς οὐσίαν εἰς τρία μέρη νεμηθεῖσαν τοῖς ἀδελφοῖς τοῖς τρισὶ, τ' ἀργύριον μόνον λαβὼν ἐφόδιον τῆς ὁδοῦ, τὰ λοιπὰ τοῖς ἀδελφοῖς εἴασε. Διὰ ταῦτά τοι καὶ Θεόφραστος αὐτὸν ἐπῄνει, ὅτι περιῄει κρείττονα ἀγερμὸν ἀγείρων Μενελάου καὶ Ὀδυσσέως. Ἐκεῖνοι μὲν γὰρ ἠλῶντο, αὐτόχρημα Φοινίκων ἐμπόρων μηδὲν διαφέροντες· χρήματα γὰρ ἤθροιζον, καὶ τοῦ περίπλου ταύτην εἶχον τὴν πρόφασιν.

Ὅτι οἱ Ἀβδηρῖται ἐκάλουν τὸν Δημόκριτον Φιλοσοφίαν, τὸν δὲ Πρωταγόραν, Λόγον. Κατεγέλα δὲ πάντων ὁ Δημόκριτος, καὶ ἔλεγεν αὐτοὺς μαίνεσθαι· ὅθεν καὶ Γελασῖνον αὐτὸν ἐκάλουν οἱ πολῖται. Λέγουσι δὲ οἱ αὐτοὶ τὸν Ἱπποκράτην περὶ τὴν πρώτην ἔντευξιν ὑπὲρ τοῦ Δημοκρίτου δόξαν λαβεῖν, ὡς μαινομένου· προϊούσης δὲ αὐτοῖς τῆς συνουσίας, εἰς ὑπερβολὴν θαυμάσαι τὸν ἄνδρα. Λέγουσι δὲ, Δωριέα ὄντα τὸν Ἱπποκράτην, ἀλλ' οὖν τὴν τοῦ Δημοκρίτου χάριν, τῇ Ἰάδι φωνῇ συγγράψαι τὰ συγγράμματα.

κα. Παιδικὰ Σωκράτους, καὶ Πλάτωνος.

Ὅτι παιδικὰ ἐγένετο, Σωκράτους μὲν Ἀλκιβιάδης, Πλάτωνος δὲ Δίων. Ὁ μέν τοι Δίων καὶ ἀπώνητό τι τοῦ ἐραστοῦ.

maux ; histoire qu'on peut regarder comme le fruit des bienfaits de Philippe [1]. Platon et Théophraste furent aussi en grande considération auprès de ce prince.

20. *De Démocrite.*

ENTRE plusieurs traits de sagesse dont la renommée fait honneur à Démocrite d'Abdère, on doit surtout remarquer le projet qu'il conçut de vivre inconnu, et le choix des moyens qu'il employa pour y parvenir. Il prit le parti de voyager en différens pays : il s'entretint à Babylone avec les Chaldéens, en Perse avec les Mages, aux Indes avec les Gymnosophistes. Des biens que Damasippe son père [2] avait partagés entre ses trois fils, Démocrite ne prit qu'une somme d'argent pour ses voyages, et abandonna le reste à ses frères. Il a mérité que Théophraste dît de lui, qu'il rapporta de ses courses des choses plus précieuses que n'avaient fait Ulysse et Ménélas, qui, semblables à des marchands phéniciens, ne parcoururent les terres et les mers que dans la vue d'amasser de l'argent.

Les Abdéritains appelèrent Démocrite *la philosophie* [3], comme ils appelèrent Protagoras *le discours* [4]. Démocrite traitait tous les hommes de fous ; ils étaient pour lui un objet continuel de risée : de là, il fut nommé par ses concitoyens *Gelasinus* (le rieur). On raconte que la première fois qu'Hippocrate le rencontra, il le prit pour un insensé; mais que dans la suite, ayant eu occasion de le voir souvent, il conçut pour lui la plus haute estime. On ajoute même que ce fut en l'honneur de Démocrite, qu'Hippocrate, né Dorien [6], écrivit ses ouvrages en dialecte ionique.

21. *De Socrate et de Platon.*

SOCRATE aimait Alcibiade : Platon avait pour Dion la plus grande tendresse ; et cette tendresse ne fut pas inutile à Dion.

κβ. Περὶ Ἀθηναίων ἁβροσύνης.

Οἱ πάλαι Ἀθηναῖοι ἁλουργῆ μὲν ἠμπείχοντο ἱμάτια, ποικίλους δὲ ἐνέδυνον χιτῶνας· κορύμβους δὲ ἀναδούμενοι τῶν ἐν τῇ κεφαλῇ τριχῶν, χρυσοῦς ἐνείροντες αὐταῖς τέττιγας, καὶ κόσμον ἄλλον πρόσθετον περιαπτόμενοι χρυσοῦ, προῄεσαν. Καὶ ὀκλαδίας αὐτοῖς δίφρους οἱ παῖδες ὑπέφερον, ἵνα μὴ καθίζωσιν ἑαυτοὺς εἰκῇ, καὶ ὡς ἔτυχε. Δῆλον δὲ, ὅτι καὶ ἡ τράπεζα ἦν αὐτοῖς, καὶ ἡ λοιπὴ δίαιτα ἁβροτέρα. Τοιοῦτοι δὲ ὄντες τὴν ἐν Μαραθῶνι μάχην ἐνίκησαν.

κγ. Περί τινων ἀσώτων.

Ὅτι Περικλέα, καὶ Καλλίαν τὸν Ἱππονίκου, καὶ Νικίαν τὸν Περγασῆθεν, τὸ ἀσωτεύεσθαι, καὶ ὁ πρὸς ἡδονὴν βίος, εἰς ἀπορίαν περιέστησεν· ἐπεὶ γὰρ ἐπέλιπε τὰ χρήματα αὐτοὺς *, οἱ τρεῖς κώνειον, τελευταίαν πρόποσιν, ἀλλήλοις προπόντες, ὡσπεροῦν ἐκ συμποσίου ἀνέλυσαν.

κδ. Πῶς ἂν ἡ φιλία διαμένοι μάλιστα.

Λεωπρέπης ὁ Κεῖος, ὁ τοῦ Σιμωνίδου πατήρ, ἔτυχέ ποτε ἐν παλαίστρᾳ καθήμενος· εἶτα μειράκια πρὸς ἀλλήλους οἰκείως διακείμενα ἤρετο τὸν ἄνδρα, πῶς ἂν αὐτοῖς ἡ φιλία διαμένοι μάλιστα. Ὁ δὲ εἶπεν, Ἐὰν ταῖς ἀλλήλων ὀργαῖς ἐξίστασθε, καὶ μὴ ὁμόσε χωροῦντες τῷ θυμῷ, εἶτα παροξύνητε ἀλλήλους κατ' ἀλλήλων.

κε. Περὶ Θρασύλλου παραδόξου μανίας.

Θράσυλλος ὁ Αἰξωνεὺς παράδοξον καὶ καινὴν ἐνόσησε μανίαν. Ἀπολιπὼν γὰρ τὸ ἄστυ, καὶ κατελθὼν εἰς τὸν Πειραιᾶ,

* Al., αὐτοῖς.

22. *Du luxe des Athéniens.*

Autrefois les Athéniens portaient des manteaux de pourpre et des robes peintes de diverses couleurs. Lorsqu'ils se montraient en public, leurs cheveux, entrelacés de cigales d'or [1] et d'autres ornemens du même métal, s'élevaient en pointe au-dessus de leur tête. Des esclaves les suivaient avec des siéges plians, afin qu'ils eussent partout de quoi être assis commodément. On peut bien juger qu'ils poussaient encore plus loin la délicatesse dans leurs tables et dans toute leur manière de vivre. Ce sont cependant ces Athéniens qui furent vainqueurs à Marathon.

23. *De quelques prodigues.*

L'amour du plaisir et la débauche avaient réduit à l'indigence Périclès [2], Callias fils d'Hipponicus, et Nicias de Pergase [3]. Quand ils se virent sans ressource, ils se présentèrent l'un à l'autre de la ciguë pour dernière boisson, et terminèrent ainsi leur vie comme on termine un festin [4].

24. *Des moyens d'entretenir l'amitié.*

Un jour que Léoprépès de Céos, père de Simonide, était assis dans le gymnase, deux jeunes gens qui s'aimaient tendrement, vinrent lui demander quel était le moyen de rendre leur amitié durable. « C'est, leur répondit Léoprépès, de vous passer mutuellement vos momens d'humeur, et de ne point vous aigrir l'un l'autre en vous contrariant dans vos goûts. »

25. *Folie extraordinaire de Thrasyllus.*

Thrasyllus d'Æxone [5] eut un genre de folie singulier et sans exemple. Il avait quitté la ville et s'était établi dans le Pirée : là, il se figura que tous les vaisseaux qui y abor-

καὶ ἐνταῦθα οἰκῶν, τὰ πλοῖα τὰ καταίροντα ἐν αὐτῷ πάντα ἑαυτοῦ ἐνόμιζεν εἶναι, καὶ ἀπεγράφετο αὐτὰ, καὶ αὖ πάλιν ἐξέπεμπε, καὶ τοῖς περισωζομένοις καὶ εἰσιοῦσιν εἰς τὸν λιμένα ὑπερέχαιρε· χρόνους δὲ διετέλεσε πολλοὺς συνοικῶν τῷ ἀρρωστήματι τούτῳ. Ἐκ Σικελίας δὲ ἀναχθεὶς ὁ ἀδελφὸς αὐτοῦ, παρέδωκεν αὐτὸν ἰατρῷ ἰάσασθαι· καὶ ἐπαύσατο τῆς νόσου οὕτως. Ἐμέμνητο δὲ πολλάκις τῆς ἐν μανίᾳ διατριβῆς, καὶ ἔλεγε μηδέποτε ἡσθῆναι τοσοῦτον, ὅσον τότε ἥδετο ἐπὶ ταῖς μηδὲν αὐτῷ προσηκούσαις ναυσὶν ἀποσωζομέναις.

κϛ. Περὶ Ἠλέκτρας.

ΞΑΝΘΟΣ, ὁ ποιητὴς τῶν μελῶν (ἐγένετο δὲ οὗτος πρεσβύτερος Στησιχόρου τοῦ Ἱμεραίου), λέγει τὴν Ἠλέκτραν τοῦ Ἀγαμέμνονος οὐ τοῦτο ἔχειν τοὔνομα πρῶτον, ἀλλὰ Λαοδίκην. Ἐπεὶ δὲ Ἀγαμέμνων ἀνῃρέθη, τὴν δὲ Κλυταιμνήστραν ὁ Αἴγισθος ἔγημε, καὶ ἐβασίλευσεν, ἄλεκτρον οὖσαν καὶ καταγηρῶσαν παρθένον Ἀργεῖοι Ἠλέκτραν ἐκάλεσαν, διὰ τὸ ἀμοιρεῖν ἀνδρὸς, καὶ μὴ πεπειρᾶσθαι λέκτρου.

κζ. Περὶ Παμφάους δώρου, καὶ Διοτίμου.

Ὅτι Παμφάης ὁ Πριηνεὺς Κροίσῳ τῷ Λυδῷ, τοῦ πατρὸς αὐτοῦ περιόντος, τριάκοντα μνᾶς ἐδωρήσατο. Παραλαβὼν δὲ τὴν ἀρχὴν, μεστὴν ἅμαξαν ἀργυρίου ἀπέπεμψεν αὐτῷ.

Ὅτι Διογένης, λαβὼν παρὰ Διοτίμου τοῦ Καρυστίου νόμισμα ὀλίγον, ἔφη·

Σοὶ δὲ θεοὶ τόσα δοῖεν, ὅσα φρεσὶ σῇσι μενοινᾷς,
Ἄνδρα τε, καὶ οἶκον.

Ἐδόκει δέ πως ὁ Διότιμος μαλθακώτερος εἶναι.

daient, étaient à lui; il en tenait un registre exact, leur ordonnait de repartir pour de nouveaux voyages; et quand, après une heureuse navigation, ils rentraient dans le port, il en témoignait sa joie par les démonstrations les plus vives. Cette frénésie dura plusieurs années, jusqu'à ce que son frère, revenant de Sicile, le mit entre les mains d'un médecin qui l'en guérit. Depuis ce temps, Thrasyllus se rappelait souvent les années qu'il avait passées dans la démence, et avouait que le plus grand plaisir qu'il eût eu dans le cours de sa vie, avait été de voir arriver en bon état ces vaisseaux qui ne lui appartenaient point.

26. D'Electre.

Nous apprenons de Xanthus [1], poëte lyrique, qui vivait avant Stésichore d'Himère [2], qu'Electre, fille d'Agamemnon, se nommait originairement *Laodice* [3]; mais qu'après l'assassinat de son père, lorsqu'Egisthe eut épousé Clytemnestre, et se fut emparé du royaume d'Argos, les Argiens, la voyant, sans époux, vieillir dans l'état de fille [4], lui donnèrent le nom d'*Electre*; nom qui exprimait l'état de cette princesse [5].

27. De Pamphaès et de Crésus.

Pamphaès de Priène [6] avait donné trente mines [7] à Crésus, dans un temps où le roi de Lydie son père vivait encore: dès que Crésus fut monté sur le trône, il envoya un chariot rempli d'argent à Pamphaès.

Diogène ayant reçu de Diotime de Caryste [8] une petite pièce de monnaie: *Que les dieux*, lui dit-il, *vous accordent tout ce que vous pouvez désirer; d'être un homme, et d'avoir une famille* [9] ! Ce mot renfermait un trait de satire contre la mollesse efféminée de Diotime.

κή. Ὅτι ὁ Φερεκύδης φθειρίασιν ἔπαθε δι' ἀθεότητα.

ΦΕΡΕΚΥΔΗΣ ὁ Σύριος τὸν βίον ἀλγεινότατον ἀνθρώπων κατέστρεψε, τοῦ παντὸς αὐτῷ σώματος ὑπὸ τῶν φθειρῶν ἀναλωθέντος· καὶ γενομένης αἰσχρᾶς αὐτῷ τῆς ὄψεως, τὴν ἐκ τῶν συνήθων ἐξέκλινε συνουσίαν. Ὁπότε δέ τις προσελθὼν ἐπυνθάνετο, ὅπως διάγοι; διὰ τῆς ὀπῆς, τῆς κατὰ τὴν θύραν, διείρας τὸν δάκτυλον, ψιλὸν γεγονότα τῆς σαρκός, ἐπέλεγεν, οὕτω διακεῖσθαι καὶ τὸ πᾶν αὐτοῦ σῶμα. Λέγουσι δὲ Δηλίων παῖδες τὸν θεὸν τὸν ἐν Δήλῳ, μηνίσαντα αὐτῷ, τοῦτο ποιῆσαι. Καθήμενον γὰρ ἐν Δήλῳ μετὰ τῶν μαθητῶν, ἄλλα τε πολλά φασι περὶ τῆς ἑαυτοῦ σοφίας εἰπεῖν, καὶ δὴ καὶ τοῦτο, μηδενὶ τῶν θεῶν θῦσαι, καὶ ὅμως οὐδὲν ἧττον ἡδέως βεβιωκέναι καὶ ἀλύπως, οὐ μεῖον τῶν ἑκατόμβας καταθυόντων. Ὑπὲρ ταύτης οὖν τῆς κουφολογίας βαρυτάτην ζημίαν ἐξέτισεν.

κθ. Περὶ Ἀλεξάνδρου γελοῖον.

Οὐ γὰρ δὴ δύναμαι πείθειν ἐμαυτὸν μὴ γελᾶν ἐπ' Ἀλεξάνδρῳ τῷ Φιλίππου· εἴ γε, ἀπείρους ἀκούων εἶναί τινας κόσμους λέγοντος Δημοκρίτου ἐν τοῖς συγγράμμασιν, ὅδε ἠνιᾶτο μηδὲ τοῦ ἑνὸς καὶ κοινοῦ κρατῶν. Πόσον δὲ ἐπ' αὐτῷ Δημόκριτος ἐγέλασεν ἂν αὐτός, τί δεῖ καὶ λέγειν, ᾧ ἔργον τοῦτο ἦν;

28. *De Phérécyde.*

Phérécyde[1] de Syros[2] termina sa vie de la façon du monde la plus misérable : tout son corps fut rongé par la vermine. Son visage était tellement défiguré, qu'il fut obligé de se séparer de la société de ses amis. Quand quelqu'un venait lui demander de ses nouvelles, Phérécyde passant un doigt décharné à travers un trou de sa porte ; « Voilà, répondait-il, en quel état est tout mon corps ». Les Déliens attribuaient cette maladie au courroux du dieu qu'on révère dans leur ville[3] : Phérécyde, disent-ils, étant à Délos avec ses disciples, citait différens traits de sa propre sagesse, entres autres, qu'il n'avait jamais sacrifié à aucune divinité, et que néanmoins il n'avait pas mené une vie moins douce ni moins agréable que ceux qui offrent des hécatombes[4]. Il paya cher cette insolente vanité.

29. *Trait de folie d'Alexandre.*

Je ne puis m'empêcher de rire de la folie d'Alexandre, fils de Philippe. Ce prince ayant appris que Démocrite assurait dans ses ouvrages qu'il y avait un nombre infini de mondes, se désolait de n'être pas encore maître du seul qui fût connu[5]. Que Démocrite eût bien ri d'Alexandre ! Rieur de profession comme l'était Démocrite, on juge aisément, sans que je le dise, que ce trait ne lui aurait pas échappé.

ΒΙΒΛΙΟΝ ΠΕΜΠΤΟΝ.

α. Ὅτι Ταχὼς δι᾽ ἁβροτέραν δίαιταν ἐτελεύτησεν.

Ταχὼς ὁ Αἰγύπτιος, ἕως μὲν ἐχρῆτο τῇ ἐπιχωρίῳ διαίτῃ, καὶ εὐτελῶς διεβίου, ὑγιεινότατος ἀνθρώπων διῆγεν· ἐπεὶ δὲ εἰς Πέρσας ἀφίκετο, καὶ εἰς τὴν ἐκείνων τρυφὴν ἐξέπεσε, τὸ ἄηθες τῶν σιτίων οὐκ ἐνεγκὼν, ὑπὸ δυσεντερίας τὸν βίον κατέστρεψε, τῆς τρυφῆς ἀλλαξάμενος θάνατον.

β. Φερεκύδης πῶς τέθνηκεν.

Ὅτι Φερεκύδης, Πυθαγόρου διδάσκαλος, ἐμπεσὼν εἰς τὴν ἀῤῥωστίαν, πρῶτον μὲν ἵδρου ἱδρῶτα θερμὸν, ἰξώδη, ὅμοιον ὡς μύξαις, ὕστερον δὲ, θηριώδη, μετὰ δὲ ἐφθειρίασε. Καὶ διαλυομένων τῶν σαρκῶν εἰς τοὺς φθεῖρας, ἐπεγένετο τῆξις, καὶ οὕτω τὸν βίον κατήλλαξεν.

γ. Περὶ τῶν Ἡρακλείων στηλῶν.

Ἀριστοτέλης τὰς νῦν Ἡρακλείους στήλας καλουμένας, πρὶν ἢ κληθῆναι τοῦτό, φησι Βριάρεω καλεῖσθαι αὐτάς· ἐπεὶ δὲ καθῆρε γῆν καὶ θάλασσαν Ἡρακλῆς, καὶ ἀναμφιλόγως εὐεργέτης ἐγένετο τῶν ἀνθρώπων, τιμῶντες αὐτὸν, τὴν μὲν Βριάρεω μνήμην παρ᾽ οὐδὲν ἐποιήσαντο, Ἡρακλείους δὲ προσηγόρευσαν.

δ. Περὶ φυτῶν τινῶν ἐν Δήλῳ θαλόντων.

Ὅτι ἀναθῆλαι λόγος ἐστὶ Δήλιος φυτὰ ἐν Δήλῳ, ἐλαίαν καὶ

LIVRE CINQUIÈME.

1. *De Tachos, roi d'Egypte.*

Tachos, roi d'Egypte, jouit constamment de la meilleure santé, tant qu'il observa le régime ordinaire de son pays, et qu'il vécut frugalement. Mais ayant depuis passé chez les Perses [1], et donné dans leur luxe, il ne put supporter des mêts auxquels il n'était pas accoutumé. Il fut attaqué d'une dyssenterie, qui le conduisit au tombeau; et son intempérance lui coûta la vie.

2. *De la mort de Phérécyde.*

Phérécyde, maître de Pythagore, étant tombé malade, il lui survint une sueur brûlante et visqueuse, qui produisit une multitude innombrable d'insectes. Bientôt ses chairs se transformant en vermine, il s'ensuivit un desséchement général : Phérécyde mourut dans cet état [2].

3. *Des colonnes d'Hercule.*

Suivant Aristote, les colonnes qu'on appelle aujourd'hui du nom d'*Hercule*, portèrent d'abord celui de Briarée [3]. Quand Hercule, en purgeant la terre et les mers des monstres qui les infestaient, fut devenu le bienfaiteur de l'humanité, le nom de Briarée s'éclipsa; et la reconnaissance des hommes donna à ces colonnes celui d'Hercule.

4. *De l'olivier et du palmier de Délos.*

C'est une tradition dans l'île de Délos, qu'un olivier et

φοίνικα, ὧν ἀψαμένην τὴν Λητὼ, εὐθὺς ἀποκυῆσαι, τέως οὐ δυναμένην τοῦτο δρᾶσαι.

ε. Περὶ Ἐπαμινώνδου ἀκτημοσύνης καὶ μεγαλοφροσύνης.

ΕΠΑΜΙΝΩΝΔΑΣ ἕνα εἶχε τρίβωνα, καὶ αὐτὸν ῥυπῶντα· εἴ ποτε δὲ αὐτὸν ἔδωκεν εἰς γναφεῖον, αὐτὸς ὑπέμενεν οἴκοι δι' ἀπορίαν ἑτέρου. Ἐν δὴ τούτοις τῆς περιουσίας ὢν, τοῦ Περσῶν βασιλέως πέμψαντος αὐτῷ πολὺ χρυσίον, οὐ προσήκατο· καὶ, εἴ τι ἐγὼ νοῶ, μεγαλοφρονέστερος ἦν τοῦ διδόντος ὁ μὴ λαβών.

ς. Περὶ Καλάνου ἑκουσίας τελευτῆς.

ἌΞΙΟΝ δὲ καὶ τὸ Καλάνου τοῦ Ἰνδοῦ τέλος ἐπαινέσαι, ἄλλος δ' ἂν εἶπεν, ὅτι καὶ ἀγασθῆναι. Ἐγένετο δὲ τοιοῦτον. Κάλανος ὁ Ἰνδῶν σοφιστὴς, μακρὰ χαίρειν φράσας Ἀλεξάνδρῳ, καὶ Μακεδόσι, καὶ τῷ βίῳ, ὅτε ἐβουλήθη ἀπολῦσαι αὐτὸν ἐκ τῶν τοῦ σώματος δεσμῶν, ἐνένηστο μὲν ἡ πυρὰ ἐν τῷ καλλίστῳ προαστείῳ τῆς Βαβυλῶνος· καὶ ἦν τὰ ξύλα αὖα, καὶ πρὸς εὐωδίαν εὖ μάλα ἐπίλεκτα, κέδρου, καὶ θύου, καὶ κυπαρίττου, καὶ μυρσίνης, καὶ δάφνης. Αὐτὸς δὲ γυμνασάμενος γυμνάσιον τὸ εἰωθὸς (ἦν δὲ αὐτὸ δρόμος), ἀνελθὼν ἐπὶ μέσης τῆς πυρᾶς ἔστη ἐστεφανωμένος καλάμου κόμῃ. Καὶ ὁ μὲν Ἥλιος αὐτὸν προσέβαλλεν· ὁ δὲ αὐτὸν προσεκύνει, καὶ τοῦτο ἦν τὸ σύνθημα εἰς τὸ ἐξάπτειν τὴν πυρὰν τοῖς Μακεδόσι. Καὶ τὸ μὲν ἐδρᾶτο, ὁ δὲ περιληφθεὶς ὑπὸ τῆς φλογὸς, ἀτρέπτως εἰστήκει, καὶ οὐ πρότερον ἀνετράπη, πρὶν ἢ διελύθη. Ἐνταῦθά φασιν ἐκπλαγῆναι καὶ τὸν Ἀλέξανδρον, καὶ εἰπεῖν, ὅτι μείζονας ἀντιπάλους αὐτοῦ Κάλανος

un palmier y sortirent de terre, dans le moment où Latone, ressentant les douleurs de l'accouchement, ne pouvait parvenir à se délivrer ; et qu'aussitôt qu'elle eut touché ces arbres, elle mit au monde les deux enfans qu'elle portait dans son sein [1].

5. *De la pauvreté d'Epaminondas.*

EPAMINONDAS n'avait qu'un manteau fort grossier, qu'il portait toujours, quoique sale : quand, par hasard, il le donnait au foulon, il était obligé de rester chez lui, faute d'en avoir un second. Dans cet état d'opulence, il refusa néanmoins une grosse somme que lui envoya le roi de Perse [2]. Si je m'y connais bien, celui qui ne voulut pas recevoir le présent montrait encore plus de grandeur d'âme que celui qui l'offrit.

6. *De la mort volontaire du sophiste Calanus.*

LE dernier acte de la vie de Calanus [3] est certainement digne d'éloge ; un autre dirait, d'admiration. Voici le fait. Calanus, philosophe indien, ayant résolu de se délivrer des liens du corps, et dit le dernier adieu à Alexandre [4], aux Macédoniens, à la vie ; on dressa, dans le plus beau faubourg de Babylone, un bûcher de bois secs et odoriférans, cèdre, thye, cyprès, myrte, laurier. Après avoir fait son exercice ordinaire, qui consistait à parcourir un certain espace à la course, il monta sur le bûcher, couronné de roseaux, et se plaça dans le centre ; puis adora le soleil, dont les rayons tombaient alors sur lui : c'était le signal auquel les Macédoniens devaient allumer le bûcher. On y mit le feu. Calanus, au milieu des flammes, dont il fut bientôt enveloppé, resta ferme sur ses pieds, et ne tomba que réduit en cendres [5]. On rapporte qu'Alexandre, à la vue de ce spectacle, s'écria dans l'excès de son admiration : *Calanus a triomphé d'ennemis plus re-*

κατηγωνίσατο· ὁ μὲν γὰρ πρὸς Πῶρον, καὶ Ταξίλην, καὶ Δαρεῖον διήθλησεν, ὁ δὲ Κάλανος πρὸς τὸν πόνον καὶ τὸν θάνατον......

ζ. Περὶ Ἀναχάρσιδος.

Οἱ μὲν Σκύθαι περὶ τὴν ἑαυτῶν πλανῶνται· Ἀνάχαρσις δὲ, ἅτε ἀνὴρ σοφὸς, καὶ περαιτέρω προήγαγε τὴν πλάνην. Ἧκε γοῦν εἰς τὴν Ἑλλάδα, καὶ ὁ Σόλων ἐθαύμασεν αὐτόν.

η. Πῶς τινες τὰ σκώμματα ἤνεγκαν.

Τὰ σκώμματα καὶ αἱ λοιδορίαι οὐδέν μοι δοκεῖ δύνασθαι. Ἐὰν γὰρ στερεᾶς γνώμης λάβωνται, καταλέλυνται· ἐὰν δὲ ἀγεννοῦς καὶ ταπεινῆς, ἴσχυσε, καὶ οὐ μόνον ἐλύπησε πολλάκις, ἀλλὰ καὶ ἀπέκτεινε. Τούτων ἀπόδειξις ἐκεῖνα ἔστω. Σωκράτης μὲν οὖν κωμῳδούμενος, ἐγέλα· Πολίαγρος δὲ ἀπήγξατο.

θ. Περὶ Ἀριστοτέλους.

ΑΡΙΣΤΟΤΕΛΗΣ ἀσωτευσάμενος τὰ ἐκ τοῦ πατρὸς χρήματα, ὥρμησεν ἐπὶ στρατείαν· εἶτα ἀπαλλάττων κακῶς ἐν τούτῳ, φαρμακοπώλης ἀνεφάνη. Παρεισρυεὶς δὲ εἰς τὸν Περίπατον, καὶ παρακούων τῶν λόγων, ἀμείνων πεφυκὼς πολλῶν, εἶτα ἕξιν περιεβάλετο, ἣν μετὰ ταῦτα ἐκτήσατο.

ι. Νηῶν τινων, καὶ ὁπλιτῶν ἀριθμὸς, οὓς οἱ Ἀθηναῖοι ἀπώλεσαν.

ΝΗΙΤΗΝ στόλον Ἀθηναῖοι εἰργάζοντο ἑαυτοῖς ἀεὶ φιλοπόνως. Κατὰ χρόνους δὲ, τὰ μὲν κατορθοῦντες, τὰ δὲ ἡττώμενοι, ἀπώλεσαν τριήρεις μὲν ἐν Αἰγύπτῳ διακοσίας, σὺν τοῖς πλη-

doutables que les miens. En effet, si Alexandre eut à combattre Darius, Porus et Taxile [1], Calanus combattit la douleur et la mort.

7. D'Anacharsis [2].

Les Scythes font des courses fréquentes, mais sans sortir de leur pays. Anacharsis poussa plus loin les siennes. Aussi Anacharsis était-il philosophe [3]. Il alla jusque dans la Grèce, où il mérita d'être admiré de Solon.

8. Des injures.

Les railleries et les injures n'ont, à mon avis, aucune force par elles-mêmes. Si elles tombent sur une âme forte et courageuse, elles ne l'effleurent point : si elles rencontrent une âme faible et molle, elles y font impression ; elles l'affligent, et vont quelquefois jusqu'à causer la mort. Ainsi, Socrate joué sur le théâtre, ne fit qu'en rire [4], et Poliagre joué de même, s'étrangla [5].

9. D'Aristote.

Aristote, après avoir dissipé son patrimoine, prit le parti des armes ; mais ayant mal réussi dans ce métier, il se fit apothicaire. Alors, s'étant introduit furtivement dans le lieu où Platon philosophait en se promenant, il écouta ses leçons à la dérobée ; et c'est là que, par la supériorité d'esprit dont il était doué, il acquit des connaissances qu'il sut depuis s'approprier [6].

10. Pertes que les Athéniens ont essuyées.

Les Athéniens se sont toujours piqués d'avoir une flotte en bon état. Mais tantôt vainqueurs, tantôt vaincus, ils ont perdu, en différentes occasions, un grand nombre de vaisseaux. Ils perdirent en Egypte deux cents trirèmes avec

ρώμασι· περὶ Κύπρον δὲ πεντήκοντα καὶ ἑκατόν· ἐν Σικελίᾳ τεσσαράκοντα καὶ διακοσίας· ἐν δὲ Ἑλλησπόντῳ διακοσίας. Ὁπλῖται δὲ ἀπώλοντο αὐτοῖς ἐν Σικελίᾳ μυριάδες τέσσαρες, χίλιοι δὲ ἐν Χαιρωνείᾳ.

ια. Περὶ Θρᾳκῶν βασιλέως ὠμότητος κατὰ τῶν αὑτοῦ υἱῶν.

Θρᾳκῶν *βασιλεὺς (τὸ δὲ ὄνομα λεγέτω ἄλλος), ὅτε ὁ Ξέρξης ἐπὶ τὴν Ἑλλάδα ἐστράτευσεν, εἰς Ῥοδόπην τὸ ὄρος ἀπέδρα· τοῖς δὲ ἓξ παισὶν αὐτοῦ συνεβούλευε μὴ στρατεύειν ἐπὶ τὴν Ἑλλάδα. Δῆλον δέ, ὅτι φιλέλλην ἦν ὁ ἀνήρ. Οἱ δὲ οὐκ ἐπείσθησαν· ὑποστρέψαντας δὲ αὐτοὺς πάντας ἐξετύφλωσε, μὴ ποιήσας Ἑλληνικά.

ιβ. Ὅτι ὁ Δημάδης ἐζημιώθη, ψηφισάμενος θεὸν τὸν Ἀλέξανδρον.

Οὐ δύναμαι δὲ Ἀθηναίων μὴ οὐ φιλεῖν ταῦτα. Ἐκκλησίας οὔσης Ἀθηναίοις, παρελθὼν ὁ Δημάδης ἐψηφίσατο θεὸν τὸν Ἀλέξανδρον τρισκαιδέκατον. Τῆς δὲ ἀσεβείας ὁ δῆμος τὸ ὑπερβάλλον μὴ ἐνεγκών, ζημίαν ἐτιμήσαντο τῷ Δημάδῃ ταλάντων ἑκατόν, ὅτι θνητὸν αὐτὸν δὴ τὸν Ἀλέξανδρον ὄντα ἐνέγραψε τοῖς Ὀλυμπίοις.

ιγ. Ὅτι οἱ Ἀθηναῖοι ἀγχίστροφοι πρὸς νεωτερισμούς.

Ἦσαν δὲ ἄρα Ἀθηναῖοι δεινῶς εἰς τὰς πολιτείας εὐτράπελοι καὶ ἐπιτήδειοι πρὸς τὰς μεταβολὰς παντὸς μᾶλλον. Βασιλείαν μὲν γὰρ ἤνεγκαν σωφρόνως ἐπὶ Κέκροπος, καὶ Ἐρεχθέως, καὶ Θησέως, καὶ τῶν Κοδριδῶν κάτω. Τυραννίδος ἐπειράθησαν ἐπὶ τῶν Πεισιστρατιδῶν· ἀριστοκρατίᾳ δὲ ἐχρήσαντο μέχρι τῶν τετρακοσίων. Εἶτα ὕστερον δέκα τῶν πολιτῶν καθ᾽ ἑκάστην ἔτος ἦρχον τῆς πόλεως· τελευταῖον δὲ ἐγένετο ἀναρχία περὶ τὴν τῶν Τριάκοντα κατάστασιν. Ταύτην δὲ τὴν οὕτως ἀγχίστροφον

* Al., ὁ Θρᾳκῶν.

tous leurs équipages¹ ; en Cypre, cent cinquante² ; en Sicile, deux cent quarante³ ; deux cents dans l'Hellespont⁴. La guerre de Sicile leur coûta quarante mille soldats pesamment armés ; il en périt mille à la bataille de Chéronée⁵.

11. *Cruauté d'un roi de Thrace.*

Lorsque Xerxès entra dans la Grèce à la tête d'une armée, un roi de Thrace, dont j'ignore le nom, s'enfuit sur le mont Rhodope. Ce prince conseilla, en partant, à six fils qu'il avait, de ne point prendre les armes contre la Grèce : il était sans doute ami des Grecs ; mais comme ses fils lui désobéirent, à leur retour il leur fit crever les yeux : action bien éloignée des mœurs grecques.

12. *Démade condamné à une amende.*

Cette action des Athéniens me plaît infiniment. Démade⁶, étant allé un jour à l'assemblée du peuple, y proposa de reconnaître Alexandre pour le treizième des grands dieux⁷. Le peuple, indigné de cet excès d'impiété, condamna Démade à une amende de cent talens, pour avoir voulu placer un mortel au rang des habitans de l'Olympe.

13. *De l'inconstance des Athéniens.*

Les Athéniens n'ont jamais été stables dans la forme de leur gouvernement ; ils ont éprouvé de fréquentes vicissitudes. Soumis d'abord au pouvoir monarchique, ils le supportèrent patiemment sous Cécrops, sous Érechthée, sous Thésée⁹, et postérieurement sous les descendans de Codrus¹⁰. Les Pisistratides leur firent sentir tout le poids de la tyrannie. Le gouvernement devint ensuite aristocratique, et continua de l'être jusqu'à l'établissement des quatre cents¹¹ ; puis l'administration de la république fut confiée à dix citoyens, qu'on élisait chaque année¹². Enfin, Athè-

μεταβολὴν τοῦ τρόπου εἰ ἐπαινεῖν χρὴ, ἀλλὰ ἔγωγε· τοῦτο οὐκ οἶδα.

ιδ. *Νόμος Ἀττικὸς περὶ σωμάτων ταφῆς, καὶ βοῶν σφαγῆς.*

ΝΌΜΟΣ καὶ οὗτος Ἀττικός. Ὃς ἂν ἀτάφῳ περιτύχῃ σώματι ἀνθρώπου, πάντως ἐπιβάλλειν αὐτῷ γῆν· θάπτειν δὲ πρὸς δυσμὰς βλέποντας. Καὶ τοῦτο δὲ ἦν φυλαττόμενον παρ' αὐτοῖς. Βοῦν ἀρότην, καὶ ὑπὸ ζυγὸν πονήσαντα σὺν ἀρότρῳ, ἢ καὶ σὺν τῇ ἁμάξῃ, μηδὲ τοῦτον θύειν· ὅτι καὶ οὗτος εἴη ἂν γεωργὸς καὶ τῶν ἐν ἀνθρώποις καμάτων κοινωνός.

ιε. *Δικαστήρια ἐν Ἀθήναις περὶ τῶν σφαγέων.*

Ὅτι δικαστήρια ἦν Ἀττικά, περὶ μὲν τῶν ἐκ προνοίας ἀποκτεινάντων, ἐν Ἀρείῳ πάγῳ· περὶ δὲ τῶν ἀκουσίως, ἐπὶ Παλλαδίῳ· περὶ δὲ τῶν κτεῖναι μὲν ὁμολογούντων, ἀμφισβητούντων δὲ, ὅτι δικαίως, ἐπὶ Δελφινίῳ γίνονται αἱ εὐθῦναι.

ις. *Ὅτι παιδίον διὰ ἱεροσυλίαν θανάτου κατεκρίθη.*

Ὅτι ἐκ τοῦ τῆς Ἀρτέμιδος στεφάνου πέταλον χρυσοῦν ἐκπεσὸν ἀνείλετο παιδίον, οὐ μὴ ἔλαθεν. Οἱ οὖν δικασταὶ παίγνια καὶ ἀστραγάλους προὔθηκαν τῷ παιδί, καὶ τὸ πέταλον· ὁ δὲ καὶ αὖθις ἐπὶ τὸν χρυσὸν κατηνέχθη. Καὶ διὰ ταῦτα ἀπέκτειναν αὐτὸ ὡς θεοσύλην, οὐ δόντες συγγνώμην τῇ ἡλικίᾳ, ἀλλὰ τιμωρησάμενοι διὰ τὴν πρᾶξιν.

nes tomba dans l'anarchie, sous les trente tyrans. Je doute qu'une pareille instabilité puisse être la matière d'un éloge pour les Athéniens.

14. *Deux loix attiques*

ENTRE les lois attiques, il y en avait une conçue en ces termes : « Si quelqu'un rencontre dans son chemin le ca- « davre d'un homme sans sépulture, qu'il le couvre de « terre, et l'étende de manière que le corps regarde le « couchant [1]. » Une autre qui était aussi religieusement observée, portait : « N'immolez point un bœuf accoutumé « au joug, soit pour la charrue, soit pour le chariot; « parce que cet animal, en servant à la culture de la terre, « partage les travaux des hommes [2]. »

15. *Du jugement de l'homicide à Athènes.*

LES Athéniens avaient des tribunaux différens pour juger les diverses espèces d'homicides. On jugeait dans l'Aréopage ceux qui avaient tué quelqu'un de dessein prémédité, et dans le Palladium [3] ceux qui avaient commis un meurtre involontaire. Quant à ceux qui, en s'avouant homicides, prétendaient que leur action était juste, c'est dans le Delphinium [4] qu'on examinait leur affaire.

16. *Enfant jugé comme sacrilége.*

UN enfant avait pris une feuille d'or qui s'était détachée de la couronne de Diane; on s'en aperçut. Les juges au tribunal de qui il fut traduit, firent mettre devant lui des jouets de son âge, des dés, et la feuille d'or : il se jeta précipitamment sur la feuille. Alors les juges, sans égard pour son âge, le condamnèrent à mort comme sacrilége [5].

ιζ. Περὶ Ἀθηναίων δεισιδαιμονίας.

Ὅτι τοσοῦτον ἦν Ἀθηναίοις δεισιδαιμονίας· εἴ τις πρινίδιον ἐξέκοψεν ἐξ Ἡρῴου, ἀπέκτεινον* αὐτόν. Ἀλλὰ καὶ Ἀτάρβην, ὅτι τοῦ Ἀσκληπιοῦ τὸν ἱερὸν στρουθὸν ἀπέκτεινε πατάξας, οὐκ ἀργῶς τοῦτο Ἀθηναῖοι παρεῖδον, ἀλλ᾽ ἀπέκτειναν Ἀτάρβην, καὶ οὐκ ἔδοσαν οὔτε ἀγνοίας συγγνώμην, οὔτε μανίας, πρεσβύτερα τούτων ἀμφοτέρων τὰ τοῦ Θεοῦ ποιησάμενοι. Ἐλέγετο γὰρ ἀκουσίως, οἱ δὲ, μεμηνὼς τοῦτο δρᾶσαι.

ιη. Περὶ ἐγκύου γυναικὸς θάνατον κατακριθείσης.

Ἡ ἐξ Ἀρείου πάγου βουλή, ἐπεί τινα φαρμακίδα συνέλαβον, καὶ ἔμελλον θανατώσειν, οὐ πρῶτον αὐτὴν ἀπέκτειναν, πρὶν ἢ ἀπεκύησεν· ὅτε γὰρ συνελήφθη, ἔκυε. Τὸ ἀναίτιον οὖν βρέφος ἀναλύοντες τῆς καταδίκης, τὴν αἰτίαν μόνην ἐδικαίωσαν τῷ θανάτῳ.

ιθ. Αἰσχύλος ἀσεβείας κριθεὶς πῶς διεσώθη.

Αἰσχύλος ὁ τραγῳδὸς ἐκρίνετο ἀσεβείας ἐπί τινι δράματι. Ἑτοίμων οὖν ὄντων Ἀθηναίων βάλλειν αὐτὸν λίθοις, Ἀμεινίας ὁ νεώτερος ἀδελφός, διακαλυψάμενος τὸ ἱμάτιον, ἔδειξε τὸν πῆχυν ἔρημον τῆς χειρός. Ἔτυχε δὲ ἀριστεύων ἐν Σαλαμῖνι ὁ Ἀμεινίας, ἀποβεβληκὼς τὴν χεῖρα, καὶ πρῶτος Ἀθηναίων τῶν ἀριστείων ἔτυχεν. Ἐπεὶ δὲ εἶδον οἱ δικασταὶ τοῦ ἀνδρὸς τὸ πάθος, ὑπεμνήσθησαν τῶν ἔργων αὐτοῦ, καὶ ἀφῆκαν τὸν Αἰσχύλον.

---

* Vulg., ἀπέκτειναν.

17. *Superstition des Athéniens.*

Tel était l'excès de la superstition des Athéniens, que s'il arrivait à quelqu'un de couper le plus petit arbre dans un bois consacré à un héros, ils le condamnaient à la mort. Atarbe avait tué un moineau [1] consacré à Esculape : les Athéniens ne souffrirent pas que ce crime demeurât impuni ; ils firent mourir Atarbe. On eut beau représenter, les uns, que sa volonté n'y avait eu aucune part, les autres, que c'était l'effet d'un accès de folie : les Athéniens, jugeant que le respect dû aux choses sacrées devait prévaloir sur ces deux raisons, ne firent grâce ni à la folie, ni à l'ignorance.

18. *Femme enceinte condamnée à la mort.*

Une femme grosse ayant été arrêtée pour crime d'empoisonnement, les juges de l'Aréopage, qui devaient prononcer contre elle la peine de mort, différèrent de la livrer au supplice jusqu'à ce qu'elle fût accouchée. Ils firent mourir la mère qui était seule coupable, et n'enveloppèrent point dans sa condamnation l'enfant qui était innocent [2].

19. *Comment Eschyle échappa au supplice.*

Eschyle, poëte tragique, allait être condamné pour l'impiété d'un de ses drames [3]. Déjà les Athéniens se préparaient à le lapider, lorsque son frère Aminias, plus jeune que lui, relevant son manteau, fit voir un de ses bras qui se terminait au coude et n'avait plus de main [4] : il l'avait perdue en combattant vaillamment à la journée de Salamine, après laquelle il fut le premier des Athéniens qui obtint le prix de la valeur. A la vue de la blessure d'Aminias, les juges, se rappelant ce qu'il avait fait pour la patrie, firent grâce à Eschyle et le renvoyèrent absous.

κ. Περὶ Ταραντίνων νηστείας, καὶ Ῥηγίνων.

Ταραντίνων πολιορκουμένων ὑπὸ Ἀθηναίων, καὶ μελλόντων ἁλῶναι λιμῷ, οἱ Ῥηγῖνοι ἐψηφίσαντο μίαν ἡμέραν ἐν ταῖς δέκα νηστεύειν, καὶ ἐκείνης τὰς τροφὰς ἐκχωρῆσαι Ταραντίνοις. Ἀποστάντων οὖν αὐτῶν ἐσώθησαν, καὶ μεμνημένοι τοῦ πάθους, ἑορτὴν ἄγουσι τὴν καλουμένην Νηστείαν οἱ Ταραντῖνοι.

κα. Ὅτι ἡ Μήδεια τὰ οἰκεῖα τέκνα οὐκ ἀπέκτεινεν.

Λέγει τις λόγος, τὴν φήμην τὴν κατὰ τῆς Μηδείας ψευδῆ εἶναι· μὴ γὰρ αὐτὴν ἀποκτεῖναι τὰ τέκνα, ἀλλὰ Κορινθίους. Τὸ δὲ μυθολόγημα τοῦτο ὑπὲρ τῆς Κολχίδος, καὶ τὸ δρᾶμα, Εὐριπίδην φασὶ διαπλάσαι, δεηθέντων Κορινθίων· καὶ ἐπικρατῆσαι τοῦ ἀληθοῦς τὸ ψεῦδος διὰ τὴν τοῦ ποιητοῦ ἀρετήν. Ὑπὲρ δὲ τοῦ τολμήματος, φασι, τῶν παίδων μέχρι τοῦ νῦν ἐναγίζουσι τοῖς παισὶ Κορίνθιοι, οἱονεὶ δασμὸν τούτοις ἀποδιδόντες.

20. *Des Tarentins et des Rhéginiens.*

Les Tarentins, durant un siége qu'ils soutenaient contre les Athéniens, auraient été forcés de se rendre par famine, si les Rhéginiens ¹ n'avaient pas ordonné par un décret qu'on jeûnât dans leur ville chaque dixième jour, et que les alimens qui seraient épargnés ce jour-là, fussent envoyés aux Tarentins. Ce secours les sauva ; les Athéniens se retirèrent. En mémoire de cet événement, les Tarentins célèbrent une fête qu'ils appellent *le Jeûne*.

21. *De Médée.*

J'ai lu quelque part que tout ce qu'on a dit de Médée est faux ; que ce n'est point à elle, mais aux Corinthiens, qu'il faut imputer la mort de ses enfans ² ; qu'Euripide, à la prière des Corinthiens, inventa cette fable, dont il plaça la scène dans la Colchide, et en fit le sujet de sa tragédie ³ ; enfin, que l'art du poëte a fait prévaloir le mensonge sur la vérité. Les Corinthiens, ajoute-t-on, pour expier le meurtre de ces enfans, et s'acquitter envers eux par une espèce de tribut, offrent encore chaque année des sacrifices en leur honneur.

ΒΙΒΛΙΟΝ ΕΚΤΟΝ.

α. Περί τινων κατ' ἄλλων ὀργῆς, ἀπανθρωπίας, ὕβρεως, ἀδικίας, ἐπάρσεως.

Ἀθηναῖοι, κρατήσαντες Χαλκιδέων, κατεκληρούχησαν αὐτῶν τὴν γῆν εἰς δισχιλίους κλήρους, τὴν Ἱππόβοτον καλουμένην χώραν. Τεμένη δὲ ἀνῆκαν τῇ Ἀθηνᾷ ἐν τῷ Λιλάντῳ ὀνομαζομένῳ τόπῳ· τὴν δὲ λοιπὴν ἐμίσθωσαν, κατὰ τὰς στήλας, τὰς πρὸς τῇ βασιλείῳ στοᾷ ἑστηκυίας, αἵπερ οὖν τὰ τῶν μισθώσεων ὑπομνήματα εἶχον. Τοὺς δὲ αἰχμαλώτους ἔδησαν, καὶ οὐδὲ ἐνταῦθα ἔσβεσαν τὸν κατὰ Χαλκιδέων θυμόν.

Λακεδαιμόνιοι, Μεσσηνίων κρατήσαντες, τῶν μὲν γινομένων ἁπάντων ἐν τῇ Μεσσηνίᾳ τὰ ἡμίση ἐλάμβανον αὐτοὶ καὶ τὰς γυναῖκας τὰς ἐλευθέρας εἰς τὰ πένθη βαδίζειν ἠνάγκαζον, καὶ τοὺς ἀλλοτρίους, καὶ μηδὲν σφίσι προσήκοντας, νεκροὺς κλαίειν· τοὺς δὲ τῶν ἀνδρῶν ἀπέλιπον γεωργεῖν, οὓς δὲ ἀπέδοντο, οὓς δὲ ἀπέκτειναν.

Ἀθηναῖοι δὲ ὕβρισαν καὶ ἐκείνην τὴν ὕβριν· εὐτυχίας γὰρ λαβόμενοι, τὴν εὐπραγίαν σωφρόνως οὐκ ἤνεγκαν. Τὰς γοῦν παρθένους τῶν μετοίκων σκιαδηφορεῖν ἐν ταῖς πομπαῖς ἠνάγκαζον ταῖς ἑαυτῶν κόραις, τὰς δὲ γυναῖκας ταῖς γυναιξί, τοὺς δὲ ἄνδρας σκαφηφορεῖν.

LIVRE SIXIÈME.

1. *Traits d'inhumanité et d'injustice.*

Quand les Athéniens eurent subjugué les habitans de Chalcis[1], ils partagèrent la contrée, nommée *Hippobotos*[2], en deux mille parts[3], qu'ils distribuèrent au sort à de nouveaux colons[4]. Ils consacrèrent à Minerve plusieurs parties du canton appelé *Lilante :* le reste du pays fut affermé à prix d'argent ; et pour conserver le souvenir du prix auquel chaque ferme était donnée, on le grava sur des colonnes qui bordaient le portique royal[5]. Les prisonniers furent mis aux fers ; et cette vengeance rigoureuse ne put encore désarmer la fureur des Athéniens contre les Chalcidiens.

Les Lacédémoniens, après avoir défait les Messéniens, retinrent pour eux la moitié de toutes les productions de la Messénie : ils contraignirent les femmes libres d'assister aux funérailles, pour y pleurer des morts qui leur étaient étrangers, et qui ne leur appartenaient par aucun endroit[6]. Quant aux hommes, ils en laissèrent une partie pour cultiver la terre ; ils en vendirent quelques-uns, et firent mourir les autres.

Les Athéniens se conduisirent avec la même dureté, et ne surent pas user de leur prospérité avec modération. Ils obligeaient les filles des habitans nouvellement établis chez eux[7], à suivre les leurs, dans les pompes sacrées, avec un parasol, pour les garantir du soleil ; les femmes, à faire le même service auprès des femmes athéniennes, et les hommes, à y porter des vases.

* 12

Σικυώνιοι δὲ, Πελλήνην ἑλόντες, τάς τε γυναῖκας τῶν Πελληνέων καὶ τὰς θυγατέρας ἐπ᾽ οἰκήματος ἔστησαν· ἀγριώτατα ταῦτα, ὦ θεοὶ Ἑλλήνιοι, καὶ οὐδὲ ἐν βαρβάροις καλὰ, κατά γε τὴν ἐμὴν μνείαν.

Ἐπεὶ τὴν ἐν Χαιρωνείᾳ μάχην ἐνίκησεν ὁ Φίλιππος, ἐπὶ τῷ πραχθέντι αὐτός τε ἤρτο, καὶ οἱ Μακεδόνες πάντες. Οἱ δὲ Ἕλληνες δεινῶς αὐτὸν κατέπτηξαν, καὶ ἑαυτοὺς κατὰ πόλεις ἐνεχείρισαν αὐτῷ φέροντες. Καὶ τοῦτό γε ἔδρασαν Θηβαῖοι, καὶ Μεγαρεῖς, καὶ Κορίνθιοι, καὶ Ἀχαιοὶ, καὶ Ἠλεῖοι, καὶ Εὐβοεῖς, καὶ οἱ ἐν τῇ Ἀκτῇ πάντες. Οὐ μὴν ἐφύλαξε τὰς πρὸς αὐτοὺς ὁμολογίας ὁ Φίλιππος, ἀλλ᾽ ἐδουλώσατο πάντας, ἔκδικα καὶ παράνομα δρῶν.

β. Περὶ ἀνδρείας τοῦ υἱοῦ τοῦ Ἁρματίδου*.

Ὁ ἉΡΜΑΤΙΔΟΥ τοῦ Θεσπιέως παῖς, παραγενόμενος σύμμαχος Ἀθηναίοις μετὰ καὶ ἄλλων πολιτῶν, τὰ μὲν πρῶτα ἐμάχετο εὖ καὶ καλῶς· καταναλωθέντων δὲ αὐτοῦ τῶν ὅπλων, ψιλαῖς ταῖς χερσὶ πρὸς καθωπλισμένους ἀγωνιζόμενος, εὐκλεῶς τὸν βίον ἐτελεύτα. Πατρόθεν οὖν τὸν νεανίαν προσεῖπον, κυδαίνων αὐτὸν Ὁμηρικῶς. Τὸ δὲ ὄνομα αὐτοῦ εἴ τῳ ἐπιμελὲς εἰδέναι, ἀλλαχόθεν εἴσεται.

γ. Περὶ Ἰσάδα, ἔτι παιδός.

Ὅτι Λακεδαιμόνιοι Ἰσάδαν, ἔτι παῖδα ὄντα, καὶ μήπω τοῦ νόμου καλοῦντος αὐτὸν εἰς ὅπλα, ὅτι ἐκ τοῦ γυμνασίου ἐκπηδήσας ἠρίστευσεν, ἐστεφάνωσαν μέν· ὅτι δὲ πρὸ τῆς ἀπαιτουμένης ἡλικίας, καὶ μὴ τὰ ἐπιχώρια ἔχων ὅπλα, ὥρμησεν εἰς τοὺς ἐχθροὺς, ἐζημίωσαν.

---

* Vulg., Ἁρματιδίου.

Lorsque les Sicyoniens se furent rendus maîtres de Pellène [1], ils prostituèrent dans un lieu public les femmes et les filles des vaincus. O dieux de la Grèce! quelle inhumanité! elle me paraîtrait atroce, même chez les Barbares.

Après la bataille de Chéronée, dont le succès avait accru l'orgueil de Philippe et des Macédoniens, les Grecs, qui tremblaient devant lui, s'empressaient de se rendre à ce prince, eux et leurs villes : ce fut le parti que prirent les Thébains, les Mégariens, les Corinthiens, les Achéens, les Eléens, les Eubéens, tous peuples qui habitaient les bords de la mer [2]. Mais Philippe ne remplit point les conditions dont il était convenu avec eux ; et par une insigne perfidie, il les réduisit tous en servitude.

2. *Valeur du fils d'Harmatide.*

Le fils d'Harmatide de Thespies [3], qui était venu au secours des Athéniens [4] avec quelques-uns de ses concitoyens, fit des prodiges de valeur dans le commencement de la bataille : ses armes ayant été brisées, il continua de combattre avec ses mains seules contre des ennemis armés de toutes pièces, et termina glorieusement sa carrière. J'ai célébré ce jeune homme comme Homère célèbre ses héros, en le désignant par le nom de son père [5]. Ceux qui seront curieux de savoir le sien, pourront l'apprendre d'ailleurs [6].

3. *Du jeune Isadas.*

Isadas [7], n'ayant pas encore atteint l'âge où la loi appelait les citoyens à l'armée, s'échappa du gymnase, et combattit avec la plus grande valeur. Les Lacédémoniens lui décernèrent une couronne ; mais en même temps ils le condamnèrent à une amende, pour avoir marché à l'ennemi avant l'âge prescrit, et sans être armé à la manière de son pays [8].

δ. Περὶ τοῦ τὴν Λυσάνδρου θυγατέρα ἐγγυησαμένου.

Ὁ ΜΕΝ Λύσανδρος ἐτεθνήκει· ὁ δὲ τὴν θυγατέρα αὐτοῦ ἔτι ζῶντος ἐγγυησάμενος, ἐπεὶ καὶ ἡ παῖς ἐρήμη πατρὸς ἀπελείπετο, καὶ ὁ Λύσανδρος μετὰ τὴν τοῦ βίου καταστροφὴν ἀνεφάνη πένης ὤν, ὅδε ἀνεδύετο ὁ ἐγγυησάμενος, καὶ οὐδὲ ἔφασκεν ἄξεσθαι γυναῖκα. Ἐπὶ τούτοις οἱ Ἔφοροι τὸν ἄνδρα ἐζημίωσαν· οὔτε γὰρ Λακωνικὰ ἐφρόνει, οὔτε ἄλλως Ἑλληνικὰ, φίλου τε ἀποθανόντος ἀμνημονῶν, καὶ τῶν συνθηκῶν τὸν πλοῦτον προτιμῶν.

ε. Περὶ Ἀθηναίων πρέσβεων.

Ὅτι Ἀθηναῖοι τοὺς εἰς Ἀρκαδίαν ἀποσταλέντας πρεσβευτὰς, ἐπεὶ ἑτέραν ὁδὸν ἦλθον, καὶ οὐ τὴν προστεταγμένην, καίτοι κατορθώσαντας, ὅμως ἀπέκτειναν.

ϛ. Λακωνικοὶ νόμοι.

Ἦ γὰρ οὐ καὶ ταῦτα Λακωνικά; Νόμος ἐστὶ τοῖς Σπαρτιάταις, τὸν παρασχόμενον υἱοὺς τρεῖς, ἀτέλειαν ἔχειν φρουρᾶς· τὸν δὲ πέντε, πασῶν τῶν λειτουργιῶν ἀφεῖσθαι. Γαμεῖν δὲ ἀπροίκους ἔτι. Βάναυσον δὲ εἰδέναι τέχνην ἄνδρα Λακεδαιμόνιον οὐκ ἐξῆν. Φοινικίδα δὲ ἀμπέχεσθαι κατὰ τὰς μάχας, ἀνάγκη ἦν· ἔχειν δὲ τὴν χρόαν καὶ σεμνότητός τι· πρὸς ταύτῃ γε μὴν καὶ τὴν ῥύσιν τοῦ ἐπιγενομένου αἵματος ἐκ τῶν τραυμάτων ἔτι γε μᾶλλον ἐκπλήττειν τοὺς ἀντιπάλους, βαθυτέρας τῆς ὄψεως γινομένης, καὶ φοβερωτέρας μᾶλλον.

Ὅτι οὐκ ἐξῆν ἀνδρὶ Λάκωνι οὐδὲ σκυλεῦσαι τὸν πολέμιον.

4. *Du mariage de la fille de Lysandre.*

Lysandre, en mourant, laissait une fille dont il avait, quelque temps auparavant, arrêté le mariage avec un Lacédémonien. Comme, après la mort de Lysandre, on découvrit qu'il était fort pauvre, celui qui devait épouser sa fille chercha d'abord à se dégager de sa promesse; puis, par une bassesse d'âme bien indigne d'un Grec, et surtout d'un Spartiate, oubliant l'ami qu'il venait de perdre, et préférant les richesses à ses engagemens, il dit positivement qu'il ne l'épouserait pas. Les Ephores punirent ce manque de foi, en le condamnant à une amende.

5. *Des ambassadeurs d'Athènes.*

Les Athéniens condamnèrent à la mort les ambassadeurs qu'ils avaient envoyés en Arcadie, quoiqu'ils eussent rempli leur mission avec succès; pour cela seul, qu'ils avaient pris une autre route que celle qu'on leur avait marquée.

6. *Lois lacédémoniennes.*

Les lois suivantes ne sont-elles pas vraiment dignes des Lacédémoniens? A Sparte, un homme qui avait trois fils, était dispensé de faire la garde; celui qui en avait cinq, était exempt de toutes les charges publiques [1]. Les femmes y devaient être mariées sans dot [2]. Il n'était permis à aucun citoyen d'exercer un art mécanique. Tous, à l'armée, étaient obligés d'être vêtus de rouge : on regardait cette couleur comme ayant quelque chose de plus noble que les autres; on croyait d'ailleurs que le sang qui sortait des blessures, donnant à ce vêtement une teinte plus foncée, présentait à l'ennemi un aspect plus capable de l'épouvanter.

Il était défendu à tout Lacédémonien de dépouiller

Οἱ δὲ καλῶς ἀγωνισάμενοι, καὶ ἀποθανόντες, θαλλοῖς ἀνεδοῦντο καὶ κλάδοις ἑτέροις, καὶ δι' ἐπαίνων ἤγοντο· οἱ δὲ τελέως ἀριστεύσαντες, καὶ φοινικίδος αὐτοῖς ἐπιβληθείσης, ἐνδόξως ἐθάπτοντο.

ζ. Περὶ σεισμοῦ τῇ Σπάρτῃ ἐπιπεσόντος.

ΟΤΕ οἱ Λακεδαιμόνιοι τοὺς ἐκ Ταινάρου ἱκέτας παρασπονδήσαντες ἀνέστησαν καὶ ἀπέκτειναν (ἦσαν δὲ οἰκέται τῶν Εἱλώτων), κατὰ μῆνιν τοῦ Ποσειδῶνος σεισμὸς ἐπιπεσὼν τῇ Σπάρτῃ, τὴν πόλιν ἀνδρειότατα κατέσεισεν, ὡς πέντε μόνας ἀπολειφθῆναι οἰκίας ἐξ ἁπάσης τῆς πόλεως.

η. Περὶ Ἀρταξέρξου ἀναιρέσεως.

ΑΡΤΑΞΕΡΞΗΝ, τὸν καὶ Ὦχον ἐπικληθέντα, ὅτε ἐπεβούλευσεν αὐτῷ Βαγώας ὁ εὐνοῦχος, ὃς ἦν Αἰγύπτιος, φασὶν ἀναιρεθέντα καὶ κατακοπέντα τοῖς αἰλούροις παραβληθῆναι· ἐτάφη δέ τις ἄλλος ἀντ' αὐτοῦ, καὶ ἀπεδόθη ταῖς βασιλικαῖς θήκαις. Θεοσυλίαι μὲν τοῦ Ὦχου καὶ ἄλλαι μὲν λέγονται, καὶ μάλιστα κατὰ τὴν Αἴγυπτον. Τῷ δὲ Βαγώᾳ οὐκ ἀπέχρησε τὸ ἀποκτεῖναι τὸν Ὦχον· ἀλλὰ γὰρ καὶ ἐκ τῶν μηρῶν αὐτοῦ λαβὰς μαχαιρῶν ἐποίησε, τὸ φονικὸν αὐτοῦ ἐκδεικνύμενος διὰ τούτων. Ἐμίσησε δὲ αὐτόν, ἐπεὶ τὸν Ἆπιν, ἐν Αἰγύπτῳ γενόμενος, ἀπέκτεινε καὶ οὗτος, ὡς ὁ Καμβύσης πρότερον.

θ. Περὶ θησαυροῦ ὑπὸ Δελφῶν ζητουμένου ἐν Πυθοῖ.

ΕΠΕΙ καὶ ἐκ τῶν Ὁμήρου ποιημάτων ἧκεν εἰς Δελφοὺς λέ-

l'ennemi qu'il avait tué. On couronnait de branches d'olivier et d'autres arbres, ceux qui avaient péri en combattant vaillamment : leur mort était célébrée par un éloge. Pour ceux qui s'étaient fait remarquer par des actions extraordinaires de bravoure, on les enterrait avec distinction, couverts d'une robe rouge.

7. *Tremblement de terre arrivé à Sparte.*

Les Lacédémoniens avaient fait sortir du temple de Ténare ¹ des supplians qui s'y étaient réfugiés, et, contre leur promesse, ils les avaient mis à mort (ces supplians étaient des esclaves Hilotes). Neptune en courroux excita dans Sparte un tremblement de terre, qui ébranla si violemment la ville, qu'elle fut entièrement détruite, à la réserve de cinq maisons ².

8. *Du meurtre d'Artaxerxe.*

L'eunuque Bagoas, Egyptien d'origine, après avoir exécuté le projet qu'il avait formé de faire périr Artaxerxe Ochus ³, coupa son corps par morceaux, et le fit manger aux chats ⁴. On ensevelit en sa place un autre cadavre, qui fut déposé dans le tombeau des rois. On reprochait à Ochus un grand nombre de sacriléges, surtout ceux qu'il avait commis en Egypte. Bagoas, non content de lui avoir ôté la vie, des os de ses cuisses fit faire des poignées d'épées, pour désigner la cruauté meurtrière de ce prince. La haine de l'eunuque venait de ce qu'Artaxerxe étant en Egypte avait, à l'exemple de Cambyse, tué le bœuf Apis.

9. *Trésor cherché dans le temple d'Apollon par les Delphiens.*

Le bruit se répandit à Delphes, qu'anciennement le

γουσα δόξα, παλαιόπλουτον εἶναι τὸ τοῦ Ἀπόλλωνος χωρίον, ἐν τοῖς ἔπεσιν ἐκείνοις,

Οὐδ' ὅσα λάϊνος οὐδὸς ἀφήτορος ἐντὸς ἐέργει
Φοίβου Ἀπόλλωνος Πυθοῖ ἐνὶ πετρηέσσῃ,

τοὺς Δελφοὺς ἐπιχειρῆσαι διασκάπτειν λόγος ἔχει τὰ περὶ τὴν ἑστίαν καὶ τὸν τρίποδα· γενομένων δὲ σεισμῶν περὶ τὸ μαντεῖον ἀνδρικῶν, παύσασθαι σωφρονήσαντας.

ι. *Νόμος περὶ ἀστῶν παρὰ Περικλέους τεθείς.*

ΠΕΡΙΚΛΗΣ, στρατηγῶν, Ἀθηναίοις νόμον ἔγραψεν, Ἐὰν μὴ τύχῃ τις ἐξ ἀμφοῖν ὑπάρχων ἀστῶν, τούτῳ μὴ μετεῖναι τῆς πολιτείας. Μετῆλθε δὲ ἄρα αὐτὸν ἡ ἐκ τοῦ νόμου νέμεσις. Οἱ γὰρ δύο παῖδες, οἵπερ οὖν ἤστην αὐτῷ, Πάραλός τε καὶ Ξάνθιππος, ἀλλὰ οὗτοι μὲν κατὰ τὴν νόσον τὴν δημοσίαν τοῦ λοιμοῦ ἀπέθανον· κατελείφθη δὲ ὁ Περικλῆς ἐπὶ τοῖς νόθοις, οἵπερ οὖν οὐ μετέσχον τῆς πολιτείας κατὰ τὸν πατρῷον νόμον.

ια. *Περὶ Γέλωνος τὴν ἀρχὴν ἀποδοῦναι βουλομένου.*

ΓΕΛΩΝ ἐν Ἱμέρᾳ νικήσας Καρχηδονίους, πᾶσαν ὑφ' ἑαυτὸν τὴν Σικελίαν ἐποιήσατο. Εἶτα ἐλθὼν εἰς τὴν ἀγορὰν γυμνός, ἔφατο ἀποδιδόναι τοῖς πολίταις τὴν ἀρχήν· οἱ δὲ οὐκ ἤθελον, δηλονότι πεπειραμένοι αὐτοῦ καὶ δημοτικωτέρου, ἢ κατὰ τὴν τῶν μονάρχων ἐξουσίαν. Διὰ ταῦτά τοι καὶ ἐν τῷ τῆς Σικελίας Ἥρας ναῷ ἕστηκεν αὐτοῦ εἰκών, γυμνὸν αὐτὸν δεικνῦσα, καὶ ὡμολόγει τὴν πρᾶξιν τοῦ Γέλωνος τὸ γράμμα.

ιβ. *Περὶ Διονυσίου εὐδαιμονίας, καὶ οἵου τέλους αὐτῆς ἔλαχεν.*

ΔΙΟΝΥΣΙΟΣ δὲ ὁ δεύτερος τὴν ἀρχὴν εἶχεν εὖ μάλα πεφραγμένην τοῦτον τὸν τρόπον. Ναῦς μὲν ἐκέκτητο οὐκ ἐλάττονας

temple d'Apollon avait renfermé des richesses immenses; ce bruit avait pour fondement ces vers d'Homère : *La vie m'est plus chère que toutes les richesses contenues dans le temple d'Apollon à Pytho* [1]. Sur cela, les Delphiens se mirent à fouiller autour de l'autel et du trépied [2] : mais ayant senti la terre trembler avec violence près du siége de l'oracle, ils renoncèrent prudemment à leur entreprise.

10. *Loi portée par Périclès*.

PENDANT que Périclès était à la tête du gouvernement d'Athènes, il rendit un décret qui excluait de l'administration de la république ceux qui n'étaient pas nés de père et de mère citoyens [3]. Il fut lui-même la victime de cette loi : ses deux fils, Paralus et Xanthippe, moururent de la peste; il ne restait à Périclès, qui leur survécut, que des fils naturels [4]; et la loi qu'il avait établie leur interdisait l'entrée dans les charges publiques.

11. *De Gélon voulant abdiquer l'autorité suprême.*

GÉLON, après avoir vaincu les Carthaginois à Himère [5], et s'être rendu maître de toute la Sicile, se présenta nu, au milieu de la place publique, et déclara qu'il rendait aux citoyens le pouvoir souverain. Comme ils avaient éprouvé que ce prince était plus populaire que les monarques n'ont coutume de l'être, ils refusèrent de reprendre l'autorité. En mémoire de cette action de Gélon, on lui érigea dans le temple de Junon, en Sicile, une statue qui le représentait nu, avec une inscription [6] qui contenait le récit du fait.

12. *Révolution arrivée dans la fortune de Denys.*

JAMAIS puissance ne parut mieux établie que celle de Denys le jeune. Il possédait au moins quatre cents vaisseaux

τῶν τετρακοσίων, ἐξήρεις καὶ πεντήρεις· πεζῶν δὲ δύναμιν εἰς δέκα μυριάδας, ἱππεῖς δὲ ἐννεακισχιλίους. Ἡ δὲ πόλις τῶν Συρακουσίων λιμέσιν ἐκεκόσμητο μεγίστοις, καὶ τεῖχος αὐτῇ περιεβέβλητο ὑψηλότατον· σκεύη δὲ εἶχεν ἕτοιμα ναυσὶν ἄλλαις πεντακοσίαις· τεθησαύριστο δὲ αὐτῇ καὶ σῖτος εἰς ἑκατὸν μεδίμνων μυριάδας. Καὶ ὁπλοθήκη νενησμένη ἀσπίσι, καὶ μαχαίραις, καὶ δόρασι, καὶ κνημῖσι περιτταῖς, καὶ θώραξι, καὶ καταπέλταις· ὁ δὲ καταπέλτης εὕρημα ἦν αὐτοῦ Διονυσίου. Εἶχε δὲ καὶ συμμάχους παμπόλλους. Καὶ τούτοις ἐπιθαῤῥῶν ὁ Διονύσιος ἀδάμαντι δεδεμένην ᾤετο τὴν ἀρχὴν κεκτῆσθαι. Ἀλλ' οὗτός γε πρώτους μὲν ἀπέκτεινε τοὺς ἀδελφούς· εἶδε δὲ καὶ τοὺς υἱοὺς βιαίως ἀποσφαγέντας, καὶ τὰς θυγατέρας καταισχυνθείσας, εἶτα ἀποσφαγείσας γυμνάς. Οὐδεὶς δὲ τῶν ἀπ' αὐτοῦ ταφῆς τῆς νομιζομένης ἔτυχεν· οἱ μὲν γὰρ ζῶντες κατεκαύθησαν, οἱ δὲ κατατμηθέντες εἰς τὸ πέλαγος ἐξεῤῥίφησαν. Τοῦτο δὲ ἀπήντησεν αὐτῷ, Δίωνος τοῦ Ἱππαρίνου ἐπιθεμένου τῇ ἀρχῇ. Αὐτὸς δὲ ἐν πενίᾳ μυρίᾳ διάγων κατέστρεψε τὸν βίον γηραιός. Λέγει δὲ Θεόπομπος, ὑπὸ τῆς ἀκρατοποσίας τῆς ἄγαν αὐτὸν διαφθαρῆναι τὰς ὄψεις, ὡς ἀμυδρὸν βλέπειν· ἀποκαθῆσθαι δὲ ἐν τοῖς κουρείοις, καὶ γελωτοποιεῖν. Καὶ ἐν τῷ μεσαιτάτῳ τῆς Ἑλλάδος ἀσχημονῶν διετέλει, βίον διαντλῶν ἀλγεινότατον. Καὶ ἦν δεῖγμα οὐ τὸ τυχὸν τοῖς ἀνθρώποις εἰς σωφροσύνην καὶ τρόπου κόσμον ἡ τοῦ Διονυσίου ἐκ τῶν τηλικούτων εἰς οὕτω ταπεινὰ μεταβολή.

ιγ. Περὶ τυραννίδων αἳ εἰς ἐγγόνους ἐν Ἑλλάδι διήρκεσαν.

ΚΑΛΩΣ τὸ δαιμόνιον ἐπὶ τριγονίαν τυραννίδας μὴ ἄγον· ἀλλὰ

à cinq et à six rangs de rames ; il avait sous ses ordres cent mille hommes de pied, et neuf mille de cavalerie. Syracuse, enceinte d'une muraille très-haute, avait plusieurs ports d'une grande étendue, et contenait des matériaux pour construire encore cinq cents autres vaisseaux. Ses magasins renfermaient environ un million de médimnes de froment [1]. L'arsenal était garni de boucliers, d'épées, de lances, d'armures de cuisses et de jambes, de cuirasses, de catapultes [2] (cette machine était de l'invention de Denys.) Ce prince avait, de plus, un grand nombre d'alliés. Tant d'avantages réunis lui inspiraient une telle confiance, qu'il croyait son pouvoir fondé *sur le diamant* [3]. Mais peu de temps après qu'il eut fait mourir ses frères [4], il vit ses fils assassinés sous ses yeux, et ses filles égorgées, après avoir été dépouillées de leurs vêtemens, et déshonorées. Aucun de ceux à qui il avait donné le jour n'obtint une sépulture honorable : les uns furent brûlés vifs, les autres coupés par morceaux, et jetés dans la mer. Tous ces malheurs arrivèrent à Denys, lorsque Dion, fils d'Hipparinus, eut envahi ses états [5] : il passa le reste de sa vie dans la plus affreuse misère, et mourut dans un âge fort avancé. Théopompe raconte que ses yeux s'étant affaiblis peu à peu par l'excès du vin, il perdit entièrement la vue ; et qu'alors, presque toujours assis dans les boutiques des barbiers [6], il apprêtait à rire à tout le monde. Il continua de traîner de cette manière, dans le sein de la Grèce, une vie misérable et ignominieuse. La chute de Denys, qui du plus haut degré du bonheur, se vit réduit à l'état le plus vil, est un exemple bien frappant de la nécessité de se conduire avec modération et avec douceur.

13. *De la tyrannie.*

C'est par un effet admirable de la providence des dieux qu'on ne voit pas le pouvoir tyrannique se conserver dans

ἢ παραχρῆμα ἐκτρίβουσι τοὺς τυράννους, πίτυος δίκην, ἢ παίδων ἐξισχύουσι. Μνημονεύονται δὲ ὑφ' Ἑλλήνων ἐξ αἰῶνος καὶ εἰς ἐγγόνους διαρκέσαι αἵδε, ἥτε Γέλωνος ἐν Σικελίᾳ, καὶ ἡ τῶν Λευκωνιδῶν περὶ Βόσπορον, καὶ ἡ τῶν Κυψελιδῶν ἐν Κορίνθῳ.

ιδ. Περὶ Δαρείου ἐπιβουλευθέντος.

Ἡμερώτατον δὲ Δαρείου τοῦτο τὸ ἔργον ἀκούω τοῦ παιδὸς τοῦ Ὑστάσπου. Ἀρίβαζος ὁ Ὑρκανὸς ἐπεβούλευσεν αὐτῷ, μετὰ καὶ ἄλλων ἀνδρῶν οὐκ ἀφανῶν τῶν ἐν Πέρσαις· ἦν δὲ ἡ ἐπιβουλὴ ἐν κυνηγεσίῳ. Ἅπερ προμαθὼν ὁ Δαρεῖος οὐκ ἔπτηξεν, ἀλλὰ, προστάξας αὐτοῖς λαβεῖν τὰ ὅπλα καὶ τοὺς ἵππους, ἐκέλευσεν αὐτοὺς διατείνασθαι τὰ παλτὰ, καὶ δριμὺ ἐνιδὼν, Τί οὖν οὐ δρᾶτε τοῦτο, εἶπεν, ἐφ' ὃ καὶ ὡρμήσατε; Οἱ δὲ, ἰδόντες ἄτρεπτον ἀνδρὸς βλέμμα, ἀνεστάλησαν τὴν ὁρμήν. Τὸ δέος δὲ αὐτοὺς κατέσχεν οὕτως, ὡς καὶ ἐκβαλεῖν τὰς αἰχμὰς, καὶ ἀφάλασθαι τῶν ἵππων, καὶ προσκυνῆσαι Δαρεῖον, καὶ ἑαυτοὺς παραδοῦναι, ὅ τι καὶ βούλοιτο πράττειν. Ὁ δὲ διέστησεν ἄλλους ἄλλῃ, καὶ τοὺς μὲν ἐπὶ τὰ τῆς Ἰνδικῆς ὅρια ἀπέπεμψε, τοὺς δὲ ἐπὶ τὰ Σκυθικά. Καὶ ἐκεῖνοι ἔμειναν αὐτῷ πιστοί, διὰ μνήμης ἔχοντες τὴν εὐεργεσίαν.

la même famille jusqu'à la troisième génération : ou ils frappent les tyrans d'un coup subit, et les renversent comme des pins; ou leur bras s'appesantit sur les enfans. De mémoire d'hommes, on ne se souvient pas dans la Grèce, qu'il y ait eu plus de trois exemples de tyrans qui aient transmis leur puissance à leur postérité; Gélon en Sicile, Leucon dans le Bosphore[1], Cypsélus à Corinthe.

14. *Conjuration contre Darius.*

J'ai ouï conter un fait qui caractérise singulièrement la douceur et l'humanité de Darius, fils d'Hystaspe. L'Hyrcanien Aribaze, de concert avec quelques Perses des plus distingués, conspira contre ce prince : le complot devait s'exécuter dans une chasse. Darius le sut, et, loin d'en être effrayé, il leur ordonna de s'armer et de monter à cheval; puis il leur dit de tenir leurs javelots tout prêts : alors jetant sur eux un regard fier et menaçant, *Qui vous empéche*, leur dit-il, *d'accomplir votre dessein ?* L'air intrépide du prince déconcerta les conjurés, et leur inspira une telle frayeur, que, jetant leurs javelots, descendant précipitamment de dessus leurs chevaux, et se prosternant aux pieds de Darius, ils se livrèrent à lui, pour être traités comme il le jugerait à propos. Darius les exila dans des lieux différens; les uns, sur les frontières de l'Inde, les autres, dans la Scythie. Ils n'oublièrent jamais que Darius leur avait conservé la vie, et lui restèrent toujours fidèles.

ΒΙΒΛΙΟΝ ΕΒΔΟΜΟΝ.

α. Περὶ Σεμιράμιδος, καὶ πῶς τὴν τῶν Ἀσσυρίων ἀρχὴν κατέσχε.

ΣΕΜΙΡΑΜΙΝ τὴν Ἀσσυρίαν ἄλλοι μὲν ἄλλως ᾄδουσιν· ὡραιοτάτη δὲ ἐγένετο γυναικῶν, εἰ καὶ ἀφελέστερον ἐχρῆτο τῷ κάλλει. Ἀφικομένη δὲ πρὸς τὸν τῶν Ἀσσυρίων βασιλέα κλητὴ, κατὰ κλέος τῆς ὥρας, ὅδε ἐντυχὼν τῇ ἀνθρώπῳ, ἠράσθη αὐτῆς. Ἡ δὲ ᾔτησεν ἐκ τοῦ βασιλέως τὴν βασίλειον στολὴν λαβεῖν δῶρα, καὶ πέντε ἡμερῶν τῆς Ἀσίας ἄρξαι, καὶ τὰ ἀπὸ ταύτης προσταττόμενα δρᾶσαι· καὶ οὐδὲ τῆς αἰτήσεως ἠτύχησεν. Ἐπεὶ δὲ ἐκάθισεν αὐτὴν ὁ βασιλεὺς ἐπὶ τοῦ θρόνου, καὶ ἔγνω διὰ χειρὸς καὶ γνώμης ἔχουσα πάντα, προσέταξε τοῖς δορυφόροις αὐτὸν τὸν βασιλέα κτεῖναι· καὶ οὕτω τὴν τῶν Ἀσσυρίων ἀρχὴν κατέσχε. Λέγει δὲ ταῦτα Δείνων.

β. Περὶ Στράτωνος καὶ Νικοκλέους τρυφῆς.

ΣΤΡΑΤΩΝ ὁ Σιδώνιος λέγεται τρυφῇ καὶ πολυτελείᾳ ὑπερβαλέσθαι σπεῦσαι ἀνθρώπους πάντας. Καὶ Θεόπομπος ὁ Χῖος παραβάλλει αὐτοῦ τὸν βίον τῇ τῶν Φαιάκων διαίτῃ, ἥνπερ καὶ Ὅμηρος κατὰ τὴν ἑαυτοῦ μεγαλόνοιαν, ὥσπερ εἴθιστο, ἐξετραγῴδησεν. Τούτῳ γε μὴν οὐχ εἷς παρῆν ᾠδὸς, κατᾴδων αὐτοῦ τὸ δεῖπνον, καὶ καταθέλγων αὐτόν· ἀλλὰ πολλαὶ μὲν παρῆσαν γυναικῶν μουσουργοὶ, καὶ αὐλητρίδες, καὶ ἑταῖραι κάλλει διαπρέπουσαι, καὶ ὀρχηστρίδες. Διεφιλοτιμεῖτο δὲ ἰσχυρῶς καὶ

LIVRE SEPTIÈME.

1. *Comment Sémiramis parvint au trône d'Assyrie.*

Les historiens ont parlé diversement de Sémiramis[1]; mais tous s'accordent à dire qu'on ne vit jamais une plus belle femme, quoiqu'elle négligeât extrêmement sa figure. Le roi d'Assyrie, qui l'avait appelée à la cour sur la réputation de sa beauté, en devint aussitôt amoureux. Sémiramis l'ayant prié de lui donner la robe royale pour gage des sentimens qu'il lui montrait, et de trouver bon qu'elle régnât sur l'Asie seulement cinq jours, durant lesquels il ne se ferait rien que par ses ordres, elle obtint ce qu'elle demandait; le roi lui-même la plaça sur le trône. Alors Sémiramis, se voyant revêtue du pouvoir souverain, et assurée que tout dépendait de sa volonté, ordonna aux gardes de tuer le roi[2]. C'est ainsi, au rapport de Dinon[3], que Sémiramis se rendit maîtresse de l'Assyrie.

2. *De la vie délicieuse de Straton et de Nicoclès.*

Straton[4], roi des Sidoniens, se piquait de n'avoir point d'égal en magnificence et en luxe. Théopompe de Chio compare la vie de Straton à celle des Phéaciens, dont le sublime Homère a fait une description pompeuse[5]. Ce prince ne se contentait pas d'un seul chanteur pour égayer ses repas[6]; il avait à la fois plusieurs chanteuses habiles, des joueuses de flûte, des danseuses et des courtisanes de la plus grande beauté. Il y avait entre lui et Nicoclès de

πρὸς Νικοκλέα τὸν Κύπριον, ἐπεὶ καὶ ἐκεῖνος πρὸς αὐτόν· Ἦν δὲ ἡ ἅμιλλα ὑπὲρ οὐδενὸς σπουδαίου, ἀλλὰ ὑπὲρ τῶν προειρημένων. Καὶ πυνθανόμενοι παρὰ τῶν ἀφικνουμένων τὰ παρ' ἀλλήλοις, εἶτα ἀντεφιλοτιμοῦντο ἑκάτερος ὑπερβαλέσθαι τὸν ἕτερον. Οὐ μὴν εἰς τὸ παντελὲς ἐν τούτοις διεγένοντο· ἀμφότεροι γὰρ βιαίου θανάτου ἔργον ἐγένοντο.

γ. Λύπης ἀνασταλτικός τις Ἀριστίππου λόγος.

Ὅτι Ἀρίστιππος, ἑταίρων αὐτῷ τινων ὀδυρομένων βαρύτατα, πολλὰ μὲν καὶ ἄλλα πρὸς αὐτοὺς εἶπε λύπης ἀνασταλτικά, καὶ ταῦτα δὲ ἐν προοιμίοις· Ἀλλ' ἔγωγε ἥκω παρ' ὑμᾶς, οὐχ ὡς συλλυπούμενος, ἀλλ' ἵνα παύσω ὑμᾶς λυπουμένους.

δ. Περὶ μύλης ἐπαίνου.

Ὅτι Πιττακὸς πάνυ σφοδρῶς ἐπῄνει τὴν μύλην, τὸ ἐγκώμιον αὐτῆς ἐκεῖνο ἐπιλέγων, ὅτι ἐν μικρῷ τόπῳ διάφορά ἐστι γυμνάσασθαι. Ἦν δέ τι ᾆσμα ἐπιμύλιον οὕτω καλούμενον.

ε. Περὶ τῆς ἐν πολλοῖς αὐτουργίας τοῦ τε Ὀδυσσέως καὶ τοῦ Ἀχιλλέως.

Καὶ Λαέρτης δὲ αὐτουργῶν ὑπὸ τοῦ παιδὸς πεφώραται, καὶ φυτὸν ξύων, καίτοι γηράσκων βαθύτατα. Ὁμολογεῖ δὲ καὶ Ὀδυσσεὺς αὐτὸς πολλὰ εἰδέναι, καὶ τεχνίτης αὐτῶν εἶναι·

Δρηστοσύνῃ δ' οὐκ ἄν μοι ἐρίσσειεν βροτὸς ἄλλος,
Πῦρ τ' εὖ νηῆσαι, διά τε ξύλα πολλὰ κεάσαι.

Καὶ τὴν σχεδίαν δὲ, οὐ δεηθεὶς ναυπηγῶν, ἀλλὰ δι' ἑαυτοῦ τὴν ταχίστην εἰργάσατο. Καὶ Ἀχιλλεὺς δὲ, τρίτος ὢν ἀπὸ τοῦ

Cypre [1] une rivalité bien établie, non sur aucun objet sérieux, mais sur les choses dont je viens de parler. Chacun des deux s'informait curieusement aux étrangers de ce qui se passait à la cour de son émule, et s'efforçait de surpasser ce qu'il en apprenait. Mais ils ne jouirent pas de cette vie voluptueuse jusqu'à la fin de leurs jours : tous deux périrent d'une mort violente.

3. *Mot d'Aristippe.*

Aristippe [2] se trouvant avec quelques-uns de ses amis qui étaient plongés dans une profonde affliction, leur tint les discours les plus propres à les consoler. Il avait commencé en ces termes : « Je ne suis point venu pour pleurer avec « vous, mais pour essuyer vos larmes ».

4. *Éloge du moulin.*

Pittacus [3] faisait un grand éloge de l'utilité des moulins : il insistait principalement sur l'avantage qu'a le moulin de fournir à différentes personnes, dans un très-petit espace, le moyen de s'exercer [4]. Il y avait une chanson particulière qu'on chantait ordinairement en tournant la meule; elle s'appelait *épimylie* (chanson du moulin) [5].

5. *Ulysse et Achille s'occupaient quelquefois du travail des mains.*

Ulysse, au retour de ses voyages, trouva son père Laërte, qui était déjà fort vieux, travaillant de ses mains, et taillant un arbre [6]. Ulysse se vantait d'être habile en bien des choses, et de les savoir exécuter de la main : *Que personne, dit-il, ne prétende m'égaler au travail, soit qu'il s'agisse d'arranger un feu, ou qu'il faille couper du bois* [7]. Il construisit seul, et sans le secours d'aucun charpentier, un vaisseau léger [8]. Achille, qui avait Jupiter

Διὸς, αὐτὸς διακόπτει τὰ κρέα, δεῖπνον τοῖς παρὰ τῶν Ἀχαιῶν πρέσβεσιν ἀφικομένοις εὐτρεπίσαι σπεύδων·

ϛ. Σκύθου τινὸς ἀπόκρισις περὶ ῥίγους.

ΧΙΟΝΟΣ ποτὲ πιπτούσης, ἤρετο ὁ βασιλεὺς τῶν Σκυθῶν τινα, εἰ ῥιγοῖ, γυμνὸν διακαρτεροῦντα. Ὁ δὲ αὐτὸν ἀντήρετο, εἰ τὸ μέτωπον ῥιγοῖ; τοῦ δὲ, οὐ φήσαντος, Οὐκοῦν, εἶπεν, οὐδὲ ἐγὼ, πᾶς γὰρ μέτωπόν εἰμι.

ζ. Περὶ Δημοσθένους ἀγρυπνίας.

ΟΤΙ Πυθέας ἐπέσκωπτεν εἰς Δημοσθένη τὸν Δημοσθένους, ἐπιλέγων αὐτοῦ* τὰ ἐνθυμήματα ἐλλυχνίων ἀπόζειν· ὅτι ἐκεῖνος διὰ τῆς νυκτὸς πάσης ἠγρύπνει φροντίζων καὶ ἐκμανθάνων, ἃ ἔμελλεν ἐρεῖν ἐλθὼν εἰς τοὺς Ἀθηναίους.

η. Περὶ Ἀλεξάνδρου πένθους ἐπὶ τῷ τοῦ Ἡφαιστίωνος θανάτῳ.

ΟΤΕ Ἡφαιστίων ἀπέθανεν, Ἀλέξανδρος ὅπλα αὐτῷ εἰς τὴν πυρὰν ἐνέβαλε, καὶ χρυσὸν καὶ ἄργυρον τῷ νεκρῷ συνέτηξε, καὶ ἐσθῆτα τὴν μέγα τιμίαν ἐν Πέρσαις. Ἀπέκειρε δὲ καὶ τοὺς πολεμικοὺς καὶ ἀγαθοὺς, καὶ ἑαυτὸν, Ὁμηρικὸν πάθος δρῶν, καὶ μιμούμενος τὸν Ἀχιλλέα τὸν ἐκείνου. Βιαιότερον δὲ καὶ θερμότερον ἐκείνου ἔδρασεν οὗτος, τὴν τῶν Ἐκβατάνων ἀκρόπολιν περικείρας, καὶ τὸ τεῖχος αὐτῆς ἀφελόμενος. Μέχρι μὲν οὖν τῆς κόμης τῆς ἑαυτοῦ, Ἑλληνικὰ ἐδόκει μοι δρᾷν· ἐπιχειρήσας δὲ τοῖς τείχεσιν, ἀλλ' ἐνταῦθα ἐπένθει βαρβαρικῶς Ἀλέ-

* Al. habent αὐτῷ. Cod. Lugd. legit deinde ἀπόζειν, et sic scripsit Lucian. in *Laude Demosthenis*. Vulg., ὄζειν.

pour aïeul, ne dédaigna pas de couper lui-même des viandes pour préparer à souper aux ambassadeurs que les Grecs lui avaient envoyés [1].

6. *Réponse d'un Scythe au sujet du froid.*

Un jour qu'il tombait beaucoup de neige, le Roi [2], voyant un Scythe qui restait nu, lui demanda s'il n'avait pas froid. Le Scythe, à son tour, lui demanda s'il avait froid au visage. Le Roi lui ayant dit que non : « Eh bien, reprit le Scythe, ni moi non plus ; car je suis tout visage. »

7. *Mot de Pythéas sur Démosthène.*

Pythéas [3], voulant donner un ridicule à Démosthène, disait de lui que ses compositions sentaient la lampe ; parce que cet orateur veillait toute la nuit, pour composer et graver dans sa mémoire les discours qu'il devait prononcer dans l'assemblée des Athéniens.

8. *Douleur qu'Alexandre ressentit de la mort d'Héphestion.*

Quand Héphestion fut mort, Alexandre fit jeter des armes dans le bûcher qui lui était préparé [4] : il y joignit de l'or, de l'argent, et une robe estimée d'un grand prix chez les Perses [5], pour être livrés aux flammes avec le cadavre. A l'exemple de l'Achille d'Homère, et suivant ce que le poëte raconte de ce héros [6], Alexandre fit couper les cheveux des plus vaillans de ses capitaines, et coupa lui-même les siens [7]. Sa douleur, plus violente et plus impétueuse que celle du fils de Pélée, l'emporta plus loin : il fit raser la citadelle et les murs d'Ecbatane. Tout ce qu'Alexandre avait fait jusque-là, sans excepter le sacrifice de sa chevelure, est bien dans les mœurs grecques ; mais une douleur qui porte à renverser des murailles, appartient aux mœurs

ξανδρος ἤδη· καὶ τὰ κατὰ τὴν στολὴν ἤμειψε, θυμῷ καὶ ἔρωτι ἐπιτρέπων πάντα, καὶ δακρύοις.

Ὅτι Ἡφαιστίων εἰς Ἐκβάτανα ἀπέθανε. Διαῤῥεῖ δὲ λόγος, Ἡφαιστίωνι μὲν ταῦτα εὐτρεπισθῆναι νεκρῷ, Ἀλέξανδρον δὲ αὐτοῖς ἀποθανόντα χρήσασθαι· μὴ γὰρ φθάσαι τὸ ἐπὶ τῷ μειρακίῳ τελεσθὲν πένθος, ἐπιλαβεῖν δὲ τὸν τοῦ Ἀλεξάνδρου θάνατον.

θ. Περὶ σώφρονος γυναικός.

Εἶτα οὐκ ἔστι σωφροσύνη μεγάλη (ἐμοὶ μὲν δοκεῖ), εἴγε καὶ ἡ Φωκίωνος γυνὴ τὸ Φωκίωνος ἱμάτιον ἐφόρει, καὶ οὐδὲν ἐδεῖτο οὐ κροκωτοῦ, οὐ ταραντίνου, οὐκ ἀναβολῆς, οὐκ ἐγκύκλου, οὐ κεκρυφάλου, οὐ καλύπτρας, οὐ βαπτῶν χιτωνίσκων; ἠμπείχετο δὲ πρώτῃ μὲν τῇ σωφροσύνῃ, δευτέροις γε μὴν τοῖς παροῦσιν.

ι. Περὶ τῆς τοῦ Σωκράτους γυναικός.

Τῇ Ξανθίππῃ δὲ ὁ Σωκράτης, ἐπεὶ οὐκ ἠβούλετο τὸ ἐκείνου ἱμάτιον ἐνδύσασθαι, καὶ οὕτως ἐπὶ τὴν θέαν τῆς πομπῆς βαδίζειν, ἔφη, Ὁρᾷς, ὡς οὐ θεωρήσουσα, θεωρησομένη δὲ μᾶλλον βαδίζεις;

ια. Γυναικῶν Ῥωμαίων ὑποδήματα.

Ῥωμαίων δὲ αἱ πολλαὶ γυναῖκες, καὶ τὰ ὑποδήματα αὐτὰ φορεῖν τοῖς ἀνδράσιν, εἰθισμέναι εἰσίν.

ιβ. Λυσάνδρου, ἢ Φιλίππου, ἀπόφθεγμα περὶ ἐπιορκίας.

Δεῖ τοὺς παῖδας τοῖς ἀστραγάλοις ἐξαπατᾶν, τοὺς δὲ ἄνδρας τοῖς ὅρκοις. Οἱ μὲν Λυσάνδρου εἶναι λέγουσι τὸν λόγον, οἱ δὲ

barbares. Dans l'excès de son affliction et de sa tendresse pour son ami, ce prince quitta ses habits royaux ; il croyait tout permis à son désespoir.

Héphestion mourut à Ecbatane : les préparatifs qu'on avait faits pour honorer ses funérailles, servirent, dit-on, à celles d'Alexandre [1], qui termina sa carrière avant d'avoir achevé le deuil d'Héphestion.

9. *De la femme de Phocion.*

FUT-IL jamais un plus bel exemple de modestie et de simplicité ? Pour moi, je n'en connais point. Je parle de la femme de Phocion. Elle n'avait point d'autre vêtement que le manteau de son mari. Il ne lui fallait ni robe couleur de safran [2], ni de ces étoffes qu'on fabrique à Tarente [3], ni de manteau rattaché avec art, ni d'habit rond, ni de bandelettes, ni de voile de couleur de feu, ni de tuniques teintes. Elle était enveloppée de sa modestie, et mettait par-dessus, indifféremment, tout ce qui se présentait.

10. *De la femme de Socrate.*

XANTHIPPE dédaignant de prendre le manteau de son mari, pour assister à une fête : « Vous y allez donc, lui dit Socrate, moins pour voir que pour être vue [4]. »

11. *Chaussure des femmes romaines.*

LA plupart des femmes romaines portaient les mêmes chaussures que leurs maris [5].

12. *Mot de Lysandre ou de Philippe.*

IL faut amuser les enfans avec des dés, et les hommes avec des sermens. Ce mot est attribué à Lysandre par les

Φιλίππου τοῦ Μακεδόνος. Ὁποτέρου δ᾽ ἂν ᾖ, οὐκ ὀρθῶς λέγεται, κατά γε τὴν ἐμὴν γνώμην. Καὶ ἴσως οὐ παράδοξον, εἰ μὴ τὰ αὐτὰ ἀρέσκει ἐμοὶ, καὶ Λυσάνδρῳ. Ὁ μὲν γὰρ ἐτυράννει· ἐγὼ δὲ ὡς φρονῶ, δῆλον ἐξ ὧν μὴ τὸ λεχθὲν ἀρέσκει με.

ιγ. Περὶ καρτερίας Ἀγησιλάου.

Ἀγησίλαος ὁ Λακεδαιμόνιος, γέρων ἤδη ὢν, ἀνυπόδετος πολλάκις καὶ ἀχίτων προῄει, τὸν τρίβωνα περιβαλλόμενος αὐτὸν, καὶ ταῦτα ἑωθινὸς ἐν ὥρᾳ χειμερίῳ. Ἠτιάσατο δέ τις αὐτὸν, ὡς νεανικώτερα τῆς ἡλικίας ἐπιχειροῦντα· ὁ δὲ, Ἀλλ᾽ οἵ γε νέοι, φησὶ, τῶν πολιτῶν, ὥσπεροῦν πῶλοι, πρὸς τὸν τέλειαν ἀποβλέπουσιν ἐμέ.

ιδ. Περὶ φιλοσόφων στρατηγῶν καὶ πολιτευσαμένων.

Τί δέ; οὐκ ἦσαν καὶ οἱ φιλόσοφοι τὰ πολέμια ἀγαθοί; Ἐμοὶ μὲν δοκοῦσιν· εἴγε Ἀρχύταν μὲν εἵλοντο ἑξάκις στρατηγὸν Ταραντῖνοι, Μέλισσος δὲ ἐναυάρχησε, Σωκράτης δὲ ἐστρατεύσατο τρὶς, Πλάτων δὲ καὶ αὐτὸς εἰς Τάναγραν καὶ εἰς Κόρινθον. Τὴν δὲ Ξενοφῶντος στρατείαν καὶ στρατηγίαν πολλοὶ μὲν καὶ ἄλλοι ᾄδουσι, καὶ αὐτὸς δὲ ὁμολογεῖ ἐν τοῖς περὶ Κύρου λόγοις. Δίων δὲ ὁ Ἱππαρίνου τὴν Διονυσίου τυραννίδα κατέλυσε. Καὶ Ἐπαμινώνδας Βοιωταρχῶν ἐν Λεύκτροις ἐνίκησε Λακεδαιμονίους, καὶ τῶν Ῥωμαίων * καὶ τῶν Ἑλλήνων πρῶτος ἐγένετο. Πολλὰ δὲ καὶ Ζήνων ὑπὲρ Ἀθηναίων ἐπολιτεύσατο πρὸς Ἀν-

---

* Tan. Faber legendum censet Θηβαίων, nec repugnare se ait Schefferus. Frustrà.

uns, et par les autres à Philippe, roi de Macédoine. De quelque part qu'il vienne, il ne me paraît pas juste. On ne doit pas trouver étrange que Lysandre et moi nous n'approuvions pas les mêmes choses. Son penchant naturel le portait à la tyrannie; et je découvre assez ma façon de penser, en blâmant sa maxime.

13. *Mot d'Agésilas.*

AGÉSILAS, roi de Lacédémone, dans un âge assez avancé, paraissait souvent en public, dès le matin, et pendant l'hiver, sans robe ni chaussure, enveloppé d'un vieux manteau. Quelqu'un lui représentant un jour, qu'il conservait trop long-temps les usages de la jeunesse : « C'est un exemple, répondit Agésilas, que je donne à nos jeunes gens; ils ont les yeux fixés sur moi, comme les poulains sur un cheval fait. »

14. *Des philosophes guerriers, et des philosophes politiques.*

POURRAIT-ON douter qu'il y ait eu des philosophes qui ont excellé dans l'art de la guerre? Pour moi, je n'en doute pas. Les Tarentins élurent six fois Archytas pour leur général [1]; Mélissus commanda la flotte des Samiens [2]; Socrate a fait trois campagnes [3]; Platon se trouva aux combats de Tanagre et de Corinthe. Plusieurs auteurs ont parlé avec éloge des exploits militaires de Xénophon, et de ce qu'il fit étant général : lui-même en rend compte dans son histoire de Cyrus. Dion, fils d'Hipparinus, détrôna Denys le tyran [4]; Épaminondas, à la tête des Béotiens, vainquit les Lacédémoniens à Leuctres, et fut le plus grand homme qu'aient produit Rome et la Grèce. Quant à Zénon [5], il rendit de grands services à la république d'Athènes, dans les démêlés qu'elle eut avec Antigo-

τέγονον. Οὐδὲν γὰρ διοίσει, εἴτε τις διὰ γνώμης ὤνησέ τινας, εἴτε δι' ὅπλων.

ιε. Πῶς οἱ τῶν Μιτυληναίων σύμμαχοι ἀφιστάμενοι ἐτιμωρήθησαν.

Ἡνίκα τῆς θαλάσσης ἦρξαν Μιτυληναῖοι, τοῖς ἀφισταμένοις τῶν συμμάχων τιμωρίαν ἐκείνην ἐπήρτησαν, γράμματα μὴ μανθάνειν τοὺς παῖδας αὐτῶν, μηδὲ μουσικὴν διδάσκεσθαι· πασῶν κολάσεων ἡγησάμενοι βαρυτάτην εἶναι ταύτην, ἐν ἀμαθίᾳ καὶ ἀμουσίᾳ καταβιῶναι.

ις. Περὶ Ῥώμης, Ῥώμου, Ῥωμύλου, καὶ Σερβίας.

Ὅτι Ῥώμη ὑπὸ Ῥώμου καὶ Ῥωμύλου ἐκτίσθη, τῶν Ἄρεως καὶ Σερβίας* παίδων. Ἦν δὲ αὕτη μία τῶν Αἰνείου ἀπογόνων.

ιζ. Περὶ Εὐδόξου εἰς Σικελίαν ἀφικομένου.

Ὅτε εἰς Σικελίαν ἧκεν Εὔδοξος, χάριν αὐτῷ πολλὴν ὁ Διονύσιος τῆς ἀφίξεως ᾔδει. Ὁ δέ, οὐδέν τι πρὸς ταῦτα θωπεύσας, οὐδὲ ὑποδραμών, Ἀφικόμην, εἶπεν, ὡσπερανεὶ πρὸς πανδοκέα ἀγαθόν, παρ' ᾧ κατήγετο Πλάτων· ὁμολογήσας, ὅτι μὴ δι' ἐκεῖνον, ἀλλὰ διὰ τοῦτον, ἀφίκετο.

ιη. Ὅτι οἱ Αἰγύπτιοι καρτεροὶ ἐν ταῖς βασάνοις, καὶ περὶ Ἰνδῶν γυναικῶν.

Αἰγυπτίους φασὶ δεινῶς ἐγκαρτερεῖν ταῖς βασάνοις, καὶ ὅτι θᾶττον τεθνήξεται ἀνὴρ Αἰγύπτιος στρεβλούμενος, ἢ τἀληθὲς ὁμολογήσει. Παρὰ Ἰνδοῖς δὲ αἱ γυναῖκες τὸ αὐτὸ πῦρ ἀποθανοῦσι τοῖς ἀνδράσιν ὑπομένουσι. Φιλοτιμοῦνται δὲ περὶ τού-

---

* Σιλβίας, γραπτέον εἶναι διατείνονταί τινες. Coray.

nus. Il importe peu qu'on se rende utile à la patrie, ou par le conseil, ou par les armes.

15. *Comment les Mityléniens punirent la défection de leurs alliés.*

Les Mityléniens, devenus les maîtres de la mer, punirent la défection de leurs alliés en leur défendant d'instruire leurs enfans dans les lettres et dans la musique. Ils croyaient ne pouvoir les châtier plus rigoureusement qu'en les condamnant à vivre dans l'ignorance [1].

16. *De la fondation de Rome.*

Rome fut bâtie par les deux frères Rémus et Romulus, fils de Mars et de *Servia* [2], qui descendait d'Énée.

17. *Arrivée d'Eudoxe en Sicile.*

Eudoxe [3], à son arrivée en Sicile, fut accueilli avec le plus grand empressement par Denys, qui ne cessait de le remercier de la visite qu'il lui faisait. Le philosophe, sans flatter le tyran, et sans user de détour : « Je viens chez vous, dit-il, comme chez un homme qui exerce généreusement l'hospitalité, et chez qui loge Platon. » C'était faire entendre à Denys que ce n'était pas lui, mais Platon, qui avait été l'objet de son voyage.

18. *Des Égyptiens, et des femmes indiennes.*

On vante la constance des Égyptiens dans la douleur. Un Égyptien, dit-on, mourrait plutôt dans les tourmens que de révéler un fait. Chez les Indiens, les femmes ont le courage de se jeter dans les flammes qui consument le corps de leurs maris : mais comme toutes les femmes du même homme se disputent l'honneur de le suivre sur le bûcher,

του αἱ γυναῖκες τοῦ ἀνδρὸς· καὶ ἡ κλήρῳ λαχοῦσα συγκαίεται.

ιθ. Περὶ Σόλωνος στρατηγήματος κατὰ τῶν Μεγαρέων, καὶ πῶς ἔπειτα ἐκείνων λόγοις ἐκράτησεν.

ΣΟΛΩΝ εἰς τὴν ὑπὲρ Σαλαμῖνος μάχην ἐστρατήγησε, καὶ δύο νεῶν Μεγαρίδων κρατήσας, μετεβίβασε στρατηγοὺς Ἀττικοὺς εἰς αὐτὰς, καὶ τὰ τῶν πολεμίων ὅπλα τοῖς οἰκείοις περιθεὶς, καὶ μεθορμισθεὶς δι᾿ ἀπάτης, πολλοὺς τῶν Μεγαρέων κατέκοψεν ἀνόπλους. Ἐκράτησε δὲ καὶ τοῖς λόγοις αὐτῶν, οὐ λόγων δεινότητι, ἀλλὰ δι᾿ αὐτῶν τῶν ἐλέγχων τὸ πλέον ἐνεγκάμενος. Ἀρχαίας γὰρ θήκας ἀνοίξας, ἀπέδειξε πάντας Ἀθηναίους πρὸς δύσιν κειμένους κατὰ τὸ πάτριον αὐτοῖς ἔθος· τοὺς δὲ Μεγαρεῖς εἰκῆ, καὶ ὡς ἔτυχε, τεθαμμένους. Ἔκριναν δὲ τὴν δίκην Λακεδαιμόνιοι.

κ. Περὶ γέροντος Κείου τὴν τρίχα βαψαμένου.

ΑΝΗΡ εἰς Λακεδαίμονα ἀφίκετο Κεῖος, γέρων ἤδη ὢν, τὰ μὲν ἄλλα ἀλαζὼν, ᾐδεῖτο δὲ ἐπὶ τῷ γήρᾳ, καὶ διὰ ταῦτα τὴν τρίχα πολιὰν οὖσαν ἐπειρᾶτο βαφῇ ἀφανίζειν. Παρελθὼν οὖν ἐς τοὺς Λακεδαιμονίους, καὶ τοιαύτην ὑποφαίνων τὴν κεφαλὴν, ἐκεῖνα εἶπεν, ὑπὲρ ὧν καὶ ἀφίκετο. Ἀναστὰς οὖν ὁ Ἀρχίδαμος ὁ τῶν Λακεδαιμονίων βασιλεὺς, Τί δ᾿ ἂν, ἔφη, οὗτος ὑγιὲς εἴποι, ὃς οὐ μόνον ἐπὶ τῇ ψυχῇ τὸ ψεῦδος, ἀλλὰ καὶ ἐπὶ τῇ κεφαλῇ περιφέρει; Καὶ ἐξέωσε τὰ ὑπ᾿ αὐτοῦ λεχθέντα, διαβάλλων τοῦ Κείου τὸν τρόπον, ἐξ ὧν ἑώρᾶτο.

c'est le sort qui décide entre elles : et celle que le sort a favorisée, est brûlée avec son mari.

19. *Stratagême de Solon, commandant l'armée athénienne.*

Dans une guerre que les Athéniens entreprirent au sujet de Salamine, Solon, qui commandait leur armée, s'empara de deux vaisseaux mégariens : aussitôt il y fit embarquer des capitaines athéniens, avec ordre aux soldats de se revêtir de l'armure des ennemis. A la faveur de cette ruse, Solon entra dans leurs ports, et fit égorger un grand nombre d'habitans qu'il trouva désarmés. Ce n'est pas le seul avantage qu'il remporta sur les Mégariens : il triompha d'eux en les convainquant, non par l'éloquence de ses discours, mais par des preuves de fait, qu'ils n'avaient aucun droit sur Salamine. Il fit ouvrir les anciens tombeaux : alors on vit que tous les Athéniens avaient le visage tourné vers le couchant, suivant la coutume de leur pays [1], au lieu que les Mégariens étaient enterrés au hasard, et sans précaution. Les Lacédémoniens furent pris pour juges de ce différend.

20. *Mot d'Archidamus, au sujet d'un vieillard de Céos.*

On vit un jour arriver à Sparte un habitant de l'île de Céos [2]; c'était un vieillard avantageux et vain, qui, pour cacher son âge, comme s'il en eût été honteux, avait grand soin de déguiser ses cheveux blancs par une teinture qu'il y appliquait. S'étant présenté à l'assemblée du peuple pour exposer le motif de son voyage, on remarqua la fausse couleur qu'il avait donnée à sa chevelure. Alors Archidamus, roi de Lacédémone, se levant : « Pourrait-on, dit-il, se fier à ce que dit un homme qui annonce lui-même la fausseté de son âme par celle de sa tête ? » Il détruisit ainsi le discours du Céen, en faisant soupçonner la sincérité de son cœur d'après son extérieur.

κα. Περὶ Καίσαρος καὶ Πομπηίου ἐπιμελείας, ὑπὲρ τοῦ μανθάνειν ἃ προσῆκε πρὸς τὸ καλῶς ἄρχειν.

Οὐκ ἀπηξίου Καῖσαρ ἐπὶ τὰς Ἀρίστωνος θύρας φοιτᾶν, Πομπήϊος δὲ ἐπὶ τὰς Κρατίππου. Οὐ γὰρ, ἐπεὶ μέγα ἐδύναντο, ὑπερεφρόνουν τῶν τὰ μέγιστα αὐτοὺς ὀνῆσαι δυναμένων· ἀλλ' ἐδέοντο αὐτῶν, καίτοι τοσοῦτοι ὄντες τὴν ἀξίωσιν. Οὐ γὰρ ἄρχειν, ὡς ἔοικεν, ἀλλὰ καλῶς ἄρχειν ἐβούλοντο.

21. *Du désir que César et Pompée avaient de s'instruire.*

César et Pompée ne dédaignèrent point de fréquenter l'école, l'un d'Ariston [1], l'autre de Cratippe [2]. Dans le degré de puissance où ils étaient montés, ils ne croyaient pas déroger à leur grandeur en écoutant des hommes qui pouvaient leur être utiles, en les sollicitant même de se prêter au besoin qu'ils avaient de leurs lumières. C'est que César et Pompée étaient moins touchés de l'autorité souveraine que de la gloire d'en savoir bien user.

ΒΙΒΛΙΟΝ ΟΓΔΟΟΝ.

α. Περὶ τοῦ δαιμονίου τοῦ Σωκράτους.

"Ελεγε δήπου Σωκράτης περὶ τοῦ δαιμονίου τοῦ συνόντος αὐτῷ, πρὸς Θεάγην, καὶ Δημόδοκον, καὶ πρὸς ἄλλους πολλούς· φωνὴν πολλάκις ἔφασκεν ὡς θείᾳ πομπῇ συγκεκληρωμένην αὐτῷ, ἥπερ ὅταν γένηται, ἀεί μοι, φησί, σημαίνει, ὃ μέλλω πράττειν, τούτου ἀποτροπήν, προτρέπει δὲ οὐδέποτε. Καὶ αὖ πάλιν, ἐάν τις μοι, φησί, τῶν φίλων ἀνακοινῶται ὑπέρ του, καὶ ἐπιγένηται ἡ φωνὴ ἐκείνη, πάλιν ἀποτρέπει. Καὶ ἐμοὶ μὲν αὕτη συμβουλεύει τοῦτο· ἐγὼ δὲ τῷ συμβουλευομένῳ μοι, καὶ οὐκ ἐῶ πράττειν, ἑπόμενος τῇ θείᾳ προρρήσει. Παρείχετο δὲ μάρτυρα Χαρμίδην τὸν Γλαύκωνος· ἀνεκοινώσατο γὰρ αὐτῷ, εἰ μέλλοι ἀσκήσειν εἰς Νεμέαν, καὶ εὐθύς, ἀπαρχομένου λέγειν, φωνὴ ἐπεγένετο. Καὶ ὁ Σωκράτης τὸν Χαρμίδην διεκώλυσεν ἔχεσθαι, ὧν εἴχετο, εἰπών. Ὁ δὲ οὐκ ἐπείσθη· οὐ μὴν εἰς δέον ἀπήντησεν αὐτῷ ἡ σπουδή.

β. Περὶ Ἱππάρχου σοφίας καὶ σπουδῆς περὶ τοὺς πεπαιδευμένους, καὶ περὶ τῶν Ὁμηρικῶν ἐπῶν.

"Ιππαρχος ὁ Πεισιστράτου παῖς, πρεσβύτατος ὢν τῶν Πεισιστράτου, καὶ σοφώτατος ἦν Ἀθηναίων. Οὗτος καὶ τὰ Ὁμήρου ἔπη ἐκόμισε πρῶτος εἰς τὰς Ἀθήνας, καὶ ἠνάγκασε τοὺς ῥαψῳδοὺς τοῖς Παναθηναίοις αὐτὰ ᾄδειν. Καὶ ἐπ' Ἀνακρέοντα δὲ τὸν Τήϊον πεντηκόντορον ἔστειλεν, ἵνα αὐτὸν πορεύσῃ ὡς αὐ-

LIVRE HUITIÈME.

1. *Du démon de Socrate*.

SOCRATE parlant un jour avec Théagès, Démodocus, et plusieurs autres, du démon qui l'accompagnait toujours : « Ce démon, leur dit-il, est une voix divine, que souvent le destin me fait entendre ; lorsqu'elle frappe mes oreilles, c'est toujours pour m'empêcher d'agir, sans jamais me porter à agir. De même, s'il arrive que je l'entende, quand quelqu'un de mes amis vient me communiquer un projet, j'en conclus que le dieu n'approuve pas le dessein dont il est question. Je prends pour moi le conseil ; j'en fais part à celui qui me consulte ; et, docile à la voix divine, je détourne mon ami de ce qu'il voulait faire. Je puis, ajouta-t-il, vous citer pour témoin de ce que je dis, Charmide, fils de Glaucon [2]. Il vint un jour me demander s'il devait aller disputer le prix aux jeux Néméens [3]. A peine eut-il commencé à me parler, que j'entendis la voix. Je tâchai de le dissuader de son projet, et ne lui en cachai point la raison : mais Charmide ne me crut pas ; et son entêtement lui réussit mal. »

2. *D'Hipparque, fils de Pisistrate, et de son amour pour les lettres.*

HIPPARQUE, l'aîné des fils de Pisistrate, était le plus savant de tous les Athéniens. C'est lui qui le premier apporta dans Athènes les poëmes d'Homère [4], et qui obligea les rhapsodes à les chanter aux Panathénées [5]. Hipparque, pour attirer à sa cour Anacréon de Téos, lui envoya un

τόν. Σιμωνίδην δὲ τὸν Κεῖον διὰ σπουδῆς ἄγων, ἀεὶ περὶ αὐτὸν εἶχε, μεγάλοις δώροις, ὡς τὸ εἰκὸς, πείθων, καὶ μισθοῖς· καὶ γὰρ ὡς ἦν φιλοχρήματος ὁ Σιμωνίδης, οὐδεὶς ἀντιφήσει. Ἔργον δὲ ἦν ἄρα τούτῳ τῷ Ἱππάρχῳ ἡ περὶ τοὺς πεπαιδευμένους σπουδή. Καὶ ἐβούλετο ὑπὸ προσχήματι τῷ ἑαυτοῦ Ἀθηναίους παιδεύεσθαι, καὶ βελτιόνων αὐτῶν ὄντων ἄρχειν ἔσπευδεν· οὐκ ᾤετο γὰρ δεῖν οὐδενὶ φθονεῖν σοφίας, ἅτε ὢν καλὸς καὶ ἀγαθός. Λέγει δὲ Πλάτων ταῦτα, εἰ δὴ ὁ Ἵππαρχος Πλάτωνός ἐστι τῷ ὄντι.

γ. Περὶ βοὸς παρ' Ἀθηναίοις σφαγῆς, καὶ Διϊπολίων, καὶ Βουφονίων, ἑορτῶν.

Ὅτι Ἀττικὸν τοῦτο τὸ ἔθος, ὅταν ὁ βοῦς ἀποσφαγῇ, τῶν μὲν ἄλλων ἀποψηφίζονται, κρίνοντες ἕκαστον ἐν τῷ μέρει φόνου· καταγινώσκουσι δὲ τῆς μαχαίρας, καὶ λέγουσι ταύτην ἀποκτεῖναι αὐτόν. Καὶ ἐν ᾗ ταῦτα ἡμέρᾳ δρῶσι, Διϊπόλια τὴν ἑορτὴν καλοῦσι, καὶ Βουφόνια.

δ. Περὶ Πολιάρχου τρυφῆς.

Πολίαρχόν φασι τὸν Ἀθηναῖον εἰς τοσοῦτον προελθεῖν τρυφῆς, ὥστε καὶ κύνας, καὶ ἀλεκτρυόνας ἐκείνους, οἷς ἔχαιρεν, ἐκκομίζειν ἀποθανόντας δημοσίᾳ. Καὶ ἐπὶ τὴν ἐκφορὰν αὐτῶν παρεκάλει τοὺς φίλους, καὶ ἐπιστήματα αὐτοῖς ἀναστήσας, ἐπιγράμματα κατ' αὐτῶν ἐνεκόλαπτεν.

ε. Περὶ Νηλέως, καὶ Μέδοντος, καὶ τῶν ἐν Ἰωνίᾳ δώδεκα πόλεων.

Ὅτι Νηλεὺς ὁ Κόδρου, τῆς βασιλείας ἀμοιρήσας, ἀπέλιπε

vaisseau à cinquante rames. Il accueillit Simonide de Céos avec tant d'empressement qu'il le fixa auprès de lui : ce ne fut, sans doute, qu'à force de présens et de gratifications ; car on ne peut nier que Simonide n'aimât l'argent [1]. Hipparque se faisait un point capital de traiter les savans avec toutes sortes d'égards : il voulait, par son exemple, inspirer le goût de la science aux Athéniens, et songeait par-dessus tout à rendre meilleur le peuple qu'il gouvernait. Par principe de justice et de bonté, il pensait qu'on ne devait pas envier aux autres les moyens de perfectionner leur raison. C'est de Platon que nous tenons cela, si toutefois le dialogue intitulé *Hipparque* est de lui [2].

3. *Usage singulier de l'Attique.*

Les Athéniens, dans une certaine fête, immolaient un bœuf : c'était la coutume que tous ceux qui étaient censés avoir eu part à la mort de l'animal, fussent l'un après l'autre accusés et absous [3], jusqu'à ce qu'on fût arrivé au couteau, qui était seul condamné, comme ayant réellement tué le bœuf. Le jour où se faisait cette cérémonie, était appelé la fête des *Diipolies*, ou des *Buphonies* [4].

4. *Luxe ridicule de Poliarque.*

On raconte que l'Athénien Poliarque, par un excès ridicule de luxe, faisait enterrer publiquement les chiens et les coqs qui l'avaient amusé pendant leur vie ; que leurs funérailles, auxquelles il invitait ses amis, étaient célébrées avec magnificence ; et qu'il érigeait à ces animaux chéris des colonnes sépulcrales, chargées d'inscriptions en leur honneur [5].

5. *De Nélée et de Médon, fils de Codrus.*

Nélée, fils de Codrus, se voyant exclus du gouvernement

τὰς Ἀθήνας, διὰ τὸ τὴν Πυθίαν Μέδοντι τὴν ἀρχὴν περιάψαι, εἰς ἀποικίαν στελλόμενος. Τῇ Νάξῳ δὲ προσωρμίσθη οὐχ ἑκών, ἀλλ' ὑπὸ χειμῶνος βιασθείς· ἀπᾶραι δὲ βουλόμενον, καταπνέοντες ἐναντίοι ἄνεμοι διεκώλυον. Ἀποροῦντι δὲ αὐτῷ ὑπὲρ τῶν ἐνεστώτων, οἱ μάντεις ἔφασαν δεῖν καθαρθῆναι τὸ στρατόπεδον, ὡς συμπλεόντων πολλῶν οὐ καθαρῶν τὰς χεῖρας. Προσεποιήσατο δὴ καὶ αὐτὸς ἀποκτεῖναί τινα παῖδα, καὶ δεῖσθαι καθαρμοῦ· καὶ αὐτὸς ἀνεχώρησε, καὶ τοὺς ἄλλους ἔπεισε τοὺς συνειδότας ἑαυτοῖς. Οὗ γενομένου, καὶ γνωσθέντων ἐκείνων, αὐτοὺς μὲν ἀπέλιπεν, οἱ δὲ ᾤκισαν τὴν Νάξον. Νηλεὺς δὲ εἰς τὴν Ἰωνίαν ἀφίκετο, καὶ πρῶτον μὲν ᾤκισε Μίλητον, Κᾶρας ἐξελάσας, καὶ Μυγδόνας, καὶ Λέλεγας, καὶ ἄλλους βαρβάρους, ἀφ' ὧν αἱ δώδεκα πόλεις ἐκλήθησαν ἐν Ἰωνίᾳ. Εἰσὶ δὲ αἵδε· Μίλητος, Ἔφεσος, Ἐρυθραί, Κλαζομεναί, Πριήνη, Λέβεδος, Τέως, Κολοφών, Μυοῦς, Φώκαια, Σάμος, καὶ Χίος. Καὶ ἄλλας δὲ πολλὰς ὕστερον ᾤκισε πόλεις ἐν τῇ ἠπείρῳ.

ς'. Περὶ ἀγραμματίας καὶ ἀπαιδευσίας τῶν βαρβάρων.

Τῶν ἀρχαίων φασὶ Θρᾳκῶν μηδένα ἐπίστασθαι γράμματα· ἀλλὰ καὶ ἐνόμιζον αἴσχιστον εἶναι πάντες οἱ τὴν Εὐρώπην οἰκοῦντες βάρβαροι χρῆσθαι γράμμασιν. Οἱ δὲ ἐν τῇ Ἀσίᾳ, ὡς λόγος, ἐχρῶντο αὐτοῖς μᾶλλον. Ἔνθεν τοι καὶ τολμῶσι λέγειν μηδὲ τὸν Ὀρφέα σοφὸν γεγονέναι, Θρᾷκα ὄντα, ἀλλ' ἄλλως τοὺς μύθους αὐτοῦ καταψεύσασθαι. Ταῦτα Ἀνδροτίων λέγει, εἴ τῳ πιστὸς ὑπὲρ τῆς ἀγραμματίας καὶ ἀπαιδευσίας Θρᾳκῶν τεκμηριῶσαι.

d'Athènes, que la Pythie avait déféré à Médon¹, s'embarqua pour aller fonder une nouvelle colonie. Une tempête violente, qui l'accueillit dans sa route, le força de relâcher à Naxos, où les vents contraires le retinrent malgré lui. Dans l'inquiétude que lui causait ce contre-temps, il eut recours aux devins : leur réponse fut, que parmi ceux qui l'accompagnaient dans son voyage, plusieurs avaient les mains souillées, et qu'il fallait purifier l'armée. Alors Nélée feignit d'avoir besoin d'être purifié pour le meurtre d'un enfant qu'il disait avoir tué : il se sépara de la troupe, comme impur, et se retira seul à l'écart, en exhortant ceux dont la conscience se trouverait chargée de quelque crime, à faire la même chose. On le crut ; et les coupables se trahirent eux-mêmes. Quand il les eut connus, il les laissa dans l'île de Naxos, où ils se fixèrent. Pour lui, il alla en Ionie : il s'établit d'abord à Milet, après avoir chassé les Cariens, les Mygdoniens, les Lélèges, et d'autres peuples barbares, qui avaient donné leur nom à douze villes de cette contrée ; savoir, Milet, Éphèse, Érythres, Clazomènes, Priène, Lébédos, Téos, Colophon, Myus, Phocée, Samos, Chio : dans la suite, il en fonda plusieurs autres dans le continent.

6. *Ignorance des Barbares.*

On prétend que les anciens Thraces ne connaissaient pas l'usage des lettres. Il est vrai que tous les Barbares de l'Europe, en général, regardaient comme une chose honteuse de savoir s'en servir ². Ceux de l'Asie ne pensaient pas tout-à-fait de même. On a osé dire qu'il n'était pas possible qu'Orphée eût été savant, puisqu'il était né en Thrace, et que la fable lui avait fait une fausse réputation. Je parle d'après Androtion ³ : reste à examiner si Androtion est digne de foi sur le chapitre de l'ignorance des Thraces.

ζ. Περὶ ἑστιωμένων γάμων ὑπ' Ἀλεξάνδρου, ὅτε Δαρεῖον ἐνίκησεν.

Ἀλέξανδρος, ὅτε Δαρεῖον εἷλε, γάμους εἱστία, καὶ ἑαυτοῦ, καὶ τῶν φίλων. Ἐννενήκοντα δὲ ἦσαν οἱ γαμοῦντες, καὶ ἰσάριθμοι τούτοις οἱ θάλαμοι. Ἦν δὲ ὁ ἀνδρὼν, ὁ ὑποδεχόμενος καὶ ἑστιῶν αὐτοὺς, ἑκατοντάκλινος· καὶ ἑκάστη κλίνη ἀργυρόπους ἦν, ἡ δὲ αὐτοῦ χρυσόπους. Καὶ κεκόσμηντο πᾶσαι ἁλουργοῖς καὶ ποικίλοις ἱματίοις ὑφῆς βαρβαρικῆς μεγατίμου. Συμπαρέλαβε δὲ εἰς τὸ συμπόσιον καὶ τοὺς ἰδιοξένους, καὶ κατέκλινεν ἀντιπροσώπους ἑαυτῷ. Ἐν δὲ τῇ αὐλῇ εἱστιῶντο αἵ τε ἄλλαι δυνάμεις, αἱ πεζαὶ, καὶ αἱ ναυτικαὶ, καὶ οἱ ἱππεῖς, καὶ αἱ πρεσβεῖαι δὲ εἱστιῶντο, καὶ οἱ παρεπιδημοῦντες Ἕλληνες. Καὶ ἐγένετο τὰ δεῖπνα πρὸς σάλπιγγα, τὸ μὲν συγκλητικὸν μέλος ᾀδούσης, ὅτε αὐτοὺς ἐχρῆν παριέναι ἐπὶ τὴν δαῖτα, τὸ δὲ ἀνακλητικὸν, ὅτε ἐσήμαινεν ἀπαλλάσσεσθαι. Πέντε δὲ ἡμέρας καθεξῆς τοὺς γάμους ἔθυεν. Ἀφίκοντο δὲ καὶ μουσουργοὶ, καὶ ὑποκριταὶ, οἱ μὲν κωμῳδίας, οἱ δὲ τραγῳδίας, πάμπολλοι. Ἦσαν δὲ καὶ ἐκ τῆς Ἰνδικῆς θαυματοποιοὶ διαπρέποντες, καὶ ἔδοξαν δὲ αὐτοὶ κρατεῖν τῶν ἄλλων τῶν ἀλλαχόθεν.

η. Περὶ γραφικῆς τέχνης.

Κόνων ὁ Κλεωναῖος ἐξειργάσατό, φασι, τὴν τέχνην τὴν γραφικὴν, ὑποφυομένην ἔτι, καὶ ἀτέχνως ὑπὸ τῶν πρὸ αὐτοῦ καὶ ἀπείρως ἐκτελουμένην, καὶ τρόπον τινὰ ἐν σπαργάνοις καὶ γάλαξιν οὖσαν. Διὰ ταῦτά τοι καὶ μισθοὺς τῶν πρὸ αὐτοῦ πρῶτος ἔλαβεν ἁδροτέρους.

7. *Des noces d'Alexandre.*

Lorsque Alexandre eut vaincu Darius, il s'occupa du soin de célébrer ses noces, et celles de plusieurs de ses amis. Les nouveaux époux étaient au nombre de quatre-vingt-dix : on prépara autant de couches nuptiales. Dans le lieu destiné pour le festin, furent dressés cent lits de table, dont les pieds étaient d'argent ; celui du roi avait des pieds d'or : tous étaient ornés de tapis de pourpre, nuancés de différentes couleurs, tissus précieux, travaillés chez les Barbares. Alexandre admit à sa table quelques étrangers, qui lui étaient attachés par un droit particulier d'hospitalité, et les fit placer vis-à-vis de lui. Tous les gens de guerre, soit à pied, soit à cheval, tous les matelots eurent des tables dans le vestibule du palais, ainsi que les Grecs qui se trouvèrent à la cour, ou comme envoyés des villes, ou comme voyageurs. Dans ces repas, tout se faisait au son des trompettes : on sonnait un air pour assembler les convives, et un air différent pour annoncer la sortie de table. Les fêtes durèrent cinq jours consécutifs. Alexandre y avait appelé des musiciens, grand nombre d'acteurs, tant comiques que tragiques, et des bateleurs indiens d'une adresse surprenante, qui parurent l'emporter sur ceux des autres nations [1].

8. *De l'art de la peinture.*

A peine l'art de la peinture était né ; il était, du moins, encore au berceau, et, si j'ose m'exprimer ainsi, enveloppé de ses langes, lorsque Conon [2] de Cléones sut le porter à sa perfection. Ceux qui l'avaient exercé avant lui, étaient sans talent comme sans goût ; aussi les ouvrages de Conon furent-ils mieux payés que ne l'avaient été ceux de ses prédécesseurs.

θ. Περὶ τυράννου ὑπὸ τῶν ἑαυτοῦ παιδικῶν φονευθέντος.

ΑΡΧΕΛΑΟΝ τὸν Μακεδόνων τύραννον (οὕτω γὰρ καὶ Πλάτων αὐτὸν ὀνομάζει, καὶ οὐ βασιλέα), τὰ παιδικὰ αὐτοῦ, Κρατεύας, ἐρασθεὶς τῆς τυραννίδος οὐδὲν ἧττον, ἥπερ ἐκεῖνος τῶν παιδικῶν ἠράσθη, ἀπέκτεινε τὸν ἐραστήν, ὁ Κρατεύας Ἀρχέλαον, ὡς τύραννός τε καὶ εὐδαίμων ἀνὴρ ἐσόμενος. Τρεῖς δὲ ἢ τέσσαρας ἡμέρας τὴν τυραννίδα κατασχών, τὸ μειράκιον, πάλιν αὐτὸς ἐπιβουλευθεὶς ὑφ᾽ ἑτέρων ἐτελεύτησεν. Εἴη δ᾽ ἂν πρεπωδέστατον ἐπειπεῖν τῷδε τῷ Μακεδονικῷ δράματι ὁ ἔπος ἐκεῖνο·

Τεύχων ὡς ἑτέρῳ τις, ἑῷ κακὸν ἥπατι τεύχει.

Ὅτι διεψεύσατο αὐτῷ, φασιν, Ἀρχέλαος τῶν θυγατέρων μίαν δώσειν· ὅτε δὴ ἄλλῳ συνῴκισε τὴν παῖδα, ὑπεραγανακτήσας διέφθειρε τὸν Ἀρχέλαον.

ι. Περὶ Σόλωνος, καὶ τῶν αὐτῷ, καὶ Δράκοντι, γραφέντων νόμων.

ΣΟΛΩΝΑ αἱρετὸν Ἀθηναῖοι προείλοντο ἄρχειν αὐτοῖς, οὐ γὰρ κληρωτὸν τοῦτον. Ἐπεὶ δὲ ᾑρέθη, τά τε ἄλλα ἐκόσμησε τὴν πόλιν, καὶ δὴ καὶ τοὺς νόμους, τοὺς νῦν ἔτι φυλαττομένους, συνέγραψεν αὐτοῖς. Καὶ τότε ἐπαύσαντο Ἀθηναῖοι χρώμενοι τοῖς Δράκοντος· ἐκαλοῦντο δὲ ἐκεῖνοι Θεσμοί. Μόνους δὲ ἐφύλαξαν τοὺς φονικοὺς αὐτοῦ.

ια. Περὶ πραγμάτων μειώσεως καὶ φθορᾶς, καὶ τοῦ κόσμου αὐτοῦ.

ΟΥΔΕΝ ἔτι θαυμάζομεν *, εἰ ἡ τῶν ἀνθρώπων φύσις, θνητὴ οὖσα καὶ ἐφήμερος, φθείρεσθαι αὐτοὺς ἀναγκάζει, ὅπου καὶ

* Cor. leg. θαυμάζωμεν, damnante Boissonad. in not. ad Euripid., t. IV, p. 294.

9. *D'Archélaüs, roi de Macédoine.*

Archélaus, tyran de Macédoine (c'est le titre que Platon lui donne [1], et non celui de roi), aimait passionnément Cratévas [2], qui, de son côté, s'il est permis de parler ainsi, n'était pas moins amoureux du trône d'Archélaüs. Dans l'espérance de succéder au tyran, et de profiter des avantages de la tyrannie, Cratévas l'assassina : mais à peine en eut-il joui pendant trois ou quatre jours, que d'autres ambitieux formèrent et exécutèrent le projet de l'égorger. Ce trait de l'histoire de Macédoine me rappelle un ancien vers, dont l'application est ici bien naturelle : *Ce qu'un homme fait pour en perdre un autre, prépare souvent sa propre perte* [3]. On dit, à la vérité, pour justifier Cratévas, qu'Archélaüs lui avait manqué de parole, en faisant épouser à un autre une de ses filles qu'il lui avait promise en mariage.

10. *De Solon.*

Ce fut le choix libre des Athéniens, non le sort, qui éleva Solon à la dignité d'archonte. Après son élection, il s'occupa du soin d'embellir la ville, et surtout de lui donner des lois, qui s'observent encore aujourd'hui. Les lois de Dracon tombèrent alors en désuétude [4], à la réserve de celles qui concernent l'homicide.

11. *Du dépérissement successif de tous les êtres.*

On ne doit pas s'étonner si l'homme, qui ne naît que pour mourir après une vie de très-courte durée, dépérit

τοὺς ποταμοὺς ὁρῶμεν ἐπιλείποντας, καὶ τῶν ὀρῶν δὲ τὰ ὑψηλότατα ἀκούομεν μειούμενα καὶ ἐκεῖνα. Τὴν γοῦν Αἴτνην φασὶν οἱ πλέοντες ἐξ ἐλάσσονος ὁρᾷν, ἢ προτοῦ ἐβλέπετο· τὸ δὲ αὐτὸ τοῦτο καὶ τὸν Παρνασσὸν παθεῖν, καὶ τὸν Ὄλυμπον τὸν Πιερικόν. Οἱ δὲ ἔτι μᾶλλον δοκοῦντες τὴν τῶν ὅλων φύσιν κατεσκέφθαι λέγουσι καὶ τὸν κόσμον διαφθείρεσθαι αὐτόν.

ιβ. Περὶ Δημοσθένους, Αἰσχίνου, Θεοφράστου, καὶ Δημοχάρους.

ΠΑΡΑΔΟΞΟΝ γε, οὐ γάρ; ἀλλ᾽ ἀληθές*. Ἐκπεσόντος Δημοσθένους ἐν Μακεδονίᾳ, Αἰσχίνης ὁ Ἀτρομήτου ὁ Κοθωκίδης καὶ ἐνευδοκίμει τοῖς Μακεδόσι, καὶ πάμπολυ περιῆν τῶν πρέσβεων τῷ φρονήματι. Αἰτία δὲ ἦν ἄρα τούτου τῷ Αἰσχίνῃ, ἥτε πρὸς Φίλιππον φιλία, καὶ τὰ ἐξ αὐτοῦ δῶρα, καὶ ὅτι πράως καὶ ἡδέως ἤκουεν αὐτοῦ ὁ Φίλιππος, μειλιχίῳ τῷ βλέμματι προσβλέπων καὶ ὑποφαίνων τὴν ἐξ αὐτοῦ εὔνοιαν. Ἅπερ οὖν πάντα ἐφολκὰ ἦν εἰς τὴν παρρησίαν τῷ Αἰσχίνῃ, καὶ τὴν τῶν λόγων εὔροιαν. Οὐ μόνος δὲ τοῦτο ἔπαθε Δημοσθένης ἐν Μακεδονίᾳ, καίτοι δεινότατος ὢν εἰπεῖν, ἀλλὰ καὶ Θεόφραστος ὁ Ἐρέσιος. Ἐξέπεσε γὰρ καὶ οὗτος ἐπὶ τῆς ἐξ Ἀρείου πάγου βουλῆς λέγων· καὶ ταύτην ἀπολογίαν προσεφέρετο, ὅτι κατεπλάγη τὸ ἀξίωμα τοῦ συνεδρίου. Πικρότατα οὖν ἀπήντησε καὶ ἑτοιμότατα πρὸς τοῦτον αὐτοῦ τὸν λόγον ὁ Δημοχάρης, εἰπών, Ὦ Θεόφραστε, Ἀθηναῖοι ἦσαν, ἀλλ᾽ οὐχ οἱ δώδεκα θεοὶ οἱ δικάζοντες.

---

* Vulg., Παράδοξόν γε· οὐ γὰρ ἀληθές; Coraium hic, ut fere ubique, sequimur ducem.

chaque jour ¹, puisqu'on voit les fleuves se tarir, et les plus hautes montagnes s'affaisser sensiblement. Les navigateurs assurent qu'on n'aperçoit plus l'Etna d'aussi loin qu'autrefois : on en dit autant du mont Parnasse, et de l'Olympe de Piérie ². Ceux qui observent plus attentivement la nature, pensent même que le monde tend à sa dissolution.

12. *De Démosthène et d'Eschine, de Théophraste et de Démocharès.*

Une chose très-extraordinaire, mais qui n'en est pas moins vraie, c'est que Démosthène, étant allé en ambassade vers Philippe, roi de Macédoine, manqua de mémoire en prononçant son discours, tandis qu'Eschine, fils d'Atromète, de Cothoce ³, effaçant par sa hardiesse tous ses collègues dans l'ambassade, se faisait la plus glorieuse réputation chez les Macédoniens. Il faut convenir qu'Eschine était encouragé par la certitude d'être agréable à Philippe, qui l'avait comblé de présens. Ce prince, en effet, se plaisait à l'entendre, et ses regards mêmes annonçaient sa bienveillance pour l'orateur. Des dispositions si favorables étaient pour Eschine autant de motifs de confiance, et de puissans ressorts pour délier sa langue. Au reste, l'éloquent Démosthène n'est pas le seul à qui un tel malheur soit arrivé. Théophraste d'Erèse éprouva la même chose dans l'aréopage; et comme il alléguait pour excuse le trouble où l'avait jeté le respect qu'inspire une si auguste assemblée, Démocharès ⁴ lui repartit sur-le-champ avec amertume : *Théophraste, cette assemblée était composée d'Athéniens, non des douze grands dieux.*

ιγ. Τίνες οὐκ ἐγέλων.

ΑΝΑΞΑΓΟΡΑΝ τὸν Κλαζομένιόν φασι μὴ γελῶντά ποτε ὀφθῆναι, μήτε μειδιῶντα τὴν ἀρχήν. Λέγουσι δὲ καὶ Ἀριστοξένου τῷ γέλωτι ἀνὰ κράτος πολέμιον γενέσθαι. Ἡράκλειτόν τε, ὅτι πάντα τὰ ἐν τῷ βίῳ ἔκλαεν.

ιδ. Περὶ Διογένους τελευτῆς.

ΔΙΟΓΕΝΗΣ ὁ Σινωπεὺς, ὅτε λοιπὸν ἐνόσει ἐπὶ θανάτῳ, ἑαυτὸν φέρων μόνον * ἔρριψε κατά τινος γεφυρίου πρὸς γυμνασίῳ ὄντος, καὶ προσέταξε τῷ παλαιστροφύλακι, ἐπειδὰν αἴσθηται ἀποπεπνευκότα αὐτὸν, ῥῖψαι εἰς τὸν Ἰλισσόν. Οὕτως ἄρα ὀλίγον ἔμελε Διογένει καὶ θανάτου, καὶ ταφῆς.

ιε. Περὶ Φιλίππου ἐν νίκῃ ἐγκρατείας, καὶ τίνος ἐβούλετο ἀναμιμνήσκεσθαι.

ΕΝ Χαιρωνείᾳ τοὺς Ἀθηναίους νίκῃ ἐνίκησε Φίλιππος. Ἐπαρθεὶς δὲ τῇ εὐπραγίᾳ, ὅμως λογισμῷ ἐκράτησε, καὶ οὐχ ὕβρισε· καὶ διὰ ταῦτα ᾤετο δεῖν αὐτὸν ὑπομιμνήσκεσθαι ὑπό τινος τῶν παίδων ἕωθεν, ὅτι ἄνθρωπός ἐστιν, καὶ προσέταξε τῷ παιδὶ τοῦτο ἔχειν ἔργον. Καὶ οὐ πρότερόν, φασιν, οὔτε αὐτὸς προῄει, οὔτε τις τῶν δεομένων αὐτοῦ παρ' αὐτὸν εἰσῄει, πρὶν τοῦτο αὐτῷ τὸν παῖδα ἑκάστης ἡμέρας ἐκβοῆσαι τρίς· ἔλεγε δὲ αὐτῷ, Φίλιππε, ἄνθρωπος εἶ.

ιϛ. Περὶ Σόλωνος καὶ Πεισιστράτου.

ΣΟΛΩΝ ὁ Ἐξηκεστίδου, γέρων ἤδη ὢν, ὑπώπτευε Πεισίστρατον τυραννίδι ἐπιθήσεσθαι, ἡνίκα παρῆλθεν εἰς τὴν ἐκκλησίαν

* Gesnerus conj. μόλις; Fabr. μόνος. Nihil variant mss. Quare aliquid mutes, non video

13. *Personnages qui n'ont jamais ri.*

On ne vit jamais rire, pas même sourire, Anaxagore de Clazomènes. Aristoxène [1] fut l'ennemi déclaré du rire. Pour Héraclite, on sait que les différens événemens de la vie étaient pour lui autant de sujets de pleurer.

14. *Mort de Diogène.*

Diogène de Sinope, se sentant attaqué d'une maladie mortelle, alla se coucher sur un pont voisin du gymnase, et pria instamment celui à qui la garde du gymnase était confiée, de le jeter dans l'Ilissus [2], dès qu'il aurait cessé de respirer; tant il regardait d'un œil indifférent, et la mort, et les honneurs de la sépulture.

15. *Précaution de Philippe contre l'orgueil qu'inspire la victoire.*

Philippe, après sa victoire sur les Athéniens à Chéronée, quoique enflé de ses succès, resta toujours maître de lui-même, et n'usa de son pouvoir qu'avec modération [3]. Il pensa que, pour se maintenir dans cette disposition, il serait bon que tous les matins quelqu'un lui rappelât qu'il était homme : il chargea de cette fonction un de ses esclaves. Depuis ce temps, Philippe ne paraissait jamais en public, et ne donnait audience à personne, avant que l'esclave lui eût crié trois fois : *Philippe, vous êtes homme.*

16. *De Solon et de Pisistrate.*

Lorsque Pisistrate, dans une assemblée des Athéniens, demanda qu'on lui donnât une garde, Solon, fils d'Exécestide, déjà vieux, le soupçonna d'affecter la tyrannie. Mais remarquant qu'on écoutait sans intérêt les conseils

τῶν Ἀθηναίων, καὶ ᾔτει φρουρὰν ὁ Πεισίστρατος. Ὁρῶν δὲ τοὺς Ἀθηναίους τῶν μὲν αὐτοῦ λόγων ῥᾳθύμως ἀκούοντας, προσέχοντας δὲ τῷ Πεισιστράτῳ, ἔφη, ὅτι τῶν μέν ἐστι σοφώτερος, τῶν δὲ ἀνδρειότερος. Ὁπόσοι μὲν μὴ γινώσκουσιν, ὅτι, φυλακὴν λαβὼν περὶ τὸ σῶμα, τύραννος ἔσται, ἀλλὰ τούτων μέν ἐστι σοφώτερος· ὁπόσοι δὲ γινώσκοντες, ὑπεσιωπῶσι, τούτων ἀνδρειότερός ἐστιν. Ὁ δὲ λαβὼν τὴν δύναμιν, τύραννος ἦν. Καθεζόμενος δὲ Σόλων πρὸ τῆς οἰκίας, τὴν ἀσπίδα καὶ τὸ δόρυ παραθέμενος ἔλεγεν, ὅτι ἐξώπλισται, καὶ βοηθεῖ τῇ πατρίδι, ᾗ δύναται, στρατηγὸς μὲν διὰ τὴν ἡλικίαν οὐκ ἔτι ὤν, εὔνους δὲ διὰ τὴν γνώμην. Ὅμως οὖν Πεισίστρατος, εἴτε αἰδοῖ τῇ πρὸς τὸν ἄνδρα, καὶ τὴν σοφίαν αὐτοῦ, εἴτε καὶ μνήμῃ τῶν ἐφ᾽ ἡλικίας (λέγεται γὰρ αὐτῷ παιδικὰ γενέσθαι), οὐδέν γε ἔδρασε κακὸν Σόλωνα.

Ὁ δ᾽ οὖν Σόλων ὀλίγον ὕστερον, ὑπέργηρως ὤν, τὸν βίον ἐτελεύτησεν, ἐπὶ σοφίᾳ καὶ ἀνδρείᾳ μεγάλην ἀπολιπὼν δόξαν. Καὶ ἀνέστησαν αὐτῷ χαλκῆν εἰκόνα ἐν τῇ ἀγορᾷ· ἀλλὰ καὶ ἔθαψαν αὐτὸν δημοσίᾳ παρὰ τὰς πύλας πρὸς τῷ τείχει ἐν δεξιᾷ εἰσιόντων, καὶ περιῳκοδόμητο αὐτῷ ὁ τάφος.

ιζ. Περὶ Σκύθου, Ζαγκλαίων μονάρχου.

Ὅτι Σκύθης ὁ Ἰνύκινος, ὁ τῶν Ζαγκλαίων μονάρχης, ἀνέβη εἰς Ἀσίαν παρὰ βασιλέα Δαρεῖον. Καὶ αὐτὸν ἐνόμισε πάντων δικαιότατον ἀνδρῶν εἶναι, ὅσοι ἐκ τῆς Ἑλλάδος παρ᾽ αὐτὸν ἀνέβησαν, ὅτι παραιτησάμενος βασιλέα ἀφίκετο εἰς Σικελίαν, καὶ πάλιν ἐκ Σικελίας παρὰ βασιλέα ὀπίσω. Τοῦτο δὲ Δημοκήδης ὁ Κροτωνιάτης οὐκ ἐποίησε· καὶ διὰ τοῦτο Δαρεῖος ὑπὲρ αὐτοῦ φλαύρως ἔλεγεν, ἀπατεῶνα λέγων, καὶ ἄνθρωπον κά-

qu'il donnait, et que la faveur du peuple était pour Pisistrate, il dit aux Athéniens : « Parmi vous, les uns ne sentent pas qu'en accordant une garde à Pisistrate, on en fera un tyran; et les autres, prévoyant les suites de sa demande, n'osent s'y opposer : pour moi, je suis plus clairvoyant que les premiers, et plus courageux que les seconds. » Cependant Pisistrate obtint ce qu'il désirait, et parvint à la tyrannie. Depuis ce temps, Solon, assis à la porte de sa maison, tenant sa lance d'une main, et de l'autre son bouclier, ne cessait de dire, « J'ai pris mes armes pour défendre la patrie autant que je le pourrai : mon grand âge ne me permet plus de marcher à la tête de ses armées; mon cœur, du moins, combattra pour elle. » Quant à Pisistrate, soit respect pour la sagesse de ce grand homme, soit tendre souvenir de l'amitié, un peu suspecte, ou du moins équivoque, que Solon avait eue pour lui dans sa jeunesse, il ne lui fit point éprouver son ressentiment.

Peu de temps après, Solon mourut dans une extrême vieillesse [1], laissant après lui la réputation de la plus haute sagesse, et du courage le plus inébranlable. Les Athéniens lui érigèrent, dans la place publique, une statue de bronze, et l'enterrèrent solennellement, aux portes de la ville, près des murs, à droite en entrant, et firent une enceinte de pierres autour de son tombeau.

17. *De Scythès, roi des Zancléens.*

Scythès, roi des Zancléens [2], s'étant retiré en Asie, y fut reçu par Darius, et mérita d'être regardé comme le plus vertueux des Grecs qu'on eût jamais vus à la cour de Perse, parce que, ayant obtenu de ce prince la permission de faire un voyage en Sicile, il revint auprès de lui, comme il l'avait promis, au lieu que Démocède de Crotone n'en avait pas usé de même [3]. Aussi Darius en parlait-il comme du plus faux et du plus méchant des hommes. Scythès vé-

κιστον. Ὁ οὖν Σκύθης ἐν Πέρσαις, μέγα ὄλβιος ὤν, γήρᾳ κατέστρεψε τὸν βίον.

ιη. Περὶ Εὐθύμου, καὶ τοῦ ἐν Τεμέσῃ Ἥρωος, καὶ παροιμίας.

ΕΥ̓́ΘΥΜΟΣ ὁ Λοκρὸς τῶν ἐν Ἰταλίᾳ, πύκτης ἀγαθὸς ἦν, ῥώμῃ τε σώματος πεπίστευται θαυμασιώτατος γενέσθαι. Λίθον γὰρ μεγέθει μέγιστον δεικνύουσι Λοκροί, ὃν ἐκόμισε, καὶ ἔθηκε πρὸ τῶν θυρῶν. Καὶ τὸν ἐν Τεμέσῃ Ἥρωα, φόρους πραττόμενον παρὰ τῶν προσοίκων ἔπαυσεν. Ἀφικόμενος γὰρ εἰς τὸ ἱερὸν αὐτοῦ, ὅπερ ἄβατον ἦν τοῖς πολλοῖς, διηγωνίσατο πρὸς αὐτὸν, καὶ ἠνάγκασεν, ὧνπερ ἐσύλησεν, ἀποτίσαι πλείω. Ἐντεῦθέν τοι καὶ ἐρρεύσεν ἡ παροιμία, ἡ λέγουσα, ἐπὶ τῶν ἀλυσιτελῶς τι κερδαινόντων, ὅτι αὐτοῖς ἀφίξεται ὁ ἐν Τεμέσῃ Ἥρως. Λέγουσι δὲ τὸν αὐτὸν Εὔθυμον, καταβάντα ἐπὶ τὸν Καικινὸν ποταμὸν, ὅς ἐστι πρὸ τῆς τῶν Λοκρῶν πόλεως, ἀφανισθῆναι.

ιθ. Ἐπιτύμβιον Ἀναξαγόρου, καὶ βωμὸς αὐτοῦ.

Ὅτι τοῦτο ἐπιγέγραπται Ἀναξαγόρᾳ·

Ἐνθάδ' ὁ πλεῖστον ἀληθείας ἐπὶ τέρμα περήσας
Οὐρανίου κόσμου, κεῖται Ἀναξαγόρας.

Ὅτι καὶ βωμὸς αὐτῷ ἵσταται, καὶ ἐπιγέγραπται, ὁ μὲν, Νοῦ, ὁ δὲ, Ἀληθείας.

eut dans l'abondance chez les Perses, et y mourut dans un âge fort avancé.

18. *D'Euthyme et du Génie de Témèse.*

On raconte des choses prodigieuses de la force du corps d'Euthyme, athlète célèbre, né chez les Locriens d'Italie [1]. Ses compatriotes montrent encore une pierre d'une énorme grosseur, qu'il porta seul, et qu'il plaça devant les portes de la ville. Il y avait aux environs de Témèse un Génie [2], qui forçait les habitans à lui payer tribut : Euthyme les en délivra. Ayant trouvé le moyen de pénétrer dans le temple qu'habitait ce Génie, temple inaccessible pour tout autre, il le combattit, et l'obligea de rendre plus qu'il n'avait pris. C'est depuis cette aventure qu'on a dit proverbialement de ceux à qui leurs gains ne profitent pas, *Qu'ils éprouvent le sort du Génie de Témèse* [3]. Euthyme, dit-on, étant un jour allé au bord du fleuve Cécines, qui passe près de la ville des Locriens, ne reparut plus [4].

19. *Épitaphe d'Anaxagore.*

Telle est l'épitaphe qu'on grava sur le tombeau d'Anaxagore [5] : « Ci gît Anaxagore, qui, s'élevant jusqu'aux plus sublimes spéculations, pénétra le secret de l'arrangement du ciel. » On lui dédia deux autels, l'un sous le nom de l'*Intelligence* [6], l'autre sous le nom de la *Vérité*.

ΒΙΒΛΙΟΝ ΕΝΝΑΤΟΝ.

α. *Ὅτι Ἱέρων καὶ παιδείαν ἠγάπησε, καὶ εὐεργέτης ἦν, καὶ τοῖς ἀδελφοῖς ἐν ἀγάπῃ συνεβίου.*

Ἱέρωνά φασι τὸν Συρακούσιον φιλέλληνα γενέσθαι, καὶ τιμῆσαι παιδείαν ἀνδρειότατα. Καὶ ὡς ἦν προχειρότατος εἰς τὰς εὐεργεσίας λέγουσι· προθυμότερον γάρ φασιν αὐτὸν χαρίζεσθαι, ἢ τοὺς αἰτοῦντας λαμβάνειν. Ἦν δὲ καὶ τὴν ψυχὴν ἀνδρειότατος. Ἀβασανίστως δὲ καὶ τοῖς ἀδελφοῖς συνεβίωσε, τρισὶν οὖσι, πάνυ σφόδρα ἀγαπήσας αὐτούς, καὶ ὑπ᾽ αὐτῶν φιληθεὶς ἐν τῷ μέ, ει.

Τούτῳ, φασί, καὶ Σιμωνίδης συνεβίωσε, καὶ Πίνδαρος. Καὶ οὐκ ὤκνησέ γε Σιμωνίδης, βαρὺς ὢν ὑπὸ γήρως, πρὸς αὐτὸν ἀφικέσθαι. Ἦν μὲν γὰρ καὶ φύσει φιλάργυρος ὁ Κεῖος· προύτρεπε δὲ αὐτὸν καὶ πλέον ἡ τοῦ Ἱέρωνος φιλοδωρία, φασίν.

β. *Περὶ Ταυροσθένους νίκης.*

Ὅτι ἐν Αἰγίνῃ ἐξ Ὀλυμπίας αὐθημερὸν διηγγέλη ἡ νίκη τοῦ Ταυροσθένους τῷ πατρὶ αὐτοῦ ὑπὸ φάσματος, φασιν. Ἄλλοι δέ φασι, περιστερὰν τὸν Ταυροσθένην ἐπάγεσθαι, ἀπολιποῦσαν τοὺς ἑαυτῆς νεοσσούς, ὑγροὺς ἔτι καὶ ἀπτῆνας. Νικήσαντα δὲ ἀφεῖναι τὴν πελειάδα, προσάψαντα πορφύραν αὐτῇ· τὴν δέ, ἐπειγομένην πρὸς τοὺς νεοττούς, ἀπαυθημερίσαι ἐκ Πίσσης εἰς Αἴγιναν.

LIVRE NEUVIÈME.

1. *Caractère d'Hiéron.*

Hiéron de Syracuse aimait singulièrement les Grecs, et faisait grand cas de la science. Naturellement libéral, il était plus prompt à donner que ceux qui demandaient n'étaient empressés à recevoir. Son âme était trop élevée pour s'abaisser jusqu'à la défiance. Il vécut avec ses trois frères dans l'union la plus intime; union réciproque, que les soupçons ne troublèrent jamais.

Simonide et Pindare passèrent avec Hiéron une partie de leur vie : le premier, quoique déjà appesanti par les années, n'avait pas hésité à se rendre auprès de lui ; la réputation de générosité que le tyran de Syracuse avait si justement acquise, était un attrait puissant pour le vieillard de Céos, qui, dit-on, aimait passionnément l'argent [1].

2. *De la victoire de Taurosthène.*

Quelques écrivains racontent [2] que le jour même où Taurosthène remporta la victoire aux jeux olympiques, son père en fut instruit par un spectre qui lui apparut. D'autres disent que Taurosthène avait emporté avec lui un pigeon, dont les petits à peine éclos n'avaient point encore de plumes ; et que l'ayant lâché dans le moment où il fut déclaré vainqueur, après lui avoir attaché au col un morceau d'étoffe pourpre, le pigeon vola vers ses petits avec tant de vitesse, qu'en un jour il arriva de Pise à Égine [3].

γ. Περί τινων, καὶ τῆς τοῦ Ἀλεξάνδρου τρυφῆς, καὶ ὑπερηφανίας.

Ὅτι διέθρυπτε τοὺς ἑταίρους Ἀλέξανδρος, τρυφᾶν ἐπιχωρῶν αὐτοῖς. Εἶχε καὶ Ἅγνων χρυσοῦς ἥλους ἐν ταῖς κρηπῖσιν ἐφόρει. Κλεῖτος δὲ, εἴποτε μέλλοι τισὶ χρηματίζειν, ἐπὶ πορφυρῶν βαδίζων εἱμάτων, τοὺς δεομένους προσίετο. Περδίκκᾳ δὲ καὶ Κρατερῷ φιλογυμναστοῦσιν ἠκολούθουν διεφθέραι σταδιαῖαι τὸ μέγεθος, ὑφ᾽ ὧν περιλαμβάνοντες τόπον εὐμεγέθη ἐν ταῖς καταστρατοπεδείαις ἐγυμνάζοντο. Εἵπετο δὲ αὐτοῖς καὶ πολλὴ κόνις δι᾽ ὑποζυγίων, εἰς τὰ γυμνάσια λυσιτελὴς οὖσα. Λεοννάτῳ δὲ καὶ Μενελάῳ φιλοθηροῦσιν αὐλαῖαι σταδίων ἑκατὸν ἠκολούθουν.

Αὐτῷ δὲ Ἀλεξάνδρῳ ἡ μὲν σκηνὴ ἦν κλινῶν ἑκατόν· χρυσοῖ δὲ κίονες πεντήκοντα διειλήφεσαν αὐτὴν, καὶ τὸν ὄροφον αὐτῆς ἀνεῖχον· αὐτὸς δὲ ὁ ὄροφος διάχρυσος ἦν, καὶ ἐκπεπόνητο ποικίλμασι πολυτελέσι. Καὶ πρῶτοι μὲν Πέρσαι πεντακόσιοι, οἱ καλούμενοι Μηλοφόροι, περὶ αὐτὴν ἐντὸς * εἰστήκεσαν, πορφυρᾶς καὶ μηλίνας ἠσθημένοι στολάς· ἐπ᾽ αὐτοῖς δὲ τοξόται χίλιοι, φλόγινα ἐνδεδυκότες καὶ ὑσγινοβαφῆ· πρὸ δὲ τούτων οἱ ἀργυράσπιδες, πεντακόσιοι Μακεδόνες. Ἐν μέσῃ δὲ τῇ σκηνῇ χρυσοῦς ἐτίθετο δίφρος, καὶ ἐπ᾽ αὐτῷ καθήμενος Ἀλέξανδρος ἐχρημάτιζε, περιεστώτων αὐτῷ πάντοθεν τῶν σωματοφυλάκων. Περιῄει δὲ τὴν σκηνὴν περίβολος, ἔνθα ἦσαν Μακεδόνες χίλιοι, καὶ Πέρσαι μύριοι. Καὶ οὐδεὶς ἐτόλμα ῥᾳδίως προσελθεῖν αὐτῷ· πολὺ γὰρ ἦν τὸ ἐξ αὐτοῦ δέος, ἀρθέντος ὑπὸ φρονήματος καὶ τύχης εἰς τυραννίδα.

---

* Cor. maluit ἐκτός.

3. *Luxe d'Alexandre.*

On peut dire que ce fut Alexandre lui-même qui amollit ses favoris, en souffrant qu'ils s'abandonnassent au luxe. Agnon portait des souliers garnis de clous d'or [1]. Lorsque Clitus avait à parler de quelque affaire, il recevait, en se promenant sur des tapis de pourpre [2], ceux avec qui il devait la traiter. Perdiccas et Cratère, grands amateurs de la gymnastique, avaient toujours, parmi leurs bagages, assez de peaux pour couvrir l'étendue d'un stade, dont ils formaient dans le camp une vaste enceinte, pour s'y livrer aux différens exercices : à leur suite marchaient des chevaux chargés de sacs de poussière, pour le combat de la lutte [3]. Léonnatus et Ménélas, qui aimaient la chasse, faisaient porter avec eux une ample provision de toiles : il y en avait de quoi entourer un espace de cent stades.

La tente d'Alexandre pouvait contenir cent lits : cinquante colonnes dorées soutenaient un plafond pareil, dont le travail était aussi varié que précieux. Autour de la tente, en dedans, on trouvait d'abord cinq cents Perses, vêtus de robes couleur pourpre et jaunes, on les nommait *Mélophores* [4]; après eux, un corps de mille archers, vêtus de robes mi-parties couleur de feu et d'une autre couleur tirant sur le rouge : ils étaient précédés de cinq cents Macédoniens, portant des boucliers d'argent. Au milieu de la tente, s'élevait un trône d'or, sur lequel le roi, environné de ses gardes, venait s'asseoir pour donner ses audiences. En dehors, et dans toute la circonférence, on avait ménagé un espace toujours garni de mille Macédoniens et dix milles Perse. Personne n'osait entrer sans permission chez Alexandre : sa fierté naturelle, et l'orgueil tyrannique que les succès y avaient ajouté, inspiraient la terreur.

δ. Περὶ Πολυκράτους σπουδῆς περὶ τὸν Ἀνακρέοντα, καὶ ζηλοτυπίας.

ΠΟΛΥΚΡΑΤΗΣ ὁ Σάμιος ἐν Μούσαις ἦν, καὶ Ἀνακρέοντα ἐτίμα τὸν Τήϊον, καὶ διὰ σπουδῆς ἦγε, καὶ ἔχαιρεν αὐτῷ, καὶ τοῖς ἐκείνου μέλεσιν. Οὐκ ἐπαινῶ δὲ αὐτοῦ τὴν τρυφήν. Ἀνακρέων ἐπῄνεσε Σμερδίην θερμότερον, τὰ παιδικὰ Πολυκράτους. Εἶτα ἥσθη τὸ μειράκιον τῷ ἐπαίνῳ, καὶ τὸν Ἀνακρέοντα ἠσπάζετο σεμνῶς εὖ μάλα, ἐρῶντα τῆς ψυχῆς, ἀλλ' οὐ τοῦ σώματος. Μὴ γάρ τις ἡμῖν διαβαλλέτω, πρὸς θεῶν, τὸν ποιητὴν τὸν Τήϊον, μὴ δ' ἀκόλαστον εἶναι λεγέτω. Ἐζηλοτύπησε δὲ Πολυκράτης, ὅτι τὸν Σμερδίην ἐτίμησε, καὶ ἑώρα τὸν ποιητὴν ὑπὸ τοῦ παιδὸς ἀντιφιλούμενον· καὶ ἀπέκειρε τὸν παῖδα ὁ Πολυκράτης, ἐκεῖνον μὲν αἰσχύνων, οἰόμενος δὲ λυπεῖν Ἀνακρέοντα. Ὁ δὲ οὐ προσεποιήσατο αἰτιᾶσθαι τὸν Πολυκράτην σωφρόνως καὶ ἐγκρατῶς· μετήγαγε δὲ τὸ ἔγκλημα ἐπὶ τὸ μειράκιον, ἐν οἷς ἐπεκάλει τόλμαν αὐτῷ καὶ ἀμαθίαν, ὁπλισαμένῳ κατὰ τῶν ἑαυτοῦ τριχῶν. Τὸ δὲ ᾆσμα τὸ ἐπὶ τῷ πάθει τῆς κόμης Ἀνακρέων ᾀσάτω· ἐμοῦ γὰρ αὐτὸς ἄμεινον ᾄσεται.

ε. Περὶ Ἱέρωνος καὶ Θεμιστοκλέους.

ΘΕΜΙΣΤΟΚΛΗΣ Ἱέρωνα ἥκοντα εἰς Ὀλυμπίαν, Ὀλυμπίων ἀγομένων, ἵππους ἄγοντα, εἶρξε τῆς ἀγωνίας εἰπών, τὸν μὴ μεταλαβόντα τοῦ μεγίστου τῶν κινδύνων, τῶν πανηγύρεων μεταλαμβάνειν μὴ δεῖν· καὶ ἐπῃνέθη Θεμιστοκλῆς.

4. *De Polycrate et d'Anacréon.*

Polycrate, ami déclaré des muses, faisait grand cas d'Anacréon : il aimait également sa personne et ses vers. Mais je ne puis approuver, dans le tyran de Samos, le trait de faiblesse que je vais rapporter. Anacréon ayant eu occasion de parler de Smerdias, objet de la tendresse de Polycrate, l'avait loué avec la plus grande chaleur. Le jeune homme, flatté des éloges du poëte, s'attacha fortement à lui. Qu'on ne s'avise pas d'en conclure rien d'odieux contre les mœurs du poëte de Téos : par les dieux! il aimait en Smerdias les qualités de son âme, et rien de plus. Cependant Polycrate, jaloux de l'honneur qu'Anacréon avait fait à Smerdias, non moins jaloux de l'union qui s'était formée entre eux, fit raser la tête du jeune homme, autant pour l'humilier que pour causer du déplaisir au poëte. Mais Anacréon fut assez maître de lui-même pour feindre prudemment qu'il ne s'en prenait point à Polycrate : il mit cette action sur le compte de Smerdias, et lui reprocha d'avoir fait une sottise, en osant s'armer lui-même contre sa chevelure. Qu'Anacréon chante donc les vers qu'il a faits sur la perte des cheveux de Smerdias; il les chantera mieux que moi [1].

5. *D'Hiéron et de Thémistocle.*

Hiéron étant venu à Olympie, pendant la célébration des jeux, pour y disputer le prix de la course des chevaux, Thémistocle empêcha qu'il n'entrât en lice : « Il n'est pas juste, dit-il, que celui qui n'a point partagé les dangers de la Grèce [2], ait part à ses jeux. » Et Thémistocle fut approuvé.

ς'. Περὶ Περικλέους, καὶ υἱῶν αὐτοῦ λοιμῷ ἀποθανόντων.

Ὅτι Περικλῆς, ἐν τῷ λοιμῷ τοὺς παῖδας ἀποβαλὼν, ἀνδρειότατα τὸν θάνατον αὐτῶν ἤνεγκε, καὶ πάντας Ἀθηναίους εὐθυμότερον ἔπεισε τοὺς τῶν φιλτάτων θανάτους φέρειν.

ζ'. Περὶ Σωκράτους ἐν πᾶσιν εὐθυμίας.

Ἔλεγεν ἡ Ξανθίππη, ὡς μυρίων μεταβολῶν τὴν πόλιν κατασχουσῶν, ἐν πάσαις ὅμοιον ἦν τὸ Σωκράτους πρόσωπον, καὶ προϊόντος ἐκ τῆς οἰκίας, καὶ ἐπανιόντος, ἀεὶ θεᾶσθαι· ἥρμοστο γὰρ πρὸς πάντα ἐπιεικῶς, καὶ ἦν ἵλεως ἀεὶ τὴν διάνοιαν, καὶ λύπης ὑπεράνω πάσης, καὶ φόβου κρείττων παντὸς ὤν.

η'. Ὅτι ἀκόλαστος περὶ γυναῖκας Διονύσιος.

Ὁ νέος Διονύσιος, εἰς τὴν Λοκρῶν πόλιν παριὼν (εἴγε ἡ Δωρὶς ἡ μήτηρ αὐτοῦ Λοκρὶς ἦν), τοὺς οἴκους τῶν μεγίστων τῶν ἐν τῇ πόλει καταλαμβάνων, ῥόδοις, καὶ ἑρπύλλοις, καὶ ἄλλοις ἄνθεσι καταστρωννὺς, τὰς τῶν Λοκρῶν θυγατέρας μετεπέμπετο, καὶ συνῆν αὐταῖς ἀκολαστότερον*· Ὑπὲρ δὴ τούτου ἔτισε δίκην· ἐπειδὴ γὰρ αὐτοῦ ἡ τυραννὶς κατελύθη ὑπὸ Δίωνος, ἐνταῦθα οἱ Λοκροὶ τὴν γυναῖκα τοῦ Διονυσίου καὶ τὰς θυγατέρας κατεπόρνευσαν, καὶ ἀνέδην αὐταῖς ἐνύβριζον πάντες, μάλιστα οἱ προσήκοντες ταῖς παρθένοις ταῖς ὑπὸ Διονυσίου διεφθαρμέναις. Ἡνίκα δὲ διακορεῖς ἐγένοντο ὑβρίζοντες, κεντοῦντες αὐτὰς ὑπὸ τοῖς ὄνυξι τοῖς τῶν χειρῶν βελόναις

---

* Ἐγράφετο, Ἀκολαστότατος· ἐν ἄλλοις δὲ, Ἀκολαστότερος· ὃ δὴ εἰς τὸ ἐπιρρηματικὸν, Ἀκολαστότερον, τρέψαι δεῖν ἔγνων. Coray.

6. *De Périclès.*

On a vu Périclès, lorsque la peste lui ravit ses enfans, supporter ce malheur avec la plus grande fermeté : son exemple apprit aux Athéniens à souffrir courageusement la perte de ce qu'ils avaient de plus cher.

7. *Égalité d'âme de Socrate.*

Xanthippe avait coutume de dire, qu'au milieu des troubles qui agitaient sans cesse la république, elle n'avait jamais remarqué aucun changement sur le visage de Socrate, soit lorsqu'il sortait de chez lui, soit quand il y rentrait. C'est que Socrate était préparé à tous les événemens : un fond de gaieté naturelle le défendait des atteintes de la tristesse, et l'élévation de son âme le mettait au-dessus de la crainte.

8. *Juste punition des excès de Denys le jeune.*

Denys le jeune, en arrivant dans la ville des Locriens (c'était la patrie de Doris sa mère), commença par s'emparer des maisons des citoyens les plus puissans. Bientôt, par son ordre, ces maisons furent jonchées de roses, de serpolet, et d'autres fleurs de différentes espèces, pour y recevoir les filles des Locriens qu'il se faisait amener, comme des victimes destinées à satisfaire son incontinence. Un tel excès ne demeura pas impuni. Lorsque Denys eut été chassé du trône par Dion [1], les Locriens prostituèrent la femme et les filles du tyran : ces malheureuses essuyèrent les traitemens les plus honteux, principalement de la part de ceux qui avaient des liaisons de parenté ou d'alliance avec les filles que Denys avait déshonorées. Quand on fut las de les outrager, on les fit mourir, après leur avoir enfoncé de longues aiguilles sous les ongles des

ἀπέκτειναν. Τὰ δὲ ὀστᾶ κατέκοψαν ἐν ὅλμοις, καὶ τὰ κρέα τῶν ὀστῶν ἀφελόντες ἐπηράσαντο τοῖς μὴ γευσαμένοις αὐτῶν· εἰ δέ τι περιελείφθη ἐξ αὐτῶν, κατεπόντωσαν. Ὁ δὲ ἐν Κορίνθῳ, πολλαῖς καὶ ποικίλαις χρησάμενος βίου μεταβολαῖς, διὰ τὴν ὑπερβάλλουσαν ἀπορίαν, τελευταῖον δὲ μητραγυρτῶν, καὶ κρούων τύμπανα, καὶ καταυλούμενος δέ, τὸν βίον κατέστρεψεν.

θ. Ὅτι καὶ Δημήτριος ἀκόλαστος.

ΔΗΜΗΤΡΙΟΣ ὁ Πολιορκητὴς ᾕρει τὰς πόλεις, καὶ τῇ ἑαυτοῦ τρυφῇ καταχρώμενος, χίλια μὲν καὶ διακόσια τάλαντα πρόσοδον ἑαυτῷ περιεποιήσατο καθ᾽ ἕκαστον ἔτος, καὶ ἐκ τούτων ὀλίγα μὲν ἐς τὸ στρατόπεδον ἐδαπάνα, τὰ δὲ λοιπὰ εἰς τὴν ἀκολασίαν τὴν ἑαυτοῦ. Μύροις τε ἐρραίνετο αὐτῷ* τὸ δάπεδον, καὶ καθ᾽ ἑκάστην ἔτους ὥραν τὰ ἐνακμάζοντα τῶν ἀνθῶν πάντα ὑπεσπείρετο αὐτῷ, ἵνα κατ᾽ αὐτῶν βαδίζῃ. Ἦν δὲ καὶ πρὸς γυναῖκας ἀκόλαστος, καὶ νεανικοῖς ἔρωσιν ἐπεχείρει. Ἔμελε δὲ αὐτῷ καὶ καλῷ εἶναι, εὐθετίζοντι τὴν τρίχα, καὶ ξανθιζομένῳ, καὶ ὑπαλειφομένῳ τὸ πρόσωπον παιδέρωτι. Καὶ τοῖς ἄλλοις δὲ ἐχρίετο ἀλείμμασι, προσφιλοτιμούμενος τῇ ῥαθυμίᾳ.

ι. Περὶ Πλάτωνος βίου ὀλιγωρίας.

Ὁ ΠΛΑΤΩΝ, νοσεροῦ χωρίου λεγομένου εἶναι τῆς Ἀκαδημίας, καὶ συμβουλευόντων αὐτῷ ἰατρῶν εἰς τὸ Λύκειον μετοικῆ-

---

* Al., καὶ αὐτό; al., καὶ αὐτῷ.

mains; leurs os furent broyés dans des mortiers : quiconque refusait de manger des chairs qu'on en avait séparées, était dévoué aux Furies. Enfin, ce qui resta de leurs corps fut jeté dans la mer. Pour Denys, il alla chercher un asyle à Corinthe : après avoir essayé de tous les genres de vie, réduit à une extrême misère, il finit par se faire prêtre de Cybèle [1]. Dans ce nouvel état, il quêtait, au nom de la déesse, en jouant du tambour et dansant au son de la flûte : c'est ainsi qu'il termina sa carrière.

9. *Du luxe de Démétrius.*

DÉMÉTRIUS Poliorcète [2] se rendit maître d'un grand nombre de villes; et des contributions exorbitantes qu'il eut la dureté d'en exiger, il se fit un revenu annuel de douze cents talents. Une très-petite partie de cette somme était employée pour l'entretien de son armée; le reste servait à payer ses plaisirs. Tout était parfumé chez lui, jusqu'au pavé de son appartement, qu'on avait soin, d'ailleurs, de joncher des fleurs nouvelles que produit chaque saison de l'année, afin qu'il ne marchât que sur des fleurs. Son penchant à l'amour était extrême, et ne se bornait pas aux femmes. Le soin de sa figure était pour lui une occupation sérieuse : ce n'était pas assez que ses cheveux fussent toujours arrangés avec art; il avait le secret de les rendre blonds [3], comme il savait, par le secours de l'acanthe, donner à ses joues une teinture rouge. Je n'entrerai point dans le détail des drogues de toute espèce dont ce fastueux efféminé faisait usage.

10. *Du mépris de Platon pour la vie.*

COMME l'Académie passait pour un lieu malsain, les médecins conseillèrent à Platon d'aller s'établir au Lycée : « Je n'en ferai rien, leur répondit le philosophe; je n'irais pas

σαι, οὐκ ἠξίωσεν, εἰπών, Ἀλλ' ἔγωγε οὐκ ἂν οὐδὲ εἰς τὰ ἄκρα τὰ τοῦ Ἄθω μετῴκησα ἂν ὑπὲρ τοῦ μακροβιώτερος γενέσθαι.

ια. Περὶ Παῤῥασίου τοῦ ζωγράφου.

ΠΑῤῬΑΣΙΟΣ ὁ ζωγράφος, ὅτι μὲν πορφυρίδα ἐφόρει, καὶ χρυσοῦν στέφανον περιέκειτο, μαρτυροῦσι καὶ ἄλλοι, καὶ τὰ ἐπιγράμματα δὲ ἐπὶ πολλῶν εἰκόνων αὐτοῦ. Ἠγωνίσατο δέ ποτε ἐν Σάμῳ, συνέτυχε δὲ ἀντιπάλῳ οὐ κατὰ πολὺ ἐνδεεστέρῳ αὐτοῦ, εἶτα ἡττήθη. Τὸ δὲ ἐπίγραμμα ἦν αὐτῷ, ὁ Αἴας ὑπὲρ τῶν ὅπλων τῶν Ἀχιλλέως ἀγωνισάμενος πρὸς τὸν Ὀδυσσέα. Ἡττηθεὶς δέ, εὖ μάλα ἀστείως ἀπεκρίνατο πρὸς τὸν συναχθόμενον αὐτῷ τῶν ἑταίρων, ὁ Παῤῥάσιος· ἔφη γὰρ αὐτὸς μὲν ὑπὲρ τῆς ἥττης ὀλίγον φροντίζειν, συνάχθεσθαι δὲ τῷ παιδὶ τοῦ Τελαμῶνος, δεύτερον τοῦτο ὑπὲρ τῶν αὐτῶν ἡττηθέντι. Κατεῖχε δὲ καὶ σκίπωνα χρυσᾶς ἕλικας ἔχοντα περιερπούσας, χρυσοῖς τε ἀνασπάστοις ἐπέσφιγγε τοὺς ἀναγωγέας τῶν βλαυτῶν. Φασὶ δὲ αὐτόν, μηδὲ ἄκοντα, μηδὲ ἐπιπόνως τὰ ἐν τῇ τέχνῃ χειρουργεῖν, πάνυ δὲ εὐθύμως καὶ ῥᾳδίως· καὶ γὰρ καὶ ᾖδε, καὶ ὑποκινυρόμενος, τὸν κάματον τὸν ἐκ τῆς ἐπιστήμης ἐπειρᾶτο ἐπελαφρύνειν. Λέγει δὲ ταῦτα Θεόφραστος.

ιβ. Περὶ Ἐπικουρείων ἐξωσθέντων ὑπὸ Ῥωμαίων καὶ Μεσσηνίων.

ὍΤΙ Ῥωμαῖοι Ἀλκαῖον καὶ Φιλίσκον, τοὺς Ἐπικουρείους, ἐξέβαλον τῆς πόλεως, ὅτι πολλῶν καὶ ἀτόπων ἡδονῶν εἰσηγηταὶ τοῖς νέοις ἐγέγονοντο. Καὶ Μεσσήνιοι δὲ ἐξέωσαν τοὺς Ἐπικουρείους.

même habiter le sommet du mont Athos, quand je serais certain de prolonger ma vie au-delà du plus long terme que les hommes aient jamais pu atteindre [1].

11. *Du peintre Parrhasius.*

Le peintre Parrhasius [2] portait des habits de pourpre et une couronne d'or. C'est un fait attesté par différens écrivains, et par les inscriptions mêmes de ses tableaux [3]. S'étant un jour présenté pour disputer le prix, dans l'île de Samos, il rencontra un concurrent qui ne lui était pas inférieur, et qui l'emporta sur lui [4]. Le tableau de Parrhasius représentait le combat d'Ajax et d'Ulysse, se disputant les armes d'Achille. Comme un de ses amis lui témoignait la part qu'il prenait à son malheur : « Je suis, répondit Parrhasius, peu touché de ma défaite; mais je plains le sort du fils de Télamon, qui se trouve vaincu pour la seconde fois en combattant pour les mêmes armes. » Parrhasius portait un bâton orné de filets d'or, qui l'entouraient en serpentant : des cordons du même métal serraient les oreilles de sa chaussure autour de ses pieds. Au reste, l'exercice de son art n'avait rien de triste ni de fatigant pour lui : comme il le cultivait par goût, il s'y livrait avec plaisir. Souvent même il égayait son travail, en chantant ou en répétant quelque air à demi-voix. C'est de Théophraste que nous tenons ces détails.

12. *Conduite des Romains et des Messéniens à l'égard des Épicuriens.*

Les Romains bannirent de leur ville Alcée et Philisque, sectateurs d'Épicure, parce qu'ils avaient inspiré à la jeunesse le goût des voluptés criminelles. Les Messéniens traitèrent de même tous les Épicuriens.

ιγ. Περὶ Διονυσίου ἀδδηφαγίας καὶ παχύτητος.

ΔΙΟΝΎΣΙΟΝ τὸν Ἡρακλεώτην, Κλεάρχου τοῦ τυράννου υἱὸν, ἀκούω ἐκ τῆς καθ᾽ ἡμέραν ἀδδηφαγίας καὶ τρυφῆς λαθεῖν αὑτὸν ὑπερσαρκήσαντα καὶ καταπιανθέντα. Τὰ ἐπίχειρα γοῦν τοῦ κατὰ τὸ σῶμα μεγέθους, καὶ τοῦ περὶ τὰς σάρκας ὄγκου, ἐκαρπώσατο δύσπνοιαν. Φάρμακον οὖν αὐτῷ τοῦδε τοῦ πάθους συνέταξαν οἱ ἰατροί, φασι, βελόνας λεπτὰς κατασκευάσαι μηκίστας, εἶτα ταύτας διὰ τῶν πλευρῶν καὶ τῆς κοιλίας διωθεῖν, ὅταν εἰς ὕπνον τύχῃ βαθύτερον ἐμπεσών. Ἦν δὲ ἄρα τοῦτο ἐπιμελὲς ἐκείνοις δρᾶν, ἔστ᾽ ἂν ὅλη διὰ τῆς πεπωρωμένης καὶ τρόπον τινὰ ἀλλοτρίας αὐτοῦ σαρκὸς διεῖρπεν ἡ βελόνη· ἀλλ᾽ ἐκεῖνός γε ἔκειτο λίθου διαφέρων οὐδέν. Εἰ δὲ ἀφίκετο τὸ βέλος ἔνθα λοιπὸν ἦν αὐτῷ τὸ σῶμα ἐρρωμένον, καὶ ἴδιον, ἀλλ᾽ οὐκ ἐκ τῆς ἄγαν πιμελῆς ἀλλότριον, τηνικαῦτα καὶ ἐκεῖνος ᾐσθάνετο, καὶ ἠγείρετο ἐκ τοῦ ὕπνου. Τοὺς δὲ χρηματισμοὺς ἐποιεῖτο τοῖς βουλομένοις αὐτῷ προσιέναι, κιβωτὸν τοῦ σώματος προβαλλόμενος. Οἱ δὲ οὐδὲ κιβωτόν φασιν, ἀλλὰ πυργίσκον, ἵνα τὰ μὲν λοιπὰ μέρη αὐτοῦ ἀποκρύπτοιτο, τὸ δὲ πρόσωπον μόνον ὑπερέχον διαλέγηται· πονηρὰν, ὦ θεοί, ταύτην ἐκεῖνος τὴν στολὴν ἀμπεχόμενος, καὶ θηρίου φρουρὰν μᾶλλον, ἢ ἀνθρώπου ἐσθῆτα.

ιδ. Περὶ Φιλήτα σώματος λεπτότητος.

ΦΙΛΗΤΑΝ λέγουσι τὸν Κῶον λεπτότατον γενέσθαι τὸ σῶμα. Ἐπεὶ τοίνυν ἀνατραπῆναι ῥᾴδιος ἦν ἐκ πάσης προφάσεως, μολίβδου, φασί, πεποιημένα εἶχεν ἐν τοῖς ὑποδήμασι πέλματα, ἵνα μὴ ἀνατρέπηται ὑπὸ τῶν ἀνέμων, εἴ ποτε σκληροὶ κατέπνεον. Εἰ δὲ ἦν οὕτως ἀδύνατος, ὥστε μὴ ἀντέχειν πνεύματι,

13. *De la gourmandise et de l'embonpoint excessif de Denys.*

Denys d'Héraclée [1], fils du tyran Cléarque, par une suite de sa gourmandise habituelle et de la mollesse dans laquelle il vivait, parvint, dit-on, insensiblement à un tel excès d'embonpoint et de graisse, que l'énorme volume de son corps, et la masse de chair dont il était chargé, lui ôtaient la liberté de la respiration. Pour le guérir de cette maladie, les médecins ordonnèrent qu'on fît faire des aiguilles menues, mais très-longues, et qu'on les lui enfonçât dans les côtés et dans le ventre, lorsqu'il tomberait dans un sommeil trop profond. Ils prirent eux-mêmes le soin d'administrer le remède. Tant que l'aiguille ne perçait que des chairs insensibles, et en quelque façon étrangères au corps de Denys, il était immobile comme une pierre; mais dès qu'elle avait atteint le point où commençait son vrai corps, où sa chair n'était plus embarrassée de cette graisse superflue, il sentait la piqûre, et se réveillait. Quand quelqu'un se présentait pour traiter d'affaires avec lui, il s'enfermait dans une espèce de boête, d'autres disent dans une petite tour, qui couvrait tous ses membres, à l'exception de la tête qui passait au-dessus; et c'est ainsi qu'il donnait ses audiences. Quel manteau, grands dieux! on le prendrait moins pour le vêtement d'un homme, que pour la loge d'une bête féroce.

14. *De la maigreur de Philétas.*

Philétas de Cos [*] était si grêle et si faible, qu'au moindre choc il tombait par terre. Comme le vent, pour peu qu'il eût été violent, aurait pu le renverser, on dit qu'il avait la précaution de porter des chaussures garnies d'une semelle de plomb. Conçoit-on qu'un homme qui ne pou-

πῶς οἷός τε ἦν τοσοῦτον φορτίον ἐπάγεσθαι; Ἐμὲ μὲν οὖν τὸ λεχθὲν οὐ πείθει· ὃ δὲ ἔγνων ὑπὲρ τοῦ ἀνδρὸς, τοῦτο εἶπον.

ιε΄. Περὶ Ὁμήρου.

Ὅτι ποιητικῆς ἁπάσης Ἀργεῖοι τὰ πρῶτα Ὁμήρῳ ἔδωκαν, δευτέρους δὲ αὐτοῦ ἔταττον πάντας. Ποιοῦντες δὲ θυσίαν, ἐπὶ ξενίᾳ ἐκάλουν τὸν Ἀπόλλωνα, καὶ Ὅμηρον. Λέγεται δὲ κἀκεῖνο πρὸς τούτοις, ὅτι ἄρα ἀπορῶν ἐκδοῦναι τὴν θυγατέρα, ἔδωκεν αὐτῇ προῖκα ἔχειν τὰ ἔπη τὰ Κύπρια. Καὶ ὁμολογᾷ τοῦτο Πίνδαρος.

ις΄. Περὶ Ἰταλίας, καὶ Μάρου ἱππομιγοῦς ἀνθρώπου.

Τὴν Ἰταλίαν ᾤκησαν πρῶτοι Αὔσονες, αὐτόχθονες. Πρεσβύτατον δὲ γενέσθαι Μάρην τινὰ καλούμενον, οὗ τὰ μὲν ἔμπροσθεν λέγουσιν ἀνθρώπῳ ὅμοια, τὰ κατόπισθεν δὲ ἵππου· καὶ αὐτὸ δὲ τοὔνομα εἰς τὴν Ἑλλάδα φράσιν ἱππομιγὴς δύναται. Δοκεῖ δέ μοι πρῶτος ἵππον ἀναβῆναι, καὶ ἐμβαλεῖν αὐτῷ χαλινὸν, εἶτα ἐκ τούτου διφυὴς πιστευθῆναι. Μυθολογοῦσι δὲ αὐτὸν καὶ βιῶναι ἔτη τρία καὶ εἴκοσι καὶ ἑκατόν· καὶ ὅτι τρὶς ἀποθανὼν, ἀνεβίω τρίς. Ἐμοὶ δὲ οὐ πιστὰ δοκοῦσιν.

Ὅτι τὴν Ἰταλίαν φασὶν οἰκῆσαι ἔθνη πάμπολλα, καὶ ὅσα οὐκ ἄλλην γῆν. Τὸ δὲ αἴτιον, διὰ τὴν τῶν ὡρῶν εὐκρασίαν, καὶ τὴν τῆς χώρας ἀρετὴν, καὶ τὸ ἔνυδρον αὐτῆς, καὶ τὸ πάμφορον, καὶ τὸ εὔβοτον, καὶ ὅτι ποταμοῖς ἐστι κατάρρυτος, καὶ ὅτι θάλασσα ἀγαθὴ παράκειται αὐτῇ, ὅρμοις πανταχόθεν

vait résister au vent, eût la force de traîner une chaussure si pesante? Pour moi, je n'en crois rien; mais je raconte ce que j'ai ouï dire.

15. *D'Homère.*

Les Argiens donnaient à Homère le premier rang en tout genre de poésie : ils ne mettaient tous les autres poëtes qu'après lui. Dans les libations qui précédaient les festins qu'ils donnaient à leurs hôtes, ils invoquaient conjointement Apollon et Homère. On ajoute un fait, confirmé d'ailleurs par le témoignage de Pindare; savoir, qu'Homère se trouvant si pauvre qu'il n'avait pas de quoi marier sa fille, lui donna pour dot son poëme intitulé les *Cypriaques* [1].

16. *De l'Italie.*

Les Ausoniens furent les premiers habitans de l'Italie : ils étaient autochthones. On dit que très-anciennement il exista dans ce pays un certain *Marès* [2], qui depuis la tête jusqu'à la ceinture était homme, et avait une croupe de cheval. Le mot *Marès*, ajoute-t-on, répond au mot grec qui signifie, *à moitié cheval*. Pour moi, je suis persuadé qu'on crut *Marès* un composé des deux espèces, parce qu'il osa le premier monter un cheval et lui mettre un frein. Une autre circonstance qui me paraît incroyable et que je regarde comme une fable, c'est que *Marès* vécut cent vingt-trois ans, qu'il mourut trois fois, et que trois fois il revint à la vie.

On prétend qu'il n'y a point de contrée qui ait été habitée par autant de diverses nations, que l'Italie. Plusieurs causes ont pu y contribuer : la température du climat, dans les différentes saisons; la bonté du sol, naturellement propre à porter toutes sortes de fruits, et fertilisé par les ruisseaux qui l'arrosent; la graisse de ses pâtura-

διειλημμένη, καὶ καταγωγαῖς ἀφθόνοις, καὶ κατάρσεσιν. Ἀλλὰ καὶ τὸ τῶν οἰκητόρων ἥμερον καὶ πρᾶον ἐπῆρε πολλοὺς εἰς τὴν μετοίκησιν. Καὶ ὅτι πόλεις ᾤκησαν τὴν Ἰταλίαν πάλαι ἑπτὰ καὶ ἐννενήκοντα καὶ ἑκατὸν πρὸς ταῖς χιλίαις.

ιζ. Περὶ Δημοσθένους τύφου.

Κουφότητα ἔοικε κατηγορεῖν οὗτος ὁ λόγος, ὁ λέγων περὶ Δημοσθένους, ὅτι ἄρα τύφου αὐτὸν ὑπεπλήρουν καὶ οἱ ὑδροφοροῦντες, εἴ ποτε, παριόντος αὐτοῦ, ὑπὲρ αὐτοῦ τι ψιθυρίσαιεν. Ὃς γὰρ καὶ ὑπ᾽ ἐκείνων ἐκουφίζετο, καὶ ἐπαιρόμενος ἦν δῆλος, τίς ἦν, εἴ ποτε ὑπὸ τῆς ἐκκλησίας ἐκροτήθη;

ιη. Περὶ Θεμιστοκλέους.

Θεμιστοκλῆς ὁ Νεοκλέους ἑαυτὸν εἴκαζε ταῖς δρυσὶ, λέγων, ὅτι ἐκείνας ὑπέρχονται οἱ ἄνθρωποι, καὶ δέονται αὐτῶν, ὅταν ὕῃ, στέγην * ἐκ τῶν κλάδων ποθοῦντες· ὅταν δὲ οὔσης εὐδίας παρίωσι, τίλλουσιν αὐτὰς, καὶ περικλῶσιν.

Ὁ δὲ αὐτὸς ἔλεγεν, εἴ μοί τις ὁδοὺς δύο δείξειε, τὴν μὲν εἰς ᾅδου φέρουσαν, τὴν δὲ ἐπὶ τὸ βῆμα, ἥδιον ἂν τὴν ἑτέραν ἦλθον τὴν εὐθὺ τὸν ᾅδου.

ιθ. Ὅτι ὁ Δημοσθένης, καλοῦντος τοῦ Διογένους εἰς καπηλεῖον, οὐκ ἤθελεν εἰσιέναι.

Ἤρίστα ποτὲ Διογένης ἐν καπηλείῳ· εἶτα παριόντα Δημοσθένη ἐκάλει. Τοῦ δὲ μὴ ὑπακούσαντος, Αἰσχύνῃ, ἔφη, Δημό-

---
* Olim, στέγειν.

ges; les fleuves qui la traversent; une mer tranquille dont elle est environnée; enfin un grand nombre de ports et d'anses, où les vaisseaux peuvent aborder et relâcher en sûreté : mais par-dessus tout, le caractère doux et humain des habitans invitait les étrangers à venir s'y établir. Aussi a-t-on compté autrefois dans l'Italie jusqu'à onze cent quatre-vingt dix-sept villes.

17. *De la vanité de Démosthène.*

On ne peut nier, ce me semble, que Démosthène ne fût ridiculement vain, s'il est vrai, comme on le dit, que quand il entendait des porteurs d'eau parler de lui en le voyant passer, il s'en applaudissait avec la plus grande complaisance. Si de pareils personnages étaient capables de donner de la vanité à Démosthène, que devait-il éprouver, lorsqu'il était applaudi dans l'assemblée du peuple ?

18. *De Thémistocle.*

Thémistocle, fils de Néoclès, se comparait aux chênes. « Lorsqu'il pleut, disait-il, les hommes, pressés par le besoin de se mettre à couvert, ont recours aux chênes, dont les branches leur forment un abri ; mais lorsque le temps est serein, ils arrachent, en passant, ces mêmes branches, les rompent et les brisent. »

Thémistocle disait encore, que si on lui montrait deux chemins, l'un qui conduisît aux enfers, l'autre à la tribune aux harangues, il prendrait par préférence le chemin des enfers.

19. *De Démosthène et de Diogène.*

Diogène, déjeûnant un jour au cabaret, aperçut Démosthène qui passait dans la rue : il l'appela ; et comme l'orateur ne se rendait point à l'invitation : « Eh quoi, ajouta Diogène, auriez-vous honte d'approcher d'un lieu où votre

σθενες, παρελθεῖν εἰς καπηλεῖον; καὶ μὴν ὁ κύριός σου καθ᾽ ἑκάστην ἡμέραν ἐνθάδε εἴσεισι, τοὺς δημότας λέγων, καὶ τοὺς καθ᾽ ἕνα· δηλῶν, ὅτι οἱ δημηγόροι καὶ οἱ ῥήτορες δοῦλοι τοῦ πλήθους εἰσί.

κ. Περὶ Ἀριστίππου.

ΠΛΕΩΝ Ἀρίστιππος, χειμῶνος ἐπιγενομένου, πάνυ σφόδρα ἐταράττετο. Ἔφη δέ τις τῶν συμπλεόντων, Ὦ Ἀρίστιππε, καὶ σὺ δέδοικας, ὡς οἱ πολλοί; Ὁ δὲ, Καὶ μάλα γε εἰκότως· ὑμῖν μὲν γὰρ περὶ κακοδαίμονός ἐστι βίου ἡ σπουδὴ καὶ ὁ νῦν κίνδυνος, ἐμοὶ δὲ περὶ εὐδαίμονος*.

κα. Περὶ Θηραμένους.

ΘΗΡΑΜΕΝΗΣ ἔτυχεν ἐν οἰκίᾳ ποτὲ διατρίβων, εἶτα, ἐπεὶ προῆλθεν αὐτῆς, παραχρῆμα ἐκείνη κατηνέχθη. Οἱ μὲν οὖν Ἀθηναῖοι, ἄλλοι ἀλλαχόθεν αὐτῷ περιφύντες, συνήδοντο ἐπὶ τῇ σωτηρίᾳ τῇ παραδόξῳ. Ὁ δὲ παρὰ τὴν πάντων ἐλπίδα ἀπεκρίνατο, Ὦ Ζεῦ, ἐς τίνα με καιρὸν φυλάττεις; Καὶ μετ᾽ οὐ πολὺν χρόνον ὑπὸ τῶν τριάκοντα ἀνῃρέθη, πιεῖν κώνειον καταναγκασθείς.

κβ. Τίνες περὶ τὴν Ἰατρικὴν ἐσπουδάκασιν.

ΛΕΓΟΥΣΙ τοὺς Πυθαγορείους πάνυ σφόδρα περὶ τὴν Ἰατρικὴν σπουδάσαι τέχνην. Καὶ Πλάτων δὲ φροντίδα εἰς αὐτὴν ἔσχε πλείστην, καὶ Ἀριστοτέλης ὁ Νικομάχου, καὶ ἄλλοι πολλοί.

---

* Al. minùs eleganter, εὐδαιμονίας.

maître ne dédaigne pas d'entrer tous les jours? » Il voulait parler du peuple en général, et de chaque citoyen en particulier. C'était dire que les orateurs, ainsi que tous ceux qui, par état, haranguent le peuple, sont les esclaves de la multitude.

20. *D'Aristippe.*

PENDANT un voyage qu'Aristippe faisait par mer, il s'éleva une tempête qui lui causa une frayeur extrême. Un de ceux qui étaient dans le vaisseau, lui dit : « Comment donc Aristippe, et vous aussi, vous avez peur comme le vulgaire! » — « Oui certes, répondit le philosophe; et ce n'est pas sans raison. Vous ne risquez ici, vous autres, qu'une misérable vie, qui ne vous en est pas moins chère; celle que je risque est parfaitement heureuse [1]. »

21. *Mot de Théramène.*

THÉRAMÈNE était à peine sorti d'une maison dans laquelle il était entré, que la maison s'écroula. Les Athéniens vinrent en foule le féliciter sur le bonheur singulier qu'il avait eu d'échapper au danger; à quoi il fit une réponse qui dut surprendre tout le monde : « O Jupiter! dit-il, pour quel temps me réservez-vous? » Presque aussitôt après, les trente tyrans le firent périr en le condamnant à boire de la ciguë [2].

22. *Philosophes qui s'appliquèrent à la médecine.*

LES disciples de Pythagore faisaient, dit-on, une étude particulière de la médecine; Platon s'y livra de même avec la plus sérieuse application, ainsi qu'Aristote fils de Nicomaque, et un grand nombre d'autres.

κγ. Περὶ Ἀριστοτέλους νοσοῦντος.

ΑΡΙΣΤΟΤΕΛΗΣ ἐνόσει ποτέ. Προσέταξε δὲ αὐτῷ ὁ ἰατρὸς πρόσταγμά τι· καὶ ἐκεῖνος, Μήτε ὡς βοηλάτην με, ἔφη, θεράπευε, μήτε ὡς σκαπανέα, ἀλλὰ διδάξας πρότερον τὴν αἰτίαν, οὕτως ἕξεις ἕτοιμον πρὸς τὸ πείθεσθαι· διδάσκων ἐκ τούτων, μηδὲν χωρὶς αἰτίας προσφέρειν.

κδ. Περὶ Σμινδυρίδου τρυφῆς.

ΣΜΙΝΔΥΡΙΔΗΣ ὁ Συβαρίτης ἐς τοσοῦτον τρυφῆς ἐξώκειλε (καὶ γάρ τοι Συβαρίταις πᾶσιν ἔργον ἦν τρυφᾷν, καὶ τῷ βίῳ διαρρεῖν· ὁ δὲ Σμινδυρίδης καὶ πλέον)· φύλλοις ῥόδων γοῦν ἐπαναπεσὼν καὶ κοιμηθεὶς ἐπ' αὐτῶν, ἐξανέστη, λέγων, φλυκταίνας ἐκ τῆς εὐνῆς ἔχειν. Σχολῇ γ' ἂν οὗτος ἐπὶ χαμεύνης κατεκλίθη, ἢ στιβάδος, ἢ πόας ἐν προσάντει πεφυκυίας, ἢ ταύρου δορᾶς, ὡς ὁ Διομήδης, πρεπούσης στρατιώτῃ σκληρῷ καὶ γενναίῳ.

. . . . . Ὑπὸ δ' ἔστρωτο ῥινὸν βοὸς ἀγραύλοιο

κε. Πῶς ὁ Πεισίστρατος τοῖς ἑαυτοῦ πολίταις ἐχρῆτο.

ΠΕΙΣΙΣΤΡΑΤΟΣ, ὅτε τῆς ἀρχῆς ἐγκρατὴς ἐγένετο, μετεπέμπετο τοὺς ἐν ταῖς ἀγοραῖς ἀποσχολάζοντας, καὶ ἐπυνθάνετο, τί δήποτε εἴη τὸ αἴτιον τοῦ ἀλύειν αὐτούς. Καὶ ἐπέλεγεν, Εἰ μέν σοι τέθνηκε ζεῦγος, παρ' ἐμοῦ λαβὼν ἄπιθι, καὶ ἐργάζου· εἰ δὲ ἀπορεῖς σπερμάτων, παρ' ἐμοῦ σοι γενέσθω· δεδιὼς, μὴ ἡ σχολὴ τούτων ἐπιβουλὴν τέκῃ.

23. *D'Aristote malade.*

Aristote, étant malade, fut visité par son médecin, qui lui donna je ne sais quelle ordonnance. « De grâce, lui dit le philosophe, ne me traitez pas comme un bouvier ou comme un manœuvre : commencez par me dire ce qui vous détermine pour tel remède; après quoi, vous me trouverez prêt à vous obéir. » C'était avertir son médecin de ne lui rien ordonner sans de bonnes raisons.

24. *De la mollesse de Smindyride.*

Smindyride [1] de Sybaris porta si loin l'excès de la mollesse qu'il surpassa tous ses concitoyens, qui faisaient cependant de la recherche des voluptés et des délices de la vie, leur unique occupation. Un jour qu'il avait couché et dormi sur des feuilles de roses, il se leva, en se plaignant que la dureté de son lit lui avait causé des ampoules. Certainement Smindyride n'aurait couché ni à terre, ni sur de la paille, ni sur les gazons d'un côteau; ni, comme Diomède, sur une peau de taureau, lit bien convenable à un robuste et valeureux guerrier. Ce héros, dit Homère, *couchait sur la peau d'un taureau* [2].

25. *Conduite de Pisistrate envers les Athéniens.*

Pisistrate, pendant qu'il exerça l'autorité souveraine, avait coutume d'envoyer chercher les citoyens qui restaient oisifs dans les places publiques, et de demander à chacun d'eux pourquoi il était ainsi désœuvré : « Auriez-vous, disait-il, perdu vos bœufs de labourage? recevez-en d'autres de moi, et allez travailler. Manquez-vous de grain pour ensemencer vos terres? je vais vous faire donner du mien. » Pisistrate craignait que l'oisiveté ne reveillât dans l'esprit de ses concitoyens l'idée de se soulever contre lui [3].

κϛ'. Περὶ Ζήνωνος, καὶ Ἀντιγόνου.

ΖΗΝΩΝΑ τὸν Κιττιέα δι' αἰδοῦς ἄγαν καὶ σπουδῆς ἦγεν Ἀντίγονος ὁ βασιλεύς. Καί ποτε οὖν ὑπερπλησθεὶς οἴνου ἐπεκώμασε τῷ Ζήνωνι, καὶ φιλῶν αὐτὸν καὶ περιβάλλων, ἅτε ἔξοινος ὤν, ἠξίου τι αὐτὸν προστάξαι, ὀμνὺς καὶ νεανιευόμενος σὺν ὅρκῳ μὴ ἀτυχήσειν αἰτήσας. Ὁ δὲ λέγει αὐτῷ, Πορευθεὶς ἔμεσον· σεμνῶς ἅμα καὶ μεγαλοφρόνως τὴν μέθην ἐλέγξας, καὶ φεισάμενος αὐτοῦ, μήποτε διαρραγῇ ὑπὸ πλησμονῆς.

κζ'. Ἀφέλεια τρόπου.

ΑΝΔΡΙ Λακωνικῷ μέν, χωριτικῷ δέ, ἐπέπληξέ τις πενθοῦντι πάνυ σφόδρα ἐκθύμως. Ὁ δὲ ἀπλάστως ἀπεκρίνατο· Τί πάθω; φησίν· οὐ γὰρ ἐγὼ αἴτιος τούτου, ἁ φύσις δέ μου ῥεῖ.

κη'. Περὶ Διογένους.

ΕΠΗΝΕΙ Σπαρτιάτης τὸ ἔπος Ἡσιόδου, τὸ λέγον,

Οὐδ' ἂν βοῦς ἀπόλοιτ', εἰ μὴ γείτων κακὸς εἴη,

ἀκούοντος Διογένους. Ὁ δὲ εἶπε, Καὶ μὴν Μεσσήνιοι, καὶ οἱ βόες αὐτῶν ἀπολώλασι, καὶ ὑμεῖς αὐτῶν ἐστε οἱ γείτονες.

κθ'. Ὅτι Σωκράτης ἀδεὴς ἦν, καὶ δώρων κατεφρόνει.

ΤΗΣ νυκτὸς ἤδη προηκούσης, ἐπάνεισί ποτε ἀπὸ δείπνου Σωκράτης. Νεανίσκοι γοῦν ἀκόλαστοι προμαθόντες ἐνελόχησαν

26. *De Zénon et d'Antigonus.*

Le roi Antigonus [1] témoignait à Zénon de Cittium [2] la plus haute estime. Un jour que ce prince avait bu outre mesure, il alla trouver Zénon : après l'avoir serré entre ses bras (ces sortes de caresses sont familières aux gens ivres), il le pria de lui demander quelque chose, protestant et jurant avec la légèreté d'un jeune homme, qu'il lui accorderait sa demande. « Eh bien, répartit Zénon, allez-vous en, et vomissez. » Par ce mot, il fit sentir en même temps au roi, avec autant de fermeté que de sagesse, et la honte de l'état où le vin l'avait réduit, et le risque qu'il courait de mourir de plénitude.

27. *Naïveté d'un Lacédémonien.*

Quelqu'un tançait un paysan de Lacédémone, sur ce que, dans l'excès de sa douleur, il s'abandonnait immodérément aux larmes. « Que voulez-vous que j'y fasse, répondit naïvement le Lacédémonien ? ce n'est pas ma faute : j'ai le cerveau humide ; c'est mon tempérament [3]. »

28. *Mot de Diogène.*

Un Spartiate citait avec éloge ce vers d'Hésiode : *Un bœuf ne mourrait pas, si on n'avait pas un mauvais voisin* [4]. Diogène, qui l'entendit, lui fit cette réponse : *Cependant les Messéniens ont péri avec leurs bœufs, et vous êtes leurs voisins* [5].

29. *Socrate, au-dessus de la crainte et de l'intérêt.*

Socrate retournait chez lui après souper, assez avant dans la nuit. De jeunes libertins l'ayant su, se placèrent en embuscade sur son chemin, avec des flambeaux allumés

ἐπανιόντα, δᾷδας ἔχοντες ἡμμένας, καὶ Ἐριννύων πρόσωπα. Ἔθος δὲ ἦν αὐτοῖς καὶ ἄλλοις προσπαίζειν διὰ τὴν σχολὴν τὴν ἐπὶ τὰ χείρω. Οὓς ἰδὼν ὁ Σωκράτης οὐ διεταράχθη, ἀλλ' ἐπιστὰς ἠρώτα, οἷα καὶ τοὺς ἄλλους, ἢ ἐν Λυκείῳ, ἢ ἐν Ἀκαδημίᾳ.

Ὅτι ἐφιλοτιμήσατο Ἀλκιβιάδης δῶρα πολλὰ πέμψαι Σωκράτει. Τῆς οὖν Ξανθίππης καταπλαγείσης τὰ πεμφθέντα, καὶ ἀξιούσης λαβεῖν αὐτά, ὅδε ἔφη, Ἀλλὰ καὶ ἡμεῖς τῇ φιλοτιμίᾳ τῇ τοῦ Ἀλκιβιάδου παραταξώμεθα, μὴ λαβεῖν τὰ πεμφθέντα ἀντιφιλοτιμησάμενοι. Ἐπεὶ δέ τις ἔφη πρὸς αὐτόν, ὅτι μέγα ἐστίν, ὧν ἐπιθυμεῖ τις, τούτων τυχεῖν, ὅδε, Ἀλλὰ μεῖζόν ἐστι τὸ μηδὲ ἐπιθυμεῖν τὴν ἀρχήν.

λ. Περὶ τῆς Ἀναξάρχου προμηθείας.

Ἀνάξαρχος, ὅτε σὺν Ἀλεξάνδρῳ ἐστρατεύετο, χειμῶνος ἐπιγενομένου, προμαθὼν, ὅτι μέλλει ὁ Ἀλέξανδρος ἐν ἀξύλῳ ποιεῖσθαι χωρίῳ τὴν στρατοπεδείαν, εἰς τὸν σταθμὸν, ὅσα εἶχε σκεύη, ταῦτα ἐκρίψας, ταῖς σκευοφόροις ἐπέθηκε ξύλα. Ἐπεὶ δὲ εἰς τὸν σταθμὸν ἀφίκοντο, καὶ ἐνέδει ξύλων, Ἀλεξάνδρου μὲν αἱ κλίναι κατεκαίοντο, ἵνα ἑαυτὸν ἀλεᾶναι δυνηθῇ. Ἐπεὶ δέ τις παρὰ Ἀναξάρχῳ πῦρ εἶναι ἤγγειλεν, ἀφίκετο παρ' αὐτόν, καὶ ἠλείψατο ἐν τῇ σκηνῇ τοῦ Ἀναξάρχου· καὶ πυθόμενος τὴν προμήθειαν ὑπερεπῄνεσε, καὶ ὧν ἐξέρριψε διπλάσιον δέδωκε, καὶ σκεύη, καὶ ἱμάτια, ὑπὲρ τῆς τοῦ πυρὸς χρείας.

λα. Περὶ ἀριστεύσαντος ἀθλητοῦ, πρὸ τοῦ τὸν στέφανον λαβεῖν ἀποθανόντος.

Ἀθλητὴς Κροτωνιάτης Ὀλυμπιονίκης, ἀπιὼν πρὸς τοὺς

et des masques de Furies. Ils étaient dans l'usage, eux et leurs semblables, d'abuser de leur loisir pour jouer de mauvais tours aux passans. Socrate les vit sans en être troublé : il s'arrêta, et se mit à leur faire des questions, telles qu'il en faisait ordinairement aux jeunes gens qui venaient l'écouter dans le Lycée ou dans l'Académie.

Alcibiade envoya un jour des présens considérables à Socrate, aux yeux de qui il était jaloux d'étaler sa magnificence. Xanthippe vit les présens avec complaisance; et comme elle témoignait un grand désir de les accepter : « Non, lui dit Socrate; disputons plutôt de générosité avec Alcibiade, en nous obstinant à refuser ses dons. » Quelqu'un lui disant, qu'on est heureux d'obtenir ce qu'on désire : « On est encore plus heureux, repartit Socrate, de ne rien désirer. »

30. *Prévoyance d'Anaxarque.*

ANAXARQUE [1], qui accompagnait Alexandre dans ses expéditions, prévoyant, aux approches de l'hiver, que le prince irait établir son camp dans un lieu où il n'y avait point de bois, laissa tous ses bagages dans celui qu'on devait quitter, et fit charger de bois ses chariots. Lorsque l'armée fut arrivée au nouveau camp, la disette de bois se trouva telle, qu'on fut obligé de brûler les lits d'Alexandre pour lui faire du feu : mais le prince ayant su qu'il y en avait chez Anaxarque, il alla le trouver, et se fit oindre dans sa tente. Il apprit alors quelle précaution Anaxarque avait prise pour ne pas manquer de bois : il loua beaucoup sa prévoyance, et lui paya son feu avec usure, en lui donnant le double de ce qu'il avait perdu en vêtemens et en différens effets.

31. *Mort subite d'un athlète vainqueur.*

UN athlète de Crotone venait de remporter la victoire

Ἑλλανοδίκας, ἵνα λάβῃ τὸν στέφανον, ἐπίληπτος γενόμενος ἀπέθανε, κατενεχθεὶς μετὰ πτώματος.

λβ. Περὶ Φρύνης ἑταίρας, καὶ Κίμωνος ἵππων ἀγαλμάτων.

ΦΡΎΝΗΝ τὴν ἑταίραν ἐν Δελφοῖς ἀνέστησαν οἱ Ἕλληνες ἐπὶ κίονος εὖ μάλα ὑψηλοῦ. Οὐκ ἐρῶ δὲ ἁπλῶς τοὺς Ἕλληνας, ὡς ἂν μὴ δοκοίην δι' αἰτίας ἄγειν πάντας, οὓς φιλῶ πάντων μάλιστα, ἀλλ' οἱ τῶν Ἑλλήνων ἀκρατέστεροι. Τὸ δὲ ἄγαλμα χρυσοῦν ἦν. Καὶ αἱ Κίμωνος δὲ ἵπποι χαλκαῖ, καὶ αὗται Ἀθήνησιν, εἰκασμέναι ὅτι μάλιστα ταῖς Κίμωνος ἵπποις, εἱστήκεσαν.

λγ. Μειρακίου ἀπόκρισις, ἐρωτηθέντος ὑπὸ τοῦ πατρός, τί ἄρα μάθοι.

ΜΕΙΡΑΚΙΟΝ Ἐρετρικὸν Ζήνωνι προσεφοίτησε πλείονα χρόνον. Ἐπανελθόντα δὲ ἤρετο ὁ πατήρ, τί ἄρα μάθοι σοφόν. Ὁ δὲ ἔφη, δείξειν. Χαλεπήναντος δὲ τοῦ πατρός, καὶ πληγὰς ἐντείναντος, τὴν ἡσυχίαν ἀγαγών, καὶ ἐγκαρτερήσας, τοῦτο ἔφη μεμαθηκέναι, φέρειν ὀργὴν πατρός.

λδ. Περὶ τῶν πολυτελῶς ἠσθημένων.

ΔΙΟΓΕΝΗΣ εἰς Ὀλυμπίαν ἐλθών, καὶ θεασάμενος ἐν τῇ πανηγύρει Ῥοδιακούς τινας νεανίσκους πολυτελῶς ἠσθημένους, γελάσας ἔφη, Τῦφος τοῦτό ἐστι. Εἶτα περιτυχὼν Λακεδαιμονίοις ἐν ἐξωμίσι φαύλαις καὶ ῥυπώσαις, Ἄλλος, εἶπεν, οὗτος τῦφος.

aux jeux olympiques : déjà il allait vers les hellanodices pour recevoir la couronne, lorsque, frappé subitement d'épilepsie, il tomba mort.

32. *De la statue de Phryné, et de celles des chevaux de Cimon.*

Les Grecs érigèrent, dans le temple de Delphes, une statue d'or à la courtisane Phryné sur une colonne fort élevée. Quand je dis les Grecs, je n'entends pas toute la nation : je n'ai garde de vouloir inculper un peuple entier, pour qui j'ai la plus grande estime ; je parle de ceux d'entre les Grecs qui respectaient peu les bienséances. On voyait aussi, dans Athènes, des cavales d'airain qui représentaient au naturel les cavales de Cimon [3].

33. *Réponse d'un jeune homme à son père.*

Un jeune Érétrien [4] avait long-temps fréquenté l'école de Zénon ; à son retour, son père lui demanda ce qu'il avait appris chez le philosophe. « Vous le verrez, » répondit-il. Le père, indigné de la sécheresse de cette réponse, le maltraita : « Vous voyez, lui dit le jeune homme sans s'émouvoir, et maître de lui-même, que j'ai appris à supporter le courroux de mon père. »

34. *Mot de Diogène.*

Diogène étant allé à Olympie, y vit, durant la célébration des jeux, de jeunes Rhodiens superbement vêtus : « Voilà du faste, » dit-il en riant. Un moment après, ayant rencontré des Lacédémoniens, portant de mauvaises tuniques sales : « Autre espèce de faste, » dit le philosophe.

λε. Περὶ Ἀντισθένους μεγαλοφροσύνης ἐπὶ διεῤῥωγότι ἱματίῳ.

Ὁ δὲ Σωκράτης, ἰδὼν τὸν Ἀντισθένη τὸ διεῤῥωγὸς ἱματίου μέρος ἀεὶ ποιοῦντα φανερόν, Οὐ παύσῃ, ἔφη, ἐγκαλλωπιζόμενος ἡμῖν;

λς΄. Περὶ Ἀντιγόνου, καὶ ψάλτου.

Ψάλτης Ἀντιγόνῳ ἐπεδείκνυτο. Τοῦ δὲ πολλάκις λέγοντος, Τὴν νήτην ἐπίσφιγξον, εἶτα πάλιν, Τὴν μέσην, ὅδε ἀγανακτήσας, ἔφη, Μὴ γένοιτό σοι οὕτω κακῶς, ὦ βασιλεῦ, ὡς ἐμοῦ ταῦτα ἀκριβοῦν μᾶλλον.

λζ΄. Πῶς ὁ Ἀνάξαρχος Ἀλέξανδρον, ἑαυτὸν ἐκθεοῦντα, ἐγέλασεν.

Ἀνάξαρχος, ὁ ἐπικληθεὶς Εὐδαιμονικός, κατεγέλα Ἀλεξάνδρου, ἑαυτὸν ἐκθεοῦντος. Ἐπεὶ δὲ ἐνόσησέ ποτε Ἀλέξανδρος, εἶτα προσέταξεν αὐτῷ ὁ ἰατρὸς ῥόφημα σκευασθῆναι, γελάσας ὁ Ἀνάξαρχος, Τοῦ μέν τοι θεοῦ ἡμῶν, εἶπεν, ἐν τρυβλίου ῥοφήματι αἱ ἐλπίδες κεῖνται.

λη΄. Περὶ Ἀλεξάνδρου, καὶ τῆς τοῦ Πάριδος λύρας.

Ὁ μὲν Ἀλέξανδρος εἰς τὴν Ἴλιον ἦλθεν. Ἀνασκοποῦντι δὲ αὐτῷ φιλοπόνως, τῶν τις Τρώων προσελθὼν τὴν λύραν ἐδείκνυεν Ἀλεξάνδρου. Ὁ δὲ ἔφη, Προτιμησαίμην ἂν μᾶλλον ἰδεῖν τὴν Ἀχιλλέως. Ὑπέρευγε τοῦτο Ἀλέξανδρος· ἐπόθει γὰρ κτῆμα ἀγαθοῦ στρατιώτου, ᾧ συνῇδεν ἐκεῖνος τὰ τῶν ἀγαθῶν ἀνδρῶν κλέα. Τοῦ δὲ Πάριδος τί ἄρα ᾖσεν ἡ λύρα, εἰ μὴ μέλη μοιχικά, καὶ οἷα αἱρεῖν γυναῖκας καὶ θέλγειν;

35. *Orgueil d'Antisthène.*

SOCRATE s'étant aperçu qu'Antisthène [1] affectait de mettre en vue une partie de son manteau qui était déchirée à force de service : « Ne cesserez-vous point, lui dit-il, de nous montrer votre vanité [2] ? »

36. *D'Antigonus et d'un joueur de lyre.*

PENDANT qu'un joueur de lyre faisait montre de son talent en présence d'Antigonus, ce prince ne cessait de répéter : « Remontez la dernière corde; » puis, « remontez celle du milieu. » Le musicien impatienté : « Prince, lui dit-il, que les dieux vous préservent de posséder mon art mieux que moi [3] ! »

37. *Plaisanterie d'Anaxarque au sujet d'Alexandre.*

ANAXARQUE, surnommé l'*eudémonique* [4], se moquait de la vanité d'Alexandre qui voulait s'ériger en dieu. Un jour, entre autres, que ce prince était malade, et que son médecin lui avait ordonné une potion : « Tout l'espoir de notre dieu, dit Anaxarque en riant, consiste donc dans l'effet de ce breuvage. »

38. *De la lyre de Pâris.*

COMME Alexandre, se trouvant à Troie, examinait avec la plus grande curiosité tous les objets qui s'offraient à sa vue, un Troyen vint lui montrer la lyre de Pâris : « J'aimerais mieux, lui dit ce prince, voir celle d'Achille [5]. » Il désirait avec raison de voir l'instrument sur lequel ce guerrier fameux avait chanté les grands hommes. Pour la lyre de Pâris, quels sons fit-elle jamais entendre? des sons assortis à ses amours adultères, et qui n'étaient propres qu'à flatter et à séduire des femmes.

λθ. Περὶ γελοίων καὶ παραδόξων ἐρώτων.

Πῶς δὲ οὐκ ἂν φαίη τις γελοίους ἅμα, καὶ παραδόξους τούσδε τοὺς ἔρωτας; Τὸν μὲν Ξέρξου, ὅτι πλατάνου ἠράσθη. Νεανίσκος δὲ Ἀθήνῃσι τῶν εὖ γεγονότων πρὸς τῷ πρυτανείῳ ἀνδριάντος ἑστῶτος τῆς Ἀγαθῆς Τύχης θερμότατα ἠράσθη. Κατεφίλει γοῦν τὸν ἀνδριάντα περιβάλλων, εἶτα ἐκμανεὶς καὶ οἰστρηθεὶς ὑπὸ πόθου, παρελθὼν εἰς τὴν βουλὴν, καὶ λιτανεύσας, ἕτοιμος ἦν πλείστων χρημάτων τὸ ἄγαλμα πρίασθαι. Ἐπεὶ δὲ οὐκ ἔπειθεν, ἀναδήσας πολλαῖς ταινίαις, καὶ στεφανώσας τὸ ἄγαλμα, καὶ θύσας, καὶ κόσμον αὐτῷ περιβαλὼν πολυτελῆ, εἶτα ἑαυτὸν ἀπέκτεινε, μυρία προσκλαύσας.

Γλαύκης δὲ τῆς κιθαρῳδοῦ οἱ μέν φασιν ἐρασθῆναι κύνα, οἱ δὲ κριὸν, οἱ δὲ χῆνα. Καὶ ἐν Σόλοις δὲ τῆς Κιλικίας, παιδὸς, Ξενοφῶντος, ἠράσθη κύων· ἄλλου δὲ ὡραίου μειρακίου ἐν Σπάρτῃ κολοιός.

μ. Περὶ κυβερνητῶν τῶν Καρχηδονίων νεῶν.

Ὅτι Καρχηδόνιοι δύο κυβερνήτας εἰσῆγον εἰς τὴν ναῦν, ἄτοπον λέγοντες εἶναι, δύο μὲν πηδάλια ἔχειν, τὸν δὲ λυσιτελέστατον τοῖς ἐμπλέουσι, καὶ τὴν ἀρχὴν ἔχοντα τῆς νεὼς, ἔρημον εἶναι καὶ μόνον διαδόχου καὶ κοινωνοῦ.

μα. Περὶ Παυσανίου καὶ Σιμωνίδου.

Ἔν τινι, φασι, συνδείπνῳ παρῆν Σιμωνίδης ὁ Κεῖος, καὶ Παυσανίας ὁ Λακεδαιμόνιος. Προσέταξεν οὖν ὁ Παυσανίας τῷ Σιμωνίδῃ σοφόν τι εἰπεῖν· ὁ δὲ γελάσας, ὁ Κεῖος, Μέμνησο, εἶπεν, ἄνθρωπος ὤν. Τοῦτο παραχρῆμα μὲν ἐξεφαύλισε Παυ-

39. *Passions insensées.*

Est-il quelqu'un qui puisse ne pas convenir que les amours dont je vais parler étaient aussi ridicules qu'incroyables ? Xerxès aimait follement un platane [1]. Un jeune Athénien, d'une des familles les plus distinguées de la ville, devint passionnément amoureux d'une statue de la Bonne Fortune qui était dans le prytanée : après l'avoir caressée et serrée dans ses bras, furieux, éperdu, il alla trouver les prytanes, et les conjura de lui vendre la statue, pour laquelle il était prêt à donner une somme considérable. N'ayant pu l'obtenir, il la ceignit de bandelettes, lui mit une couronne sur la tête, la revêtit d'ornemens précieux, offrit des sacrifices, puis se donna la mort, en versant un torrent de larmes.

La joueuse de lyre Glaucé [2] fut aimée, suivant les uns, par un chien; suivant d'autres, par un bélier, ou par une oie. Un chien se passionna pour un enfant nommé Xénophon, de Soles, ville de Cilicie. On parle d'un geai qui devint amoureux d'un enfant de Sparte parfaitement beau [3].

40. *Usage des Carthaginois.*

Les Carthaginois avaient toujours deux pilotes sur leurs vaisseaux. Il est absurde, disaient-ils, qu'un vaisseau ait deux gouvernails [4]; tandis que le pilote, bien plus utile aux navigateurs, chargé d'ailleurs de diriger toute la manœuvre, est seul, sans collègue, sans aucun homme qui puisse le remplacer.

41. *De Pausanias et de Simonide.*

Pausanias, roi de Sparte, se trouvant un jour à table avec Simonide de Céos, le pria de débiter quelque sentence : *Souvenez-vous que vous êtes homme*, lui dit Simonide en riant. Pausanias ne fit aucune attention à ce

σανίας, καὶ παρ' οὐδὲν ἔθετο, ὑποτυφόμενος ἤδη εἰς τὸν τοῦ Μηδίζειν ἔρωτα, καὶ μεγαλοφρονῶν ἐπὶ τῇ πρὸς Βασιλέα ξενίᾳ, ἴσως δὲ καὶ ὑπὸ τοῦ οἴνου παραφερόμενος. Ἐπεὶ δὲ ἦν πρὸς τῇ Χαλκιοίκῳ, καὶ διεπάλαιε τῷ λιμῷ, καὶ ἔμελλεν ἀποθνήσκειν ἀνθρώπων ἀλγεινότατα, ἀλλὰ τηνικαῦτα ἐμνήσθη τοῦ Σιμωνίδου, καὶ ἐξεβόησεν εἰς τρίς, Ὦ ξένε Κεῖε, μέγα τι ἄρα χρῆμα ἦν ὁ λόγος σου, ἐγὼ δὲ ὑπ' ἀνοίας οὐδὲν αὐτὸν ᾤμην εἶναι.

μβ. Περὶ Ἀρταξέρξου, καὶ Δαρείου.

ἈΡΤΑΞΕΡΞΟΥ ἀποκτείναντος τὸν πρεσβύτερον υἱὸν Δαρεῖον, ἐπιβουλεύοντα, ὁ δεύτερος, ἀξιοῦντος τοῦ πατρὸς, σπασάμενος τὸν ἀκινάκην, ἑαυτὸν πρὸ τῶν βασιλείων ἀπέκτεινεν.

mot, et n'en profita pas : il était dès lors fortement attaché au parti des Mèdes [1], et fier de ses liaisons d'hospitalité avec leur roi; peut-être aussi le vin avait-il égaré sa raison. Mais lorsqu'il se vit renfermé dans le temple de Minerve *Chalciæque* [2], luttant contre la faim, près de mourir du genre de mort le plus cruel, il se souvint de Simonide : *Hôte de Céos*, s'écria-t-il par trois fois, *il y avait un grand sens dans votre réponse; aveugle que j'étais, je n'en ai pas connu le prix* [3].

42. *D'Artaxerxe et de Darius.*

Lorsque Artaxerxe [4] eut fait mourir Darius l'aîné de ses fils, qui avait conspiré contre lui, le second, par l'ordre de son père, se tua lui-même de sa propre épée devant le palais [5].

ΒΙΒΛΙΟΝ ΔΕΚΑΤΟΝ.

α. Περὶ Φερενίκης Ὀλύμπια θεασαμένης.

ΦΕΡΕΝΙΚΗ τὸν υἱὸν ἦγεν εἰς Ὀλύμπια ἀθλεῖν. Κωλυόντων δὲ αὐτὴν τῶν Ἑλλανοδικῶν τὸν ἀγῶνα θεάσασθαι, παρελθοῦσα ἐδικαιολογήσατο, πατέρα μὲν Ὀλυμπιονίκην ἔχειν, καὶ τρεῖς ἀδελφοὺς, καὶ αὐτὴ παῖδα Ὀλυμπίων ἀγωνιστήν· καὶ ἐξενίκησε τὸν δῆμον, καὶ τὸν εἴργοντα νόμον τῆς θέας γυναῖκας, καὶ ἐθεάσατο Ὀλύμπια.

β. Περὶ Εὐβάτου σωφροσύνης.

ΕΥΒΑΤΑΝ τὸν Κυρηναῖον ἰδοῦσα Λαῒς ἠράσθη αὐτοῦ θερμότατα, καὶ περὶ γάμου λόγους προσήνεγκεν. Ὁ δὲ, φοβηθεὶς τὴν ἐξ αὐτῆς ἐπιβουλὴν, ὑπέσχετο ταῦτα δράσειν· οὐ μὴν ὡμίλησεν αὐτῇ ὁ Εὐβάτας, σωφρόνως διαβιώσας. Ἡ δὲ ὑπόσχεσις αὐτοῦ μετὰ τὴν ἀγωνίαν ἦν. Νικήσας οὖν, ἵνα μὴ δόξῃ διαφθείρας τὰς ὁμολογίας πρὸς τὴν ἄνθρωπον, εἰκόνα γραψάμενος τῆς Λαΐδος, εἰς τὴν Κυρήνην ἐκόμισε, λέγων ἄγειν Λαΐδα, καὶ μὴ παραβῆναι τὰς συνθήκας. Ἀνθ᾽ ὧν ἡ νόμῳ γημαμένη αὐτῷ παμμέγιστον ἀνδριάντα ἐν Κυρήνῃ ἀνέστησεν, αὐτὸν ἀμειβομένη τῆς σωφροσύνης.

LIVRE DIXIÈME.

1. *Phérénice aux jeux olympiques.*

PHÉRÉNICE ayant accompagné son fils, qui allait disputer le prix aux jeux olympiques, se présenta pour les voir. Mais les Hellanodices lui en refusèrent l'entrée. Alors s'avançant pour plaider sa cause, « Mon père, dit-elle, a remporté la victoire dans ces jeux ; mes trois frères y ont été couronnés ; et voilà mon fils qui vient suivre leurs traces. » Par ce discours, Phérénice gagna le peuple, et mérita qu'on dérogeât, en sa faveur, à la loi qui interdisait aux femmes l'entrée du spectacle ; elle y fut admise.

2. *Continence d'Eubatas.*

LAïS conçut pour l'athlète Eubatas de Cyrène, la première fois qu'elle le vit, une passion si violente, qu'elle commença par lui faire des propositions de mariage. Eubatas, craignant de sa part quelque trait d'emportement, lui promit de céder à ses désirs aussitôt après la célébration des jeux : cependant il ne profita pas des avances de Laïs, et n'eut point de commerce avec elle. Dès qu'il eut été déclaré vainqueur, il songea aux moyens d'éluder son engagement : afin de paraître n'y pas manquer, il fit peindre le portrait de Laïs, et l'emporta à Cyrène, en disant qu'il *menait* sa femme chez lui, et qu'ainsi il n'avait pas violé son serment. La femme légitime d'Eubatas paya la fidélité que son mari lui avait gardée, en lui faisant ériger à Cyrène une statue de grandeur héroïque.

γ. Περὶ ζώων τινῶν ἰδιότητος.

Τὰ τῶν περδίκων νεόττια, ἐπειδὰν τάχιστα τοὺς πόδας ἔξω ποιήσῃ τοῦ λέμματος, ἐντεῦθεν ἤδη δρομικώτατά εἰσι. Τὰ δὲ τῶν νηττῶν νεόττια, ὅταν ἴδῃ φῶς, παραχρῆμα ἐξ ὠδίνων νήχεται. Καὶ οἱ τῶν λεόντων δὲ σκύμνοι καταγράφουσι τοῖς ὄνυξι τὰς μήτρας τῶν μητέρων, πρὸς φῶς ἐπειγόμενοι.

δ. Περὶ τῆς Ἀλεξάνδρου ταχυεργίας.

Ἀλέξανδρος ὁ Φιλίππου τρὶς τετρακόσια στάδια ἐφεξῆς μεθ' ὅπλων ὁδοιπορήσας, συμβαλὼν τοῖς πολεμίοις, πρὶν ἀναπαῦσαι τὸ στρατόπεδον, ἐκράτησε τῶν ἐχθρῶν.

ε. Περὶ τυράννων, ἐκ τῶν τοῦ Αἰσώπου.

Φρύγιος οὗτος λόγος· ἔστι γὰρ Αἰσώπου τοῦ Φρυγός. Τὴν ὗν, ἐάν τις ἅψηται αὐτῆς, βοᾶν, καὶ μάλα γε εἰκότως· οὔτε γὰρ ἔρια ἔχει*, οὔτε ἄλλο τι, καὶ ὀνειροπολεῖ εὐθὺς τὸν θάνατον, εἰδυῖα εἰς ὅ τι τοῖς χρησομένοις λυσιτελεῖ. Ἐοίκασι δὲ τῇ ὑῒ τοῦ Αἰσώπου οἱ τύραννοι, ὑποπτεύοντες καὶ δεδοικότες πάντα· ἴσασι γὰρ ὅτι, ὡσπεροῦν ἡ ὗς, ὀφείλουσι καὶ ἐκεῖνοι τὴν ψυχὴν πᾶσιν.

ϛ. Περὶ ἀνδρῶν λεπτῶν.

Ἐκωμῳδοῦντο εἰς λεπτότητα, Σαννυρίων ὁ κωμῳδίας ποιητής, καὶ Μέλιτος ὁ τραγῳδίας ποιητής, καὶ Κινησίας κυκλίων χορῶν, καὶ Φιλήτας ποιητὴς ἑξαμέτρων. Ἀρχέστρατος δὲ

---

* Stobaeus, Serm. 47, addit, οὔτε γάλα, οὔτε ἄλλο τι, πλὴν τῶν κρεῶν. Quam lectionem sequitur interpres.

3. *De l'instinct de quelques animaux.*

A PEINE les perdreaux sont-ils sortis de la coque, qu'ils courent avec la plus grande vitesse. Aussitôt que les canards sont éclos et qu'ils ont les yeux ouverts, ils vont nager. Lorsque la lionne est prête à mettre bas ses petits, ils lui déchirent le flanc avec leurs griffes, pour hâter le moment où ils pourront jouir de la lumière.

4. *Marche forcée d'Alexandre.*

ALEXANDRE, fils de Philippe, après avoir fait, sans quitter ses armes, une marche de douze cents stades [1], pour atteindre les ennemis, les attaqua et les battit, avant que de laisser reposer ses troupes.

5. *Mot d'Ésope sur les tyrans.*

VOICI une espèce de proverbe des Phrygiens; du moins vient-il d'Ésope né en Phrygie. La truie, dit-il, pour peu qu'on la touche, se met à crier; et ce n'est pas sans raison. En effet, comme la truie n'a ni laine, ni lait, et qu'elle n'est utile que par sa chair, elle a un secret pressentiment qu'on en veut à sa vie [2]; car elle n'ignore pas à quoi on peut la faire servir. Or, il me paraît que les tyrans ressemblent à la truie d'Ésope : ils passent leur vie dans la défiance et dans la crainte, parce qu'ils savent aussi qu'ils ne peuvent servir la patrie que par leur mort.

6. *De quelques hommes d'une maigreur singulière.*

SANNYRION, poëte comique; Mélitus, poëte tragique [3]; Cinésias [4], connu par ces sortes de vers qui se chantaient dans les danses en rond [5]; Philétas, auteur de vers hexamètres [6], ont été joués sur le théâtre [7] pour leur excessive

ὁ μάντις ὑπὸ πολεμίων ἁλοὺς, καὶ ἐπὶ*ζυγὸν ἀναβληθεὶς, ὀβολοῦ ὁλκὴν ἔχων εὑρέθη, ὥς φασι. Καὶ Πανάρετος δὲ λεπτότατος ἦν· διετέλεσε μέντοι ἄνοσος. Λέγουσι δὲ καὶ Ἱππώνακτα τὸν ποιητὴν οὐ μόνον γενέσθαι μικρὸν τὸ σῶμα, καὶ αἰσχρὸν, ἀλλὰ καὶ λεπτόν. Ἀλλὰ καὶ Φιλιππίδης, καθ᾽ οὗ λόγος ἐστὶν Ὑπερίδῃ, λεπτότατος ἦν. Ὅθεν καὶ τὸ πάνυ κατισχνῶσθαι τὸ σῶμα, πεφιλιππιδῶσθαί, φασιν, ἔλεγον. Μάρτυς Ἄλεξις·

ζ. Περὶ ἀστρολόγων τινῶν, καὶ μεγάλου ἐνιαυτοῦ.

ΟΙΝΟΠΙΔΗΣ, ὁ Χῖος ἀστρολόγος, ἀνέθηκεν ἐν Ὀλυμπίοις τὸ χαλκοῦν γραμματεῖον, ἐγγράψας ἐν αὐτῷ τὴν ἀστρολογίαν τῶν ἑνὸς δεόντων ἑξήκοντα ἐτῶν, φήσας τὸν μέγαν ἐνιαυτὸν εἶναι τοῦτον.

Ὅτι Μέτων ὁ Λευκονοιεὺς, ἀστρολόγος, ἀνέστησε στήλας, καὶ τὰς τοῦ ἡλίου τροπὰς κατεγράψατο, καὶ μέγαν ἐνιαυτὸν, ὡς ἔλεγεν, εὗρεν, καὶ ἔφατο αὐτὸν ἑνὸς δέοντα εἴκοσιν ἐτῶν.

η. Περὶ εὐεργεσίας·

ΑΡΙΣΤΟΤΕΛΗΣ ὁ Κυρηναῖος ἔλεγε μὴ δεῖν εὐεργεσίαν παρά τινος προσίεσθαι· ἢ γὰρ ἀποδιδόναι πειρώμενον, πράγματα ἂν ἔχειν, ἢ μὴ ἀποδιδόντα, ἀχάριστον φαίνεσθαι.

θ. Ὅτι λίχνος ὁ Φιλόξενος.

ΦΙΛΟΞΕΝΟΣ λίχνος ἦν, καὶ γαστρὸς ἥττων. Λοπάδος οὖν ποτε ἑψομένης ἐν καπηλείῳ, τέως μὲν εὐφραίνετο, καὶ ἑαυτὸν εἱστία τῇ ὀσμῇ. Ἐπεὶ δὲ αὐτῷ ἐπετείνετο ἡ ὄρεξις, καὶ ἡττᾶτο

---

* Sic Athenæus et Eustathius. Al., ὑπό.

maigreur. Le devin Archestrate ayant été pris par les ennemis, on le mit dans une balance; et il se trouva ne peser, dit-on, qu'une obole. Quoique Panarète [1] fût de la corpulence la plus mince, il vécut sans avoir jamais été malade. Hipponax [2] était à la fois petit, laid, et grêle. La maigreur de Philippide [3], celui-là même contre qui nous avons une harangue d'Hypéride, était telle qu'on fit de son nom le mot *Philippidisé*, pour désigner un corps décharné. Je parle sur la foi d'Alexis [4].

7. *De la grande année.*

L'ASTRONOME Énopide de Chio [5] consacra dans Olympie une table d'airain, sur laquelle il avait gravé le cours des astres pour cinquante-neuf ans, prétendant que c'était là la grande année [6].

Méton de Leuconée [7], autre astronome, fit élever des colonnes sur lesquelles il marqua les révolutions du soleil, et se vanta d'avoir trouvé la grande année, qu'il assurait être de dix-neuf ans [8].

8. *Des bienfaits.*

ARISTOTE de Cyrène [9] avait coutume de dire qu'il faut se garder d'accepter un bienfait [10]. La nécessité de le reconnaître, ajoutait-il, met souvent dans l'embarras celui qui l'a reçu; et s'il s'en dispense, il passe pour ingrat.

9. *De la gourmandise de Philoxène.*

PHILOXÈNE [11] était d'une gourmandise excessive, ou plutôt Philoxène était esclave de son ventre. Passant un jour près d'un cabaret, où l'on faisait cuire je ne sais quel ragoût, il fut saisi d'un sentiment de plaisir, qui l'invitait à s'approcher pour en respirer la fumée : bientôt l'odeur irrita ses désirs; enfin, ne pouvant plus résister à un pen-

τῆς φύσεως (κακῆς γε οὔσης, ὦ Θεοί), τηνικαῦτα οὐκ ἐνεγκών, προσέταξε τὸν παῖδα πρίασθαι τὴν λοπάδα. Ἐπεὶ δὲ ἔφατο πωλεῖν αὐτὴν τὸν κάπηλον πολλοῦ, Ταύτῃ μᾶλλον ἡδίων ἔσται, φησὶν, εἰ πλείονος ὠνήσομαι. Χρὴ δὲ καὶ τῶν τοιούτων μνημονεύειν, οὐκ εἰς ζῆλον αὐτῶν, ἀλλ' ὥστε φεύγειν αὐτά.

ι. Περὶ τῶν παλαιῶν ζωγράφων.

Ὅτε ὑπήρχετο ἡ γραφικὴ τέχνη, καὶ ἦν τρόπον τινὰ ἐν γάλαξι καὶ σπαργάνοις, οὕτως ἄρα ἀτέχνως εἴκαζον τὰ ζῶα, ὥστε ἐπιγράφειν αὐτοῖς τοὺς γραφέας, τοῦτο Βοῦς, ἐκεῖνο Ἵππος, τοῦτο Δένδρον.

ια. Περὶ Διογένους ἀλγοῦντος τὸν ὦμον.

Ἤλγει τὸν ὦμον Διογένης, ἢ τρωθείς, οἶμαι, ἢ ἐξ ἄλλης τινὸς αἰτίας. Ἐπεὶ δὲ ἐδόκει σφόδρα ἀλγεῖν, τῶν τις ἀχθομένων αὐτῷ κατεκερτόμει, λέγων, Τί οὖν οὐκ ἀποθνήσκεις, ὦ Διόγενες, καὶ σεαυτὸν ἀπαλλάττεις κακῶν; Ὁ δὲ εἶπε, Τοὺς εἰδόντας, ἃ δεῖ πράττειν ἐν τῷ βίῳ, καὶ ἃ δεῖ λέγειν, τούτους γε ζῆν προσήκει· ὧν καὶ αὐτὸς ὡμολόγει εἶναι. Σοὶ μὲν οὖν, ἔφη, οὐκ εἰδότι τά τε λεκτέα καὶ τὰ πρακτέα, ἀποθανεῖν ἐν καλῷ ἐστιν· ἐμὲ δὲ τὸν ἐπιστήμονα ἐκείνων, πρέπει ζῆν.

ιβ. Ἀρχύτου ἀπόφθεγμα περὶ ἀνθρώπων.

Ἀρχύτας ἔλεγεν, Ὥσπερ ἔργον ἐστὶν εὑρεῖν ἰχθὺν, ἄκανθαν μὴ ἔχοντα, οὕτω καὶ ἄνθρωπον, μὴ κεκτημένον τι δολερὸν καὶ ἀκανθῶδες.

chant qui le maîtrisait (quel penchant, grands dieux !), il ordonna à son esclave d'acheter le ragoût. « Le cabaretier, repartit l'esclave, le vendra bien cher. » — « Tant mieux, dit Philoxène, je l'en trouverai meilleur. » Voilà un de ces traits qu'il est bon de citer, non comme un modèle à imiter, mais comme un exemple à fuir.

10. *Des anciens peintres.*

Dans l'origine de la peinture, lorsque cet art était encore au berceau, les peintres représentaient si grossièrement les animaux, qu'ils étaient obligés d'écrire au bas de leurs tableaux, *c'est un bœuf; c'est un cheval; c'est un arbre.*

11. *Réponse de Diogène.*

Diogène ressentait de la douleur à une épaule, soit qu'il eût été blessé, comme je le pense, soit pour toute autre cause. Comme il paraissait souffrir beaucoup, quelqu'un qui n'était pas de ses amis, lui dit d'un ton moqueur : « Eh pourquoi, Diogène, ne vous délivrez-vous pas à la fois et de vos maux et de la vie? » — « Il est bon, répondit le philosophe, que les gens qui savent ce qu'il faut dire et faire dans le monde, y restent long-temps (Diogène prétendait bien être de ce nombre). Pour vous, qui paraissez ignorer l'un et l'autre, il vous conviendrait assez de mourir : mais moi, qui possède cette double science, il est à propos que je conserve mes jours. »

12. *Mot d'Archytas.*

On trouverait aussitôt un poisson sans arrêtes, qu'un homme sans fraude et sans malice. C'est un mot d'Archytas [1].

ιγ. Ὅτι Ἀρχίλοχος ἑαυτοῦ κατηγόρει.

ΑΙΤΙΑΤΑΙ Κριτίας Ἀρχίλοχον, ὅτι κάκιστα ἑαυτὸν εἶπεν. Εἰ γὰρ μὴ, φησιν, ἐκεῖνος τοιαύτην δόξαν ὑπὲρ ἑαυτοῦ εἰς τοὺς Ἕλληνας ἐξήνεγκεν, οὐκ ἂν ἐπυθόμεθα ἡμεῖς, οὔτε ὅτι Ἐνιποῦς υἱὸς ἦν τῆς δούλης, οὔθ᾽ ὅτι καταλιπὼν Πάρον διὰ πενίαν, καὶ ἀπορίαν, ἦλθεν εἰς Θάσον, οὔθ᾽ ὅτι ἐλθὼν τοῖς ἐνταῦθα ἐχθρὸς ἐγένετο, οὐδὲ μὴν ὅτι ὁμοίως τοὺς φίλους καὶ τοὺς ἐχθροὺς κακῶς ἔλεγε. Πρὸς δὲ τούτοις, ἦ δ᾽ ὅς, οὔτε ὅτι μοιχὸς ἦν, ᾔδειμεν ἂν, εἰ μὴ παρ᾽ αὐτοῦ μαθόντες, οὔτε ὅτι λάγνος καὶ ὑβριστὴς, καὶ, τὸ ἔτι τούτων αἴσχιστον, ὅτι τὴν ἀσπίδα ἀπέβαλεν. Οὐκ ἀγαθὸς ἄρα ἦν ὁ Ἀρχίλοχος μάρτυς ἑαυτῷ, τοιοῦτον κλέος ἀπολιπὼν, καὶ τοιαύτην ἑαυτῷ φήμην. Ταῦτα οὐκ ἐγὼ Ἀρχίλοχον αἰτιῶμαι, ἀλλὰ Κριτίας.

ιδ. Περὶ ἀργίας.

ΣΩΚΡΑΤΗΣ ἔλεγεν, ὅτι ἡ Ἀργία ἀδελφὴ τῆς Ἐλευθερίας ἐστί. Καὶ μαρτύριον ἔλεγεν, ἀνδρειοτάτους καὶ ἐλευθεριωτάτους Ἰνδοὺς καὶ Πέρσας, ἀμφοτέρους δὲ πρὸς χρηματισμὸν ἀργοτάτους εἶναι· Φρύγας δὲ καὶ Λυδοὺς, ἐργαστικωτέρους, δουλεύειν δέ.

ιε. Περὶ τῶν μνηστευσαμένων τὰς τοῦ Ἀριστείδου καὶ τοῦ Λυσάνδρου θυγατέρας.

ΤΑΣ Ἀριστείδου θυγατέρας, ἔτι αὐτοῦ περιόντος, ἐμνηστεύοντο οἱ τῶν Ἑλλήνων δοκοῦντες διαφέρειν. Ἔβλεπον δὲ ἄρα οὐκ εἰς τὸν βίον Ἀριστείδου, οὐδὲ ἐθαύμαζον αὐτοῦ τὴν δικαιοσύνην· ἐπεί, τούτων γε εἰ ἦσαν ζηλωταί, κἂν μετὰ ταῦτα ἐπέμειναν τῇ μνηστείᾳ. Νῦν δὲ ὁ μὲν ἀπέθανεν, οἱ δὲ οὐδὲν ἡγήσαντο εἶναι πρᾶγμα κοινὸν πρὸς τὰς κόρας. Ἀποθανὼν γὰρ ἐγνώσθη ὁ παῖς Λυσιμάχου, ὅτι πένης ἦν· ὅπερ καὶ ἀνέστειλεν

13. D'Archiloque.

CRITIAS [1] blâmait Archiloque [2] d'avoir dit de lui-même tout le mal possible : S'il n'eût pas, disait-il, publié dans la Grèce l'histoire de sa vie, nous ignorerions qu'il était fils de l'esclave Enipée; que la misère l'ayant contraint de quitter Paros, il vint à Thase, où il se fit haïr de tous les habitans, et qu'il médisait de ses amis comme de ses ennemis. Nous ignorerions, ajoutait Critias, si Archiloque ne nous l'eût pas appris, qu'il était adultère, libertin, insolent, et ce qui est encore plus honteux, qu'il avait jeté son bouclier [3]. C'est ainsi qu'Archiloque déposait contre lui-même; et la réputation qu'il a laissée après lui, répond parfaitement au témoignage qu'il se rendait. Au reste, ce n'est pas moi qui l'accuse; qu'on s'en prenne à Critias.

14. De l'oisiveté.

L'OISIVETÉ, disait Socrate, est sœur de la liberté. Il prouvait cette maxime par la comparaison des Indiens et des Perses avec les Phrygiens et les Lydiens. Les premiers, disait-il, sont vaillans et passionnés pour la liberté, mais indolens et paresseux; les autres, actifs et laborieux, vivent dans l'esclavage.

15. Pauvreté d'Aristide et de Lysandre.

PENDANT la vie d'Aristide, ses filles furent recherchées en mariage par les citoyens les plus distingués. Ce n'était pas, sans doute, en considération de la sagesse du père, ni par un sentiment d'admiration pour son équité : s'ils eussent connu le prix de ces vertus, ils auraient persisté dans leur recherche. Mais aussitôt après la mort d'Aristide, ils s'en désistèrent. On avait découvert qu'Aristide mourait pauvre : c'en était assez pour détourner ces âmes

ἐκείνους τοὺς κακοδαίμονας ἐνδόξου τε ἅμα καὶ σεμνοτάτου γάμου, παρ᾽ ἐμοὶ κριτῇ.

Παραπλήσιον δὲ καὶ ἐπὶ Λυσάνδρου· μαθόντες γὰρ αὐτὸν εἶναι πένητα, τὸν γάμον ἀπέδρασαν.

ι϶´. Περὶ Ἀντισθένους, καὶ Διογένους.

Ἐπεὶ ὁ Ἀντισθένης πολλοὺς προὔτρεπεν ἐπὶ φιλοσοφίαν, οἱ δὲ οὐδὲν αὐτῷ προσεῖχον, τέλος ἀγανακτήσας, οὐδένα προσίετο. Καὶ Διογένην οὖν ἤλαυνεν ἀπὸ τῆς συνουσίας αὐτοῦ. Ἐπεὶ δὲ ἦν λιπαρέστερος ὁ Διογένης, καὶ ἐνέκειτο, ἐνταῦθα ἤδη καὶ τῇ βακτηρίᾳ καθίξεσθαι αὐτοῦ ἠπείλει· καί ποτε καὶ ἔπαισε κατὰ τῆς κεφαλῆς. Ὁ δὲ οὐκ ἀπηλλάττετο, ἀλλ᾽ ἔτι μᾶλλον ἐνέκειτο φιλοπόνως, ἀκούειν αὐτοῦ διψῶν, καὶ ἔλεγε, Σὺ μὲν παῖε, εἰ βούλει, ἐγὼ δὲ ὑποθήσω τὴν κεφαλήν· καὶ οὐκ ἂν οὕτως ἐξεύροις βακτηρίαν σκληράν, ὥστε με ἀπελάσαι τῶν διατριβῶν τῶν σῶν. Ὁ δὲ ὑπερησπάσατο αὐτόν.

ιζ´. Περὶ τῶν πλουτησάντων ἐκ τῶν κοινῶν.

Λέγει Κριτίας Θεμιστοκλέα τὸν Νεοκλέους, πρὶν ἢ ἄρξασθαι πολιτεύεσθαι, τρία τάλαντα ἔχειν τὴν οὐσίαν τὴν πατρῴαν· ἐπεὶ δὲ τῶν κοινῶν προέστη, εἶτα ἔφυγε, καὶ ἐδημεύθη αὐτοῦ ἡ οὐσία, κατεφωράθη ἑκατὸν ταλάντων πλείω οὐσίαν ἔχων.

Ὁμοίως δὲ καὶ Κλέωνα, πρὸ τοῦ παρελθεῖν ἐπὶ τὰ κοινά, μηδὲν τῶν οἰκείων ἐλεύθερον εἶναι· μετὰ δὲ, πεντήκοντα ταλάντων τὸν οἶκον ἀπέλιπε.

viles d'une alliance qui, à mon avis, leur eût fait beaucoup d'honneur ¹.

On raconte la même chose de Lysandre ² : ceux qui s'étaient proposés pour devenir ses gendres, ayant su qu'il était pauvre, renoncèrent au projet d'épouser sa fille.

16. *D'Antisthène et de Diogène.*

ANTISTHÈNE ³, indigné de ce qu'aucun de ceux qu'il avait exhortés à cultiver l'étude de la philosophie, ne venait l'entendre, renvoya tous ses disciples et ferma son école. Il ne voulut pas même y recevoir Diogène. Mais voyant que Diogène n'en était que plus assidu et plus empressé, il le menaça de le chasser à coups de bâton; un jour même, il le frappa effectivement à la tête. Cependant Diogène, bien loin de se retirer, n'en montra que plus d'opiniâtreté à rester auprès de son maître; tant il avait à cœur de profiter de ses leçons : « Frappez, lui dit-il, si cela vous plaît; je vous offre ma tête; vous ne trouverez jamais de bâton assez dur pour m'écarter du lieu où vous dissertez. » Depuis ce temps, Antisthène fut son ami.

17. *Exemples d'hommes célèbres qui se sont enrichis aux dépens du public.*

SI l'on s'en rapporte à Critias, le patrimoine de Thémistocle, fils de Néoclès, quand il commença d'avoir part à l'administration de la république, ne montait qu'à trois talens ⁴; mais, lorsque après avoir été à la tête des affaires, il fut envoyé en exil, et que ses biens furent confisqués, il se trouva riche de plus de cent.

Critias en dit autant de Cléon ⁵. Lorsque Cléon entra dans le maniement des affaires publiques, il était accablé de dettes : cependant il laissa une fortune de cinquante talens.

ιη. Περὶ Συρακουσίου Δάφνιδος, καὶ βουκολικῶν μελῶν.

ΔΑΦΝΙΝ τὸν βουκόλον λέγουσιν, οἱ μὲν, ἐρώμενον Ἑρμοῦ, ἄλλοι δὲ, υἱόν· τὸ δὲ ὄνομα ἐκ τοῦ συμβάντος σχεῖν· γενέσθαι μὲν αὐτὸν ἐκ Νύμφης, τεχθέντα δὲ, ἐκτεθῆναι ἐν δάφνῃ. Τὰς δ᾽ ὑπ᾽ αὐτοῦ βουκολουμένας βοῦς φασιν ἀδελφὰς γεγονέναι τῶν Ἡλίου, ὧν Ὅμηρος ἐν Ὀδυσσείᾳ μέμνηται. Βουκολῶν δὲ κατὰ τὴν Σικελίαν ὁ Δάφνις, ἠράσθη αὐτοῦ Νύμφη μία, καὶ ὡμίλησε καλῷ ὄντι, καὶ νέῳ, καὶ πρῶτον ὑπηνήτῃ, ἔνθα τοῦ χρόνου ἡ χαριεστάτη ἐστὶν ἥβη τῶν καλῶν μειρακίων, ὥς πού φησι καὶ Ὅμηρος. Συνθήκας δὲ ἐποίησε, μηδεμιᾷ ἄλλῃ πλησιάσαι αὐτὸν, καὶ ἐπηπείλησεν, ὅτι πεπρωμένον ἐστὶν αὐτὸν στερηθῆναι τῆς ὄψεως, ἐὰν παραβῇ· καὶ εἶχον ὑπὲρ τούτων ῥήτραν πρὸς ἀλλήλους. Χρόνῳ δὲ ὕστερον, βασιλέως θυγατρὸς ἐρασθείσης αὐτοῦ, οἰνωθεὶς ἔλυσε τὴν ὁμολογίαν, καὶ ἐπλησίασε τῇ κόρῃ. Ἐκ δὲ τούτου τὰ βουκολικὰ μέλη πρῶτον ᾔσθη, καὶ εἶχεν ὑπόθεσιν τὸ πάθος τὸ κατὰ τοὺς ὀφθαλμοὺς αὐτοῦ. Καὶ Στησίχορόν γε τὸν Ἱμεραῖον τῆς τοιαύτης μελοποιίας ὑπάρξασθαι.

ιθ. Περὶ τοῦ καταπιόντος τοὺς ἰδίους ὀδόντας.

ΕΥΡΥΔΑΜΑΣ ὁ Κυρηναῖος πυγμῇ ἐνίκησεν, ἐκκρουσθεὶς μὲν ὑπὸ τοῦ ἀνταγωνιστοῦ τοὺς ὀδόντας, καταπιὼν δὲ αὐτοὺς, ἵνα μὴ αἴσθηται ὁ ἀντίπαλος.

κ. Περὶ Ἀγησιλάου.

ὍΤΙ ὁ Πέρσης ἐπέστειλε πρὸς Ἀγησίλαον, φίλον αὐτὸν

18. *Du berger Daphnis, et de l'origine des poëmes bucoliques.*

Le berger Daphnis était, suivant les uns, favori de Mercure; selon d'autres, il était son fils. On lui donna le nom de *Daphnis*, parce que la nymphe sa mère l'exposa, aussitôt après sa naissance, dans un bocage planté de lauriers [1]. On prétend que les génisses confiées à sa garde étaient sœurs des bœufs du soleil, dont parle Homère dans l'Odyssée [2]. Quoi qu'il en soit, comme Daphnis les faisait paître dans la Sicile, une nymphe conçut pour lui l'amour le plus vif, et ne tarda pas à lui en donner la dernière preuve. Daphnis était jeune et beau; ses joues commençaient à peine à se couvrir d'un léger duvet, caractère de cet âge où, comme dit Homère en quelque autre endroit [3], *l'éclat de la jeunesse ajoute à la beauté.* Le berger promit d'être fidèle, et de regarder à jamais toute autre femme avec indifférence. De son côté, la nymphe l'avertit qu'il était arrêté par les destins que la perte de la vue serait la punition de son manque de foi. Des sermens mutuels scellèrent leur engagement. Peu de temps s'était écoulé, lorsque la fille d'un roi, devenue amoureuse de Daphnis, parvint à le rendre infidèle, en l'enivrant [4]. De là sont nés les poëmes bucoliques, dans lesquels on chantait la perte des yeux de Daphnis: Stésichore d'Himère [5] passe pour en avoir été l'inventeur [6].

19. *Action courageuse du lutteur Eurydamas.*

Eurydamas de Cyrène, vainqueur à la lutte, ayant eu les dents rompues dans le combat, les avala, pour ne pas laisser à son adversaire la satisfaction de s'en apercevoir.

20. *Réponse d'Agésilas à Xerxès.*

Le roi de Perse ayant écrit à Agésilas, pour lui offrir son

ἔχειν. Ἀνταπέστειλε δὲ Ἀγησίλαος, ὅτι οὐ δυνατὸν φίλον αὐτὴν Ἀγησιλάου ἰδίᾳ εἶναι· εἰ δὲ εἴη Λακεδαιμονίοις κοινῇ φίλις, δῆλον, ὅτι καὶ αὐτοῦ ἔσται· ἐφ' ἅπασι γὰρ καὶ ἐκεῖνον ἀριθμεῖσθαι.

κα. Περὶ Πλάτωνος.

Ὅτι τὸν Πλάτωνα ἡ Περικτιόνη ἔφερεν ἐν ταῖς ἀγκάλαις· θύοντι δὲ τῷ Ἀρίστωνι ἐν Ὑμηττῷ ταῖς Μούσαις, ἢ ταῖς Νύμφαις, οἱ μὲν πρὸς τὴν ἱερουργίαν ἦσαν, ἡ δὲ κατέκλινε Πλάτωνα ἐν ταῖς πλησίον μυρρίναις, δασείαις οὔσαις, καὶ πυκναῖς. Καθεύδοντι δὲ ἑσμὸς μελισσῶν Ὑμηττίου μέλιτος, ἐν τοῖς χείλεσιν αὐτοῦ καθίσασαι, ὑπῇδον, τὴν τοῦ Πλάτωνος εὐγλωττίαν μαντευόμεναι ἐντεῦθεν.

κβ. Περὶ Διωξίππου.

Ὅτι Διώξιππος, παρόντος Ἀλεξάνδρου, καὶ Μακεδόνων, ῥόπαλον λαβὼν, Κόρραγον τὸν Μακεδόνα ὁπλίτην μονομαχήσας, καὶ ἐκκρούσας αὐτοῦ τὸ ξυστὸν, καὶ ἁρπάσας τὸν ἄνδρα σὺν τῇ πανοπλίᾳ, ἐπιβὰς ἐπὶ τὸν αὐχένα αὐτοῦ κειμένου, τὴν μάχαιραν, ἣν ὑπέζωστο, ὑφαρπάσας, ἀπέκτεινε τὸν ὁπλίτην. Ἐμισήθη δὲ ὑπὸ Ἀλεξάνδρου. Ὁ δὲ ἀπογνοὺς, ὡς μισηθεὶς ὑπὸ Ἀλεξάνδρου, καὶ ἀθυμήσας, ἀπέθανεν.

amitié : « Il n'est pas possible, répondit Agésilas, que je sois en particulier l'ami de Xertès : qu'il devienne l'ami de *tous* les Spartiates, alors je serai certainement le sien, étant compris dans le nombre de *tous*.

21. *De Platon, enfant.*

Tandis qu'Ariston [1] offrait un sacrifice aux Muses et aux Nymphes sur le mont Hymette, Périctione plaça son fils, qu'elle portait entre ses bras, sur une touffe de myrtes fort épaisse, qui était proche, et alla vaquer au sacrifice avec son mari. Dans cet intervalle, Platon s'étant endormi, un essaim d'abeilles vint, avec un doux bourdonnement, déposer sur ses lèvres le miel d'Hymette, annonçant ainsi quelle devait être un jour la douceur du langage de cet enfant.

22. *De l'athlète Dioxippe.*

Dioxippe un jour, en présence d'Alexandre et des Macédoniens, se saisit d'une massue, et provoqua au combat le Macédonien Corrhagus, qui était armé de toutes pièces. Bientôt Dioxippe lui fit sauter sa lance ; puis l'ayant terrassé, malgré son armure, il lui mit le pied sur la gorge, arracha l'épée dont il était ceint, et le tua [3]. Cette action déplut à Alexandre. L'athlète, s'apercevant qu'il avait encouru la disgrâce du prince, se livra au désespoir, et se donna la mort.

ΒΙΒΛΙΟΝ ΕΝΔΕΚΑΤΟΝ.

α. Περὶ Ὀρικάδμου, καὶ τοῦ παλαίειν.

Ὅτι Ὀρίκαδμος πάλης ἐγένετο νομοθέτης, καθ᾽ ἑαυτὸν ἐπινοήσας τὸν Σικελὸν τρόπον καλούμενον παλαίειν.

β. Περὶ Ὀροιβαντίου ἐπῶν, καὶ Δάρητος, καὶ Μελισάνδρου.

Ὅτι ἦν Ὀροιβαντίου Τροιζηνίου ἔπη πρὸ Ὁμήρου, ὥς φασιν οἱ Τροιζήνιοι λόγοι. Καὶ τὸν Φρύγα δὲ Δάρητα, οὗ Φρυγίαν Ἰλιάδα ἔτι καὶ νῦν ἀποσωζομένην οἶδα, πρὸ Ὁμήρου καὶ τοῦτον γενέσθαι λέγουσι.

Μελίσανδρος ὁ Μιλήσιος Λαπιθῶν καὶ Κενταύρων μάχην ἔγραψεν.

γ. Περὶ Ἴκκου, καὶ πάλης.

Ὅτι Ἴκκος ὁ Ταραντῖνος πάλης*ὑπήρξατο, σωφρονέστερον τὸν τῆς ἀθλήσεως χρόνον διαζήσας, καὶ κεκολασμένῃ τροφῇ διαβιώσας, καὶ Ἀφροδίτης ἀμαθὴς διατελέσας.

δ. Περὶ Ἀγαθοκλέους φαλακρώματος.

Ἀγαθοκλέα φασὶ τὸν Σικελίας τύραννον γελοιότατα τὴν κεφαλὴν ἀσχημονεῖν. Ψιλουμένης γὰρ αὐτῆς, κατὰ μικρὰ ὑπορρεουσῶν αὐτῷ τῶν τριχῶν, ὅδε αἰδούμενος προκάλυμμα

---

* Conj. Cor., παλαιστής, ὑπήρξατο τοῦ σ.—διαζῆν, κεκ.

LIVRE ONZIÈME.

1. *Lutte sicilienne.*

C'est Oricadmus qui a fixé les règles qu'on observe dans la lutte. Il inventa de plus une façon particulière de lutter, qui fut nommée *la lutte sicilienne* [1].

2. *Écrivains plus anciens qu'Homère.*

Suivant une tradition des Trézéniens, les poëmes d'Orœbantius existaient avant ceux d'Homère : ils ajoutent que Darès de Phrygie, dont je ne puis douter que l'Iliade phrygienne ne se soit conservée jusqu'à nos jours, était aussi plus ancien que lui.

Mélisandre de Milet a décrit le combat des Centaures et des Lapithes [2].

3. *De l'athlète Iccus.*

Iccus de Tarente [3] est le premier athlète qui ait observé un genre de vie sobre et frugal durant les exercices par lesquels on se préparait à la lutte [4] : il mangeait peu, n'usait que d'alimens simples, et s'était interdit tout commerce avec les femmes.

4. *D'Agathocle, devenu chauve.*

Rien n'était à la fois plus risible et moins décent que la coiffure d'Agathocle, tyran de Sicile [5]. Agathocle ayant perdu insensiblement tous ses cheveux, s'imagina qu'en portant une couronne de myrte, il masquerait la diffor-

κόμης ἐποιήσατο μυρρίνης στέφανον· καὶ ἦν πρόβλημα τῆς ψιλώσεως. Ἤδεσαν μέν τοι τὸ φαλάκρωμα Συρακούσιοι, καὶ τὴν εἰς αὐτὸν τῶν τριχῶν ἐπιβουλὴν οὐκ ἠγνόουν· ἐσιώπων δὲ, διὰ τὸ τῶν τολμημάτων αὐτοῦ καὶ ἀσεβημάτων ἐμμανές.

ε. Περί τινων ἀδίκως θεοσυλίας καταχριθέντων.

ἘΘΥΟΝ τινες ἐν Δελφοῖς. Τούτοις ἐπιβουλεύοντες Δελφοὶ εἰς τὰ κανᾶ, ἔνθα ἦν αὐτοῖς ὅ τε λιβανωτὸς, καὶ τὰ πόπανα, ἐνέβαλον τῶν ἱερῶν χρημάτων λάθρα. Λαβόντες οὖν αὐτοὺς ὡς θεοσύλας, ἀπήγαγον ἐπὶ τὴν πέτραν, καὶ κατεκρήμνισαν κατὰ τὸν Δελφικὸν νόμον.

ς. Περὶ μοιχοῦ.

ΣΥΝΕΒΗ τινὰ μοιχὸν ἁλῶναι ἐν Θεσπιαῖς· εἶτα ἤγετο διὰ τῆς ἀγορᾶς δεδεμένος. Ἀφείλοντο οὖν αὐτὸν οἱ ἑταῖροι. Ἐξήφθη οὖν στάσις, καὶ συνέπεσε γενέσθαι φόνους πολλούς.

ζ. Περὶ Λυσάνδρου, καὶ Ἀλκιβιάδου.

ἜΛΕΓΕΝ Ἐτεοκλῆς ὁ Λάκων δύο Λυσάνδρους τὴν Σπάρτην μὴ ἂν ὑπομεῖναι. Καὶ Ἀρχέστρατος ὁ Ἀθηναῖος ἔλεγε δύο Ἀλκιβιάδας τὴν τῶν Ἀθηναίων. Οὕτως ἄρα αὐτῶν καὶ οἱ ἕτεροι ἦσαν ἀφόρητοι.

η. Περὶ Ἱππάρχου τελευτῆς.

ἽΠΠΑΡΧΟΣ ἀνῃρέθη ὑπὸ Ἁρμοδίου καὶ Ἀριστογείτονος, ὅτι ἐν τοῖς Παναθηναϊκοῖς κομίσαι κανοῦν τῇ θεῷ, κατὰ τὸν νόμον

mité de sa tête, dont il était honteux. Mais les Syracusains ne s'y méprirent pas : ils savaient qu'Agathocle était devenu chauve. Cependant, retenus par la crainte des fureurs et des cruautés du tyran, ils n'osaient en rien dire.

5. *Méchanceté des Delphiens.*

QUELQUES étrangers étant venus à Delphes offrir des sacrifices dans le temple d'Apollon, les Delphiens, pour avoir un prétexte de les perdre, mirent secrètement dans la corbeille qui contenait leur encens et leurs gâteaux d'offrande, quelques-uns des effets consacrés au dieu; puis les arrêtèrent comme sacriléges, les traînèrent au fatal rocher [1], et les précipitèrent, conformément à la loi qui s'observait à Delphes [2].

6. *D'un adultère.*

UN homme convaincu d'adultère avait été arrêté à Thespies : comme on le traînait à travers la place publique, chargé de chaînes, ses amis l'arrachèrent des mains de la justice. De là naquit une sédition qui coûta la vie à un grand nombre de personnes.

7. *Mot sur Lysandre et sur Alcibiade.*

LE Lacédémonien Étéocle [3] disait que Sparte ne pourrait souffrir deux Lysandres. L'Athénien Archestrate [4] disait qu'Athènes ne pourrait souffrir deux Alcibiades. Ainsi, le second de chacun de ces deux hommes eût été insoutenable.

8. *De la mort d'Hipparque.*

HARMODIUS et Aristogiton assassinèrent Hipparque, parce qu'il avait empêché la sœur d'Harmodius de porter dans les Panathénées [5], suivant la coutume du pays, la cor-

τὸν ἐπιχώριον, οὐκ εἴασε τὴν ἀδελφὴν τὴν Ἁρμοδίου, καὶ ἴσως ἀξίαν οὖσαν.

θ. Περί τινων ἀρίστων πενήτων, καὶ δῶρα μὴ προσηκαμένων.

Οἱ τῶν Ἑλλήνων ἄριστοι πενίᾳ διέζων παρὰ πάντα τὸν βίον. Ἐπαινείτωσαν οὖν πλοῦτόν τινες ἔτι, μετὰ τοὺς τῶν Ἑλλήνων ἀρίστους, οἷς ἡ πενία παρὰ πάντα τὸν βίον συνεκληρώθη. Εἰσὶ δὲ οὗτοι, οἷον Ἀριστείδης ὁ Λυσιμάχου, ἀνὴρ πολλὰ μὲν ἐν πολέμῳ κατορθώσας, καὶ τοὺς φόρους δὲ τοῖς Ἕλλησι τάξας. Ἀλλ᾽ οὗτός γε ὁ τοιοῦτος οὔτε ἐντάφια ἑαυτῷ κατέλιπεν ἱκανά.

Καὶ Φωκίων δὲ πένης ἦν. Ἀλεξάνδρου δὲ πέμψαντος αὐτῷ τάλαντα ἑκατόν, ἠρώτα, Διὰ τίνα αἰτίαν μοι δίδωσιν; Ὡς δ᾽ εἶπον, ὅτι μόνον αὐτὸν ἡγεῖται Ἀθηναίων καλὸν καὶ ἀγαθόν, Οὐκοῦν, ἔφη, ἐασάτω με τοιοῦτον εἶναι.

Καὶ Ἐπαμινώνδας δὲ ὁ Πολύμνιδος πένης ἦν. Ἰάσονος δὲ αὐτῷ πέμψαντος πεντήκοντα χρυσοῦς, ὅδε, Ἀδίκων, ἔφη, ἄρχεις χειρῶν. Δανεισάμενος δὲ παρά τινος τῶν πολιτῶν πεντήκοντα δραχμὰς, ἐφόδιον, εἰς Πελοπόννησον ἐνέβαλε. Πυθόμενος δὲ τὸν ὑπασπιστὴν αὐτοῦ χρήματα εἰληφέναι παρά τινος τῶν αἰχμαλώτων, Ἐμοὶ μὲν, εἶπεν, ἀπόδος τὴν ἀσπίδα, σεαυτῷ δὲ πρίω καπηλεῖον, ἐν ᾧ καταζήσεις· οὐ γὰρ ἔτι κινδυνεύειν ἐθελήσεις, πλούσιος γενόμενος.

Πελοπίδας δὲ, ἐπιτιμώντων αὐτῷ τῶν φίλων, ὅτι χρημάτων ἀμελεῖ, πράγματος εἰς τὸν βίον λυσιτελοῦς, Νὴ τὸν Δία, εἶ-

beille de Minerve, quoiqu'elle fût bien digne de cet honneur [1].

9. *Exemples illustres de désintéressement.*

Les plus illustres personnages d'entre les Grecs ont vécu pauvres [2]. Qui oserait donc faire l'éloge des richesses, tandis que la pauvreté fut toujours le partage des plus grands hommes de la Grèce? Un Aristide, par exemple, qui, après s'être couvert de gloire à la guerre, et avoir réglé le tribut que chaque ville devait payer pour l'entretien des troupes et des vaisseaux [3], ne laissa pas, en mourant, de quoi fournir aux frais de ses funérailles.

Alexandre envoya un jour cent talens à Phocion, qui n'était pas moins pauvre qu'Aristide : « Pourquoi, dit Phocion, à ceux qui les lui apportaient, le roi de Macédoine me fait-il ce présent? » — « C'est, répondirent-ils, parce qu'il vous regarde comme le seul homme juste et vertueux qui soit dans Athènes. » — « Qu'il permette donc, repartit Phocion, que je ne cesse pas de l'être. »

Épaminondas, fils de Polymnis, aussi pauvre que les deux grands hommes dont je viens de parler, répondit à Jason [4], qui lui avait envoyé cinquante pièces d'or en présent : « Votre don est une insulte. » En même temps, il emprunta d'un particulier cinquante drachmes, pour se mettre en état de passer dans le Péloponnèse. Ayant appris, dans une autre occasion, que celui qui portait ordinairement son bouclier, avait reçu une somme d'argent d'un de ses prisonniers : « Rendez-moi, mon bouclier, lui dit-il; achetez une taverne, et passez-y vos jours. Vous êtes devenu trop riche pour vouloir désormais courir les dangers de la guerre. »

Les amis de Pélopidas lui reprochaient le peu de cas qu'il faisait de l'argent, la chose, sans contredit, la plus utile aux hommes. « Par Jupiter, répondit Pélopidas, j'en

πε, λυσιτελές, ἀλλὰ Νικομήδει τούτῳ, δείξας χωλόν τινα καὶ ἀνάπηρον.

Ὅτι Σκηπίων, τέσσαρα καὶ πεντήκοντα ἔτη βιώσας, οὐδὲν οὔτε ἐπρίατο, οὔτε ἀπέδοτο· οὕτως ἄρα ὀλίγων ἐδεῖτο. Ἀσπίδα δὲ αὐτῷ τινος ἐπιδείξαντος εὖ κεκοσμημένην, εἶπεν, Ἀλλὰ τόν γε Ῥωμαῖον ἄνδρα προσήκει ἐν τῇ δεξιᾷ τὰς ἐλπίδας ἔχειν, ἀλλ' οὐκ ἐν τῇ ἀριστερᾷ.

Ὅτι Ἐφιάλτης ὁ Σοφωνίδου πενέστατος ἦν· δέκα δὲ τάλαντα διδόντων αὐτῷ τῶν ἑταίρων, ὅδε οὐ προσήκατο, εἰπών, Ταῦτά με ἀναγκάσει αἰδούμενον ὑμᾶς, καταχαρίσασθαί τι τῶν δικαίων, μὴ αἰδούμενον δὲ, μηδὲ χαριζόμενον ὑμῖν, ἀχάριστον δόξαι.

ι. Περὶ Ζωΐλου.

ΖΩΪΛΟΣ ὁ Ἀμφιπολίτης, ὁ καὶ εἰς Ὅμηρον γράψας, καὶ εἰς Πλάτωνα, καὶ εἰς ἄλλους, Πολυκράτους μὲν ἀκουστὴς ἐγένετο· οὗτος δὲ ὁ Πολυκράτης καὶ τὴν κατηγορίαν ἔγραψε τὴν κατὰ Σωκράτους. Ἐκαλεῖτο δὲ Ζωΐλος οὗτος, Κύων ῥητορικός. Ἦν δὲ τοιοῦτος· τὸ μὲν γένειον αὐτῷ καθεῖτο, κέκαρτο δὲ ἐν χρῷ τὴν κεφαλὴν, καὶ θοιμάτιον ὑπὲρ τὸ γόνυ ἦν. Ἤρα δὲ ἀγορεύειν κακῶς, καὶ ἀπεχθάνεσθαι πολλοῖς σχολὴν εἶχε, καὶ ψεγερὸς ἦν ὁ κακοδαίμων. Ἤρετο οὖν αὐτόν τις τῶν πεπαιδευμένων, διὰ τί κακῶς λέγει πάντας· ὁ δὲ, Ποιῆσαι γὰρ κακῶς βουλόμενος, οὐ δύναμαι.

ια. Περὶ Διονυσίου τοῦ Σικελοῦ.

Ὅτι Διονύσιος ὁ Σικελὸς περὶ τὴν ἰατρικὴν ἐσπούδασε καὶ αὐτὸς, καὶ ἰᾶτο, καὶ ἔτεμνε, καὶ ἔκαε, καὶ τὰ λοιπά.

conviens : l'argent est utile ; mais c'est pour Nicomède, que voilà : » il leur montrait un malheureux, qui avait perdu les bras et la vue.

Les besoins de Scipion étaient si bornés, que pendant cinquante-quatre ans qu'il vécut, il n'eut rien à vendre et n'acheta rien. Quelqu'un lui montrant un bouclier très-orné : « C'est dans son bras droit, dit-il, qu'un citoyen romain doit mettre sa confiance, non dans son bras gauche. »

Ephialte, fils de Sophonide, refusa dix talens, que ses amis voulaient lui donner pour soulager sa misère : « Si je les acceptais, leur dit-il, je m'exposerais à ne pouvoir vous témoigner ma reconnaissance, qu'en faisant quelque chose d'injuste par égard pour vous [1], ou bien à passer pour ingrat, si je ne faisais pas ce que vous auriez désiré.

10. *De Zoïle.*

Zoïle d'Amphipolis [2], qui attaqua dans ses ouvrages Homère, Platon, et plusieurs autres écrivains, avait été disciple de Polycrate [3], qui lui-même avait composé une harangue pleine d'imputations contre Socrate. Ce Zoïle fut surnommé *le Chien rhéteur.* Or, voici son portrait. Il avait la barbe longue et la tête rasée jusqu'à la peau ; son manteau ne descendait que jusqu'au genou. Tout son plaisir était de médire, et son unique occupation, de chercher les moyens de se faire haïr. Détracteur universel, il ne savait que blâmer et outrager. Un homme sensé lui demandait un jour pourquoi il s'obstinait à dire du mal de tout le monde : « Parce que je ne puis en faire, malgré l'envie que j'en ai, » répondit Zoïle.

11. *De Denys.*

Denys le tyran étudia et pratiqua la médecine ; il pansait les malades ; il savait faire toutes les opérations de l'art, jusqu'à couper et brûler [4].

ιβ. Περὶ πλακοῦντος Σωκράτει ὑπὸ τοῦ Ἀλκιβιάδου
πεμφθέντος.

Πλακοῦντα ὁ Ἀλκιβιάδης μέγαν, καὶ ἐσκευασμένον καλλιστα, διέπεμψε Σωκράτει. Ὡς οὖν ὑπὸ ἐρωμένου ἐραστῇ πεμφθὲν δῶρον ἐκκαυστικὸν τὸν πλακοῦντα, διαγανακτήσασα κατὰ τὸν αὑτῆς τρόπον ἡ Ξανθίππη, ῥίψασα ἐκ τοῦ κανοῦ, κατεπάτησε. Γελάσας δὲ ὁ Σωκράτης, Οὐκοῦν, ἔφη, οὐδὲ σὺ μεθέξεις αὐτοῦ.

Εἰ δέ τις οἴεται περὶ μικρῶν με λέγειν, λέγοντα ταῦτα, οὐκ οἶδεν, ὅτι καὶ ἐκ τούτων ὁ σπουδαῖος δοκιμάζεται ὑπερφρονῶν αὐτῶν, ἅπερ οὖν οἱ πολλοὶ λέγουσιν εἶναι κόσμον τραπέζης, καὶ δαιτὸς ἀναθήματα.

ιγ. Περὶ τοῦ ἐν Σικελίᾳ ὀξυδερκοῦς ἀνδρός.

Ἄνδρα φασὶ Σικελιώτην οἷον βλέπειν ὀξὺ γενέσθαι ἐν Σικελίᾳ, ὥστε αὐτὸν, ἐκ τοῦ Λιλυβαίου εἰς Καρχηδόνα τείναντα τὸν ὀφθαλμὸν, μηδὲν τὰς ὄψεις σφάλλεσθαι. Καὶ ἀποδεῖξαι λέγουσι τὸν ἀριθμὸν τῶν νεῶν τῶν ἀναγομένων ἐκ Καρχηδόνος· καὶ οὐκ ἐψεύσατο οὐδεμίαν.

12. *Mot de Socrate à Xanthippe.*

ALCIBIADE envoya un jour à Socrate un gâteau extrêmement grand et très-agréablement orné. Ce présent irrita Xanthippe : elle s'imagina que son mari en aimerait davantage celui de la part de qui il venait. Dans un mouvement de colère qui lui était familier, elle tira le gâteau hors de la corbeille, le jeta par terre, et le foula aux pieds. « Eh quoi, dit Socrate en riant, vous n'en réservez pas même un morceau pour vous ? »

Celui qui regardera ce fait comme peu important, ignore, sans doute, qu'on reconnaît le vrai sage au mépris qu'il fait des choses que le vulgaire appelle les ornemens de la table et les délices des repas.

13. *D'un Sicilien dont la vue s'étendait à une distance étonnante.*

J'AI entendu parler d'un Sicilien [1] qui avait les yeux si perçans, que, dirigeant sa vue du promontoire de Lilybée vers Carthage, il y distinguait nettement tous les objets, et comptait les vaisseaux qui sortaient du port, sans se méprendre sur le nombre.

ΒΙΒΛΙΟΝ ΔΩΔΕΚΑΤΟΝ.

α. Περὶ Ἀσπασίας.

Ἀσπασία ἡ Ἑρμοτίμου θυγάτηρ, ἡ Φωκαΐς, ἐτράφη μὲν ἐν ὀρφανίᾳ, τῆς μητρὸς αὐτῆς ἀποθανούσης ἐν ὠδῖσιν· ἐκ δὴ τούτων ἐν πενίᾳ μὲν ἐτράφη ἡ Ἀσπασία, σωφρόνως μέν τοι, καὶ καρτερῶς. Ὄνειρος δὲ αὐτῇ συνεχῶς ἐπεφοίτα, καὶ ἐμαντεύετο αὐτῇ χρηστὸν, τὴν μέλλουσαν αὐτῇ τύχην ὑπαινιττόμενος, ὅτι καλῷ καὶ ἀγαθῷ συνέσται ἀνδρί.

Παῖς δ' ἔτι οὖσα, γίνεται αὐτῇ κατὰ τοῦ προσώπου φῦμα ὑπ' αὐτὸ τὸ γένειον, καὶ ἦν ἰδεῖν μοχθηρὸν, καὶ ἐλύπει τόν τε πατέρα, καὶ τὴν παῖδα. Δείκνυσι γοῦν αὐτὴν ὁ πατὴρ ἰατρῷ· ὁ δὲ ὑπέσχετο ἰάσασθαι, εἰ λάβοι τρεῖς στατῆρας. Ὁ δὲ ἔφατο μὴ ἔχειν· ὁ δὲ ἰατρὸς, μηδὲ αὐτὸς εὐπορεῖν φαρμάκου, φησίν. Καὶ ἠνιᾶτο, ὥσπερ εἰκὸς, ἐπὶ τούτοις ἡ Ἀσπασία· καὶ ἀπελθοῦσα ἔξω ἔκλαεν, ἔχουσα* ἐν τοῖς γόνασι κάτοπτρον, καὶ ὁρῶσα ἑαυτὴν ἐν αὐτῷ, σφόδρα ἤλγει. Ἀδείπνῳ δὲ οὔσῃ ὑπὸ τῆς ἀνίας ἀφίκετό οἱ εὖ μάλα εὔκαιρος ὕπνος, καὶ ἅμα τῷ ὕπνῳ** περιστερὰ παραγίνεται, καὶ γενομένη γυνὴ, Θάρρει, εἶπε, καὶ μακρὰ χαίρειν εἰποῦσα ἰατροῖς τε αὐτοῖς, καὶ φαρμάκοις, σὺ δὲ τῶν τῆς Ἀφροδίτης στεφάνων τῶν ῥοδίνων, ὅσοι ἂν ὦσιν ἤδη αὖοι, τρίβουσα, ἐπίπαττε τῷ φύματι. Ταῦτα ἀκούσασα ἡ παῖς, καὶ δράσασα, τὸ φῦμα ἠφανίσθη· καὶ ἡ Ἀσπασία καλλίστη τῶν συμπαρθένων ἦν αὖθις, παρὰ τῆς καλλίστης τῶν θεῶν τὴν

---

* Malit Perizonius, Ἔχουσα δ' ἐν τοῖς γ.— ** Al. mss. habent ἡ περιστερὰ; al., οἱ. Sed et οἱ et ἡ vitiosa sunt. *Faber.*

LIVRE DOUZIÈME.

1. *Histoire d'Aspasie* [1].

Aspasie de Phocée était fille d'Hermotime : sa naissance coûta la vie à sa mère. Privée des soins qu'elle eût pu en recevoir, elle fut élevée durement ; mais quoique pauvre, elle n'en fut pas moins formée à la vertu. Plus d'une fois un songe lui annonça le changement de sa fortune, et lui présagea qu'un jour elle serait unie à un homme illustre et vertueux.

Dans son enfance, il lui survint, sous le menton, une tumeur qui la défigurait : le père et la fille furent également affligés de cet accident. Hermotime la fit voir à un médecin, qui promit de la guérir, moyennant trois statères : « Je ne les ai pas », lui dit Hermotime. « Et moi, reprit le médecin, je n'ai point de remède à vous donner. » Aspasie, justement attristée de cette réponse, sortit en pleurant : un miroir qu'elle avait sur les genoux, et dans lequel elle ne cessait de se regarder, augmentait encore son affliction. Dans cet état, elle ne put souper. Cependant un sommeil favorable s'empara de ses sens ; elle vit, en songe, s'approcher d'elle une colombe, qui, prenant tout à coup la figure d'une femme, lui tint ce discours : « Prenez courage ; laissez là médecins et remèdes ; mettez en poudre quelques roses sèches d'une des couronnes consacrées à Vénus, et appliquez-les sur votre mal. » A peine Aspasie eut entendu ce conseil, qu'elle se hâta de le suivre ; et sa tumeur disparut. Ainsi, par la faveur de la plus belle des déesses, elle redevint la plus belle des filles de son âge ; et dans son siècle, il n'y eut point de beauté qu'on pût com-

ὥραν ἀπολαβοῦσα. Καὶ χαρίτων μὲν ἀφθονίαν εἶχεν, ὡς οὐκ ἄλλη παρθένος τῶν τότε.

Ἦν δὲ καὶ τὴν κόμην ξανθὴ, καὶ οὖλη τὰς τρίχας ἠρέμα· ὀφθαλμοὺς δὲ εἶχε μεγίστους, ὀλίγον δὲ ἦν καὶ ἐπίγρυπος, τὰ δὲ ὦτα εἶχε βραχύτερα. Ἦν δὲ αὐτῇ καὶ δέρμα ἁπαλόν. Ἐῴκει δὲ ἡ χροιὰ ἡ κατὰ τοῦ προσώπου ῥόδοις· διὰ ταῦτά τοι οἱ Φωκαεῖς, ὅτι παιδίον οὖσαν, ἐκάλουν Μιλτώ. Ὑπέφαινε δὲ καὶ τὰ χείλη ἐρυθρὰ, καὶ οἱ ὀδόντες λευκότεροι χιόνος ἦσαν. Ἦν δὲ καὶ τὰ σφυρὰ ἀγαθὴ, καὶ οἵας Ὅμηρος λέγει τὰς ὡραιοτάτας γυναῖκας, κατὰ τὴν ἑαυτοῦ φωνὴν, καλλισφύρους ὀνομάζων. Φώνημα δὲ εἶχεν ἡδὺ καὶ ἁπαλόν· εἶπεν ἄν τις, λαλούσης αὐτῆς, ἀκούειν Σειρῆνος. Πολυπραγμοσύνης δ' ἁπάσης γυναικείας, καὶ περιεργίας ἀπήλλακτο. Ὁ μὲν γὰρ πλοῦτος φιλεῖ χορηγεῖν καὶ τὰ τοιαῦτα· πενομένη δὲ ἐκείνη, καὶ τρεφομένη ὑπὸ πατρὶ καὶ αὐτῷ πένητι, περίεργον μὲν οὐδὲν, οὐδὲ περιττὸν, εἰς τὸ εἶδος ἠράνιζεν. Ἀφίκετο δέ ποτε παρὰ Κῦρον τὸν Δαρείου καὶ Παρυσάτιδος ἡ Ἀσπασία, τὸν ἀδελφὸν Ἀρταξέρξου, οὐχ ἑκοῦσα, οὐδὲ ἑκόντος αὐτὴν τοῦ πατρὸς ἀποπέμψαντος, ἀλλὰ γὰρ πρὸς βίαν, οἷαι πολλάκις ἀπήντησαν, ἢ πόλεων ἁλουσῶν, ἢ τυράννων βιασαμένων, ἢ σατραπῶν πολλάκις. Εἷς οὖν τῶν Κύρου σατραπῶν μετὰ καὶ ἄλλων παρθένων ἀνήγαγεν αὐτὴν πρὸς Κῦρον. Καὶ τάχιστα τῶν ἄλλων παλλακίδων προετιμήθη, διά τε ἤθους ἀφέλειαν, καὶ τοῦ τρόπου τὸ αἰδῆμον, καὶ ὅτι ἀπεριέργως καλὴ ἦν. Συνεμάχετο δὲ πρὸς τὸ ὑπερφιλεῖσθαι, καὶ ὅτι σύνεσιν εἶχε· πολλάκις γοῦν καὶ ὑπὲρ τῶν ἐπειγόντων ἐχρήσατο αὐτῇ συμβούλῳ Κῦρος, καὶ πεισθεὶς οὐ μετέγνω.

Ὡς δὲ ἦλθε τὸ πρῶτον πρὸς Κῦρον ἡ Ἀσπασία, ἔτυχε μὲν

parer à la sienne : elle était formée de l'assemblage de toutes les grâces.

La fille d'Hermotime avait les cheveux blonds et naturellement frisés, les yeux fort grands, les oreilles très-petites, le nez un peu aquilin, et la peau extrêmement fine. Son teint de roses lui fit donner dans son enfance, par les Phocéens, le nom de *Milto* (vermillon). Ses lèvres incarnates laissaient voir des dents plus blanches que la neige; ses jambes auraient mérité qu'Homère la mît au nombre de ces belles femmes qu'il caractérise par l'épithète de *callisphyres* (jolis pieds). Sa voix était si douce et si touchante, qu'on croyait, quand elle parlait, entendre une Sirène. Du reste, bien différente des autres femmes, elle ne faisait aucun cas de ces parures recherchées dont on contracte le goût dans le sein des richesses. Aspasie, née pauvre, élevée par un père indigent, n'empruntait point le secours de ces vains ornemens pour relever sa figure. Telle que je viens de la dépeindre, elle fut amenée à Cyrus, fils de Darius et de Parysatis, et frère d'Artaxerce : non qu'elle eût ambitionné cette fortune, ou que son père eût cherché à la lui procurer; elle cédait à la force, et subissait le sort qu'éprouvent ordinairement, ou les habitans d'une ville prise d'assaut, ou les sujets d'un tyran, trop souvent imité par un satrape. Ce fut un des satrapes de Cyrus qui la conduisit, avec d'autres jeunes filles, à la cour du prince. La naïveté de son caractère, l'honnêteté de ses mœurs, l'excellence de sa beauté qui ne devait rien à l'art, fixèrent le choix de Cyrus : Aspasie fut préférée à toutes ses rivales. Ce qu'elle montra depuis de sagesse et de prudence, servit encore à fortifier un amour que la première vue avait fait naître. Cyrus la consultait souvent dans les affaires les plus importantes; et jamais il ne se repentit d'avoir suivi ses conseils.

La première fois qu'Aspasie parut en sa présence, il ve-

ἀπὸ δείπνου δή, καὶ πίνειν ἔμελλε κατὰ τὸν τρόπον τὸν Περσικόν· μετὰ γὰρ τὸ ἐμπλησθῆναι τροφῆς, οἱ Πέρσαι τῷ τε οἴνῳ καὶ ταῖς προπόσεσιν εὖ μάλα ἀποσχολάζουσιν, οἱονεὶ πρὸς τὸν πότον, ὡς πρὸς ἀντίπαλον, ἀποδυόμενοι. Μεσοῦντος οὖν τοῦ πότου, τέσσαρες παρθένοι παράγονται τῷ Κύρῳ Ἑλληνικαί, ἐν δὲ ταῖς καὶ ἡ Φωκαῒς Ἀσπασία ἦν. Ἦσαν δὲ κάλλιστα διεσκευασμέναι. Αἱ μὲν γὰρ τρεῖς ὑπὸ τῶν οἰκείων γυναικῶν, αἳ ἔτυχον αὐταῖς συνανελθοῦσαι, διαπεπλεγμέναι τε ἦσαν τὰς κόμας, καὶ διαπεποικιλμέναι τὰ πρόσωπα ἐντρίψεσι καὶ φαρμάκοις. Ἦσαν δὲ καὶ ὑπὸ τῶν τροφέων * δεδιδαγμέναι, ὅπως τε ὑποδραμεῖν χρὴ τὸν Κῦρον, καὶ τίνα τρόπον θωπεῦσαι, καὶ προσιόντα μὴ ἀποστραφῆναι, καὶ ἁπτομένου μὴ δυσχερᾶναι, καὶ φιλοῦντος ὑπομεῖναι· ἑταιρικὰ εὖ μάλα μαθήματα καὶ διδάγματα, καὶ γυναικῶν καπηλικῶς τῷ κάλλει χρωμένων ἔργα. Ἔσπευδον οὖν ἄλλη ἄλλην ὑπερβαλέσθαι τῷ κάλλει. Ἡ δὲ Ἀσπασία, οὔτε ἐνδῦναι πολυτελῆ χιτῶνα ἐβούλετο, οὔτε περίβλημα περιβαλέσθαι ποικίλον ἠξίου, οὔτε λούσασθαι ὑπέμενεν, ἀνευφημήσασα δὲ θεοὺς πάντας ἐκάλει Ἑλληνίους, καὶ Ἐλευθερίους τοὺς αὐτοὺς, καὶ τὸ τοῦ πατρὸς ὄνομα ἐβόα, καὶ κατηρᾶτο ἑαυτῇ καὶ τῷ πατρὶ, δουλείαν σαφῆ καὶ ὡμολογημένην ὑπομένειν πιστεύουσα τὴν ἔξω τῆς συνηθείας περὶ τὸ σῶμα στολήν τε ἅμα, καὶ περίεργον κατασκευήν. Ῥαπισθεῖσα δὲ πρὸς ἀνάγκην ἐνέδυ, καὶ εἶκε τοῖς ἐπιτάγμασιν, ἀλγοῦσα ὅμως, ὅτι οὐ παρθενικὰ, ἀλλ᾽ ἑταιρικὰ πράττειν ἐβιάζετο. Αἱ μὲν οὖν ἄλλαι παρελθοῦσαι ἀντέβλεπον τῷ Κύρῳ καὶ ὑπεμειδίων, καὶ φαιδρότητα προσεποιοῦντο. Ἡ γε μὴν Ἀσπασία ἑώρα κάτω, καὶ ἐρυθημάτων εὖ μάλα φλογωδῶν ἐνε-

---

* Gesnerus maluit, τροφῶν. Vulteius quoque verterat, *à nutricibus*. Perizonius vero non dubitat, quin voce omnium mss., τροφέων, auctor eos designaverit (scilicet eunuchos), qui à satrape erant puellarum curæ præfecti, et simul eas docebant, quid agendum esset apud Cyrum.

nait de souper; et déjà il commençait à boire, suivant la coutume des Perses, qui, comme on sait, se livrent, après le repas, aux excès du vin, et boivent à outrance à l'envi les uns des autres, mesurant leurs forces avec celles du vin, comme dans un défi contre un ennemi. Au milieu de cette débauche, quatre jeunes Grecques, du nombre desquelles était Aspasie, lui furent présentées : trois d'entre elles étaient élégamment parées; les femmes qui étaient venues à leur suite, avaient frisé et arrangé leurs cheveux; le fard de toute espèce avait été prodigué pour embellir leur visage. Ceux qui les avaient instruites, leur avaient surtout appris comment elles se devaient conduire pour plaire à Cyrus : *Ne vous détournez point s'il s'approche; ne le repoussez pas s'il veut vous toucher; souffrez même qu'il vous embrasse :* vraies leçons d'une école de prostitution, et très-convenables à des beautés vénales. Chacune des trois Grecques s'efforçait d'effacer ses compagnes. Pour Aspasie, elle ne voulait prendre ni la magnifique robe, ni le manteau peint de diverses couleurs, qu'on lui avait préparés; elle refusait même d'entrer dans le bain. Inondée de ses larmes, elle invoquait les dieux de la Grèce, les dieux protecteurs de la liberté : elle répétait sans cesse, à grands cris, le nom de son père dont elle maudissait le sort, ainsi que le sien. «Hélas! disait-elle, ces habits, ces superbes ornemens, auxquels je n'étais point accoutumée, ne m'apprennent que trop que je suis destinée à l'esclavage.» Il fallut en venir jusqu'à la frapper, pour la forcer de se revêtir de la robe : elle céda, mais avec la douleur la plus amère de se voir réduite à des complaisances plus dignes d'une courtisane que d'une fille vertueuse. Ses compagnes, lorsqu'elles arrivèrent devant Cyrus, ne manquèrent pas de répondre à ses regards, et de l'agacer par leur sourire; tandis qu'Aspasie, les yeux baissés contre terre, retenait à peine ses larmes. Une rougeur aussi vive que le feu, enflammait son

πίμπλατο αὐτῆς τὸ πρόσωπον, καὶ πεπλήρωντο οἱ ὀφθαλμοὶ δακρύων, καὶ ἐκ παντὸς αἰδουμένη τοῦ τρόπου δήλη ἦν.

Ἐπεὶ δὲ ἐκέλευσε πλησίον αὐτοῦ τὰς ἀνθρώπους καθίσαι, αἱ μὲν ἐπείσθησαν καὶ πάνυ εὐκόλως· ἡ δὲ Φωκαῒς τῷ προστάγματι οὐδὲν προσεῖχεν, ἕως αὐτὴν ὁ ἀγαγὼν* σατράπης πρὸς βίαν ἐκάθισεν. Ἁπτομένου δὲ τοῦ Κύρου, καὶ διασκοποῦντος τοὺς ὀφθαλμοὺς αὐταῖς, καὶ τὰς παρειὰς, καὶ τοὺς δακτύλους, αἱ μὲν ἠνείχοντο, ἡ δὲ οὐχ ὑπέμενεν. Ἄκρᾳ γὰρ τῇ χειρὶ μόνον τοῦ Κύρου προσαψαμένου, ἐξεβόησέ τε, καὶ ἔφατο αὐτὸν οἰμώξεσθαι, τοιαῦτα δρῶντα. Ὑπερήσθη τούτοις ὁ Κῦρος. Ἐπανισταμένης τε αὐτῆς καὶ πειρωμένης φεύγειν, ἐπεὶ καὶ τῶν μαζῶν προσήψατο, ἀλλ᾿ ἐνταῦθα μὲν ὑπερηγάσθη τὴν εὐγένειαν οὐ Περσικῶς ὁ τοῦ Δαρείου. Ἀλλὰ καὶ ἀποβλέψας πρὸς τὸν ἀγοραστὴν, Ταύτην μόνην, ἔφη, ἐλευθέραν καὶ ἀδιάφθορον ἤγαγες· αἱ δὲ λοιπαὶ καπηλικῶς ἔχουσι, καὶ τοῦ εἴδους, ἔτι καὶ τοῦ τρόπου μᾶλλον. Ἐκ δὴ τούτων ὁ Κῦρος πλέον ταύτην ἠγάπησεν, αἷς ὡμίλησέ ποτε ἀνθρώποις. Χρόνῳ δ᾿ ὕστερον ὑπερηράσθη μὲν ταύτης ὁ Κῦρος, ἀντηρᾶτο δὲ καὶ ὑπ᾿ ἐκείνης· καὶ ἐς τοσοῦτον ἀμφοῖν ἡ φιλία προῆλθεν, ὡς ἐγγὺς ἰσοτιμίας εἶναι, καὶ μὴ ἀπᾴδειν Ἑλληνικοῦ γάμου ὁμονοίας τε καὶ σωφροσύνης. Ἀφίκετο οὖν τοῦ εἰς Ἀσπασίαν ἔρωτος καὶ εἰς Ἰωνίαν τὸ κλέος, καὶ εἰς τὴν Ἑλλάδα πᾶσαν. Πεπλήρωτο δὲ καὶ ἡ Πελοπόννησος τῶν ὑπὲρ Κύρου τε καὶ ἐκείνης λόγων. Ἀλλὰ καὶ εἰς Βασιλέα τὸν μέγαν ἧκεν ἡ δόξα. Πεπίστευτο γὰρ δὴ, ὅτι γυναικὸς ἄλλης μετ᾿ αὐτὴν οὐκ ἠξίου πειραθῆναι Κῦρος.

Ἐκ δὴ τούτων εἰσῄει τὴν Ἀσπασίαν μνήμη τῶν ἀρχαίων φασμάτων, περιστερᾶς τε ἐκείνης, καὶ τῶν ἐξ αὐτῆς λόγων, καὶ ὅσα προεῖπεν ἡ θεός· καὶ ἐπιστεύεν αὐτὴν ἐξ ἀρχῆς με-

---

* Vulg., ἀπάγων.

visage : tous ses mouvemens étaient autant de signes de sa pudeur naturelle.

Cyrus ayant ordonné aux quatre Grecques de s'asseoir près de lui, toutes obéirent avec empressement, à l'exception de la Phocéenne : elle ne prit sa place qu'après y avoir été forcée par le satrape qui l'avait amenée. S'il plaisait à Cyrus de porter la main sur les autres Grecques, et de considérer de près leurs yeux, leurs joues, leurs doigts; les trois premières le souffraient tranquillement : Aspasie, au contraire, s'il la touchait seulement du bout du doigt, s'en défendait par ses cris, et lui disait que certainement ce qu'il faisait ne demeurerait pas impuni. Cette résistance divertit beaucoup Cyrus. Mais, lorsqu'ayant voulu lui passer la main sous le menton, il la vit se lever brusquement et chercher à s'enfuir, il admira une vertu dont les Perses n'avaient pas d'idée; puis, se tournant vers le satrape, « Voilà, lui dit-il, la seule de vos quatre Grecques qui ait l'âme noble et pure; les autres ont l'air et les manières de véritables courtisanes. » Depuis ce moment, Cyrus l'aima plus qu'il n'avait jamais aimé aucune autre femme. Le temps ne fit qu'augmenter son amour : Aspasie y répondit enfin; leur tendresse mutuelle s'accrut tellement dans la suite, qu'elle devint l'image de l'estime réciproque, de la concorde et de la retenue qui règnent entre les époux chez les Grecs. Le bruit de cette passion ne tarda pas à se répandre dans l'Ionie et dans toute la Grèce; on ne parlait dans le Péloponnèse que de Cyrus et d'Aspasie : la renommée porta leur histoire à la cour du grand roi. Au reste, on croit que Cyrus, depuis qu'il eut connu Aspasie, dédaigna toute autre femme.

La fille d'Hermotime se ressouvint alors des songes de son enfance, de l'apparition et du discours de la colombe, enfin, de ce qu'une divinité, cachée d'abord sous la figure de cet oiseau, lui avait prédit : elle jugea que c'était Vénus elle-

λεδωνὸν αὐτῆς γεγονέναι, καὶ ἔθυε τῇ Ἀφροδίτῃ τελεστήρια καὶ χαριστήρια. Πρῶτον μὲν οὖν εἴδωλον χρυσοῦν ἀρκούντως μεγέθους ἔχον, αὐτῇ κατεσκεύασεν. Ἐνενοεῖτο δὲ τὸ ἄγαλμα τοῦτο Ἀφροδίτης εἶναι, καὶ πελειάδα αὐτῇ παρέστησε λιθοκόλλητον· καὶ ἀνὰ πᾶσαν ἡμέραν θυσίαις τε ἱλεοῦτο, καὶ εὐφημίαις. Ἀπέπεμψε δὲ καὶ Ἑρμοτίμῳ τῷ πατρὶ δῶρα πολλὰ καὶ καλά, καὶ πλούσιον αὐτὸν ἀπέφηνε. Σωφροσύνῃ τε διέζη, ὡς αἱ Ἑλληνίδες γυναῖκες λέγουσι, καὶ αἱ Περσίδες.

Ὅρμος ἐκομίσθη ποτὲ Κύρῳ ἐκ Θετταλίας, πέμψαντος τὸν ὅρμον Σκόπα τοῦ νεωτέρου· τῷ δὲ Σκόπᾳ κεκόμιστο ἐκ Σικελίας τὸ δῶρον. Ἐδόκει δὲ ὁ ὅρμος θαυμαστῇ τινι τέχνῃ καὶ ποικιλίᾳ ἐξειργάσθαι. Πάντων οὖν, οἷς ἔδειξεν αὐτὸν ὁ Κῦρος, θαυμαζόντων, ὑπερησθεὶς τῷ κειμηλίῳ, παραχρῆμα εἰς Ἀσπασίας ἀφίκετο, μεσούσης ἡμέρας, καὶ καταλαβὼν αὐτὴν καθεύδουσαν, ὑποδὺς ὑπὸ θοἰμάτιον, καὶ παρακλιθεὶς ἠρέμα, ἀψοφητὶ ἔμενεν αὐτὸς μὲν ἀτρεμῶν· ἐκείνη δὲ ἐκάθευδεν. Ἐπεὶ δὲ διυπνίσθη, καὶ ἐθεάσατο τὸν Κῦρον, περιπλακεῖσα αὐτῷ κατὰ τὸν συνήθη τρόπον ἐφιλοφρονεῖτο αὐτόν. Ὁ δὲ, ἐξελὼν ἐκ τοῦ κιβωτίου τὸν ὅρμον, ἔδειξεν, ἐπειπὼν, ὅτι ἄξιός ἐστιν οὗτος ἢ θυγατρὸς βασιλέως, ἢ μητρός. Τῆς δὲ ὁμολογούσης, Ἰδοὺ δίδωμί σοι τοίνυν, φησίν, αὐτὸν ἔχειν κτῆμα· καὶ μοι, ὡς ἔχεις, περιθεμένη, δεῖξον τὸν τράχηλον. Ἡ δὲ οὐχ ἡττήθη τοῦ δώρου, ἀλλ' εὖ μάλα σοφῶς καὶ πεπαιδευμένως ἀπεκρίνατο. Καὶ πῶς, ἔφη, τολμήσω Παρυσάτιδος δῶρον ἄξιον, τῆς τεκούσης σε, περιθέσθαι αὐτή; ἀλλὰ τοῦτον μὲν ἀπάπεμψον ἐκείνῃ, Κῦρε, ἐγὼ δέ σοι καὶ ἄνευ τούτων παρέξω καλὸν τὸν τράχηλον. Ἀσπασία μὲν οὖν μεγαλοφρόνως, καὶ ὑπὲρ τὰς γυν-

même; et ne pouvant douter que la déesse n'eût veillé sur elle dès le premier âge de sa vie, elle s'occupa du soin de lui témoigner sa reconnaissance par des sacrifices et des offrandes. Elle commença par lui faire élever une statue d'or, de grandeur naturelle, auprès de laquelle fut placée une colombe ornée de pierres précieuses : à ce symbole on reconnaissait Vénus. Chaque jour, elle venait adresser ses vœux à la déesse, implorer sa protection, et immoler en son honneur de nouvelles victimes. Aspasie n'oublia pas son père : elle le combla de riches présens, et le mit en état de vivre dans l'abondance. On la vit user constamment de sa fortune avec modération : c'est un témoignage qui lui a été rendu par les femmes, soit Grecques, soit Perses : j'en citerai quelques traits.

Scopas le jeune, de Thessalie [1], ayant reçu en présent un collier d'un travail merveilleux, qui lui était venu de Sicile, l'avait envoyé à Cyrus. Le prince, ravi d'avoir entre les mains un bijou qui faisait l'admiration de tous ceux à qui il le montrait, court chez Aspasie : c'était le milieu du jour. Elle dormait profondément : Cyrus se glisse sous le tapis qui la couvrait, se couche doucement auprès d'elle, y demeure sans faire de bruit et sans remuer : Aspasie continuait de dormir. Enfin elle s'éveilla, et voyant Cyrus à ses côtés, son premier mouvement fut de le serrer entre ses bras avec sa tendresse ordinaire. Alors le prince, tirant le collier de son étui, « Voilà, dit-il, en le lui montrant, un bijou digne d'être offert à la fille ou à la mère d'un roi. » — « Cela est vrai », répondit Aspasie. « Eh bien, reprit Cyrus, je vous le donne : il est à vous; mettez-le autour de votre cou : c'est là que j'aurai du plaisir à le voir. » Aspasie n'accepta point le présent. » Comment, dit-elle au prince avec autant de modestie que de sagesse, comment oserais-je me parer d'un bijou digne de celle à qui vous devez le jour? Ah! Cyrus, envoyez ce collier à Parysatis : je saurai bien vous plaire sans cet ornement. » Telle était l'élévation

αἵκας βασιλικῶς, τὰ ἐναντία ἔδρασεν, ἥπερ εἰώθασι γυναῖκες δρᾶν· φιλόκοσμοι γάρ εἰσι δεινῶς. Ὁ δὲ Κῦρος, ἡσθεὶς τῇ ἀποκρίσει, τὴν μὲν Ἀσπασίαν κατεφίλησεν, αὐτὰ δὲ ἕκαστα καὶ τῶν πραχθέντων, καὶ τῶν λεχθέντων, εἰς ἐπιστολὴν ἐγγράψας, ἀπέπεμψε πρὸς τὴν μητέρα σὺν τῷ ὅρμῳ. Καὶ ἡ Παρύσατις, λαβοῦσα τὸ δῶρον, οὐδὲν ἔλαττον ἥσθη τοῖς ἐπεσταλμένοις, ἢ τῷ χρυσῷ· καὶ ὑπὲρ τούτων ἠμείψατο τὴν Ἀσπασίαν μεγάλοις δώροις, καὶ βασιλικοῖς. Ηὔφρανε γὰρ αὐτὴν μάλιστα ἐκεῖνο, ὅτι, καίτοι πάνυ σφόδρα εὐδοκιμοῦσα παρὰ τῷ παιδὶ αὐτῆς ἡ Ἀσπασία, ὅμως, ἐν τῷ φιλεῖσθαι ὑπὸ τοῦ Κύρου, ἐβούλετο τῆς Κύρου τεκούσης ἡττᾶσθαι. Ἐπῄνεσε μὲν οὖν Ἀσπασία τὰ δῶρα, οὐ μὴν ἔφατο αὐτῶν δεῖσθαι· ἐπεὶ καὶ χρήματα ἧκεν αὐτῇ μετὰ τῶν δώρων πάμπολλα. Ἀπέστειλε δὲ Κύρῳ, εἰποῦσα, Πολλοὺς ἀνθρώπων τρέφοντί σοι γένοιτο ἂν ταῦτα λυσιτελῆ· ἐμοὶ δὲ σὺ ἀρκεῖς φιλούμενος, καὶ κόσμος μοι εἶναι. Καὶ ἐκ τούτων οὖν, ὥσπερ εἰκός, τὸν Κῦρον ἐξέπληξε, καὶ ἀναμφιλόγως ἐθαυμάζετο ἤδη ἡ γυνὴ, καὶ διὰ τὸ κάλλος τὸ τοῦ σώματος, καὶ ἔτι μᾶλλον διὰ τὴν εὐγένειαν τῆς ψυχῆς.

Ὅτε δὲ ἀνῃρέθη Κῦρος ἐν τῇ πρὸς τὸν ἀδελφὸν μάχῃ, καὶ ἑάλω τὸ στρατόπεδον τοῦ Κύρου, μετὰ καὶ τῶν ἄλλων λαφύρων καὶ αὐτὴ ἑάλω, οὐκ εἰκῆ καὶ ὡς ἔτυχεν ἐμπεσοῦσα εἰς τοὺς πολεμίους, ἀλλ' ἀνεζήτησεν αὐτὴν σὺν πολλῇ τῇ φροντίδι ὁ βασιλεὺς Ἀρταξέρξης· ᾔδει γὰρ αὐτῆς τὸ κλέος καὶ τὴν ἀρετήν. Ἐπεὶ δὲ αὐτὴν ἤγαγον δεδεμένην, ἠγανάκτει· καὶ τοὺς μὲν τοῦτο δράσαντας εἰς δεσμωτήριον ἐνέβαλε, προσέταξε δὲ αὐτῇ δοθῆναι κόσμον πολυτελῆ. Ἡ δὲ ἀκούσασα*, καὶ ποτνιωμένη, καὶ δακρύουσα, ἐπὶ πολλοῖς ἐβιάσθη τὴν ἐκ βασιλέως στολὴν ἐνδῦναι· ἐθρήνει γὰρ ἰσχυρῶς τὸν Κῦρον. Ἐνδῦσα δὲ ἐφάνη

---

* P. Leopardus, Emend., II, 12, conj. ἄκουσα. Probaverunt fere omnes; Cor. recepit.

d'âme d'Aspasie, âme vraiment royale, dont il est peu d'exemples dans un sexe ordinairement jaloux de tout ce qui peut ajouter à ses charmes. Cyrus, enchanté de cette réponse, embrassa tendrement Aspasie, écrivit lui-même le détail de ce qui venait de se passer, et l'envoya à sa mère, avec le collier. Parysatis, aussi touchée du contenu de la lettre de son fils, que du don précieux qui y était joint, reconnut par de magnifiques présens la générosité d'Aspasie. Elle voyait avec la plus grande satisfaction, qu'Aspasie n'usait de l'ascendant qu'elle avait sur Cyrus, que pour s'assurer la seconde place dans son cœur, et qu'elle laissait la première à la mère du prince. Aspasie loua beaucoup les dons de la reine mère; mais comme ils étaient accompagnés de sommes considérables d'argent, elle fit tout porter chez Cyrus : « Prince, lui dit-elle, je n'ai pas besoin de ces richesses ; elles peuvent vous être utiles, à vous qui avez un grand nombre d'hommes à nourrir. Pour moi, je ne veux d'autre bien et d'autre parure que mon amour. » On conçoit sans peine de quel étonnement ce dernier trait dut frapper Cyrus. Il faut, en effet, convenir qu'Aspasie mérita beaucoup moins d'être admirée pour l'éclat de sa beauté, que pour la noblesse de ses sentimens.

Cyrus ayant été tué dans la bataille contre Artaxerce, et son camp étant demeuré au pouvoir du vainqueur, Aspasie fut prise : ce ne fut pas simplement par une suite du pillage, qu'elle tomba, ainsi que le reste du butin, entre les mains des ennemis; Artaxerce, qui avait entendu parler de sa beauté et de sa vertu, la fit chercher avec le plus grand soin. Indigné qu'on la lui amenât enchaînée, il ordonna qu'on mît aux fers ceux qui avaient eu part à un traitement si barbare, et en même temps, qu'on apportât pour sa captive les habits les plus magnifiques. A cet ordre, les yeux d'Aspasie se remplirent de larmes ; elle gémit ; elle supplia : mais, malgré la douleur amère que lui causait la mort de Cyrus, elle fut obligée de se revêtir de la robe que le roi lui don-

καλλίστη γυναικῶν· καὶ παραχρῆμα ὁ Ἀρταξέρξης ἐφλέγετο, καὶ κατετήκετο, καὶ πρώτην γε τῶν γυναικῶν ἦγε, καὶ εἰς ὑπερβολὴν ἐτίμα, δι' ὧν ἔσπευδεν αὐτῇ χαρίζεσθαι, θαῤῥῶν, ὅτι Κύρου μὲν ἀναπείσει ἐπιλαθέσθαι αὐτήν, διδάξει δ' αὐτὸν[*] φιλεῖν οὐδὲν ἐκείνου ἧττον. Καὶ ἔτυχε μὲν τῆς ἐλπίδος, ὀψὲ δὲ καὶ βραδέως. Δεινὴ γὰρ ἡ εἰς Κῦρον εὔνοια ἐντακεῖσα τῇ Ἀσπασίᾳ δυσέκνιπτον ὥσπερ μάλιστα τὸ φίλτρον ἐνείργαστο αὐτῇ.

Χρόνῳ δὲ ὕστερον Τηριδάτης ὁ εὐνοῦχος ἀποθνήσκει, κάλλιστος τῶν ἐν τῇ Ἀσίᾳ καὶ ὡραιότατος γενόμενος. Κατέστρεψε δὲ οὗτος ἄρα τὸν βίον μειρακιούμενος, καὶ ἐκ τῆς παιδικῆς ἡλικίας ἀνατρέχων. Ἐλέγετο δὲ αὐτοῦ ἐρᾶν ὁ βασιλεὺς ἀνδρειότατα. Ἐκ δὴ τούτων ἐπένθει βαρύτατα, καὶ δριμύτατα ἤλγει, καὶ δημοσίᾳ κατὰ πᾶσαν τὴν Ἀσίαν πένθος ἦν, χαριζομένων ἁπάντων βασιλεῖ τοῦτο. Ἐτόλμα τε οὐδεὶς αὐτῷ προσελθεῖν, οὐδὲ παραμυθήσασθαι· καὶ γὰρ ἐπίστευον ἀνιάτως αὐτὸν ἔχειν ἐπὶ τῷ συμβεβηκότι πάθει. Τριῶν δὲ ἡμερῶν διελθουσῶν, στολὴν ἀναλαβοῦσα ἡ Ἀσπασία πενθικήν, ἀπιόντος τοῦ βασιλέως ἐπὶ λουτρόν, ἔστη δακρύουσα, καὶ ὁρῶσα εἰς γῆν. Ὁ δὲ ἰδὼν αὐτὴν ἐξεπλάγη, καὶ ἤρετο τὴν αἰτίαν τῆς ἀφίξεως. Καὶ ἐκείνη φησί, Λυπούμενόν σε, βασιλεῦ, καὶ ἀλγοῦντα ἀφῖγμαι παραμυθήσασθαι, εἴ σοι βουλομένῳ ἐστίν· εἰ δὲ χαλεπαίνεις, ἀπαλλάττομαι ὀπίσω. Ὑπερήσθη τῇ κηδεμονίᾳ ὁ Πέρσης, καὶ προσέταξεν εἰς τὸν θάλαμον ἀνελθοῦσαν ἀναμεῖναι αὐτόν· ἡ δὲ ἔδρασε ταῦτα. Ἐπεὶ δὲ ἐπανῆλθε, τὴν τοῦ εὐνούχου στολὴν ἐπὶ τῇ μελαίνῃ περιῆψε τῇ Ἀσπασίᾳ· καὶ πως ἔπρεψεν αὐτῇ καὶ τὰ τοῦ μειρακίου, καὶ ἔτι μᾶλλον τὰ τῆς

[*] Al., διδάξει δ' οὖν αὐτόν.

nait. Sous ce nouveau vêtement, elle parut la plus belle de toutes les femmes. Dès-lors Artaxerce en devint éperdûment amoureux : il lui donnait sur les autres une préférence marquée, et la traitait avec des égards singuliers. Enfin, il n'épargnait rien pour lui plaire, dans l'espérance d'effacer insensiblement de son âme le souvenir de Cyrus, et d'apprendre un jour qu'elle aimait autant le roi de Perse qu'elle en avait aimé le frère. Artaxerce ne parvint que lentement et fort tard à cet objet de ses désirs. L'amour d'Aspasie pour Cyrus était trop profondément gravé dans son cœur; il y régnait trop impérieusement, pour qu'il fût facile de l'en arracher.

Quelque temps après, il arriva que l'eunuque Téridate, le plus beau et le plus aimable qui fût dans toute l'Asie, mourut au printemps de son âge, lorsqu'il entrait à peine dans l'adolescence. On disait que le roi l'avait beaucoup aimé. Les pleurs qu'il répandit, la douleur profonde à laquelle il se livra, ne laissaient pas lieu d'en douter. L'Asie entière prit part à son affliction : ce fut un deuil universel, chacun s'empressant de donner au roi cette marque d'attachement. Personne n'osait approcher d'Artaxerce, et moins encore hasarder de le consoler. On était persuadé qu'il ne serait jamais possible de le tirer du chagrin dans lequel il était plongé. Après trois jours passés dans cet état, Aspasie, en habits de deuil, saisit l'instant où le roi allait au bain, et se porta sur son passage, les yeux baissés et versant des larmes. Artaxerce, surpris de la trouver en ce lieu, lui demanda ce qui pouvait l'y avoir amenée : « Prince, répondit-elle, vous êtes triste, vous êtes affligé ; je viens essayer de vous consoler, si cela peut vous être agréable : si mon offre est importune, je me retire. » Le roi, vivement touché du tendre empressement d'Aspasie, lui dit de monter dans son appartement, et de l'y attendre : elle obéit. Artaxerce, de retour du bain, la fit revêtir de la robe de l'eunuque, par-dessus les habits de deuil qu'elle portait. Cet

ὥρας αὐτῇ πρὸς τὸν ἐραστὴν ἐξέλαμψεν. Ἐπεὶ δὲ ἅπαξ ἐχειρώθη τούτοις ἐκεῖνος, ἠξίωσεν αὐτὴν, ἔς τ' ἂν ἀπομαρανθῇ τοῦ πένθους αὐτῷ ἡ ἀκμὴ, οὕτως ἐσταλμένην ὡς αὐτὸν παριέναι αὐτήν. Καὶ ἐκείνη χαριζομένη ἐπείσθη αὐτῷ· καὶ μόνη τῶν κατὰ τὴν Ἀσίαν, οὐ γυναικῶν μόνον, φασὶν, ἀλλὰ καὶ τῶν τοῦ βασιλέως υἱῶν, καὶ τῶν συγγενῶν, παρεμυθήσατο Ἀρταξέρξην, καὶ τὸ ἐκ τῆς λύπης ἰάσατο πάθος, εἴξαντος τοῦ βασιλέως τῇ κηδεμονίᾳ, καὶ τῇ παραμυθίᾳ πεισθέντος συνετῶς.

β. Περὶ Μουσῶν.

ΟΥΔΕΙΣ οὔτε πλάστης, οὔτε γραφεὺς, τῶν Διὸς θυγατέρων τὰ εἴδη παρέστησεν ἡμῖν ὡπλισμένα. Ὁμολογεῖ δὲ τοῦτο, ὅτι δεῖ τὸν ἐν Μούσαις βίον εἰρηνικόν τε ἅμα, καὶ πρᾷον εἶναι.

γ. Περὶ Ἐπαμινώνδου, καὶ Δαϊφάντου, καὶ Ἰολαΐδου.

ΕΠΑΜΙΝΩΝΔΑΣ, ὅτε ἐτρώθη ἐν Μαντινείᾳ καιρίαν, εἰς τὴν σκηνὴν κομισθεὶς ἔτι ἔμπνους Δαΐφαντον ἐκάλει, ἵνα ἀποδείξῃ στρατηγόν· οἱ δὲ ἔφασαν τεθνάναι τὸν ἄνδρα. Εἶτα Ἰολαΐδαν καλεῖν διὰ ταχέος ἠξίου. Ἐπεὶ δὲ καὶ αὐτὸς ἐλέχθη τεθνάναι, συνεβούλευσε διαλύσασθαι πρὸς τοὺς πολεμίους, καὶ φιλίαν θέσθαι, ὡς μηκέτι στρατηγοῦ καταλελειμμένου ἐν Θήβαις.

δ. Περὶ Σεσώστριδος.

ΦΑΣΙΝ Αἰγύπτιοι Σέσωστριν παρ' Ἑρμοῦ τὰ νόμιμα ἐκμουσωθῆναι.

ajustement lui prêta de nouveaux charmes, et rendit sa beauté plus piquante aux yeux de son amant : dans l'excès de son ravissement, le roi la pria de n'en avoir jamais d'autre, quand elle paraîtrait devant lui, jusqu'à ce qu'il fût parvenu à calmer sa douleur. Aspasie ne négligea pas ce moyen de lui plaire : elle eut la gloire d'être la seule dans toute l'Asie, non seulement entre les femmes d'Artaxerce, mais entre ses enfans et ses parens, qui pût adoucir son chagrin et guérir la plaie de son cœur. Le prince, sensible aux soins qu'elle lui rendait, l'écouta, et se prêta insensiblement à tout ce qu'elle lui dit pour le consoler [1].

2. *Les Muses sont amies de la paix.*

JAMAIS sculpteur ni peintre ne représenta les Muses armées : ce qui s'accorde avec l'opinion où l'on a toujours été, que l'esprit de paix et de douceur est nécessaire dans le commerce des Muses [2].

3. *Epaminondas mourant.*

EPAMINONDAS, ayant été blessé mortellement à la bataille de Mantinée, fut porté dans sa tente. Comme il respirait encore, il fit appeler Daïphante, pour lui remettre le commandement de l'armée. « Daïphante est mort », lui répondit-on. « Qu'on fasse donc venir promptement Iolaïdas », ajouta-t-il. Enfin, apprenant que Iolaïdas avait péri de même, il conseilla aux Thébains de terminer la guerre et de traiter avec l'ennemi, puisqu'il ne leur restait plus de général en état de les commander [3].

4. *De Sésostris.*

SUIVANT une tradition égyptienne, Sésostris avait été formé par Mercure dans la connaissance des lois [4].

ε. Περὶ Λαΐδος.

Ὅτι Λαῒς ἡ ἑταίρα, ὡς φησιν Ἀριστοφάνης ὁ Βυζάντιος, καὶ Ἀξίνη ἐκαλεῖτο. Ἤλεγχε δὲ αὐτῆς τὸ ἐπώνυμον τοῦτο τὴν τοῦ ἤθους ἀγριότητα.

ϛ. Περὶ Μαρίου καὶ Κάτωνος πατέρων.

Ὅτι γελᾶν ἔξεστιν ἐπὶ τοῖς μεγάλως φρονοῦσι διὰ τοὺς πατέρας, εἴγε ἐν Ῥωμαίοις μὲν Μαρίου τὸν πατέρα οὐκ ἴσμεν, αὐτὸν δὲ θαυμάζομεν διὰ τὰ ἔργα· Κάτωνος δὲ τοῦ πρεσβυτέρου καὶ αὐτοῦ τὸν πατέρα ἀναζητεῖν χρή.

ζ. Περὶ Ἀλεξάνδρου καὶ Ἡφαιστίωνος.

Ὅτι Ἀλέξανδρος τὸν Ἀχιλλέως τάφον ἐστεφάνωσε, καὶ Ἡφαιστίων τὸν τοῦ Πατρόκλου, αἰνιττόμενος, ὅτι καὶ αὐτὸς ἦν ἐρώμενος τοῦ Ἀλεξάνδρου, ὥσπερ Ἀχιλλέως ὁ Πάτροκλος.

η. Περὶ Κλεομένους ἐπιβουλῆς κατὰ τοῦ Ἀρχωνίδου.

Κλεομένης ὁ Λάκων, τῶν ἑταίρων τῶν αὐτοῦ παραλαβὼν Ἀρχωνίδην, κοινωνὸν ἐποιεῖτο τῶν πραγμάτων. Ἐπώμνυεν οὖν, εἰ κατάσχοι, πάντα σὺν τῇ αὐτοῦ κεφαλῇ πράττειν. Κατασχὼν οὖν τὴν ἀρχὴν, ἀποκτείνας τὸν ἑταῖρον αὐτοῦ, καὶ ἀποκρίνας τὴν κεφαλὴν, καὶ μέλιτι ἐν σκεύει ἐμβαλὼν, ὁπότε μέλλοι τι πράττειν, τῷ ἀγγείῳ προσκύψας, ἔλεγεν ὅσα ἔπραττε· λέγων, μὴ παρασπονδεῖν, μηδὲ ἐπιορκεῖν, βουλεύεσθαι δὲ μετὰ τῆς Ἀρχωνίδου κεφαλῆς.

5. *De Laïs.*

La courtisane Laïs, au rapport d'Aristophane de Byzance, fut surnommé *la Hache*. Ce surnom indiquait l'âpreté de son caractère [1].

6. *De la famille de Marius et de Caton.*

C'est à bon droit qu'on rit de ceux qui tirent vanité de leurs ancêtres; car si, parmi les Romains, nous admirons Marius à cause de ses hauts faits, nous ignorons de qui il tenait le jour; et il faudrait bien des recherches pour découvrir quel était le père de Caton l'ancien [2].

7. *D'Alexandre et d'Héphestion.*

Alexandre jeta des fleurs sur le tombeau d'Achille [3]. Héphestion rendit le même honneur au tombeau de Patrocle. Héphestion voulait par-là faire entendre qu'il était aussi cher à son maître, que Patrocle l'avait été à son ami.

8. *Mauvaise foi de Cléomène.*

Le Lacédémonien Cléomène [4] avait fait confidence de ses projets à un de ses amis nommé Archonide, et lui avait juré que si jamais il avait la puissance en main, il ne ferait rien sans *consulter sa tête*. Cléomène parvenu, peu de temps après, au pouvoir suprême, fit mourir Archonide, dont la tête séparée du corps fut mise dans un vase plein de miel. Pour lors, avant que de rien entreprendre, il s'inclinait sur le vase, et rendait compte *à la tête* de tout ce qu'il devait faire. « On ne m'accusera pas, disait-il, de manquer à ma parole et de fausser mon serment; je ne fais rien sans consulter *la tête d'Archonide* [5]. »

θ. Πῶς Τιμησίας ἑκὼν ἀπῆλθε τῆς πατρίδος.

ΤΙΜΗΣΙΑΣ ὁ Κλαζομένιος καλῶς ἐξηγήσατο τῶν Κλαζομενίων· ἦν γὰρ τῶν ἀγαθῶν ἀνδρῶν. Ὅς γε μὴν εἴωθε κατισχύειν τῶν τοιούτων φθόνος, καὶ τοῦ Τιμησίου κατεκράτει. Καὶ τὰ μὲν πρῶτα ὀλίγον ἔμελε φθονουμένῳ αὐτῷ· τῆς δὲ πατρίδος ἐκεῖνο αὐτὸν ἐξελάσαι φασί. Παρήει διὰ διδασκαλείου· οἱ δὲ παῖδες ἀφεθέντες ὑπὸ τοῦ διδασκάλου ἔπαιζον. Γίνεται δὲ δύο παίδων ὑπὲρ γραμμῆς φιλοτιμία· καὶ ὁ εἷς ἐπώμοσεν, Οὕτω ἐγὼ Τιμησίου τὸν ἐγκέφαλον ἐξαράξαιμι. Τοῦτο ἐκεῖνος ἀκούσας, καὶ ὑποβαλὼν ἀκρατῶς ἔχειν φθόνου, καὶ δεινῶς ὑπὸ τῶν πολιτῶν μεμισῆσθαι, εἴγε καὶ οἱ παῖδες αὐτὸν μισοῦσι, μήτι γοῦν οἱ ἄνδρες, ἀπῆλθεν ἑκὼν τῆς πατρίδος.

ι. Ὅτι πρῶτοι ἔκοψαν Αἰγινῆται νόμισμα.

ΑΙΓΙΝΗΤΑΙ ποτε ἐδυνήθησαν τὰ μέγιστα ἐν τοῖς Ἕλλησιν, εὐφορίαν τινὰ χρόνων καὶ εὐκαιρίαν λαχόντες· δύναμιν γὰρ ναυτικὴν ἔσχον, καὶ ἦσαν μέγιστοι. Ἀλλὰ καὶ ἐν τοῖς Περσικοῖς ἀγαθοὶ ἐγένοντο, καὶ διὰ ταῦτα καὶ τῶν ἀριστείων ἠξιώθησαν. Καὶ πρῶτοι νόμισμα ἔκοψαν τὸ καὶ ἐξ αὐτῶν κληθὲν νόμισμα Αἰγιναῖον.

ια. Περὶ Παλλαντίου λόφου, καὶ Πυρετοῦ ναοῦ, καὶ βωμοῦ.

ΟΤΙ Ῥωμαῖοι ὑπὸ τῷ λόφῳ τῷ Παλλαντίῳ Πυρετοῦ καὶ νεὼν, καὶ βωμὸν, ἱδρύσαντο.

9. De Timésias qui se bannit volontairement de sa patrie.

Timésias de Clazomène gouvernait ses concitoyens avec sagesse : c'était un de ces hommes vertueux sur qui l'envie s'attache par préférence. Après en avoir d'abord méprisé les attaques, il finit par en être la victime. Voici ce qui, dit-on, lui fit prendre le parti d'abandonner sa patrie. Timésias passait devant une école, d'où sortaient des enfans que le maître venait de congédier, et qui s'amusaient à jouer. Deux d'entre eux ayant pris querelle au sujet d'une ligne (tracée pour régler leur jeu), l'un dit en jurant : *Que ne suis-je aussi certain de pouvoir faire sauter la cervelle de Timésias, que je le suis d'avoir raison !* Ce mot qu'il entendit lui ayant fait sentir combien l'envie était acharnée contre lui, et à quel point il était odieux à ses concitoyens, puisque non seulement les hommes faits, mais les enfans mêmes le haïssaient, il s'exila volontairement de sa patrie.

10. Des Eginètes.

Il fut un temps où les Eginètes, par le hasard des circonstances et leur habileté à en profiter, se trouvèrent le peuple le plus puissant de la Grèce [1] : leurs flottes étaient formidables. Ils se distinguèrent dans les guerres contre les Perses, et y méritèrent la palme de la valeur. Ce sont eux qui les premiers frappèrent des monnaies, qu'on appela de leur nom *Monnaies d'Egine* [2].

11. Temple de la Fièvre.

Les Romains consacrèrent un temple et un autel à la Fièvre [3], au bas du mont Palatin.

ιβ. Περὶ τοῦ ἐν Κρήτῃ συλληφθέντος μοιχοῦ.

Ὅτι ἐν Κρήτῃ ἐν Γορτύνῃ μοιχὸς ἁλοὺς ἤγετο ἐπὶ τὰς ἀρχάς, καὶ ἐστεφανοῦτο ἐρίῳ ἐλεγχθείς. Τὸ δὲ στεφάνωμα κατηγόρει αὐτοῦ, ὅτι ἄνανδρός ἐστι, καὶ γύννις, καὶ εἰς γυναῖκας καλός. Καὶ εἰσεπράσσετο δημοσίᾳ εἰς στατῆρας πεντήκοντα, καὶ ἀτιμότατος ἦν, καὶ οὐδενὸς οἱ μετῆν τῶν κοινῶν.

ιγ. Πῶς ἡ Γνάθαινα ἑταίρα κατεσίγασε λάλον.

Ἀφίκετο ἐξ Ἑλλησπόντου παρὰ τὴν ἑταίραν τὴν Ἀττικὴν, Γνάθαιναν, ἐραστὴς, κατὰ κλέος αὐτῆς. Παρὰ πότον οὖν πολὺς ἦν λαλῶν, καὶ ἐδόκει φορτικός. Ὑπολαβοῦσα οὖν ἡ Γνάθαινα, Εἶτα οὐ σὺ μέντοι λέγεις, εἶπεν, ἥκειν ἐξ Ἑλλησπόντου; Τοῦ δὲ ὁμολογήσαντος, Καὶ πῶς, εἶπεν, οὐκ ἔγνως τῶν ἐκεῖ πόλεων τὴν πρώτην; Τοῦ δὲ εἰπόντος, Καὶ τίς ἐστιν; ἥδε ἀπεκρίνατο, Σίγειον· καὶ ἐμμελῶς διὰ τοῦ ὀνόματος κατεσίγασεν αὐτόν.

ιδ. Περί τινων τὸ σῶμα ὡραίων.

Ἐρασμιώτατον καὶ ὡραιότατόν φασιν, Ἑλλήνων μὲν γενέσθαι Ἀλκιβιάδην, Ῥωμαίων δὲ Σκηπίωνα. Καὶ Δημήτριον τὸν Πολιορκητὴν λέγουσιν ὥρας ἀμφισβητῆσαι. Ἀλέξανδρον δὲ τὸν Φιλίππου ἀπραγμόνως ὡραῖον λέγουσι γενέσθαι. Τὴν μὲν γὰρ κόμην ἀναπεφύρθαι αὐτῷ, ξανθὴν δὲ εἶναι· ὑπαναφύεσθαι δέ τι ἐκ τοῦ εἴδους φοβερὸν τῷ Ἀλεξάνδρῳ λέγουσιν. Ὁ δὲ Ὁμη-

12. *Peine de l'adultère, dans l'île de Crète.*

A GORTYNE, dans l'île de Crète, lorsqu'un homme avait été surpris en adultère, on le conduisait devant les magistrats, et après l'avoir convaincu, on le couronnait de laine. Cette couronne désignait un homme mou, efféminé, uniquement propre au service des femmes. Puis on le condamnait publiquement à une amende de cinquante statères : il était regardé comme infâme, et déchu de tous les priviléges de la société.

13. *Mot de la courtisane Gnathène à un grand parleur.*

LA réputation de Gnathène, courtisane athénienne [1], avait attiré auprès d'elle un amant, des bords de l'Hellespont. Comme, pendant le repas, cet homme ne cessait de parler, et la fatiguait par son babil ; Gnathène, l'interrompant : « Ne m'avez-vous pas annoncé, dit-elle, que vous veniez de l'Hellespont? » — « Oui vraiment. » — « Comment donc est-il possible que vous ne connaissiez pas la première ville de cette contrée ? »—« Quelle est-elle ? » reprit l'étranger. — « *Sigée* [2] », repartit Gnathène. Le nom de cette ville (qui, en grec, signifie *silence*), rappelé adroitement, fit taire ce parleur importun.

14. *Grands hommes célèbres par leur beauté.*

ON dit qu'Alcibiade et Scipion furent les plus beaux et les plus aimables, l'un des Grecs, l'autre des Romains; que Démétrius Poliorcète pouvait ne le céder à personne en beauté; qu'Alexandre, fils de Philippe, était beau sans art, et qu'il relevait négligemment sur sa tête ses cheveux blonds; mais qu'il avait dans la physionomie quelque chose d'imposant, qui inspirait le respect. Quand Homère veut donner

ρος ὅταν τοὺς καλοὺς θέλῃ ἐλέγξαι, δένδροις αὐτοὺς παραβάλλει·

. . . . Ὁ δ' ἀνέδραμεν ἔρνεϊ ἶσος.

ιε. Περὶ ἀρίστων τινῶν τοῖς παιδίοις τερπομένων.

Τὸν Ἡρακλῆ λέγουσι τὰς ἐν τοῖς ἄθλοις σπουδὰς διαναπαύειν ταῖς παιδιαῖς. Ἔπαιζε δὲ ἄρα ὁ Διὸς καὶ Ἀλκμήνης μετὰ παιδίων πάνυ σφόδρα. Τοῦτό τοι καὶ ὁ Εὐριπίδης ἡμῖν ὑπαινίττεται, ποιήσας τὸν αὐτὸν τοῦτον θεὸν λέγοντα·

Παίζω· μεταβολὰς γὰρ πόνων ἀεὶ φιλῶ.

Λέγει δὲ τοῦτο, παιδίον κατέχων.

Καὶ Σωκράτης δὲ κατελήφθη ποτὲ ὑπὸ Ἀλκιβιάδου παίζων μετὰ Λαμπροκλέους, ἔτι νηπίου.

Ἀγησίλαος δὲ, κάλαμον περιβὰς, ἵππευε μετὰ τοῦ υἱοῦ, παιδὸς ὄντος· καὶ πρὸς τὸν γελάσαντα εἶπε, Νῦν μὲν σιώπα, ὅταν δὲ γένῃ πατὴρ αὐτὸς, τότε ἐξαγορεύσεις πρὸς τοὺς πατέρας*.

Ἀλλὰ καὶ Ἀρχύτας ὁ Ταραντῖνος, πολιτικός τε καὶ φιλόσοφος ἀνὴρ γενόμενος, πολλοὺς ἔχων οἰκέτας, τοῖς αὐτῶν παιδίοις πάνυ σφόδρα ἐτέρπετο, μετὰ τῶν οἰκοτρίβων παίζων· μάλιστα δὲ ἐφίλει τέρπεσθαι αὐτοῖς ἐν τοῖς συμποσίοις.

ις. Τίσι δι' ἀρετὴν ἀπήχθετο ὁ Ἀλέξανδρος.

Ὅτι ἀπήχθετο Περδίκκᾳ Ἀλέξανδρος, ὅτι ἦν πολεμικός· Λυσιμάχῳ δὲ, ἐπεὶ στρατηγεῖν ἀγαθός· Σελεύκῳ δὲ, ὅτι ἀνδρεῖος ἦν. Ἀντιγόνου δὲ αὐτὸν ἐλύπει τὸ φιλότιμον. Ἀττάλου δὲ τῷ ἡγεμονικῷ ἤχθετο· Πτολεμαίου δὲ τῷ δεξιῷ.

* Verba, πρὸς τοὺς πατέρας, Cor. delenda censet.

l'idée d'un bel homme, il le compare à un arbre : *Il s'élevait*, dit-il, *comme le rejeton d'un arbre* ¹.

15. *Personnages illustres qui aimaient à jouer avec les enfans.*

On dit qu'Hercule se délassait des fatigues des combats par les jeux de l'enfance. Le fils de Jupiter et d'Alcmène joua souvent avec des enfans : c'est à quoi Euripide fait allusion, lorsqu'il introduit ce dieu tenant un enfant par la main, et disant : *Je joue; car j'aime à faire succéder le jeu au travail.*

Alcibiade surprit un jour Socrate, jouant avec Lamproclès, encore enfant ².

Quelqu'un riant de voir Agésilas à cheval sur un bâton, avec son fils, qui était encore dans l'enfance : « Maintenant, lui dit Agésilas, gardez-moi le secret ; quand vous serez père, vous compterez mon histoire à ceux qui auront des enfans. »

Archytas de Tarente, philosophe et homme d'état ³, avait un grand nombre d'esclaves : il prenait plaisir à jouer avec leur petite famille, qui était élevée chez lui ; et c'était particulièrement pendant ses repas qu'il aimait à s'en amuser.

16. *D'Alexandre.*

Alexandre haïssait Perdiccas, parce qu'il était grand homme de guerre ; Lysimaque, parce qu'il était habile général ; Séleucus, parce qu'il était vaillant. L'élévation des vues d'Antigonus, les talens d'Attale pour le commandement d'une armée, la souplesse d'esprit de Ptolémée, l'affligeaient sensiblement ⁴.

ιζ. Περὶ Δημητρίου εἰς ἑταίρας οἰκίαν φοιτῶντος.

Ὅτι Δημήτριος, τοσούτων ἐθνῶν ἡγεμονεύων, ἐφοίτα εἰς Λαμίας τῆς ἑταίρας σὺν τοῖς ὅπλοις, καὶ φορῶν τὸ διάδημα. Αἴσχιστον μὲν οὖν ἦν αὐτῷ, καὶ οἴκαδε μεταπέμψασθαι τὴν ἄνθρωπον· ὁ δὲ παρ᾽ ἐκείνην ἐφοίτα φιλοφρόνως. Ἀλλ᾽ ἔγωγε Θεόδωρον ἂν τὸν αὐλητὴν προτιμήσαιμι τοῦ Δημητρίου· ἐπεὶ τὸν Θεόδωρον μετεπέμπετο ἡ Λάμια, ὁ δὲ ὑπερεῖδε τὴν κλῆσιν.

ιη. Ὅτι Φάων ὡραῖος ἦν.

Τὸν Φάωνα, κάλλιστον ἀνθρώπων ὄντα, ἡ Ἀφροδίτη ἐν θριδακίναις ἔκρυψε. Λόγος δὲ ἕτερος, ὅτι ἦν πορθμεύς, καὶ εἶχε τοῦτο τὸ ἐπιτήδευμα. Ἀφίκετο δέ ποτε ἡ Ἀφροδίτη διαπλεῦσαι βουλομένη· ὁ δὲ ἀσμένως ἐδέξατο, οὐκ εἰδὼς ὅς τις ἦν, καὶ σὺν πολλῇ φροντίδι ἤγαγεν, ὅποι ποτὲ ἐβούλετο. Ἀνθ᾽ ὧν ἡ θεὸς ἔδωκεν ἀλάβαστρον αὐτῷ, καὶ εἶχεν αὐτὴ μύρον, ᾧ χριόμενος ὁ Φάων ἐγένετο ἀνθρώπων κάλλιστος· καὶ ἤρων γε αἱ γυναῖκες αὐτοῦ αἱ Μιτυληναίων. Τά γε μὴν τελευταῖα ἀπεσφάγη, μοιχεύων ἁλούς.

ιθ. Περὶ Σαπφοῦς.

Τὴν ποιήτριαν Σαπφὼ, τὴν Σκαμανδρωνύμου θυγατέρα, ταύτην καὶ Πλάτων ὁ Ἀρίστωνος σοφὴν ἀναγράφει. Πυνθάνομαι δὲ, ὅτι καὶ ἑτέρα ἐν τῇ Λέσβῳ ἐγένετο Σαπφώ, ἑταίρα, οὐ ποιήτρια.

κ. Περὶ ἀηδόνος, καὶ χελιδόνος.

Λέγει Ἡσίοδος, τὴν ἀηδόνα μόνην ὀρνίθων ἀμελεῖν ὕπνου, καὶ διὰ τέλους ἀγρυπνεῖν· τὴν δὲ χελιδόνα οὐκ εἰς τὸ παντε-

17. *Conduite indécente de Démétrius Poliorcète.*

Démétrius, qui commandait à plusieurs nations, allait souvent tout armé, la tête ceinte du diadème, chez la courtisane Lamia [1]. Certainement il eût été honteux pour lui de la faire seulement venir dans son palais; et c'est lui qui allait assidûment chez elle. Je fais bien moins de cas de Démétrius que du joueur de flûte Théodore, qui refusa de se rendre aux invitations de Lamia.

18. *De Phaon.*

On raconte que Vénus cacha le beau Phaon sous des laitues [2]. Suivant une autre tradition, Phaon était batelier de profession. Vénus étant un jour venue à sa nacelle pour passer d'un lieu à un autre, Phaon, sans la connaître, la reçut volontiers, et la transporta, avec le plus grand empressement, où elle voulait aller. En reconnaissance de ce service, la déesse lui fit présent d'un vase plein d'une drogue, qui le rendit, dès qu'il s'en fut frotté, le plus beau de tous les hommes. Dès lors, toutes les femmes de Mitylène devinrent amoureuses de Phaon: mais à la fin, ayant été surpris en adultère, il fut mis à mort.

19. *De Sappho.*

Platon [3], parlant de Sappho, fille de Scamandronyme [4], connue par ses poésies, la qualifie *sage* [5]. J'ai ouï dire qu'il y eut à Lesbos une autre Sappho, courtisane de profession, et qui ne fit jamais de vers.

20. *Du rossignol et de l'hirondelle.*

Hésiode rapporte que le rossignol est le seul des oiseaux qui veille toujours et ne dort jamais: il ajoute que l'hiron-

λὲς ἀγρυπνεῖν, καὶ ταύτην δὲ ἀπολωλεκέναι τοῦ ὕπνου τὸ ἥμισυ. Τιμωρίαν δὲ ἄρα ταύτην ἐκτίνουσι διὰ τὸ πάθος, τὸ ἐν Θρᾴκῃ κατατολμηθέν, τὸ εἰς τὸ δεῖπνον ἐκεῖνο τὸ ἄθεσμον.

κα. Περὶ Λακεδαιμονίων γυναικῶν.

Αἱ Λακεδαιμονίων μητέρες, ὅσαι ἐπυνθάνοντο τοὺς παῖδας αὐτῶν ἐν τῇ μάχῃ κεῖσθαι, ἀλλ' αὐταί γε ἀφικόμεναι τὰ τραύματα αὐτῶν ἐπεσκόπουν, τά τε ἔμπροσθεν, καὶ τὰ ὄπισθεν. Καὶ, εἰ ἦν πλείω τὰ ἐναντία, αἵδε γαυρούμεναι, καὶ σεμνὸν ἅμα καὶ βλοσυρὸν ὁρῶσαι, τοὺς παῖδας εἰς τὰς πατρῴας ἔφερον ταφάς. Εἰ δὲ ἑτέρως εἶχον τῶν τραυμάτων, ἐνταῦθα αἰδούμεναι, καὶ θρηνοῦσαι, καὶ, ὡς ἔνι μάλιστα, λαθεῖν σπεύδουσαι, ἀπηλλάττοντο, καταλιποῦσαι τοὺς νεκροὺς ἐν τῷ πολυανδρίῳ θάψαι, ἢ λάθρα εἰς τὰ οἰκεῖα ἠρία ἐκόμιζον αὐτούς.

κβ. Περὶ Τιτόρμου ἰσχύος, καὶ Μίλωνος, καὶ παροιμίας τινός.

Τιτόρμῳ φασὶ τῷ βουκόλῳ περιτυχεῖν τὸν Κροτωνιάτην Μίλωνα, μεγαλοφρονοῦντα διὰ τὴν ῥώμην τοῦ σώματος. Θεασάμενος οὖν μέγαν τὸν Τίτορμον τὸ σῶμα ἰδεῖν, ἐβούλετο λαβεῖν αὐτοῦ ἰσχύος πεῖραν. Ὁ δὲ Τίτορμος ἔλεγε, μηδὲν μέγα ἰσχύειν. Καταβὰς δὲ εἰς τὸν Εὔηνον, καὶ θοἰμάτιον ἀποδύς, λίθον λαμβάνει μέγιστον, καὶ πρῶτον μὲν ἕλκει αὐτὸν πρὸς ἑαυτόν, εἶτα ἀπωθεῖ, καὶ δὶς καὶ τρὶς τοῦτο ἐποίησε, καὶ μετὰ ταῦτα αὐτὸν ἦρεν ἕως εἰς τὰ γόνατα, καὶ τέλος ἀράμενος ἐπὶ τῶν ὤμων ἔφερεν, ὅσον ἐπ' ὀργυιὰς ὀκτώ, καὶ ἔρριψεν. Ὁ δὲ Κροτωνιάτης Μίλων μόλις τὸν λίθον ἐκίνησεν. Εἶτα δεύτερος ἆθλος τοῦ Τιτόρμου. Ἐπὶ τὴν ἀγέλην ἦλθε, καὶ στὰς ἐν μέσῳ, τὸν μέγιστον ταῦρον, ἄγριον ὄντα, λαμβάνει τοῦ ποδός· καὶ ὁ μὲν ἀποδρᾶναι ἔσπευδεν, οὐ μὴν ἐδύνατο. Παριόντα δὲ

delle ne dort jamais tout-à-fait, et qu'elle n'a qu'un demi-sommeil. Ils subissent ainsi la peine due au crime atroce qui fut commis dans l'abominable repas dont la Thrace fut témoin [1].

21. *Courage des femmes lacédémoniennes.*

QUAND les Lacédémoniennes apprenaient que leurs fils étaient morts dans une bataille, elles allaient examiner les blessures qu'ils avaient reçues, soit par devant, soit par derrière : s'ils en avaient plusieurs à la poitrine, alors, enorgueillies de la valeur de leurs fils, comme le témoignait la gravité de leur marche et la fierté de leur maintien, elles les faisaient porter au tombeau de leurs pères. Mais s'ils étaient blessés dans toute autre partie du corps, leurs mères, couvertes de honte et baignées de larmes, ne songeaient qu'à se cacher : elles fuyaient, laissant enterrer leurs fils dans la sépulture commune, ou les faisaient transporter secrètement dans les tombeaux de leur famille.

22. *De Milon le Crotoniate, et du berger Titorme.*

MILON de Crotone [2], cet homme si vain de la force de son corps, rencontra un jour le berger Titorme. En voyant la grande taille du berger, il voulut, dit-on, éprouver sa force contre lui. Titorme, après l'avoir assuré qu'il n'était pas extrêmement fort, quitta ses habits, descendit dans le fleuve Évenus [3], prit une pierre d'une grosseur énorme, qu'il attira vers lui, et qu'il repoussa deux ou trois fois; puis il la leva jusqu'à ses genoux, la mit sur ses épaules, enfin la porta l'espace d'environ huit pas, et la jeta par terre. Mais Milon put à peine la rouler. Le berger, pour second essai de sa force, alla se placer au milieu de son troupeau, prit par le pied un très-gros taureau sauvage, et le retint, malgré les efforts que fit l'animal pour s'é-

ἕτερον, τῇ ἑτέρᾳ χειρὶ συναρπάσας τοῦ ποδὸς, ὁμοίως εἶχε. Θεασάμενος δὲ ὁ Μίλων, εἰς τὸν οὐρανὸν τὰς χεῖρας τείνας, ἔφατο, Ὦ Ζεῦ, μὴ τοῦτον Ἡρακλῆν ἡμῖν ἕτερον ἔσπειρας; Ἐντεῦθεν ῥηθῆναι λέγουσι τὴν παροιμίαν, Ἄλλος οὗτος Ἡρακλῆς.

κγ. Περὶ Κελτῶν εὐτολμίας.

Ἀνθρώπων ἐγὼ ἀκούω φιλοκινδυνοτάτους εἶναι τοὺς Κελτούς. Τῶν ᾀσμάτων οὖν ὑποθέσεις ποιοῦνται τοὺς ἀνθρώπους τοὺς ἀποθανόντας ἐν τῷ πολέμῳ καλῶς. Καὶ μάχονται δὲ ἐστεφανωμένοι, ἀλλὰ καὶ τρόπαια ἐγείρουσιν, ἅμα τε ἐπὶ τοῖς πεπραγμένοις σεμνυνόμενοι, καὶ ὑπομνήματα αὐτῶν τῆς ἀρετῆς ἀπολείποντες Ἑλληνικῶς. Οὕτως δὲ αἰσχρὸν νομίζουσι τὸ φεύγειν, ὡς μηδὲ ἐκ τῶν οἰκιῶν κατολισθαινουσῶν καὶ ἐμπιπτουσῶν πολλάκις ἀποδιδράσκειν, ἀλλὰ μηδὲ πιμπραμένων αὐτῶν, περιλαμβανομένους ὑπὸ τοῦ πυρός. Πολλοὶ δὲ καὶ ἐπικλύζουσαν τὴν θάλασσαν ὑπομένουσιν. Εἰσὶ δὲ καὶ οἱ ὅπλα λαμβάνοντες ἐμπίπτουσι τοῖς κύμασι, καὶ τὴν φορὰν αὐτῶν εἰσδέχονται, γυμνὰ τὰ ξίφη καὶ τὰ δόρατα προσείοντες, ὥσπεροῦν ἢ φοβῆσαι δυνάμενοι, ἢ τρῶσαι.

κδ. Περὶ Σμινδυρίδου ἁβροδιαίτης καὶ ἀδδηφαγίας.

Σμινδυρίδην τὸν Συβαρίτην λέγουσιν ἐπὶ τοσοῦτον τρυφῆς ἐξοκεῖλαι, ὡς εἰς Σικυῶνα αὐτὸν ἀφικέσθαι, μνηστῆρα Ἀγαρίστης τῆς Κλεισθένους, καὶ ἐπάγεσθαι χιλίους μὲν μαγείρους, τοσούτους δὲ ὀρνιθευτὰς, καὶ ἁλιεῖς χιλίους.

κε. Πολλοὶ τῶν ἀρίστων τίνων ὤναντο καὶ ἀπήλαυσαν.

Ὤναντο ἄρα καὶ Ὀδυσσεὺς Ἀλκίνου, καὶ Ἀχιλλεὺς Χείρωνος, καὶ Πάτροκλος Ἀχιλλέως, καὶ Ἀγαμέμνων Νέστορος, καὶ Τηλέμαχος Μενελάου, καὶ Ἕκτωρ Πολυδάμαντος, ἐν οἷς

chapper. Un autre taureau s'étant approché, Titorme, de l'autre main, le retint de même par le pied. Alors Milon levant les mains au ciel, « O Jupiter! s'écria-t-il, n'est-ce pas un second Hercule que vous nous avez donné? » De là, dit-on, est né le proverbe, *C'est un autre Hercule* [1].

23. *De la bravoure des Celtes.*

Il n'y a point de nation qui affronte les dangers avec autant d'intrépidité que les Celtes. Ils célèbrent, par des chansons, la mémoire de ceux qui meurent glorieusement à la guerre; ils vont au combat, la tête couronnée de fleurs; fiers de leurs grandes actions, ils élèvent des trophées, pour laisser à la postérité, suivant l'usage des Grecs, des monumens de leur valeur. Il leur paraît si honteux d'éviter un péril, que souvent ils ne daignent pas sortir d'une maison qui tombe et s'écroule; pas même de celle que le feu consume, et dont les flammes commencent à les gagner. Plusieurs attendent de pied ferme le flux de la mer : quelques-uns vont au-devant tout armés, et soutiennent le choc des flots, en y opposant leurs lances et leurs épées nues; comme s'ils pouvaient effrayer ou blesser un pareil ennemi.

24. *Du luxe de Smindyride.*

Smindyride de Sybaris [2] porta le luxe à un tel excès, qu'allant à Sicyone demander en mariage Agariste, fille de Clisthène [3], il se fit suivre de mille cuisiniers, mille oiseleurs, et mille pêcheurs [4].

25. *Liste d'hommes illustres qui ont eu des amis ou des maîtres utiles.*

Alcinoüs fut utile à Ulysse [5], Chiron à Achille [6]; Achille à Patrocle [7], Nestor à Agamemnon [8], Ménélas à Télémaque [9], Polydamas à Hector [10], Anténor aux Troyens, tant

αὐτῷ προσεῖχε, καὶ οἱ Τρῶες Ἀντήνορος. Καὶ οἱ Πυθαγόρειοι μὲν ὁμιληταὶ, Πυθαγόρου ὤναντο· οἱ Δημοκρίτειοι δὲ, συγγενόμενοι Δημοκρίτῳ, πολλῶν ἀπήλαυσαν. Σωκράτει δὲ εἰ προσεῖχον οἱ Ἀθηναῖοι, πάντα ἂν ἐγένοντο εὐδαίμονες, εἰ ἐφιλοσόφουν *.

Καὶ Ἱέρων δὲ ὁ Δεινομένους Σιμωνίδου τοῦ Κείου ἀπήλαυσε, καὶ Πολυκράτης Ἀνακρέοντος, καὶ Ξενοφῶντος Πρόξενος, καὶ Ἀντίγονος Ζήνωνος.

Ἵνα δὲ καὶ τῶν ἐμοὶ προσηκόντων οὐδὲν ἧττον, ἧπερ καὶ οἱ Ἕλληνες προσήκουσι, μεμνήσωμαι (διαφέρει δέ μοι καὶ τούτων, εἴγε Ῥωμαῖός εἰμι), καὶ Λεύκουλλος Ἀντιόχου τι ὤνατο τοῦ Ἀσκαλωνίτου, καὶ Μαικήνας Ἀρείου, καὶ Κικέρων Ἀπολλωνίου, καὶ ὁ Σεβαστὸς Ἀθηνοδώρου.

Πλάτων δὲ, ἐμοῦ καίτοι σοφώτερος ὢν, λέγει, ὅτι καὶ Ζεὺς εἶχε σύμβουλον· τίνα δὲ, καὶ ὅπως, παρ' ἐκείνου μανθάνωμεν.

κϛ'. Περὶ οἰνοφλύγων τινῶν.

ΠΟΤΙΣΤΑΤΟΙ γεγόνασιν ἄνθρωποι, ὥσπερ φασὶ, Ξεναγόρας ὁ Ῥόδιος, ὃν ἐκάλουν Ἀμφορέα, καὶ Ἡρακλείδης ὁ πύκτης, καὶ Πρωτέας ὁ Λανίκης μὲν υἱὸς, Ἀλεξάνδρου δὲ τοῦ βασιλέως σύντροφος. Καὶ αὐτὸς δὲ Ἀλέξανδρος λέγεται πλεῖστον πιεῖν ἀνθρώπων.

κζ'. Ὅτι ὁ Ἡρακλῆς ἥμερος ἦν τοῖς ἑαυτοῦ πολεμίοις.

ἩΜΕΡΩΤΑΤΑ φασὶ τὸν Ἡρακλῆν προσενεχθῆναι τοῖς ἑαυτοῦ πολεμίοις· πρῶτον γὰρ τῶν ἐξ αἰῶνος νεκροὺς ὑποσπόνδους ἀποδοῦναι ταφησομένους, εἰωθότων τῶν τότε ὀλιγωρεῖν τῶν

---

* Verba haec duo, εἰ ἐφιλοσόφουν, multi abundare putant.

qu'ils suivirent ses conseils ¹. Les disciples de Pythagore et ceux de Démocrite doivent tout aux leçons de leur maître. Si les Athéniens avaient écouté Socrate, et qu'ils se fussent appliqués à l'étude de la sagesse, ils auraient été parfaitement heureux.

Hiéron, fils de Dinomène, se servit utilement de Simonide de Céos ², Polycrate d'Anacréon ³, Xénophon de Proxène ⁴, Antigonus de Zénon ⁵.

Mais pour ne point omettre des personnages qui ne me touchent pas de moins près que les Grecs, et dont, en qualité de Romain, j'ai intérêt de parler, Antiochus d'Ascalon ne fut pas inutile à Lucullus ⁶, Arius à Mécène ⁷, Apollonius à Cicéron ⁸, Athénodore à Auguste ⁹.

Platon, qui était plus sage que moi, assure que Jupiter ne dédaigna pas d'avoir un conseiller; et lui-même nous apprend de qui, et comment le dieu recevait des conseils ¹⁰.

26. *De quelques grands buveurs.*

On compte entre les plus grands buveurs Xénagoras de Rhodes ¹¹, surnommé *la Bouteille;* l'athlète Héraclide ¹²; et Protéas ¹³ fils de Lanice, qui avait été élevé auprès d'Alexandre. On ajoute qu'Alexandre lui-même est un des hommes qui ait bu le plus de vin.

27. *Humanité d'Hercule envers ses ennemis.*

On vante dans Hercule son humanité envers ses ennemis. Il est, dit-on, le premier qui ait introduit l'usage des trêves, pour procurer la sépulture aux morts; car de son temps on se mettait peu en peine des corps de ceux qui avaient été tués; on les laissait dévorer par les chiens:

ἀνῃρημένων, καὶ ἀπολείπειν αὐτοὺς κυνῶν δεῖπνον εἶναι. Καὶ Ὅμηρος.

. . . . Ἑλώρια τεύχε κύνεσσιν

καὶ

. . . . Κυσὶν μέλπηθρα γενέσθαι.

κη. *Περὶ τοῦ ἐν Ἀθήναις Λεωκορίου.*

ΛΕΩΚΟΡΙΟΝ Ἀθήνησιν ἐκαλεῖτο τὸ τέμενος τῶν Λεὼ θυγατέρων, Πραξιθέας, καὶ Θεόπης, καὶ Εὐβούλης. Ταύτας δὲ ὑπὲρ τῆς πόλεως τῆς Ἀθηνᾶς ἀναιρεθῆναι λόγος ἔχει, ἐπιδόντος αὐτὰς τοῦ Λεὼ εἰς τὸν χρησμὸν τὸν Δελφικόν. Ἔλεγε γὰρ μὴ ἂν ἄλλως σωθῆναι τὴν πόλιν, εἰ μὴ ἐκεῖναι σφαγιασθεῖεν.

κθ. *Τί εἶπεν ὁ Πλάτων περὶ Ἀκραγαντίνων πολυτελείας.*

ΠΛΆΤΩΝ ὁ Ἀρίστωνος ἰδὼν Ἀκραγαντίνους καὶ οἰκοδομοῦντας πολυτελῶς, καὶ ὁμοίως δειπνοῦντας, εἶπεν, ὅτι ἄρα οἱ Ἀκραγαντίνοι οἰκοδομοῦσι μὲν, ὡς ἀεὶ βιωσόμενοι, δειπνοῦσι δὲ, ὡς ἀεὶ τεθνηξόμενοι. Λέγει δὲ Τίμαιος καὶ ὅτι ἀργυραῖς ληκύθοις καὶ στλεγγίσιν ἐχρῶντο, καὶ ἐλεφαντίνας κλίνας εἶχον ὅλας.

λ. *Περὶ Ταραντίνων οἰνοφλυγίας, καὶ Κυρηναίων τρυφῆς.*

ΤΑΡΑΝΤΊΝΟΙΣ ἐν ἔθει ἦν πίνειν μὲν ἐξ ἑωθινοῦ, μεθύειν δὲ περὶ πλήθουσαν ἀγοράν.

Εἰς τοσοῦτον δὲ ἄρα Κυρηναῖοι τρυφῆς ἐξώκειλαν, ὥστε Πλάτωνα παρεκάλουν, ἵνα αὐτοῖς γένηται νομοθέτης. Τὸν δὲ ἀπαξιῶσαί φασι διὰ τὴν ἐξ ἀρχῆς ῥᾳθυμίαν αὐτῶν. Ὁμολογεῖ δὲ καὶ Εὔπολις ἐν τῷ Μαρικᾷ, Ὅστις αὐτῶν εὐτελέστατος,

ce qui a donné lieu à ces expressions d'Homère, *Il en fit la pâture des chiens* [1]. *Il était le jouet des chiens* [2].

28. *Du Léocorion.*

Les Athéniens appelaient *Léocorion*, un temple consacré aux filles de Léos [3], Praxithée, Théope et Eubule, qui, selon la tradition, furent immolées pour le salut d'Athènes. Leur père les livra, suivant les ordres de l'oracle de Delphes, qui avait annoncé qu'on ne pouvait sauver la ville [4] qu'en sacrifiant les trois sœurs.

29. *Mot de Platon sur le luxe des Agrigentins.*

Platon, fils d'Ariston, voyant les Agrigentins bâtir des maisons magnifiques, et donner des soupers somptueux, disait : « Les Agrigentins bâtissent comme s'ils devaient toujours vivre, et soupent comme s'ils étaient près de mourir [5]. » Au rapport de Timée, leurs cruches et autres vases d'usage étaient d'argent, et leurs lits entièrement d'ivoire [6].

30. *Des Tarentins et des Cyrénéens.*

Les Tarentins étaient dans l'usage de boire dès le matin ; ils étaient ivres avant l'heure où l'on s'assemble dans la place publique.

Les Cyrénéens étaient tombés dans un tel excès de mollesse, qu'eux-mêmes, voulant le réformer, prièrent Platon de leur donner des lois. Le philosophe s'y refusa, dit-on, parce que l'habitude du mal était trop ancienne chez eux. Eupolis [7] rapporte, dans sa comédie intitulée *Maricas*, que le plus modeste Cyrénéen avait des an-

σφραγῖδας εἶχε δέκα μνῶν. Παρῆν δὲ θαυμάζεσθαι καὶ τοὺς διαγλύφοντας τοὺς δακτυλίους.

λα. Περὶ διαφόρων οἴνων Ἑλληνικῶν.

ΦΕΡΕ οἴνων Ἑλληνικῶν, διὰ σπουδῆς ἰόντων ἐν τοῖς πάλαι, ὀνόματα καταλέξω ὑμῖν. Πράμνειόν τινα ἐκάλουν· ἱερὸν δ' ἦν ἄρα τοῦτο τῆς Δήμητρας· καὶ Χῖος οἶνος, ἐκ τῆς νήσου, καὶ Θάσιος ἄλλος, καὶ Λέσβιος· καὶ ἐπὶ τούτοις Γλυκύς τις ἐκαλεῖτο, πρέπων τῷ ὀνόματι τὴν γεῦσιν· καὶ Κρὴς ἄλλος. Καὶ ἐν Συρακούσαις Πόλιος· ἐκλήθη δὲ ἀπό τινος ἐγχωρίου βασιλέως. Ἔπινον δὲ καὶ Κῶον οἶνον, καὶ οὕτως αὐτὸν ἐκάλουν· καὶ Ῥόδιον, κατὰ τὰ αὐτὰ ὀνομάζοντες. Τί δὲ, οὐκ ἐκεῖνα τοῖς Ἕλλησι τρυφῆς ἀπόδειξις; μύρῳ γὰρ οἶνον μιγνύντες οὕτως ἔπινον, καὶ ὑπερηγάζοντο τὴν τοιαύτην κρᾶσιν· καὶ ἐκαλεῖτο ὁ οἶνος Μυρρινίτης. Μέμνηται δὲ αὐτοῦ Φιλιππίδης ὁ τῆς κωμῳδίας ποιητής.

λβ. Περὶ Πυθαγόρου, Ἐμπεδοκλέους, Ἱππίου, καὶ Γοργίου ἐνδύματος καὶ ὑποδήματος.

ΠΥΘΑΓΟΡΑΣ ὁ Σάμιος λευκὴν ἐσθῆτα ἤσθητο, καὶ ἐφόρει στέφανον χρυσοῦν, καὶ ἀναξυρίδας. Ἐμπεδοκλῆς δὲ ὁ Ἀκραγαντῖνος ἁλουργεῖ ἐχρήσατο, καὶ ὑποδήμασι χαλκοῖς. Ἱππίαν δὲ, καὶ Γοργίαν, ἐν πορφυραῖς ἐσθῆσι προϊέναι διαῤῥεῖ λόγος.

λγ. Ὅτι οἱ Ῥωμαῖοι τὴν τοῦ ἰατροῦ τοῦ Πύῤῥου ἐπιβουλὴν οὐ προσήκαντο.

ΚΙΝΕΑΣ ὁ Πύῤῥου ἰατρός, φασι, πρὸς τὴν βουλὴν τῶν Ῥωμαίων ἔγραψε δι' ἀποῤῥήτων, καὶ ᾔτει χρήματα, καὶ ὑπισχνεῖτο ἀποκτενεῖν φαρμάκοις τὸν Πύῤῥον. Οἱ δὲ οὐ προσήκαντο μὲν ὑπόσχεσιν· δι' ἀρετῆς γὰρ ἴσασι Ῥωμαῖοι ἀγαθοὶ εἶναι,

neaux de la valeur de dix mines : à la vérité, le travail en était admirable.

31. *Noms des vins grecs les plus estimés.*

Je vais rapporter les noms des différentes sortes de vins grecs qui étaient les plus estimés : le vin nommé *Pramnium*[1], qui était consacré à Cérès; le vin de Chio, qu'on recueillait dans l'île du même nom; les vins de Thase et de Lesbos; le vin appelé *Doux*, dont le goût répondait au nom; le vin de Crète; le *Polios* de Syracuse, qui avait emprunté son nom d'un roi de ce pays[2]; enfin les vins de Cos et de Rhodes, auxquels on donnait le nom des îles qui les produisaient. Mais ce qui prouve encore mieux le luxe des Grecs, ils mêlaient certaines drogues avec le vin, et buvaient par préférence cette liqueur composée, qu'ils appelaient *Myrrhinitès*. Philippide, poëte comique[3], fait mention de cet usage.

32. *Vêtemens et chaussures de quelques philosophes.*

Pythagore de Samos portait une robe blanche, et sur sa tête une couronne d'or. Il avait une espèce de vêtement qui le couvrait depuis la ceinture jusqu'au-dessous du genou[4]. Empédocle d'Agrigente était vêtu de pourpre, et portait des chaussures d'airain[5]. On dit qu'Hippias[6] et Gorgias ne paraissaient jamais en public qu'avec des robes couleur de pourpre.

33. *Générosité des Romains.*

Cinéas, médecin de Pyrrhus, offrit au sénat romain, par une lettre écrite secrètement, d'empoisonner le prince, moyennant une certaine somme. Mais sa proposition fut rejetée. Les Romains ne savent triompher que par la

οὐ μὴν διὰ τέχνης, καὶ πανουργίας, καὶ ἐπιβουλῆς, καταγωνίσασθαι τοὺς ἐχθρούς. Ἀλλὰ καὶ αὐτῷ τῷ Πύρρῳ τὴν γνώμην τοῦ Κινέου ἐξέφαναν.

λδ. Περὶ Παυσανίου καὶ Ἀπελλοῦ ἐρώτων.

Ἔρωτες ἡμῖν τῶν ἀρχαίων πολλοὶ μὲν καὶ ἄλλοι εἰς μνήμην ἐδόθησαν, καὶ οὗτος δὲ οὐχ ἥκιστα. Παυσανίας μὲν γὰρ ἦρα τῆς αὑτοῦ γυναικός. Ἀπελλῆς δὲ καὶ τῆς Ἀλεξάνδρου παλλακῆς, ᾗπερ ὄνομα ἦν Παγκάστη, τὸ δὲ γένος Λαρισσαία ἦν. Ταύτῃ καὶ πρώτῃ, φασὶν, ὁ Ἀλέξανδρος ὡμίλησεν.

λε. Περὶ Περιάνδρων, Μιλτιαδῶν, Σιβυλλῶν, Βακίδων.

Ὅτι δύο Περίανδροι, ὁ μὲν σοφὸς ἦν, ὁ δὲ τύραννος. Καὶ Μιλτιάδαι τρεῖς, ὁ τὴν Χερρόννησον κτίσας, καὶ ὁ Κυψέλου, καὶ ὁ Κίμωνος. Σίβυλλαι τέσσαρες, ἡ Ἐρυθραία, ἡ Σαμία, ἡ Αἰγυπτία, ἡ Σαρδιανή. Οἱ δέ φασι καὶ ἑτέρας ἕξ, ὡς εἶναι τὰς πάσας δέκα, ὧν εἶναι καὶ τὴν Κυμαίαν, καὶ τὴν Ἰουδαίαν. Βακίδες τρεῖς, ὁ μὲν Ἐλεώνιος *, ὁ δὲ Ἀθηναῖος, ὁ δὲ Ἀρκάς.

λϛ. Περὶ ἀριθμοῦ Νιόβης παίδων.

Ἐοίκασιν οἱ ἀρχαῖοι ὑπὲρ τοῦ ἀριθμοῦ τῶν τῆς Νιόβης παίδων μὴ συνᾴδειν ἀλλήλοις. Ὅμηρος μὲν ἓξ λέγει, καὶ τοσαύτας κόρας. Λᾶσος δὲ δὶς ἑπτὰ λέγει. Ἡσίοδος δὲ ἐννέα καὶ δέκα, εἰ μὴ ἄρα οὔκ εἰσιν Ἡσιόδου τὰ ἔπη, ἀλλ' ὡς πολλὰ καὶ ἄλλα, κατέψευσται αὐτοῦ. Ἀλκμὰν δέκα φησί. Μίμνερμος εἴκοσι, καὶ Πίνδαρος τοσούτους.

---

* Mss., Ἕλλην. Habet verò scholiast. Aristophanis (Ὄρνιθ., v. 963), ὁ μὲν ἐξ Ἐλεῶνος τῆς Βοιωτίας.

valeur : ils dédaignent de vaincre leurs ennemis par la ruse et par la trahison. Le sénat fit plus ; il informa Pyrrhus du projet de Cinéas.

34. *De Pausanias et d'Apelle.*

ENTRE les exemples des passions amoureuses que l'antiquité nous a transmis, ceux-ci ne sont pas les moins dignes d'attention. Pausanias aima éperdûment sa femme[1] : Apelle aima Pancaste, de Larisse, maîtresse d'Alexandre, et même, dit-on, la première maîtresse qu'il ait eue[2].

35. *Des Homonymes* [3].

IL y a eu deux Périandres [4], l'un philosophe, l'autre tyran ; trois Miltiades, l'un qui bâtit Chersonèse, un autre, fils de Cypsélus [5], et un troisième, fils de Cimon ; quatre Sibylles [6], l'Erythréenne, la Samienne, l'Egyptienne, la Sardienne : quelques-uns en ajoutent six, et par-là en comptent dix en tout, parmi lesquelles sont la sibylle de Cumes et celle de Judée. On connaît trois Bacis [7], le Béotien, l'Athénien, et l'Arcadien.

36. *Du nombre des enfans de Niobé.*

LES Anciens ne paraissent pas d'accord sur le nombre des enfans de Niobé. Homère lui donne six fils et six filles : suivant Lasus [8], elle avait en tout quatorze enfans ; et dix-neuf, suivant Hésiode ; si cependant les vers où Hésiode en parle, ne lui sont pas faussement attribués, ainsi que beaucoup d'autres. Selon Alcman [9], Niobé n'eut que dix enfans : Mimnerme [10] et Pindare disent qu'elle en eut vingt.

λζ. Περὶ Ἀλεξάνδρου ἐν ἀπορίᾳ τροφῶν γενομένου, καὶ πῶς τινες κῶμαι διὰ τὸν καπνὸν ἑάλωσαν.

Ἀλέξανδρος, ὅτε Βῆσσον ἐδίωκεν, ἐν ἀπορίᾳ γενόμενος τροφῶν, αὐτός τε ἥψατο τῶν καμήλων, καὶ ὑποζυγίων ἄλλων, καὶ οἱ σὺν αὐτῷ. Τῶν τε ξύλων αὐτοὺς ἐπιλιπόντων, ὠμὰ τὰ κρέα ἤσθιον. Ἐπεκούρει δὲ αὐτοῖς τὸ σίλφιον πολὺ ὄν, ὥστε τὰς σάρκας συνεκπέττειν.

Ἐν δὲ τῇ Βακτριανῇ οἱ στρατιῶται τὰς κώμας κατελάμβανον, ὅτι οἰκοῦνται ἐκ τοῦ καπνοῦ συνιέντες, καὶ τὴν χιόνα ἀφαιροῦντες τῶν θυρῶν.

λη. Περὶ Ἵππων τῶν Σακῶν, καί τινων ἐθῶν αὐτῶν.

Οἱ Σακῶν ἵπποι, ἐὰν ἀποβάλῃ τις τὸν δεσπότην, ἐς τὸ ἀναβῆναι αὐτὸν παρέστηκεν.

Ἐὰν δέ τις γῆμαι βούληται παρθένον, μονομαχεῖ τῇ παιδί. Καὶ κρατήσασα μὲν, αἰχμάλωτον ἄγεται, καὶ κρατεῖ αὐτοῦ, καὶ ἄρχει· ἐὰν δὲ νικηθῇ, ἄρχεται. Μονομαχοῦσι δὲ ἄχρι νίκης, οὐ μέχρι θανάτου.

Πενθοῦντες δὲ οἱ Σάκαι, εἰς οἴκους τινὰς ὑπάντρους καὶ κατασκίους ἀποκρύπτονται.

λθ. Περὶ Περδίκκου εὐτολμίας, καὶ λεαίνης.

Περδίκκας ὁ Μακεδών, ὁ συστρατευσάμενος Ἀλεξάνδρῳ, οὕτως ἄρα ἦν εὔτολμος, ὥς ποτε εἰς σπήλαιον παρελθεῖν, ἔνθα εἶχεν εὐνὴν λέαινα, μόνος· καὶ τὴν μὲν λέαιναν οὐ κατέλαβε, τούς γε μὴν σκύμνους αὐτῆς κομίζων προῆλθε, καὶ

37. *Circonstance de la vie d'Alexandre.*

ALEXANDRE étant à la poursuite de Bessus, se trouva dans une telle disette de vivres, qu'il fut obligé, ainsi que tous ceux qui l'accompagnaient, de manger de la chair de chameau et d'autres bêtes de charge; même de la manger crue, faute de bois. Mais le *silphium* [1], qui était en abondance dans cette contrée, leur fut d'un grand secours pour la digestion de ces alimens.

Ses soldats s'emparèrent, dans la Bactriane [2], de quelques villages, que la fumée qui s'élevait au-dessus leur fit juger être habités : ils furent obligés d'enlever la neige qui obstruait les portes.

38. *Usages des Saces* [3].

LES chevaux saces, quand quelqu'un renverse leur maître, s'arrêtent pour le laisser remonter.

Un Sace qui veut épouser une fille, doit se battre avec elle : si la fille a l'avantage, l'homme devient son prisonnier; elle l'emmène et lui commande, comme une maîtresse à son esclave [4] : si l'homme est vainqueur, la fille lui est soumise. Au reste, ils combattent seulement pour l'honneur de la victoire, et jamais jusqu'à la mort.

Quand les Saces ont quelque sujet d'affliction, ils vont se cacher dans des lieux obscurs, dans des cavernes ténébreuses.

39. *Audace de Perdiccas.*

LE Macédonien Perdiccas, qui suivit Alexandre dans ses expéditions, était si intrépide, qu'il entra seul un jour dans une caverne qui servait de retraite à une lionne. A la vérité, il ne l'y trouva pas; mais il tira les lionceaux de la caverne, et les emporta. Cette action dut faire d'au-

ἔδοξεν ἐπὶ τούτῳ θαυμάζεσθαι ὁ Περδίκκας. Πεπίστευται δὲ οὐ μόνον παρὰ τοῖς Ἕλλησιν ἀλκιμώτατόν τε καὶ δυσμαχώτατον εἶναι θηρίον ἡ λέαινα, ἀλλὰ καὶ παρὰ τοῖς βαρβάροις. Φασὶ γοῦν καὶ Σεμίραμιν τὴν Ἀσσυρίαν, οὐκ, εἴ ποτε εἷλε λέοντα, ἢ πάρδαλιν κατέκτανεν, ἢ ἄλλο τι τῶν τοιούτων, ἀλλ' εἰ λεαίνης ἐγκρατὴς ἐγένετο, μέγα ἐφρόνει.

μ. Περὶ τῶν τῷ Ξέρξῃ ἑπομένων ἐφοδίων.

Τά τε ἄλλα ἐφόδια εἵπετο τῷ Ξέρξῃ πολυτελείας καὶ ἀλαζονείας πεπληρωμένα, καὶ οὖν καὶ ὕδωρ ἠκολούθει τὸ ἐκ τοῦ Χοάσπου. Ἐπεὶ δ' ἔν τινι ἐρήμῳ τόπῳ ἐδίψησεν, οὐδέπω τῆς θεραπείας ἠκούσης, ἐκηρύχθη τῷ στρατοπέδῳ, εἴ τις ἔχει ὕδωρ ἐκ τοῦ Χοάσπου, ἵνα δῷ βασιλεῖ πιεῖν. Καὶ εὑρέθη τις βραχὺ καὶ σεσηπὸς ἔχων. Ἔπιεν οὖν τοῦτο ὁ Ξέρξης, καὶ εὐεργέτην τὸν δόντα ἐνόμισεν, ὅτι ἂν ἀπώλετο τῇ δίψῃ, εἰ μὴ ἐκεῖνος εὑρέθη.

μα. Περὶ Πρωτογένους τοῦ ζωγράφου.

Πρωτογένης ὁ ζωγράφος τὸν Ἰάλυσόν, φασιν, ἑπτὰ ἔτεσι διαζωγραφῶν ἐξετέλεσεν· ὃν Ἀπελλῆς ἰδὼν, τὸ μὲν πρῶτον ἔστη ἄφωνος, ἐκπλαγεὶς ἐπὶ τῇ παραδόξῳ θέᾳ· εἶτα ἐπιδὼν ἔφη, Καὶ ὁ πόνος μέγας, καὶ ὁ τεχνίτης· ἀπολείπεται γε μὴν τῆς χειρουργίας ἡ χάρις, ἧς ὁ ἀνὴρ εἰ τύχοι, ὁ πόνος αὐτοῦ οὐρανοῦ ψαύσει.

μβ. Περί τινων ἀνθρώπων ὑπὸ θηρίων τραφέντων.

Κῦρον τὸν Μανδάνης ἔθρεψέ, φασι, κύων. Τήλεφον δὲ, τὸν Αὔγης καὶ Ἡρακλέους, ἔλαφος. Πελίαν δὲ, τὸν Ποσειδῶνος

tant plus d'honneur à Perdiccas, que les Grecs, et même les Barbares, ont toujours regardé la lionne comme l'animal le plus fort, et qui se défend avec le plus de courage. Aussi dit-on que Sémiramis, reine d'Assyrie, s'applaudissait bien autrement d'avoir terrassé une lionne que d'avoir tué un lion, un léopard, ou quelque autre animal semblable.

40. *Du luxe de Xerxès.*

ENTRE les provisions qui suivaient Xerxès dans ses marches, et dont la plupart ne servaient guère qu'à faire voir sa magnificence et son luxe, il y avait de l'eau du fleuve Choaspe. Ce prince se trouvant un jour tourmenté de la soif dans un lieu désert, où ses bagages n'avaient encore pu le joindre, on publia dans le camp que si quelqu'un avait de l'eau du Choaspe, il eût à l'apporter pour donner à boire au roi [1]. Il se trouva un homme qui en avait une petite quantité; encore était-elle gâtée : Xerxès la but, et regarda comme son bienfaiteur [2] celui qui la lui avait donnée, parce que sans cette eau il serait mort de soif.

41. *Du peintre Protogène* [3].

LORSQUE Apelle vit le portrait de Ialysus [4], qui avait coûté sept années de travail au peintre Protogène, l'étonnement que lui causa d'abord cet ouvrage admirable, lui ôta la parole : puis le regardant une seconde fois, « Il y a là, dit-il, bien du travail. L'artiste a un grand talent; mais le portrait n'a point de grâce : s'il n'en manquait pas, ce serait un morceau digne d'être placé dans le séjour des dieux. »

42. *De quelques enfans nourris par des animaux.*

ON dit que Cyrus, fils de Mandane [5], fut allaité par une chienne; Télèphe, fils d'Augé et d'Hercule, par une bi-

καὶ Τυρῶς, ἵππος· ἀλλὰ καὶ τὸν Ἀλόπης. Ἀλέξανδρον τὸν Πριάμου ὑπὸ ἄρκτου φασὶ τραφῆναι· Αἴγισθον δὲ, τὸν Θυέστου καὶ Πελοπίας, ὑπὸ αἰγός.

μγ. Τίνες ἐξ ἀσήμων περιφανεῖς γεγόνασι.

ΔΑΡΕΙΟΝ ἀκούω τὸν Ὑστάσπου φαρετροφόρον Κύρου γενέσθαι. Ὁ δὲ τελευταῖος Δαρεῖος, ὁ ὑπὸ Ἀλεξάνδρου νικηθεὶς, δοῦλος ἦν*. Ἀρχέλαος δὲ, ὁ Μακεδόνων βασιλεὺς, δούλης υἱὸς ἦν τῆς Σιμίχης. Μενέλαος, ὁ Φιλίππου πάππος, εἰς τοὺς νόθους ἐτέλει. Ὁ δὲ τούτου υἱὸς, Ἀμύντας, ὑπηρέτης Ἀερόπου καὶ δοῦλος ἐπεπίστευτο. Περσεὺς δὲ, ὃν καθεῖλε Παῦλος ὁ Ῥωμαῖος, Ἀργεῖος μὲν γένος ἦν, ἀδόξου δέ τινος υἱός. Εὐμένης δὲ πατρὸς ἀπόρου καὶ τυμβαύλου πεπίστευται γενέσθαι. Ἀντίγονος ὁ Φιλίππου, ὁ καὶ ἑτερόφθαλμος, καὶ ἐκ τούτου Κύκλωψ προσαγορευθεὶς, αὐτουργὸς ἦν. Πολυσπέρχων δὲ ἐλῄστευε. Θεμιστοκλῆς δὲ, ὁ τοὺς βαρβάρους καταναυμαχήσας, Θρᾴττης υἱὸς ἦν, καὶ ἐκαλεῖτο ἡ μήτηρ αὐτοῦ Ἀβρότονον. Φωκίων δὲ, ὁ Χρηστὸς ἐπικληθεὶς, πατρὸς μὲν δοιδυκας ἐργαζομένου ἦν. Δημήτριον δὲ τὸν Φαληρέα οἰκότριβα γενέσθαι λέγουσιν ἐκ τῆς οἰκίας Τιμοθέου, καὶ Κόνωνος. Ὑπερβόλου δὲ, καὶ Κλεοφῶντος, καὶ Δημάδου, καίτοι προστατῶν γενομένων τοῦ δήμου τῶν Ἀθηναίων, οὐδεὶς ἂν εἴποι ῥᾳδίως τοὺς πατέρας. Καλλικρατίδας γε μὴν, καὶ Γύλιππος, καὶ Λύσανδρος, ἐν Λακεδαίμονι Μόθακες ἐκαλοῦντο. Ὄνομα δὲ ἦν ἄρα τοῦτο τοῖς τῶν εὐπόρων δούλοις, οὓς συνεξέπεμπτον τοῖς υἱοῖς οἱ πατέρες συναγωνιουμένους ἐν τοῖς γυμνασίοις. Ὁ δὲ συγχωρήσας τοῦτο Λυκοῦργος, τοῖς ἐμμείνασι τῇ τῶν παίδων ἀγωγῇ πολιτείας Λακωνικῆς μεταλαγχάνει. Καὶ Ἐπαμινώνδας

---

* Al., δούλιος ἦν, vel δούλης ἦν, vel δῆμος aut δήμου ἦν, etc.

che ; Pélias, fils de Neptune et de Tyro, par une jument, ainsi que le fils d'Alopé; Pâris, fils de Priam, par une ourse ; Egisthe, fils de Pélopie et de Thyeste, par une chèvre.

43. *Personnages célèbres, qui étaient nés dans l'obscurité.*

Darius, fils d'Hystaspe, était attaché à Cyrus en qualité de porte-carquois [1]. Le dernier Darius, qui fut défait par Alexandre, avait été esclave [2]. Archélaüs, roi de Macédoine, eut pour mère l'esclave Simicha [3]. Ménélas, aïeul de Philippe, était bâtard [4] : son fils Amyntas avait été au service d'Erope, et, suivant l'opinion commune, son esclave. Persée, qui fut vaincu par le Romain Paul-Emile, était Argien d'origine, et de basse naissance [5]. On croit qu'Eumène était issu d'un père très-pauvre, qui jouait de la flûte aux funérailles [6]. Antigonus, fils de Philippe, surnommé le Cyclope, parce qu'il était borgne, avait été manœuvre [7]. Polysperchon avait fait le métier de voleur [8]. Thémistocle, qui défit les Barbares dans un combat naval, et qui seul comprit la volonté des dieux, dictée par les oracles [9], était fils de la Thracienne Abrotone. Phocion, surnommé le *Juste* [10], devait le jour à un homme qui gagnait sa vie à faire des pilons de mortier. On dit que Démétrius de Phalère [11] était issu d'un esclave qui avait appartenu à Timothée et à Conon. Hyperbolus [12], Cléophon [13] et Démade [14] furent de zélés défenseurs des droits du peuple d'Athènes ; et il serait difficile de nommer leurs pères. On désignait, à Sparte, Callicratidas, Gylippe [15] et Lysandre, par le titre de *Mothaces* [16], dénomination particulière de ceux que les citoyens riches donnaient à leurs enfans pour les accompagner au gymnase, et s'y exercer avec eux : Lycurgue, en établissant cet usage, avait accordé à ceux qui se consacraient à une

δὲ πατρὸς ἦν ἀφανοῦς. Κλέων δὲ, ὁ Σικυωνίων τύραννος, καταποντιστὴς ἦν.

μδ. Περὶ τῶν ἐν λιθοτομίαις τῆς Σικελίας πολὺν χρόνον διατριψάντων.

Αἱ ἐν Σικελίᾳ λιθοτομίαι περὶ τὰς Ἐπιπολὰς ἦσαν, σταδίου μῆκος, τὸ εὖρος δύο πλέθρων. Ἦσαν δὲ ἐν αὐταῖς τοῦ χρόνου τοσοῦτον διατρίψαντες ἄνθρωποι, ὡς καὶ γεγαμηκέναι ἐκεῖ, καὶ παιδοποιῆσαι. Καί τινες τῶν παίδων ἐκείνων, μηδεπώποτε πόλιν ἰδόντες, ὅτε εἰς Συρακούσας ἦλθον, καὶ εἶδον ἵππους ὑπεζευγμένους, καὶ βόας ἐλαυνομένους, ἔφευγον βοῶντες· οὕτως ἄρα ἐξεπλάγησαν. Τὸ δὲ κάλλιστον τῶν ἐκεῖ σπηλαίων ἐπώνυμον ἦν Φιλοξένου τοῦ ποιητοῦ, ἐν ᾧ, φασι, διατρίβων τὸν Κύκλωπα εἰργάσατο, τῶν ἑαυτοῦ μελῶν τὸ κάλλιστον, παρ' οὐδὲν θέμενος τὴν ἐκ Διονυσίου τιμωρίαν καὶ καταδίκην, ἀλλ' ἐν αὐτῇ τῇ συμφορᾷ μουσουργῶν ὁ Φιλόξενος.

με. Περὶ Μίδου, Πλάτωνος, καὶ Πινδάρου, νηπίων.

Φρύγιοι καὶ ταῦτα ᾄδουσι λόγοι. Μίδου τοῦ Φρυγὸς, ἔτι νηπίου, καθεύδοντος, μύρμηκας εἰσέρπειν εἰς τὸ στόμα, καὶ πάνυ φιλοπόνως καὶ φιλέργως εἰσφέρειν τοὺς πυρούς. Πλάτωνος δὲ μελίττας εἰς τὸ στόμα κηρίον ἐργάζεσθαι. Καὶ Πινδάρῳ, τῆς πατρῴας οἰκίας ἐκτεθέντι, μέλιτται τροφοὶ ἐγένοντο, ὑπὲρ τοῦ γάλακτος παρατιθεῖσαι μέλι.

μϛ. Περὶ σημείου μοναρχίαν τῷ Διονυσίῳ δηλώσαντος.

Διονύσιον δὲ τὸν Ἑρμοκράτους λέγουσι ποταμὸν διαβαίνειν· ἔφερε δὲ αὐτὸν ἵππος. Καὶ ὁ μὲν ἵππος κατὰ τοῦ τέλμα-

pareille fonction le droit d'être admis aux charges publiques. Epaminondas lui-même était fils d'un homme obscur; et Cléon, tyran de Sicyone, avait été pirate [1].

44. *Des carrières de Syracuse.*

IL y avait en Sicile, près du quartier nommé *Epipoles* [2], des carrières d'un stade de long, et de deux plèthres de large. Il arrivait quelquefois que ceux qu'on envoyait dans ce lieu, y restaient si long-temps enfermés, qu'ils s'y mariaient et avaient des enfans. Lorsque quelques-uns de ces enfans, qui n'avaient jamais vu de ville, allaient à Syracuse, s'ils rencontraient des chevaux ou des bœufs attelés, ils étaient saisis de frayeur, et s'enfuyaient en criant. La plus belle des cavernes de cet horrible lieu, était celle qui portait le nom de Philoxène [3] : c'est là, dit-on, que ce poëte composa son *Cyclope*, le meilleur de ses poëmes. Il était si peu affecté de la peine à laquelle Denys l'avait condamné, que, dans ce triste état, il ne cessa pas de cultiver la poésie.

45. *De Midas, de Platon et de Pindare, enfans.*

SUIVANT une tradition phrygienne, pendant que Midas, encore enfant, était endormi, des fourmis se glissèrent dans sa bouche, et y firent, avec la plus grande activité, un amas de grains de froment [4]. Suivant une autre tradition, des abeilles formèrent un rayon de miel dans la bouche de Platon [5]. Pindare, ayant été exposé hors de la maison paternelle, fut nourri par des abeilles, qui, au lieu de lait, lui donnèrent du miel.

46. *D'un prodige qui annonçait que Denys serait roi.*

UN jour que Denys, fils d'Hermocrate, traversait un fleuve, le cheval qu'il montait s'abattit dans la boue. De-

τας ὠλίσθανεν· ὁ δὲ ἀποπηδήσας, τῆς ὄχθης ἐλάβετο, καὶ ἀπῄει, ὡς οὐκ ἔτι τὸν ἵππον ὄντα αὐτοῦ ἀπολιπών. Ὁ δὲ ἠκολούθησέ, καὶ χρεμετίσας ὑπέστρεψεν. Καὶ ἐκεῖνος ἐλάβετο αὐτοῦ τῆς χαίτης, καὶ ἔμελλεν ἀναβαίνειν· καὶ τῇ χειρὶ αὐτοῦ περιπίπτει μελιττῶν πλῆθος. Ἔφασαν οὖν οἱ Γαλεῶται πρὸς τὸν Διονύσιον, ἐρόμενον ὑπὲρ τούτων, ὅτι ταῦτα μοναρχίαν δηλοῖ.

μζ. Περὶ Ἀριστομάχης, Δίωνος γυναικός.

ΔΙΟΝΥΣΙΟΣ ἐλαύνει τῆς Σικελίας Δίωνα, τὴν δὲ γυναῖκα αὐτοῦ Ἀρήτην, καὶ τὸν ἐξ αὐτοῦ παῖδα ἐφύλαττεν. Ὕστερον δὲ τὴν γυναῖκα ἄκουσαν δορυφόρῳ αὐτοῦ πάντων μάλιστα θεραπευτῇ, Πολυκράτει, γυναῖκα δίδωσι· Συρακούσιος δὲ τὸ γένος ἦν. Δίων δὲ παραλαβὼν Συρακούσας, ἀποδράντος εἰς Λοκροὺς Διονυσίου, ἐνταῦθα ἡ μὲν Ἀριστομάχη, ἡ τοῦ Δίωνος ἀδελφὴ, προσεῖπεν αὐτόν. Ἡ δὲ Ἀρήτη εἵπετο δι' αἰδοῦς ἐγκαλυπτομένη, καὶ οὐ τολμῶσα προσειπεῖν ὡς ἄνδρα, ἐπεὶ βιασθεῖσα τὸν θεσμὸν τῆς πρὸς αὐτὸν εὐνῆς οὐ διεφύλαξεν. Ἐπεὶ δὲ ὑπὲρ αὐτῆς ἀπελογήσατο ἡ Ἀριστομάχη, τὴν ἐκ τοῦ Διονυσίου ἀνάγκην καταλέξασα, ὁ Δίων προσηγάγετο τὴν γυναῖκα καὶ τὸν παῖδα, καὶ εἰς τὴν οἰκίαν ἔπεμψεν.

μη. Περὶ τῶν Ὁμήρου ποιημάτων.

Ὅτι Ἰνδοὶ τῇ παρὰ σφίσιν ἐπιχωρίῳ φωνῇ τὰ Ὁμήρου μεταγράψαντες ᾄδουσιν οὐ μόνοι, ἀλλὰ καὶ οἱ Περσῶν βασιλεῖς· εἴ τι χρὴ πιστεύειν τοῖς ὑπὲρ τούτων ἱστοροῦσι.

μθ. Ὅτι ἀμνησίκακος ὁ Φωκίων.

ΦΩΚΙΩΝ ὁ τοῦ Φώκου, πολλάκις στρατηγήσας, κατεγνώσθη θανάτῳ, καὶ ἦν ἐν τῷ δεσμωτηρίῳ, καὶ ἔμελλε πιεῖσθαι

nys fit un saut, gagna le rivage, et il s'en allait, laissant là son cheval, sur lequel il ne comptait plus : mais comme l'animal le suivait en hennissant, Denys retourna sur ses pas. Pendant qu'il saisissait les crins et qu'il se préparait à remonter, un essaim d'abeilles vint se jeter sur sa main. Les *Galéotes* [1], consultés sur ce prodige, répondirent qu'il présageait que Denys serait roi.

47. *D'Aristomaque, femme de Dion.*

Lorsque Denys chassa Dion de Sicile, il y retint son fils et sa femme Aristomaque [2], qu'il força bientôt d'épouser, malgré sa répugnance, le Syracusain Polycrate, celui de ses gardes qui lui était le plus dévoué. Mais lorsque Dion, s'étant rendu maître de Syracuse, eut à son tour réduit Denys à s'enfuir chez les Locriens, sa sœur Arété vint lui parler en faveur d'Aristomaque, qui la suivait couverte d'un voile pour cacher sa honte, et n'osant aborder comme son mari, celui envers qui elle avait été contrainte de violer la foi conjugale. Arété défendit si bien la cause d'Aristomaque, en exposant la violence qui lui avait été faite, que Dion embrassa sa femme et son fils, et leur dit de rentrer dans sa maison.

48. *Des poëmes d'Homère.*

Les Indiens chantent les vers d'Homère, traduits dans la langue de leur pays [3]. Ils ne sont pas les seuls : on en dit autant des rois de Perse, si toutefois on peut en croire ceux qui l'ont écrit.

49. *Magnanimité de Phocion.*

Phocion, fils de Phocus, qui avait tant de fois commandé les armées athéniennes, ayant été condamné à la mort, attendait dans la prison la ciguë qu'il devait boire. Lors-

τὸ χωνείου. Ἐπεὶ δὲ ὤρεξεν ὁ δήμιος τὴν κύλικα, οἱ προσήκοντες ἤροντο, εἴ τι λέγοι πρὸς τὸν υἱόν. Ὁ δὲ, Ἐπισκήπτω αὐτῷ μηδὲν Ἀθηναίοις μνησικακεῖν ὑπὲρ τῆς παρ᾽ αὐτῶν φιλοτησίας, ἧς νῦν πίνω. Ὅστις δὲ οὐκ ἐπαινεῖ καὶ ὑπερθαυμάζει τὸν ἄνδρα, δοκεῖ μοι μέγα ὁ τοιοῦτος ἐννοεῖν οὐδέν.

ν. Περὶ Λακεδαιμονίων μὴ ἐσπουδασμένως περὶ παιδείας ἐχόντων.

ΛΑΚΕΔΑΙΜΟΝΙΟΙ μουσικῆς ἀπείρως εἶχον· ἔμελε γὰρ αὐτοῖς γυμνασίων, καὶ ὅπλων. Εἰ δέ ποτε ἐδεήθησαν τῆς ἐκ Μουσῶν ἐπικουρίας, ἢ νοσήσαντες, ἢ παραφρονήσαντες, ἢ ἄλλο τι τοιοῦτον δημοσίᾳ παθόντες, μετεπέμποντο ξένους ἄνδρας, οἷον ἰατροὺς, ἢ [καθαρτὰς], κατὰ πυθόχρηστον. Μετεπέμψαντό γε μὴν Τέρπανδρον, καὶ Θάλητα, καὶ Τυρταῖον, καὶ τὸν Κυδωνιάτην Νυμφαῖον, καὶ Ἀλκμᾶνα (Λυδὸς γὰρ ἦν). Καὶ Θουκυδίδης δὲ ὁμολογεῖ, ὅτι μὴ ἐσπουδασμένως περὶ παιδείας εἶχον, ἐν οἷς λέγει περὶ Βρασίδου. Λέγει γοῦν, ὅτι ἦν ἀδύνατος εἰπεῖν, ὡς Λακεδαιμόνιος, οἷον, ὡς ἂν ἰδιώτης

να. Περὶ τοῦ τύφου Μενεκράτους, καὶ πῶς ὁ Φίλιππος ἐγέλασεν αὐτόν.

ΜΕΝΕΚΡΑΤΗΣ ὁ ἰατρὸς εἰς τοσοῦτον προῆλθε τύφου, ὥστε ἑαυτὸν ὀνομάζειν Δία. Ἀπέστειλε δέ ποτε ἐπιστολὴν Φιλίππῳ τῷ Μακεδόνων βασιλεῖ τοιαύτην, Φιλίππῳ Μενεκράτης ὁ Ζεὺς εὖ πράττειν. Ἀντέγραψε δὲ καὶ ὁ Φίλιππος, Φίλιππος Μενεκράτει ὑγιαίνειν. Συμβουλεύω σοι προσάγειν σεαυτὸν ἐπὶ τοῖς κατὰ Ἀντίκυραν τόποις. Ἠνίττετο δὲ ἄρα διὰ τούτων, ὅτι παραφρονεῖ ὁ ἀνήρ.

Εἱστία ποτὲ μεγαλοπρεπῶς ὁ Φίλιππος, καὶ δὴ καὶ τοῦτον

que la coupe fatale lui fut présentée, ses amis lui demandèrent s'il n'avait rien à faire dire à son fils : « Je lui ordonne, répondit Phocion, de ne point conserver de ressentiment contre les Athéniens, pour le breuvage qu'ils me présentent. » Il faudrait n'avoir aucune idée de la vraie grandeur d'âme, pour ne pas louer, pour ne pas admirer un tel homme.

50. *Du peu de cas que les Lacédémoniens faisaient des lettres.*

Les Lacédémoniens n'avaient nulle teinture des lettres ; ils s'appliquaient uniquement à la gymnastique et à l'art de la guerre. S'ils avaient besoin du secours des Muses, comme dans les cas de maladie, de frénésie, ou de quelque autre mal épidémique, ou bien si l'oracle d'Apollon leur ordonnait d'y recourir, ils appelaient des étrangers pour les délivrer de ces maux. C'est ainsi qu'ils attirèrent chez eux Terpandre [1], Thalétas [2], Tyrtée [3], Nymphée de Cydonie [4], et le joueur de flûte Alcman [5]. Le mot de Thucydide, en parlant de Brasidas [6], atteste l'ignorance des Lacédémoniens. « Brasidas, dit-il, n'avait pas le talent de la parole ; aussi était-il Lacédémonien. » C'était dire : aussi était-ce un ignorant.

51. *Du ridicule orgueil de Ménécrate.*

Le médecin Ménécrate [7] était si vain, qu'il se nommait lui-même *Jupiter*. Il écrivit un jour à Philippe, roi de Macédoine, en ces termes : *Ménécrate Jupiter à Philippe, salut.* Le roi fit cette réponse : *Philippe, à Ménécrate, santé. Je vous conseille d'aller vous établir aux environs d'Anticyre* [8]. Philippe faisait entendre, par cet avis, que Ménécrate était fou.

Une autre fois Philippe, ayant ordonné un très-grand

ἐπὶ θοίνην ἐκάλεσε, καὶ ἰδίᾳ κλίνην αὐτῷ ἐκέλευσε παρεσκευάσθαι, καὶ κατακλιθέντι θυμιατήριον παρέθηκε, καὶ ἐθυμιᾶτο αὐτῷ· οἱ δὲ λοιποὶ εἱστιῶντο, καὶ ἦν μεγαλοπρεπὲς τὸ δεῖπνον. Ὁ τοίνυν Μενεκράτης τὰ μὲν πρῶτα ἐνεκαρτέρει, καὶ ἔχαιρε τῇ τιμῇ· ἐπεὶ δὲ κατὰ μικρὸν ὁ λιμὸς περιῆλθεν αὐτὸν, καὶ ἠλέγχετο, ὅτι ἦν ἄνθρωπος, καὶ ταῦτα εὐήθης, ἐξαναστὰς ἀπιὼν ᾤχετο, καὶ ἔλεγεν ὑβρίσθαι, ἐμμελῶς πάνυ τοῦ Φιλίππου τὴν ἄνοιαν αὐτοῦ ἐκκαλύψαντος.

νβ. Τίσι τὰς Ἀθήνας εἴκασεν ὁ Ἰσοκράτης.

ΙΣΟΚΡΆΤΗΣ ὁ ῥήτωρ ἔλεγεν ὑπὲρ τῆς Ἀθηναίων πόλεως, ὁμοίαν εἶναι ταῖς ἑταίραις. Καὶ γὰρ ἐκείναις, τοὺς ἁλισκομένους ὑπὸ τῆς ὥρας αὐτῶν βούλεσθαι συνεῖναι αὐταῖς· ὅμως δὲ μηδένα εὐτελῶς οὕτως αὐτοῦ πέρι φρονεῖν, ὡς ὑπομεῖναι ἂν συνοικῆσαί τινι αὐτῶν. Καὶ οὖν καὶ τὴν Ἀθηναίων πόλιν ἐπιδημῆσαι μὲν εἶναι ἡδίστην, καὶ κατά γε τοῦτο πασῶν τῶν κατὰ τὴν Ἑλλάδα διαφέρειν· ἐνοικῆσαι δὲ ἀσφαλῆ μηκέτι εἶναι. Ἠνίττετο δὲ διὰ τούτων τοὺς ἐπιχωριάζοντας αὐτῇ συκοφάντας, καὶ τὰς ἐκ τῶν δημαγωγούντων ἐπιβουλάς.

νγ. Περὶ τῶν μεγίστων πολέμων προφάσεων.

ΕΜΕ δὲ οὐ λέληθεν, ὅτι τῶν μεγίστων πολέμων αἱ ἀρχαὶ δοκοῦσί πως εὐκαταφρόνητοι γεγονέναι. Τὸν μὲν γὰρ Περσικὸν ἐκ τῆς Μαιανδρίου τοῦ Σαμίου πρὸς Ἀθηναίους διαφορᾶς τὴν ἀρχὴν λαβεῖν φασι. Τόν γε μὴν Πελοποννήσιον διὰ τὸ Μεγαρέων πινάκιον. Τὸν δὲ Ἱερὸν καλούμενον ἐκ τῆς εἰσπράξεως τῶν δικῶν τῶν Ἀμφικτυόνων. Τὸν δὲ κατὰ Χαιρώνειαν, φιλονεικησάντων Ἀθηναίων πρὸς Φίλιππον, καὶ λαβεῖν οὐ θελησάντων.

festin, y invita Ménécrate. Il lui fit dresser un lit particulier : dès que Ménécrate s'y fut placé, on mit devant lui une cassolette. Pendant qu'il respirait la fumée de l'encens qui brûlait pour lui, les convives mangeaient (j'ai déjà dit que le repas était splendide). Ménécrate prit d'abord ce traitement en bonne part; il fut même flatté de l'honneur qu'on lui rendait : mais la faim l'ayant gagné peu à peu, il sentit qu'il était homme. Alors, se levant, il s'en alla comme un sot, en disant qu'on l'insultait. Philippe, par cette plaisanterie, mit à découvert la folie du médecin.

52. *Mot d'Isocrate sur Athènes.*

L'orateur Isocrate comparait la ville d'Athènes aux courtisanes. Ceux qui les voient, disait-il, sont épris de leurs charmes et désirent leurs faveurs; mais aucun ne se respecte assez peu pour les vouloir épouser. Il en est de même d'Athènes : dans toute la Grèce, il n'y a pas de ville plus agréable, pour qui la voit comme voyageur; mais l'habitation n'en est pas sûre. Isocrate désignait, par ce propos, les délateurs dont Athènes était remplie, et ce qu'on avait à craindre de ceux qui gouvernaient la multitude.

53. *Des causes des plus grandes guerres.*

Je n'ignore pas que les guerres les plus sanglantes ont eu souvent des causes très-légères. On attribue la guerre de Perse aux différends de Méandrius de Samos [1] avec les Athéniens; la guerre du Péloponnèse, au décret porté contre les Mégariens [2]; celle qu'on nomma *la Guerre Sacrée*, à l'exaction des amendes imposées par les Amphictyons [3]. Les démêlés de Philippe et des Athéniens, qui voulaient recevoir de ce prince l'île d'Halonèse, non comme un don, mais comme une restitution, aboutirent à la bataille de Chéronée [4].

νδ. Πῶς ὁ Ἀριστοτέλης Ἀλέξανδρον ὀργιζόμενον πραΰναι ἐπείρασεν.

ΑΛΕΞΑΝΔΡΟΝ Ἀριστοτέλης ὀργιζόμενον πραΰναι βουλόμενος, καὶ παῦσαι χαλεπαίνοντα πολλοῖς, ταυτὶ πρὸς αὐτὸν γέγραφεν, Ὁ θυμὸς καὶ ἡ ὀργὴ οὐ πρὸς ἥσσους, ἀλλὰ πρὸς τοὺς κρείττονας γίνεται· σοὶ δὲ οὐδεὶς ἴσος.

Ἀριστοτέλης τὰ δέοντα συμβουλεύων Ἀλεξάνδρῳ, πολλοῖς ὠφέλιμος γέγονεν, ἐξ ὧν καὶ τὴν πατρίδα κατῴκισε κατεσκαμμένην ὑπὸ Φιλίππου.

νε. Περὶ τῶν παρὰ Λίβυσιν ὑπὸ τῶν ἐλεφάντων, ἢ ἐν ταῖς θήραις, ἢ ἐν ταῖς μάχαις, ἀποθανόντων.

ΤΟΥΣ ὑπὸ τῶν ἐλεφάντων, ἢ ἐν ταῖς θήραις, ἢ ἐν ταῖς μάχαις, ἀποθανόντας οἱ Λίβυες θάπτουσι διαπρεπῶς, καὶ ὕμνους τινὰς ᾄδουσιν. Ἔστι δὲ τοῖς ὕμνοις ἡ ὑποθήκη ἐκείνη· ἀγαθοὺς ἄνδρας εἶναι λέγει τοὺς ἀντιπάλους γενομένους θηρίῳ τοσούτῳ. Λέγουσι γὰρ καὶ τὸ ἐνδόξως ἀποθανεῖν ἐντάφιον εἶναι τῷ θαπτομένῳ.

νϛ. Τί ἔλεγεν ὁ Διογένης περὶ Μεγαρέων.

ΔΙΟΓΕΝΗΣ ὁ Σινωπεὺς ἔλεγε πολλά, τὴν ἀμαθίαν καὶ τὴν ἀπαιδευσίαν τῶν Μεγαρέων διαβάλλων, καὶ ὅτι ἐβούλετο Μεγαρέως ἀνδρὸς κριὸς εἶναι μᾶλλον, ἢ υἱός. Ἠνίττετο δὲ, ὅτι τῶν θρεμμάτων ποιοῦνται πρόνοιαν οἱ Μεγαρεῖς, τῶν παίδων δὲ οὐχί.

54. *Lettre d'Aristote à Alexandre.*

Aristote, voulant corriger le penchant qu'Alexandre avait à la colère, et calmer la violence de son humeur, lui écrivit en ces termes : « La colère et l'emportement peuvent avoir lieu contre un supérieur, jamais contre un inférieur [1] ; et vous n'avez point d'égal. »

Aristote a servi utilement un grand nombre de gens par les sages conseils qu'il donnait à Alexandre. Ce fut lui, par exemple, qui engagea ce prince à rétablir Stagire, lieu de la naissance du philosophe, que Philippe avait détruite [2].

55. *Coutume bizarre des Libyens.*

Les Libyens font de magnifiques funérailles à ceux qui sont tués par des éléphans, soit à la chasse, soit à la guerre : ils chantent en leur honneur certains cantiques, dont le sujet est toujours l'intrépidité de celui qui a osé combattre un tel animal. Ils y ajoutent communément cette pensée, *qu'une mort glorieuse est le plus beau des ornemens funèbres.*

56. *Mot de Diogène sur les Mégariens.*

Diogène de Sinope ne se lassait point de plaisanter sur la grossièreté et l'ignorance des Mégariens : « J'aimerais mieux, disait-il, être le bélier que le fils d'un Mégarien [3]. » Il voulait faire entendre que les habitans de Mégare avaient plus de soin de leurs troupeaux que de leurs enfans.

νζ. Περὶ τεράτων τοῖς Θηβαίοις προφαινομένων, Ἀλεξάνδρου
ἐπ' αὐτοὺς τὴν δύναμιν ἄγοντος.

Ἡνίκα Ἀλέξανδρος ὁ Φιλίππου ἐπὶ τὰς Θήβας ἦγε τὴν δύναμιν, οἱ μὲν θεοὶ σημεῖα αὐτοῖς καὶ τέρατα ἀπέστελλον, προσημαίνοντες τὰς περὶ αὐτῶν ὅσον οὐδέπω τύχας· οἱ δὲ, ὡς ᾤοντο ἐν Ἰλλυριοῖς Ἀλέξανδρον τεθνάναι, πολλὰ καὶ βλάσφημα εἰς αὐτὸν ἀπερρίπτουν. Ἡ μὲν γὰρ ἐν Ὀγχηστῷ λίμνη φοβερὸν ἦχον ἀνέδωκε, καὶ συνεχῆ, καὶ ταύρου μυκήματι ἐῴκει*· Ἡ δὲ περὶ τὸν Ἰσμηνόν, καὶ αὐτὰ τὰ τείχη, ῥέουσα κρήνη, καλουμένη Δίρκη, καθαρῷ καὶ ἡδεῖ ῥέουσα ὕδατι παρὰ πάντα τὸν πρόσθεν χρόνον, ἄφνω καὶ παρ' ἐλπίδα αἵματος ἀνεπλήσθη. Μακεδόσι δὲ ἐπίστευον Θηβαῖοι ἀπειλεῖν τὸ δαιμόνιον. Ἐν δὲ τῷ κατὰ πόλιν ναῷ τῆς Δήμητρος ἀράχνη κατὰ τοῦ προσώπου τοῦ ἀγάλματος ἐξύφαινε τὴν ἑαυτῆς τέχνην, καὶ τὸν ἱστὸν ὃν εἴωθεν ἐργάζεσθαι. Τὸ δὲ τῆς Ἀθήνας, τῆς καλουμένης Ἀλαλκομενηΐδος, ἄγαλμα αὐτομάτως κατεφλέχθη, πυρὸς μὴ προσαχθέντος, καὶ ἄλλα πολλά.

νη. Περὶ Διωξίππου.

Διώξιππος Ὀλυμπιονίκης ἀθλητής, ὁ Ἀθηναῖος, εἰσήλαυνεν εἰς τὰς Ἀθήνας κατὰ τὸν νόμον τῶν ἀθλητῶν. Συνέρρει τοίνυν τὰ πλήθη, καὶ ἄλλος ἀλλαχόθεν ἐκκρεμαννύμενος ἐθεῶντο αὐτόν· ἐν δὲ τοῖς καὶ γυνὴ κάλλει διαπρέπουσα ἀπήντησε τῇ θέᾳ. Ἰδὼν δὲ αὐτὴν ὁ Διώξιππος, παραχρῆμα ἡττήθη τοῦ κάλλους, καὶ διετέλεσεν ἀποβλέπων τὴν ἄνθρωπον, καὶ ἐπιστρεφόμενος, καὶ εἰς πολλὰς τὸ πρόσωπον ἀλλάττων χροιάς. Ἐκ

---

* Debentur hæc Rutgersio, Var. lect., III, 1. Antea legebatur, καὶ τὰ ὁρμήματα ἐῴκει. Cor. delevit tacitus, καὶ συνεχῆ.

57. *Prodiges qui apparurent aux Thébains, lorsque Alexandre marcha contre eux.*

PENDANT qu'Alexandre marchait vers Thèbes à la tête d'une armée, les dieux envoyèrent aux habitans des signes et des prodiges qui leur annonçaient le plus grand malheur qu'ils eussent encore éprouvé. Du lac voisin d'Onchestre [1], il sortit un bruit effrayant et continu, semblable aux mugissemens d'un taureau. Les eaux de la fontaine *Dircé*, qui coule autour des murailles d'Ismène [2], pures et limpides jusqu'alors, furent changées tout-à-coup en sang. A Thèbes, dans le temple de Cérès, on vit une araignée faire sa toile sur le visage de la statue de la déesse : celle de Minerve appelée *Alalcoménide* [3] s'embrasa d'elle-même, sans qu'on y eût mis le feu. Il parut plusieurs autres signes de cette espèce : mais les Thébains, qui croyaient qu'Alexandre était mort en Illyrie [4], se répandaient en discours outrageans contre lui, et se persuadaient que ces différens prodiges menaçaient les Macédoniens.

58. *De Dioxippe.*

LORSQUE l'athlète Dioxippe [5], après avoir été proclamé vainqueur aux jeux Olympiques, rentra dans Athènes sa patrie, monté, suivant la coutume des athlètes couronnés, sur un char à quatre chevaux; il y eut à son entrée un concours prodigieux : la curiosité y avait attiré des spectateurs de toute espèce. Dioxippe aperçut dans la foule une femme d'une beauté singulière, qui était venue, comme les autres, pour jouir du spectacle; et tout-à-coup il en devint tellement épris, qu'il ne pouvait cesser de la regarder; il se retournait en marchant, pour ne la pas perdre de vue. Aux différens changemens de couleur qu'on remar-

δὴ τούτων πολλοῖς ἐγένετο κατάφωρος μὴ ἀργῶς ἰδὼν τὴν ἄνθρωπον. Μάλιστα δὲ αὐτοῦ τὸ πάθος κατέγνω (χρυσοῦν κάτοπτρον Κορινθιουργὲς ἐπιπράσκετο*) Διογένης ὁ Σινωπεύς, καὶ πρὸς τοὺς πλησίον, Ὁρᾶτε, εἶπε, τὸν ἀθλητὴν ὑμῶν τὸν μέγαν ὑπὸ παιδίσκης ἐκτραχηλιζόμενον.

νθ. Περὶ ἀληθείας, καὶ εὐεργεσίας.

ΠΥΘΑΓΟΡΑΣ ἔλεγε δύο ταῦτα ἐκ τῶν θεῶν τοῖς ἀνθρώποις δεδόσθαι κάλλιστα, τό τε ἀληθεύειν, καὶ τὸ εὐεργετεῖν· καὶ προσετίθει, ὅτι καὶ ἔοικε τοῖς θεῶν ἔργοις ἑκάτερον.

ξ. Περὶ Διονυσίου, καὶ Φιλίππου.

ΣΥΝΟΥΣΙΑ ποτὲ ἐγένετο Διονυσίῳ τῷ δευτέρῳ, καὶ Φιλίππῳ τῷ Ἀμύντου. Πολλοὶ μὲν οὖν, ὡς εἰκός, καὶ ἄλλοι λόγοι ἐπέρρευσαν, ἐν δὲ τοῖς καὶ ἐκεῖνα ἤρετο ὁ Φίλιππος τὸν Διονύσιον, πῶς τοσαύτην παρὰ τοῦ πατρὸς λαβὼν ἀρχὴν, εἶτα οὐ διεσώσατο αὐτήν; Ὁ δὲ ἀπεκρίνατο οὐκ ἔξω μέλους, Ὅτι τὰ μὲν ἄλλα μοι κατέλιπεν ὁ πατὴρ, τὴν δὲ τύχην, ᾗ ταῦτα ἐκτήσατο καὶ διεφύλαξεν, οὐκ ἔτι.

ξα. Περὶ Βορρᾶ ἀνέμου τιμῆς.

ΘΟΥΡΙΟΙΣ ἐπέπλει Διονύσιος, καὶ τριακοσίας ἦγεν ἐπ᾽ αὐτοὺς ναῦς ὁπλιτῶν πεπληρωμένας. Βορρᾶς δὲ ἀντιπνεύσας τὰ σκάφη συνέτριψε, καὶ τὴν δύναμιν αὐτοῦ τὴν ναυτικὴν ἠφάνισεν. Ἐκ δὴ τούτων οἱ Θούριοι τῷ Βορρᾷ ἔθυσαν, καὶ ἐψηφίσαντο εἶναι

---

* Multi verba haec, χρυσοῦν — ἐπιπράσκετο, vel malè hùc intrusa esse putant, vel omninò mutila.

qua sur son visage, il fut aisé de juger que ce n'était ni par hasard, ni par distraction qu'il avait toujours les yeux fixés sur elle. Diogène de Sinope, qui sentit mieux que personne ce qui se passait dans l'âme de Dioxippe, prit un miroir d'or, fait à Corinthe, qu'on avait exposé en vente près du lieu où il était placé, et dit à quelques-uns de ses voisins : « Regardez votre fameux athlète ; *voyez comment une jeune fille lui a tordu le cou.* »

59. *Mot de Pythagore.*

PYTHAGORE disait que les dieux avaient fait aux hommes deux beaux présens ; la vérité et la bienfaisance. Il ajoutait : « Les dieux eux-mêmes n'ont rien de plus précieux. »

60. *Réponse de Denys à Philippe.*

DENYS le jeune étant un jour avec Philippe, fils d'Amyntas, après plusieurs propos tels qu'on en tient ordinairement dans la conversation : « Comment est-il arrivé, dit Philippe à Denys, que vous ayez perdu toute cette puissance que votre père vous avait transmise ? » C'est, répondit très-sensément Denys, parce que mon père, en me laissant son héritage, ne m'a pas laissé ce qui l'avait aidé à l'acquérir et à le conserver, sa fortune. »

61. *Honneurs rendus à Borée.*

DENYS s'était mis en mer, pour aller attaquer les Thuriens, avec une flotte de trois cents voiles, qui portait un grand nombre de soldats pesamment armés ; mais le souffle de Borée fit échouer son projet. Les vaisseaux de Denys furent brisés ; toute son armée périt. En reconnaissance, les Thuriens, non contens d'offrir un sacrifice à Borée, portèrent un décret qui le déclarait citoyen de leur ville :

τὸν ἄνεμον πολίτην, καὶ οἰκίαν αὐτῷ καὶ κλῆρον ἀπεκλήρωσαν, καὶ καθ' ἕκαστον ἔτος ἐπετέλουν αὐτῷ. Οὔκουν Ἀθηναῖοι μόνοι κηδεστὴν αὐτὸν ἐνόμιζον, ἀλλὰ καὶ Θούριοι εὐεργέτην αὐτὸν ἐπέγραψαν. Παυσανίας δέ φησιν, ὅτι καὶ Μεγαλοπολῖται.

ξβ. Νόμος Περσικὸς περὶ τῶν συμβουλευόντων τῷ βασιλεῖ.

Νόμος καὶ οὗτος Περσικός. Ἐάν τις μέλλῃ τι τῶν ἀποῤῥητοτέρων, καὶ τῶν ἀμφιλόγων, συμβουλεύειν βασιλεῖ, ἐπὶ πλίνθου χρυσῆς ἔστηκε. Καὶ ἐὰν δόξῃ παραινεῖν τὰ δέοντα, τὴν πλίνθον λαβὼν ὑπὲρ τῆς συμβουλῆς μισθὸν, ἀπέρχεται· μαστιγοῦνται δὲ ὅμως, ὅτι ἀντεῖπε βασιλεῖ. Ἀνδρὶ δὲ ἐλευθέρῳ, κατά γε τὴν ἐμὴν κρίσιν, οὐκ ἀνταξίαν ἀντικρίνειν δεῖ ὑπὲρ τοῦ μισθοῦ τὴν ὕβριν.

ξγ. Περὶ Ἀρχεδίκης ἑταίρας.

Ἀρχεδίκης τις ἠράσθη τῆς ἐν Ναυκράτει ἑταίρας. Ἡ δὲ ἦν ὑπερήφανος, καὶ δεινῶς φορτικὴ, καὶ ἁδροὺς ᾔτει μισθοὺς, καὶ λαβοῦσα πρὸς ὀλίγον ἂν ὡμίλησε τῷ δόντι, εἶτα ἀπέκλινεν. Ἐρασθεὶς οὖν ὁ νεανίσκος αὐτῆς, καὶ τυχεῖν μὴ δυνάμενος, ἐπεὶ μὴ πάνυ ἦν πλούσιος, ὄναρ αὐτῇ συνεγένετο, καὶ παραχρῆμα ἐπαύσατο τῆς ἐπιθυμίας.

ξδ. Περὶ τοῦ Ἀλεξάνδρου νεκροῦ.

Ὁ μὲν Φιλίππου καὶ Ὀλυμπιάδος Ἀλέξανδρος ἐν Βαβυλῶνι τὸν βίον καταστρέψας, νεκρὸς ἔκειτο, ὁ τοῦ Διὸς εἶναι λέγων. Καὶ στασιαζόντων περὶ τῆς βασιλείας τῶν περὶ αὐτὸν, ταφῆς

ils lui assignèrent une maison avec un champ ; et chaque année ils célébraient une fête en son honneur. Les Athéniens ne sont donc pas les seuls qui aient traité Borée comme leur allié. Les Thuriens firent plus ; ils le mirent au rang de leurs bienfaiteurs. Pausanias raconte que les Mégalopolitains en usèrent de même [1].

62. *Loi singulière des Perses.*

Suivant une loi des Perses, celui qui avait un conseil à donner au roi touchant certaines choses délicates dont il était défendu de parler, se plaçait sur une brique d'or. Si le conseil était jugé bon et utile, la brique était sa récompense ; mais en même temps il recevait des coups de fouet, pour avoir osé violer une défense du roi. Pour moi, je pense qu'il est indigne d'un homme libre d'essuyer un pareil affront pour une telle récompense.

63. *De la courtisane Archédice.*

Un jeune homme était passionnément amoureux de la courtisane Archédice [2], de Naucratis [3]. Mais Archédice, excessivement vaine et de difficile accès, faisait payer chèrement ses faveurs ; et quand elle en avait reçu le prix, il n'était bientôt plus question de l'amant : Archédice ne tardait pas à s'en défaire. Or, le jeune amoureux n'était pas assez riche pour rien obtenir d'elle : un songe y suppléa, éteignit ses désirs, et le guérit de sa passion.

64. *D'Alexandre mort.*

Alexandre, fils de Philippe et d'Olympias, étant mort à Babylone, le corps de ce prince, qui se disait fils de Jupiter, demeurait étendu, pendant que ses généraux se disputaient

ἄμοιρος ἦν, ἧς μεταλαγχάνουσι καὶ οἱ σφόδρα πένητες, τῆς φύσεως τῆς κοινῆς ἀπαιτούσης τὸν μηκέτι ζῶντα κατακρύψαι. Ἀλλ' οὗτός γε τριάκοντα ἡμέρας κατελέλειπτο ἀκηδὴς, ἕως Ἀρίστανδρος ὁ Τελμισσεὺς, θεόληπτος γενόμενος, ἢ ἔκ τινος ἄλλης συντυχίας κατασχεθεὶς, ἦλθεν εἰς μέσους τοὺς Μακεδόνας, καὶ πρὸς αὐτοὺς ἔφη, πάντων τῶν ἐξ αἰῶνος* βασιλέων εὐδαιμονέστατον Ἀλέξανδρον γεγονέναι, καὶ ζῶντα, καὶ ἀποθανόντα· λέγειν ἄρα τοὺς θεοὺς πρὸς αὐτὸν, ὅτι ἄρα ἡ ὑποδεξαμένη γῆ τὸ σῶμα, ἐν ᾧ τὸ πρότερον ᾤκησεν ἡ ἐκείνου ψυχὴ, πανευδαίμων τε ἔσται, καὶ ἀπόρθητος δι' αἰῶνος. Ταῦτα μαθόντες πολλὴν εἰσεφέροντο φιλονεικίαν, ἕκαστος εἰς τὴν ἰδίαν αὑτοῦ βασιλείαν τὸ ἀγώγιμον τοῦτο ἄγειν ἐπιθυμῶν, ἵνα κειμήλιον ἔχῃ, βασιλείας ἀσφαλοῦς καὶ ἀκλινοῦς ὅμηρον. Πτολεμαῖος δὲ, εἴ τι χρὴ πιστεύειν, τὸ σῶμα ἐξέκλεψε**, καὶ μετὰ σπουδῆς εἰς τὴν Ἀλεξάνδρου πόλιν, τὴν κατ' Αἴγυπτον, ἐκόμισε. Καὶ οἱ μὲν ἄλλοι Μακεδόνες τὴν ἡσυχίαν ἦγον, Περδίκκας δὲ αὐτὸν διώκειν ἐπεχείρησεν. Οὐ τοσοῦτον δὲ ἔμελε τούτῳ τῆς εἰς Ἀλέξανδρον πολυωρίας, καὶ τῆς εἰς τὸν νεκρὸν ὁσίας, ὅσα τὰ προλεχθέντα ὑπὸ τοῦ Ἀριστάνδρου ἀνέφλεγεν αὐτὸν καὶ ἐξῆπτεν. Ἐπεὶ δὲ κατέλαβε τὸν Πτολεμαῖον, ὑπὲρ τοῦ νεκροῦ μάχη καρτερὰ πάνυ σφόδρα ἐγένετο, ἀδελφὴ τρόπον τινὰ τῆς ὑπὲρ τοῦ εἰδώλου τοῦ ἐν Τροίᾳ, ὅπερ Ὅμηρος ᾄδει, λέγων ὑπὲρ Αἰνείου τὸν Ἀπόλλωνα εἰς μέσους ἐμβαλεῖν τοὺς ἥρωας. Ἀνέστειλε δὲ τὴν ὁρμὴν τοῦ Περδίκκα ὁ Πτολεμαῖος. Εἴδωλον γὰρ ποιησάμενος ὅμοιον Ἀλεξάνδρῳ, κατεκόσμησεν ἐσθῆτι βασιλικῇ, καὶ ἐνταφίοις ἀξιοζήλοις. Εἶτα τοῦτο ἀναπαύσας ἐπὶ μίαν τῶν Περσικῶν ἁμαξῶν, τὸ ἐπ' αὐτῆς κατεσκεύασε φέρετρον μεγαλοπρεπῶς ἀργύρῳ, καὶ χρυσῷ,

---

* Vulg., τὸν πάντων τῶν ἐξ αἰῶνος. Cor. sequimur.
** Male olim, ἐξεκάλυψε.

la possession de ses états : on ne lui rendait pas même les honneurs de la sépulture qu'on accorde aux plus vils mortels, et dont la nature nous fait un devoir pour tous les morts. Trente jours s'étaient écoulés sans qu'on eût songé aux funérailles d'Alexandre, lorsqu'Aristandre de Telmisse [1], soit par l'inspiration d'une divinité, soit par quelque autre motif, s'avança au milieu des Macédoniens, et leur dit que les dieux lui avaient révélé qu'Alexandre ayant été pendant sa vie et après sa mort le plus heureux des rois qui eussent existé, la terre qui recevrait le corps où avait habité son âme serait parfaitement heureuse, et n'aurait jamais à craindre d'être dévastée. Ce discours fit naître de nouveaux débats, chacun désirant d'emporter dans son royaume et de posséder un trésor qui était le gage d'une puissance solide et durable. Ptolémée, s'il en faut croire quelques historiens, ayant enlevé secrètement [2] le corps d'Alexandre, se hâta de le faire transporter en Egypte, dans la ville que ce prince avait décorée de son nom. Les Macédoniens virent cet enlèvement d'un œil tranquille : mais Perdiccas se mit aussitôt à la poursuite du ravisseur, moins excité par son attachement à la mémoire d'Alexandre, et par un respect religieux pour son corps, qu'échauffé par la prédiction d'Aristandre. Lorsque Perdiccas eut atteint Ptolémée, ils se livrèrent, pour le cadavre, un combat sanglant, semblable, en quelque façon, à celui que Troie vit jadis sous ses murs pour le simulacre d'Enée; simulacre chanté par Homère, qui dit qu'Apollon l'avait envoyé, à la place d'Enée, au milieu des héros [3]. Ptolémée, après avoir repoussé Perdiccas, fit faire un simulacre qui représentait Alexandre, le revêtit des habits royaux, et l'entoura des ornemens funèbres les plus précieux; puis le plaça sur un chariot persique, dans un magnifique cercueil enrichi d'or, d'argent, et d'ivoire. En même temps, il en-

καὶ ἐλέφαντι· καὶ τὸ μὲν ὄντως Ἀλεξάνδρου σῶμα λιτῶς, καὶ ὡς ἔτυχε, προὔπεμψε κρυπταῖς ὁδοῖς καὶ ἀτρίπτοις. Ὁ δὲ Περδίκκας καταλαβὼν τὸ τοῦ νεκροῦ φάσμα, καὶ τὴν διασκευασθεῖσαν ἁρμάμαξαν, ἀνεστάλη τοῦ δρόμου, οἰόμενος ἔχειν τὸ ἆθλον· ὀψὲ δὲ ἔμαθεν ἀπατηθείς, ἡνίκα διώκειν οὐκ εἶχε.

voya le véritable corps, sans pompe et sans éclat, par des routes secrètes et peu fréquentées. Lorsque Perdiccas se fut rendu maître de la représentation d'Alexandre et du chariot qui la portait, il crut avoir en son pouvoir le prix du combat : dès lors il cessa toute poursuite, et ne s'aperçut qu'il avait été trompé, que quand il ne fut plus possible d'atteindre Ptolémée.

ΒΙΒΛΙΟΝ ΤΡΙΣΚΑΙΔΕΚΑΤΟΝ.

α. Περὶ Ἀταλάντης.

Λόγος οὗτος Ἀρκαδικὸς ὑπὲρ τῆς Ἰασίωνος Ἀταλάντης.

Ταύτην ὁ πατὴρ γενομένην ἐξέθηκεν· ἔλεγε γὰρ οὐ θυγατέρων, ἀλλ᾽ ἀῤῥένων δεῖσθαι. Ὁ δὲ ἐκθεῖναι λαβὼν, οὐκ ἀπέκτεινεν, ἐλθὼν δὲ ἐπὶ τὸ Παρθένιον ὄρος, ἔθηκε πηγῆς πλησίον· καὶ ἦν ἐνταῦθα ὕπαντρος πέτρα, καὶ ἐπέκειτο συνηρεφὴς δρυμῶν. Καὶ τοῦ μὲν βρέφους κατεψήφιστο θάνατος· οὐ μὴν ὑπὸ τῆς τύχης προὐδόθη. Ὀλίγῳ γὰρ ὕστερον, ὑπὸ κυνηγετῶν* ἀφῃρημένη τὰ ἑαυτῆς βρέφη, ἄρκτος ἧκε, σφριγώντων αὐτῇ τῶν μαζῶν, καὶ βαρυνομένων ὑπὸ τοῦ γάλακτος. Εἶτα κατά τινα θείαν πομπὴν ἡσθεῖσα τῷ βρέφει, ἐθήλασεν αὐτό· καὶ ἅμα τὸ θηρίον ἐκουφίσθη τῆς ὀδύνης, καὶ ὤρεξε τροφὴν τῷ βρέφει. Καὶ οὖν καὶ αὖθις ἐπαντλοῦσα τοῦ γάλακτος, καὶ ἐποχετεύουσα, ἐπεὶ τῶν ἑαυτῆς μήτηρ οὐκ ἔμεινε, τῆς μηδέν οἱ προσηκούσης τροφὸς ἐγένετο. Ταύτην οἱ κυνηγέται παρεφύλαττον, οἱ καὶ ἐξ ἀρχῆς ἐπιβουλεύσαντες τῷ θηρίῳ εἰς τὰ ἔκγονα αὐτῆς. Καὶ αὐτὰ ἕκαστα τῶν δρωμένων** κατασκεψάμενοι, ἀπελθούσης κατὰ συνήθειαν κατά γε ἄγραν καὶ νομὴν τῆς ἄρκτου, τὴν Ἀταλάντην ὑφείλοντο, καλουμένην τοῦτο οὐδέπω· αὐτοὶ γὰρ ἔθεντο αὐτῇ τὸ ὄνομα. Καὶ ἐτρέφετο αὐτοῖς*** ἐν ὀρείῳ τῇ τροφῇ. Κατὰ μικρὸν δὲ αὐτῇ τὰ τοῦ σώματος μετὰ τῆς ἡλικίας ἀνέτρεχε·

* Ἐν ἄλλοις γράφεται, Ὑπὸ κυνηγέτου. *Coray.*
** Sic mss. regii. Olim, τῶν δρυμώνων.
*** Vulg., ἐν αὑτοῖς.

LIVRE TREIZIÈME.

1. *D'Atalante*.

Je vais raconter ce que les Arcadiens disent d'Atalante, fille de Jasion.

Dès qu'Atalante fut née, son père ordonna qu'on l'exposât : « J'ai besoin, disait-il, non de filles, mais de garçons. » Celui que Jasion avait chargé de le délivrer de la sienne, au lieu de la faire mourir, la porta sur le mont Parthénius, et la laissa au bord d'une fontaine, voisine d'un rocher creux, au-dessus duquel s'élevait une épaisse forêt. Cette enfant destinée à la mort ne fut point abandonnée de la fortune. Une ourse, à qui des chasseurs avaient enlevé ses petits, arriva peu de temps après dans ce lieu, traînant avec peine ses pesantes mamelles, gonflées de lait. A la vue de l'enfant, elle ressentit, comme par l'inspiration des dieux, un mouvement de joie : elle lui présenta sa mamelle ; et lui fournissant ainsi la nourriture qui lui manquait, elle se procurait elle-même un soulagement à ses douleurs. L'ourse continua de venir l'allaiter : mère sans famille, elle adopta un nourrisson qui ne lui appartenait pas. Les chasseurs qui lui avaient enlevé ses petits, l'épiaient assidûment : enfin, après avoir foulé les différens cantons de la forêt, pendant qu'elle était allée, suivant sa coutume, à la chasse ou au gagnage, ils emportèrent la petite fille, et lui donnèrent le nom d'*Atalante* : elle fut nourrie parmi eux d'alimens sauvages. Son corps s'étant formé peu à peu avec les années, elle résolut de conserver sa virginité. Dès lors, elle évita

καὶ ᾖρα παρθενίας, καὶ τὰς τῶν ἀνδρῶν ὁμιλίας ἔφευγε, καὶ ἐρημίαν ἐπόθει, καταλαβοῦσα τῶν ὀρῶν τῶν Ἀρκαδικῶν τὰ ὑψηλότατα, ἔνθα ἦν καὶ αὐλὼν κατάρρυτος, καὶ μεγάλαι δρῦς, ἔτι δὲ καὶ πεῦκαι, καὶ βαθεῖα ἡ ἐκ τούτων σκιά. Τί γὰρ ἡμᾶς λυπεῖ καὶ ἄντρον Ἀταλάντης ἀκοῦσαι, ὡς τὸ τῆς Καλυψοῦς, τὸ ἐν Ὁμήρῳ;

Καὶ ἦν ἐν κοίλῃ τῇ φάραγγι σπήλαιον ἕν, καὶ βαθὺ πάνυ, κατὰ πρόσωπον δὲ βαθεῖ κρημνῷ ὠχύρωτο. Κιττοὶ δὲ αὐτὸ περιεῖρπον, καὶ ἐνεπλέκοντο οἱ κιττοὶ μαλακοῖς δένδροις, καὶ δι' αὐτῶν ἀνεῖρπον. Κρόκοι τε ἦσαν περὶ τὸν τόπον, ἐν μαλακῇ φυόμενοι καὶ βαθείᾳ τῇ πόᾳ. Συνανέτελλε δὲ αὐτοῖς καὶ ὑάκινθος, καὶ ἄλλη πολλὴ χροιὰ ἀνθέων, οὐ μόνον εἰς ἑορτὴν ὄψεως συντελεῖν δυναμένων, ἀλλὰ καὶ ὀσμαὶ ἐξ αὐτῶν τὸν ἀέρα τὸν κύκλῳ κατελάμβανον· καὶ παρῆν τῇ τε ἄλλῃ πανηγυρίζειν, καὶ κατὰ τὴν εὐωδίαν ἑστιᾶσθαι. Δάφναι τε ἦσαν πολλαί, φυτοῦ διὰ τέλους ἀκμάζοντος ἡδεῖαι προσιδεῖν κόμαι· καὶ ἄμπελοι δὲ πάνυ σφόδρα εὐθηνούντων βοτρύων, πρὸ τοῦ ἄντρου τεθηλυῖαι, τὸ φίλεργον τῆς Ἀταλάντης ἐπεδείκνυντο. Ὕδατά τε διατελῆ καὶ εἰσρέοντα, καὶ καθαρὰ ἰδεῖν, καὶ ψυχρά, ὅσον τε ἁψαμένῳ τεκμήρασθαι, καὶ καταγνῶναι πιόντι, χύδην καὶ ἀφθόνως ἐπέρρει· τὰ δὲ αὐτὰ ταῦτα καὶ εἰς ἀρδείαν τοῖς δένδροις τοῖς προειρημένοις ἦν ἐπιτήδεια, συνεχῶς ἐπιρρέοντα, καὶ εἰς τὸ ἔμβιον αὐτοῖς συμμαχόμενα. Ἦν οὖν τὸ χωρίον χαρίτων ἀνάμεστον, καὶ σεμνότατόν τε ἅμα καὶ σώφρονα παρθενῶνα ἐδείκνυεν. Ἦν δὲ ἄρα τῇ Ἀταλάντῃ στρωμνὴ μὲν αἱ δοραὶ τῶν τεθηραμένων, τροφὴ δὲ τὰ τούτων κρέα, ποτόν τε τὸ ὕδωρ. Στολὴν δὲ ἤσθητο ἀπράγμονα, καὶ τοιαύτην, οἵαν μὴ ἀποδεῖν τῆς Ἀρτέμιδος· ἔλεγε γὰρ ζηλοῦν αὐτὴν καὶ ἐν τούτῳ, καὶ ἐν τῷ παρθένον εἶναι διὰ τέλους ἐθέλειν.

Ἐπεφύκει δὲ ὠκίστη τοὺς πόδας, καὶ οὐκ ἂν αὐτὴν διέφυγεν, οὔτε θηρίον, οὔτε ἐπιβουλεύων αὐτῇ ἄνθρωπος· φυγεῖν

tout commerce avec les hommes, et chercha une solitude où elle pût s'établir. Elle choisit, sur les plus hautes montagnes d'Arcadie, un lieu arrosé d'eaux courantes, où régnait un air frais, toujours entretenu par l'ombre des plus grands chênes, et par le voisinage d'une épaisse forêt. Mais pourquoi n'entreprendrais-je pas de décrire l'antre d'Atalante, comme Homère a décrit celui de Calypso [1] ?

Dans une vallée profonde il y avait une vaste caverne, dont un large précipice défendait l'entrée. On y voyait le lierre embrasser les jeunes arbrisseaux, et s'élever en serpentant jusqu'au haut de leurs tiges : l'herbe tendre et touffue était émaillée de safran, d'hyacinthe, et d'autres fleurs de diverses couleurs, qui non seulement charmaient les yeux [2], mais parfumaient des plus douces odeurs l'air des environs : ce lieu délicieux pour tous les sens, l'était surtout pour l'odorat. Le laurier, dont la feuille toujours verte flatte agréablement la vue, y croissait de toutes parts. Au devant de la grotte était une vigne, dont les ceps, chargés de raisins bien nourris, attestaient l'industrie laborieuse d'Atalante. Des eaux limpides, aussi fraîches que la glace, soit au toucher, soit au goût, y coulaient en abondance ; dans leur cours, que jamais rien ne suspendait, elles arrosaient les arbres dont je viens de parler, et leur donnaient une nouvelle vie. A voir ce beau lieu, qui inspirait autant de respect qu'il paraissait plein de charmes, on pouvait juger que c'était la demeure d'une chaste et modeste vierge. Les peaux des animaux qu'elle avait tués à la chasse, lui servaient de lit ; elle se nourrissait de leur chair ; elle ne buvait que de l'eau. Ses habits, extrêmement simples, étaient tels que ceux de Diane : « En ce point, disait-elle, j'imite la déesse, comme en voulant rester toujours vierge. »

Atalante était d'une telle légèreté à la course, qu'aucun animal ne pouvait lui échapper ; qu'aucun homme, si elle

δ' ἐθέλουσαν, ἀλλ' ἐνταῦθα μὲν οὐκ ἄν τις αὐτὴν κατέλαβεν. Ἥρων δὲ αὐτῆς οὐχ' ὅσοι μόνον αὐτὴν εἶδον, ἀλλ' ἤδη καὶ ἐκ φήμης ἠρᾶτο.

Φέρε δὲ, καὶ τὸ εἶδος αὐτῆς, εἴ τι μὴ λυπεῖ, διαγράψωμεν· λυπεῖ δὲ οὐδέν, ἐπεὶ καὶ ἐκ τούτων προσγένοιτ' ἂν λόγων τε ἐμπειρία, καὶ τέχνη.

Μέγεθος μὲν γὰρ, ἔτι παῖς οὖσα, ὑπὲρ τὰς τελείας ἦν γυναῖκας· καλὴ δὲ ἦν*, ὡς οὐκ ἄλλη τῶν ἐν Πελοποννήσῳ παρθένων τῶν τότε. Ἀρρενωπὸν δὲ καὶ γοργὸν ἔβλεπε, τοῦτο μὲν καὶ ἐκ τῆς θηρείου**τροφῆς, ἐπεὶ καὶ θυμοειδὴς ἦν, ἤδη δὲ καὶ ἐκ τῶν ἐν τοῖς ὄρεσι γυμνασίων. Κορικόν τε καὶ ῥαδινὸν οὐδὲν εἶχεν· οὐ γὰρ ἐκ θαλάμου προῄει, οὐδὲ ἦν τῶν ὑπὸ μητράσι καὶ τίτθαις τρεφομένων. Τὸ δὲ ὑπέρογκον τοῦ σώματος, οὐδὲ τοῦτο εἶχε· καὶ μάλα γε εἰκότως, ἅτε ἐν τοῖς κυνηγεσίοις, καὶ περὶ αὐτὰ τὰ γυμνάσια τὸ πᾶν σῶμα ἐκπονοῦσα. Ξανθὴ δὲ ἦν αὐτῆς ἡ κόμη, οὔτι που πολυπραγμοσύνῃ γυναικείᾳ, καὶ βαφαῖς ἅμα καὶ φαρμάκοις, ἀλλ' ἦν φύσεως*** ἔργον ἡ χροιά. Πεφοίνικτο δὲ καὶ ὑπὸ τῶν ἡλίων αὐτῇ τὸ πρόσωπον, καὶ ἐρυθήματι ἐῴκει ἄντικρυς. Τί δὲ οὕτως ὡραῖον ἂν γένοιτο ἄνθος, ὥσπερ οὖν καλὸν ἦν τὸ πρόσωπον αἰδεῖσθαι πεπαιδευμένης παρθένου; Δύο δὲ εἶχεν ἐκπληκτικά, κάλλος ἄμαχον, καὶ σὺν τούτῳ καὶ φοβεῖν ἐδύνατο. Οὐδεὶς ἂν ἰδὼν αὐτὴν ἠράσθη ῥᾴθυμος ἄνθρωπος, ἀλλ' οὐδ' ἂν ἐτόλμησεν ἀντιβλέπειν τὴν ἀρχήν· τοσαύτη μετὰ τῆς ὥρας κατελάμπεν ἡ αἴγλη τοὺς ὁρῶντας. Δεινὴ δὲ ἦν ἐντυχεῖν τά τε ἄλλα, καὶ τῷ σπανίῳ. Οὐ

---

* Sic v. cl. Cor. Vulg., κάλλει δὲ ἦν.

** Olim, θηρίου, quod probat Perizonius. Gesnerus vero maluit θηρείου, suffragantibus Fabro et Kuhnio; et sic ms. Mediceus.

*** Malè vett. edd., φύκου.

eût voulu se dérober à sa poursuite, n'eût pu l'atteindre. Elle fut aimée de tous ceux qui la virent, de ceux même qui n'avaient qu'entendu parler d'elle.

Essayons présentement, si on veut bien m'écouter, de peindre sa figure. Ce portrait ne saurait déplaire, puisqu'il peut me fournir des traits propres à orner mon récit.

Atalante, dès sa première jeunesse, était d'une taille plus haute que ne le sont d'ordinaire les femmes faites : nulle jeune Péloponnésienne de son temps ne pouvait lui être comparée en beauté. Elle avait dans la physionomie quelque chose de mâle et de rude ; ce qui lui venait, ainsi que le courage dont elle était douée, soit d'avoir été allaitée par une bête farouche, soit d'avoir vécu sur les montagnes dans un exercice continuel. Elle n'avait rien de son sexe : comment en aurait-elle eu la mollesse ? Elle n'avait point été élevée par une mère ou par une nourrice, et n'avait point passé sa vie dans un appartement. Elle n'était point grasse, et ne pouvait pas l'être, s'étant toujours occupée à fortifier son corps par la chasse et autres exercices semblables. Elle était blonde : ses cheveux devaient cette couleur à la nature, non à l'art, ni aux drogues dont les femmes savent faire usage pour se la procurer. Son teint, coloré par les rayons du soleil, paraissait d'un rouge foncé. Mais est-il une fleur aussi fraîche, aussi belle, que le visage d'une jeune vierge, sur lequel brille la pudeur ? Elle réunissait deux qualités également propres à étonner, une beauté incomparable, et un air qui inspirait la terreur. Un lâche, un efféminé, loin de prendre de l'amour pour elle en la voyant, n'aurait osé l'envisager. L'éclat que répandait toute sa figure, joint aux grâces de son visage, éblouissait ceux qui la regardaient. On ne la rencontrait point sans éprouver un mouvement d'effroi : et cela venait, entre autres choses, de ce que ces rencontres étaient rares ; car on ne parvenait pas facilement à la voir.

γὰρ ἂν αὐτήν τις εὐκόλως οὐδεὶς εἶδεν· ἀλλ᾿ ἀδοκήτως, καὶ ἀπροόπτως ἐπέφηνε, διώκουσα θηρίον, ἢ ἀμυνομένη τινὰ, ὥσπερ ἀστὴρ, καὶ διάττουσα ἐξέλαμπεν ἀστραπῆς δίκην· εἶτα ἀπέκρυπτεν αὐτὴν διαθέουσα ἢ δρυμὸν, ἢ λόχμην, ἤ τι ἄλλο τῶν ἐν ὄρει δάσος.

Καὶ οἵ ποτε οἱ τὴν ὅμορον καὶ γειτνιῶσαν οἰκοῦντες, μεσούσης τῆς νυκτὸς, ἐρασταὶ θρασεῖς καὶ κωμασταὶ βαρύτατοι, ἐπεκώμασαν δύο τῶν Κενταύρων, Ὑλαῖός τε καὶ Ῥοῖκος. Ἦν δὲ ἄρα ὁ κῶμος αὐτῶν, οὔτε αὐλητρίδες, οὔτε αὐτὰ δήπου τὰ τῶν μειρακίων τῶν κατὰ πόλιν. Ἀλλὰ πεῦκαι μὲν ἦσαν· καὶ ταύτας ἐξάψαντες, καὶ ἀναφλέξαντες, ἐκ τῆς πρώτης τοῦ πυρὸς φαντασίας ἐξέπληξαν ἂν καὶ δῆμον, μήτι γοῦν μίαν παρθένον. Κλάδους δὲ πιτύων νεοδρεπεῖς ἀποκλάσαντες, εἶτα τούτοις λύγους διαπλέξαντες, εἰργάζοντο στεφάνους. Συνεχῶς δὲ καὶ θαμινὰ ἐπικροτοῦντες τοῖς ὅπλοις διὰ τῶν ὀρῶν, συνεκκαίοντες καὶ τὰ δένδρα, ἐπὶ τὴν παῖδα ἔσπευδον, κακοὶ μνηστῆρες, σὺν ὕβρει καὶ οἴστρῳ τὰ ἕδνα τῶν γάμων προεκτελοῦντες. Τὴν δὲ οὐκ ἔλαθεν ἡ ἐπιβουλή. Ἰδοῦσα δὲ ἐκ τοῦ ἄντρου τὸ πῦρ, καὶ γνωρίσασα, οἵτινές ποτε ἄρα ἦσαν οἱ κωμασταὶ, μηδὲν διατραπεῖσα, μηδὲ ὑπὸ τῆς ὄψεως καταπτήξασα, τὸ μὲν τόξον ἐκύκλωσεν, ἀφῆκε δὲ τὸ βέλος, καὶ ἔτυχε τοῦ πρώτου μάλα εὐκαίρως. Καὶ ὁ μὲν ἔκειτο· ἐπῄει δὲ ὁ δεύτερος, οὐκ ἔτι κωμαστικῶς, ἀλλ᾿ ἤδη πολεμικῶς, ἐκείνῳ μὲν ἐπαμῦναι θέλων, ἑαυτοῦ δὲ ἐμπλῆσαι τὴν ὀργήν. Ἀπήντησε δὲ ἄρα καὶ τούτῳ τιμωρὸς ὁ τῆς κόρης ὀϊστὸς ὁ ἕτερος. Καὶ ὑπὲρ τῆς Ἰασίωνος Ἀταλάντης τοσαῦτα.

Quelquefois, poursuivant une bête féroce, ou repoussant l'attaque de quelqu'ennemi, elle apparaissait subitement comme une étoile, au moment où l'on s'y attendait le moins ; et dans sa course elle brillait comme un éclair. Mais aussitôt elle allait précipitamment se cacher, ou dans un bois planté de chênes, ou dans un taillis épais, ou dans quelque autre endroit fourré de la montagne.

Dans le voisinage d'Atalante habitaient deux centaures, Hylæus et Rhœcus, insupportables à toute la contrée par le genre de leur débauche : ils osèrent l'aimer. Les joueuses de flûte, et les autres moyens que la jeunesse des villes emploie pour s'amuser, n'entraient pour rien dans leurs divertissemens : leur plaisir était de courir au milieu de la nuit, tenant à la main des torches ardentes, dont la flamme, au premier aspect, était capable d'effrayer tout un pays ; à plus forte raison, une jeune fille. Ces amans odieux, couronnés de jeunes rameaux de pin qu'ils pliaient autour de leur tête, couraient à travers les montagnes, du côté où habitait Atalante, faisant avec leurs armes un bruit continu, et mettant le feu aux arbres. C'est dans cet appareil, aussi insolent que bruyant, qu'ils portaient à l'objet de leur amour les présens qui précèdent les noces. Atalante n'ignorait pas leurs mauvais desseins : du fond de sa grotte, elle aperçut la clarté des flambeaux, et reconnut les centaures. Sans s'émouvoir, sans être épouvantée de ce qu'elle voyait, elle bande son arc : le trait part, et atteint d'une blessure mortelle celui qui s'avançait le premier. Quand le second le vit étendu par terre, il courut sur Atalante, non plus en amant passionné, mais en véritable ennemi, animé du désir de venger son compagnon, et de satisfaire sa propre fureur : un second trait, lancé par Atalante, le prévint, et le punit de son audace. Je ne m'étendrai pas davantage sur la fille de Jasion.

β'. Πῶς ὁ Μακαρεὺς ὑπὲρ τῆς ἑαυτοῦ ἀπηνείας ὑπὸ τῶν θεῶν ἐτιμωρήθη.

ΜΙΤΥΛΗΝΑΙΟΣ ἀνὴρ, Μακαρεὺς ὄνομα, ἱερεὺς τοῦ Διονύσου, ὅσα μὲν οὗτος * ἰδεῖν, πρᾷος ἦν καὶ ἐπιεικὴς, ἀνοσιώτατος δὲ ἀνθρώπων τὰ μάλιστα. Ξένου δὲ ἥκοντος παρ' αὐτὸν, καὶ δόντος αὐτῷ παρακαταθήκην χρυσίου πλῆθος, ἐν τῷ μυχῷ τοῦ ἀνακτόρου, τὴν γῆν διασκάψας, ὁ Μακαρεὺς κατώρυξε τὸ χρυσίον. Χρόνῳ δὲ ἀφικόμενος ὁ ξένος, τὸ χρυσίον ἀπῄτει. Ὁ δὲ, εἰσαγαγὼν ἔνδον, ὡς ἀποδώσων, κατέσφαξε, καὶ τὸ χρυσίον ἀνώρυξεν, ἀντ' αὐτοῦ δὲ τὸν ξένον κατέθηκε· καὶ ᾤετο, ὥσπερ τοὺς ἀνθρώπους, λανθάνειν οὕτω καὶ τὸν θεόν. Πλὴν οὐκ ἀπήντησε ταῦτα ταύτῃ· πόθεν; Χρόνου δὲ ὀλίγου διεληλυθότος, αἱ μὲν τοῦ θεοῦ τριετηρίδες ἀφίκοντο· ὁ δὲ ἔθυε μεγαλοπρεπῶς. Καὶ ὁ μὲν περὶ τὴν βακχείαν εἶχεν, οἱ δὲ παῖδες αὐτοῦ, δύο ὄντες, ἔνδον ἀπελείφθησαν ἐν τῇ οἰκίᾳ, καὶ μιμούμενοι τὴν τοῦ πατρὸς ἱερουργίαν, τῷ βωμῷ τῷ πατρῴῳ προσῆλθον, ἔτι καιομένων τῶν ἐμπύρων· καὶ ὁ μὲν νεώτερος παρέσχε τὸν τράχηλον, ὁ δὲ πρεσβύτερος, ἠμελημένην εὑρὼν σφαγίδα, τὸν ἀδελφὸν ἀπέκτεινεν, ὡς ἱερεῖον. Οἱ δὲ κατὰ τὴν οἰκίαν ἰδόντες, ἀνεβόησαν. Ἀκούσασα δὲ ἡ μήτηρ τῆς βοῆς ἐξεπήδησε, καὶ θεασαμένη τὸν μὲν νεκρὸν, τὸν δὲ κατέχοντα ἔτι τὴν σφαγίδα ᾑμαγμένην, σχίζαν ἁρπάσασα τῶν ἐκ τοῦ βωμοῦ ἡμίκαυτον, ταύτῃ τὸν παῖδα ἀπέκτεινεν. Ἧκε δὲ ἀγγελία πρὸς τὸν Μακαρέα, καὶ ἀπολιπὼν τὴν τελετὴν, ὡς εἶχε, σὺν ὀργῇ καὶ θυμῷ εἰσεπήδησεν εἰς τὴν οἰκίαν, καὶ τῷ θύρσῳ, ᾧ κατεῖχε, τὴν ἑαυτοῦ γυναῖκα ἔκτεινεν. Ἔκπυστα οὖν ἐγένοντο τὰ τολμηθέντα εἰς πάντας. Καὶ συλληφθεὶς ὁ Μακαρεὺς, καὶ στρεβλούμενος, ὡμολόγησεν ὅσα ἐν τῷ ἀνακτόρῳ ἔδρασεν· ἐν

---

* Faber conj. οὕτως.

2. *Punition de Macarée.*

Un Mitylénien nommé Macarée, prêtre de Bacchus, avait la douceur et la bonté peintes sur le visage ; et c'était dans le fond le plus méchant des hommes. Un étranger vint un jour le trouver, et lui donna en dépôt une grosse somme d'or, que Macarée enfouit dans un lieu secret du temple. L'étranger étant revenu, quelque temps après, demander son dépôt, Macarée, comme prêt à le lui rendre, le conduisit dans le temple, l'assassina, et après avoir déterré l'or, mit son corps à la place. Il croyait que son crime, qui était ignoré des hommes, échapperait de même aux dieux ; mais il éprouva le contraire. Dans ce temps, à peu près, arriva la fête de Bacchus, connue sous le nom de *Triétérique* [1] ; Macarée la célébra par de pompeux sacrifices. Pendant qu'il se livrait aux réjouissances d'usage, ses deux fils encore enfans, qui ne l'avaient pas suivi, voulant imiter leur père en immolant comme lui des victimes, s'approchèrent de l'autel où il venait de sacrifier, et sur lequel brûlait encore le feu sacré. Le plus jeune présenta son cou : l'aîné, trouvant sous sa main le couteau qu'on avait laissé par mégarde, le saisit, et en frappa son frère qu'il immola comme une victime. A la vue de cette action, ceux qui étaient dans la maison poussèrent de grands cris ; la mère les entendit : elle accourut ; et voyant un de ses fils mort, l'autre ayant à la main le couteau teint du sang qu'il venait de répandre, elle prit sur l'autel un tison à moitié brûlé, et en tua le fils qui lui restait. Dès que Macarée eut appris ces affreuses nouvelles, il abandonna les mystères, courut précipitamment chez lui, transporté de colère et de rage, et tua sa femme d'un coup du thyrse qu'il portait. Le bruit de ces horreurs devint bientôt général ; Macarée fut arrêté et mis à la torture : il avoua le meurtre qu'il avait com-

αὐταῖς δὲ ταῖς κολάσεσι τὴν ψυχὴν ἀπέρῥηξεν. Ὁ δὲ παρανόμως σφαγεὶς διὰ τιμῆς ἦλθε δημοσίᾳ, καὶ ἐτάφη, τοῦ θεοῦ προστάξαντος. Ἔτισεν οὖν ὁ Μακαρεὺς οὐ μεμπτὴν τὴν δίκην, τοῦτο δὴ τὸ ποιητικὸν, σὺν τῇ ἑαυτοῦ κεφαλῇ, καὶ τῇ τῆς γυναικὸς, καὶ οὖν καὶ τῇ τῶν παίδων προσέτι.

γ. Περὶ Βήλου μνήματος, καὶ κακοῦ τῷ Ξέρξῃ σημείου ἐν τούτῳ προφαινομένου.

ΞΕΡΞΗΣ ὁ Δαρείου παῖς, τοῦ Βήλου τοῦ ἀρχαίου διασκάψας τὸ μνῆμα, πύελον ὑελίνην εὗρεν, ἔνθα ἦν κείμενος ὁ νεκρὸς ἐν ἐλαίῳ. Οὐ μὴν πεπλήρωτο ἡ πύελος, ἐνέδει δὲ ἀπὸ τοῦ χείλους εἰς παλαιστὴν ἴσως. Παρέκειτο δὲ τῇ πυέλῳ καὶ στήλη βραχεῖα, ἔνθα ἐγέγραπτο, Τῷ ἀνοίξαντι τὸ μνῆμα, καὶ μὴ ἀναπληρώσαντι τὴν πύελον, οὐκ ἔστιν ἄμεινον. Ἀναγνοὺς δὲ ὁ Ξέρξης ἔδεισε, καὶ προσέταξεν ἐπιχέαι ἔλαιον τὴν ταχίστην· οὐ μὴν πεπλήρωτο. Ὁ δὲ πάλιν προσέταξεν ἐπιχέαι· αὔξησιν δὲ οὐκ ἐλάμβανεν, ἕως ἀπεῖπε μάτην ἀναλίσκων τὸ ἐπιχεόμενον. Κατακλείσας δὲ ὀπίσω τὸν τάφον, ἀπηλλάγη ἀδημονῶν. Οὐ διεψεύσατο δὲ ἡ στήλη ὅσα προεῖπεν· ἀθροίσας γὰρ ἑβδομήκοντα μυριάδας ἐπὶ τοὺς Ἕλληνας, κακῶς ἀπήλλαξεν· εἶτα ἐπανελθὼν, αἴσχιστα ἀνθρώπων ἀπέθανεν, ἀποσφαγεὶς νύκτωρ ἐν τῇ εὐνῇ ὑπὸ τοῦ υἱοῦ.

δ. Περὶ Εὐριπίδου ἐν ἑστιάσει μεθυσθέντος.

ΑΡΧΕΛΑΟΣ ὁ βασιλεὺς ἑστίασιν παρεσκεύασε πολυτελῆ τοῖς ἑταίροις. Προϊόντος δὲ τοῦ πότου, ζωρότερον πιὼν Εὐριπίδης ὑπήχθη πως κατ' ὀλίγον εἰς μέθην· εἶτα συγκλιθέντα αὐτῷ Ἀγάθωνα, τὸν τῆς τραγῳδίας ποιητὴν, περιλαβὼν κατεφίλει,

mis dans le temple, et il expira dans les tourmens. Quant à l'étranger qui avait été massacré, on lui rendit des honneurs publics; et par l'ordre du dieu, on lui éleva un monument. Ainsi Macarée, subissant la peine qu'il avait justement méritée, paya ses crimes, suivant l'expression d'Homère [1], non seulement de sa propre vie, mais de celle de sa femme et de ses enfans.

3. *Du tombeau de Bélus ouvert par Xerxès.*

Xerxès, fils de Darius, ayant fait ouvrir le tombeau de l'ancien Bélus [2], il y trouva un cercueil de verre, qui renfermait le corps du prince, plongé dans l'huile. La caisse n'était pas pleine; il s'en fallait environ une palme que l'huile ne montât jusqu'aux bords. A côté, était une petite colonne, avec cette inscription : « Malheur à celui qui, ayant ouvert ce tombeau, ne remplira pas le cercueil. » Xerxès, effrayé de ce qu'il venait de lire, ordonna qu'on y versât promptement de l'huile : comme la caisse n'était pas encore pleine, il en fit verser une seconde fois, sans qu'il parût aucun accroissement dans la liqueur. Voyant alors l'inutilité de la peine qu'il prenait, il y renonça, fit refermer le tombeau, et s'en alla fort affligé. La prédiction écrite sur la colonne eut bientôt son accomplissement. Xerxès ayant marché contre les Grecs, à la tête d'une armée de sept cent mille hommes, fut malheureux dans son expédition; et de retour chez lui, il finit misérablement sa vie, assassiné pendant la nuit par son propre fils qui le surprit dans son lit [3].

4. *Mot d'Euripide.*

Dans un grand repas que le roi Archélaüs [4] donnait à ses amis, et où chacun se piqua de boire, Euripide, qui avait bu sans ménagement, se trouva insensiblement ivre. Agathon, poëte tragique [5], âgé d'environ quarante ans, était assis auprès de lui sur le même lit. Voilà qu'Euripide se

τεσσαράκοντα ἐτῶν που γεγονότα. Τοῦ δὲ Ἀρχελάου πυθομένου, εἰ καὶ νῦν ἔτι ἐρώμενος αὐτῷ δοκεῖ εἶναι, ἀπεκρίνατο, Ναὶ μὰ Δία· οὐ γὰρ μόνον τὸ ἔαρ τῶν καλῶν κάλλιστον, ἀλλὰ καὶ τὸ μετόπωρον.

ε. Τίς πρῶτον ἠράσθη γενναίων παιδικῶν.

ἘΡΑΣΘΗΝΑΙ πρῶτον γενναίων παιδικῶν λέγουσι Λάϊον, ἁρπάσαντα Χρύσιππον τὸν Πέλοπος. Καὶ ἐκ τούτου τοῖς Θηβαίοις ἓν τῶν καλῶν ἐδόκει τὸ τῶν ὡραίων ἐρᾶν.

ϛ. Περὶ Ἀρκαδικοῦ, Θασίων, καὶ Ἀχαϊκοῦ, οἴνων ἰδιοτήτων.

Ἐν Ἡραίᾳ τῆς Ἀρκαδίας ἀκούω πεφυκέναι ἀμπέλους, ἐξ ὧν γίνεται οἶνος, ὃς τοῦ λογισμοῦ παράγει, καὶ ἔκφρονας τοὺς Ἀρκάδας ποιεῖ, τὰς δὲ γυναῖκας τεκνοποιοὺς τίθησιν.

Ὅτι ἐν Θάσῳ δύο γένη φασὶν οἴνων γίνεσθαι, καὶ τὸν μὲν ἕτερον πινόμενον, εἰς ὕπνον κατάγειν εὖ μάλα βαθὺν, καὶ διὰ ταῦτα ἡδύν· τὸν δὲ ἕτερον ἀντίπαλον εἶναι τοῦ βίου, καὶ ἀγρυπνίαν ἐμποιεῖν, καὶ ἀνιᾶσθαι παρέχειν.

Ἐν δὲ Ἀχαΐᾳ περὶ Κεραυνίαν* οἶνος γίνεται, ὃς ταῖς βουλομέναις γυναιξὶν ἀμβλῶσαι συμμάχεται.

ζ. Περὶ Θηβῶν ὑπὸ Ἀλεξάνδρου ἁλουσῶν, καὶ περὶ Πινδάρου.

Ὅτε εἷλε τὴν Θηβαίων πόλιν Ἀλέξανδρος, ἀπέδοτο τοὺς ἐλευθέρους πάντας, πλὴν ἱερέων. Ἀφῆκε δὲ τῆς πράσεως καὶ τοὺς τοῦ πατρὸς ξένους (ὡμήρευσε γὰρ παρ' αὐτοῖς ὁ Φίλιππος, ἔτι παῖς ὢν), καὶ τοὺς συγγενεῖς δὲ τούτων ἀφῆκεν. Ἐτίμησε δὲ καὶ τοὺς ἐγγόνους τοὺς τοῦ Πινδάρου, καὶ τὴν οἰκίαν αὐτοῦ

---

* Legendum putant, Κερυνίαν.

jette à son cou, et l'embrasse tendrement. « Eh quoi ! dit Archélaüs, Agathon vous paraît-il encore aimable ? » — « Oui, par Jupiter, répondit Euripide : le printemps de la beauté n'est pas plus beau que son automne. »

5. *De Laïus.*

On dit que Laïus [1], lorsqu'il enleva Chrysippe, fils de Pélops [2], donna le premier exemple d'un amour que la nature désavoue ; et depuis cette époque le même goût est regardé comme honnête chez les Thébains [3].

6. *Qualités particulières de quelques vins de la Grèce.*

Les vignes du territoire d'Hérée, en Arcadie, produisent un vin qui ôte aux hommes l'usage du sens et de la raison, mais qui rend les femmes fécondes.

A Thase, on fait deux sortes de vin : l'un a la propriété de procurer un sommeil doux et profond ; l'autre, ennemi de la santé, cause l'insomnie et la tristesse.

Aux environs de Céraunia [4], dans l'Achaïe, on recueille un vin dont les femmes ont coutume d'user quand elles veulent se procurer l'avortement.

7. *Conduite d'Alexandre après la prise de Thèbes.*

Lorsque Alexandre se fut rendu maître de Thèbes, il fit vendre tous les citoyens libres, à la réserve des prêtres : il excepta pareillement ceux avec qui son père avait été lié par l'hospitalité, et tout leur lignage [5] (on sait que Philippe, dans son enfance, avait été en ôtage chez les Thébains). Alexandre témoigna de même beaucoup d'égards pour les descendans de Pindare [6] : il ne laissa subsister, dans toute

μόνην εἴασεν ἑστάναι. Ἐφόνευσε δὲ τῶν Θηβαίων εἰς ἑξακισχιλίους, αἰχμάλωτοι δὲ ἐλήφθησαν τρισμύριοι.

η καὶ θ. Περὶ Λυσάνδρου, καὶ Λαμίας.

ΛΥΣΑΝΔΡΟΝ τὸν Λακεδαιμόνιον, ἐν τῇ Ἰωνίᾳ διατρίβοντα, τὰ Λυκούργου φασὶ νόμιμα ῥίψαντα, ἐπίπονα ὄντα, διατεθρύφθαι τὸν βίον. Λάμια γοῦν ἡ Ἀττικὴ ἑταίρα εἶπεν, Οἱ ἐκ τῆς Ἑλλάδος λέοντες, ἐν Ἐφέσῳ γεγόνασιν ἀλώπεκες.

ι. Περὶ Διονυσίου δύο γυναῖκας ἐν μιᾷ ἡμέρᾳ ἀγαγόντος.

ἘΝ μιᾷ ἡμέρᾳ δύο γυναῖκας ἠγάγετο Διονύσιος, Δωρίδα τὴν Λοκρίδα, καὶ Ἀριστομάχην τὴν Ἱππαρίνου, Δίωνος δὲ ἀδελφήν· καὶ παρ' ἑκατέραν ἀνεπαύετο ἐν τῷ μέρει. Καὶ ἡ μὲν ἠκολούθει στρατευομένῳ, ἡ δὲ ἐπανιόντα ὑπεδέχετο.

ια. Περὶ Περσῶν καταδουλώσεως, καὶ Ἰσοκράτους.

ΛΟΓΟΣ τις εἰς ἐμὲ ἀφίκετο, λέγων αἴτιον Ἰσοκράτην γενέσθαι τὸν ῥήτορα τοῖς Πέρσαις καταδουλώσεως, ἧς ἐδουλώσαντο αὐτοὺς Μακεδόνες. Τοῦ γὰρ πανηγυρικοῦ λόγου, ὃν Ἰσοκράτης τοῖς Ἕλλησιν ἐπεδείξατο, εἰς Μακεδονίαν ἐλθοῦσα ἡ φήμη, πρῶτον μὲν Φίλιππον ἐπὶ τὴν Ἀσίαν ἀνέστηκεν· ἀποθανόντος δὲ ἐκείνου, Ἀλέξανδρον τὸν υἱὸν αὐτοῦ, πατρῴων κληρονόμον, τὴν ὁρμὴν τὴν τοῦ Φιλίππου διαδέξασθαι παρεσκεύασε.

ιβ. Πῶς ὁ Μέτων ἐρρύσατο ἑαυτὸν τῆς ἐξόδου, καὶ περὶ Ὀδυσσέως μανίας.

ΜΕΤΩΝ ὁ ἀστρονόμος, μελλόντων ἐπὶ τὴν Σικελίαν πλεῖν τῶν Ἀθηναίων, ἤδη τῶν στρατευμάτων, καὶ αὐτὸς εἷς ἦν τοῦ καταλόγου. Σαφῶς δὲ ἐπιστάμενος τὰς μελλούσας τύχας, τὸν

la ville, que la maison de ce poëte. Six mille Thébains perdirent la vie, et trente mille furent faits prisonniers.

8 et 9. *De Lysandre, et de Lamia* [1].

On raconte que le Lacédémonien Lysandre [2] étant en Ionie, abandonna les lois de Lycurgue comme trop dures, pour se livrer à la vie voluptueuse du pays. Ce qui faisait dire à Lamia, courtisane athénienne [3] que les lions de la Grèce devenaient des renards à Éphèse [4].

10. *Double mariage de Denys.*

Denys, dans un même jour, épousa deux femmes; la Locrienne Doris, et Aristomaque [5], fille d'Hipparinus et sœur de Dion. Il se partageait ainsi entre elles : l'une le suivait à l'armée; à son retour, il retrouvait l'autre.

11. *Effet d'une harangue d'Isocrate.*

J'ai ouï dire que l'état de servitude auquel les Perses furent réduits par les Macédoniens était l'ouvrage d'Isocrate. Le bruit d'une harangue [6] que cet orateur prononça dans la Grèce, s'étant répandu dans la Macédoine, fit naître à Philippe le dessein de porter la guerre en Asie, et après la mort de ce prince, excita son fils Alexandre, qui héritait de son trône, à exécuter ce projet.

12. *De l'astronome Méton.*

Lorsque la flotte d'Athènes fut prête à faire voile vers la Sicile [7], l'astronome Méton [8], qu'on avait compris dans la liste de ceux qui devaient s'embarquer, prévoyant l'é-

πλοῦν ἐφυλάττετο, δεδιὼς, καὶ σπεύδων τῆς ἐξόδου ἑαυτὸν ῥύσασθαι. Ἐπεὶ δὲ οὐδὲν ἔπραττεν, ὑπεκρίνατο μανίαν· καὶ πολλὰ μὲν καὶ ἄλλα ἔδρασε, πιστώσασθαι τὴν τῆς νόσου δόξαν βουλόμενος, ἐν δὲ τοῖς καὶ τὴν συνοικίαν τὴν αὐτοῦ κατέπρησεν· ἐγειτνία δὲ αὕτη τῇ Ποικίλῃ. Καὶ ἐκ τούτου ἀφῆκαν αὐτὸν οἱ ἄρχοντες. Καί μοι δοκεῖ ὁ Λέτων ἄμεινον ὑποκρίνασθαι τὴν μανίαν τοῦ Ὀδυσσέως τοῦ Ἰθακησίου· ἐκεῖνον μὲν γὰρ ὁ Παλαμήδης κατεφώρασε, τοῦτον δὲ Ἀθηναίων οὐδείς.

ιγ. Περὶ Πτολεμαίου εὐεργεσίας.

Πτολεμαῖον φασὶ τὸν Λάγου, καταπλουτίζοντα τοὺς φίλους αὐτοῦ, ὑπερχαίρειν. Ἔλεγε δὲ ἄμεινον εἶναι πλουτίζειν, ἢ πλουτεῖν.

ιδ. Περὶ Ὁμήρου ἐπῶν καὶ ποιήσεως.

Ὅτι τὰ Ὁμήρου ἔπη πρότερον διῃρημένα ᾖδον οἱ παλαιοί. Οἷον ἔλεγον, Τὴν ἐπὶ ναυσὶ μάχην, καὶ Δολωνίαν τινὰ, καὶ Ἀριστείαν Ἀγαμέμνονος, καὶ Νεῶν κατάλογον, καὶ Πατρόκλειαν, καὶ Λύτρα, καὶ Ἐπὶ Πατρόκλῳ ἆθλα, καὶ Ὁρκίων ἀφάνισιν. Ταῦτα ὑπὲρ τῆς Ἰλιάδος. Ὑπὲρ δὲ τῆς ἑτέρας· Τὰ ἐν Πύλῳ, καὶ Τὰ ἐν Λακεδαίμονι, καὶ Καλυψοῦς ἄντρον, καὶ Τὰ περὶ τὴν σχεδίαν, Ἀλκίνου ἀπολόγους, Κυκλωπίαν, καὶ Νεκυίαν, καὶ Τὰ τῆς Κίρκης, Νίπτρα, Μνηστήρων φόνον, Τὰ ἐν ἀγρῷ, Τὰ ἐν Λαέρτου.

Ὀψὲ δὲ Λυκοῦργος ὁ Λακεδαιμόνιος ἀθρόαν πρῶτος εἰς τὴν Ἑλλάδα ἐκόμισε τὴν Ὁμήρου ποίησιν. Τὸ δὲ ἀγώγιμον τοῦτο ἐξ Ἰωνίας, ἡνίκα ἀπεδήμησεν, ἤγαγεν. Ὕστερον δὲ Πεισίστρατος συναγαγὼν, ἀπέφηνε τὴν Ἰλιάδα καὶ Ὀδύσσειαν.

vénement, et craignant les dangers de la navigation, cherchait à se dispenser du voyage. Comme il n'y réussissait pas, il prit le parti de contrefaire l'insensé : entre diverses extravagances qu'il crut propres à confirmer l'opinion qu'il l'était réellement, il mit le feu à sa maison, qui était dans le voisinage du Pœcile [1] : sur cela, les archontes lui donnèrent son congé. A mon avis, Méton joua mieux le fou que n'avait fait Ulysse, roi d'Ithaque. Palamède découvrit la ruse d'Ulysse [2], et aucun Athénien ne s'aperçut de celle de Méton.

13. *Mot de Ptolémée.*

Le plus grand plaisir de Ptolémée, fils de Lagus, était de combler de richesses ceux qu'il aimait. « Il vaut mieux, disait-il, enrichir les autres que d'être riche. »

14. *Des poëmes d'Homère.*

Les anciens chantaient les poëmes d'Homère par morceaux détachés, auxquels ils donnaient des titres qui en marquaient le sujet : par exemple, le Combat auprès des vaisseaux [3]; la *Dolonie* [4]; la Valeur d'Agamemnon [5]; le Dénombrement des vaisseaux [6]; la *Patroclée* [7]; le Rachat [8]; les Jeux en l'honneur de Patrocle [9]; la Violation des sermens [10]. Voilà ce qui regarde l'Iliade. Quant à l'Odyssée, ils la divisaient ainsi : le récit de ce qui se passa à Pylos [11], à Lacédémone [12]; l'Antre de Calypso [13]; le Vaisseau [14]; les Propos d'Alcinoüs [15]; la *Cyclopie* [16]; la *Nécyie* [17]; l'Ile de Circé [18]; les Bains [19]; la Mort des amans de Pénélope [20]; les Champs [21]; Laerte [22].

Ce fut assez tard que le Lacédémonien Lycurgue, étant allé voyager en Ionie, apporta le premier dans la Grèce, comme un effet précieux, toutes les poésies d'Homère. Dans la suite, Pisistrate les ayant rassemblées, en forma l'Iliade et l'Odyssée [23].

ιε. Περὶ ἀνοήτων τινῶν ἄγαν.

Φασὶ παχύτατον γενέσθαι τὴν διάνοιαν οἱ τῆς κωμῳδίας ποιηταί, τὸ δέρμα ἔχοντα ἀδιακόνιστον, Πολύδωρόν τινα, καὶ ἄλλον Κοικυλίωνα ὄνομα, ὅς περ τὰ κύματα ἠρίθμει ὑπὸ τῆς ἄγαν μανίας. Λόγος δέ τις, καὶ Σαννυρίωνα τοιοῦτον γενέσθαι, ὃς ἐν τῇ ληκύθῳ τὴν κλίμακα ἐζήτει. Καὶ Κόροιβον δὲ, καὶ Μελιτίδην, καὶ ἐκείνους ἀνοήτους φασίν.

ις. Περὶ Ἀπολλωνιατῶν, καὶ τῆς αὐτῶν χώρας, καὶ περὶ Ἐπιδάμνου.

Ἀπολλωνιᾶται πόλιν οἰκοῦσι γείτονα Ἐπιδάμνου ἐν τῷ Ἰονίῳ κόλπῳ. Καὶ ἐν τοῖς πλησίον αὐτῆς χωρίοις ἄσφαλτός ἐστιν ὀρυκτή, καὶ πίσσα, τὸν αὐτὸν ἐκ τῆς γῆς ἀνατέλλουσα τρόπον, ὃν καὶ αἱ πλεῖσται πηγαὶ τῶν ὑδάτων. Οὐ πόρρω δὲ καὶ τὸ Ἀθάνατον δείκνυται πῦρ. Ὁ δὲ καιόμενός ἐστι λόφος ὀλίγος, καὶ οὐκ εἰς μέγα διήκει, καὶ ἔχει περίβολον οὐ πολύν, ὄζει δὲ θείου καὶ στυπτηρίας. Καὶ περὶ αὐτόν ἐστι δένδρα εὐθαλῆ, καὶ πόα χλωρά· καὶ τὸ πῦρ πλησίον ἐνακμάζον οὐδὲν λυπεῖ, οὔτε τὴν τῶν φυτῶν βλάστην, οὔτε τὴν τεθηλυῖαν [ὕλην]. Καίεται δὲ τὸ πῦρ καὶ νύκτα καὶ μεθ' ἡμέραν, καὶ διέλιπεν οὐδέποτε, ὡς Ἀπολλωνιᾶται λέγουσι, πρὶν τοῦ πολέμου τοῦ πρὸς Ἰλλυριοὺς συμβάντος αὐτοῖς.

Ὅτι Ἀπολλωνιᾶται ξενηλασίας ἐποίουν κατὰ τὸν Λακεδαιμόνιον νόμον· Ἐπιδάμνιοι δὲ ἐπιδημεῖν παρεῖχον τῷ βουλομένῳ.

ιζ. Παροιμία, καὶ περὶ Φρυνίχου.

Πτήσσει Φρύνιχος, ὥς τις ἀλεκτρυών· παροιμία ἐπὶ τῶν

15. *Noms de quelques imbéciles célèbres.*

Parmi les plus imbéciles des hommes, les poëtes comiques citent Polydore, qui avait la peau si dure qu'on ne pouvait l'entamer, et Cécylion, qui s'amusait à compter les flots de la mer. Sannyrion ne l'était pas moins, s'il est vrai, comme on le dit, qu'il cherchait un escalier dans une cruche. Corébus et Mélitide passent aussi pour avoir été tout à fait dépourvus de sens.

16. *Des Apolloniates.*

Aux environs de la ville d'Apollonie, située à peu de distance d'Epidamne, dans le golfe Ionique, est une cavité toujours pleine de bitume, qui sort en cet endroit du sein de la terre comme l'eau jaillit d'une source. Près de là, sur une petite colline d'une médiocre étendue et de peu de circuit, on voit un feu qui ne s'éteint jamais, et qui répand une odeur mêlée de souffre et d'alun. Autour de la colline, sont des arbres fleuris et des gazons toujours verts : ni le feuillage, ni les jeunes rejetons des arbres, ne souffrent de la proximité du feu; cependant il brûle jour et nuit; et il n'avait jamais cessé, suivant la tradition des Apolloniates, avant la guerre qu'ils eurent à soutenir contre les Illyriens [1].

Les habitans d'Apollonie, par une loi pareille à celle des Lacédémoniens, interdisaient aux étrangers tout établissement dans leur ville [2]. Les Epidamniens, au contraire, permettaient à tout le monde de séjourner ou de s'établir à Epidamne.

17. *Ancien adage.*

Phrynichus *tremble comme un coq.* C'est un proverbe qu'on applique à ceux qui se trouvent dans une situation

κακῶς τι πασχόντων. Ὑποκρινομένου γὰρ Φρυνίχου τοῦ τραγικοῦ τὴν Μιλήτου ἅλωσιν, οἱ Ἀθηναῖοι δακρύσαντες ἐξέβαλον δεδοικότα καὶ ὑποπτήσσοντα.

ιη. Περὶ Διονυσίου.

ΔΙΟΝΥΣΙΟΣ, ὁ τῆς Σικελίας τύραννος, τραγῳδίαν μὲν ἠσπάζετο, καὶ ἐπῄνει, καὶ οὖν καὶ δράματα ἐξεπόνησε τραγικά· ἀλλοτρίως δὲ πρὸς τὴν κωμῳδίαν διέκειτο, ὅτι οὐκ ἦν φιλόγελως.

ιθ. Περὶ τῶν ὑπὸ Κλεομένους ῥηθέντων ὑπὲρ Ὁμήρου καὶ Ἡσιόδου.

ἜΛΕΓΕΝ ὁ Κλεομένης Λακωνικῶς καὶ κατὰ τὸν * ἐπιχώριον τρόπον, τὸν Ὅμηρον Λακεδαιμονίων εἶναι ποιητήν, ὡς χρὴ πολεμεῖν λέγοντα· τὸν δὲ Ἡσίοδον, τῶν Εἱλώτων, λέγοντα ὡς χρὴ γεωργεῖν.

κ. Περί τινος ἡδέως ἀποθνήσκοντος, ὅπως ἂν ἴδοι τινὰς τῶν τεθνεώτων.

ἈΝΗΡ Μεγαλοπολίτης ἐξ Ἀρκαδίας, Κερκιδᾶς ὄνομα, ἀποθνήσκων ἔλεγε πρὸς τοὺς οἰκείους, ἀθυμουμένους, ἡδέως ἀπολύεσθαι τοῦ ζῆν· δι' ἐλπίδος γὰρ ἔχειν συγγενέσθαι, τῶν μὲν σοφῶν Πυθαγόρᾳ, τῶν δὲ ἱστορικῶν Ἑκαταίῳ, τῶν δὲ μουσικῶν Ὀλύμπῳ, τῶν δὲ ποιητῶν Ὁμήρῳ. Καὶ ἐπὶ τούτοις, ὡς λόγος, τὴν ψυχὴν ἀπέλιπεν.

κα. Περὶ Φρυγίου ἁρμονίας.

Ὅτι ἐν Κελαιναῖς τῇ δορᾷ τοῦ Φρυγὸς ἐὰν προσαυλῇ τις τὴν

---

* Aberat τὸν : Cor. addidit.

fâcheuse¹. En effet, lorsqu'on représenta la Prise de Milet, tragédie de Phrynichus, et que les Athéniens, affligés² d'une perte dont on leur rappelait le souvenir, chassèrent Phrynichus du théâtre, il fut saisi d'une telle frayeur qu'il tremblait de tous ses membres.

18. De Denys.

Denys, tyran de Sicile, faisait grand cas du genre tragique, et n'en parlait qu'avec éloge : il composa même quelques tragédies; mais le genre comique n'était nullement de son goût. On ne doit pas s'en étonner; Denys n'aimait point à rire.

19. Mot de Cléomène sur Homère et sur Hésiode.

Cléomène³ disait, avec la brièveté laconique : «Homère est le poëte des Lacédémoniens; Hésiode est le poëte des Hilotes : le premier enseigne l'art de la guerre; le second, l'agriculture. »

20. Mot de Cercidas mourant.

Un Arcadien de la ville de Mégalopolis, nommé Cercidas⁴, dit à ses amis, en mourant, qu'il voyait avec joie la dissolution de son corps, parce qu'il avait l'espérance de vivre dans la société du philosophe Pythagore, de l'historien Hécatée⁵, du musicien Olympus⁶, et du poëte Homère. En achevant ces mots, il mourut⁷.

21. De la peau du satyre Marsyas.

Si quelqu'un, à Célènes, joue sur la flûte un air dans le mode phrygien, auprès de la peau de Marsyas qui en fut

ἁρμονίαν τὴν Φρύγιον, ἡ δορὰ κινεῖται· ἐὰν δὲ εἰς Ἀπόλλωνα, ἀτρεμεῖ, καὶ ἔοικε κωφῇ *.

κβ. Περὶ Ὁμήρου ναοῦ καὶ ἀγάλματος.

ΠΤΟΛΕΜΑΙΟΣ ὁ Φιλοπάτωρ, κατασκευάσας Ὁμήρῳ νεών, αὐτὸν μὲν καλὸν καλῶς ἐκάθισε· κύκλῳ δὲ τὰς πόλεις περιέστησε τοῦ ἀγάλματος, ὅσαι ἀντιποιοῦνται τοῦ Ὁμήρου. Γαλάτων δὲ ὁ ζωγράφος ἔγραψε τὸν μὲν Ὅμηρον αὐτὸν ἐμοῦντα, τοὺς δὲ ἄλλους ποιητὰς τὰ ἐμημεσμένα ἀρυομένους.

κγ. Περὶ Λυκούργου τοῦ Λακεδαιμονίου.

ΛΥΚΟΥΡΓΟΣ ὁ Λακεδαιμόνιος, ὁ Εὐνόμου παῖς, δικαίους βουληθεὶς ἀποφῆναι Λακεδαιμονίους, ὑπὲρ τούτου γε οὐ καλοὺς τοὺς μισθοὺς ἠρύσατο. Ἀπήντησε γὰρ αὐτῷ τὸν ὀφθαλμὸν ἐκκοπῆναι ὑπὸ Ἀλκάνδρου, ὡς μέν τινές φασιν, ἐξ ἐπιβουλῆς λίθῳ βληθείς, ὡς δὲ ἄλλος διαφοιτᾷ λόγος, βακτηρίᾳ παθὼν τὸ πάθος. Λέγεται δὲ ὁ λόγος πρὸς τοὺς ἄλλα θελήσαντας, ἄλλων δὲ τυχόντας. Λέγει δὲ Ἔφορος αὐτόν, λιμῷ διακαρτερήσαντα, ἐν φυγῇ ἀποθανεῖν.

κδ. Περί τινων ὑπ' ἰδίων νόμων βλαβέντων.

ΛΥΚΟΥΡΓΟΣ ὁ ῥήτωρ ἔγραψε, Μὴ ἐλαύνειν τὰς γυναῖκας ἐν τοῖς μυστηρίοις ἐπὶ ζευγῶν, ἢ τῇ δρώσῃ τοῦτο ἐπηρτῆσθαι ζημίαν, ἥν γε ᾤετο τάξας ἀποχρῶσαν. Πρώτη τῷ ψηφίσματι ἠπείθησεν ἡ τούτου γυνή, καὶ τὴν ζημίαν ἐξέτισε καταδικασθεῖσα.

Καὶ Περικλῆς ἔγραψε, Μὴ εἶναι Ἀθηναῖον, ὃς μὴ ἐξ ἀμφοῖν γέγονεν ἀστοῖν. Εἶτα ἀποβαλὼν τοὺς γνησίους παῖδας, ἐπὶ τῷ

---
* Ἐν ἄλλοις, κωφή· ἐλλειπτικῶς τοῦ εἶναι. Coray.

l'inventeur, la peau s'agite; mais si on joue un air en l'honneur d'Apollon [1], elle reste immobile et insensible.

22. *Du temple d'Homère.*

Ptolémée Philopator, ayant élevé un temple en l'honneur d'Homère, y plaça une belle statue du poëte, autour de laquelle étaient représentées les villes qui se disputaient l'honneur de l'avoir vu naître [2]. Mais le peintre Galaton le peignit vomissant, au milieu d'une foule de poëtes, qui ramassaient soigneusement tout ce qui sortait de sa bouche [3].

23. *De Lycurgue.*

Le Lacédémonien Lycurgue, fils d'Eunomus, qui avait voulu inspirer à ses concitoyens l'amour de la justice, en fut mal récompensé. Alcandre lui creva un œil, soit dans une embuscade, d'un coup de pierre, comme quelques-uns le disent, soit, comme d'autres le rapportent, d'un coup de bâton. Ce trait s'applique naturellement à ceux dont les projets ont des suites contraires à ce qu'ils s'étaient proposé. Suivant Ephorus [4], Lycurgue mourut en exil, s'étant opiniâtré à ne point prendre de nourriture.

24. *De quelques législateurs pour qui les lois qu'ils avaient établies ont été funestes.*

L'orateur Lycurgue [5] avait porté une loi qui défendait aux femmes d'aller, montées sur un char, à la fête des mystères, sous peine d'une amende qu'il avait fixée. Sa femme fut la première qui viola cette loi; elle subit la peine de l'amende.

Périclès avait fait passer un décret, qui déclarait qu'on ne regarderait point comme Athénien celui qui ne serait pas né d'un père et d'une mère citoyens : ayant dans la

νόθῳ Περικλεῖ κατελέλειπτο. Δῆλα δὲ, ὅτι καὶ Περικλῆς ἐβούλετο μὲν ἕτερα, ἔτυχε δὲ ἑτέρων.

Κλεισθένης δὲ ὁ Ἀθηναῖος τὸ δεῖν ἐξοστρακίζεσθαι πρῶτος εἰσηγησάμενος, αὐτὸς ἔτυχε τῆς καταδίκης πρῶτος.

Ζάλευκος ὁ Λοκρῶν νομοθέτης προσέταξε, Τὸν μοιχὸν ἁλόντα ἐκκόπτεσθαι τοὺς ὀφθαλμούς. Ἃ τοίνυν μηδὲ προσεδόκησε, ταῦτα ὁ Δαίμων αὐτῷ παρὰ τὴν δόξαν καὶ τὴν ἐλπίδα ἐπήγαγεν· ὁ γάρ τοι παῖς ἁλοὺς ἐπὶ μοιχείᾳ, εἶτα ἔμελλε πείσεσθαι τὰ ἐκ τοῦ πατρῴου νόμου. Ἐνταῦθα, ἵνα μὴ διαφθαρῇ τὸ ἅπαξ κεκυρωμένον, ὑπέμεινεν αὐτὸς ὁ εἰσηγησάμενος, ὑπὲρ τοῦ ἑτέρου τῶν τοῦ παιδὸς ὀφθαλμῶν, ἀντιδοῦναι τὸν ἑαυτοῦ, ἵνα μὴ ὁ νεανίσκος τυφλωθῇ τελέως.

κε. *Περὶ Πινδάρου ἐν ἀγωνίᾳ Κορίννης ἡττηθέντος.*

ΠΙΝΔΑΡΟΣ ὁ ποιητὴς, ἀγωνιζόμενος ἐν Θήβαις, ἀμαθέσι περιπεσὼν ἀκροαταῖς, ἡττήθη Κορίννης πεντάκις. Ἐλέγχων δὲ τὴν ἀμουσίαν αὐτῶν ὁ Πίνδαρος, σῦν ἐκάλει τὴν Κόρινναν.

κς. *Πῶς ὁ Διογένης, ἐν ἀπορίᾳ πάντων γενόμενος, παρεμυθήσατο ἑαυτόν.*

ΔΙΟΓΕΝΗΣ ὁ Σινωπεὺς ἔρημος ἦν, καὶ μόνος ἀπέρριπτο· καὶ οὔτε τινὰ δι᾽ ἀπορίαν ὑπεδέχετο, οὔτε τις αὐτὸν ἐξένιζε, τὸν ἄνδρα ἐκτρεπόμενος διὰ τὸ τοῦ τρόπου ἐλεγκτικόν, καὶ ὅτι ἦν πρὸς τὰ πραττόμενα καὶ λεγόμενα δυσάρεστος. Ἠθύμει οὖν ὁ Διογένης, καὶ φύλλων ἄκρα ἤσθιε· ταῦτα γάρ οἱ παρῆν. Τοῖς δὲ ἀποπίπτουσι τοῦ ἄρτου θρύμμασι μῦς ἐχρῆτο ἐπιφοιτῶν. Ὁ οὖν Διογένης φιλοπόνως κατεσκέψατο τὸ πραττόμενον, καὶ μειδιάσας, καὶ ἑαυτοῦ γενόμενος φαιδρότερός τε καὶ ἵλεως, εἶπεν,

suite perdu ses fils légitimes, il ne lui resta plus qu'un fils naturel, du même nom que lui [1]. On ne peut nier que l'événement n'ait mal répondu aux vues de Périclès.

L'Athénien Clisthène [2] avait le premier introduit l'usage de l'ostracisme; il en fut la première victime.

Suivant une loi de Zaleucus [3], législateur des Locriens, tout homme convaincu d'adultère devait avoir les yeux crevés. Cette loi, par une cruelle fatalité, devint pour lui la cause d'un malheur qu'il n'avait ni craint, ni prévu. Son fils, surpris en adultère, allait subir la peine imposée par la loi : Zaleucus, pour maintenir un réglement que l'aprobation générale avait ratifié, et dont il était lui-même l'auteur, racheta un des yeux de son fils en donnant un des siens en échange, afin qu'au moins ce jeune homme ne fût pas totalement privé de la vue.

25. *Combat de Pindare avec Corinne.*

PINDARE, disputant à Thèbes le prix de la poésie, fut vaincu cinq fois par Corinne [4], au jugement d'auditeurs sans connaissance et sans goût. De là Pindare, faisant allusion à la grossièreté des Thébains, appelait Corinne *la truie béotienne.*

26. *Profit que Diogène tira de l'exemple d'une souris.*

DIOGÈNE de Sinope, abandonné de tout le monde, vivait isolé. Trop pauvre pour recevoir personne chez lui, il n'était reçu nulle part à cause de son humeur chagrine, qui le rendait le censeur continuel des paroles et des actions d'autrui. Réduit à se nourrir de l'extrémité des feuilles des arbres, sa seule ressource, Diogène commençait à perdre courage, lorsqu'une souris, s'approchant de lui, vint manger les miettes de pain [5] qu'il laissait tomber. Le philosophe, qui observait avec attention le manége de l'animal, ne put s'empêcher de rire : sa tristesse se dissipa; la gaîté

Ὁ μὲν μῦς οὗτος τῆς Ἀθηναίων πολυτελείας δεῖται οὐδὲν, σὺ δὲ, ὦ Διόγενες, ἄχθῃ, φησὶν, ὅτι μὴ συνδειπνεῖς Ἀθηναίοις· καὶ ἐπόρισεν ἑαυτῷ εὔκαιρον εὐθυμίαν.

κζ. Περὶ Σωκράτους σώματος.

Ὅτι τὸ Σωκράτους σῶμα πεπίστευτο κόσμιον καὶ σωφροσύνης ἐγκρατὲς γεγονέναι καὶ ταύτῃ. Ἐνόσουν Ἀθηναῖοι πανδημεί, καὶ οἱ μὲν ἀπέθνησκον, οἱ δὲ ἐπιθανατίως εἶχον· Σωκράτης δὲ μόνος οὐκ ἐνόσησε τὴν ἀρχήν. Ὁ τοίνυν τοιούτῳ συνὼν σώματι, τίνα ἡγούμεθα εἶχε ψυχήν;

κη. Περὶ τοῦ οἰκέτου τοῦ Διογένους ὑπὸ κυνῶν διασπασθέντος.

Διογένης ἡνίκα ἀπέλιπε τὴν πατρίδα, εἷς αὐτῷ τῶν οἰκετῶν ἠκολούθει, ὄνομα Μάνης, ὃς οὐ φέρων τὴν μετ᾽ αὐτοῦ διατριβὴν ἀπέδρα. Προτρεπόντων δέ τινων ζητεῖν αὐτὸν, ἔφη, Οὐκ αἰσχρὸν, Μάνην μὲν μὴ δεῖσθαι Διογένους, Διογένην δὲ Μάνους; Οὗτος δὲ ὁ οἰκέτης, εἰς Δελφοὺς ἀλώμενος, ὑπὸ κυνῶν διεσπάσθη, τῷ ὀνόματι τοῦ δεσπότου δίκας ἐκτίσας, ἀνθ᾽ ὧν ἀπέδρασεν.

κθ. Περὶ ἐλπίδος.

Ἔλεγεν ὁ Πλάτων, τὰς ἐλπίδας ἐγρηγορότων ἀνθρώπων ὀνείρους εἶναι.

λ. Περὶ Ὀλυμπιάδος ἐπὶ τῷ Ἀλεξάνδρῳ τεθνηκότι καὶ ἀτάφῳ δυσχεραινούσης.

Ὀλυμπιὰς ἡ Ἀλεξάνδρου πυθομένη, ὅτι πολὺν χρόνον ὁ παῖς αὐτῆς ἄταφος μένει, βαρὺ ἀναστένουσα, καὶ θρηνοῦσα εὖ μάλα

lui revint. « Cette souris, dit-il, sait se passer des délices des Athéniens ; et toi, Diogène, tu t'affligerais de ne point souper avec eux ! » Il n'en fallut pas davantage pour rétablir le calme dans l'âme de Diogène.

27. *De Socrate.*

Nous savons par tradition que Socrate avait un corps robuste ; et on ne peut douter qu'il n'en fût redevable à sa frugalité. Aussi, dans une maladie épidémique qui ravageait Athènes, tandis que la plupart des citoyens mouraient, ou étaient mourans, Socrate seul ne souffrit aucune altération dans sa santé. Quelle devait donc être l'âme qui habitait un corps si bien constitué ?

28. *Mot de Diogène.*

Lorsque Diogène quitta sa patrie [1], il fut suivi par un de ses esclaves, nommé Manès, qui, s'étant lassé de vivre avec un tel maître, prit le parti de s'enfuir. Comme quelqu'un conseillait à Diogène de le faire chercher : « Ne serait-il pas honteux, leur répondit-il, que Manès pût se passer de Diogène, et que Diogène ne pût se passer de Manès ? » Mais, après avoir erré en différens lieux, ce fugitif vint à Delphes : il y fut déchiré par des chiens, qui vengèrent ainsi Diogène de l'évasion de son esclave.

29. *Mot de Platon.*

Platon disait que l'espérance est le songe d'un homme éveillé [2].

30. *Mot d'Olympias, mère d'Alexandre.*

Quand Olympias, mère d'Alexandre, apprit que son fils restait depuis long-temps privé de la sépulture [3] ; baignée

λιγέως, Ὦ τέκνον, εἶπεν, ἀλλὰ σὺ μὲν οὐρανοῦ μετασχεῖν βουλόμενος, καὶ τοῦτο σπεύδων, νῦν οὐδὲ τῶν κοινῶν δήπου, καὶ ἴσων πᾶσιν ἀνθρώποις, μετασχεῖν ἔχεις, γῆς τε ἅμα καὶ ταφῆς· καὶ τὰς ἑαυτῆς τύχας οἰκτείρασα, καὶ τὸ τοῦ παιδὸς τετυφωμένον ἐλέγξασα.

λα. Ὅτι Ξενοκράτης φιλοικτίρμων ἦν.

ΞΕΝΟΚΡΑΤΗΣ ὁ Χαλκηδόνιος, ὁ ἑταῖρος Πλάτωνος, τά τε ἄλλα ἦν φιλοικτίρμων, καὶ οὐ μόνον φιλάνθρωπος, ἀλλὰ καὶ πολλὰ τῶν ἀλόγων ζώων ἠλέει. Καὶ οὖν ποτε καθημένου ἐν ὑπαίθρῳ, διωκόμενος βιαίως στρουθὸς ὑπὸ ἱέρακος, εἰς τοὺς κόλπους αὐτοῦ κατέπτη. Ὁ δὲ ἀσμένως ἐδέξατο τὸν ὄρνιν, καὶ διεφύλαξεν ἀποκρύψας, ἔστ' ἂν ὁ διώκων ἀπῆλθεν. Ἐπεὶ δὲ ἠλευθέρωσεν αὐτὸν τοῦ φόβου, ἁπλώσας τὸν κόλπον, ἀφῆκε τὸν ὄρνιν, ἐπειπών, Ὅτι μὴ ἐξέδωκε τὸν ἱκέτην.

λβ. Πῶς ὁ Σωκράτης ἑταίρας τινὸς ἀλαζονείαν ἤλεγξεν.

ΦΗΣΙ Ξενοφῶν, ὅτι Θεοδότῃ τῇ ἑταίρᾳ εἰς λόγους ἀφῖκτο Σωκράτης, καλλίστῃ γυναικὶ οὔσῃ. Ἀλλὰ καὶ τῇ Καλλιστοῖ ἦλθεν εἰς λόγους, ἣ ἔλεγεν, Ἐγὼ μέν, ὦ Σωφρονίσκου, κρείττων εἰμί σου· σὺ μὲν γὰρ οὐδένα τῶν ἐμῶν δύνῃ ἀποσπάσαι, ἐγὼ δέ, ἐὰν βούλωμαι, τοὺς σοὺς πάντας. Ὁ δέ, Καὶ μάλα γε εἰκότως· σὺ μὲν γὰρ ἐπὶ τὴν κατάντη αὐτοὺς πάντας ἄγεις, ἐγὼ δὲ ἐπὶ τὴν ἀρετὴν ἥκειν βιάζομαι· ὀρθία δὲ ἡ ἄνοδός ἐστι, καὶ ἀήθης τοῖς πολλοῖς.

de larmes et poussant de profonds soupirs, « O mon fils ! s'écria-t-elle, vous aspiriez à être placé parmi les dieux : c'était l'objet de tous vos désirs. Maintenant vous ne pouvez obtenir ce qu'on accorde à tous les hommes, et à quoi tous ont un droit égal ; un peu de terre et un tombeau. » Olympias, en exhalant ainsi sa douleur, reprochait à son fils le vain orgueil auquel il s'était livré.

31. *De l'humanité de Xénocrate.*

XÉNOCRATE de Chalcédoine, disciple de Platon, avait l'âme singulièrement sensible à la pitié ; et ce n'était pas seulement envers les hommes : les animaux l'ont souvent éprouvé. Un jour qu'il était assis en plein air, un moineau, vivement poursuivi par un épervier, vint se réfugier dans son sein : Xénocrate le reçut avec joie, et le tint caché, jusqu'à ce que l'oiseau de proie eût disparu. Quand le moineau fut remis de sa frayeur, Xénocrate entr'ouvrant sa robe, le laissa s'envoler : « Je n'ai pas à me reprocher, dit-il, d'avoir trahi un suppliant. »

32. *Mot de Socrate à une courtisane.*

XÉNOPHON rapporte que Socrate s'entretenait quelquefois avec Théodote, courtisane d'une rare beauté [1]. Un jour qu'il conversait de même avec Callisto : « Fils de Sophronisque, lui dit celle-ci, savez-vous que je suis plus puissante que vous ? car vous ne pourriez me ravir aucun de mes amans ; et moi, si je voulais, je vous enleverais tous vos disciples. » — « Cela est assez vraisemblable, répondit Socrate : vous menez les hommes par un chemin dont la pente est douce ; et moi, je les force de suivre le sentier rude, escarpé, et peu frayé, qui conduit à la vertu. »

λγ. Περὶ Ῥοδώπιδος ἑταίρας τύχης.

Ῥοδῶπίν φασιν Αἰγυπτίαν ἑταίραν γενέσθαι ὡραιοτάτην. Καί ποτε αὐτῆς λουομένης, ἡ τὰ παράδοξα καὶ τὰ ἀδόκητα φιλοῦσα ἐργάζεσθαι τύχη προὐξένησεν αὐτῇ, οὐ τῆς γνώμης, ἀλλὰ τοῦ κάλλους ἄξια. Λουομένης γὰρ, καὶ τῶν θεραπαινίδων τὴν ἐσθῆτα φυλαττουσῶν, ἀετὸς καταπτὰς, τὸ ἕτερον τῶν ὑποδημάτων ἁρπάσας, ἀπιὼν ᾤχετο· καὶ ἐκόμισεν εἰς Μέμφιν, δικάζοντος Ψαμμιτίχου, καὶ εἰς τὸν κόλπον ἐνέβαλε τὸ ὑπόδημα. Ὁ δὲ Ψαμμίτιχος, θαυμάσας τοῦ ὑποδήματος τὸν ῥυθμὸν, καὶ τῆς ἐργασίας αὐτοῦ τὴν χάριν, καὶ τὸ πραχθὲν ὑπὸ τοῦ ὄρνιθος, προσέταξεν ἀνὰ πᾶσαν τὴν Αἴγυπτον ἀναζητεῖσθαι τὴν ἄνθρωπον, ἧς τὸ ὑπόδημά ἐστι· καὶ εὑρὼν γαμετὴν ἠγάγετο.

λδ. Περὶ Διονυσίου.

Ὅτι τὸν Λέοντα ὁ Διονύσιος, μετὰ τὴν πρόσταξιν τὴν κατ᾽ αὐτοῦ ἀνευρών, εἰς τρὶς τοῖς δορυφόροις ἐκέλευσεν ἀπάγειν, καὶ μετέγνω τρὶς, καὶ καθ᾽ ἑκάστην μεταπομπὴν, κατεφίλει κλαίων, καὶ καταρώμενος ἑαυτοῦ, ὅτι ποτὲ* ἔλαβε τὸ ξίφος. Τελευτῶν ἥττηται τῷ φόβῳ, καὶ προσέταξεν ἀποσφαγῆναι, εἰπών, Ὅτι οὐκ ἔστιν, ὦ Λέον, σοι ζῆν.

λε. Περὶ ἐλάφου ἐν νόσῳ φυσικῆς θεραπείας.

Λέγουσι φυσικοὶ ἄνδρες τὸν ἔλαφον, καθάρσεως δεόμενον, σέλινα ἐσθίειν· φαλαγγίων δὲ κνήσμασιν ἐχόμενον, καρκίνους.

---

* Mss., ὅτε.

33. *De la fortune de Rhodope.*

RHODOPE [1] passe pour avoir été la plus belle courtisane de l'Egypte. Un jour qu'elle était au bain, la fortune, qui se plaît à produire des événemens extraordinaires et inattendus, lui procura une faveur qu'elle méritait moins par les qualités de son âme que par les charmes de sa figure. Tandis que Rhodope se baignait, et que ses femmes gardaient ses vêtemens, un aigle vint fondre sur un de ses souliers, l'enleva, et l'ayant porté à Memphis, dans le lieu où Psammétique [2] était occupé à rendre la justice, le laissa tomber dans le sein du prince. Psammétique, frappé de la délicatesse de ce soulier, de l'élégance du travail, et de l'action de l'oiseau, ordonna qu'on cherchât par toute l'Egypte la femme à qui il appartenait : dès qu'on l'eut trouvée, il l'épousa.

34. *De Denys.*

QUAND on eût retrouvé Léon [3], après la sentence de mort que Denys avait prononcée contre lui, le tyran ordonna trois fois à ses gardes de le mener au supplice, et trois fois révoqua cet ordre. Chaque fois qu'il rappelait Léon, il l'embrassait en versant des larmes, se maudissant lui-même, et le jour où il s'empara du pouvoir souverain. Enfin, la crainte ayant pris le dessus, « O Léon, dit-il, il n'est pas permis que tu vives. » En même temps il ordonna qu'on le fît mourir.

35. *Remèdes dont se servent les cerfs.*

AU rapport des naturalistes, lorsque les cerfs ont besoin de se purger, ils mâchent de l'ache ; s'ils ont été piqués par une araignée, ils mangent des écrevisses [4].

λςʹ. Περὶ Εὐρυδίκης Φιλίππου θυγατρὸς τελευτῆς.

ΟΛΥΜΠΙΑΣ τῇ Φιλίππου θυγατρὶ Εὐρυδίκῃ (ἦν δὲ ἄρα ἐξ Ἰλλυρίδος γυναικὸς τῷ Φιλίππῳ γενομένη) προσέπεμψε κώνειον, καὶ βρόχον, καὶ ξίφος. Ἡ δὲ αἱρεῖται τὸν βρόχον.

λζʹ. Περὶ Γέλωνος, καὶ τῶν αὐτῷ ἐπιβουλευόντων.

ΓΕΛΩΝ, ὁ τῶν Συρακουσίων τύραννος, τὴν τῆς ἀρχῆς κατάστασιν πρᾳότατα εἶχε. Στασιώδεις δέ τινες ἐπεβούλευον αὐτῷ· ἃ πυθόμενος ὁ Γέλων, εἰς ἐκκλησίαν συγκαλέσας τοὺς Συρακουσίους, εἰσῆλθεν ὡπλισμένος ὁ Γέλων, καὶ διεξελθὼν, ὅσα ἀγαθὰ αὐτοῖς εἰργάσατο, καὶ τὴν ἐπιβουλὴν ἐξεκάλυψε, καὶ ἀπεδύσατο τὴν πανοπλίαν, εἰπὼν πρὸς πάντας, Ἰδοὺ τοίνυν ὑμῖν ἐν χιτωνίσκῳ γυμνὸς τῶν ὅπλων παρέστηκα, καὶ δίδωμι χρῆσθαι, ὅ τι βούλεσθε. Καὶ ἐθαύμασαν αὐτοῦ τὴν γνώμην οἱ Συρακούσιοι· οἱ δὲ καὶ τοὺς ἐπιβουλεύοντας παρέδοσαν αὐτῷ κολάσαι, καὶ τὴν ἀρχὴν ἔδωκαν. Ὁ δὲ καὶ τούτους εἴασε τῷ δήμῳ τιμωρήσασθαι. Καὶ εἰκόνα αὐτοῦ οἱ Συρακούσιοι ἔστησαν ἐν ἀζώστῳ χιτῶνι· καὶ ἦν τοῦτο τῆς δημαγωγίας αὐτοῦ ὑπόμνημα, καὶ τοῖς εἰς τὸν μετὰ ταῦτα αἰῶνα μέλλουσιν ἄρχειν δίδαγμα.

ληʹ. Περὶ Ἀλκιβιάδου.

ΙΣΧΥΡΩΣ Ὅμηρον ἐθαύμαζεν Ἀλκιβιάδης· καί ποτε διδασκαλείῳ παίδων προσελθὼν, ῥαψῳδίαν Ἰλιάδος ᾔτει. Τοῦ δὲ διδασκάλου μηδὲν ἔχειν Ὁμήρου φήσαντος, ἐντρίψας αὐτῷ κόνδυλον εὖ μάλα στερεὸν, παρῆλθεν, ἐνδειξάμενος, ὅτι ἐκεῖνος ἀπαίδευτός ἐστι, καὶ τοιούτους ἀποφαίνει τοὺς παῖδας.

Οὗτος, ἐπὶ κρίσιν καλούμενος θανατικὴν ἐκ Σικελίας ὑπὸ

36. *De la mort d'Eurydice.*

OLYMPIAS ayant envoyé à Eurydice, fille de Philippe et femme Illyrienne, un poignard, un cordon, et de la ciguë, Eurydice choisit le cordon.

37. *Gélon et les conjurés.*

GÉLON, tyran de Syracuse, gouvernait ses sujets avec la plus grande douceur : cependant quelques séditieux conspirèrent contre lui. Dès que Gélon le sut, il fit assembler les Syracusains; et s'avançant tout armé au milieu d'eux, il commença par leur rappeler le souvenir des bienfaits qu'ils avaient reçus de lui. Puis, il leur découvrit la conjuration; et se dépouillant de ses armes, il dit, leur adressant la parole à tous : « Me voici au milieu de vous sans défense, couvert de ma seule tunique; je me livre entre vos mains; traitez-moi comme vous le jugerez à propos. » Les Syracusains, étonnés de sa fermeté, abandonnèrent les coupables à son ressentiment, et lui rendirent le pouvoir suprême : mais Gélon laissa au peuple le soin de punir les conjurés. On lui érigea une statue, qui le représentait avec une simple tunique, sans ceinture [*]; monument qui perpétuait le souvenir de son amour pour le peuple, et qui devait être à l'avenir une leçon pour tous les rois.

38. *Quelques mots d'Alcibiade.*

ALCIBIADE était admirateur passionné d'Homère. Il entra un jour dans une école, et demanda quelque morceau de l'Iliade : le maître lui ayant répondu qu'il n'avait rien des ouvrages d'Homère, Alcibiade lui appliqua un violent coup de poing, et sortit en le traitant de maître ignorant, qui ne ferait de ses écoliers que des ignorans comme lui.

Le même Alcibiade ayant été rappelé de Sicile par les

τῶν Ἀθηναίων, οὐχ ὑπήκουσεν, εἰπὼν, Εὔηθες τὸν ἔχοντα δίκην, ζητεῖν ἀποφυγεῖν, ἐνὸν φυγεῖν. Εἰπόντος δέ τινος, Οὐ πιστεύσεις τῇ πατρίδι τὴν περὶ σοῦ κρίσιν; ὁ δὲ εἶπεν, Οὐδὲ τῇ μητρίδι· δέδοικα γὰρ μὴ ἀγνοήσασα, καὶ σφαλεῖσα τοῦ ἀληθοῦς, εἶτα τὴν μέλαιναν ἐμβάλῃ ἀντὶ τῆς λευκῆς ψῆφον. Πυθόμενος οὖν, ὅτι θάνατος αὐτοῦ κατεγνώσθη ὑπὸ τῶν πολιτῶν, Δείξομεν οὖν, εἶπεν, ὅτι ζῶμεν· καὶ ὁρμήσας πρὸς τοὺς Λακεδαιμονίους, τὸν Δεκελεικὸν ἐξῆψε πόλεμον ἐπὶ τοὺς Ἀθηναίους.

Ἔλεγε δὲ μηδὲν παράδοξον ποιεῖν Λακεδαιμονίους, ἀδεῶς ἐν τῷ πολέμῳ ἀποθνήσκοντας· τὴν γὰρ ἐκ τῶν νόμων ταλαιπωρίαν ἀποδιδράσκοντας, θάνατον ὑπὲρ τῶν πένων, ὧν ἔχουσι, προθύμως ἀλλάττεσθαι.

Εἰώθει δέ, φασιν, ἐπιλέγειν ταῖς ἑαυτοῦ πράξεσιν, ὅτι τὸν τῶν Διοσκούρων ζῇ βίον, παρ᾽ ἡμέραν τεθνηκώς τε, καὶ ἀναβιούς· εὐημερήσας γὰρ ἐν τῷ δήμῳ ἴσος θεοῖς νομίζεσθαι, κακῶς δὲ ἀπαλλάξας, τῶν νεκρῶν μηδὲ ὀλίγον διαφέρειν.

λθ. Περὶ Ἐφιάλτου.

ἘΦΙΆΛΤΗΣ, στρατηγοῦ ὀνειδίσαντος αὐτῷ τινος πενίαν, Τὸ δὲ ἕτερον, ἔφη, διὰ τί οὐ λέγεις, ὅτι δίκαιός εἰμι;

μ. Περὶ Θεμιστοκλέους.

ΣΤΡΕΠΤῷ κειμένῳ ἐπὶ τῆς γῆς χρυσῷ Περσικῷ ὁ Θεμιστοκλῆς παρεστώς, [τῷ] παιδὶ εἶπεν, Οὐκ ἀναιρήσεις, ὦ παῖ, τὸ εὕρεμα τόδε; δείξας τὸν στρεπτόν· οὐ γὰρ σὺ Θεμιστοκλῆς εἶ δήπου.

Ὅτι ἠτίμασαν αὐτόν ποτε Ἀθηναῖοι, εἶτα ἐπὶ τὴν ἀρχὴν

Athéniens, pour se défendre dans une affaire où il s'agissait de sa vie ¹, il refusa d'obéir. « C'est une maladresse, disait-il, de chercher à se faire absoudre, quand on peut fuir ² »; et quelqu'un lui demandant s'il ne s'en fiait pas à sa patrie, dans un jugement qui intéressait sa personne : « Je ne m'en fierais pas même *à ma mère* ³, répondit-il ; je craindrais que, par mégarde et sans le vouloir, elle ne mît un caillou noir pour un blanc. » Ayant su, peu de temps après, que ses concitoyens l'avaient condamné à la mort : « Je leur ferai bien voir, dit-il, que je suis encore vivant. » En effet, il se retira chez les Lacédémoniens, et suscita aux Athéniens la guerre de Décélie ⁴.

« On ne doit point s'étonner, disait-il, si les Lacédémoniens bravent courageusement la mort dans les combats ; la mort les soustrait à des lois qui les rendent malheureux : c'est pour cela qu'ils la préfèrent à la vie. »

Il avait aussi coutume de dire, en parlant de lui-même, que sa vie ressemblait à celle des *Dioscures*; qu'il mourait et ressuscitait alternativement. « Lorsque la fortune me favorise, le peuple fait de moi un dieu ; si elle m'est contraire, je diffère peu des morts. »

39. *D'Ephialte.*

Un général reprochait à Ephialte ⁵ qu'il était pauvre. « Pourquoi, repartit Ephialte, n'ajoutez-vous pas que je suis vertueux ? »

40. *Quelques mots de Thémistocle.*

Thémistocle ayant aperçu à terre un collier d'or à l'usage des Perses, s'arrêta et dit à son esclave, en lui montrant le collier : « Pourquoi ne ramasses-tu pas cette trouvaille ? Tu n'es pas Thémistocle. »

Lorsque les Athéniens, après l'avoir traité ignominieu-

αὖθις παρεκάλουν. Ὁ δὲ, Οὐκ ἐπαινῶ τοὺς τοιούτους ἄνδρας, οἵ τινες τὴν αὐτὴν ἀμίδα καὶ οἰνοχόην ἔχουσι.

Πρὸς Εὐρυβιάδην τὸν Λακεδαιμόνιον ἔλεγέ τι ὑπεναντίον, καὶ [ὃς] ἀνέτεινεν αὐτῷ τὴν βακτηρίαν. Ὁ δὲ, Πάταξον μὲν, ἄκουσον δέ. Ἤδει δὲ ὅτι, ἃ μέλλει λέγειν, τῷ κοινῷ λυσιτελεῖ.

μα. Περὶ Φωκίωνος.

ΟΔΥΡΟΜΕΝΩΝ τῶν* μετὰ Φωκίωνος μελλόντων ἀποθνήσκειν, εἶπεν ὁ Φωκίων, Εἶτα οὐκ ἀγαπᾷς, Θούδιππε**, μετὰ Φωκίωνος ἀποθνήσκων;

μβ. Περὶ Ἐπαμινώνδου.

ΕΠΑΜΙΝΩΝΔΑΣ ἔφευγε δίκην θανάτου, ἐπανελθὼν ἐκ τῆς Λακωνικῆς, ὡς ἐπιβαλὼν τῇ βοιωταρχίᾳ τέσσαρας μῆνας παρὰ τὸν νόμον. Τοὺς μὲν οὖν συνάρχοντας ἐκέλευσεν εἰς αὐτὸν τὴν αἰτίαν ἀναφέρειν, ὡς ἐκβιασθέντας ἄκοντας. Αὐτὸς δὲ, παρελθὼν εἰς τὸ δικαστήριον, οὐκ ἔφη βελτίονας ἔχειν τῶν ἔργων τοὺς λόγους· εἰ δὲ μή, ἠξίου ἀποκτείνειν αὐτὸν, ἐπιγράψαι μέντοι τῇ στήλῃ, ὅτι μὴ βουλομένους Θηβαίους ἠνάγκασεν Ἐπαμινώνδας, τὴν μὲν Λακωνικὴν πυρπολῆσαι, πεντακοσίοις ἐνιαυτοῖς ἀδῄωτον οὖσαν· οἰκίσαι δὲ Μεσσήνην δι' ἐτῶν τριάκοντα καὶ διακοσίων· συντάξαι δὲ καὶ συναγαγεῖν εἰς ταὐτὸν Ἀρκάδας· ἀποδοῦναι δὲ τοῖς Ἕλλησι τὴν αὐτονομίαν. Καὶ ἀφῆκαν αὐτὸν αἰδεσθέντες οἱ δικασταί. Ἐπανελθόντα δὲ αὐτὸν ἐκ τοῦ δικαστηρίου, Μελιταῖον κυνίδιον ἔσαινε. Διὸ πρὸς τοὺς

---

* Cor. mallet scribere Ὀδυρομένου τινὸς τῶν. Quare aliquid mutes, non video.

** Plutarchus hominem Εὔιππον vocat.

sement, le rappelèrent pour les gouverner : « Je ne fais point de cas, dit-il, de gens qui se servent du même vase, tantôt pour les usages les plus bas, tantôt pour mettre du vin. »

Un jour qu'il avait ouvert un avis, contraire à celui du Lacédémonien Eurybiade, celui-ci leva le bâton : « Frappe, mais écoute », lui dit Thémistocle [1]. Il était persuadé que ce qu'il avait à dire, serait utile à la patrie.

41. *Mot de Phocion.*

PHOCION voyant pleurer ceux qui devaient mourir avec lui : « Eh quoi ! dit-il à l'un d'eux, vous n'êtes donc pas content, Thudippe, de mourir avec Phocion [2] ? »

42. *Beau trait de la vie d'Epaminondas.*

EPAMINONDAS, à son retour de Laconie, fut cité comme méritant la mort, pour avoir continué de commander l'armée Thébaine quatre mois de plus qu'il n'était permis par la loi. Il commença par exiger de ceux qui avaient partagé avec lui le commandement, qu'ils rejetassent le crime sur lui seul, comme les ayant contraints de rester malgré eux. Puis, entrant dans le lieu où l'on rendait la justice : « Je n'ai point, dit-il, de meilleurs moyens de défense que mes actions ; si vous ne les trouvez pas valables, je demande la mort. Mais je demande en même temps qu'on grave sur la colonne funèbre, qu'Epaminondas a forcé les Thébains, malgré leur résistance, de porter le fer et le feu dans la Laconie, où, depuis cinq cents ans, aucun ennemi n'avait osé pénétrer ; de rebâtir Messène, démolie depuis deux cent-trente ans ; de rassembler dans un même lieu les Arcadiens dispersés [3] ; enfin, de rétablir les Grecs dans le droit de vivre suivant leurs lois. » Les juges honteux le renvoyèrent absous. Comme il sortait du tribunal, un petit chien maltais vint le caresser, en remuant la queue.

παρόντας εἶπε, Τοῦτο μὲν ἀποδίδωσιν εὐεργεσίας μοι χάριν· Θηβαῖοι δέ, πολλάκις ὑπ' ἐμοῦ εὖ παθόντες, ἔκριναν με θανάτου.

μγ. Περὶ Τιμοθέου, καὶ Θεμιστοκλέους *.

Ὅτι Τιμόθεος, ὁ στρατηγὸς Ἀθηναίων, ἐπιστεύετο εὐτυχὴς εἶναι· καὶ ἔλεγον τὴν τύχην αἰτίαν εἶναι, Τιμόθεον δὲ οὐδενός, κωμῳδοῦντες ἐπὶ τῆς σκηνῆς. Καὶ οἱ ζωγράφοι δὲ καθεύδοντα ἐποίουν αὐτόν· εἶτα ὑπὲρ τῆς κεφαλῆς ἀπῃώρητο ἑστῶσα ἡ Τύχη, ἕλκουσα εἰς κύρτον τὰς πόλεις.

Πυνθανομένου Θεμιστοκλέους τινός, Κατὰ τί μάλιστα ἥσθη ἐν τῷ βίῳ; Ὅδε ἀπεκρίνατο, Τὸ θέατρον ἰδεῖν Ὀλυμπιάσιν ἐπιστρεφόμενον εἰς ἐμέ, εἰς τὸ στάδιον παριόντα.

μδ. Περὶ Θεμιστοκλέους καὶ Ἀριστείδου φιλονεικίας.

Τοὺς αὐτοὺς ἐπιτρόπους ἔσχε Θεμιστοκλῆς, καὶ Ἀριστείδης ὁ Λυσιμάχου, καὶ διὰ ταῦτά τοι καὶ συνετράφησαν καὶ συνεπαιδεύθησαν κοινῷ διδασκάλῳ. Ἐστασιαζέτην δὲ ὅμως καὶ ἔτι παῖδες ὄντες· καὶ παρέμεινεν αὐτοῖς ἡ φιλονεικία ἀπὸ τῆς πρώτης ἡλικίας καὶ εἰς ἔσχατον γῆρας.

με. Περὶ Διονυσίου ἀπηνείας.

Ὅτι Διονύσιος τὴν μητέρα διέφθειρε φαρμάκοις· Λεπτίνην δὲ τὸν ἀδελφόν, σῶσαι δυνάμενος, ἐν τῇ ναυμαχίᾳ περιεῖδεν ἀπολλύμενον.

μϛ. Περὶ δράκοντος εὐεργεσίας ἀναμνησθέντος.

Πόλις ἐστὶ τῆς Ἀχαΐας αἱ Πάτραι. Παῖς παρ' αὐτοῖς δράκοντα μικρὸν ἐπρίατο, καὶ ἔτρεφε μετὰ πολλῆς τῆς κομιδῆς.

---

* Aberant verba, καὶ Θεμιστοκλέους.

« Cet animal, dit Epaminondas, est reconnaissant du bien que je lui ai fait ; et les Thébains, à qui j'ai rendu les plus grands services, ont voulu m'ôter la vie. »

43. *De Timothée et de Thémistocle.*

Timothée, général athénien, avait la réputation d'être heureux : tous ses succès étaient attribués à la fortune ; on ne lui en laissait rien. Des peintres un jour, par plaisanterie, le représentèrent dormant dans sa tente, et au-dessus de sa tête, la Fortune traînant les villes dans un filet [1].

Quelqu'un demandait à Thémistocle ce qui lui avait fait le plus de plaisir, dans le cours de sa vie : « Ç'a été, répondit-il, de voir aux jeux olympiques tous les spectateurs tourner les yeux vers moi, lorsque j'entrais dans le stade [2]. »

44. *De Thémistocle et d'Aristide.*

Thémistocle et Aristide, fils de Lysimaque, eurent les mêmes tuteurs, furent élevés ensemble, et instruits par le même maître : néanmoins, dans leur enfance, on ne les vit jamais d'accord ; et cette disposition à la mésintelligence les accompagna depuis l'âge le plus tendre jusqu'à la plus extrême vieillesse.

45. *Cruauté de Denys l'ancien.*

Denys fit mourir sa mère par le poison, et laissa périr, dans un combat naval, son frère Leptine qu'il pouvait sauver [3].

46. *D'un dragon reconnaissant.*

Dans la ville de Patras en Achaïe, un enfant avait acheté un dragon tout petit, et le nourrissait avec le plus grand soin. Lorsque l'animal fut un peu plus fort, l'enfant lui

Αὐξηθέντος δὲ αὐτοῦ, ἐλάλει πρὸς αὐτὸν, ὡς πρὸς ἀκούοντα, καὶ ἔθυρε μετ' αὐτοῦ, καὶ συνεκάθευδεν αὐτῷ. Εἰς μέγιστον δὲ μέγεθος ἐλθὼν ὁ δράκων, ὑπὸ τῶν πολιτῶν εἰς ἐρημίαν ἀπελύθη. Ὕστερον δὲ ὁ παῖς, νεανίας γενόμενος, ἀπό τινος θέας ἐπανιὼν, λησταῖς περιπεσὼν μετὰ τῶν συνηλίκων, βοῆς γενομένης, ἰδοὺ ὁ δράκων· καὶ τοὺς μὲν διεσκόρπισεν, οὓς δὲ ἀπέκτεινεν, αὐτὸν δὲ περιεσώσατο.

parlait, comme s'il eût pu en être entendu : il jouait et dormait avec lui. Mais enfin le dragon ayant pris toute sa croissance, les citoyens exigèrent qu'on l'envoyât dans quelque lieu inhabité. Il arriva dans la suite que l'enfant parvenu à l'adolescence, revenant de quelque fête avec plusieurs de ses camarades, fut attaqué par des voleurs. Aux cris dont l'air retentit, le dragon accourut, mit en fuite une partie des brigands, dévora les autres, et sauva le jeune homme [1].

ΒΙΒΛΙΟΝ ΤΕΣΣΑΡΕΣΚΑΙΔΕΚΑΤΟΝ.

α. *Πῶς ὁ Ἀριστοτέλης εἶχε πρὸς φιλοδοξίαν.*

ἈΡΙΣΤΟΤΕΛΗΣ ὁ Νικομάχου, σοφὸς ἀνὴρ καὶ ὢν καὶ εἶναι δοκῶν, ἐπεί τις αὐτοῦ ἀφείλετο τὰς ψηφισθείσας αὐτῷ ἐν Δελφοῖς τιμὰς, ἐπιστέλλων πρὸς Ἀντίπατρον περὶ τούτων, φησίν, Ὑπὲρ τῶν ἐν Δελφοῖς ψηφισθέντων μοι, καὶ ὧν ἀφῄρημαι νῦν, οὕτως ἔχω, ὡς μήτε μοι σφόδρα μέλειν ὑπὲρ αὐτῶν, μήτε μοι μηδὲν μέλειν. Οὐκ ἂν δὲ ἦν φιλοδοξία ταῦτα, οὐδ' ἂν καταγνοίην ἔγωγε τοιοῦτόν τι Ἀριστοτέλους· ἀλλ' εὖ φρονῶν ᾤετο, μὴ ὅμοιον εἶναι, ἀρχήν τινα μὴ λαβεῖν, ἢ λαβόντα ἀφαιρεθῆναι. Τὸ μὲν γὰρ οὐδὲν μέγα, τὸ μὴ τυχεῖν· τὸ δὲ ἀλγεινὸν, τὸ τυχόντα, εἶτα ἀποστερηθῆναι.

β. *Περὶ Ἀγησιλάου, καὶ τῶν βαρβάρων ἐπιορκούντων.*

Ὅτι τοὺς παραβάντας ὅρκους τῶν βαρβάρων ἐπῄνεσεν Ἀγησίλαος, ὅτι τοὺς θεοὺς ἑαυτοῖς ἐχθροὺς ποιησάμενοι ταῖς ἐπιορκίαις, αὐτῷ φίλους καὶ συμμάχους κατεπράξαντο.

γ. *Περὶ ἀσωτίας.*

ΤΙΜΟΘΕΟΣ πρὸς Ἀριστοφῶντα, ἄσωτον ὄντα, πικρότατα καθικόμενος αὐτοῦ, εἶπεν, Ὦ ἱκανὸν οὐδὲν, ἀλλὰ τούτῳ γε αἰσχρὸν οὐδέν.

LIVRE QUATORZIÈME.

1. *Mot d'Aristote.*

Aristote, fils de Nicomaque, homme vraiment sage, et qui était bien connu pour tel, ayant été dépouillé des honneurs qu'on lui avait décernés à Delphes [1], écrivit en ces termes à Antipater [2] : « A l'égard des honneurs qu'on m'a décernés à Delphes, et dont je suis maintenant privé, je n'y suis ni extrêmement sensible, ni tout à fait indifférent. » Certainement, ce propos ne partait point d'un mouvement d'orgueil : je n'ai garde de taxer Aristote d'un tel vice. Mais en homme judicieux, il pensait qu'autre chose est de n'avoir jamais joui d'un bien, quel qu'il soit, ou de le perdre après l'avoir possédé. Ce n'est pas un grand malheur que de ne point obtenir ; mais il est mortifiant d'être privé de ce qu'on a obtenu.

2. *D'Agésilas.*

Agésilas remerciait les Barbares qui violaient leurs sermens, parce qu'en se parjurant ils attiraient sur eux-mêmes le courroux des dieux, et sur lui, leur bienveillance et leur secours.

3. *Mot de Timothée.*

Timothée, reprochant vivement à Aristophon [3] l'excès de son luxe, lui disait : « Souvenez-vous qu'il n'y a rien de honteux pour qui n'en a jamais assez [4]. »

δ. Περὶ Ἀριστείδου ὑπὸ γαλῆς δηχθέντος, καὶ ἀποθνήσκοντος.

Ὅτι Ἀριστείδης ὁ Λοκρὸς ὑπὸ Ταρτησίας γαλῆς δηχθεὶς, καὶ ἀποθνήσκων, εἶπεν, Ὅτι πολὺ ἂν ἥδιον ἦν αὐτῷ δηχθέντι ὑπὸ λέοντος, ἢ παρδάλεως, ἀποθανεῖν, εἴπερ οὖν ἔδει τινὸς τῷ θανάτῳ προφάσεως, ἢ ὑπὸ θηρίου τοιούτου· τὴν ἀδοξίαν, ἐμοὶ δοκεῖν, ἐκεῖνος τοῦ δήγματος πολλῷ βαρύτερον φέρων, ἢ τὸν θάνατον αὐτόν.

ε. Τίσιν ἐχρῶντο οἱ Ἀθηναῖοι πρὸς τὰς ἀρχάς.

Οὐ μόνοις τοῖς ἀστοῖς ἐχρῶντο Ἀθηναῖοι πρὸς τὰς ἀρχὰς καὶ τὰς στρατηγίας ἐπιτηδείοις, ἀλλὰ γὰρ καὶ ξένους προῃροῦντο, καὶ τὰ κοινὰ αὐτοῖς ἐνεχείριζον, εἴπερ οὖν αὐτοὺς ἀγαθοὺς ὄντας κατέγνωσαν, καὶ ἐπιτηδείους εἰς τὰ τοιαῦτα. Ἀπολλόδωρον τὸν Κυζικηνὸν πολλάκις στρατηγὸν εἵλοντο, ξένον ὄντα, καὶ Ἡρακλείδην τὸν Κλαζομένιον· ἐνδειξάμενοι γάρ, ὅτι ἄξιοι λόγου εἰσὶν, εἶτα οὐκ ἔδοξαν ἀνάξιοι τοῦ Ἀθηναίων ἄρχειν εἶναι. Καὶ ὑπὲρ μὲν τούτων ἐπαινεῖν χρὴ τὴν πόλιν, μὴ καταχαριζομένην τἀληθὲς τοῖς πολίταις, ἀλλὰ νέμουσαν καὶ τοῖς γένει μὲν μὴ προσήκουσι, δι' ἀρετὴν δὲ ἀξίοις τιμᾶσθαι.

ϛ. Ἀριστίππου γνώμη περὶ εὐθυμίας.

Πάνυ σφόδρα ἐρρωμένως ἐῴκει λέγειν ὁ Ἀρίστιππος, παρεγγυῶν, μήτε τοῖς παρελθοῦσιν ἐπικάμνειν, μήτε τῶν ἐπιόντων προκάμνειν· εὐθυμίας γὰρ δεῖγμα τὸ τοιοῦτο, καὶ ἵλεω διανοίας ἀπόδειξις. Προσέταττε δὲ ἐφ' ἡμέρᾳ τὴν γνώμην ἔχειν, καὶ αὖ πάλιν τῆς ἡμέρας ἐπ' ἐκείνῳ τῷ μέρει, καθ' ὃ ἕκαστος ἢ πράττει τι, ἢ ἐννοεῖ. Μόνον γὰρ ἔφασκεν ἡμέτερον

4. *Mot d'Aristide mourant.*

Aristide de Locres ayant été mordu par une belette d'Espagne[1], et mourant de sa blessure, disait : « Puisqu'un accident devait être la cause de ma mort, j'aurais mieux aimé mourir de la morsure d'un lion, ou d'un léopard, que de celle d'un tel animal. » Aristide, à ce qu'il me semble, était plus affligé de mourir d'une blessure ignoble, que de sa mort même.

5. *Du gouvernement d'Athènes.*

Les Athéniens ne prenaient pas toujours entre les citoyens de leur ville leurs magistrats et les commandans de leurs armées ; ils confiaient souvent l'administration de la république à des étrangers dont la probité et les talens étaient reconnus. C'est ainsi qu'ils choisirent plusieurs fois pour général de leurs troupes Apollodore de Cyzique, quoique étranger, et de même Héraclide de Clazomène[2]. Ils pensaient que des hommes qui avaient mérité l'estime publique, n'étaient pas indignes de les commander. On ne peut que louer la conduite des Athéniens, qui, sans partialité pour leurs concitoyens, savaient honorer et récompenser la vertu dans ceux que la diversité d'origine devait leur rendre indifférens.

6. *Conseil d'Aristippe pour conserver l'égalité d'âme.*

Il y a, ce me semble, un grand sens dans le conseil que donnait Aristippe[3], de ne se tourmenter ni après coup pour le passé, ni par avance pour l'avenir. C'est là, disait-il, le caractère d'une âme tranquille et naturellement disposée à la gaîté. Il voulait donc qu'on ne s'occupât que du jour présent, et dans ce jour, du seul instant où l'on a, soit quelque chose à exécuter, soit quelque résolution à prendre. « Le présent seul, disait-il, est à nous ; le passé et

εἶναι τὸ παρὸν, μήτε δὲ τὸ φθάνον, μήτε τὸ προσδοκώμενον· τὸ μὲν γὰρ ἀπολωλέναι, τὸ δὲ ἄδηλον εἶναι, εἴπερ ἔσται.

ζ. *Νόμος Λακωνικὸς περὶ τῆς τῶν σωμάτων χρόας, καὶ εὐφυΐας, καὶ τῶν ὑπερσαρκούντων.*

ΛΑΚΕΔΑΙΜΟΝΙΟΣ οὗτος ὁ νόμος· ὁ δὲ νόμος ἐκεῖνα λέγει, Μηδένα Λακεδαιμονίων ἀνανδρότερον ὁρᾶσθαι τὴν χρόαν, ἢ τὸν ὄγκον τοῦ σώματος ἔχειν ὑπὲρ τὰ γυμνάσια· ἐδόκει γὰρ τὸ μὲν ἀργίαν ὁμολογεῖν, τὸ δὲ οὐχ ὁμολογεῖν ἄνδρα. Προσεγέγραπτο δὲ τῷ νόμῳ, καὶ διὰ δέκα ἡμερῶν πάντως τοῖς Ἐφόροις τοὺς ἐφήβους παρίστασθαι γυμνοὺς δημοσίᾳ. Καὶ εἰ μὲν ἦσαν εὐπαγεῖς, καὶ ἐρρωμένοι, καὶ ἐκ τῶν γυμνασίων οἱονεὶ διαγλυφέντες καὶ διατορευθέντες, ἐπῃνοῦντο· εἰ δέ τι χαῦνον ἦν αὐτοῖς τῶν μελῶν, ἢ ὑγρότερον, ὑποιδούσης καὶ ὑπαναφυομένης διὰ τὴν ῥᾳθυμίαν πιμελῆς, ἀλλ' ἐνταῦθα μὲν ἐπαίοντο, καὶ ἐδικαιοῦντο. Ἐτίθεντο δὲ καὶ φροντίδα οἱ Ἔφοροι καθ' ἑκάστην πολυπραγμονεῖν τὰ περὶ τὴν στολὴν, εἰ ἕκαστα αὐτῆς μὴ ἀπολείπεται τοῦ κόσμου τοῦ δέοντος.

Ἔδει δὲ ὀψοποιοὺς ἐν Λακεδαίμονι εἶναι κρέως μόνου· ὁ δὲ παρὰ τοῦτο ἐπιστάμενος, ἐξηλαύνετο τῆς Σπάρτης, ὡς τὰ τῶν νοσούντων καθάρσια.

Οἱ αὐτοὶ Ναυκλείδην τὸν Πολυβιάδου, ὑπερσαρκοῦντα τῷ σώματι, καὶ ὑπέρπαχυν διὰ τρυφὴν γενόμενον, ἐκ τῆς ἐκκλησίας τῶν θεωμένων κατήγαγον, καὶ ἠπείλησαν αὐτῷ φυγῆς προστίμησιν, ἐὰν μὴ τὸν βίον, ὃν ἐβίου τότε, ὑπαίτιον ὄντα, καὶ Ἰωνικὸν μᾶλλον, ἢ Λακωνικὸν, τοῦ λοιποῦ μεθαρμόσηται· φέρειν γὰρ αὐτοῦ τὸ εἶδος, καὶ τὴν τοῦ σώματος διάθεσιν, αἰσχύνην καὶ τῇ Λακεδαίμονι, καὶ τοῖς νόμοις.

l'avenir ne nous appartiennent point : l'un n'existe déjà plus ; il est incertain si l'autre existera. »

7. *Lois et usages des Lacédémoniens.*

Il y avait à Sparte une loi qui portait qu'aucun Spartiate ne devait avoir ni la fraîcheur du teint d'une femme, ni plus d'embonpoint que n'en laissent les exercices habituels du gymnase. En effet, l'un est incompatible avec l'air mâle ; l'autre annonce une vie molle et paresseuse. Par la même loi il était ordonné aux jeunes gens de se présenter nus, en public, devant les Ephores, tous les dix jours. On comblait d'éloges ceux qui paraissaient bien conformés, robustes, et façonnés par les exercices, comme le sont des ouvrages faits au tour ou au ciseau. Ceux au contraire qui se trouvaient avoir quelqu'un de leurs membres flasque et mou, par une surabondance de graisse que l'exercice aurait prévenue, étaient punis et battus. Les Ephores apportaient aussi le plus grand soin à l'examen des vêtemens ; ils en faisaient chaque jour la visite, pour voir si tout était tenu dans l'ordre convenable.

Les cuisiniers de Sparte devaient borner leur talent à savoir faire cuire les viandes [1] : s'il s'étendait plus loin, on les bannissait de la ville, comme en expiation du tort qu'ils avaient fait à la santé des citoyens.

Les mêmes Lacédémoniens, non contens d'avoir chassé de l'assemblée publique [2] Nauclide, fils de Polybiade, à cause de son énorme grosseur et de l'embonpoint excessif où l'avait conduit sa mollesse, le menacèrent de l'exil s'il continuait à mener le genre de vie honteux auquel il s'était livré jusqu'alors, et qui convenait mieux à un Ionien qu'à un Lacédémonien ; ajoutant que la forme et toute l'habitude de son corps déshonoraient Sparte et ses lois.

η. Πῶς ὁ Πολύκλειτος καὶ Ἱππόμαχος τὴν τῶν πολλῶν
ἄγνοιαν ἐξήλεγξαν.

Δύο εἰκόνας εἰργάσατο Πολύκλειτος κατὰ τὸ αὐτὸ, τὴν μὲν τοῖς ὄχλοις χαριζόμενος, τὴν δὲ κατὰ τὸν νόμον τῆς τέχνης. Ἐχαρίζετο δὲ τοῖς πολλοῖς τὸν τρόπον τοῦτον· καθ' ἕκαστον τῶν εἰσιόντων μετετίθει τι καὶ μετεμόρφου, πειθόμενος τῇ ἑκάστου ὑφηγήσει. Προύθηκεν οὖν ἀμφοτέρας· καὶ ἡ μὲν ὑπὸ πάντων ἐθαυμάζετο, ἡ δὲ ἑτέρα ἐγελᾶτο. Ὑπολαβὼν οὖν ἔφη ὁ Πολύκλειτος, Ἀλλὰ ταύτην μὲν, ἣν ψέγετε, ὑμεῖς ἐποιήσατε, ταύτην δὲ, ἣν θαυμάζετε, ἐγώ.

Ἱππόμαχος ὁ αὐλητὴς, ἐπεὶ αὐτῷ μαθητὴς αὐλῶν ἥμαρτε μὲν κατὰ τὸ αὔλημα, ἐπῃνέθη δὲ ὑπὸ τῶν παρόντων, καθίκετο αὐτοῦ τῇ ῥάβδῳ, καὶ ἔφη, Κακῶς ηὔλησας· οὐ γὰρ ἂν οὗτοί σε ἐπῄνουν.

θ. Περὶ Ξενοκράτους καρτερίας.

Ξενοκράτης ὁ Χαλκηδόνιος, ὑπὸ τοῦ Πλάτωνος εἰς τὸ ἄχαρι σκωπτόμενος, οὐδέποτε ἠγανάκτει, φασίν, ἀλλὰ καὶ πρὸς τὸν παροξύνοντα αὐτὸν ὑπὲρ τούτου, ἵνα τι ἀποκρίνηται τῷ Πλάτωνι, ὅδε καὶ πάνυ ἐμφρόνως κατασιγάζων τὸν ἄνδρα ἔφατο, Ἀλλὰ τοῦτο ἐμοὶ συμφέρει.

ι. Πῶς ὁ Φωκίων ἀντέσκωψεν εἰς τὸν Δημάδην.

Προείλοντο τοῦ Φωκίωνος Ἀθηναῖοι τὸν Δημάδην στρατηγεῖν. Ὁ δὲ, προτιμηθεὶς, καὶ μέγα φρονῶν, προσελθὼν τῷ Φωκίωνι, Χρῆσόν μοι, ἔφη, τὴν ῥυπαρὰν χλαμύδα, ἣν εἴωθας φορεῖν παρὰ τὴν στρατηγίαν. Καὶ ὃς, Οὐδέποτε, εἶπεν, οὐδενὸς ῥυπαροῦ σὺ ἀπορήσεις, ἔστ' ἂν ᾖς τοιοῦτος.

8. Comment Polyclète et Hippomaque firent sentir au peuple son ignorance.

Polyclète [1] fit en même temps deux statues; l'une, d'après les avis de la multitude, l'autre, selon les règles de l'art. Il eut, pour le public, la complaisance de recevoir les conseils que lui donnait chacun de ceux qui entraient chez lui, changeant et réformant suivant leur goût. Enfin, il exposa ses deux statues. L'une excita l'admiration de tout le monde; l'autre fut un sujet de risée. Alors Polyclète prenant la parole, « La statue que vous critiquez, dit-il, est votre ouvrage; celle que vous admirez est le mien. »

Un jour, le joueur de flûte Hippomaque [2], voyant qu'un de ses disciples, qui jouait de cet instrument suivant toutes les règles de l'art [3], était applaudi de l'assemblée, le frappa de sa baguette, et lui dit, « Vous avez mal joué; autrement de tels auditeurs ne vous applaudiraient pas. »

9. Réponse de Xénocrate.

Platon reprochait souvent à Xénocrate de Chalcédoine sa grossièreté [4]; et Xénocrate ne s'en fâchait point. Comme quelqu'un l'excitait à répliquer au philosophe : « Les reproches de Platon, répondit Xénocrate, me sont utiles; » et par cette réponse il réduisit son homme au silence.

10. Réponse de Phocion à Démade.

Lorsque les Athéniens eurent élu Démade pour leur général au préjudice de Phocion [5], Démade, fier de cette préférence, dit à Phocion, en l'abordant, « Prêtez-moi ce manteau sale que vous portiez ordinairement quand vous commandiez l'armée. » — « Vous serez toujours assez sale, lui repartit Phocion, tant que vous serez tel que vous êtes [6]. »

ια. Πῶς δεῖ εἶναι τὸν ἄρχοντα εἰς τοὺς ἀρχομένους.

ΦΙΛΊΣΚΟΣ πρὸς Ἀλέξανδρον ἔφη ποτέ, Δόξης φρόντιζε, ἀλλὰ μὴ ἔσο λοιμὸς, καὶ μὴ μεγάλη νόσος, ἀλλὰ εἰρήνη καὶ ὑγεία· λέγων, τὸ μὲν βιαίως ἄρχειν καὶ πικρῶς, καὶ αἱρεῖν πόλεις, καὶ ἀπολλύειν δήμους, λοιμοῦ εἶναι· τὸ δὲ ὑγείας προνοεῖσθαι καὶ σωτηρίας τῶν ἀρχομένων, εἰρήνης ταῦτα ἀγαθά.

ιβ. Τί ἔπραττεν ὁ Περσῶν βασιλεὺς ὁδοιπορῶν.

Ὅτι ὁ Περσῶν βασιλεὺς ὁδοιπορῶν, ἵνα μὴ ἀλύῃ, φιλύριον εἶχε, καὶ μαχαίριον, ἵνα ξέῃ τοῦτο· καὶ τοῦτο εἰργάζοντο αἱ βασιλέως χεῖρες. Πάντως γὰρ οὐκ εἶχεν οὐ βιβλίον, οὐ διάνοιαν, ἵν᾽ ἢ σπουδαῖόν τι καὶ σεμνὸν ἀναγινώσκῃ, ἢ γενναῖόν τι καὶ λόγου ἄξιον βουλεύηται.

ιγ. Περὶ τῶν Ἀγάθωνος τραγῳδιῶν.

ΠΟΛΛΟΙΣ καὶ πολλάκις χρῆται τοῖς ἀντιθέτοις ὁ Ἀγάθων. Ἐπεὶ δέ τις, οἷον ἐπανορθούμενος αὐτὸν, ἐβούλετο περιαιρεῖν αὐτὰ τῶν ἐκείνου δραμάτων, εἶπεν, Ἀλλὰ σύ γε, γενναῖε, λέληθας σεαυτὸν, τὸν Ἀγάθωνα ἐκ τοῦ Ἀγάθωνος ἀφανίζων. Οὕτως ἐκόμα ἐπὶ τούτοις ἐκεῖνος, καὶ ᾤετο τὴν αὑτοῦ τραγῳδίαν ταῦτ᾽ εἶναι.

ιδ. Περὶ Στρατονίκου τοῦ κιθαρῳδοῦ.

ΣΤΡΑΤΟΝΙΚΟΝ τὸν κιθαρῳδὸν ὑπεδέξατό τις ἀμφιλαφῶς. Ὁ δὲ ὑπερήσθη τῇ κλήσει· καὶ γὰρ ἔτυχεν οὐκ ἔχων καταγωγὴν, ἅτε εἰς ξένην ἀφικόμενος. Ὑπερησπάζετο γοῦν τὸν ἄνδρα διὰ

11. Devoirs d'un roi envers ses sujets.

PHILISQUE disait un jour à Alexandre : « Travaillez pour la gloire ; mais gardez-vous de mériter qu'on vous compare à la peste, ou à quelqu'autre maladie mortelle : soyez plutôt comme la Paix et la Santé. » Philisque voulait dire par-là, que gouverner durement et avec hauteur, prendre des villes, détruire des nations, c'est ressembler à la peste ; au lieu que veiller au salut de ses sujets, c'est imiter deux divinités, la Paix et la Santé.

12. Occupation des rois de Perse dans leurs voyages.

QUAND un roi de Perse voyageait, il emportait avec lui, pour ne pas s'ennuyer, une tablette et un couteau qui lui servait à la racler. Ce genre de travail n'exerçait que les mains du roi. Ces princes n'avaient pas un seul livre, et ne prenaient pas la peine de penser ; de sorte qu'ils n'occupaient jamais leur esprit ni de lectures graves et sérieuses, ni d'idées nobles et importantes.

13. Des tragédies d'Agathon.

LE poëte Agathon faisait un usage fréquent de l'antithèse. Quelqu'un, pour le corriger, lui proposant de retrancher cette figure de ses tragédies ; « Vous ne faites donc pas attention, mon ami, répliqua-t-il, que je ne serais plus Agathon ; » tant il aimait les antithèses, et tant il croyait qu'elles faisaient l'essence de ses pièces.

14. Du joueur de lyre Stratonique.

LE joueur de lyre Stratonique, ayant été très-bien accueilli dans une maison où on l'avait invité à entrer, fut d'autant plus flatté de cet empressement, qu'il se trouvait dans un pays étranger où il n'avait nulle liaison d'hospita-

τὸ πρόχειρον τῆς κοινωνίας τῆς κατὰ τὴν στέγην. Ἐπεὶ δὲ καὶ ἄλλον εἶδεν εἰσιόντα, καὶ ἄλλον, καὶ τρόπον τινὰ ἄκλειστον αὐτοῦ τὴν οἰκίαν πᾶσι τοῖς καταλύειν προῃρημένοις, ἐνταῦθα ὁ Στρατόνικος ἔφη πρὸς τὸν ἀκόλουθον, Ἀπίωμεν ἐντεῦθεν, ὦ παῖ· ἐοίκαμεν γὰρ ἀντὶ περιστερᾶς ἔχειν φάτταν, ὑπὲρ οἰκίας εὑρόντες πανδοχεῖον.

ιε. Περὶ τῶν τοῦ Σωκράτους λόγων.

Λόγος τις διεφοίτα, λέγων, τοὺς Σωκράτους λόγους ἐοικέναι τοῖς Παύσωνος γράμμασι. Καὶ γάρ τοι καὶ Παύσωνα τὸν ζωγράφον, ἐκλαβόντα παρά τινος γράψαι ἵππον καλινδούμενον, τόνδε γράψαι τρέχοντα. Ἀγανακτοῦντος οὖν τοῦ τὸ πινάκιον ἐκδόντος, ὡς παρὰ τὰς ὁμολογίας γράψαντος, ἀποκρίνασθαι τὸν ζωγράφον, Ὅτι στρέψον τὸ πινάκιον, καὶ ὁ καλινδούμενος ἔσται σοι τρέχων. Καὶ τὸν Σωκράτην μὴ σαφῶς διαλέγεσθαι· εἰ γοῦν τις αὐτοὺς στρέψει, ὀρθότατα ἔχειν. Οὐκ ἐβούλετο δὲ ἄρα ἀπεχθάνεσθαι τούτοις, πρὸς οὓς διελέγετο, καὶ διὰ τοῦτο αἰνιγματώδεις αὐτοὺς παρείχετο καὶ πλαγίους.

ις. Περὶ Ἱππονίκου φιλοτιμίας.

Ἱππόνικος ὁ Καλλίου ἐβούλετο ἀνδριάντα ἀναστῆσαι τῇ πατρίδι ἀνάθημα. Ἐπεὶ δέ τις συνεβούλευσε παρὰ Πολυκλείτῳ κατασκευάσαι τὸ ἄγαλμα, οὐκ ἔφη προσέξειν τοιούτῳ ἀναθήματι, οὗ τὴν δόξαν οὐχ ὁ ἀναθεὶς, ἀλλ' ὁ ποιήσας ἕξει. Δῆλον γὰρ, ὡς οἱ ὁρῶντες τὴν τέχνην ἔμελλον τὸν Πολύκλειτον, ἀλλ' οὐκ ἐκεῖνον, ἄγασθαι.

lité. Il fit donc de grands remercîmens à celui qui le recevait de si bonne grâce. Mais voyant arriver un nouvel hôte, puis un autre, et s'apercevant enfin que cette maison était ouverte à tous ceux qui voulaient y loger, « Sortons d'ici, dit-il à son esclave, nous avons pris *un ramier pour une colombe;* ce que nous avons cru une maison d'hospitalité, est une hôtellerie [1]. »

15. *Socrate comparé au peintre Pauson.*

On dit communément, et c'est une espèce de proverbe, *les discours de Socrate ressemblent aux tableaux du peintre Pauson* [2]. Quelqu'un ayant demandé à Pauson de lui peindre un cheval se roulant par terre, il le peignit courant. Celui qui avait fait marché pour le tableau, trouva fort mauvais que le peintre n'en eût pas rempli la condition : « Tournez le tableau, lui dit Pauson ; et le cheval qui court, vous paraîtra se vautrer [3]. » Telle est, ajoute-t-on, l'ambiguïté des discours de Socrate : il faut les retourner pour en découvrir le véritable sens. En effet, Socrate, pour ne point indisposer contre lui ceux avec qui il conversait, leur tenait des propos énigmatiques, et susceptibles d'un double sens [4].

16. *Mot d'Hipponicus.*

Hipponicus, fils de Callias [5], voulant consacrer une statue à la patrie, quelqu'un lui conseilla de la donner à faire à Polyclète [6]. « Je me garderai bien, répondit-il, de faire une offrande dont l'honneur ne serait pas pour moi, et serait tout entier pour l'artiste. » On doit effectivement présumer qu'en considérant ce chef-d'œuvre, on aurait plus admiré Polyclète qu'Hipponicus.

ιζ. Περὶ Ἀρχελάου, καὶ περὶ Ζεύξιδος γραφῶν.

ΣΩΚΡΑΤΗΣ ἔλεγεν Ἀρχέλαον εἰς τὴν οἰκίαν τετρακοσίας μνᾶς ἀναλῶσαι, Ζεῦξιν μισθωσάμενον τὸν Ἡρακλεώτην, ἵνα αὐτὴν καταγράφοι, εἰς ἑαυτὸν δὲ οὐδέν. Διὸ πόρρωθεν μὲν ἀφικνεῖσθαι σὺν σπουδῇ πολλῇ τοὺς βουλομένους θεάσασθαι τὴν οἰκίαν· δι' αὐτὸν δὲ Ἀρχέλαον μηδένα εἰς Μακεδόνας στέλλεσθαι, ἐὰν μή τινα ἀναπείσῃ χρήμασι, καὶ δελεάσῃ, ὑφ' ὧν οὐκ ἂν αἱρεθῆναι τὸν σπουδαῖον.

ιη. Πῶς ὀργιζόμενός τις τὸν οἰκέτην τιμωρῆσαι ἐβούλετο.

ΑΝΗΡ Χῖος, ὀργιζόμενος τῷ οἰκέτῃ, Ἐγώ σε, ἔφη, οὐκ εἰς μύλην ἐμβαλῶ, ἀλλ' εἰς Ὀλυμπίαν ἄξω. Πολλῷ γὰρ ᾤετο πικροτέραν, ὡς τὸ εἰκὸς, εἶναι τιμωρίαν ἐκεῖνος, ἐν Ὀλυμπίᾳ θεώμενον* ὑπὸ τῆς ἀκτῖνος ὀπτᾶσθαι, ἢ ἀλεῖν μύλῃ παραδοθέντα.

ιθ. Περὶ Ἀρχύτου σωφροσύνης ἐν λόγοις.

ΑΡΧΥΤΑΣ τά τε ἄλλα ἦν σώφρων, καὶ οὖν καὶ τὰ ἄκοσμα ἐφυλάττετο τῶν ὀνομάτων. Ἐπεὶ δέ ποτε ἐβιάζετό τι εἰπεῖν τῶν ἀπρεπῶν, οὐκ ἐξενικήθη, ἀλλ' ἐσιώπησε μὲν αὐτὸ, ἐπέγραψε δὲ κατὰ τοῦ τοίχου, δείξας μὲν, ὃ εἰπεῖν ἐβιάζετο, οὐ μὴν βιασθεὶς εἰπεῖν.

κ. Περί τινος φληνάφου ἱστορίας.

ΣΥΒΑΡΙΤΗΣ ἀνὴρ παιδαγωγὸς (καὶ γὰρ οὖν μετὰ τῶν ἄλλων Συβαριτῶν καὶ αὐτοὶ ἐτρύφων), τοῦ παιδὸς, ὃν ἦγε διὰ τῆς

* Al., θεώμενος.

17. *Mot de Socrate sur Archélaüs.*

Socrate disait qu'il en avait coûté quatre cents mines à Archélaüs [1] pour embellir son palais (cette somme fut réellement payée à Zeuxis [2], pour le prix des tableaux dont il devait l'orner); mais que cette dépense était en pure perte pour Archélaüs; que beaucoup de gens venaient avec empressement, et de très-loin, pour voir son palais, et que personne ne faisait le voyage de Macédoine pour le voir lui-même, sans y être engagé et attiré par son argent; motif peu capable de toucher un sage [3].

18. *Menace singulière d'un maître à son esclave.*

Un habitant de Chio, en colère contre son esclave, lui disait : « Je ne t'enverrai pas au moulin, mais je te menerai à Olympie. » Apparemment cet homme regardait comme une punition plus sévère, d'être brûlé par les rayons du soleil au spectacle des jeux olympiques, que d'être contraint de tourner la meule [4].

19. *De la décence des discours d' rchytas.*

Archytas [5], dont la modestie s'étendait à tous les objets, évitait surtout les termes qui auraient pu blesser la pudeur. Quand par hasard il se trouvait forcé de prononcer quelque mot indécent, il ne cédait point à la nécessité de la circonstance; il n'articulait point ce terme, il le traçait sur le mur; montrant ainsi ce qu'il ne pouvait taire, mais éludant l'obligation de le dire.

20. *Anecdote de Sybaris.*

Un enfant de Sybaris, en passant dans une rue avec son pédagogue (les gens de cette profession n'étaient pas moins voluptueux que les autres Sybarites), trouva par hasard

ὁδοῦ, ἰσχάδι περιτυχόντος, καὶ ἀνελομένου, ἐπέπληξεν αὐτῷ ἰσχυρότατα· γελοιότατα δὲ αὐτὸς τὸ εὕρημα παρὰ τοῦ παιδὸς ἁρπάσας κατέτραγεν. Ὅτε τοῦτο ἀνελεξάμην ἐν ἱστορίαις Συβαριτικαῖς, ἐγέλασα, ἔδωκα δὲ αὐτὸ εἰς μνήμην, μὴ βασκήνας διὰ φιλανθρωπίαν γελάσαι καὶ ἄλλον.

κα. Περὶ Συάγρου ποιητοῦ.

Ὅτι Σύαγρός τις ἐγένετο ποιητὴς μετ᾽ Ὀρφέα καὶ Μουσαῖον, ὃς λέγεται τὸν Τρωϊκὸν πόλεμον πρῶτος ᾆσαι, μεγίστης οὗτος ὑποθέσεως λαβόμενος, καὶ ἐπιτολμήσας ταύτῃ.

κβ. Περὶ τυράννου κωλύσαντος τοὺς ἑαυτοῦ ὑπηκόους διαλέγεσθαι ἀλλήλοις.

Ὅτι Τρύζος τις τύραννος, βουλόμενος ἐξελεῖν τὰς συνωμοσίας, καὶ τὰς κατ᾽ αὐτοῦ ἐπιβουλάς, ἔταξε τοῖς ἐπιχωρίοις, μηδένα μηδενὶ διαλέγεσθαι, μήτε κοινῇ, μήτε ἰδίᾳ. Καὶ ἦν τὸ πρᾶγμα ἀμήχανον καὶ χαλεπόν. Ἐσοφίσαντο οὖν τὸ τοῦ τυράννου πρόσταγμα, καὶ ἀλλήλοις ἔνευον, καὶ ἐχειρονόμουν πρὸς ἀλλήλους, καὶ ἐνεώρων δριμύ, καὶ αὖ πάλιν γαληναῖον καὶ [βλέμμα] φαιδρόν· καὶ ἐπὶ τοῖς σκυθρωποῖς καὶ ἀνηκέστοις ἕκαστος αὐτῶν συνωφρυωμένος ἦν δῆλος, τὸ τῆς ψυχῆς πάθος ἐκ τοῦ προσώπου τῷ πλησίον διαδεικνύς. Ἐλύπει τὸν τύραννον καὶ ταῦτα, καὶ ἐπίστευε τέξεσθαί τι αὐτῷ πάντως κακὸν καὶ τὴν σιωπήν, διὰ τὸ τῶν σχημάτων ποικίλον. Ἀλλ᾽ οὖν ἐκεῖνος καὶ τοῦτο κατέπαυσε. Τούτων τις οὖν ἀχθόμενος τῇ ἀμηχανίᾳ, καὶ δυσφορῶν, καὶ τὴν μοναρχίαν καταλῦσαι διψῶν, ἀφίκετο εἰς τὴν ἀγοράν, εἶτα ἔκλαε στὰς πολλοῖς ἅμα καὶ θαλεροῖς τοῖς δακρύοις. Περιέστησαν οὖν αὐτὸν καὶ περιῆλθον τὸ πλῆθος, καὶ ὀδυρμῷ κἀκεῖνοι συνείχοντο. Ἧκεν ἀγγελία παρὰ τὸν τύραννον, ὡς οὐδεὶς αὐτῶν χρῆται νεύματι οὐκ ἔτι, δάκρυα δὲ αὐταῖς ἐπιχωριάζει. Ὁ δέ, ἐπειγόμενος καὶ τοῦτο παῦσαι, μὴ

une figue, et la ramassa. Le pédagogue, après une réprimande sévère, lui arracha ridiculement sa trouvaille, et la mangea. Je n'ai pu m'empêcher de rire en lisant ce trait dans les histoires sybaritiques; et comme j'aime trop mes semblables pour leur envier le plaisir d'en rire aussi, j'ai cru devoir en perpétuer le souvenir.

21. *Du poëte Syagrus.*

Après Orphée et Musée, on vit paraître Syagrus [1], le premier poëte, dit-on, qui ait chanté la guerre de Troie. Frappé de la grandeur du sujet, il osa entreprendre de le traiter.

22. *Trait singulier de tyrannie.*

Un tyran de Trézène [2], voulant prévenir les conspirations et les complots qu'on pourrait former contre lui, défendit à ses sujets de converser ensemble, soit en public, soit en particulier. Cette défense leur parut d'une dureté insoutenable : ils l'éludèrent, en convenant entre eux de certains signes des yeux et des mains : ils se jetaient réciproquement des regards tantôt vifs et animés, tantôt tranquilles; et quand leurs maux étaient au comble, chacun d'eux, par le froncement de ses sourcils, annonçait l'état de son âme, déjà peint sur son visage. Tout cela déplut au tyran : sur ces divers changemens de visage, il jugea qu'il se tramait quelque chose contre lui dans le silence. Il défendit les signes à ses sujets. Un d'eux, indigné de cette horrible contrainte, et ne pouvant la supporter, enflammé d'ailleurs du désir de détruire la tyrannie, se rendit à la place publique. Là, se tenant debout, il répandit un torrent de larmes. Le peuple, qui s'attroupa autour de lui, en fit autant. Bientôt le tyran fut instruit que personne n'employait plus les signes du visage, mais qu'ils étaient remplacés par les pleurs. Alors, non content d'a-

μόνον τῆς γλώττης καταγινώσκων δουλείαν, μηδὲ μόνον τῶν νευμάτων, ἀλλ᾽ ἤδη καὶ τοῖς ὀφθαλμοῖς τὴν ἐκ φύσεως ἀποκλείων ἐλευθερίαν, ᾗ ποδῶν εἶχεν, ἀφίκετο σὺν τοῖς δορυφόροις, ἵνα ἀναστείλῃ τὰ δάκρυα. Οἱ δὲ οὐκ ἔφθησαν ἰδόντες αὐτόν, καὶ τὰ ὅπλα τῶν δορυφόρων ἁρπάσαντες, τὸν τύραννον ἀπέκτειναν.

κγ. Περὶ Κλεινίου καὶ Ἀχιλλέως, μουσικῇ τὴν ὀργὴν ἀναστέλλειν φιλούντων.

ΚΛΕΙΝΙΑΣ ἀνὴρ ἦν σπουδαῖος τὸν τρόπον, Πυθαγόρειος δὲ τὴν σοφίαν. Οὗτος εἴ ποτε εἰς ὀργὴν προήχθη, καὶ εἶχεν αἰσθητικῶς ἑαυτοῦ εἰς θυμὸν ἐξαγομένου, παραχρῆμα, πρὶν ἢ ἀνάπλεως αὐτῷ ἡ ὀργή, καὶ ἐπίδηλος γένηται, ὅπως διάκειται, τὴν λύραν ἁρμοσάμενος, ἐκιθάριζε. Πρὸς δὲ τοὺς πυνθανομένους τὴν αἰτίαν ἀπεκρίνετο ἐμμελῶς, Ὅτι πραΰνομαι. Δοκεῖ δέ μοι καὶ ὁ ἐν Ἰλιάδι Ἀχιλλεύς, ὁ τῇ κιθάρᾳ προσᾴδων, καὶ τὰ κλέα τῶν προτέρων διὰ τοῦ μέλους εἰς μνήμην ἑαυτῷ ἄγων, τὴν μῆνιν κατευνάζειν. Μουσικὸς γὰρ ὤν, τὴν κιθάραν πρώτην ἐκ τῶν λαφύρων ἔλαβε.

κδ. Περί τινων χρημάτων κρειττόνων ὑπὲρ τῶν πολιτῶν, καὶ τῶν* τοὺς δανειστὰς ἀποκτεινάντων.

ΧΡΗΜΑΤΩΝ κατεφρόνησαν, καὶ μεγαλοφροσύνην ἐπεδείξαντο, ὁρῶντες ἐν πενίᾳ τοὺς πολίτας ὄντας, πλουτοῦντες αὐτοί, ἐν μὲν Κορίνθῳ Θεοκλῆς καὶ Θρασωνίδης, ἐν δὲ Μιτυλήνῃ Πρᾶξις. Καὶ οὖν καὶ ἄλλοις συνεβούλευον ἐπικουφίσαι τῆς πενίας τὴν ἀνάγκην τοῖς ἀπορουμένοις. Ἐπεὶ δ᾽ οὐκ ἔπειθον, ἀλλ᾽ αὐτοί γε τὰ ἑαυτῶν ἀφῆκαν χρέα, καὶ ὤναντο οὐκ εἰς ἀργύριον, ἀλλ᾽ εἰς αὐτὴν τὴν ψυχήν. Οἱ γὰρ μὴ ἀφεθέντες, ἐπι-

---

* Cor. addidit τῶν, non sine causa.

voir asservi la langue et les gestes, et voulant encore ôter aux yeux la liberté qu'ils ont reçue de la nature, il accourut en diligence, escorté de ses gardes, pour faire cesser les larmes. Mais le peuple l'eut à peine aperçu, qu'il se saisit des armes que portaient les gardes, et massacra le tyran.

23. *De l'usage que Clinias et Achille faisaient de la musique.*

Lorsque Clinias [1], homme d'ailleurs d'un caractère sage, et imbu des préceptes de Pythagore, sentait en lui un mouvement de colère, avec une disposition prochaine à s'y livrer; aussitôt, avant que l'accès fût à son dernier période et pût éclater, il accordait sa lyre et en jouait. Si on lui en demandait la raison; « C'est, répondait-il, pour rétablir le calme dans mon âme. » C'est aussi, à mon avis, pour charmer sa colère, qu'Achille, dans l'Iliade, prenant sa lyre et s'accompagnant de la voix, retrace à sa mémoire les actions glorieuses des héros qui l'ont précédé. En effet, Achille aimait tellement la musique, que de toutes les dépouilles d'Eétion, il ne se réserva que sa lyre [2].

24. *Générosité de quelques particuliers.*

Théoclès, Thrasonide et Praxis vivaient dans l'opulence, les deux premiers à Corinthe, l'autre à Mitylène. Touchés de la pauvreté de quelques-uns de leurs concitoyens, ils donnèrent un bel exemple de générosité par le sacrifice qu'ils leur firent de leurs richesses, et tâchèrent d'inspirer à d'autres le même sentiment de compassion en faveur des indigens; mais ils n'en purent rien obtenir. Pour eux, ils remirent tout ce qui leur était dû; et le prix de cette générosité fut, non de l'argent, mais la conservation de leur propre vie : car ceux d'entre les débiteurs qui n'avaient

θέμενοι τοῖς δανεισταῖς, προβαλόμενοι τῆς ὀργῆς τὰ ὅπλα, καὶ εὐλογωτάτην χρείαν, τὴν ἄμαχον καὶ τὴν ἐκ τῶν ἐπειγόντων ἀνάγκην, ἀπέκτειναν τοὺς δανειστάς.

κε. Πῶς τις ἔπεισεν ἐν πολιτείᾳ ὁμόνοιαν καθέξεσθαι *.

ἘΣΤΑΣΊΑΣΆΝ ποτε πρὸς ἀλλήλους οἱ Χῖοι, ἀνδρειότατα νοσήσαντες νόσον ταύτην βαρυτάτην. Ἀνὴρ οὖν ἐν αὐτοῖς, πολιτικὸς τὴν φύσιν, πρὸς τοὺς σπουδάζοντας τῶν ἑταίρων πάντας ἐκβάλλειν τοὺς ἐναντίους, Μηδαμῶς, ἔφη· ἀλλ' ἐπεὶ κεκρατήκαμεν, ὑπολιπώμεθά τινας, ἵνα μὴ τοῦ χρόνου προϊόντος, οὐκ ἔχοντες ἀντιπάλους, ἡμῖν αὐτοῖς ἀρξώμεθα πολεμεῖν. Καὶ εἰπὼν ἔπεισε· καὶ γὰρ ἔδοξε καλῶς λέγειν, ἐπεὶ οὕτως ἔλεγεν.

κϛ. Περὶ Ἀνταγόρου Ἀρκεσίλαον λοιδορήσαντος.

ἈΡΚΕΣΊΛΑΟΝ, τὸν ἐξ Ἀκαδημίας, Ἀνταγόρας ὁ ποιητὴς ἐλοιδορεῖτο, προσφθαρεὶς αὐτῷ, καὶ ταῦτα ἐν τῇ ἀγορᾷ. Ὁ δὲ σφόδρα μεγαλοφρόνως, ἔνθα ἑώρα μάλιστα συνεστῶτας πολλούς, ἐνταῦθα ἐπορεύετο διαλεγόμενος, ἵνα ὁ λοιδορῶν ἐν πλείοσιν ἀσχημονῇ. Οἱ γοῦν ἀκούοντες ἀπεστρέφοντο, καὶ μανίαν ἐπεκάλουν τῷ Ἀνταγόρᾳ.

κζ. Περὶ Ἀγησιλάου.

ἘΓᾺ δὲ ἐπαινῶ μάλιστα ἐκείνους, ὅσοι τὰ ὑποφυόμενα τῶν κακῶν φθείραντες ἀεί, ταῦτα ἐκκόπτουσι, πρὶν ἢ δυνάμεώς τινος ἐπιλαβέσθαι. Ἀγησίλαος οὖν συνεβούλευσεν, ἀκρίτως

---

* Cor. conjicit, ὁμονοίας ἀνθέξεσθαι.

pas été déchargés de leurs dettes, saisissant les armes que la fureur leur fournissait, et cédant au plus puissant des motifs, le besoin urgent du nécessaire, se jetèrent sur leurs créanciers et les massacrèrent.

25. *Moyen singulier de conserver la paix dans un état.*

Dans une dissension très-vive qui divisait les habitans de Chio, et qui se répandit chez eux comme une maladie dangereuse, un citoyen [1], vraiment homme d'état, dit à ceux de son parti qui voulaient bannir de la ville tous leurs adversaires : « N'en faites rien; puisque nous les avons vaincus, gardons-en quelques-uns, de peur qu'avec le temps nous ne tournions, faute d'ennemis, nos armes contre nous-mêmes [2]. » Il les persuada; et l'on trouva qu'il avait raison.

26. *D'Antagoras et d'Arcésilas.*

Le poëte Antagoras [3] accablait d'injures Arcésilas, philosophe académicien [4], quelque part qu'il le rencontrât, et jusques dans la place publique. Arcésilas avait le courage de n'y pas répondre; mais dès qu'il voyait plusieurs personnes assemblées, il s'en approchait et se mêlait à la conversation, pour mettre Antagoras à portée de se déshonorer lui-même par ses injures devant un plus grand nombre de témoins. En effet, ceux qui l'entendaient lui tournaient le dos, et le traitaient de fou.

27. *D'Agésilas.*

Ceux-là me paraissent bien dignes de louange, qui, s'opposant au mal dès sa naissance, en coupent la racine avant qu'il ait pris son accroissement. C'est ainsi qu'Agésilas conseilla qu'on fît mourir, sans les entendre, les séditieux qui

ἀποκτείνειν τοὺς συνιόντας νύκτωρ ὑπὸ τὴν τῶν Θηβαίων εἰσβολήν.

κη. Περὶ Πυθέου ῥήτορος.

ὨΝΕΙΔΙΣΕ τις τῷ ῥήτορι Πυθέᾳ, ὅτι κακός ἐστιν. Ὁ δὲ οὐκ ἠρνήσατο· τὸ γὰρ συνειδὸς οὐκ ἐπέτρεπεν αὐτῷ. Ἀπεκρίνατο δὲ ἐκεῖνο, Ἐλάχιστον χρόνον τῶν πεπολιτευμένων Ἀθήνησι γενέσθαι κακός· μέγα φρονῶν, δῆλον, ὅτι μὴ διὰ τέλους ἦν τοιοῦτος, καὶ ἡγούμενος μὴ ἀδικεῖν, ἐπεὶ μὴ τοῖς πονηροτάτοις παρεβάλλετο*. Εὔηθες δὲ τοῦτο τοῦ Πυθέου· οὐ γὰρ μόνον ὁ ἀδικήσας, κακός, ἀλλὰ καὶ ὁ ἐννοήσας ἀδικῆσαι, παρά γ᾽ ἐμοὶ κριτῇ.

κθ. Ὅτι Λύσανδρος χρήματα εἰς Σπάρτην ἐκόμισεν.

ΟΤΙ Λύσανδρος ἐκόμισεν εἰς Λακεδαίμονα χρήματα, καὶ ἐδίδαξε τοὺς Λακεδαιμονίους παρανομεῖν εἰς τὸ πρόσταγμα τοῦ θεοῦ, τὸ κελεῦον, Ἄβατον εἶναι χρυσῷ καὶ ἀργύρῳ τὴν Σπάρτην. Τῶν οὖν φρονούντων τινὲς διεκώλυον, φρόνημα ἔτι κεκτημένοι Λακωνικόν, καὶ Λυκούργου καὶ τοῦ Πυθίου ἄξιον. Οἱ δὲ προσιέμενοι, διεβλήθησαν· καὶ ἡ ἐξ ἀρχῆς αὐτῶν ἀρετὴ κατὰ μικρὸν ὑπέληξεν.

λ. Πῶς ὁ Ἄννων ἐκθεοῦν ἑαυτὸν ἐβούλετο.

ΑΝΝΩΝ ὁ Καρχηδόνιος ὑπὸ τρυφῆς ἐν τοῖς ἀνθρώπων ὅροις οὐκ ἠξίου διαμένειν, ἀλλ᾽ ἐπενόει φήμας ὑπὲρ ἑαυτοῦ κατασπείρεσθαι κρείττονας, ἢ κατὰ τὴν φύσιν, ἥνπερ οὖν ἔλαχεν. Ὄρνιθας γὰρ τῶν ᾠδικῶν παμπόλλους πριάμενος, ἔτρεφεν ἐν σκότῳ αὐτούς, ἓν διδάσκων μάθημα λέγειν, Θεός ἐστιν Ἄννων.

---

* Διωρθωσάμην ἀντὶ τοῦ, παρενεβάλετο. *Coray.*

s'assemblaient la nuit ¹, durant l'invasion des Thébains dans la Laconie ².

28. *De l'orateur Pythéas.*

Quelqu'un reprochait à l'orateur Pythéas ³ qu'il était un méchant homme, et Pythéas n'en disconvenait pas : c'eût été démentir le témoignage de sa conscience. Mais il répondit que de tous ceux qui avaient gouverné la république d'Athènes, il était celui dont la méchanceté avait le moins duré. Il paraît que Pythéas s'applaudissait de n'avoir pas été toujours méchant, et qu'il croyait même ne l'être pas, puisqu'on ne le comptait point parmi ceux que leur méchanceté avaient rendus célèbres. Façon de penser peu raisonnable ⁴ ; car, à mon avis, celui qui a eu l'intention de faire le mal, n'est pas moins méchant que celui qui l'a fait ⁵.

29. *De Lysandre.*

Lysandre introduisit l'argent dans Lacédémone, et apprit à ses concitoyens à violer la défense du dieu qui avait ordonné que l'or et l'argent ne fussent jamais reçus dans Sparte. Quelques gens sages, qui avaient encore l'âme vraiment lacédémonienne et digne de Lycurgue et d'Apollon, s'y opposèrent ; d'autres favorisèrent l'entrée de ces métaux, et se déshonorèrent. Ainsi se perdit insensiblement l'ancienne vertu de Sparte.

30. *De la vanité d'Annon.*

Tel était l'orgueil du Carthaginois Annon ⁶, que souffrant impatiemment de se voir renfermé dans les bornes de la condition humaine, il forma le projet de se faire donner par la renommée une existence plus excellente que celle qu'il tenait de la nature. Il acheta un grand nombre d'oiseaux, de l'espèce de ceux qu'on forme à chan,

Ἐπεὶ δὲ ἐκεῖνοι μίαν φωνὴν ταύτην ἀκούοντες, ἐγκρατεῖς ταύτης ἐγένοντο, ἄλλον ἄλλοσε διαφῆκεν, οἰόμενος διαρρεῦσαι τῶν ὀρνίθων τὸ ὑπὲρ ἑαυτοῦ μέλος. Οἱ δὲ, τὸ πτερὸν ἀπολύσαντες ἅπαξ, καὶ ἐλευθερίας λαβόμενοι, καὶ ἐς ἤθη τὰ σύντροφα αὐτοῖς ἐλθόντες, τὰ οἰκεῖα ᾖδον, καὶ τὰ τῶν ὀρνίθων ἐμιμοῦργουν, μακρὰ χαίρειν εἰπόντες Ἄμμωνε, καὶ μαθήμασι τοῖς ἐν τῇ δουλείᾳ.

λα. Περὶ Πτολεμαίου Τρύφωνος ἐπικαλουμένου.

ΠΤΟΛΕΜΑΙΟΣ ὁ Τρύφων (τοῦτο γὰρ αὐτὸν ἐκάλουν ἐκ τοῦ βίου), γυναικὸς ὡραίας ἐντυχεῖν αὐτῷ βουλομένης, ὅδε ἔφη, Ἀπηγόρευσέ μοι ἡ ἀδελφὴ παρὰ γυναικὸς καλῆς λόγον δέξασθαι. Ἡ δὲ ἀτρέστως πάνυ καὶ ἐμμελῶς, Παρὰ καλοῦ λάβοις ἄρ'; εἶπε. Καὶ ἐκεῖνος ἀκούσας ἐπῄνεσε.

λβ. Περὶ Τιμανδρίδου οὐκ ἐπαινέσαντος πλουτεῖν τὸν υἱόν.

ΛΑΚΕΔΑΙΜΟΝΙΟΣ ἀνήρ, Τιμανδρίδας ὄνομα, ἀποδημήσας, τὸν υἱὸν ἀπέλιπε μελεδωνὸν τῆς οἰκίας. Εἶτα ἐπανελθὼν χρόνῳ ὕστερον, καὶ εὑρὼν τὴν οὐσίαν ποιήσαντα ἧς ἀπέλιπε πλείω, ἔφη πολλοὺς ἀδικεῖσθαι ὑπ' αὐτοῦ θεούς τε, καὶ οἰκείους, καὶ ξένους· τὰ γὰρ περιττὰ τούτων εἰς ἐκείνους ἀναλίσκεσθαι ὑπὸ τῶν ἐλευθέρων. Τὸ δὲ ζῶντα μὲν φαίνεσθαι πένητα, τελευτήσαντα δὲ καταφωραθῆναι πλούσιον, ἀλλὰ τοῦτο τῶν ἐν ἀνθρώποις ἐστὶν αἴσχιστον.

ter, et les nourrit dans un lieu obscur, où il leur enseignait uniquement à répéter, *Ammon est un dieu*. Quand les oiseaux, qui n'entendaient jamais que ces mots, eurent appris à les bien prononcer, il les lâcha de différens côtés; ne doutant pas que leur chant ne répandît partout ce témoignage en sa faveur. Mais à peine eurent-ils pris leur volée et recouvré leur liberté, que, retournant aux lieux où ils avaient été élevés, ils reprirent leur ramage naturel, et ne formèrent plus que les sons propres des oiseaux, disant pour toujours adieu à Ammon, et à ce qu'ils avaient appris durant leur esclavage.

31. *De Ptolémée Tryphon.*

Ptolémée, que sa vie voluptueuse fit surnommer *Tryphon*¹, répondit à une très-belle femme qui lui demandait une audience particulière, *Ma sœur m'a défendu tout entretien avec les belles femmes;* à quoi celle-ci, sans se troubler, repartit avec esprit : *Vous ne seriez pas si difficile pour un beau jeune homme*. Cette repartie plut fort à Ptolémée.

32. *Mot du Lacédémonien Timandride.*

Un Lacédémonien, nommé Timandride, partant pour un voyage, chargea son fils du soin de sa maison. A son retour, qui suivit de près son départ, il trouva que son fils avait considérablement augmenté le bien qu'il lui avait laissé : « Vous avez, lui dit-il, offensé plusieurs divinités à la fois, les dieux du pays, et les dieux étrangers : tout citoyen vertueux leur consacre son superflu. Rien, ajouta-t-il, n'est plus honteux pour un homme, que d'être trouvé riche à sa mort, après s'être donné pour pauvre durant sa vie. »

λγ. Περὶ Πλάτωνος, καὶ Διογένους.

Διελέγετο ὑπέρ τινων ὁ Πλάτων, παρὼν δ' ὁ Διογένης ὀλίγον αὐτῷ προσεῖχεν. Ἠγανάκτησεν οὖν ἐπὶ τούτοις ὁ Ἀρίστωνος, καὶ ἔφη, Ἐπάκουσον τῶν λόγων, Κύον. Καὶ ὃς, οὐδὲν διαταραχθείς, Ἀλλ' ἐγώ, εἶπεν, οὐκ ἐπανῆλθον ἐκεῖσε, ὅθεν ἐπράθην, ὥσπερ οἱ κύνες, αἰνιττόμενος αὐτοῦ τὴν εἰς Σικελίαν ὁδόν. Εἰώθει δέ, φασιν, ὁ Πλάτων περὶ Διογένους λέγειν, ὅτι μαινόμενος οὗτος Σωκράτης ἐστίν.

λδ. Παρὰ τίνος ἔμαθον τὰ νόμιμα οἱ Αἰγύπτιοι, καὶ περὶ τῶν ἐκείνων δικαστῶν.

Αἰγύπτιοί φασι παρ' Ἑρμοῦ τὰ νόμιμα ἐκμουσωθῆναι. Οὕτω δὲ καὶ ἕκαστοι τὰ παρ' ἑαυτοῖς σεμνύνειν προῄρηνται. Δικασταὶ δὲ τὸ ἀρχαῖον παρ' Αἰγυπτίοις οἱ ἱερεῖς ἦσαν. Ἦν δὲ τούτων ἄρχων ὁ πρεσβύτατος, καὶ ἐδίκαζεν ἅπαντας. Ἔδει δὲ αὐτὸν εἶναι δικαιότατον ἀνθρώπων, καὶ ἀφειδέστατον. Εἶχε δὲ καὶ ἄγαλμα περὶ τὸν αὐχένα ἐκ σαπφείρου λίθου, καὶ ἐκαλεῖτο τὸ ἄγαλμα Ἀλήθεια. Ἐγὼ δὲ ἠξίουν, μὴ λίθου πεποιημένην, καὶ εἰκασμένην, τὴν Ἀλήθειαν περιφέρειν τὸν δικαστήν, ἀλλ' ἐν αὐτῇ τῇ ψυχῇ ἔχειν αὐτήν.

λε. Περὶ Λαΐδος.

Ὅτι Λαῒς καὶ Ἀξίνη ἐκαλεῖτο. Ἤλεγχε δὲ αὐτῆς τὸ ἐπώνυμον τοῦτο τὴν τοῦ ἤθους ἀγριότητα, καὶ ὅτι πολὺ ἐπράττετο, καὶ ἔτι μᾶλλον παρὰ τῶν ξένων, ἅτε ἀπαλλαττομένων θᾶττον.

λϛ. Ὅτι γελοῖοι οἱ διὰ τοὺς πατέρας μέγα φρονοῦντες.

Γελᾶν δὲ ἔξεστιν ἐπὶ τοῖς μέγα φρονοῦσι διὰ τοὺς πατέρας καὶ τοὺς ἄνω τοῦ γένους, εἴγε Μαρίου μὲν τὸν πατέρα οὐκ

33. *Réponse de Diogène à Platon.*

Diogène assistait un jour à un discours de Platon, et ne l'écoutait point. « Ecoute donc, chien », lui dit Platon. « Mais, repartit Diogène sans se troubler, on ne m'a jamais vu retourner, comme font les chiens, au lieu où j'ai été vendu¹. » Diogène reprochait ainsi à Platon son second voyage en Sicile. Platon disait ordinairement de Diogène, que c'était Socrate en délire.

34. *De l'origine des lois chez les Egyptiens.*

Les Egyptiens prétendent que Mercure a été l'auteur de leurs lois². C'est la manie de tous les peuples de rendre ainsi plus auguste l'origine de leurs coutumes³. Dans les premiers temps, chez les Egyptiens, les prêtres étaient les juges : le plus vieux en était le chef, et tous étaient soumis à son autorité; ce devait être le plus juste et le plus intègre de tous les hommes. Il portait au cou un saphir, sur lequel était gravée une figure qu'on nommait *la Vérité*⁴. Pour moi, j'aimerais mieux qu'un juge eût la vérité dans le cœur, que d'en porter l'image représentée sur une pierre.

35. *De Laïs.*

Laïs fut surnommée *la Hache*, par allusion à la dureté de son caractère, et au prix excessif de ses faveurs, surtout pour les étrangers, parce qu'ils n'étaient à Corinthe qu'en passant⁵.

36. *Leçon pour ceux qui tirent vanité de leur naissance.*

C'est à bon droit qu'on rit de ceux qui tirent vanité de leurs ancêtres; car, si nous admirons les actions de Ma-

ἴσμεν, αὐτὸν δὲ θαυμάζομεν διὰ τὰ ἔργα· καὶ Κάτωνα δὲ, καὶ Σέρβιον, καὶ Ὁστίλιον, καὶ Ῥωμύλον.

λζ. Περὶ ἀγαλμάτων καὶ εἰκόνων.

Φιλῶ δὲ μηδὲ τὰ ἀγάλματα, ὅσα ἡμῖν ἡ πλαστικὴ δείκνυσι, μηδὲ τὰς εἰκόνας, ἀργῶς ὁρᾶν· ἔστι γάρ τι ταῖς χειρουργίαις* σοφὸν καὶ ἐν τούτοις. Καὶ πολλὰ μὲν καὶ ἄλλα δύναταί τις καταγνῶναι ἔχοντα ταύτῃ, ἐν δὲ τοῖς καὶ ἐκεῖνο. Τῶν Μουσῶν οὐδεὶς οὐδέποτε, οὔτε γραφικὸς ἀνὴρ, οὔτε πλαστικός, οἷός τε ἐγένετο ψευδίστατα, καὶ κίβδηλα, καὶ ἀλλότρια τῶν Διὸς θυγατέρων τὰ εἴδη παραστῆσαι ἡμῖν· ἢ τίς οὕτως νεανικῶς ἐμάνη δημιουργός, ὥστε ὡπλισμένας ἡμῖν ἐργάσασθαι; Ὁμολογεῖ δὲ τοῦτο, ὅτι δεῖ τὸν ἐν Μούσαις βίον εἰρηνικόν τε ἅμα καὶ πρᾷον εἶναι, καὶ ἄξιον ἐκείνων.

λη. Περὶ Ἐπαμινώνδου καὶ Πελοπίδου.

Ἐπαμινώνδου τοῦ Θηβαίου πολλὰ μὲν καὶ ἄλλα καλὰ οἶδα, ἐν δὲ τοῖς καὶ τόδε. Ἔλεγε πρὸς Πελοπίδαν, μὴ πρότερον ἀπαλλάττεσθαι τῆς ἀγορᾶς ἡμέρα, πρὶν ἢ φίλον τοῖς ἀρχαίοις τινὰ προσπορίσαι νεώτερον.

λθ. Πῶς ὁ Ἀνταλκίδας ἤλεγξε δῶρον μύρῳ βεβαμμένον αὐτῷ πεμφθέν.

Ὁ Περσῶν βασιλεὺς (βούλομαι γάρ τι ὑμῖν καὶ φαιδρὸν εἰπεῖν), στέφανον εἰς μύρον βάψας (διεπέπλεκτο δὲ ῥόδων ὁ στέφανος), ἔπεμψεν Ἀνταλκίδᾳ, πρεσβεύοντι ὑπὲρ εἰρήνης πρὸς αὐτόν. Ὁ δὲ, Δέχομαι μὲν, ἔφη, τὸ δῶρον, καὶ ἐπαινῶ τὴν

---

* Faber conjicit, τῆς χειρουργίας.

rius, nous ignorons quel fut son père ; et l'on peut dire la même chose de Caton, de Servius, de Tullus Hostilius, de Romulus [1].

37. *Sur les statues et les tableaux.*

J'AIME à voir, mais non pas superficiellement et en passant, les statues et les tableaux. Les ouvrages de l'art, principalement ceux dont je parle, offrent toujours quelque instruction utile. Entre plusieurs exemples qui le prouvent, je ne citerai que celui-ci. Jamais peintre ni sculpteur, en représentant les Muses [1], n'a osé changer les traits qui leur sont propres, et leur donner un caractère qui n'eût pas été digne des filles de Jupiter. Quel artiste serait assez dépourvu de sens pour les représenter armées? On doit entendre par-là que, pour être digne de vivre dans le commerce des Muses, l'esprit de paix et de douceur est nécessaire.

38. *Conseil d'Epaminondas à Pélopidas.*

ENTRE plusieurs mots remarquables du Thébain Epaminondas, on peut compter celui-ci. « Souvenez-vous, disait-il à Pélopidas, de ne jamais sortir de la place publique sans y avoir acquis un nouvel ami. »

39. *D'Antalcidas.*

CE que je vais vous dire est d'un genre moins sérieux. Le roi de Perse [3] ayant envoyé à Antalcidas, qui était auprès de lui pour traiter de la paix [4], une couronne de roses bien parfumée; « Je reçois le présent, répondit Antalcidas; et je suis touché de cette marque de la bienveillance du roi : mais vous avez anéanti l'odeur des roses;

φιλοφροσύνην· ἀπώλεσας δὲ τὴν ὀσμὴν τῶν ῥόδων, καὶ τὴν τῆς φύσεως εὐωδίαν, διὰ τὴν ἐκ τῆς τέχνης κιβδηλίαν.

μ. Περὶ Ἀλεξάνδρου τοῦ Φεραίων τυράννου ὠμότητος.

ἈΛΈΞΑΝΔΡΟΣ, ὁ Φεραίων τύραννος, ἐν τοῖς μάλιστα ἔδοξεν ὠμότατος εἶναι. Θεοδώρου δὲ τοῦ τῆς τραγῳδίας ποιητοῦ ὑποκρινομένου τὴν Ἀερόπην σφόδρα ἐμπαθῶς, ὅδε εἰς δάκρυα ἐξέπεσεν, εἶτα ἐξανέστη τοῦ θεάτρου. Ἀπολογούμενος δὲ ἔλεγε τῷ Θεοδώρῳ, ὡς οὐ καταφρονήσας, οὐδὲ ἀτιμάσας αὐτὸν ᾤχετο, ἀλλ᾽ αἰδούμενος, εἰ τὰ μὲν ὑποκριτῶν πάθη οἷός τε ἦν ἐλεεῖν, τὰ δὲ τῶν ἑαυτοῦ πολιτῶν οὐχί.

μα. Περὶ Ἀπολλοδώρου μανίας διὰ τὸν οἶνον.

Ὅτι Ἀπολλόδωρος, πλεῖστον ἀνθρώπων πίνων οἶνον, οὐκ ἀπεκρύπτετο τὸ ἑαυτοῦ κακόν, οὐδὲ ἐπειρᾶτο περιαμπέχειν τὴν μέθην, καὶ τὰ ἐξ αὐτῆς κακά· ἀλλὰ καὶ ἐκ τοῦ οἴνου ὑπαναφλεγόμενος καὶ ὑπεξαπτόμενος, ἐγίνετο φονικώτερος, πρὸς τῇ φύσει καὶ τὸ πόμα ἔχων ἐνδόσιμον.

μβ. Ξενοκράτους γνώμη.

ΞΕΝΟΚΡΆΤΗΣ, ὁ Πλάτωνος ἑταῖρος, ἔλεγε μηδὲν διαφέρειν, ἢ τοὺς πόδας, ἢ τοὺς ὀφθαλμοὺς, εἰς ἀλλοτρίαν οἰκίαν τιθέναι· ἐν ταὐτῷ γὰρ ἁμαρτάνειν τόν τε εἰς ἃ μὴ δεῖ χωρία βλέποντα, καὶ εἰς οὓς μὴ δεῖ τόπους παριόντα.

μγ. Περὶ Πτολεμαίου καὶ Βερενίκης.

Ὁ μὲν Πτολεμαῖος, φασίν (ὁπόστος δὲ αὐτῶν, ἐὰν δέῃ),

le parfum artificiel a détruit celui que la nature leur a donné. »

40. D'Alexandre, tyran de Phères.

ALEXANDRE, tyran de Phères, a été renommé pour sa cruauté. Un jour que le poëte tragique Théodore jouait, de la manière la plus touchante, le rôle d'Érope, Alexandre ne pouvant retenir ses larmes, se leva précipitamment et sortit du théâtre. Pour consoler le poëte, il lui dit que ce n'était ni par mépris pour son art, ni dans le dessein de lui faire injure, qu'il s'était retiré; mais par la honte de montrer de la pitié pour les malheurs feints d'un acteur, tandis qu'il n'était point touché des maux réels de ses concitoyens.

41. Passion d'Apollodore pour le vin.

APOLLODORE, le plus grand buveur de son temps, ne cachait point ce défaut, et ne cherchait à dérober aux yeux du public ni son ivresse, ni les funestes effets dont elle était suivie. Quand il était échauffé par la boisson, il devenait furieux, et d'autant plus à craindre que l'action du vin ajoutait à sa férocité naturelle.

42. Maxime de Xénocrate.

XÉNOCRATE, disciple de Platon, disait : « C'est une même chose de jeter les yeux, ou de porter les pieds dans la maison d'autrui. » C'est-à-dire que celui qui regarde où il ne devait pas regarder, fait une aussi grande faute que celui qui entre où il ne devait pas entrer.

43. De Ptolémée et de Bérénice.

ON raconte qu'un jour, pendant que Ptolémée (n'im-

καθῆστο ἐπὶ κύβοις, καὶ πεττεύων διετέλει· εἶτά τις αὐτῷ παρεστὼς ἀνεγίνωσκε τῶν κατεγνωσμένων τὰ ὀνόματα, καὶ τὰς καταδίκας αὐτῶν προσεπέλεγεν, ἵνα ἐκεῖνος παρασημήνηται τοὺς ἀξίους θανάτου. Βερενίκη δὲ ἡ γαμετὴ αὐτοῦ, λαβοῦσα τὸ βιβλίον παρὰ τοῦ παιδὸς, εἶτα οὐκ εἴασε διαναγνωσθῆναι τὸ πᾶν οὐκ ἔτι, φήσασα, Πάνυ σφόδρα προσέχοντα τὴν διάνοιαν, ὑπὲρ ἀνθρώπου ψυχῆς διαλογίζεσθαι, καὶ μὴ πρὸς παιδιᾷ γινόμενον· οὐ γὰρ ὁμοίαν εἶναι πτῶσιν τὴν τῶν κύβων καὶ τὴν τῶν σωμάτων. Πρὸς ταῦτα ὁ Πτολεμαῖος ᾔσθη, καὶ οὐδέποτε κυβεύων μετὰ ταῦτα ὑπὲρ ἀνθρώπου κρίσεως ἤκουσεν.

μδ. Λακωνικὸς νόμος περὶ φιλαργυρίας.

ΛΑΚΩΝΙΚΟΝ μειράκιον ἐπρίατο χωρίον ὑπερεύωνον, εἶτα ἐπὶ τὰς ἀρχὰς ἤχθη, καὶ ἐζημιώθη. Τὸ δὲ αἴτιον τῆς καταδίκης ἐκεῖνο ἦν, ἐπεὶ νέος ὢν τοῦ κερδαίνειν ὀξύτατα ᾔρα. Ἦν δὲ Λακεδαιμονίων ἐν τοῖς μάλιστα ἀνδρικὸν καὶ τοῦτο, μὴ πρὸς μόνους πολεμίους παρατετάχθαι, ἀλλὰ καὶ πρὸς ἀργύριον.

με. Περί τινων γυναικῶν ἐπαίνου ἀξίων.

ΓΥΝΑΙΚΑΣ τῶν Ἑλλήνων ἐπαινοῦμεν, Πηνελόπην, Ἄλκηστιν, καὶ τὴν Πρωτεσιλάου· Ῥωμαίων, Κορνηλίαν, καὶ Πορκίαν, καὶ Κεστιλίαν. Ἐδυνάμην δὲ εἰπεῖν καὶ ἄλλας, ἀλλ' οὐ βούλομαι τῶν μὲν Ἑλλήνων εἰπεῖν ὀλίγας, ἐπικλύσαι δὲ τοῖς τῶν Ῥωμαίων ὀνόμασιν, ὡς ἂν μή μέ τις δοκοίη χαρίζεσθαι ἐμαυτῷ διὰ τὴν πατρίδα.

porte lequel des princes de ce nom [1]), assis devant une table, jouait aux dés, quelqu'un lisait, à côté de lui, les noms des coupables condamnés et les motifs de leur condamnation, afin qu'il marquât ceux qui méritaient la mort; Bérénice sa femme arracha le registre des mains du lecteur, et ne lui permit pas de lire jusqu'à la fin. « Ce n'est pas en jouant, dit-elle, qu'il faut décider de la vie des hommes; on y doit apporter la plus sérieuse attention : autre chose est le sort des corps, et celui des dés. » Ce discours plut beaucoup à Ptolémée; depuis ce moment il n'entendit plus, durant son jeu, le rapport des jugemens rendus en matière criminelle.

44. *Loi lacédémonienne contre l'avarice.*

Un jeune Lacédémonien, qui avait acheté un fonds de terre à vil prix, fut traduit devant les magistrats, et condamné à l'amende, parce que, dans un âge si tendre, il montrait déjà une grande avidité pour le gain. Ce qui caractérisait le courage des Lacédémoniens, c'est qu'il était aussi ferme contre l'argent que contre les ennemis de la république.

45. *De quelques femmes célèbres.*

La Grèce eut trois femmes dont on ne parle qu'avec éloge, Pénélope [2], Alceste [3], et l'épouse de Protésilas [4]. Il en est de même, chez les Romains, de Cornélie [5], de Porcie [6], et de Cestilie [7]. Je pourrais en nommer plusieurs autres : mais n'ayant cité qu'un petit nombre de femmes grecques, je ne veux pas grossir la liste des femmes romaines, de peur qu'on ne me soupçonne d'avoir voulu me faire honneur à moi-même en flattant ma patrie.

μς΄. Περὶ Μαγνήτων παρατάξεως μετὰ τῶν Ἐφεσίων.

Οἱ Μαιάνδρῳ παροικοῦντες Μάγνητες, Ἐφεσίοις πολεμοῦντες, ἕκαστος τῶν ἱππέων ἦγεν αὑτῷ συστρατιώτην, θηρατὴν κύνα, καὶ ἀκοντιστὴν οἰκέτην. Ἡνίκα δὲ ἔδει συμμίξαι, ἐνταῦθα οἱ μὲν κύνες προπηδῶντες ἐτάραττον τὴν παρεμβολὴν, φοβεροί τε, καὶ ἄγριοι, καὶ ἐντυχεῖν ἀμείλικτοι ὄντες· οἱ δὲ οἰκέται, προπηδῶντες τῶν δεσποτῶν, ἠκόντιζον. Ἦν δὲ ἄρα, ἐπὶ τῇ φθανούσῃ διὰ τοὺς κύνας ἀταξίᾳ, καὶ τὰ παρὰ τῶν οἰκετῶν δρώμενα ἐνεργῆ. Εἶτα ἐκ τρίτου ἐπῄεσαν αὐτοί.

μζ΄. Περὶ Ζεύξιδος Ἑλένης εἰκόνος, καὶ Νικοστράτου ζωγράφου.

Ὅτι Ζεῦξις ὁ Ἡρακλεώτης ἔγραψε τὴν Ἑλένην. Νικόστρατος οὖν ὁ ζωγράφος ἐξεπλήττετο τὴν εἰκόνα, καὶ τεθηπὼς τὸ γράμμα δῆλος ἦν. Ἤρετο οὖν τις αὐτὸν προσελθὼν, τί δὴ παθὼν οὕτω θαυμάζοι τὴν τέχνην; ὁ δέ, Οὐκ ἄν με ἠρώτησας, εἶπεν, εἰ τοὺς ἐμοὺς ὀφθαλμοὺς ἐκέκτησο. Ἐγὼ δ᾽ ἂν φαίην τοῦτο καὶ ἐπὶ τῶν λόγων, ἀλλ᾽ εἴ τις ἔχοι πεπαιδευμένα ὦτα, ὡσπεροῦν οἱ χειρουργοὶ τεχνικὰ ὄμματα.

μη΄. Τίνας ὁ Ἀλέξανδρος ὑπώπτευεν.

Ὅτι ὁ Ἀλέξανδρος Πτολεμαίου τὸ δεξιὸν ὑφωρᾶτο, Ἀρρίου δὲ ἐδεδίει τὸ ἄτακτον, τό γε μὴν νεωτεροποιὸν Πύθωνος.

μθ΄. Διὰ τί ὁ Φίλιππος τοὺς τῶν δοκιμωτάτων υἱοὺς περὶ τὴν ἑαυτοῦ θεραπείαν εἶχεν.

Ὅτι Φίλιππος τῶν ἐν Μακεδονίᾳ δοκιμωτάτων τοὺς υἱεῖς

46. *Manière de combattre des Magnésiens.*

Dans la guerre que les Magnésiens, établis sur les bords du fleuve Méandre [1], firent aux Ephésiens, chaque cavalier menait avec lui pour compagnon d'armes un chien de chasse [2], outre un esclave habile à tirer de l'arc. Dès que le signal était donné pour en venir aux mains, ces chiens terribles et cruels se jetaient avec fureur sur les troupes ennemies, et y portaient l'épouvante. Ensuite, les esclaves archers, devançant leurs maîtres, lançaient leurs traits, et hâtaient ainsi la défaite d'une armée que les chiens avaient déjà mise en désordre. Alors survenaient les cavaliers, qui formaient la troisième attaque.

47. *Mot du peintre Nicostrate.*

Zeuxis d'Héraclée avait fait le portrait d'Hélène [3] : le peintre Nicostrate [4], en le voyant, fut saisi d'une surprise qu'on reconnut aisément pour un signe d'admiration. Quelqu'un s'approchant, lui demanda pourquoi il admirait si fort cet ouvrage. « Si vous aviez mes yeux, répondit Nicostrate, vous ne me feriez pas cette question. » Je dirai de même des discours d'éloquence, que pour en sentir les beautés il faut avoir des oreilles savantes, comme les artistes doivent avoir des yeux exercés pour apprécier les productions de leur art.

48. *Personnages suspects à Alexandre.*

Alexandre se défiait de Ptolémée [5] à cause de sa finesse ; d'Arrhias [6], à cause de son caractère libertin ; et de Python [7] à cause de son goût pour l'intrigue.

49. *Trait de la vie de Philippe.*

Philippe attachait à sa maison et prenait à son service les

παραλαμβάνων, περὶ τὴν ἑαυτοῦ θεραπείαν εἶχεν, οὔτι που, φασὶν, ἐνυβρίζων αὐτοῖς, οὐδὲ διευτελίζων, ἀλλ' ἐκ τῶν ἐναντίων, καρτερικοὺς αὐτοὺς ἐκπονῶν, καὶ ἑτοίμους πρὸς τὸ τὰ δέοντα πράττειν ἀποφαίνων. Πρὸς δὲ τοὺς τρυφῶντας αὐτῶν, καὶ εἰς τὰ ἐπιταττόμενα ῥᾳθύμως ἔχοντας, διέκειτό, φασι, πολεμίως. Ἀφθόνητον γοῦν ἐμαστίγωσεν, ὅτι τὴν τάξιν ἐκλιπὼν ἐξετράπετο τῆς ὁδοῦ διψήσας, καὶ παρῆλθεν εἰς πανδοκέως. Καὶ Ἀρχέδαμον ἀπέκτεινεν, ὅτι, προστάξαντος αὐτοῦ ἐν τοῖς ὅπλοις συνέχειν ἑαυτόν, ὅδε ὑπελύσατο (ἤλπισε γὰρ διὰ τῆς κολακείας καὶ ὑποδρομῆς χειρώσασθαι τὸν βασιλέα), ἅτε ἀνὴρ ἥττων τοῦ κερδαίνειν ὤν.

ΤΕ'ΛΟΣ.

fils des Macédoniens les plus distingués, non par aucun motif qui pût les déshonorer, comme on l'a supposé, ou pour les humilier. Il voulait, au contraire, en les endurcissant au travail, les accoutumer à se trouver toujours prêts à faire ce qu'on exigerait d'eux. On dit qu'il traitait durement ceux d'entre ces jeunes gens qui se montraient efféminés ou indociles. Il fit battre de verges Aphthonète, parce que, pressé par la soif, il avait quitté son rang et s'était écarté du chemin pour entrer dans une hôtellerie. Il fit punir de mort Archédamus, qui s'était dépouillé de ses armes pour courir au butin, malgré la défense qui lui en avait été faite. Archédamus croyait s'être acquis, par sa souplesse et ses flatteries, assez d'empire sur l'esprit de Philippe pour ne pas craindre d'être puni [1].

FIN.

NOTES

SUR LES HISTOIRES DIVERSES D'ÉLIEN.

LIVRE PREMIER.

Pag. 3. — ¹ On trouvera de plus grands détails concernant les polypes, dans Aristote, *Hist. des Animaux*, liv. IX. Voy. aussi Pline, IX, 29; Elien, *Hist. des Anim.*, I, 37; V, 44; XIV, 26, etc.

² On ne croit plus aujourd'hui que les polypes changent de couleur à leur gré : l'expérience a démontré le contraire.

³ Elien paraît avoir voulu réfuter dans ce chapitre le sentiment de quelques anciens, tels que Sénèque, Plutarque, etc., qui prétendent que les animaux ont été nos maîtres en plusieurs arts; que nous avons appris de l'araignée à faire de la toile, de l'hirondelle à bâtir, etc.

⁴ On lit dans le texte, *la déesse Ergane*, nom qui fut donné à Minerve pour avoir inventé les arts. Pausanias, *Attic*.

⁵ Davies, dans ses notes sur Cicéron, de *Nat. deor.*, II, 48, propose de lire dans le texte, καὶ ὁ μὲν ἐνέπεσεν. C'est aussi l'opinion de J. Tollius, *ad Auson. Protrepticon*, v. 4. M. Coray n'a pris de cette restitution que le mot ἐνέπεσεν. S'il faut changer quelque chose, il y a une correction plus simple, τὸ μὲν ἐμπεσόν. J. V. L.

⁶ On trouve dans l'*Histoire des Animaux*, par Elien, deux chapitres concernant les araignées. L'un, le 21ᵉ du liv. I, n'ajoute rien à ce qu'Elien dit dans celui-ci : le 57ᵉ du liv. VI tend à prouver que l'araignée a des connaissances de géométrie, puisqu'elle sait poser un centre, en faire partir des rayons, tirer des cercles; le tout dans les plus exactes proportions.

Pag. 5. — ¹ L'hydre est une espèce de serpent d'eau, qui fait particulièrement la guerre aux grenouilles. Quand l'hydre sort de l'eau, pour aller chercher sa nourriture à terre, on la nomme *chersydre*, c'est-à-dire, *hydre terrestre*.

² Phèdre, liv. I, fab. 25, a traité le même sujet en raccourci, sous ce titre : *le chien et le crocodile*.

Elien, dans son *Hist. des Animaux*, liv. VI, c. 53, n'a fait, à peu de chose près, que répéter ce qu'il dit ici.

³ Elien ajoute dans l'*Hist. des Animaux*, liv. IX, c. 12, que le renard marin, quand il a par hasard avalé un hameçon, le fait sortir de ses entrailles, en les retournant comme on retournerait un habit.

Pag. 7. — ¹ *Jusquiame*, autrement nommée *hannebane*, plante assoupissante et souvent mortelle aux animaux qui en mangent. Le fruit de la jusquiame ressemble assez à une fève; et comme elle est particulièrement funeste aux cochons, les Grecs, à ce double titre, l'ont nommée ὑοσκύαμος, *fève de cochon*.

² Dans l'*Histoire des Animaux*, liv. V, ch. 39, Elien nous apprend pourquoi la chair du singe est salutaire au lion; c'est, dit-il, parce qu'elle lui lâche le ventre, et qu'elle est pour lui une espèce de purgatif.

Pag. 9. — ¹ Virgile (*Æneid.*, XII, 414) avait dit avant Elien :

.... *Non illa feris incognita capris*
Gramina, quum tergo volucres hæsere sagittæ.

Le *dictamne* est très-connu en botanique. Le plus estimé est celui qui croît dans l'île de Candie; on le nomme *vrai dictamne*, ou *dictamne de Crète*.

² A en croire Elien, les belettes, les serpens, les scolopendres, etc., sont doués de la même intelligence. *Hist. des Anim.*, liv. XI, c. 19.

³ Le Gélon dont il s'agit ici est probablement le tyran de Syracuse, qui vivait vers la soixante-douzième Olympiade. Pausanias, VI, 9, 19; VIII, 42, etc.

⁴ Pollux raconte la même chose du chien de Pyrrhus, roi d'Epire, liv. V, c. 5.

Pag. 11. — ¹ Voyez sur ce sujet un mémoire de M. Morin, dans le *Recueil de l'Académie des Belles-Lettres*, tom. V, pag. 207, des Mém.

² Fr. Jacobs (*Miscell. Critica*, vol. I, part. 3) propose cette correction : ἵνα μὴ βασκανθῶσι δρᾶ γὰρ τοῦτο. Et sur cette place de γὰρ dans la phrase, il renvoie à Hermann, *ad Orpheum*, pag. 826; Schæffer, *in Meletem.*, pag. 76. Cette conjecture me paraît moins heureuse que la correction proposée par le même Jacobs pour cet endroit de l'*Histoire des Animaux* d'Elien, I, 45 : ἐξ οὗ ἄρα καὶ κέκληται. Il lit

avec beaucoup de vraisemblance, ἐξ οὗ ὁρᾷ καὶ κέκληται, comme I, 36 : καὶ ἐξ οὗ ποιεῖ καλοῦμεν αὐτήν, et II, 17 : λαχὼν ἐξ ὧν ὁρᾷ τὸ ὄνομα. Quant à la phrase dont il s'agit ici, on peut s'en tenir à l'opinion de M. Coray, qui explique δι' ἄρα τοῦτο par διά γε τοῦτο, et qui ne change rien. J. V. L.

Pag. 13. — ¹ Peut-être, au lieu de πυραλλίδα, qu'on lit dans le texte, faudrait-il lire πελειάδα, *pigeon-biset.* On ne voit pas en effet quelle comparaison pourrait faire Élien des différentes espèces de pigeons avec la *pyrallide*, animal quadrupède, selon Pline (XI, 36), qu'on croyait vivre dans le feu, et que nous connaissons sous le nom de *salamandre.*

² C'est probablement la raison pour laquelle les Perses détestaient les colombes blanches, et les chassaient hors de leurs frontières, comme odieuses au soleil.

³ *Anagogie* signifie proprement, *fête du départ*, comme *catagogie* signifie *fête du retour* : les Eryciniens célébraient celle-ci neuf jours après l'*anagogie*, parce qu'alors les colombes revenaient habiter le mont Eryx. Élien, *Hist. des Anim.*, liv. IV, c. 2.

⁴ Egium, ville de l'Achaïe.

⁵ Pour entendre ce que dit Élien, il faut se rappeler que les Athéniens envoyaient tous les ans à Délos un vaisseau nommé *le vaisseau Délien*, ou le *vaisseau Salaminien*, sur lequel on transportait tout ce qui servait à l'appareil des jeux annuels, institués autrefois dans cette île par Thésée, en mémoire de sa victoire sur le Minotaure. Il était défendu de faire mourir aucun criminel depuis le jour du départ de ce vaisseau jusqu'à son retour. Comme Socrate avait été condamné dans le temps de la célébration des jeux Déliens, on fut obligé de différer de trente jours l'exécution de la sentence, au bout desquels enfin le vaisseau sacré arriva; et Socrate avala la ciguë. On trouvera dans le *Syntagm. de Fest. Græc. Pet. Castel.*, article *Delia*, les passages de tous les auteurs qui ont parlé des jeux Déliens.

Pag. 15. — ¹ Socrate ne comptait pour rien son corps, et le regardait, non comme faisant partie de lui-même, mais seulement comme l'enveloppe de son âme.

² Pline (XXXIV, 8) raconte quelque chose d'aussi surprenant, de Théodore de Samos. Théodore avait fait en bronze sa propre statue, parfaitement ressemblante, tenant de la main droite une lime, et de la gauche un char à quatre chevaux, d'une telle petitesse, qu'une mouche de bronze,

faite par le même sculpteur, couvrait et le cocher et le char.

³ Martial (*Epigr.*, II, 86) a exprimé ainsi la même pensée :

Turpe est difficiles habere nugas,
Et stultus labor est ineptiarum.

⁴ Les sandales n'étaient autre chose que des semelles attachées sous le pied avec des courroies. Cette chaussure, anciennement réservée aux femmes de la plus grande distinction, devint, dans la suite, commune à tous les états.

⁵ Les Sybarites étaient si connus pour aimer la bonne chère, que quand on voulait parler d'une table bien servie, on l'appelait proverbialement, *Sybaritica mensa*. *Adag. Erasm.*, au mot *Sybaris*. On peut voir aussi sur le luxe des Sybarites, un mémoire de M. Blanchard, dans le recueil *de l'Acad. des Belles-Lettres*, tom. IX, pag. 163, des Mémoires.

Pag. 17. — ¹ Voy. Théopompe dans Athénée, liv. XII.

² Leur faste insolent passa même en proverbe; on disait Κολοφώνια ὕβρις, *insolence colophonienne*. *Adag. Erasm.*, au mot *Colophonia ferocitas*.

³ M. Coray propose, avec beaucoup de vraisemblance, de lire Τυῤῥηνίους au lieu de Τροιζηνίους, les *Tyrrhéniens* au lieu des *Trézéniens*. Cicéron paraît cependant avoir cru aussi (*de Nat. deor.*, III, 34) que Denys pilla les temples de la Grèce; mais tout porte à croire que c'est une erreur. J. V. L.

⁴ C'était un usage observé chez les Grecs, de boire à la fin du repas, tandis qu'on ôtait les tables, une coupe de vin à l'honneur de Bacchus, comme père de la vigne. Cette coupe était nommée, ἀγαθοῦ δαίμονος, c'est-à-dire, *du bon génie*, ou *de la divinité bienfaisante*. On sent aisément que Denys faisait allusion à cet usage, en disant par plaisanterie, qu'on vidât la coupe du bon génie en ôtant la table. C'était dire : *le dieu a dîné*; la table est inutile; il n'y a qu'à l'ôter.

⁵ Le roi dont il s'agit était Artaxerce Mnémon, vers lequel Isménias fut envoyé en ambassade après la bataille de Leuctres.

⁶ Le texte porte ἔλεγε ... παίζων, *lui dit d'un air moqueur*. Mais comme le discours du Chiliarque ne paraît contenir rien de plaisant, j'ai hasardé de lire, φράζων, au lieu de παίζων, sur la foi d'un savant qui a bien voulu me communiquer quelques observations du même genre. — M. Coray admet dans son texte une autre correction, περσίζων.

Pag. 19. — ¹ Monnaie ainsi appelée du nom d'un Darius, roi de Perse : on ignore si c'est Darius fils d'Hystaspe, ou Darius

le Mède de Daniel, appelé *Cyaxare* par Xénophon, et *Assuérus* dans le livre d'Esther.

² Δωροφορικὴ, *robe de présent.* Plusieurs commentateurs ont lu mal à propos δορυφορικὴ, *doryphorique*, robe que portaient communément les gardes des rois de Perse, qu'on appelait *doryphores*, *porte-lances.* Il ne paraît pas en effet qu'il eût été digne de la magnificence des rois de Perse, de donner aux ambassadeurs qu'ils voulaient honorer, l'uniforme de leurs gardes.

³ Gorgias, sophiste et orateur célèbre, florissait vers l'an 420 avant J.-C. Diodore de Sicile dit qu'il vécut jusqu'à 108 ans.

⁴ Protagoras était Abdéritain, et vivait du temps de Démocrite, dont il avait été le disciple.

⁵ Philolaüs, philosophe pythagoricien. Il était de Crotone, et florissait à-peu-près 392 ans avant J.-C.

⁶ Démocrite d'Abdère, selon quelques-uns, de Milet, selon d'autres : il mourut dans un âge fort avancé, environ l'an 362 avant J.-C. *Diog. Laër.*

⁷ Phèdre (*Fab.*, III, 10) a dit de l'esprit de parti, qu'il exprime par le mot *ambitio* : *Aut gratiæ subscribit, aut odio suo.*

Pag. 21. — ¹ On lit dans Elien, *Glaucon*; mais j'ai cru devoir adopter la correction de Scheffer, parce qu'il est certain d'ailleurs que le fils de Neptune et d'Astydamée se nommait *Caucon*.

² Hercule avait, comme on sait, nettoyé les étables d'Augias. C'est un des douze travaux.

³ Le texte d'Elien porte, *chez les Caucons.* Il est bien vrai qu'il y a eu dans le Péloponnèse un peuple de ce nom; mais outre qu'il n'existait pas encore du temps de Léprée, la suite du chapitre fait assez voir la nécessité de la correction, εἰς Καύκωνος. C'est encore Scheffer qui la propose.

⁴ Suivant Plutarque (*Vie de Phocion*), Alexandre donnait aussi le χαίρειν à Antipater.

⁵ Plutarque, dans le même endroit, dit que ces offres furent faites en différens temps, et qu'Alexandre n'envoya à Phocion le nom des quatre villes pour qu'il en choisît une, qu'après que celui-ci eut refusé les cent talens d'argent.

Pag. 23. — ¹ Ou d'Imbros, si l'on adopte la leçon τὸν Ἴμβριον, d'après Plutarque, *Vie de Phocion*, c. 18. C'est aussi d'après le texte de Plutarque qu'on ajoute ici, καὶ Σπάρτωνα. J. V. L.

NOTES, LIVRE I.

² Περίθετον κόμην, espèce de perruque, qui couvrait la tête, et par-là différente de ce qu'on appelait προκόμιον, qui servait quelquefois de parure, et quelquefois à couvrir les parties de la tête où les cheveux étaient moins épais.

³ En traduisant cette phrase, j'ai substitué les mesures communes aux mesures grecques, suivant l'évaluation qu'en fait Pérízonius, dans une note sur cet endroit. Les mesures grecques sont, *douze mines de viandes*, *quatre chœnix de pain*, *et un conge de vin*.

⁴ Pityrée. Athénée le nomme *Lityerse*, et dit qu'il était fils naturel de Midas.

⁵ Cambès. Pérízonius croit qu'il faut lire, *Camblès* : il était contemporain de Jardanus, roi de Lydie, père d'Omphale, qui fut aimée d'Hercule.

⁶ Thyos vivait vers la fin du règne d'Artaxerce Mnémon.

⁷ Il faut lire *Chérilas*, suivant Athénée. Le poëte Archiloque, au rapport d'Hérodote, attaqua dans ses vers ce *Cheirilas*, ou plutôt *Charilas*; d'où l'on peut conclure qu'il était contemporain d'Archiloque, ou qu'il vivait peu de temps auparavant.

⁸ Cléonyme est aussi représenté comme un gourmand, dans la comédie *des Oiseaux*, d'Aristophane, et comme un lâche, dans *les Nuées*.

⁹ Aristophane parle de Pisandre comme d'un lâche et d'un gourmand. Voyez le Schol. sur la comédie *des Oiseaux*.

¹⁰ J'ignore quel est ce Charippe.

¹¹ C'est le roi de Pont, si célèbre par ses guerres contre les Romains.

¹² Calamodrys était un fameux athlète.

¹³ Timocréon, poëte comique, vivait vers l'an 480 avant J.-C. Il déchira dans ses vers Thémistocle et Simonide.

¹⁴ Peut-être est-ce l'Erysichthon dont il est parlé dans les Métamorphoses d'Ovide et dans l'hymne de Callimaque en l'honneur de Cérès. La déesse, dit-on, pour le punir d'avoir abattu un bois qui lui était consacré, lui envoya une faim dévorante, dont rien ne put le guérir.

¹⁵ Κάνθων, *âne* : plusieurs commentateurs, d'après le liv. X d'Athénée, ont lu αἴθων, *brûlant*, épithète qu'on donnait à une faim dévorante, comme pour marquer qu'elle consumait tout. Quoique cette leçon soit très-naturelle, j'ai laissé subsister celle d'Élien, qu'on peut justifier par le témoignage de plusieurs auteurs anciens, qui ont parlé de l'âne comme d'un animal gourmand.

16 C'est-à-dire, *de Cérès, déesse du manger;* car je crois que dans ce passage σῖτος ne doit pas seulement signifier du froment, mais encore toutes les choses qu'on peut manger.

17 Alcman, poëte lyrique, qui florissait un peu avant que Cyrus montât sur le trône de Perse.

18 Le poëte comique Anaxilas était contemporain de Platon.

19 Serait-ce le médecin Ctésias, natif de Cnide, qui accompagna Cyrus le jeune dans son expédition contre son frère Artaxerce Mnémon, et qui fut fait prisonnier à la bataille où Cyrus perdit la vie ?

20 On sait que les anciens faisaient grand cas du poisson : mais, selon Scheffer, Élien est le seul qui ait attribué spécialement aux Rhodiens ce goût exclusif.

Pag. 25. — 1 Au lieu de *Nicippe*, il faut, probablement, lire *Nicias*. C'est une remarque de Périzonius, qui assure qu'on ne trouve nulle part le nom de Nicippe au nombre des tyrans de l'île de Cos ; au lieu que Nicias est connu, et qu'on en conserve même quelques monnaies.

2 C'est le nom qu'on donnait à Castor et Pollux, parce qu'ils étaient fils de Jupiter.

Pag. 27. — 1 Les rois de Perse habitaient ordinairement en Médie ou en Assyrie, tantôt à Suze ou à Ecbatane, tantôt à Babylone, rarement à Persépolis ; quelques-uns même n'allèrent jamais en Perse. C'est de là, sans doute, que s'introduisit parmi les habitans l'usage de faire des présens à leurs rois, quand ils venaient en Perse, pour leur témoigner le plaisir qu'on avait de les y voir.

2 Ce nom écarte l'idée d'impôt : un don gratuit n'est pas un tribut.

Pag. 29. — 1 Allusion à ces mots de la première Olympique de Pindare, Ἄριστον μὲν ὕδωρ, *l'eau est une chose excellente*, etc.

2 La robe persique descendait jusqu'aux talons ; on l'appelait aussi robe médique. Suivant Xénophon, *Cyropédie*, liv. VIII, Cyrus en avait introduit l'usage, parce qu'elle lui avait paru propre à cacher les défauts du corps, et à faire paraître grands et bien faits ceux qui la portaient. Diodore de Sicile, II, 6, et Justin, 1, en attribuent l'invention à Sémiramis. Cette robe, chez les grands, était enrichie d'or, de pierres précieuses et de figures de toutes sortes d'animaux : sa forme, selon Denys d'Halicarnasse, liv. III, était un

carré parfait. On peut consulter Barnabé Brisson, *de regio Persarum principatu.*

³ Ou plutôt Omisès, Ὠμίσης, si l'on veut suivre le texte de Plutarque, *Vie d'Artaxerce*, ch. 4. J. V. L.

Pag. 31. — ¹ Les Mardes étaient une peuplade d'Hyrcaniens, qui habitaient un pays voisin de la Perse. Strabon, liv. XI.

² Au lieu de μάγους (les mages), que porte le texte, Scheffer propose de lire Μάρδους (les Mardes), et Cuper, τοὺς μὲν ἄλλους (les autres enfans). Cette leçon paraît s'accorder mieux avec ce qui suit.

LIVRE DEUXIÈME.

Pag. 33. — ¹ Cicéron paraît avoir copié le mot de Socrate, dans ce passage des *Tusculanes*, V, 36 : *An quidquam stultius, quam, quos singulos sicut operarios barbarosque contemnas, eos aliquid putare esse universos ?*

² Les savans ne sont point d'accord sur le nom de Mégabyze. Les uns prétendent que c'était un nom propre; les autres, s'appuyant sur le témoignage de Strabon et d'Hesychius, croient que Mégabyze était chez les Perses un nom de dignité, qu'on donnait assez souvent aux généraux d'armée, et qui dans la suite devint commun aux prêtres de Diane à Ephèse. Si l'on adopte cette dernière opinion, il est probable que c'est de quelqu'un de ceux-ci que parle Elien, d'autant plus que Zeuxis et Apelle ont particulièrement exercé leur art à Ephèse. *Capperon. in Quintil.*, liv. V, ch. 12.

³ Selon Plutarque, ce fut Apelle qui fit cette réponse à Mégabyze.

Pag. 35. — ¹ Pline raconte cette histoire sous les noms d'Apelle et d'Alexandre, liv. XXXV, ch. 10.

² Phalaris, tyran d'Agrigente, très-connu par sa cruauté, qui passa même en proverbe : on disait Φαλάριδος ἀρχή, *gouvernement de Phalaris*, pour signifier un gouvernement dur et cruel ; et Φαλαρισμός, pour exprimer une action pleine de cruauté. Voy. les *Adages* d'Erasme, et les *Lettres de Cicéron à Atticus*, VII, 12.

³ Cette phrase, qui est fort obscure, cesse de l'être, si on rapporte l'ἐκεῖνος du texte à l'adversaire de Mélanippe; et c'est le sens que j'ai suivi.

Pag. 37. — ¹ Suivant un fragment d'Elien, rapporté par Sui-

das, la clémence de Phalaris fut récompensée : Apollon, dit-il, et Jupiter prolongèrent de deux ans la vie de Phalaris, pour avoir traité avec humanité Chariton et Mélanippe.

Pag. 39. — ¹ Les Lacédémoniens, suivant le conseil d'Alcibiade, avaient fortifié la ville de Décélie, et y entretenaient une garnison, pour faire de là des incursions sur le territoire d'Athènes. Cornélius Népos, *Alcibiade*, ch. 4.

² Ce même fait se retrouve, avec moins de détail, dans le chap. 8 du liv. XIV, où Élien, qui avait apparemment oublié ce qu'il avait dit dans celui-ci, qualifie Hippomaque, *joueur de flûte*. A moins qu'on n'aime mieux croire que ce soit une faute de copiste : en ce cas, la faute serait dans le livre XIV; d'autant plus qu'on sait par le témoignage d'autres auteurs, qu'Hippomaque était athlète, et non pas joueur de flûte.

³ P. Syrus a dit, dans le même sens :

Est turba semper argumentum pessimi.

Pag. 41. — ¹ L'entretien dont parle Élien, est probablement celui que rapporte Platon dans le dialogue intitulé *Criton*.

² Élien relève avec éloge cette loi des Thébains, et la cite comme une chose unique, parce qu'en effet les lois de tous les Grecs, et particulièrement des Athéniens, leur permettaient d'exposer les enfans ou de les faire mourir, quand ils ne voulaient pas les élever.—*Voy.* Aristote, *Politique*, liv. VII, ch. 14, et les réflexions de Montesquieu, *Esprit des Lois*, liv. XXV, ch. 17. J. V. L.

³ Ces combats littéraires étaient en usage dans toutes les fêtes publiques, souvent même aux funérailles des hommes illustres. Les poëtes qui se présentaient pour concourir, donnaient toujours quatre pièces, comprises sous le nom général de *Tétralogie* : les trois premières étaient des tragédies, et la quatrième appelée *Satyre*, ou pièce à *Satyres*, était une espèce de comédie, ou plutôt une farce, dans laquelle on introduisait ordinairement des Satyres, pour amuser les spectateurs et les délasser du sérieux des premières pièces. Il ne nous reste qu'une seule pièce de ce genre; c'est le *Cyclope* d'Euripide. On peut voir sur ces combats, un Mém. de M. l'abbé Du Resnel, *rec. de l'Acad. des Belles-Lettres*, tom. XIII, pag. 331 des Mém.

⁴ Xénoclès, dont Vossius n'a point parlé dans son traité *de Poetis Græcis*, n'est guère connu que par ce passage d'Élien et par un mot d'Aristophane, dans sa comédie des *Gre-*

nouilles, acte I, scène 2 : Hercule demande, *Où est donc Xénoclès ?* Bacchus lui répond, *Par Jupiter, qu'il périsse !* Le Scholiaste remarque qu'en cet endroit Xénoclès est critiqué comme un mauvais poëte, et surtout obscur par le fréquent usage des allégories. Il nous apprend qu'il y eut deux poëtes tragiques de ce nom, mais sans ajouter quel est celui dont parle Aristophane.

⁵ C'était le sort d'Euripide d'être presque toujours vaincu, souvent même par de très-mauvais poëtes. Varron dit que de soixante-quinze pièces qu'il composa, il n'y en eut que cinq de couronnées. *Thomas Magister*, qui a écrit la vie d'Euripide, lui attribue quatre-vingt-douze pièces, et assure que quinze seulement lui valurent le prix.

Pag. 43. — ¹ Cette punition n'était point inconnue aux Romains (César, *de Bell. Gall.*, liv. VIII). Il y eut même en Italie des gens assez lâches pour se couper le pouce afin de s'exempter du service. Quelques étymologistes ont cru que c'était là l'origine de notre mot *poltron*, qui, selon eux, s'est formé des deux mots latins, *pollice truncus*.

² Voy. le ch. 17 du liv. X, et la seconde note du même chapitre.

³ Les Athéniens se repentirent bientôt d'avoir porté ce décret et en envoyèrent à Mitylène un autre, qui lui était entièrement opposé. Diodore de Sicile, liv. XII.

⁴ Plutarque, dans la *Vie de Périclès*, dit que les Athéniens faisaient imprimer sur le visage des Samiens, non un hibou, mais la figure d'un vaisseau ; et que ceux-ci marquaient d'un hibou les prisonniers athéniens.

⁵ Suivant Hypéride, ce surnom fut donné à Jupiter parce que les affranchis s'étaient bâti un portique auprès de son temple ; mais on peut croire, avec Didyme, que Jupiter fut nommé *Eleuthère*, en mémoire de ce que les Athéniens s'étaient délivrés de la servitude des Perses. Suidas, au mot Ἐλευθέριος.

Pag. 45. — ¹ Cet Antisthène est l'auteur de la secte des philosophes cyniques, et le maître de Diogène.

² Élien veut parler du repas dans lequel Atrée fit manger à Thyeste son propre fils, et de celui où Agamemnon, à son retour de Troie, fut tué par Egisthe.

³ C'est-à-dire, un homme vil ou obscur. Les commentateurs se sont donné la torture pour changer le mot χοῖρον, qu'on lit dans le texte : les uns ont lu χορὸν, le *chœur*, qui, dans les tragédies, représentait le peuple ; les autres ont sub-

stitué Ἴρον, nom d'un célèbre mendiant, dont il est parlé dans l'Odyssée. D'autres enfin, que j'ai suivis, ont laissé subsister χοῖρον, *cochon*, comme plus analogue à la façon de parler énigmatique de Socrate, et présentant, mais avec plus de force, la même idée que les différentes leçons des commentateurs.

⁴ Voy. le ch. 17 du liv. X.

Pag. 47. — ¹ Les commentateurs sont partagés sur le sens de cette phrase. Les uns lisent, περιβλάπτεσθαι σπεύδει, *cherche à se perdre*; les autres, περιβλέπεσθαι, *désire d'être considéré*. J'ai préféré la dernière leçon comme plus naturelle et plus conforme à ce vers d'Euripide, auquel Elien paraît faire allusion :

Περιβλέπεσθαι τίμιον· κενὸν μὲν οὖν.

Grotius, *Excerpt. ex com. et trag.*, pag. 185.

² La véritable raison de leur haine contre Socrate, c'est que l'oracle l'avait déclaré le plus sage de tous les hommes.

Pag. 49. — ¹ On lit dans le texte, ξένους δαίμονας, *des dieux étrangers*. Comme on reprochait à Socrate d'introduire, non des *divinités étrangères*, mais de *nouvelles divinités*, je ne me suis pas fait un scrupule d'adopter la correction proposée par un critique, qui lit, καινούς, au lieu de ξένους. *Observat. Miscell. Amstel.*, tom. II, p. 250.

² Elien fait allusion à la pièce des *Chevaliers*, dans laquelle Aristophane avait joué Cléon d'une façon sanglante; à la comédie intitulé *la Paix*, où le poëte avait représenté les Lacédémoniens comme des usuriers, qui ne cherchaient qu'à tromper les étrangers; et aux *Acharniens*, comédie du même auteur, dans laquelle il avait cruellement attaqué Periclès.

³ Malgré les clameurs du peuple, Aristophane ne remporta point le prix, et fut vaincu par Cratinus et Amipsias, qui en eurent obligation au parti d'Alcibiade.

Pag. 51. — ¹ Le vers de Cratinus qu'Elien a décomposé dans sa phrase, se trouve dans les *Excerpta ex com. et targ.*, p. 495. Le voici avec la traduction de Grotius:

Συνέβη θεάτρῳ τότε νοσῆσαι τὰς φρένας.

Mens tunc fuit hercle læva spectatoribus.

• On lit dans Sénèque, *de Constant. Sap.*, c. 10, que Socrate s'offensait si peu des plaisanteries amères qu'il entendait faire sur son compte à la comédie, qu'il en riait

d'aussi bon cœur que quand sa femme Xanthippe l'avait arrosé avec de l'eau mal propre.

Pag. 53. — ¹ Elien parle du pont que Xerxès construisit avec ses vaisseaux sur l'Hellespont, pour passer d'Asie en Europe, et du canal qu'il fit creuser au travers du mont Athos, assez large et assez profond pour que sa flotte pût y passer. On lit dans l'*Anthologie*, liv. I, sous le nom de *Parménion*, une épigramme sur ces grands travaux de Xerxès, dans laquelle il est dit que ce prince, *ayant changé la nature des chemins, devint navigateur en terre ferme, et piéton sur la mer* (je traduis littéralement) :

Τὸν γαίης καὶ πόντου ἀμειφθείσαισι κελεύθοις,
Ναύτην ἠπείρου, πεζοπόρον πελάγους.

La même idée se trouve rendue, à-peu-près de même, dans Isocrate, *Panégyr.*, et dans Cicéron, *de Fin. bon. et mal.*, II, 34 : « quum..... maria ambulavisset, terramque navigasset. »

² Plutarque, qui attribue ce fait à des habitans de Chio, le raconte avec des circonstances qui en aggravent encore l'insolence. *Apophthegm. Laconic.*

Pag. 55. — ¹ Ce prince était fils d'Artaxerce Mnémon ; il prit aussi le nom d'Artaxerce, dès qu'il fut parvenu à la couronne. Quant à sa cruauté, elle est peinte dans ce passage de Justin (X, 3) : *Regiam cognatorum cæde, et strage principum replet, nulla non sanguinis, non sexus, non ætatis misericordia permotus.*

Pag. 57. — ¹ Il y a beaucoup d'apparence, et c'est l'opinion de Périzonius, qu'il s'agit ici d'Antigonus, surnommé Gonatas, prince si humain, qu'il chassa avec indignation son fils Alcyonée, en le traitant d'impie et de barbare, lorsqu'il vint lui apporter la tête de Pyrrhus, qui avait été tué dans le combat ; il ne put même s'empêcher de verser des larmes sur le sort de son ennemi. Plutarque, *Vie de Pyrrhus.*

Pag. 59. — ¹ *Pausanias*, philosophe contemporain de Socrate.

² *Agathon* : Vossius distingue deux poëtes de ce nom, l'un comique, l'autre tragique ; ce qui peut l'avoir induit en erreur, c'est qu'Agathon composa des comédies et des tragédies. Ce poëte commença à se faire connaître dans le temps d'Euripide et de Sophocle.

³ *Archélaüs*, roi de Macédoine, fils de Perdicas. Il ré-

gnait environ quarante ans avant Philippe, père d'Alexandre.

⁴ Térence (*Andrienne*, III, 3, 23) a dit de l'amour: *Amantium iræ amoris integratio est.* Le même (dans l'*Eunuque*, I, 1, 14): *In amore hæc omnia insunt vitia : injuriæ, Suspiciones, inimicitiæ, induciæ, Bellum, pax rursum.* Il est assez glorieux pour Térence, qu'Horace ait imité, ou plutôt transporté tout cet endroit dans une de ses *Satyres*, II, 3, 265.

Pag. 61. — ¹ Ce chapitre et le suivant ont dû n'en faire qu'un seul originairement. Le premier paraît, en effet, n'être que le préambule du second, et il perdrait beaucoup à en être séparé. C'est le sentiment des commentateurs, qui croient, sur l'autorité d'Eustathe (*Odyss.*, r, 173), que l'écrivain qui a mis les titres aux chapitres d'Élien, a divisé celui-ci mal à propos.

² Il s'agit des Locriens Epizéphyriens, ainsi nommés à cause du promontoire Zéphyrius en Italie, voisin de leur habitation. Strabon (liv. VI) observe que c'est le premier peuple qui ait eu des lois écrites : elles leur furent données par Zaleucus, qui les avait compilées d'après celles des Crétois, des Lacédémoniens et des Athéniens.

³ Diagoras fut accusé d'impiété, et obligé de s'enfuir d'Athènes, où il s'était retiré, après la prise de l'île de Mélos. Les Athéniens mirent sa tête à prix : ils promirent un talent à quiconque le tuerait, et deux à celui qui l'amenerait vivant à Athènes. *Voy.* Cicéron, *de Nat. deor*, I, 1, 23, et la note ² de la pag. 69.

⁴ Milon, athlète fameux, qui fut souvent couronné aux jeux olympiques, pythiques et isthmiens. Il avait été disciple de Pythagore, et vivait du temps de Darius, fils d'Hystaspe.

pag. 63. — ¹ Suivant l'opinion la plus probable, le mois thargélion répond à peu près à la fin de notre mois de mai, et au commencement de notre mois de juin. C'est le sentiment de Scaliger, de Petau, de Marsham, etc.

² Avant la bataille de Marathon, Miltiade fit vœu d'immoler à Diane autant de chèvres qu'on ferait périr de barbares : mais comme on ne pouvait pas trouver un nombre suffisant de ces animaux, il fut résolu qu'on en immolerait cinq cents chaque année. Xénophon, *de Cyr. Exped.*, liv. III. *Voy.* aussi le Schol. d'Aristoph. sur la comédie *des Chevaliers*.

³ Pour entendre cet endroit d'Élien, il faut se rappeler que les Grecs divisaient le mois en trois décades ou dixaines, qui faisaient en tout trente jours ; qu'aux deux premières décades ils recommençaient à compter par *un*, *deux*, *trois*, etc., y ajoutant le nom de la décade, mais qu'à la dernière ils comptaient dans l'ordre rétrograde. Ainsi, pour dire le 21 du mois, ils disaient *le 10 du mois finissant* ; le 22, *le 9 du mois finissant*, et ainsi de suite, jusqu'à la fin du mois. La première décade se nommait, *du mois commençant*, ἱσταμένου μηνὸς ; la seconde, *du milieu*, μεσοῦντος ; la troisième, *du mois finissant*, φθίνοντος.

⁴ Artémisium, promontoire de l'île d'Eubée, où les Perses furent battus dans un combat naval.

⁵ Ce combat se donna sur mer, auprès du promontoire Mycale en Ionie.

⁶ Apparemment l'ouvrage dans lequel Aristote raconte ce fait n'est point parvenu jusqu'à nous ; il n'en est fait aucune mention dans ce qui nous reste de ce philosophe.

⁷ Ce fut Abaris, prêtre d'Apollon Hyperboréen, qui donna naissance à cette fable, en débitant chez les Crotoniates que Pythagore ressemblait au dieu dont il était le ministre (*Iambl. Vita Pyth.*, ch. 19). Au reste, l'Apollon Hyperboréen était le même que celui des Grecs ; mais les peuples hyperboréens, ou septentrionaux, lui rendaient un culte différent. Les victimes qu'on lui offrait, le plus communément, étaient des ânes, sacrifice que le Grecs avaient en horreur.

⁸ Les divers auteurs qui ont rapporté ce fait, ne sont pas d'accord sur le nom du fleuve ; Apollonius veut que ce soit un fleuve de Samos, Diogène Laërce le Nessus, etc. Ce point est si peu important, qu'il serait inutile de rapporter les diverses conjectures des commentateurs. Il suffira de dire qu'il existait réellement en Italie un fleuve nommé *Cosas*, qui se jetait dans le Liris, sur les frontières de la Campanie, du côté du Latium.

Pag. 65. — ¹ Annicéris se rendit célèbre en rachetant Platon, que Denys l'ancien, tyran de Sicile, avait fait vendre comme esclave. Il est incertain si cet Annicéris est le même que le philosophe du même nom, disciple de Parébate, qui donna naissance à la secte des Annicériens.

Pag. 67. — ¹ Pittacus, un des sept sages de la Grèce. Le peuple de Mitylène lui confia, pour un certain temps, l'autorité royale ; ce qui fait qu'on l'a souvent appelé le tyran de Mi-

tylène. Ce chapitre se trouve presqu'entier dans le Scholiaste d'Homère, *Odyss.*, liv. XX.

² *Tétralogie. Voy.* la note 3 de la page 41.

³ Il ne sera pas inutile d'observer en passant que les philosophes taxés d'impiété par les païens, sont en général ceux qui avaient une façon de penser plus raisonnable sur la divinité, et qui, comme Socrate, osaient s'élever au-dessus des préjugés vulgaires.

Pag. 69. — ¹ Ce Diogène ne doit point être confondu avec le célèbre philosophe du même nom : il n'est connu que par ce qu'en dit Elien, qu'Eustathe paraît avoir copié, *Odyss.*, liv. III.

² La tête de Diagoras fut mise à prix par les Athéniens, sous prétexte que ce philosophe avait divulgué, par moquerie, les mystères d'Eleusis. *Voy.* le Scholiaste d'Aristophane, *Oiseaux*, et le ch. XXIII de ce livre.

³ Epicure était né à Gargette, bourg de l'Attique, dans l'Olympiade 109, 342 ans avant J.-C.

⁴ *Alcée.* Elien écrit que le premier nom d'Hercule était Ἡρακλείδης, qui fut changé en celui de Ἡρακλῆς ; mais comme ces deux mots ont la même signification, on ne voit pas pourquoi l'oracle d'Apollon aurait fait ce changement. Il paraît bien plus naturel de lire d'après Eustathe, *Iliad.* Ξ, Ἀλκαῖον ; en quoi il a été suivi du plus grand nombre des commentateurs. — M. Coray, à Ἡρακλείδην, substitue Ἡρακλῆν οὐ, conjecture heureuse de J. Gronovius. J. V. L.

⁵ Ce vers de la Pythie est l'explication du nom *Héraclès*, composé de ἥρα, *dons, bienfaits*, et κλέος, *gloire*.

Pag. 71. — ¹ Quelques savans ont cru que le texte était corrompu dans cet endroit, parce qu'il n'est pas vraisemblable, disaient-ils, que les Chersonésiens de Cnide, en Asie, honorassent l'Alphée, fleuve de l'Elide. En conséquence, ils ont proposé de lire : *Les Chersonésiens de Cnide représentaient aussi le fleuve Cnidus sous la figure d'un homme.* Mais il est clair, comme le remarque Périzonius, qu'Elien fait allusion à ce que dit Pausanias (*Eliac.* I), que les Chersonésiens de Cnide avaient placé dans Olympie *la statue du fleuve Alphée*, à l'un des côtés de celle de Jupiter, et à l'autre, celle de Pélops. D'ailleurs, aucun géographe, aucun historien, n'a parlé du fleuve *Cnidus*.

² C'étaient les habitans de la ville nommée par les Latins *Segesta.*

³ Ce fleuve se nommait aussi *Termisse*, ou *Thermisse*, à cause de ses eaux chaudes.

⁴ Epicharme était en même temps poëte comique, physicien et médecin : il vivait vers le commencement de la monarchie des Perses. Selon Diogène Laërce, il mourut âgé de 90 ans; Lucien le fait vivre 97.

Pag. 73. — ¹ Il était âgé de 108 ans. Lucien, *Macrobii*; Philostrate, *Vit. sophist.*, liv. I.

² Virgile, *Æn.*, VI, 278, donne la même épithète au sommeil :

Tum consanguineus lethi sopor.

Expression empruntée d'Homère, qui appelle le sommeil (*Iliad.*, XIV, 231), κασίγνητος θανάτοιο.

³ Zaleucus fut disciple de Pythagore, ainsi que Charondas, législateur des Thuriens. Diogène Laërce, *Vie de Pythagore*.

⁴ Voy. la note 2 de la pag. 61.

⁵ Valère Maxime (VI, 3, 9) rapporte un trait qui prouve à quel point les Romains étaient jaloux de l'observation de cette loi : un homme, dit-il, s'étant aperçu que sa femme avait bu du vin, la tua à coups de bâton; et il fut jugé que la femme avait mérité ce traitement, pour avoir péché contre la sobriété.

⁶ On sait que les femmes Ioniennes étaient extrêmement voluptueuses.

Pag. 75. — ¹ Cet usage n'était pas particulier aux Crétois; tous les anciens peuples, même les plus barbares, chantaient ordinairement, en allant à l'ennemi, l'éloge des guerriers les plus célèbres de leur nation : ainsi la chanson de *Roland*, tué à Ronceveaux, fut long-temps chez nos aïeux le prélude du combat, et leur procura plus d'une fois la victoire, en leur inspirant la noble ardeur d'imiter les actions de ce héros.

² Cette plante a été ainsi nommée à cause de sa vertu enivrante; ou, comme quelques-uns le prétendent, parce que sa fleur ressemble beaucoup à celle de la vigne.

³ Nisée était fils de Denys l'ancien, et fut tyran de Syracuse, après la mort de Dion.

⁴ Les commentateurs remarquent avec raison, qu'Elien a eu tort d'appeler simplement Hipparinus, *parent de Denys*, puisqu'il était fils de ce prince. — M. Coray supprime ανεψιός.

Pag. 77. — ¹ Le premier roi de Sparte, du nom de Cléomène. L'excès du vin le fit tomber dans une frénésie si violente, qu'il se tua lui-même. *Hérod.*, liv. VI; *Athén.*, liv. X.

² Poëte très-célèbre, antérieur à Aristophane, qui en fait mention dans la comédie de *la Paix*.

³ Voy. sur *Calanus* le ch. 6 du liv. V.

⁴ Promachus but quatre mesures de vin, c'est-à-dire, vingt-quatre de nos pintes : il en mourut trois ou quatre jours après. Trente-cinq des combattans moururent sur la place; et six, en arrivant chez eux. Athénée; Plutarque, *Vie d'Alexandre*.

⁵ Χοῦς, χόος (plur. χόες), est une mesure des Grecs, correspondante au *conge* des Romains, qui contenait trois de nos pintes.

⁶ Anacharsis, un des sept sages de la Grèce. Athénée raconte, que dans un défi de boisson, qui fut proposé chez Périandre, Anacharsis demanda le prix, parce qu'il s'était enivré le premier. Mais comment accorder ce vice avec la sagesse d'Anacharsis, qui le fit admirer de Solon et de tous les philosophes de la Grèce ?

⁷ Dans le festin que Périandre, tyran de Corinthe, donna aux sept sages.

⁸ Lacyde et Timon vivaient sous le règne d'Antigonus Gonatas et de Ptolémée Philadelphe. Lacyde était de Cyrène, et fut disciple d'Arcésilas; Timon, qu'il ne faut pas confondre avec le Misanthrope, dont parle Platon, était Phliasien, et disciple de Pyrrhon.

⁹ Mycérinus régnait en Egypte, peu de temps avant l'Éthiopien Sabacos. Hérodote, II, 133.

Pag. 79. — ¹ Amasis régnait en Egypte, dans le temps que les Juifs étaient captifs à Babylone.

² *Gentius*. J'ai suivi la correction admise par les commentateurs, qui tous, à l'exception de Kuhnius, substituent au mot γενναῖος, qu'on lisait dans le texte, celui de Γέντιος. Cette opinion est d'autant mieux fondée, qu'Athénée, qui rapporte ce fait, liv. X, appelle de ce nom le roi des Illyriens. On sait d'ailleurs que Gentius était fort adonné à l'ivrognerie.

³ Cet Orropherne ne régna que très-peu de temps sur la Cappadoce : il fut détrôné par son frère Ariarathe, dont il avait usurpé la couronne.

⁴ On pourrait, d'après Aristote, (*Hist. des Anim.*, liv. VI, ch. 2), ajouter à cette liste, déjà fort nombreuse,

un Syracusain, qui, mettant des œufs à terre sur une natte, buvait jusqu'à ce qu'ils fussent éclos. Vopiscus (pag 970, éd. de 1661) parle d'un certain Bonosus, dont l'empereur Aurélien avait coutume de dire : *Il n'est pas né pour vivre, mais pour boire.* Cet homme était néanmoins en considération auprès de l'empereur, pour un genre de service qu'il lui rendait, surtout à la guerre : lorsqu'il arrivait des députés de quelque nation barbare, Bonosus était appelé pour boire avec eux; il les enivrait, et, le vin les faisant parler, il leur arrachait leur secret.

⁵ Comme on pourrait soupçonner Elien d'avoir confondu, ou regardé comme voisins deux peuples assez éloignés l'un de l'autre, les Thébains et les Arcadiens, il ne sera pas hors de propos d'observer à quelle occasion ces deux peuples se réunirent pour envoyer des députés à Platon. Après la bataille de Leuctres, Epaminondas, général des Thébains, conseilla aux Arcadiens, leurs alliés, de réunir en une seule ville toutes les bourgades de leur domination : ils se rendirent à cet avis; et, avec l'aide des Thébains, ils construisirent Mégalopolis. Ce fut pour donner des lois à cette nouvelle ville que les deux peuples firent prier Platon de s'y rendre. Pausan., *Arcad.*, p. 258, et *Bœot.*, p. 293.

Pag. 81. — ¹ Les manuscrits portent, Νικομάχου. C'est probablement une faute du copiste, qui est corrigée par Elien lui-même, liv. III, ch. 17, et liv. XI, ch. 9. On trouve encore dans ce chapitre une erreur du même genre : Epaminondas y est appelé *fils de Polymatis*, il fallait dire, *fils de Polymnis*. Voy. les chap. d'Elien qu'on vient de citer.

² Sur le mépris de Pélopidas pour les richesses, *Voy.* Elien, liv. XI, ch. 9.

³ Lamachus. Plutarque (*Vie de Nicias*) dit que Lamachus était si pauvre, que lorsqu'il était en charge, les Athéniens lui passaient en compte une petite somme pour son vêtement et pour sa chaussure.

⁴ Ephialte, orateur athénien, qui détruisit la puissance de l'Aréopage. Elien parle encore de la pauvreté d'Ephialte dans le chap. cité ci-dessus.

⁵ Théon était de Samos. Quintilien (liv. XII, ch. 10) le met au rang des plus grands peintres.

LIVRE TROISIÈME.

Pag. 85. — ¹ M. de la Barre, dans un *Mémoire sur le Stade des Grecs*, évalue le plethre à cent pieds, *Mém. de l'Acad. des B. L.*, t. XIX, p. 515. On ne conçoit pas aisément comment il pouvait se trouver tant de choses dans une si petite étendue de terrain.

² *Smilax*, plante qui pousse plusieurs tiges longues, roides, sarmenteuses, rampantes, épineuses, garnies de mains qui s'entortillent contre les plantes voisines. Ses fleurs sont en grappe, petites, odorantes, composées chacune de six feuilles disposées en étoile.

Pag. 89. — ¹ *Pélagonie* : il faut certainement lire Πελασγίας, *Pélasgie*. Il est impossible qu'en suivant le chemin tracé par Elien, les Delphiens aient passé par la *Pélagonie*, qui était une contrée de la Macédoine, vers la Thrace; au lieu que la *Pélasgie*, située entre la Thessalie, la Locride, la Phthiotide et l'Achaïe, se trouvait sur leur route. *Voy.* Strabon, liv. VII, pag. 326.

² P. Syrus a dit, dans le même sens, que la vie est un prêt fait à l'homme, et non pas un don :

Homo vitæ commodatus, non donatus est.

Lucrèce avait dit auparavant (III, 985) :

Vitaque mancupio nulli datur, omnibus usu.

³ Les Grecs et les Romains se couronnaient dans les temps de fêtes et de réjouissances, et particulièrement lorsqu'ils offraient des sacrifices. Comme la couronne était un signe de joie, Xénophon ôta la sienne, à la nouvelle de la mort de son fils ; il la reprit, quand on lui eut annoncé que sa mort avait été glorieuse ; témoignant par cette double action, que la victoire de Gryllus lui faisait plus de plaisir que son trépas ne l'avait affligé.

Pag. 91. — ¹ Il se nommait *Alcyonée* : c'est lui qui, après avoir vaincu le roi Pyrrhus, eut la cruauté de couper la tête de ce prince, et vint la jeter aux pieds d'Antigonus. Plutarque, *Pyrrhus*, vers la fin.

² Cratès, philosophe de la secte de Diogène le cynique.

³ Elle fut rebâtie par Cassandre, environ neuf ans après

la mort d'Alexandre, et vingt ans après que ce prince l'avait détruite. *Diod. de Sic.*, XIX, pag. 696.

⁴ Les boutiques des chirurgiens, des barbiers, des parfumeurs, étaient alors, ainsi que les gymnases et les places publiques, les lieux de rendez-vous de tous les gens oisifs, qui s'y assemblaient pour entendre et débiter des nouvelles.

⁵ *Dysménides*, mot composé, qui signifie, *gens de mauvais esprit, ennemis de tout le monde.*

Pag. 93. — ¹ Il est assez difficile de décider quel était ce Phrynichus : le Scholiaste d'Aristophane, sur la comédie *des Oiseaux*, pag. 576, en compte jusqu'à quatre.

² Scheffer et Kuhnius croient avec raison qu'Elien a voulu faire ici l'éloge de la troupe appelée *Troupe sacrée* chez les Thébains, et des établissemens pareils, tant chez le Crétois que chez d'autres peuples.

³ Le nom d'*Hector* ne se trouve point dans le texte ; mais j'ai jugé, d'après Kuhnius, qu'Elien faisait allusion à ce vers du liv. VIII de l'Iliade, où Homère, parlant d'Hector, dit :

Μαίνετο δ' ὡς ὅτ' Ἄρης ἐγχέσπαλος.

Il était aussi furieux que Mars qui agite sa lance.

Pag. 95. — ¹ Suivant plusieurs éditions d'Elien, il faudrait traduire tout au contraire, *des jeunes gens que l'on connaissait pour être mal-nés.* La négation οὐ, admise ou rejetée, produit les deux sens différens.

² Cicéron a dit de même : *Quum ergo est somno sevocatus animus a societate et contagione corporis, tum meminit præteritorum, præsentia cernit, futura providet.* De Divinat., I, 30.

Pag. 97. — ¹ Strabon, liv. IX, place ces peuples entre le pays des Hyrcaniens et celui des Derbices. Suivant le même auteur, le Tapyrien qui passait pour le plus vaillant, avait droit de choisir la femme qui lui plaisait le plus. Une circonstance singulière qu'il ajoute, c'est qu'après avoir eu deux ou trois enfans d'une femme, les Tapyriens la cédaient à qui la voulait.

Pag. 99. — ¹ Athénée (liv. X, pag. 442) cite Damon, comme ayant écrit sur l'histoire de Byzance. Cet auteur n'est guère connu d'ailleurs ; à moins que ce ne soit le même que le Damon de Cyrène, dont Diogène Laërce fait l'éloge dans la

Vie de Thalès, et qui a composé un ouvrage sur les philosophes.

² Les Grecs avaient tellement la réputation d'aimer le vin, que les Romains, pour dire, *boire avec excès*, employaient le mot *pergræcari*, *boire à la grecque*.

³ Pour sentir la justesse du reproche qu'Elien fait aux Illyriens, il faut se rappeler que, chez les Grecs, les femmes étaient absolument séparées des hommes, et exclues de tous les festins, hormis ceux qui n'étaient composés que de leurs proches parens. Avec de pareilles mœurs, on conçoit combien il devait paraître extraordinaire que des étrangers fussent admis à manger avec les femmes. Ce qui rend encore la coutume des Illyriens plus indécente, c'est que le verbe προπίνειν, que j'ai traduit suivant nos usages, signifiait chez les Grecs, ainsi que *propinare* chez les Latins, *présenter à la personne qu'on veut saluer, la coupe dans laquelle on a bu le premier*; ou, *la lui présenter pleine, pour boire ensuite*. C'est dans ce dernier sens que mad. Dacier l'a entendu dans une de ses remarques sur le liv. XIV de l'Odyssée.

⁴ Plutarque (*Vie de Sylla*) dit que la facilité avec laquelle Timothée prenait les villes, fit imaginer à ses envieux de le peindre endormi, tandis que la Fortune, enveloppait pour lui les villes dans des filets. *Voy*. Elien lui-même, XIII, 43.

Pag. 101. — ¹ Zaleucus fut disciple de Pythagore.

² Charondas était de Catane en Sicile, et disciple de Pythagore, ainsi que Zaleucus.

³ Elien, VII, 14, assure que les Tarentins l'élurent six fois pour leur général ; Diogène Laërce (*Vie d'Archytas*) prétend qu'il fut élu sept fois, et ajoute de plus que les Tarentins ne furent jamais vaincus tant qu'il commanda leurs armées.

⁴ Tous les philosophes dont parle Elien dans cette phrase, depuis Solon jusqu'à Cléobule, inclusivement, étaient du nombre des sages, si connus sous le nom des *sept sages de la Grèce* : il ne manque que Périandre pour compléter la liste.

⁵ Anaximandre, philosophe célèbre de la secte ionique : il fut disciple de Thalès.

⁶ Il ne s'agit point ici de la fameuse Apollonie, située en Epire, sur les bords de la mer Adriatique : celle dont parle Elien, était à peu de distance de Byzance, sur le Pont Européen. Strabon, cité par Périzonius, la désigne sous le nom de *Colonie milésienne*.

⁷ On sent assez qu'Elien veut parler de la fameuse

Retraite des dix mille sous les ordres de Xénophon, si bien décrite par ce guerrier philosophe.

⁸ Tous les commentateurs, excepté Scheffer, conviennent qu'il faut entendre ce passage, des généraux qui vainquirent les Lacédémoniens dans un combat naval près d'Arginuse, et qui furent condamnés à mort lorsqu'ils revinrent à Athènes, pour n'avoir pas enseveli les soldats tués dans le combat ; devoir qu'une tempête violente les avait empêchés de rendre aux cadavres de leurs concitoyens.

⁹ *Délium*, ville de Béotie, où les Athéniens furent vaincus par les Béotiens et les Thébains combinés. — *Amphipolis*, ville située sur le fleuve Strymon. — *Potidée*, ville de Thrace, sur la mer Egée : le siège de cette place, formé par les Athéniens, donna naissance à la guerre du Péloponnèse.

¹⁰ Aristote était de Stagire, ville de l'ancienne Thrace, qui avait été détruite par Philippe, père d'Alexandre.

Pag. 103. — ¹ Démétrius de Phalère, loué par Cicéron, Diodore de Sicile, Strabon, etc., est traité de tyran par Pausanias, Phèdre, et plusieurs autres auteurs. Périzonius remarque avec raison que ces différens jugemens viennent de la différente manière dont on l'a envisagé. Les premiers, ne voyant que le bien qu'il a fait aux Athéniens, lui donnent des éloges ; les autres, le considérant comme préposé au gouvernement d'Athènes par Cassandre, roi de Macédoine, le regardent comme un tyran, qui devait être odieux aux Athéniens, parce qu'ils ne se l'étaient pas donné.

² Ces philosophes vivaient lors de la destruction du royaume de Macédoine, sous Persée.

³ Persée fut disciple de Zénon ; son élève était Antigonus Gonatas.

Pag. 107. — ¹ Théopompe fut disciple d'Isocrate : il avait composé plusieurs ouvrages qui ne sont point parvenus jusqu'à nous, entre autres, l'histoire de son temps, commençant où finit Xénophon ; un recueil *des Choses merveilleuses*, etc. *Voy.* la *Biblioth. grecque* de Fabricius.

Pag. 109. — ¹ Xénocrate était de Chalcédoine, et jouit d'une grande réputation dans Athènes.

² Speusippe était fils de la sœur de Platon.

³ Amyclas, moins célèbre que les deux autres, était né à Héraclée.

Pag. 111. — ¹ Les Hilotes étaient les citoyens d'une ville voisine de Sparte, que les Lacédémoniens avaient réduits en

esclavage. Plutarque (*Apophth. Lac.*) attribue à Agésilas ce qu'Élien dit de Lysandre.

² Tyran d'Athènes.

Pag. 113. — ¹ Les Oxydraques, peuple de l'Inde, entre le fleuve Indus et l'Hydaspe.

² Périzonius rapporte plusieurs passages d'auteurs anciens qui attribuaient autant les victoires d'Alexandre à sa fortune qu'à sa valeur, entre autres, celui-ci de Quinte-Curce (liv. X, c. 5) : *Fatendum est tamen, quum plurimum virtuti debuerit, plus debuisse fortunæ, quam solus mortalium in potestate habuit.*

Pag. 115. — ¹ *Le mois dius, ou de Jupiter*, était le premier de l'année chez les Bithyniens et les Macédoniens, et répondait au mois d'octobre des Romains.

² Eumène était de Cardie, ville de la Chersonèse de Thrace : il avait écrit le journal d'Alexandre. (Athénée, X, 9.) On sait qu'Eumène était un des généraux de ce prince ; pourrait-on le soupçonner d'avoir voulu dégrader son maître ?

³ Annibal avait le même goût: *Vestitus nihil inter æquales excellens; arma atque equi conspiciebantur*, dit Tite-Live, XXI, 4.

⁴ Les armes dont Élien fait le détail, étaient les plus renommées chez les Grecs. Pollux, *Onomasticon*, I, 10, 13.

⁵ Les chevaux d'Épidaure étaient fort estimés : Virgile, parlant d'Épidaure, l'appelle *equorum domitrix*. Géorg., III, 44.

Pag. 117. — ¹ Les Lacédémoniens, ayant consulté l'oracle sur l'événement de la guerre, en reçurent pour réponse, qu'il fallait que leur roi ou leur ville pérît. Le devin Mégistias, en considérant les entrailles des victimes, avait fait la même prédiction. *Hérodote* VII, 203 et seq.

² On lisait dans le texte, φιλόπαις, *qui aime les enfans*. Ce mot se prend presque toujours en mauvaise part, et ne peut d'ailleurs s'accorder ici avec σώφρων, *doux, modéré*, auquel il est joint. Le mot φιλόπατρις, *qui aime la patrie*, proposé par quelques commentateurs, m'a paru mieux assorti au fait qui est rapporté dans ce chapitre.

³ C'était pour se conformer à l'usage où l'on était, de suspendre dans les temples les offrandes qu'on faisait aux dieux, que les Éphésiens voulurent, en quelque façon, suspendre leur ville aux colonnes du temple de Diane.

⁴ Les marques des supplians, ἱκετηρία, étaient une parure

négligée, des voiles, des branches d'olivier, etc. *Obsiti squalore et sordibus, velamenta supplicum, ramos oleæ, ut Græcis mos est, porrigentes.* Tite-Live, XXIX, 16.

Pag. 119. — ¹ Au lieu de *la vie*, le texte porte *la fuite*, φυγήν; mais comme il est constant que les Éphésiens restèrent dans leur ville, j'ai adopté la correction de Gesner, qui substitue ζωήν, *la vie*, à φυγήν. — M. Coray admet dans son texte une autre conjecture, ἀσφάλειαν, qui s'éloigne trop de la leçon des manuscrits. J. V. L.

² Lorsqu'Elien a écrit ce chapitre, il avait probablement oublié ce qu'il dit dans le chap. 30 du liv. II, que Platon renonça, non à la profession des armes, mais à l'art dramatique, pour s'adonner à la philosophie; à moins qu'on ne suppose que Platon s'essaya successivement dans les trois genres.

³ Périzonius rapporte un passage de la préface d'Eustathe, à la tête du *Periegesis* de Denys, qui fait remonter l'origine des cartes géographiques jusqu'au règne de Sésostris. Suivant Strabon, liv. premier, Anaximandre de Milet fut le premier qui les inventa. C'est le sentiment qu'a suivi M. Freret dans son Mémoire sur la Table de Peutinger : il ajoute qu'on les traçait d'abord sur des surfaces sphériques, afin que les méridiens et les parallèles fussent de véritables cercles, mais que l'embarras de cette construction fit bientôt trouver le moyen de les tracer sur des surfaces plates. On peut conclure, continue-t-il, de la comédie des *Nuées*, d'Aristophane, que l'usage des cartes de cette dernière espèce était très-commun à Athènes du temps de Socrate. *Rec. de l'Acad. des B. Lettres*, t. XIV, p. 174, Histoire.

Pag. 121. — ¹ Ces imprécations étaient communes dans les pièces des anciens poëtes : la *Médée* d'Euripide, l'*OEdipe* de Sophocle, etc., en fournissent des exemples.

² Amébée, suivant Plutarque, vivait du temps de Zénon le stoïcien. Ovide, *de Art. am.*, III, 299, a célébré le talent d'Amébée dans ce vers:

Tu licet et Thamyran superes, et Amœbea cantu.

³ Tout ce qu'Elien dit de Clitomaque se trouve en mêmes termes dans son *Traité des Animaux* (liv. VI, c. 1). Il y parle aussi d'Amébée et de Diogène, mais avec quelques légères différences.

⁴ On appelait *pancratiastes* les athlètes qui combattaient à la lutte et au pugilat : l'exercice se nommait *pancrace.*

⁵ Nicias était d'Athènes, et vivait du temps d'Alexandre. Pausanias (I, 29) dit qu'il excellait surtout à peindre les animaux.

⁶ Les commentateurs ne nomment point ce maître. C'est peut-être Timothée de Milet, qui ajouta plusieurs cordes à la lyre, et qui, par les sons de sa flûte, savait tellement remuer l'âme d'Alexandre, qu'un jour qu'il jouait une pièce en l'honneur de Minerve, ce prince courut promptement à ses armes. *Suidas.*

Pag. 123. — ¹ Je ne pourrais rien dire, touchant Linus, qui n'ait été recueilli par Fabricius dans le premier volume de sa *Bibliothèque grecque.*

² Périzonius soupçonne qu'il vaudrait mieux dire, *d'un coup de lyre.*

³ Ariston était né à Chio, et fut disciple de Zénon. *Diog. Laërce.*

⁴ Elien met dans la bouche de Satyrus le vers 215 du cinquième livre de l'*Iliade*, où Pandarus, irrité de voir que les traits qu'il lançait portaient à faux, s'écrie : *Qu'un ennemi me coupe la tête, si, dès que je serai de retour dans ma maison... je ne jette au feu mon arc et mes flèches !*

⁵ On sait d'ailleurs que c'était Antipater, qui avait été disciple d'Aristote. (Ammonius, *vie d'Aristote.*)

⁶ Aristote s'était retiré à Chalcis en Eubée, pour se soustraire à l'accusation d'impiété, qu'Eurymédon, grand-prêtre de Cérès, avait intentée contre lui. (Diogène Laërce, *Vie d'Aristote.*)

⁷ Homère, *Odyssée*, VII, 120, parlant de l'abondance des fruits du jardin d'Alcinoüs, dit : *Les poires y naissent après les poires, les pommes après les pommes ; les raisins succèdent aux raisins, et les figues aux figues.* Des deux vers, Aristote n'en formait qu'un seul, retranchant la fin du premier, et le commencement du second.

Pag. 125. — ¹ *Sycophantes.* C'est ainsi qu'on appelait les *traîtres.* Ce mot désignait originairement les dénonciateurs de ceux qui, au mépris de la loi, transportaient des figues hors de l'Attique. Au reste, l'application du vers d'Homère, dont le sel consiste dans l'allusion du mot συκῆ, *figue*, perd tout son mérite dans la traduction. Par cette phrase, *à Atènes les figues succèdent aux figues*, Aristote voulait faire entendre que la race de calomniateurs s'y multipliait tous les jours.

* Céos ou Céa, île de l'Archipel, entre l'Eubée et la Béotie. Elle s'appelle aujourd'hui *Zia*.

³ On croyait que Minerve avait fait sortir de terre l'olivier, dans la dispute qu'elle eut avec Neptune au sujet de la souveraineté de l'Attique. La découverte du figuier était attribuée à Cérès, qui, disait-on, l'avait communiquée à Phytalus, en reconnaissance du service qu'il lui avait rendu en la recevant dans sa maison, lorsqu'elle cherchait Proserpine.

⁴ Il faut entendre ceci des combats publics qui se donnaient dans les fêtes solennelles, telles que les Athénées, ou Panathénées, dont les Athéniens furent en effet les premiers instituteurs; non des exercices particuliers de la lutte et du pugilat, dont il paraît que les Spartiates ou les Crétois ont les premiers connu l'usage. Cette observation est le résultat d'une note de Périzonius, où ce savant a ramassé les passages de tous les auteurs qui peuvent servir à éclaircir ce point d'antiquité.

⁵ Elien distingue deux espèces de poires, ἄπιος, pour les Argiens; ἀχράς, pour les Tirynthiens. Le dernier signifie particulièrement *poire sauvage;* mais il y a beaucoup d'apparence que le premier, ἄπιος, ne doit pas être entendu autrement. Hésychius les confond en expliquant l'un par l'autre : Ἀχράδα, ἄπιον, Λάκωνες. *En Laconie on appelait* ἄπιος *le fruit qui était ailleurs nommé* ἀχράς. C'est de l'abondance de ce fruit que le Péloponnèse avait pris le nom d'*Apia.* Athénée, XIV, 27.

⁶ *Quique bibunt teneră dulces ab arundine succos*, dit Lucain, III, 237, en parlant des Indiens.

⁷ Les Carmanes étaient établis dans le golphe Persique, vers l'orient.

⁸ Les Méotes, Sarmates d'origine, avaient donné leur nom aux Palus-Méotides, dont ils habitaient les bords, ou en avaient emprunté le leur.

Pag. 127. — ¹ On peut consulter la note de Périzonius sur ces étymologies. Pour les rendre sensibles, il a fallu se permettre, dans la traduction, de commenter un peu le texte.

² *Protrygas*, qui vendange le premier; *Staphylite*, qui produit les raisins; *Omphacite*, qui n'attend pas, pour faire le vin, que les raisins soient mûrs. Ovide a rassemblé la plupart des différens noms donnés à Bacchus, au commencement du liv. IV des *Métamorphoses*. On en trouvera une liste, beaucoup plus ample, dans une épigramme de l'*Anthologie* (liv. I, pag. 82, *édit. de Brod.*), où chaque

nom est expliqué dans les notes de Vincent Opsopée.

³ Apollodore donne trois filles à Prœtus, *Lysippe*, *Iphinoé*, et *Iphianasse*.

⁴ Euripide a composé, sur ce sujet, sa tragédie des *Bacchantes* : Eschyle en avait fait une, intitulée *Penthée*, qui n'est pas venue jusqu'à nous.

⁵ Plutarque les nomme *Leucippe*, *Arsinoé*, et *Alcathoé*.

Pag. 129. — ¹ .... *Cœpere virescere telæ,*
Inque hederæ faciem pendens frondescere vestis.
Pars abit in vites ; et quæ modo fila fuerunt,
Palmite mutantur ; de stamine pampinus exit :
Purpura fulgorem pictis accommodat uvis.
                                                    Ovid., *Metam.*, IV, 394.

² *Cithéron*, montagne de Béotie, consacrée à Bacchus. Elien fait allusion au meurtre de Penthée, que sa mère Agavé déchira par morceaux sur le mont Cithéron.

³ Selon Ovide, elles furent changées toutes trois en chauves-souris.

⁴ Périzonius conjecture que ce joueur de lyre était du parti du tyran Télys, devenu si odieux aux Sybarites, pour avoir été l'auteur de la guerre contre les Crotoniates, qu'ils massacrèrent ses gardes et ses partisans jusqu'aux pieds des autels, quand il eut été dépouillé du pouvoir souverain.

Pag. 131. — ¹ Horace a dit (*Od.*, III, 2) :

Raro antecedentem scelestum
Deseruit pede pœna claudo.

² Trophonius était un habile architecte, qui avait construit le temple de Delphes. Après sa mort, il fut mis au rang des dieux : on lui érigea des autels près de la ville de Lébadée, en Béotie, où il rendait des oracles.

Pag. 133. — ¹ Elien a raison de dire que la seconde opinion est moins répandue que la première. Il est peut-être le seul qui en ait parlé. Valère Maxime, I, 8, assure que Philippe n'approcha jamais du lieu de la Béotie nommé *Quadriga*, *char à quatre chevaux*.

² Un article du chap. 1 du livre suivant peut servir de commentaire à cette loi, qui s'observait chez les habitans de Byblos.

³ Charès l'accusait de l'avoir abandonné devant Samos, et de l'avoir ainsi empêché de s'en rendre maître. Corn. Népos, *Timoth.*, ch. 3.

⁴ Elien veut parler particulièrement de Conon, père de Timothée.

⁵ Thucydide, I, 95, 128, etc.

⁶ Ce fut à Nicanor, lieutenant de Cassandre, que Phocion fut accusé d'avoir voulu livrer le Pirée : Antipater était mort quelque temps auparavant. Corn. Nép., *Phoc.*, c. 3

LIVRE QUATRIÈME.

Pag. 135. — ¹ Stobée attribue une pareille loi à Charondas.

² Cette loi était commune aux Égyptiens, aux Lucaniens, aux Athéniens, aux Lacédémoniens, et à plusieurs autres peuples.

Pag. 137. — ¹ Ces sortes de marchés publics étaient en usage chez plusieurs anciens peuples. En général, les maris achetaient presque toujours leurs femmes, soit en leur constituant une dot, soit en leur faisant des présens considérables; quelquefois même on était obligé d'en faire aux parens de l'épouse.

² Byblos, ville célèbre de Phénicie, consacrée à Adonis.

³ Elien a rapporté, au chap. 46 du liv. III, une loi semblable, qui s'observait chez les Stagirites.

⁴ Peuple de l'Asie, situé auprès de l'Hyrcanie.

⁵ Suivant Strabon (liv. XI), non seulement les Derbices immolaient les septuagénaires des deux sexes; mais de plus, les parens les mangeaient, comme on avait coutume de manger la chair des victimes. Ainsi le καταθύοντες, dont Élien se sert, et qu'on n'employait que pour désigner les sacrifices offerts aux dieux, doit être pris dans toute son étendue.

⁶ Les Augiles, peuple d'Afrique, avaient une coutume qui ressemble beaucoup à celle des Lydiens. Voici ce qu'en dit Pomponius Méla, I, 8 : *Feminis eorum solemne est, nocte, qua nubunt, omnium stupro patere, qui cum munere advenerint; et tum cum plurimis concubuisse, maximum decus: in reliquum pudicitia insignis est.*

⁷ La différence du talent de ces deux hommes est marquée par les mots κιθαριστὴς et κιθαρῳδός.

⁸ Ces deux peintres florissaient peu avant la guerre du Péloponnèse. Les Athéniens donnèrent à Polygnote le droit de citoyen d'Athènes, en reconnaissance de ce qu'il leur avait

fait plusieurs ouvrages gratis. *Voyez* Junius, *de Pict. Vet.*

Pag. 139. — ¹ Le mot τίμημα, du texte, peut être pris moins généralement, et signifie en particulier, *une amende égale au prix que l'ouvrage aurait été estimé.*

² La Mythologie a confondu ce prince avec Pluton, à qui on a souvent donné le nom d'*Aïdoneus.*

³ Pronax fut dévoré par un serpent, tandis que sa nourrice était allée montrer une fontaine aux généraux qui assiégeaient Thèbes. Elien fait deux personnages de Pronax et d'Archémorus : d'autres prétendent que c'est le même, qui fut nommé *Archémorus*, parce que sa mort était regardée comme le principe des malheurs des sept-chefs.

⁴ Ce sont les jeux Néméens.

⁵ Hercule voulait être purifié du meurtre de sa femme et de ses enfans. *Hygin*, *Fabl.* 21.

Pag. 141. — ¹ Ceci ne doit pas s'entendre du célèbre retour des Héraclides dans le Péloponnèse, auquel les Athéniens n'eurent aucune part. Périzonius conjecture que le retour dont il s'agit ici, doit se rapporter aux dernières années de la vie de Thésée.

² Cléone, ville située entre Corinthe et Argos. *Strab.*, liv. VIII.

³ Les Molionides étaient deux frères, Eurytus et Ctéatus, fils d'Actor et de Molione : ils s'étaient attiré la haine d'Hercule, pour avoir défendu contre lui leur oncle Augias. La fable les représente avec un seul corps, mais ayant deux têtes, quatre bras, et quatre pieds.

⁴ On ne sait pas précisément en quoi consistaient ces honneurs : ce n'était peut-être que le droit de présider aux jeux Néméens.

⁵ Ménesthée était de la race des anciens rois d'Athènes, et descendait d'Erechthée.

⁶ Leur haine contre Thésée venait de ce qu'il avait enlevé leur sœur Hélène.

⁷ Syloson était frère de Polycrate, tyran de Samos. Lorsqu'il fit à Darius le présent dont parle Elien, ce prince était un des gardes de Cambyse. *Hérodote*, III, 39 et 193.

⁸ Elien fait allusion à l'échange de Glaucus et de Diomède (*Iliad.*, VI, 236), d'où était né le proverbe, χρύσεα χαλκείων.

⁹ La réponse de la Pythie est fondée sur ce qu'on ne rece-

vait nulle part plus volontiers qu'à Athènes les étrangers et les fugitifs.

¹⁰ On connaît l'opinion des anciens, qui croyaient que les âmes ne pouvaient passer le Styx tant qu'on n'avait pas rendu aux corps les derniers devoirs.

Pag. 143. — ¹ On ne connaît d'auteur de ce nom, qu'un philosophe de la secte Cyrénaïque, disciple d'Antipater, dont parle Diogène Laërce. Les commentateurs croient qu'Elien a voulu parler de Timée, qui, à cause de son goût pour la satire, fut surnommé *Epitimée* : on le trouve, en effet, désigné par ce nom dans Athénée, *liv. VI, chap.* 20.

² On lit dans Cornélius Népos, que pour faire périr Pausanias, on mura la porte du temple où il s'était réfugié, et que sa mère y mit la première pierre. L'auteur des *Parallèles*, attribués à Plutarque, ajoute que ce fut elle qui donna l'avis de jeter son corps hors du territoire de Sparte. Diodore de Sicile, liv. XI, nie ce fait, et dit qu'il fut permis à ses parens de l'enterrer.

³ Cet ami est nommé *Eloris* dans Diodore, liv. XX.

⁴ Amyntas, père de Philippe. Les Barbares dont il s'agit étaient les Illyriens.

⁵ Dans une sédition qui s'éleva à Constantinople, l'an 532, l'empereur Justinien, désespérant de l'apaiser, avait formé le projet de s'enfuir. L'impératrice Théodora l'en détourna par un discours vigoureux, qu'elle finit en lui disant, comme Ellopidas à Denys : *Le trône est le tombeau le plus glorieux.* Hist. du Bas Empire, par M. Le Beau, t. IX, p. 145.

Pag. 145. — ¹ Périzonius pense que le mot égyptien qui répond à celui d'*Ane*, est *Narsès*. On trouve, en effet, Ochus appelé de ce nom dans Strabon, liv. XV.

² Ochus irrité de leur mépris, voyant d'ailleurs que les Phéniciens et les Cypriots se soulevaient à l'exemple des Egyptiens, marcha en personne contre ces différens peuples, et les soumit. Ce fut alors que, pour se venger des Egyptiens, dit Elien, au liv. X de l'*Hist. des Anim.*, chap. 28, il fit un dieu de l'*Ane*, et lui immola le bœuf Apis. Plutarque raconte (*de Iside et Osiride*), qu'Ochus usa si cruellement de la victoire, qu'on le nomma depuis Μάχαιρα, *le Glaive.*

Pag. 147. — ¹ Elien a déjà rapporté ce trait de l'ingratitude d'Aristote, au chap. 19 du liv. III.

² Elien qualifie *petite* la maison de Socrate, οἰκίδιον. La petitesse de cette maison a été rendue célèbre par la réponse

de Socrate à celui qui paraissait en être surpris : *Plût au Ciel*, lui dit-il, *que je pusse la remplir de vrais amis!* Ce que Phèdre (III, 9) a exprimé par ce vers :

Utinam, inquit, veris hanc amicis impleam!

³ Ces chaussures, nommées par Elien βλαῦται, étaient appelées par les Athéniens κονίποδες, parce qu'étant fort minces, elles n'élevaient pas les pieds au-dessus de la poussière. On s'en servait particulièrement à table.

⁴ Périzonius croit que ce tableau était une copie de celui que Zeuxis avait peint, pour être dédié dans le temple de Junon Lacinia, à Crotone. Les Crotoniates, afin que leur Hélène fût plus parfaite, avaient permis au peintre, par un décret public, de choisir entre toutes leurs filles cinq des plus belles, pour lui servir de modèle.

Pag. 149. — ¹ Gargette, bourg de l'Attique.

² On n'est pas parfaitement d'accord sur l'idée qu'il faut attacher au mot *volupté* dans Epicure. On peut consulter l'ouvrage de M. l'abbé Batteux, intitulé, *La Morale d'Epicure*.

³ Archiloque, un des plus anciens poëtes grecs : il vivait vers la quinzième olympiade. On le regarde comme l'inventeur des vers Iambes.

⁴ Il ne faut point confondre cet Anaxagoras avec le philosophe du même nom : celui dont il s'agit ici était un rhéteur, disciple d'Isocrate. *Voy.* Ménage sur Diogène Laërce, p. 49.

⁵ Gélon ne faisait cas que des exercices du corps. Un jour, dans un festin où tous les conviés jouaient de la lyre, et s'accompagnaient de la voix, Gélon, pour montrer aussi ses talens, se fit amener un cheval, et sauta dessus avec une aisance admirable. Plutarque, *Apophthegmes*.

⁶ Iulis, ville de l'île de Céos. Simonide était parent de Bacchylide, et citoyen de Iulis, comme lui. *Strab.*, liv. X.

⁷ C'est ce prince qui fut surnommé *Philadelphe*, et qui commença la fameuse bibliothèque d'Alexandrie. Strabon (liv. XVII) attribue son goût pour les sciences à la même cause qu'Elien.

Pag. 151. — ¹ Théagès, disciple de Socrate. Ce passage est extrait du sixième livre de la *République*; on trouvera le texte original dans la seconde partie des *Pensées de Platon*, seconde édition, pag. 244. J. V. L.

² Corn. Népos, Plutarque, Athénée, etc. peignent Alcibiade des mêmes couleurs.

³ Critias, un des trente tyrans, et le plus cruel de tous. Il fut tué dans le combat que Thrasybule leur livra, lorsqu'il revint dans sa patrie à la tête des citoyens qu'ils en avaient bannis. *Xénoph.*, liv. II.

⁴ Straton, originaire d'Alexandrie, demeurait à Ægium dans le Péloponnèse. On lit dans Pausanias (*Achaïc.*), que les Ægiens lui firent construire, près de la ville, un portique où il pût s'exercer.

⁵ Voy. sur le *pancrace* la note 3 du chap. 30, liv. III.

Pag. 153. — ¹ On ne voit pas la liaison du fait de Démocrate avec les exemples précédens; à moins qu'on ne suppose que les efforts qu'il fit pour se maintenir dans la place qu'il avait prise, le guérirent de son mal aux pieds; ce qu'Elien ne dit pas. — Il veut dire probablement que cette infirmité fut avantageuse à Démocrate, parce qu'elle fut pour lui l'occasion d'une victoire qu'il n'aurait peut-être pas remportée dans la lutte ordinaire. J. V. L.

² Callias était, ainsi qu'Alcibiade, un des plus riches disciples de Socrate. Aristophane parle souvent du goût de Callias pour le plaisir.

³ Isménias, célèbre joueur de flûte, né à Thisbé, en Béotie.

⁴ Périzonius conjecture que Crobylus pourrait bien être ce sychophante athénien, qui, rencontrant Platon, lorsque ce philosophe allait défendre Chabrias, le menaça du destin de Socrate. *Voy.* Diogène Laërce, *Vie de Platon.*

⁵ On le croyait fils d'Apollon.

⁶ Elien a rapporté ces deux faits, ainsi que celui du fleuve Cosas, à peu près dans les mêmes termes, au chap. 26 du liv. II.

⁷ Porphyre (*Vie de Pythag.*) compte Myllias au nombre des disciples de ce philosophe.

⁸ On sait que Pythagore est l'auteur du système de la métempsycose. Il prétendait se ressouvenir d'avoir été Euphorbe, dans le temps de la guerre de Troie.

⁹ Sur le nom de ce fleuve, voy. la note 3 du chap. 62, liv. II.

¹⁰ Périzonius pense que Pythagore regardait la feuille de mauve comme sacrée, parce que cette plante avait été une des premières nourritures des hommes.

¹¹ Pythagore croyait que les nombres entraient dans la

composition de tous les êtres, et qu'ils étaient le principe de toutes choses. Iamblique, *Vie de Pythagore.*

¹² Gesner propose une correction ingénieuse, mais qui se concilie mal avec les opinions connues de Pythagore et de plusieurs autres philosophes anciens : il veut qu'au lieu de, ὡς ἡ γῆ τοῦ Νείλου ἐστί, on lise, ὡς αὐγὴ τοῦ ἡλίου ἐστί. Alors il faudrait traduire, *l'arc-en-ciel est comme le reflet des rayons du soleil.* Gronovius propose de lire πηγὴ τοῦ Νείλου, *l'Iris est la source du Nil.* Cette correction s'accorde assez avec l'opinion des Anciens, qui croyaient que le Nil prenait sa source dans un autre univers. C'est celle que j'ai suivie. On peut consulter, sur ce passage, les notes des commentateurs.

Pag. 155. — ¹ De là ce mot si connu, Αὐτὸς ἔφα, *le maître l'a dit.*

² Ceci peut s'entendre de la guérison du corps, comme de celle de l'âme. Pythagore avait des connaissances en médecine. *Elien, liv.* IX, c. 22, *et Diog. Laërce.*

³ Il défendait, dit Iamblique, *Vie de Pythag.*, de manger le cœur et la cervelle des animaux, parce que là est le siège de la sagesse et de la vie.

⁴ Pythagore voulait qu'on s'abstînt en général de manger des coqs, parce qu'ils sont consacrés au soleil et à la lune, et qu'ils indiquent les heures par leur chant. *Diog. Laërce.*

⁵ Pythagore paraît avoir pris chez les Juifs cette aversion pour les animaux qui étaient morts naturellement. Josèphe, contre Apion, liv. II, observe qu'il avait emprunté de ce peuple beaucoup d'autres usages.

⁶ Cette défense doit s'entendre des bains publics ; car on sait, par Iamblique, que les sectateurs de Pythagore se baignaient tous les jours.

⁷ Iamblique prétend qu'il faut entendre, par les chemins publics, les coutumes, les opinions et les mœurs du vulgaire, dont Pythagore voulait qu'on s'écartât.

⁸ Ces vers sont tirés du liv. V. de l'Iliade, v. 838, où Minerve irritée prend la place de Sthénélus, cocher de Diomède. Homère dit : *L'essieu gémit sous ce poids énorme ; il porte à la fois une déesse redoutable, et le plus vaillant des hommes.*

ᶜ Illustre Syracusain, fils d'Hipparinus, gendre de Denys le jeune.

Pag. 157. — ¹ Suivant la plupart des auteurs anciens, Alexandre contribua beaucoup plus que Philippe à la composition de l'Histoire des Animaux. Pline (liv. VIII, ch. 16) dit que

ce prince envoya plusieurs milliers d'hommes faire des recherches en Asie et en Grèce, avec ordre de rapporter des animaux de toutes les espèces, quadrupèdes, oiseaux, poissons, reptiles, etc.

² L'histoire ne donne que deux frères à Démocrite, *Damase* et *Hérodote* ; ce qui m'a engagé à attribuer au père le partage de son bien entre ses trois fils. S'il n'était pas presque certain que Démocrite n'avait que deux frères, j'aurais pu dire dans ma traduction, sans faire violence au texte, et peut-être même plus littéralement, que ce fut Démocrite lui-même qui partagea son bien entre ses trois frères.

³ Non seulement *le philosophe*, mais *la philosophie*.

⁴ Voy. sur Protagoras les notes du chap. 23, livre premier.

⁵ Hippocrate était de Cos, île de la mer Egée.

Pag. 159. — ¹ Le scholiaste d'Aristophane, sur *les Nuées*, donne deux raisons de la coutume des anciens Athéniens, de porter des cigales d'or : c'est, dit-il, ou parce que les cigales, à cause de leur chant, étaient consacrées à Apollon, une des divinités tutélaires d'Athènes ; ou parce qu'elles étaient autochthones, comme les Athéniens prétendaient l'être.

² Elien est le seul qui dise que Périclès et Callias s'empoisonnèrent avec de la ciguë : Périclès ne fut point réduit à l'indigence; il mourut de la peste, étant général des Athéniens. Plutarque, qui nous apprend ce fait, ajoute que Périclès avait fait succéder à sa prodigalité une si grande économie, qu'il en était devenu insupportable à sa femme et à ses enfans. Quant à Callias, disciple de Socrate, Athénée, XII, 9, raconte qu'il mourut de misère, chez une femme étrangère, mais non empoisonné. Il est vraisemblable qu'Elien, écrivant de mémoire, a confondu Périclès et Callias avec Autoclès et Epiclès, compagnons de débauche de Nicias, qui burent de la ciguë, quand ils eurent dissipé leur bien.

³ Pergase, canton de l'Attique, qui faisait partie de la tribu Erechthéide. Ce Nicias ne doit pas être confondu avec le célèbre général du même nom.

⁴ Sur la façon dont les repas se terminaient chez les Anciens, on peut voir les notes du chap. 20, livre premier.

⁵ Canton de l'Attique, qui faisait partie de la tribu de Cécrops.

Pag. 161. — ¹ Vossius, dans son ouvrage sur les Poëtes grecs, n'a point nommé Xanthus. Ce poëte est différent de l'historien du même nom, fils de Candaule, roi de Lydie.

² Stésichore, contemporain de Cyrus, de Crésus, etc.

³ On trouve, en effet, dans l'Iliade, IX, 145, une des filles d'Agamemnon nommée *Laodice*. Ce prince, proposant à Achille de lui donner une de ses filles en mariage, lui offre de choisir entre Chrysothémis, *Laodice*, et Iphianasse.

⁴ Il fallait qu'elle ne fût pas très-vieille lorsqu'elle épousa Pylade, puisqu'elle en eut deux fils. Pausanias, *Corinth.*, chap. 16.

⁵ Elien dérive le nom d'*Electre*, du mot Ἄλεκτρος, *sans lit conjugal, qui n'est point mariée*. Périzonius pense qu'il vient plutôt d'Ηλέκτωρ, nom qui fut donné au soleil, parce qu'il ne se repose jamais; d'où l'on a fait Ἤλεκτρον, *mélange d'or et d'argent*, en général, *tout ce qui brille*. Sa conjecture est d'autant plus probable, que ce nom était commun à plusieurs femmes illustres de la Grèce, telles que la mère de Dardanus, une des Danaïdes, une des filles de l'Océan, etc.

⁶ Priène, dans l'Ionie, auprès de Milet.

⁷ Comme la mine attique est évaluée à peu près à quatre-vingts francs de notre monnaie, les trente mines faisaient une somme très-modique. Aussi, selon Nicolas de Damas (*Excerpt. ex histor.*, pag. 243, éd. de Coray), le don de Pamphaès à Crésus était de mille statères d'or, qui répondent à deux cents mines. Cette somme s'accorde mieux avec le motif de l'emprunt de Crésus, qui, comme nous l'apprend le même auteur, devait l'employer à lever des soldats. Nicolas de Damas ajoute que ce fut un chariot plein d'or qui fut envoyé à Pamphaès.

⁸ Caryste, ville de l'Eubée. Scheffer pense que ce Diotime pourrait bien être le même que le fameux buveur dont parle Elien au chap. 41 du liv. II.

⁹ La réponse de Diogène est une citation d'Homère. Ulysse, dans l'Odyssée, VI, 180, dit à Nausicaa, fille d'Alcinoüs : *Que les dieux vous accordent tout ce que vous pouvez désirer, un mari, et des enfans !* Je n'ai pas cru devoir expliquer dans ce sens le souhait de Diogène à Diotime.

Pag. 163. — ¹ Ancien philosophe, contemporain de Thalès, et maître de Pythagore. Il passe pour être le premier qui ait composé des ouvrages en prose.

² Une des Cyclades, dans la mer Egée.

³ Les Anciens croyaient que la maladie pédiculaire était une punition des dieux. Pausanias, *Bœot.*

⁴ Ce n'était point par impiété que Phérécyde n'offrait pas de sacrifices aux dieux : comme il croyait à la métempsycose,

ainsi que Pythagore, son disciple, il rejetait les sacrifices sanglans, et voulait qu'on ne présentât aux dieux que de l'encens, des gâteaux, et autres choses semblables.

⁵ Juvénal a fait allusion à la folie d'Alexandre dans ces vers, *Sat.*, X, 168 :

Unus Pellæo juveni non sufficit orbis;
Æstuat infelix angusto limite mundi.

LIVRE CINQUIÈME.

Pag. 165. — ¹ Tachos avait été d'abord en guerre avec les Perses, et Agésilas était venu à son secours : mais Tachos l'ayant offensé par une raillerie sur la petitesse de sa taille, le roi de Lacédémone se joignit à Nectanèbe, qui s'était soulevé contre le roi d'Egypte ; et ces deux princes le forcèrent d'aller chercher un asyle chez les Perses. Athénée, XIV, 1.

² Voy. le chap. 28 du liv. précédent.

³ Briarée, fils du Ciel et de la Terre : il avait, ainsi que son frère Gygès, cent mains et cinquante têtes (*Hés.*, *Théog.*). Les Anciens ont parlé fort diversement de Briarée. Scheffer et Périzonius ont recueilli dans leurs notes tout ce qui a été dit au sujet de ce géant.

Pag. 167. — ¹ Apollon et Diane.

² Artaxerce Mnémon. *Corn. Nép.*, *Vie d'Epam.*

³ Son vrai nom était *Sphinès* : les Grecs lui donnèrent celui de *Calanus*, parce que, pour saluer ceux qui l'abordaient, il disait en son langage, *Cale*, qui signifie *Salut*. Plutarque, *Vie d'Alex.*

⁴ Il est parlé des honneurs qu'Alexandre rendit à Calanus après sa mort, dans le chap. 41 du liv. II.

⁵ Pérégrinus, plusieurs siècles après, donna, aux jeux olympiques, le même spectacle. Sa mort est le sujet d'un des Traités de Lucien. Je remarquerai ici que Lucien, citant dans ce Traité plusieurs exemples de personnages illustres qui ont péri par le feu, entre autres, celui d'Empédocle, qui se jeta dans les fournaises de l'Etna, ne rappelle point l'histoire de Calanus, plus semblable qu'aucune autre à celle de Pérégrinus. Lucien l'aurait-il ignorée ?

Pag. 169. — ¹ On peut être surpris qu'Elien mette Taxile au nombre des ennemis vaincus par Alexandre, puisqu'il est certain

que Taxile, loin de s'opposer au roi de Macédoine, envoya des ambassadeurs lui demander son amitié, avant même que ce prince fût arrivé aux Indes. *Diod. de Sic.*, *XVII*; *Quinte-Curce*, *VIII*, 12.

² Philosophe, frère de Caduias, roi des Scythes. Voy. les notes du chap. 41, liv. II.

³ Les philosophes étaient dans l'usage de voyager : Thalès, Platon, Solon, et plusieurs autres, en fournissent des exemples.

⁴ Voy. le chap. 13 du liv. II.

⁵ Plutarque (*de Audiend. poët.*) nous apprend que Poliagre était soupçonné de prostituer sa femme pour de l'argent, et que c'est pour cela qu'il fut joué sur le théâtre.

⁶ Athénée, qui raconte cette histoire à peu près dans les mêmes termes (liv. VIII, ch. 13), ajoute qu'Epicure, d'après lequel il la rapporte, est le seul de tous les auteurs qui parle ainsi de ce philosophe.

Pag. 171. — ¹ Ils avaient envoyé une flotte au secours des Égyptiens, qui s'étaient révoltés contre Artaxerce Longuemain. *Thucyd.*, *liv. I*; *Diod. de Sic.*, *liv. XI*.

² Ce fut encore dans une guerre contre les Perses, et sous le même règne. Cimon était général de l'armée athénienne. *Diod. de Sic.*, *liv. XII*.

³ Elien réunit les pertes que les Athéniens firent en diverses occasions, pendant la guerre de Sicile.

⁴ Elien veut parler de la victoire que les Lacédémoniens, sous la conduite de Lysandre, remportèrent sur les Athéniens à Ægospotamos. *Diod. de Sic.*, *ibid.*

⁵ Les Athéniens furent défaits par Philippe, roi de Macédoine, qui fit sur eux deux mille prisonniers, *Diod.*, *liv. XVI.*

⁶ Orateur athénien.

⁷ Les Anciens comptaient douze grands dieux, ou douze dieux principaux, qui habitaient l'Olympe, et qui étaient supérieurs aux demi-dieux et aux héros. On connaît ces deux vers d'Ennius :

Juno, Vesta, Minerva, Ceres, Diana, Venus, Mars,
Mercurius, Jovi', Neptunus, Vulcanus, Apollo.

⁸ Ce chapitre peut être regardé comme un sommaire de l'histoire du gouvernement d'Athènes.

⁹ Cécrops fut le premier roi d'Athènes, Erechthée le sixième, et Thésée, le cinquième depuis Erechthée. Elien se

contente de nommer ces trois princes, comme les plus illustres des rois d'Athènes.

¹⁰ Quoique Codrus ait été le dernier roi d'Athènes, ses descendans jouirent presque de la même autorité sous le nom d'*Archontes*, d'abord perpétuels, ensuite décennaux. C'est pour cela qu'Elien parait ne pas regarder le pouvoir monarchique comme détruit, sous les descendans de Codrus.

¹¹ Périzonius croit qu'Elien veut parler des quatre cents sénateurs établis par Solon, et dont le nombre s'augmenta dans la suite jusqu'à six cents.

¹² Suivant Périzonius, ces dix citoyens sont ceux qu'on nommait ςρατηγοί, parce que leur principal fonction était de commander les armées.

Pag. 173. — ¹ La même loi était en vigueur chez les Romains et chez plusieurs autres peuples. Si l'on en croit Elien, certains animaux imitent en cela les hommes. Il dit que l'épervier, lorsqu'il rencontre un homme mort, lui donne la sépulture, en jetant de la terre sur le cadavre (*Hist. des Animaux*, liv. II, ch. 46). Il dit ailleurs que les éléphans rendent le même devoir au cadavre de leurs pareils, et qu'ils forment un tombeau, en le couvrant de terre avec leur trompe. *Ibid.*, liv. V, ch. 49.

² Cette loi n'était pas particulière aux Athéniens. Varron en parle comme d'une loi généralement observée chez les Anciens.

³ Lieu ainsi appelé, parce qu'on y plaça la statue de Pallas qui avait été apportée de Troie, après la ruine de cette ville.

⁴ Temple consacré à Apollon : ce dieu fut surnommé *Delphinus*, soit parce qu'il tua le serpent Python, appelé *Delphina*; soit parce qu'il s'offrit à Castalius de Crète, sous la figure d'un dauphin, pour être le conducteur d'une colonie dont Castalius était le chef. Pausanias, *Attic.*

⁵ On apprend d'un fragment d'Hypéride, conservé par Pollux, IX, 4, que la mère de cet enfant était prêtresse de Diane *Braurone*, ainsi nommée d'une bourgade de l'Attique où elle était adorée.

Pag. 175. — ¹ Comme le moineau n'a jamais été consacré à Esculape, et que le coq ou la poule étaient les oiseaux qu'on lui offrait communément en sacrifice, Scheffer pense que le mot ςρουθός pourrait bien signifier ici un de ces oiseaux. Kuhnius croit qu'il faut l'entendre d'un moineau qui avait

fait son nid dans l'enceinte du temple d'Esculape, et qui pour cette raison était regardé comme consacré à ce dieu.

² Cette humanité des juges de l'aréopage est conforme aux lois des Égyptiens et des Romains, qui défendaient de faire mourir une femme grosse avant qu'elle fût accouchée.

³ Suivant Clément d'Alexandrie (*Strom.* II, pag. 387), Eschyle avait dévoilé les mystères sur le théâtre. Accusé devant l'Aréopage, il se justifia, en disant qu'il n'était point initié, et fut absous.

⁴ Cynégire, autre frère d'Eschyle, avait perdu les deux mains à la bataille de Marathon, en voulant arrêter un vaisseau ennemi qui s'enfuyait. *Justin*, liv. II.

Pag. 177. — ¹ Peuple de la Calabre, voisin des Tarentins.

² Ils furent lapidés par les Corinthiens, suivant Pausanias, qui les nomme *Mermeros* et *Phérès* (*Corinth.*, c. 3).

³ C'est la tragédie intitulée *Médée*.

LIVRE SIXIÈME.

Pag. 179. — ¹ Les Athéniens remportèrent cette victoire, peu de temps après qu'ils eurent détruit la tyrannie des Pisistratides. Leur haine contre les Chalcidiens venait de ce que ceux-ci avaient prêté du secours à Cléomène, roi de Sparte, qui voulait se rendre maître de l'Attique.

² Cette contrée s'appelait ainsi, parce qu'on y nourrissait beaucoup de chevaux. Les principaux habitans de Chalcis se nommaient *Hippobates*; c'est-à-dire, *gens qui montent à cheval*.

³ Selon plusieurs Mss., il faudrait lire *quarante parts*.

⁴ Les Chalcidiens étaient une colonie Athénienne, établie avant la guerre de Troie. *Strab.*, liv. X, pag. 447.

⁵ Portique sous lequel l'archonte, nommé *le roi*, rendait la justice.

⁶ Il n'était point d'usage dans la Grèce que les femmes libres assistassent à d'autres funérailles qu'à celles de leurs proches, bien moins encore qu'elles fissent le métier de pleureuses, qui était exercé par des femmes qu'on payait.

⁷ Ces sortes d'habitans, dans plusieurs lieux de la Grèce, étaient à peine distingués des esclave.

Pag. 181. — ¹ Pellène, ville de l'Achaïe, dans le voisinage de Sicyone. Les Sicyoniens entreprirent cette guerre avant

le temps du siège de Troie : ils étaient alors gouvernés par des rois. *Pausan.*, *Corinth.*

² Le mot ἀκτή, que je traduis par les *bords de la mer*, a quelquefois signifié l'*Attique* : c'est en ce dernier sens que l'entend ici Périzonius, qui propose d'ajouter au texte la particule καὶ, et de lire, καὶ οἱ ἐν τῇ Ἀκτῇ πάντες. En suivant cette leçon, il faudrait traduire, *Et tous les peuples de l'Attique*.

³ Ville de la Béotie, au pied du mont Hélicon.

⁴ Il faut lire, *Au secours des Lacédémoniens*. Le fils d'Harmatide se trouva, en effet, comme auxiliaire à la journée des Thermopyles. *Hérod.*, liv. VII, ch. 222, 227.

⁵ C'est ainsi qu'Homère appelle Achille, *fils de Pélée*; Agamemnon, *fils d'Atrée*, etc.

⁶ Nous apprenons d'Hérodote (VII, 227) qu'il s'appelait *Dithyrambus*.

⁷ L'action qu'Elien raconte se passa lorsque les Thébains, sous la conduite d'Epaminondas, vinrent pour surprendre Sparte.

⁸ Isadas était nu, le corps oint avec de l'huile, tenant d'une main une pique, de l'autre une épée nue (Plutarque, *Vie d'Agés.*). L'histoire romaine nous offre un pareil exemple de la sévérité des lois militaires. Le jeune Manlius, provoqué au combat d'homme à homme par le chef des Tusculans, accepta le défi, et tua son ennemi. Le consul, son père, qui avait défendu que l'on combattît hors de son rang, et avant que la bataille fût engagée, le condamna à la mort, pour avoir désobéi à l'ordre. De cet acte de sévérité, qui mériterait bien d'être autrement qualifié, est née l'expression proverbiale, *Manliana imperia*, pour désigner les arrêts où les droits de la nature sont sacrifiés à la rigueur des lois. *Adages d'Erasme.*

Pag. 183. — ¹ Suivant Aristote (*Politique*, II), cette exemption était accordée aux pères qui avaient quatre fils.

² S'il faut en croire Hermippus, cité par Athénée, XIII, 1, on enfermait les filles et les garçons nubiles dans un lieu obscur; et chacun devait épouser celle que le hasard lui avait fait prendre sans la voir.

³ La raison que rapporte Valère-Maxime (II, 6) du choix de la couleur écarlate, chez les Lacédémoniens, paraît plus naturelle : c'était, dit-il, pour dérober la vue du sang qui sortait de leurs blessures, et qui aurait pu ranimer le courage des ennemis.

*30

Pag. 185. — [1] Ténare, promontoire de la Laconie, où il y avait un temple consacré à Neptune.

[2] Ce tremblement de terre fit périr plus de vingt mille Lacédémoniens. *Diod. de Sic.*, liv. XI.

[3] Bagoas, depuis la mort d'Ochus, jusqu'au règne de Darius Codoman, exerça en Perse un pouvoir absolu, créant des rois, et les faisant périr à sa volonté.

[4] Suidas dit qu'il le mangea lui-même.

Pag. 187. — [1] Ces vers sont tirés de la réponse d'Achille aux députés qui étaient allés le trouver de la part des Grecs, pour l'engager à rejoindre l'armée. *Iliad.*, liv. IX, v. 404.

[2] Ce fut Onomarque, général des Phocéens, qui fit faire cette fouille, dans le temps de la guerre sacrée, s'imaginant trouver les richesses dont Homère avait parlé.

[3] Périclès ne fit que renouveler cette loi, qui avait été anciennement établie par Solon.

[4] On ne connaît à Périclès qu'un fils naturel, qu'il eut d'Aspasie, et qui portait le nom de son père : il fut l'un des généraux athéniens qui vainquirent les Lacédémoniens aux Arginuses.

[5] Gélon remporta cette victoire le même jour que Léonidas périt aux Thermopyles avec ses trois cents Spartiates. *Diod. de Sic.*, liv. XI.

[6] La phrase du texte peut s'entendre autrement : comme le mot γράμμα, que j'ai rendu par celui d'*inscription*, signifie également *tableau*, *image quelconque*, même *statue*, plusieurs commentateurs ont pensé qu'il fallait le prendre dans ce sens : alors on traduirait, *cette image*, ou *cette statue*, *est un monument de la générosité de Gélon*.

Pag. 189. — [1] Le médimne attique contenait sept boisseaux romains. *Corn. Nép.*, *Vie d'Atticus*, c. 2.

[2] Machine de guerre, dont les Anciens se servaient pour lancer des traits. Pline (VII, 56) en attribue l'invention aux Syro-Phéniciens.

[3] Expression proverbiale, pour désigner une puissance établie sur des fondemens inébranlables.

[4] Denys ne fit pas mourir tous ses frères : Nisée, l'un d'eux, régna après la mort de Dion. *Plut.*, *Vie de Timoléon*.

[5] Élien donnerait lieu de croire que les faits qu'il raconte suivirent immédiatement l'usurpation de Dion ; mais l'intervalle est au moins de sept ans, durant lesquels Callippus,

Hipparinus et Nisée régnèrent successivement à Syracuse. *Strab.*, liv. VI, p. 259.

⁶ On a déjà remarqué (liv. III, c. 7) que les boutiques des barbiers étaient le rendez-vous des gens désœuvrés.

Pag. 191. — ¹ Gélon et Cypsélus sont assez connus : comme Leucon l'est beaucoup moins, et que les commentateurs en ont dit peu de chose, je hasarderai de placer ici quelques détails sur son histoire. Leucon fut le cinquième roi du Bosphore Cimmérien, depuis Spartacus, le premier dont on connaisse le nom. Il était fils de Satyrus I, dont le règne, suivant Diodore de Sicile, commença la seconde année de la quatre-vingt-douzième Olympiade : le même auteur rapporte le commencement du règne de Leucon à la quatrième année de la quatre-vingt-seizième, et la fin, à la quatrième année de la cent sixième. Ce prince a mérité, par ses grandes qualités et par la sagesse de son gouvernement, que ses descendans adoptassent son nom, d'où ils ont été appelés *Leuconiens*, ou *Leuconides*. Il laissa plusieurs fils, entre autres, Spartacus III, qui régna après lui durant cinq ans, et Pœrisade, qui succéda à son frère. C'est le Pœrisade dont il nous reste une médaille, savamment expliquée par M. de Boze, qui m'a fourni le fond de cette remarque. *Mém. de l'Acad. des Belles-Lettres*, t. VI.

LIVRE SEPTIÈME.

Pag. 193. — ¹ Les uns disent que Sémiramis eut pour mère la déesse *Derceto*, qui, chez les Assyriens, est la même que Vénus; les autres, qu'elle était née de très-bas lieu, et qu'elle faisait le métier de courtisane. *Diod. de Sic.*, liv. II. Suivant Plutarque, elle était Syrienne, et servante d'un des officiers du roi.

² Ce roi était Ninus. Selon Justin, I, 1, Ninus ne fut point assassiné, et Sémiramis ne s'empara du gouvernement qu'à cause de la trop grande jeunesse de son fils, qui le mettait hors d'état de régner par lui-même.

³ Historien qui vivait du temps de Philippe, roi de Macédoine : il avait beaucoup écrit sur l'histoire des peuples orientaux, particulièrement sur celle des Perses. Il ne reste rien des ouvrages de Dinon.

⁴ Périzonius pense que Straton est le même prince que

Diodore de Sicile appelle *Tennès*, et qu'Artaxerce Ochus fit mourir.

⁵ *Odyssée*, VIII, 248, etc. Les Phéaciens habitaient l'île qu'on a depuis nommée *Corcyre*, aujourd'hui *Corfou*. Ils menaient une vie si voluptueuse, qu'elle a passé en proverbe chez les Grecs et les Latins.

⁶ Élien fait allusion à ce que dit Homère, qu'aux repas d'Alcinoüs il n'y avait qu'un seul chanteur. *Ibid*.

Pag. 195. — ¹ Comme il y a eu plusieurs Nioclès, rois de Chypre, il n'est pas aisé de savoir duquel Élien veut parler. Il est cependant probable qu'il s'agit ici de Nicoclès, fils d'Évagoras, dont Isocrate vante la magnificence dans le Discours qui porte son nom.

² Aristippe était Cyrénéen : quoique disciple de Socrate, il avait une façon de penser bien différente de celle de son maître. Il craignait la douleur et la tristesse, et faisait consister le bonheur dans la volupté.

³ Un des sept Sages de la Grèce, tyran de Mitylène.

⁴ Ou bien, *de fournir, dans un très-petit espace, le moyen de prendre différens exercices*.

⁵ C'est apparemment celle que Plutarque nous a conservée dans le *Banquet des sept Sages*, c. 14, et peut-être la seule de ce genre qui nous reste. La voici : Ἄλει, μύλα, ἄλει· καὶ γὰρ Πιττακὸς ἀλεῖ, μεγάλας Μιτυλάνας βασιλεύων. *Moulez, meule, moulez ; car Pittacus, qui règne dans l'auguste Mitylène, aime à moudre*. Sur les chansons particulières à certaines professions dans l'ancienne Grèce, on peut consulter un Mém. de M. de la Nauze, dans le *Rec. de l'Acad. des belles-lettres*, t. IX.

⁶ Homère, *Odyssée*, liv. dernier.

⁷ *Ibid.*, XV, 320.

⁸ Ulysse était alors dans l'île de Calypso. *Odyss.*, V, 242.

Pag. 197. — ¹ *Iliad.*, I, 206.

² *Le Roi*, apparemment le roi de Perse, qui est souvent nommé *le Roi* absolument par les auteurs grecs.

³ Orateur, toujours opposé à Démosthène, et dont les mœurs étaient suspectes; ce qui faisait dire à Démosthène que sa lampe et celle de Pythéas n'éclairaient pas les mêmes actions.

⁴ Il était d'usage, chez les anciens, de jeter des armes dans le bûcher des guerriers, ou d'en renfermer dans leurs tombeaux.

⁵ On peut conjecturer, d'après ce qu'Elien dit un peu plus bas, que c'était la robe même d'Alexandre.

⁶ Achille, aux funérailles de Patrocle, fit couper les cheveux de ses soldats, pour en couvrir le corps de son ami. Lui-même, après avoir coupé les siens, les mit dans les mains de Patrocle. *Hom.*, *Iliad.*, XXIII, 135, 141, etc.

⁷ Alexandre fit aussi tondre ses chevaux et ses mulets. *Plutarque.*

Pag. 199. — ¹ Arrien (liv. VII, p. 474) raconte qu'on avait fait venir de la Grèce, pour orner la pompe funèbre d'Héphestion, trois mille, tant comédiens qu'athlètes, qui furent employés à célébrer des jeux autour du tombeau d'Alexandre.

² Cette robe s'appelait *crocotos*.

³ Les Tarentins, que l'opulence avait entraînés dans le luxe et dans la mollesse, avaient inventé ces sortes d'étoffes, qui étaient minces, légères, et ordinairement de couleur pourpre.

⁴ Ovide a dit des femmes en général, *de Art. am.*, I, 99:

Spectatum veniunt; veniunt, spectentur ut ipsæ.

⁵ Les femmes plus délicates portaient une espèce de chaussure appelée *sandales*. Voy. le chap. 18 du liv. I.

Pag. 201. — ¹ Voy. la note 2, p. 101, liv. III, c. 17.

² Mélissus, né dans l'île de Samos: il vainquit les Athéniens dans un combat naval, et bientôt après fut vaincu par Périclès. *Plut.*, *Vie de Périclès.*

³ Voy. le chap. 17 du liv. III.

⁴ *Ibid.*

⁵ Zénon, disciple du philosophe Cratès; il était ami d'Antigonus, roi de Macédoine, dont il s'agit ici.

Pag. 203. — ¹ Ceci doit se rapporter au temps où les Mityléniens, sous la conduite de Pittacus, vainqueurs des Athéniens, s'emparèrent de la Troade, et y bâtirent un grand nombre de villes que les Athéniens leur enlevèrent ensuite, pendant la guerre du Péloponnèse. *Strab.*, liv. XIII.

² Elien est peut-être le seul qui donne ce nom à la mère des fondateurs de Rome: on la connaît sous celui de *Rhea Sylvia*.

³ Eudoxe, né à Cnide, un des principaux disciples de Platon.

Pag. 205. — ¹ C'était prouver que Salamine avait autrefois appartenu aux Athéniens. Diogène Laërce, qui rapporte le

même fait, dit que les Athéniens étaient tournés du côté de l'Orient. *Vie de Solon.*

² *Céos* ou *Céa*, île de l'Archipel.

Pag. 207. — ¹ Il y a beaucoup d'apparence que cet Ariston est le même que Plutarque dit avoir été le maitre et l'ami de M. Brutus. *Plut., Vie de Brut.*

² Pompée, après la bataille de Pharsale, étant allé à Mitylène, patrie de Cratippe, assista aux leçons de ce philosophe. Cratippe eut aussi le fils de Cicéron pour disciple.

LIVRE HUITIÈME.

Pag. 209. — ¹ Ce chapitre se trouve presque en entier dans le dialogue de Platon intitulé *Théagès*, un de ceux qui ont été traduits par André Dacier. — Voy. aussi les *Pensées de Platon*, édition de 1824, p. 154 et suiv.

² Charmide, un des disciples et des amis de Socrate, fut tué dans le combat que Thrasybule, à la tête des exilés d'Athènes, livra aux trente tyrans.

³ Un des quatre grands jeux de la Grèce : on les célébrait tous les trois ans, près de la ville de Némée, dans le Péloponnèse.

⁴ Il est assez difficile d'accorder Elien avec lui-même. Il dit au ch. 14. du liv. XIII, que ce fut Pisistrate qui débrouilla les ouvrages d'Homère, et qui les divisa en deux parties, l'*Iliade* et l'*Odyssée* ; à moins qu'il ne faille entendre qu'Hipparque, dans sa jeunesse, apporta les poésies d'Homère à Pisistrate, qui en fit la division.

⁵ Diogène Laërce (*Solon*, n° 57) dit que Solon fut le premier qui fit chanter les vers d'Homère dans les fêtes publiques.

Pag. 211. — ¹ Simonide est le premier qui se soit fait payer de ses ouvrages. *Schol. de Pind., Isthm.* 2.

² J'ai suivi, dans ma traduction, la correction proposée par les commentateurs, qui retranchent le mot μαθητής, *disciple*, qu'on lit dans les manuscrits. C'est évidemment une erreur des copistes. Au reste, l'interlocuteur du Dialogue attribué à Platon n'est pas Hipparque, fils de Pisistrate, mais un autre Hipparque, contemporain de Socrate.

³ Porphyre (*de Abstinent.*, II, 30) nous apprend comment se faisait cette procédure. On intentait d'abord l'accu-

sation contre les filles qui avaient apporté de l'eau pour arroser la pierre sur laquelle on aiguisait le couteau; les filles rejetaient le crime sur celui qui avait aiguisé le couteau; celui-ci, sur l'homme qui avait frappé le bœuf; l'homme, sur le couteau, qui, se trouvant ainsi le seul coupable, était jeté dans la mer.

⁴ *Diipolies*, parce qu'on les célébrait en l'honneur de Jupiter, gardien de la ville; *Buphonies*, parce qu'on y sacrifiait un bœuf.

⁵ C'est ainsi que l'empereur Adrien faisait élever des tombeaux aux chiens et aux chevaux qu'il aimait; qu'Alexandre fit de magnifiques funérailles à Bucéphale, et bâtit, autour de son tombeau, une ville, à laquelle il donna le nom de ce cheval (*Bucéphalie*). C'est ainsi que, de nos jours, une dame illustre érigea, dans le jardin de son hôtel, un mausolée à sa chatte, avec cette inscription si souvent citée:

> Ci gît une chatte jolie;
> Sa maîtresse, qui n'aima rien,
> L'aima jusques à la folie.
> Pourquoi le dire? on le voit bien.

Pag. 213. — ¹ Médon fut le premier archonte perpétuel d'Athènes: son frère Nélée lui disputa cette dignité; mais la Pythie la déféra à Médon. Il eut douze successeurs, appelés *Médontides*, après lesquels l'archontat devint décennal: la durée en fut, dans la suite, restreinte à une seule année.

² Tacite a dit des Germains (*de Mor. Germ.*, c. 19): *Litterarum secreta viri pariter, ac fœminæ ignorant.*

³ Androtion avait écrit l'histoire d'Athènes, depuis l'origine de cette ville jusqu'aux trente tyrans. Les Scholiastes le citent souvent avec éloge: il ne reste de lui que quelques fragmens épars.

Pag. 215. — ¹ Ce chapitre se trouve en entier dans Athénée (XII, 9), qui rapporte ce trait d'après l'historien Charès; avec la seule différence que, suivant Athénée, les bateleurs n'étaient pas Indiens, mais tous Grecs d'origine; il nous a même conservé leurs noms: *Scymnos de Tarente, Philistide de Syracuse, Héraclite de Mitylène*.

² Au lieu de *Conon*, il y a beaucoup d'apparence qu'il faut lire *Cimon de Cléones*, dont Pline parle avec éloge, liv. XXXV, ch. 8. Voy. *Junius, de Pict. Vet.*, p. 54 *du Catalogue des Artistes*.

Pag. 217. — ¹ Platon donne le nom de tyran à Archélaüs, à

cause de sa cruauté. Ce chapitre est presqu'entièrement extrait du *second Alcibiade* de Platon.

² Diod. de Sicile, et plusieurs autres auteurs, appellent ce jeune homme *Cratérus*.

³ La même pensée se retrouve exprimée presque dans les mêmes termes dans différens auteurs, qui semblent tous l'avoir empruntée d'Hésiode. *Op. et dies*, v. 263.

⁴ Elien ajoute que les lois de Dracon s'appelaient θεσμοί, mot qui signifie *lois* en général.

Pag. 219. — ¹ Homère se plaignait déjà de ce que les hommes de son temps n'étaient, ni aussi grands, ni aussi forts que ceux qui les avaient précédés : *Jam verò ante annos prope mille, vates ille Homerus non cessavit minora corpora mortalium, quàm prisca, conqueri.* Pline, VII, 16.

² On comptait jusqu'à six montagnes du nom d'*Olympe* : le mont Olympe, dont parle Elien, était situé dans la Piérie, auprès du fleuve Pénée.

³ Nom d'un bourg de l'Attique.

⁴ Voy. sur Démocharès le chap. 7 du liv. III.

Pag. 221. — ¹ Disciple d'Aristote.

² Comme on sait que Diogène mourut à Corinthe, et que l'Ilissus est un fleuve de l'Attique, il vaut mieux lire, avec Périzonius, d'après Diogène Laërce, l'*Elissus*, ou plutôt l'*Elisson*, que Pausanias, II, 12, place dans les environs de Corinthe.

³ Cette modération de Philippe ne l'empêcha pas de violer la promesse qu'il avait faite aux Grecs, de ne point les asservir. Voy. le c. 1 du liv. VI.

Pag. 223. — ¹ Les historiens ne sont pas d'accord sur le lieu et le temps de la mort de Solon : Diogène Laërce dit qu'il mourut en Cypre, et qu'après avoir brûlé son corps, on en sema les cendres dans l'île de Salamine. Plutarque assure, au contraire, que Solon demeura toujours à Athènes, et y jouit constamment d'une grande considération auprès de Pisistrate : il traite de fable l'histoire de ses cendres semées dans l'île de Salamine.

² On lit dans le texte, *Scythès, de la ville d'Inycum*. C'est une erreur dans laquelle Elien est tombé, en copiant infidèlement ce trait d'histoire d'après le liv. VI d'Hérodote, c. 23 et 24 : il y avait lu que Scythès ayant été fait prisonnier par Hippocrate, tyran de Géla, et enfermé dans Inycum, s'évada de cette ville, gagna Himère, et de là s'enfuit en Asie.

Il a cru que le lieu d'où Scythès s'échappa, était celui de sa résidence ordinaire.

³ Démocède, habile médecin, s'attacha d'abord à Polycrate, tyran de Samos, que le satrape Orétès fit mourir : alors Démocède devint esclave du satrape. Quelque temps après, Darius, fils d'Hystaspe, s'étant démis le pied à la chasse, Démocède le guérit, ainsi que la reine Atossa, qui avait un ulcère au sein. Ces deux cures valurent à Démocède des présens considérables, et la permission de faire un voyage en Grèce, sous la promesse de revenir. Mais, dès que Démocède se vit à Crotone, il refusa de retourner : Darius ne lui pardonna point cette infidélité. *Hérodote*, III, 126—137.

Pag. 225. — ¹ Euthyme fut plusieurs fois vainqueur aux jeux olympiques. Il vivait du temps de Xerxès.

² J'ai traduit le mot Ἥρως du texte par celui de *Génie*. Les Témésiens croyaient que ce Génie était un des compagnons d'Ulysse, nommé *Polite* ou *Alybante*, que les habitans du pays avaient tué, pour venger l'honneur d'une de leurs filles qu'il avait outragée. Afin de l'apaiser, ils lui consacrèrent un temple, suivant l'ordre de l'oracle, et de temps en temps ils lui livraient une de leurs plus belles filles : ce fut pour la défense d'une de ces victimes, dont Euthyme était devenu amoureux, qu'il combattit le Génie. *Pausanias, Eliac.*, II, 6; et *Suidas*, au mot Εὔθυμος.

³ J'ai suivi, en traduisant ce proverbe, la correction proposée par Périzonius, ὁ ἐν Τεμέσῃ Ἥρωτ, qui m'a paru former un sens plus clair. En le traduisant littéralement d'après le texte, ὁ ἐν Τεμέσῃ Ἥρως, il faudrait lire, *le Génie de Témèse leur surviendra*. On peut consulter les *Adages d'Erasme*, à l'article, *Aderit Temesæus Genius*.

⁴ Cet événement fit croire qu'il était fils du fleuve Cécines. *Pausanias, Eliac.*, II, 6.

⁵ Le tombeau d'Anaxagore était à Lampsaque.

⁶ Anaxagore fut appelé Νοῦς, *l'intelligence*, parce qu'il fut le premier qui admit l'influence d'un esprit pour mouvoir et arranger la matière. Diogène Laërce, *Vie d'Anaxagore*.

LIVRE NEUVIÈME.

Pag. 227. — ¹ Voy. le chap. 2 du liv. VIII.

² *Pausanias, Eliac.*, II, 9.

⁵ Les anciens employaient souvent les pigeons à cet usage; les auteurs de l'antiquité en fournissent plusieurs exemples : l'ode d'Anacréon, sur la colombe dont il se servait pour porter ses lettres à Bathylle, est connue. Les voyageurs attestent que cet usage s'est conservé jusqu'à présent chez les marchands syriens.

Pag. 229. — ¹ Ce luxe a été quelquefois en usage, même parmi les soldats. *Val. Max.*, liv. IX, c. 1.

² Cet usage était déjà connu du temps d'Eschyle. Voy. sa tragédie d'*Agamemnon*, v. 930.

³ Les lutteurs se poudraient réciproquement le corps avec cette poussière.

Ille cavis hausto spargit me pulvere palmis,
Inque vicem fulvæ jactu flavescit arenæ.
                                            Ovid., *Metam.*, IX, 35.

⁴ Ces gardes étaient tirés du corps des dix mille Perses, qui composaient la troupe immortelle. On lit dans Athénée (liv. XII, p. 514) qu'ils portaient une pomme d'or à la pointe de leur lance : c'est probablement de là que leur est venu le nom de *Mélophores*.

Pag. 231. — ¹ Il ne paraît pas que ces vers soient parvenus jusqu'à nous.

² Gélon, roi de Syracuse, et son frère Hiéron, avaient refusé de secourir la Grèce, lorsque Xerxès vint l'attaquer. *Hérodote*, VII.

Pag. 233. — ¹ Ces malheurs n'arrivèrent à Denys que longtemps après que Dion l'eut détrôné. Voy. le chap. 12 du liv. V, et surtout la note 5.

Pag. 235. — ¹ Les prêtres de Cybèle, chez les Grecs, se nommaient *Agyrtes*, ou *Métragyrtes*; chez les Romains, *Galli*. Quoique les Anciens eussent beaucoup de vénération pour la mère des dieux, ceux qui étaient spécialement attachés à son service étaient regardés comme des gens vils et méprisables. *Denys d'Halic.*, liv. II, p. 91.

² Ce chapitre se trouve presqu'en entier dans Athénée, XII, p. 250, avec cette différence qu'Athénée attribue, avec raison, à Démétrius de Phalère ce qu'Elien dit du *Poliorcète*.

³ On sait que les anciens faisaient un cas particulier des cheveux jaunes ou roux; Homère peint Achille, Ménélas, etc., avec une chevelure de cette couleur.

Pag. 237. — ¹ Sur le sommet du mont Athos, il y avait une

ville que Méla (II, 2) nomme *Acroathos*, dont on croyait que les habitans vivaient le double des autres hommes. Pline (V, 2) attribue la longue vie des habitans du mont Athos à l'usage qu'ils faisaient de la chair de vipères.

² Parrhasius, né à Ephèse, contemporain et rival de Zeuxis.

³ On trouve quelques-unes de ces inscriptions dans le liv. XII d'Athénée, c. 10.

⁴ Cet adversaire était le peintre Timanthe, si connu par le célèbre tableau du sacrifice d'Iphigénie, dans lequel, après avoir épuisé toutes les ressources de l'art, pour peindre sur le visage de ceux qui y assistaient, les différens degrés de la douleur dont ils étaient affectés, et ne sachant plus comment représenter celle d'Agamemnon, il prit le parti de lui envelopper la tête de son manteau.

Pag. 239. — ¹ Denys était contemporain d'Alexandre, et lui survécut plusieurs années.

² Philétas, poëte célèbre, qui vivait sous les règnes de Philippe, d'Alexandre, et de plusieurs des successeurs de ce prince : il fut précepteur de Ptolémée Philadelphe. Il ne se borna pas à composer des vers hexamètres, comme le dit Elien (liv. X, c. 6); il composa des élégies, des épigrammes, et d'autres espèces de poésies. *Suidas.*

Pag. 241. — ¹ Cet ouvrage n'existe plus : Hérodote, Aristote, et plusieurs écrivains après eux, ont pensé qu'il n'était pas d'Homère. *Fabric. Bibl. Græc.*, t. I, p. 282.

² De toutes les conjectures proposées par les commentateurs pour expliquer le mot *Marès*, la plus naturelle, peut-être, est celle de Kuhnius, qui le dérive du mot celtique, *mar*, ou *mark*, cheval. La ressemblance de cette fable avec celle des centaures peut faire juger qu'elles ont eu la même origine.

Pag. 245. — ¹ La réponse d'Aristippe est conforme à sa doctrine. La jouissance du présent, sans nul désir de ce qu'on ne possède pas, faisait, selon lui, le vrai bonheur : c'est en pratiquant cette maxime qu'il croyait mener la vie la plus heureuse. Voy. le chap. 3 du liv. VII.

² Théramène était fort zélé pour les intérêts de la république ; mais comme il n'était pas ferme dans ses principes, et qu'il favorisait tantôt la démocratie, tantôt l'aristocratie, on le surnomma *le Cothurne*, par allusion à cette chaussure, qui pouvait se mettre indifféremment au pied droit ou au pied gauche. *Plut.*, *Vie de Nicias.*

Pag. 247. — [1] Smindyride vivait peu de temps avant Cyrus. Entre les Dialogues des Morts de M. de Fontenelle, il y en a un dont Milon et Smindyride sont les interlocuteurs : Milon reproche au Sybarite, *qu'il avait passé une nuit sans dormir, à cause que parmi les feuilles de roses, dont son lit était semé, il y en avait une sous lui, qui s'était pliée en deux.* M. de Fontenelle a emprunté de Sénèque (*de Ira*, II, 25) la particularité de la feuille de rose pliée.

[2] *Iliad.*, X, 155.

[3] A cette raison, on pourrait ajouter que comme le tyran avait la dixième partie de toutes les productions de l'Attique, il était de son intérêt que le peuple s'appliquât à la culture des terres (*Suidas*) : s'il fournissait des bœufs et des grains à ceux qui en manquaient, ce n'était qu'une avance dont il était bien dédommagé.

Pag. 249. — [1] Antigonus Gonatas.

[2] Cittium, ville de l'île de Cypre, patrie de Zénon.

[3] Cette expression ressemble assez, quoique dans un sens fort différent, au mot de Parménon, dans l'*Eunuque* de Térence, I, 2, 25 :

Plenus rimarum sum, hac atque illac perfluo.

[4] *Opera et Dies*, vers 348.

[5] Les Lacédémoniens les avaient vaincus et chassés du Péloponnèse. Voy. le chap. 1 du liv. VI.

Pag. 251. — [1] Voy. le chap. 37.

Pag. 253. — [1] Les hellanodices étaient les juges des jeux olympiques : leur nombre, qui était ordinairement de dix, a quelquefois varié, selon que le nombre des tribus éléennes était plus ou moins grand. Leurs fonctions ne se bornaient pas à donner la couronne aux vainqueurs ; ils étaient chargés de châtier les athlètes qui péchaient contre les lois des jeux. Pausanias, *Eliac.*, I, 9.

[2] Phryné, célèbre courtisane, née à Thespies, était si belle, qu'Apelle emprunta ses traits pour peindre sa Vénus sortant des eaux, et que Praxitèle la prit pour le modèle de sa Vénus de Cnide. Quant à la statue de Phryné qu'on voyait à Delphes, elle était de Praxitèle ; on lisait au bas cette inscription : *Phryné, illustre Thespienne.* Athénée, XIII, 6.

[3] Le Cimon dont il s'agit, était père de Miltiade. On éleva un tombeau à ses cavales, on leur érigea même des statues, parce qu'elles avaient remporté trois fois la victoire aux jeux olympiques. *Hérodote*, VI, 103.

⁴ Erétrie, ville de l'île d'Eubée.

Pag. 255. — ¹ Antisthène, fondateur de la secte cynique, et le maître de Diogène. Voy. le c. 16 du liv. X.

² Ce mot est rapporté différemment, et peut-être avec plus de sel, par Diogène Laërce. Suivant cet écrivain, Socrate disait qu'il voyait la vanité d'Antisthène à travers les trous de son manteau.

³ Plutarque (*de Fort. Alex.*) dit que ce fut à Philippe qu'un joueur de lyre fit cette réponse.

⁴ La tranquillité de son âme, et la vie douce qu'il menait, lui avaient mérité ce surnom (*Diog. Laër., Vie d'Anaxar.*). On croit qu'il fut ou l'auteur, ou l'un des principaux partisans de la secte *eudémonique*, qui était une branche de la philosophie sceptique. Athénée (VI, 13) ne le traite pas aussi favorablement qu'Elien; il en parle comme d'un des plus lâches flatteurs d'Alexandre.

⁵ Stobée (*Serm.* 48) cite ce mot d'Alexandre, avec une addition qui mérite bien d'être rapportée: *Montrez-moi plutôt celle d'Achille; mais j'aimerais encore mieux voir sa lance que sa lyre.*

Pag. 257. — ¹ Voy. le chap. 24 du liv. II.

² Glaucé vivait sous le règne de Ptolémée Philadelphe, dont elle fut la maîtresse. *Hist. des Anim.*, VIII, 11.

³ Suivant le texte de quelques éditions, l'enfant était fort laid. Toute la fin de ce chapitre, depuis l'*alinea*, forme le chap. 6 du liv. I de l'*Hist. des Animaux*.

⁴ La coutume de mettre deux gouvernails aux deux côtés de la poupe d'un vaisseau, est connue par le témoignage de plusieurs auteurs, entre autres, par la Fable 14 d'Hygin, où il est dit, *que le navire Argo a cinq étoiles au gouvernail de la droite, et quatre à celui de la gauche.*

Pag. 259. — ¹ Voy. le chap. 7 du liv. IV, et la note 3.

² *Chalciæque*, surnom que les Lacédémoniens donnèrent à Minerve, parce que, suivant les uns, elle avait à Sparte un temple d'airain; suivant les autres, parce que ce temple avait été bâti par les habitans de Chalcis.

³ Crésus, en pareille circonstance, se ressouvint de même de Solon, et l'appela trois fois à haute voix. *Hérodote*, I, 86.

⁴ Artaxerce Mnémon.

⁵ Artaxerce craignait apparemment un pareil attentat de la part de son second fils, et il voulut le prévenir; mais Plutarque, plus digne de foi qu'Elien, raconte différemment

la mort de ce fils d'Artaxerce, qu'il nomme *Ariaspe*. Selon cet écrivain, Ochus, le dernier des fils légitimes d'Artaxerce, envoyait à son frère Ariaspe messagers sur messagers, pour l'informer que le roi en voulait à ses jours : Ariaspe, trompé par ces faux avis, ne songea qu'à se soustraire à la fureur supposée de son père, et s'empoisonna. Plutarque, *Vie d'Artaxerce.*

LIVRE DIXIÈME.

Pag. 261. — ¹ Phérénice, fille de Diagoras de Rhodes, en l'honneur de qui Pindare composa la septième ode olympique. Le fils de Phérénice s'appelait *Pisidore*. Pausanias (*Éliac.*, II, 7) raconte différemment ce qui arriva à Phérénice : il dit qu'elle commença par voir les jeux sous un habit d'homme, et que ce fut pour se soustraire à la peine qu'elle avait encourue, non pour obtenir la permission de voir les jeux, qu'elle adressa aux hellanodices le discours qu'Élien rapporte dans ce chapitre.

² Voy. la note du chap. 31, liv. IX.

³ Suivant cette loi, les femmes qui avaient assisté aux jeux étaient précipitées du haut d'un rocher. Pausanias, *Messen.*

⁴ Laïs, célèbre courtisane de Corinthe, dont les plus riches d'entre les Grecs s'empressaient d'acheter les faveurs. Le prix excessif auquel elle les mettait donna naissance à ce proverbe si connu : *Il n'est pas permis à tout le monde d'aller à Corinthe.* C'est sur cette même Laïs, devenue vieille, qu'a été faite cette jolie épigramme, qui se trouve dans l'*Anthologie* sous le nom de Platon (*édit. de Brodeau*, p. 556) : « Moi Laïs, dont la Grèce éprouva la dédai- « gneuse fierté, et de qui mille amans assiégeaient autrefois « la porte, je consacre ce miroir à Vénus. Ne pouvant plus « me voir telle que j'étais, je ne veux pas me voir telle que « je suis ». La fin de l'épigramme a été ainsi rendue par Ausone :

.... *Quia cernere talem,*
Qualis sum, nolo; qualis eram, nequeo.

Bayle a recueilli dans son Dictionnaire tout ce qu'on peut savoir de l'histoire de Laïs.

⁵ On sait que les athlètes observaient très-scrupuleusement la continence, dans la crainte d'énerver leurs forces. *Voulez-vous être vainqueur aux jeux olympiques*, dit Épictète, *soyez chaste.*

⁶ Tout le sel de ce mot consiste dans le double sens du verbe grec ἄγειν, qui, ainsi que le verbe latin *ducere*, signifie *emmener* et *épouser*.

Pag. 263. — ¹ Quelque considérable que soit ce chemin, il n'approche pas de ce qu'on lit du Parthe Bardane, dans les *Annales de Tacite*, XI, 8. Suivant cet historien, Bardane fit en deux jours, à la tête de sa cavalerie, trois mille stades.

² Ce chapitre se trouve tout entier dans Stobée (*Serm.* 148), qui le rapporte d'après Élien. La seule différence entre les deux récits, c'est que dans Stobée on lit quelques mots de plus que dans Élien. Les commentateurs n'osent décider si ce sont des additions de la façon de Stobée, ou si le texte d'Élien a été corrompu par les copistes. Quoi qu'il en soit, comme ces additions développent le sens de la phrase, j'ai cru pouvoir en profiter.

³ Mélitus est le même qui accusa Socrate avec Anytus, et dont il est parlé dans le chap. 13 du liv. II.

⁴ Aristophane a souvent tourné Cinésias en ridicule, surtout dans la comédie des *Oiseaux*, et dans celle des *Grenouilles*.

⁵ Des danses s'exécutaient particulièrement en l'honneur de Bacchus : les vers qu'on y chantait s'appelaient *dithyrambes*, d'un des noms du dieu.

⁶ Voy. sur Philétas, le chap. 14 du liv. IX.

⁷ Ils furent joués dans une comédie d'Aristophane, intitulée *Gérytade*, qui n'existe plus, et dont Athénée a conservé un fragment, liv. XII, c. 13.

Pag. 265. — ¹ Panarète était fort aimé de Ptolémée Évergète, de qui il avait une pension annuelle de douze talens. *Athén.*, *ibid.*

² Hipponax d'Éphèse vivait du temps de Cyrus : il fut l'inventeur des vers *scazons*.

³ Philippide vivait du temps d'Alexandre ; il eut part au gouvernement d'Athènes. On lui attribue la loi qui condamnait à l'amende les femmes qui paraissaient en public sans être vêtues décemment (*Harpocration*). Ce fut à l'occasion de cette loi qu'Hypéride, un des dix orateurs dont Plutarque a écrit la vie, parla contre lui.

⁴ Alexis, poète comique, contemporain d'Alexandre, né à Thurium : de 245 comédies qu'il composa, il ne nous est rien resté, sinon le titre d'une partie, et quelques fragmens. *Voss., de Poet. Græc.,* et *Fabric. Bibl. Gr. T. I.*

⁵ Enopide était contemporain d'Anaxagore et de Démocrite.

⁶ La grande année est l'espace de temps à la fin duquel le soleil et la lune, après avoir parcouru plusieurs fois leur carrière ordinaire, se rencontrent au même point, et recommencent ensemble leurs cours. Les anciens crurent d'abord que cette révolution était de deux ans ; ensuite, Eudoxe de Cnide prétendit qu'elle était de huit ; Enopide, de cinquante-neuf ; et Méton, de dix-neuf. D'autres philosophes avancèrent qu'elle était d'un nombre d'années presque infini.

⁷ Leuconée, canton de l'Attique.

⁸ C'est la révolution connue sous le nom de *cycle de Méton*, ou *cycle de 19 ans*, ou *ennéadécatéride*. Méton le publia vers l'an 432 avant J.-C.

⁹ Si ce philosophe est le même que celui dont parle Diogène Laërce (*Vie de Stilpon*), comme il est assez probable, il vivait du temps de Théophraste et de Démétrius Poliorcète, c'est-à-dire trois siècles avant J.-C.

¹⁰ Il y a eu plusieurs Philoxènes, les uns poètes, les autres gourmands de profession, quelquefois l'un et l'autre ensemble, que les anciens eux-mêmes paraissent avoir confondus. Athénée (liv. I) en nomme deux ou trois. Il est assez malaisé de deviner quel est celui dont Elien veut parler. Cependant on peut juger que c'est, ou Philoxène fils d'Eryxis, dont Aristote (*Ethic.* III, 10) dit qu'il souhaitait d'avoir le col d'une grue pour savourer plus long-temps les mets qu'il mangeait ; ou Philoxène de Cythère, qui souhaitait, pour la même raison, d'avoir un col long de trois coudées. C'est celui qui, étant près de mourir à Syracuse, parce qu'il avait mangé un polype de deux coudées de longueur, voyant qu'il n'y avait point de remède, demanda qu'on lui en apportât la tête qu'il avait laissée (Athénée, VIII, pag. 642). Toutefois ces deux Philoxènes se ressemblent si parfaitement, qu'ils pourraient bien n'être que le même homme.

Pag. 267. — ¹ Voy. le chap. 17 du liv. III, et le chap. 14 du liv. VII.

Pag. 269. — ¹ Historien célèbre, cité souvent par Pollux. Athénée (XI, 3 et 10) parle de l'ouvrage de Critias sur la République de Lacédémone. *Voss., de Histor. Græc.*

NOTES, LIVRE X.

² Archiloque, poëte assez connu par les vers iambes dont on lui attribue l'invention, et par l'usage funeste qu'il en fit. Sur le temps où il vécut, voy. la note 1 du chap. 14, liv. IV.

³ Personne n'ignore combien il était déshonorant de perdre son bouclier, et plus encore, de le jeter soi-même pour fuir plus librement. Les femmes lacédémoniennes, quand leurs fils allaient à la guerre, ne manquaient pas de leur recommander, *de revenir avec leur bouclier, ou dessus*. Epaminondas, avant d'expirer, demanda si l'ennemi n'avait pas profité de sa chute pour lui enlever son bouclier. Quant à Archiloque, ce fut dans un combat contre les Saïens, peuple de Thrace, qu'il jeta le sien. Strabon, liv. XII, p. 749, et plusieurs autres écrivains, rapportent les vers dans lesquels il se vante lui-même de cette lâcheté.

Pag. 271. — ¹ Les Athéniens donnèrent en dot trois mille drachmes à chacune de ses filles. Plutarque, *Vie d'Aristide*.

² Voy. le chap. 3 du liv. VI.

³ Voy. sur Antisthène le chap. 35 du liv. IX.

⁴ Thémistocle n'avait donc pas été déshérité par son père, comme le dit Elien au commencement du chap. 12 du liv. II.

⁵ Cléon était contemporain de Périclès, et il périt dans la guerre du Péloponnèse. Il était fils de Cléénète, corroyeur. Aristophane, dans la comédie *des Chevaliers*, lui fait le même reproche que Critias, c'est-à-dire, de s'être enrichi aux dépens du public : *j'accuse Cléon*, dit-il, *parce qu'il est entré dans le Prytanée le ventre vide, et qu'il en est sorti très-plein*.

Pag. 273. — ¹ *Daphné*, en grec, *laurier*.

² *Odyss.*, XII, 127.

³ *Iliad.*, XXIV, 348.

⁴ L'histoire de Daphnis a été épuisée par M. Hardion, dans un mémoire qui se trouve à la page 459 du t. V du *Rec. de l'Ac. des Belles-Lettres*.

⁵ Stésichore, poëte célèbre, contemporain de Cyrus. Voy. le chap. 26 du liv. IV.

⁶ L'origine des poëmes bucoliques est fort incertaine ; elle a été attribuée à Apollon, à Mercure, à Pan, à Daphnis lui-même, et à plusieurs autres encore. *Voss.*, *Poetic. Institut.*, l. III, c. 8.

Pag. 275. — ¹ Platon était fils d'Ariston et de Périctione,

C'est ainsi qu'Élien le qualifie dans le chap. 58 du liv. XII.

³ Quinte-Curce (IX, 7), qui appelle ce Macédonien *Horratas*, dit qu'Alexandre empêcha Dioxippe de le tuer, mais que le prince et tous les spectateurs furent honteux de sa défaite, parce que c'était montrer aux barbares que les Macédoniens n'étaient pas invincibles. C'est de-là que les envieux de Dioxippe prirent occasion de le desservir auprès d'Alexandre, et l'accusèrent, quelques jours après, d'avoir volé une coupe d'or dans un festin ; ce qui causa une telle douleur à Dioxippe, qu'il se tua.

LIVRE ONZIÈME.

Pag. 277. — ¹ Les commentateurs avouent qu'ils ne connaissent ni *Oricadmus*, ni *la lutte sicilienne*. Un d'entre eux conjecture, avec assez de vraisemblance, que *la lutte sicilienne* était celle où l'on se permettait quelque ruse, quelque fraude : σικελίζειν, dans Suidas, est expliqué par πονηρεύεσθαι, *employer la ruse, l'artifice*.

² Fabricius a prouvé dans le chap. 1 de sa *Bibl. grecque*, qu'il ne s'est conservé aucun ouvrage en vers, plus ancien que ceux d'Homère. Il compte jusqu'à 70 poëtes qui ont été cités par quelques écrivains comme antérieurs au chantre d'Ilion, et entre ces poëtes se trouvent *Orœbantius*, *Darès*, et *Mélisandre*.

³ Iccus florissait vers la soixante-dix-septième olympiade : il fut le plus célèbre athlète de son temps. Pausanias, *Eliac.* II, 10.

⁴ Ces exercices devaient occuper les dix mois qui précédaient la célébration des jeux ; et les athlètes étaient obligés de jurer qu'ils avaient employé tout ce temps à s'y préparer. Pausanias, *Eliac.* I, 24.

⁵ Agathocle était né dans un état abject ; Carcinus, son père, était potier de terre : l'audace, la fourberie et la cruauté furent les moyens qui élevèrent Agathocle au rang suprême. Il mourut empoisonné par son fils, près de trois siècles avant J.-C. *Diod. de Sic.*, liv. XIX et XX ; *Justin*, liv. XXII.

Pag. 279. — ¹ Suidas nomme ce rocher *Phædrias*, et Plutarque, *Hyampée*.

² C'est par un semblable artifice que les Delphiens firent périr Ésope.

³ Étéocle, un des éphores de Sparte, du temps d'Alexandre.

⁴ Archestrate, poëte célèbre, originaire de Sicile, mais établi à Athènes, et contemporain d'Alcibiade : à moins qu'on n'aime mieux attribuer ce mot à un autre Archestrate, postérieur au premier, qui était vraiment Athénien de naissance, et dont parle Plutarque dans la *Vie de Phocion*.

⁵ Panathénées, fête qu'on célébrait tous les cinq ans en l'honneur de Minerve.

Pag. 281. — ¹ Platon, dans le dialogue intitulé *Hipparque*, attribue l'assassinat de ce tyran à la jalousie qu'Aristogiton conçut de ce qu'Hipparque lui avait enlevé un disciple et un admirateur.

² Elien avait déjà parlé avec éloge de la pauvreté de ces grands hommes, dans le chap. 43 du liv. II.

³ Afin de rendre la phrase d'Elien plus claire, je me suis permis d'ajouter, d'après Cornélius Népos (*Vie d'Aristide*, c. 3), pour quels objets on avait imposé ce tribut.

⁴ Jason, tyran de Phères en Thessalie, prince très-sage et très-juste, dont les historiens n'ont presque jamais parlé qu'avec éloge.

Pag. 283. — ¹ P. Syrus a dit :

Beneficium accipere, libertatem est vendere.

² Zoïle est si connu, Elien le peint avec des couleurs si vraies, qu'il serait inutile d'entrer dans aucun détail à son sujet. Il suffira de dire qu'il paraît certain que Zoïle existait sous le règne d'Alexandre : on prétend même qu'il vécut jusqu'au règne de Ptolémée Philadelphe.

³ Polycrate, orateur athénien, très-pauvre, qui gagnait sa vie à faire des harangues. *Suidas.*

⁴ On sait que durant long-temps la médecine a principalement consisté dans les opérations de la chirurgie et la cure des plaies. C'est ainsi qu'on voit, dans Homère, Machaon et Podalire exercer la médecine.

Pag. 285. — ¹ On lit dans Pline, VII, 21, que cet homme singulier s'appelait *Strabon*. Quant à la distance de Lilybée à Carthage, Pline la fixe à cent trente cinq mille pas, qui font onze cents stades ; au lieu que, suivant Strabon (VI, p. 267 ; XVII, p. 834), elle était de quinze cents stades.

LIVRE DOUZIÈME.

Pag. 287. — ¹ L'Aspasie dont Élien donne l'histoire dans ce chapitre, n'est point l'Aspasie de Milet, que ses talens et l'amour de Périclès ont rendue si célèbre. Celle dont il s'agit ici était Phocéenne : elle fut appelée d'abord *Milto* ; le nom d'*Aspasie* lui fut donné par Cyrus, son amant. Plutarque, *Vie de Périclès*.

Pag. 295. — ¹ Il est assez vraisemblable que ce Scopas est le petit-fils du fameux athlète du même nom, que Simonide de Céos avait célébré dans ses vers, et qui fut écrasé par la chute de sa maison, avec ses amis, qu'il avait invités à un grand repas. Simonide échappa seul à ce malheur : deux jeunes hommes, qu'on crut être Castor et Pollux, étaient venus le demander, un instant avant que la maison s'écroulât. *Cic., de Orat.*, II, 86 ; *Phèdre, Fab.*, IV, 23.

Pag. 301. — ¹ Si Aspasie réussit à consoler Artaxerce dans cette occasion, elle l'affligea bien sensiblement dans la suite. Par une loi des Perses, le successeur désigné du trône pouvait demander un présent à celui par qui il avait été désigné, et celui-ci était obligé de l'accorder. Artaxerce ayant déclaré Darius héritier de ses états, Darius lui demanda Aspasie. Le roi ne pouvant le refuser, répondit qu'Aspasie était libre, et qu'elle pouvait choisir entre Darius et lui : Aspasie préféra Darius. Alors Artaxerce, se repentant de sa facilité, et pour forcer Aspasie à vivre du moins dans la continence, la fit prêtresse de Diane *Anitis* (Justin dit, *prêtresse du Soleil*). Darius en conçut un tel ressentiment, qu'il forma le projet d'ôter la vie à son père : Artaxerce le prévint, et le fit mourir, comme Élien le dit lui-même, liv. IX, c. 42. Plutarque, *Artaxerce*.

Bayle, qui raconte sommairement cette histoire, à l'article de *Cyrus*, remarque qu'Aspasie doit avoir conservé sa beauté bien au-delà du terme ordinaire, puisqu'il est certain qu'elle avait à-peu-près quatre-vingts ans lorsque Darius l'obtint d'Artaxerce. On a vu chez nous, dans la *moderne Léontium* (Ninon l'Enclos), un pareil phénomène, avec des circonstances plus singulières. *Malgré son grand âge*, a dit un de ses amis, *on pouvait lire encore toute son histoire dans ses yeux*. *Dial. sur la Mus. des Anc.*, p. 123.

² Le même sujet est traité avec beaucoup plus d'étendue dans le chap. 37 du liv. XIV.

³ Xénophon, Diodore de Sicile, Cornélius Népos, ne disent rien de ce conseil qu'Epaminondas donna aux Thébains. Plutarque est le seul qui en fasse mention dans les *Apophthegmes des généraux*.

⁴ Ce chapitre se retrouve dans le liv. XIV, c. 34, excepté que Sésostris n'y est point nommé. Ne faudrait-il pas lire dans celui-ci, *Osiris*, au lieu de *Sésostris*? Diodore de Sicile, liv. I, dit que Mercure se communiquait à *Osiris*, et l'aidait de ses conseils.

Pag. 303. — ¹ Ce chapitre est répété plus loin, XIV, 35, avec une addition qui manque ici. Aristophane de Byzance était un grammairien célèbre qui, selon Suidas, vivait sous les Ptolémées, et qui fut le maître du critique Aristarque.

² Ceci se trouve répété, avec quelques additions, dans le chap. 36 du liv. XIV.

³ Auguste rendit dans la suite les mêmes honneurs aux cendres d'Alexandre. *Suétone*.

⁴ Le Cléomène dont parle Élien est le dernier roi de Sparte qui ait porté ce nom. Pour rendre à sa patrie son ancienne splendeur, il forma et exécuta le projet de faire périr les éphores, et de rétablir l'égalité des biens entre les citoyens par un nouveau partage des terres. Plutarque. *Vie de Cléomène*.

⁵ Cléomène abusait de la signification équivoque du mot *tête*, que les Grecs employaient souvent pour désigner la personne; en sorte qu'on disait, *consulter*, ou *honorer la tête de quelqu'un*, pour dire *le consulter*, ou *l'honorer lui-même*.

Pag. 305. — ¹ Ce fut sous le règne de Darius, fils d'Hystaspe, que les Eginètes parvinrent au plus haut degré de puissance sur mer; mais cette puissance ne fut pas de longue durée: ils furent vaincus et chassés de leur pays par les Athéniens, du temps de Périclès. Pausanias, *Corinth*.

² Strabon (liv. VIII) rapporte, d'après Ephorus, que les Eginètes durent cette invention au roi Phidon, qui leur conseilla de se servir de monnaies pour faciliter le commerce maritime, auquel ils s'étaient adonnés dans la vue de suppléer à la stérilité de leur île.

³ Les Romains reconnaissaient des dieux nuisibles, qu'on invoquait pour être garanti des maux qu'ils pouvaient faire. La *Fièvre* était de cette espèce.

Pag. 307. — ¹ Gnathène vivait peu de temps après Alexandre;

elle eut pour amans le philosophe Stilpon, et le poëte Diphile. Athénée (liv. XIII) rapporte plusieurs bons mots de Gnathène, qui font honneur à son esprit.

² Σιγὴ, *silence*. Ce mot n'a aucun sel en français.

Pag. 309. — ¹ *Iliade*, XVIII, 56. Homère met cette comparaison dans la bouche de Thétis, en parlant d'Achille.

² Lamproclès était le fils aîné de Socrate. Diog. Laërt.

³ Voy. sur *Archytas*, le c. 17 du liv. III, et le c. 14, liv. VII, etc.

⁴ Tous les personnages compris dans ce chapitre étaient du nombre des généraux d'Alexandre, et ils furent, après sa mort, possesseurs tranquilles de différens Etats dont ils s'emparèrent, excepté Perdiccas, que son ambition rendit odieux, et qui fut massacré par ses propres soldats. On ignore quel est l'Attalus dont Elien veut parler; à moins que ce ne soit le frère de la belle-mère d'Alexandre, que ce prince fit périr après la mort de Philippe. Il y avait dans l'armée d'Alexandre un autre Attalus, homme d'une naissance obscure, et qui ne commanda jamais en chef; mais il n'est pas vraisemblable que ce soit celui-là dont il s'agit ici.

Pag. 311. — ¹ Lamia jouait parfaitement bien de la flûte : son talent, joint à ses charmes, lui procura tant de richesses, qu'elle fit construire dans Sicyone un portique public qui fut appelé *Pœcile*. Athénée, liv. XIII.

² On retrouve cette fable de Phaon, dans Paléphate, c. 49, dans les *Héroïdes* d'Ovide, dans Lucien, et dans plusieurs autres auteurs.

³ Dans le dialogue intitulé *Phædrus*.

⁴ Il y a eu plusieurs femmes du nom de Sappho, que les écrivains paraissent avoir confondues. Tout ce que je pourrais dire sur cette matière, se trouve recueilli dans le dictionnaire de Bayle : je remarquerai seulement que la Sappho si célèbre par ses poésies était née à Mitylène, dans l'île de Lesbos, et vivait environ six siècles avant J.-C.

⁵ Platon qualifie de même Anacréon : comme le terme σοφός, dont il se sert, signifie *sage* et *savant*, on peut choisir entre les deux acceptions. Mais σοφός est de plus synonyme de *poëte*, suivant ce passage du scholiaste de Pindare sur la cinquième *Isthmique*, σοφιστὰς δὲ καὶ σοφοὺς ἔλεγον τοὺς ποιητάς; et de plus, suivant la remarque du schol. d'Homère sur le vers 412 du liv. XV de l'Iliade, on donnait en général cette épithète à tout artiste qui excellait dans son art, en quelque genre que ce fût. Il paraît que dans les deux der-

nières acceptions, la qualification σοφὸς conviendrait mieux à Sappho et à Anacréon.

Pag. 313. — ¹ C'est le repas où Philomèle et Progné firent servir à Térée les membres de son fils Itys. Ovide, *Métamorph.*, VI, et Hygin, *Fab.* 45.

² Il a déjà été question de la force de Milon, dans le chap. 24 du liv. II.

³ Le fleuve Evénus traversait l'Etolie, pays où Titorme avait pris naissance.

Pag. 315. — ¹ D'autres auteurs donnent à ce proverbe une origine différente. Voy. les *Adages* d'Erasme, *Chil.* VII.

² Voy. sur Smindyride, le chap. 24 du liv. IX.

³ Clisthène, tyran de Sicyone, contemporain de Solon. Après avoir remporté le prix de la course des chars aux jeux olympiques, il déclara qu'il donnerait en mariage sa fille Agariste au plus vaillant et au plus courageux des Grecs. Cette annonce attira à Sicyone un grand nombre de prétendans, dont Hérodote (liv. IV) rapporte les noms : ce fut l'Athénien Mégaclès, fils d'Alcméon, qui obtint la préférence, et qui devint l'époux d'Agariste.

⁴ Athénée, VI, 21, dit que Smindyride n'avait mené avec lui que mille esclaves en tout, tant cuisiniers que pêcheurs, etc.

⁵ Homère, *Odyss.*, liv. VII.

⁶ *Iliad.*, liv. XI.

⁷ *Ibid.*, liv. XXIII.

⁸ *Ibid.*, liv. IX.

⁹ *Odyss.*, liv. IV.

¹⁰ *Iliad.*, liv. XII.

Pag. 317. — ¹ *Ibid.*, liv. III-VII, etc.

² Voy. le chap. 15 du liv. IV.

³ Voy. le chap. 4 du liv. IX.

⁴ Proxène, originaire de Béotie, disciple de Gorgias le Léontin, ancien ami de Xénophon, à qui il procura l'amitié de Cyrus. *Xénoph.*

⁵ Voy. liv. VII, c. 14, et liv. IX, c. 26.

⁶ Antiochus tenait l'école de la vieille académie.

⁷ Arius, ou Aréus, originaire d'Alexandrie, fut le maître de Mécène.

⁸ Apollonius, surnommé *Molon*, rhéteur célèbre, dont Cicéron fut le disciple, pendant le séjour qu'il fit à Rhodes. Plutarque, *Vie de Cic.*

⁹ Strabon (liv. XIV) parle de deux Athénodores, qu'on

a souvent confondus : le premier, philosophe stoïcien, né à Tarse, contemporain de Marcus Caton, était surnommé *Cordylion*; le second, postérieur à celui-ci, et qui fut le maître d'Auguste, était aussi de Tarse, et philosophe stoïcien, comme le premier. Le temps où chacun d'eux a vécu peut seul les faire distinguer l'un de l'autre.

¹⁰ Sans doute Elien veut parler de la seconde *épître* de de Platon, dans laquelle ce philosophe, après avoir dit que Thalès donnait des conseils à Périandre, Nestor à Agamemnon, etc., ajoute que les premiers hommes ont cru que Prométhée était le conseiller de Jupiter.

¹¹ Athénée, liv. X, l'appelle *Xénarque*.

¹² Il paraît qu'Héraclide était Alexandrin, et qu'il vivait peu de temps avant Plutarque. *Plut.*, *Sympos.*, liv. I.

¹³ Protéas était fils de la nourrice d'Alexandre, que Quinte-Curce appelle *Hellanice*. Sur la passion d'Alexandre pour le vin, on peut voir le chap. 23 du liv. III. Au reste, ce chapitre n'est qu'un léger supplément à la longue liste de buveurs renfermée dans le chap. 41 du liv. II.

Pag. 319. — ¹ *Iliad.*, liv. I, vers 4.

² *Ibid.*, liv. XVII, v. 255, et XVIII, v. 179.

³ Suivant Suidas, Léos était fils d'Orphée; et le temple qu'on avait érigé en l'honneur de ses filles, dont il appelle la première *Phasithée*, était placé au milieu du Céramique.

⁴ La ville d'Athènes était alors désolée par la famine. *Suidas*.

⁵ Diogène Laërce (VIII, 83) attribue ce mot à Empédocle.

⁶ *Athén.*, liv. II, c. 2.

⁷ Eupolis, poëte célèbre de l'ancienne comédie, florissait vers la quatre-vingt-huitième olympiade. De plusieurs pièces qu'il composa, il reste à peine quelques fragmens. Eupolis, dans cette pièce, avait joué Hyperbolus, qui remplaça Cléon, dans le gouvernement d'Athènes.

Pag. 321. — ¹ Suivant Pline, XIV, 4, ce vin croissait à Smyrne, auprès du temple de la Mère des dieux; en quoi il est contredit par Athénée, Suidas, et plusieurs autres.

² Ce roi était originaire de l'Argolide; il s'appelait *Pollis*, et fut le premier qui transporta des vignes d'Italie à Syracuse. *Athénée*, I, 24.

³ Voy. le chap. 6 du liv. X.

⁴ Cette espèce de vêtement répondait à-peu-près à ce que nous appelons *haut-de-chausse* : il était très-commun chez

les Perses. On peut inférer d'un passage d'Hérodote, V, 4, que les Grecs n'en faisaient point usage, du moins dans le temps où ils étaient en guerre avec les rois de Perse. Personne n'ignore que ce vêtement servait à distinguer les Gaulois d'au-delà des Alpes, de ceux d'en-deçà : les habitans de la Gaule Transalpine s'appelaient *Braccati*, à cause de leurs haut-de-chausses; ceux de la Gaule Cisalpine portaient le nom de *Togati*, parce qu'ils étaient vêtus à la manière des Romains.

⁵ Empédocle était à-peu-près contemporain de Xerxès : il se précipita, dit-on, dans les fournaises de l'Etna, après avoir laissé sur le bord une de ses chaussures; ce qui fit connaître comment il avait terminé sa vie. Cette histoire est réfutée par Strabon (liv. VI).

⁶ Hippias, né en Élide, sophiste et orateur, vivait environ quatre siècles avant J.-C. Sur Gorgias le Léontin, voy. le chap. 23 du liv. I., et le chap. 35 du liv. II.

Pag. 323. — ¹ Si Élien a prétendu faire un crime à Pausanias de son amour pour sa femme, ce ne peut être que dans le sens où Publius Syrus a dit : *Adulter est uxoris amator acrio*; pensée qui se retrouve à-peu-près dans ce passage de St. Jérôme, *Nihil est fœdius, quàm uxorem amare quasi adulteram*.

² On sait qu'Alexandre eut la générosité de céder Pancaste à Apelle.

³ Personnages qui ont porté le même nom.

⁴ Tous les deux furent tyrans, ou du moins exercèrent une autorité absolue sur leurs citoyens : celui qu'Élien qualifie philosophe, était du nombre des sept sages, et gouvernait en souverain Corinthe, sa patrie; l'autre gouvernait de même les Ambraciotes.

⁵ Élien pourrait bien avoir confondu les *Miltiades* : il est très-probable que le fils de Cypsélus, et le Miltiade qui bâtit la ville de Chersonèse dans l'isthme du même nom, voisin de l'Hellespont, sont le même homme.

⁶ Il paraît que les anciens ont appelé *Sibylles*, toutes les femmes à qui on supposait le don de prédire l'avenir. Suidas donne une liste des Sibylles, beaucoup plus ample que celle d'Élien.

⁷ Ces différens *Bacis* rendaient des oracles comme les Sibylles. Hérodote et Pausanias rapportent plusieurs de leurs prédictions.

⁸ Lasus, né à Hermione dans l'Argolide, contemporain

de Simonide, était en même temps poëte et musicien. Vossius, *de Poet. Græc.*

⁹ Il a déjà été question d'Alcman dans le liv. I, c. 27.

¹⁰ Mimnerme, colophonien, contemporain de Solon, composa des vers élégiaques et des poésies tendres. Vossius, *de Poet. Græc.*

Pag. 325. — ¹ On croit que c'est de cette plante qu'on tire la gomme nommée *assa-fœtida* : les anciens en faisaient le plus grand cas, et s'en servaient fréquemment dans leurs ragoûts. Le *silphium* le plus renommé croissait aux environs de Cyrène : c'est par cette raison qu'on voit la représentation de cette plante sur quelques monnaies des Cyrénéens.

² Suivant Diodore de Sicile, liv. XVII, et Quinte-Curce, liv. VII, ceci arriva chez les Paropamisades, peuple qui habitait au couchant de la Bactriane.

³ Les Saces, proprement dits, étaient voisins des Paropamisades, dont il est parlé dans la dernière note du chap. précédent; mais les Perses donnaient le nom de *Saces* à toutes les nations scythiques. Hérod., VII, 64.

⁴ Nicolas de Damas, cité par Stobée, rapporte un trait aussi singulier, concernant les filles Sarmates : « Un Sarmate, dit-il, ne marie jamais sa fille, qu'elle n'ait tué un ennemi de sa propre main. »

Pag. 327. — ¹ Athénée, liv. II, dit qu'il était défendu aux rois de Perse de boire d'autre eau que celle du fleuve Choaspe; mais Strabon y joint encore celle de l'Eucée, et du Nil.

² Chez les Perses, on appelait *Orosangues* ceux qui avaient rendu quelque service important au roi. Hérod., liv. VIII.

³ Protogène, peintre célèbre de la ville de Caunus, dans le continent de l'Asie : il exerça particulièrement son art à Rhodes. Plin., Pausan., etc.

⁴ Ialysus était fils de Cercaphe, et petit-fils du Soleil.

⁵ Il y a ici dans les anciennes éditions, τὸν Μανδάλης. Mais Hérodote et Diodore appellent la mère de Cyrus, *Mandane.*

Pag. 329. — ¹ J'ai cru pouvoir hasarder ce mot, par imitation de celui de *porte-arquebuse.*

² Plutarque dit aussi (*de Fort. Alex.*) que *Darius, d'esclave et messager du roi, devint lui-même roi de Perse.* On peut présumer que Darius, fils de Sisygambis, n'est qualifié *esclave* que conformément à l'usage où étaient les

Perses, de regarder comme esclaves de leur roi, tous ses sujets, à l'exception de la reine.

³ Archélaüs était fils de Perdiccas et de Simicha, esclaves d'Alcétas, roi de Macédoine, qui eut pour successeur son frère Perdiccas, père d'Archélaüs.

⁴ Justin (liv. VII) donne à Ménélas la même qualification : il ajoute qu'il était fils d'Amyntas, qui régnait en Macédoine, dans le temps où Darius, fils d'Hystaspe, régnait en Perse ; que Ménélas eut pour fils un autre Amyntas, dont naquit Philippe, père d'Alexandre. Quant au père de Philippe, il n'eut point le royaume de Macédoine par droit de succession, mais par usurpation, ayant fait mourir Pausanias, fils d'Erope, dont Elien dit qu'il avait été l'esclave. Erope s'était emparé lui-même du trône, en ôtant la vie à Oreste, fils d'Archélaüs, dont il était tuteur. *Diod. de Sic.*, liv. XV.

⁵ Persée passait pour fils du dernier Philippe, roi de Macédoine, à qui il succéda ; mais plusieurs croyaient que c'était un enfant supposé, et qu'il était fils d'une couturière, nommée *Gnathène*. Plutarque, *Vie d'Aratus*.

⁶ Eumène, un des généraux d'Alexandre. Plutarque, dans la vie de ce capitaine, rapporte, d'après Duris, que son père était cocher.

⁷ Antigonus, un des généraux d'Alexandre, père de Démétrius Poliorcète, et aïeul d'Antigonus Gonatas.

⁸ Polysperchon était aussi un des capitaines d'Alexandre.

⁹ L'Oracle avait annoncé aux Athéniens qu'ils ne pouvaient être vainqueurs qu'en s'enfermant dans des murs de bois ; ce que Thémistocle interpréta des vaisseaux : en conséquence il conseilla aux Athéniens d'abandonner leur ville, et de s'embarquer. L'effet de ce conseil fut, comme on le sait, la fameuse victoire remportée sur les Perses à Salamine. Voy. sur Thémist. le chap. 2 du liv. II, le chap. 47 du liv. III, le chap. 3 du liv. IX, etc.

¹⁰ Sur Phocion, voy. le chap. 16 du liv. II, le chap. 47 du liv. III, etc.

¹¹ Voy. sur Démétrius le chap. 17 du liv. III.

¹² Hyperbolus, suivant le scholiaste d'Aristophane, était fils d'un faiseur de lanternes. Il fut le dernier Athénien exilé par la voie de l'ostracisme : ce bannissement, qui n'était en usage auparavant que pour les citoyens illustres et puissans, fut regardé comme déshonorant, depuis qu'il eut

été employé pour chasser Hyperbolus. Plutarque, *Vie de Nicias*.

¹³ *Cléophon* : le scholiaste d'Aristophane, sur *les Grenouilles*, dit qu'il était Thrace, et marchand de fromages.

¹⁴ Voy. sur Démade, le c. 12 du liv. V, et le c. 10 du liv. XIV.

¹⁵ Grands capitaines lacédémoniens.

¹⁶ Harpocration et Suidas leur donnent le nom de *Mothones*, apparemment, parce que la plupart étaient de *Méthone*, ville de la Laconie ; d'où l'on peut inférer qu'en général les *Mothaces*, *Méthraces*, ou *Mothones*, étaient tirés des différentes villes de Laconie, soumises à Sparte.

Pag. 331. — ¹ Cléon fut un des derniers tyrans de Sicyone, peu antérieur à Aratus, qui rendit la liberté à sa patrie, un peu plus de deux siècles avant J. C.

² Ce quartier était ainsi appelé, parce qu'il était plus élevé que les autres ; il faisait à peu près la cinquième partie de la ville de Syracuse.

³ Philoxène, poëte dont il a déjà été parlé dans le chap. 9 du liv. X. Suivant Suidas, Strabon, etc., Denys le fit enfermer dans les carrières, parce que Philoxène refusait de louer ses poésies : mais Phanias, cité par Athénée (liv. I), dit que ce fut pour avoir enlevé à Denys le cœur de Galatée, sa maîtresse. Quant au *Cyclope*, dont il est souvent fait mention dans Suidas et dans Athénée, il paraît que ce poëme roulait sur les infortunes de Philoxène, et que Denys y était désigné sous le nom de *Cyclope*.

⁴ Valère Maxime, qui raconte le même fait (liv. I, c. 6), le regarde comme un présage de la fortune future de Midas. Voy. sur ce prince, *Élien*, liv. III, chap. 18.

⁵ Élien a déjà rapporté le même prodige, liv. X, chap. 21.

Pag. 333. — ¹ C'est ainsi qu'on appelait les devins en Sicile : Hybla était la ville de toute la contrée où il se trouvait le plus de ces *galéotes*, ou devins. Bochart (*Chanaan*, I, 27) a cherché dans l'hébreu l'étymologie de ce nom. — Élien avait emprunté ce récit à l'historien Philistus, comme on peut le voir dans Cicéron, *de Divin.*, I, 33 ; Pline, *Nat. hist.*, VIII, 42, etc. J. V. L.

² Élien pourrait bien avoir confondu la femme de Dion avec sa sœur, c'est-à-dire, avoir pris l'une pour l'autre. Cornélius Népos et Plutarque appellent la femme de Dion, *Arété*, et donnent à sa sœur le nom d'*Aristomaque*. Il paraît

qu'Élien s'est encore trompé en appelant *Polycrate* celui à qui Denys fit épouser la femme de Dion : Plutarque (*Vie de Dion*) le nomme *Timocrate*.

³ Le même fait se retrouve dans Dion Chrysostôme, *Disc*. 53. Quant à ce qui suit, il est probable qu'Élien a eu en vue l'historien Dinon, dont il a déjà parlé (liv. VII, c. 1), et dont Athénée nous a conservé quelques fragmens. Cet auteur avait écrit principalement sur l'histoire de Perse.

Pag. 335. — ¹ Terpandre, d'Antissa, ville de l'île de Lesbos : ce poëte florissait vers la vingt-sixième olympiade. Les Lacédémoniens l'appelèrent chez eux, pour apaiser une sédition qui s'était élevée dans leur ville. Plutarque, *de la Musique*.

² Thalétas (nommé aussi *Thalès*, comme dans le texte), né à Gortyne, dans l'île de Crète, très-peu postérieur à Terpandre, fut appelé par les Lacédémoniens, pour arrêter les progrès de la peste qui ravageait leur pays. Plutarque, *ibid*.

³ Tyrtée florissait vers la trente-cinquième olympiade. Les uns croient qu'il était de Lacédémone, les autres de Milet. Quoi qu'il en soit, il enflamma tellement le courage des Lacédémoniens, en leur chantant ses vers, qu'on lui attribua la victoire qu'ils remportèrent sur les Messéniens, *Suidas*.

⁴ Élien est peut-être le seul écrivain qui parle du poète *Nymphée* : on ne le connaît point d'ailleurs. Quant à Cydonie, sa patrie, c'est une ville de l'île de Crète.

⁵ Voy. le chap. 27 du liv. I, et le chap. 36 du liv. XII.

⁶ *Thucyd*., IV, 84. Brasidas, célèbre général lacédémonien, fut tué en combattant vaillamment devant Amphipolis. Plutarque, *Apophthegmes*.

⁷ Ménécrate était de Syracuse : il se piquait de savoir guérir l'épilepsie. La seule récompense qu'il demandait à ceux qu'il avait délivrés de cette maladie, était de le suivre dans les villes de la Grèce qu'il parcourait, et de porter les symboles des différentes divinités dont il leur imposait le nom. La lettre qu'il écrivit à Philippe mérite d'être rapportée en entier ; elle se trouve dans *Athénée*, liv. VII, c. 10 :

« Ménécrate Jupiter, à Philippe, salut. Vous régnez dans la Macédoine, et moi dans la Médecine. Vous pouvez, quand il vous plaît, ôter la vie à des gens qui se portent bien ; moi, je puis rendre la santé aux malades, préserver de maladie les gens sains qui veulent suivre mes conseils, et les faire arriver, sans infirmité, jusqu'à la vieillesse. Votre garde est composée de Macédoniens, et la mienne, de la foule de

ceux dont j'ai prolongé les jours; car c'est moi, Jupiter, qui leur donne la vie ».

Toute cette histoire est fort plaisamment contée dans l'*Apol. pour Hérodote*, tom. I, part. II, pag. 339 et suiv., édit. de Le Duchat.

⁸ Anticyre, ville de la Phocide, célèbre par l'ellébore qui y croissait.

Pag. 337. — ¹ Méandrius fut d'abord secrétaire de Polycrate, tyran de Samos, et succéda à sa puissance, lorsqu'Orétès, satrape de Cambyse, eut fait mourir Polycrate. Méandrius, dépouillé dans la suite de ses états par Darius, fils d'Hystaspe, se retira chez les Lacédémoniens, qui le chassèrent de leur ville, parce qu'ils s'aperçurent qu'il cherchait à porter les citoyens à faire la guerre aux Perses (*Hérod.*, *liv. III.*). Elien est le seul écrivain qui rapporte que Méandrius alla de Sparte à Athènes, et qu'il fut cause de la guerre de Perse : ce récit d'Elien est d'autant plus singulier que, dans l'*Histoire des Animaux*, XI, 27, il attribue lui-même la guerre de Perse à une autre cause. « Atossa, femme de Darius, dit-il, ayant envie d'avoir des esclaves athéniennes et ioniennes, engagea les Perses à déclarer la guerre aux Grecs. »

² Ce décret interdisait aux Mégariens l'entrée des frontières et des ports de l'Attique, et défendait tout commerce avec eux. Périclès, qui sentait que les embarras où la guerre jeterait ses concitoyens, le dispenseraient de leur rendre compte de l'emploi des deniers publics, ne voulut point consentir à la suppression du décret. *Aristoph.*, *dans la comédie intitulée* la Paix, *et le scholiaste*.

³ L'historien Duris, cité par Athénée (liv. XIII), attribue l'origine de cette guerre à l'injure faite à une Thébaine, nommée Théano, qui fut enlevée par un Phocéen : mais Diodore de Sicile (liv. XVI) et Pausanias (*Phoc.*) disent que la véritable cause fut le refus, de la part des Phocéens, de payer une somme considérable, à laquelle ils avaient été condamnés par les Amphictyons, pour avoir labouré et s'être approprié des champs consacrés à Apollon.

⁴ L'île d'Halonèse en Samothrace, qui appartenait originairement aux Athéniens, leur fut enlevée par des pirates, sur qui Philippe la reprit. Ce prince, cédant aux instances des Athéniens, consentait à la leur donner; mais ceux-ci, excités par Démosthène, voulaient que Philippe la leur rendît comme un bien qui leur était propre. Le refus du

prince fut suivi de la guerre et de la défaite des Athéniens à Chéronée. Il a été parlé de cette bataille dans le liv. V, c. 10; liv. VI, c. 1; liv. VIII, c. 15.

Pag. 339. — ¹ Le texte porte, *contre un égal*; mais comme il m'a paru que la pensée serait fausse, parce que tous les jours on cherche à se venger *d'un égal*, j'ai suivi la correction proposée par Rutgersius, *Var. Lect.*, I, 6, qui lit, ἥσσους, *inférieurs*, au lieu d'ἴσους, *égaux*: cette correction présente un sens plus noble, puisqu'en effet on méprise communément une vengeance trop facile.

² Voy. le chap. 17 du liv. III.

³ Ce mot rappelle celui d'Auguste, au sujet d'Hérode: *Il vaut mieux être le cochon d'Hérode, que son fils*. Hérode avait fait mourir ses fils; et, comme juif, il ne mangeait point de cochon.

Pag. 341. — ¹ Ce lac portait originairement le nom des différentes villes bâties sur ses bords: à Onchèste, il s'appelait *Onchèste*; vis-à-vis d'Haliarte, on lui donnait le nom de cette ville; à *Copa*, il se nommait *Copaïs*, dénomination qui a prévalu, et qui est devenue le seul nom du lac. *Strab.*, liv. IX.

² Etienne de Byzance fait mention d'une petite ville, ou plutôt d'un village de ce nom, situé en Béotie. On pourrait traduire ainsi, en suppléant quelque chose au texte: *La fontaine Dircé, qui coule autour des murailles de Thèbes, et va se jeter dans le fleuve Isménus*, etc. Peut-être cette addition est-elle nécessaire; du moins elle est conforme à la vérité, puisqu'il est certain que la fontaine *Dircé* allait se perdre dans l'Isménus, assez près de l'ancienne Thèbes.

³ C'est-à-dire, Minerve *secourable*. Ce temple était très-ancien, et dans la plus grande vénération à Thèbes.

⁴ Je me suis permis une transposition, dont la nécessité sera aisément sentie par ceux qui prendront la peine de comparer la traduction avec le texte.

⁵ Voy. le c. 22 du liv. X.

Pag. 345. — ¹ Pausanias, *Arcad.*, c. 36.

² Plutarque (*Vie de Démétrius*) rapporte un trait semblable d'une courtisane égyptienne nommée *Thonis*; avec cette différence, que Thonis fit un procès au jeune homme, pour lui faire payer le prix dont il était convenu avec elle. Bocchoris, roi d'Egypte, ordonna au jeune homme de mettre la somme dans un vase, et de payer Thonis avec

ÉLIEN. — GR.-FR. 32

le son que rendrait l'argent en secouant le vase. Ce trait rappelle l'ancien conte du *Rotisseur et du Mendiant*, qui est ainsi rapporté dans les *Contes et Discours d'Eutrapel*: « Payez « moi, disoit le rostisseur au gueux, qui mettoit son pain sur « la fumée du rost : Ouy vrayment, respond-il, faisant « tinter et sonner un douzain : c'est du vent que j'ay prins, « duquel mesme je vous en paye ». *Contes d'Eutrapel* (Noël du Fail), *pag.* 443, *édit. d'Anvers*, 1587, *in-16*.

³ Naucratis, ville d'Egypte, dans le Delta.

Pag. 347. — ¹ De tous les devins qui accompagnaient Alexandre, Aristandre était celui dont on respectait le plus les prédictions (*Quint. Curt.*, V 4). Quant à Telmisse, sa patrie, Strabon, Méla, etc. disent que c'était une ville de Lycie ; mais, suivant Cicéron, Aristandre était de Telmisse en Carie.

² J'ai cru devoir suivre la correction proposée par Freinshémius, qui, au lieu d'ἐξεκάλυψε, *il cacha*, lit, ἐξέκλεψε, *il enleva secrètement*. Au reste, les écrivains ne sont point d'accord sur le récit des circonstances de cette histoire. Suivant Diodore de Sicile, Aridée donna le corps d'Alexandre à Ptolémée, en conséquence d'un traité qu'ils avaient fait ensemble. Strabon (liv. XVIII) dit que Ptolémée l'enleva par force à Perdiccas.

³ *Iliad.*, liv. V, v. 449.

LIVRE TREIZIÈME.

Pag. 351. — ¹ Il y a eu deux Atalantes, que les Anciens eux-mêmes, entre autres Hygin et Apollodore, ont souvent confondues, en attribuant à l'une ce qui convenait à l'autre. Celle dont il s'agit dans ce chapitre, n'est pas la plus connue : l'autre, qui était Béotienne, fille de Schœnée, a rendu son nom célèbre par la course où Hippomène fut vainqueur, au moyen des trois pommes d'or qu'il jeta dans la carrière, suivant le conseil de Vénus.

Pag. 353. — ¹ *Odyss.*, liv. V, v. 63.

² L'expression d'Elien dans cet endroit me paraît mériter d'être remarqué : οὐ μόνον εἰς ἑορτὴν ὄψεως συντελεῖν δυναμένων, *qui non seulement pouvaient contribuer à faire fête aux yeux*. J'observerai en passant que l'expression ἑορτὴ ὄψεως,

NOTES, LIVRE XIII.   499

ressemble beaucoup à celle-ci, ὀφθαλμῶν πανήγυρις, du chap. 2, liv. III.

Pag. 359. — ¹ Fête qu'on célébrait tous les trois ans.

Pag. 361. — ¹ *Iliad.*, IV, 162.

² Cet ancien Bélus était en grande vénération chez les Babyloniens, qui le regardaient comme le fondateur de leur ville. On croit que c'est le même que Nemrod.

³ D'autres historiens rapportent que Xerxès fut assassiné par Artaban, un de ses généraux, qui rejeta le soupçon du crime sur Darius, fils aîné de ce prince. *Justin*, III, 1.

⁴ Sur Archelaüs, voy. le chap. 21 du liv. II; le c. 9 du liv. VIII, etc.

⁵ Agathon composa aussi des comédies. Voy. le chap. 21 du liv. II.

Pag. 363. — ¹ Laïus, roi de Thèbes.

² Pélops, roi d'un canton de la Grèce, qui de lui prit le nom de Péloponnèse.

³ Tout le monde connaît le bataillon célèbre, connu sous le nom de *Troupe des Amans*.

⁴ On ne connaît point de ville de ce nom dans l'Achaïe : il faut lire, d'après Athénée, *Cérynia*, ville située vers les frontières de l'Arcadie.

⁵ Elien veut parler des descendans d'Epaminondas et de Pélopidas : ces deux grands hommes avaient exercé l'hospitalité envers Philippe, durant les trois ans qu'il demeura en otage à Thèbes.

⁶ Rousseau rappelle ainsi ce trait dans son Ode sur la naissance de M. le duc de Bretagne, strophe première :

> (De Pindare) ce Grec vanté,
> Dont l'impitoyable Alexandre,
> Au milieu de Thèbes en cendre,
> Respecta la postérité.

Pag. 365. — ¹ Comme ces deux chapitres n'en font qu'un dans les manuscrits, et que le mot de Lamia paraît être la conclusion de l'anecdote sur Lysandre, j'ai cru devoir les réunir.

² Voy. le chap. 20 du liv. III; le chap. 43 du liv. XII, etc. Au reste, Plutarque (*Vie de Sylla*) venge bien Lysandre de cette imputation.

³ Voy. sur *Lamia*, le chap. 17 du liv. XII.

⁴ Ce proverbe était plus ancien que Lamia : Aristophane l'avait employé dans la comédie de *la Paix*.

*32

⁵ Il y a dans les anciennes éditions, Ἀριστακύτην, *Aristé-nète*. Mais la fille d'Hipparinus s'appelait *Aristomaque*. Voy. Diodore, Plutarque, Valère Maxime, IX, 13, *ext.* 4, etc. J. V. L.

⁶ Isocrate passa, selon les uns, dix ans à composer cette harangue, et quinze, suivant les autres. Plutarque, *Vie des X Rhéteurs*.

⁷ Les Athéniens portaient la guerre chez les Syracusains : cette expédition ruina les forces d'Athènes, et fut suivie de la prise de cette ville par les Lacédémoniens. *Justin*, IV, 4.

⁸ Voy. sur Méton, le chap. 7 du liv. X.

Pag. 367. — ¹ Le *Pœcile* était un portique d'Athènes, où s'assemblaient les philosophes stoïciens.

² Palamède mit Télémaque dans un sillon, au-devant de la charrue avec laquelle Ulysse labourait. *Hygin*, *Fab.* 95.

³ *Iliad.*, liv. XIII.

⁴ Ou la mort de Dolon. *Ibid.*, liv. X.

⁵ *Ibid.*, liv. XI.

⁶ *Ibid.*, liv. II.

⁷ Ou le récit du combat et de la mort de Patrocle. *Ibid.*, liv. XVI.

⁸ Du cadavre d'Hector. *Ibid.*, liv. XXIV.

⁹ *Ibid.*, liv. XXIII.

¹⁰ *Ibid.*, liv. IV.

¹¹ *Odyss.*, liv. III.

¹² *Ibid.*, liv. IV.

¹³ *Ibid.*, liv. V.

¹⁴ Qu'Ulysse construisit, et sur lequel il s'embarqua. *Ibid.*

¹⁵ *Ibid.*, liv. VIII.

¹⁶ Le séjour que fit Ulysse dans la caverne du cyclope Polyphème. *Ibid.*, liv. IX.

¹⁷ Ou *Nécyomantie*, l'entretien d'Ulysse avec les morts, lorsqu'il descendit aux enfers. *Ibid.*, liv. XI.

¹⁸ *Ibid.*, liv. X.

¹⁹ D'Ulysse, où il fut reconnu par sa nourrice Euryclée. *Ibid.*, liv. XIX.

²⁰ *Ibid.*, liv. XXII.

²¹ L'entretien d'Ulysse avec le berger Eumée. *Ibid.*, liv. XIV.

²² Ulysse reconnu par son père. *Ibid.*, liv. XXIV.

²³ Voy. le chap. 2 du liv. VIII, ainsi que les notes.

Pag. 369. — ¹ Il s'agit probablement ici de la guerre que leur fit Teuta, reine des Illyriens. Cette princesse leur inspira tant de terreur, que pour se mettre à l'abri de ses entreprises, ils se livrèrent aux Romains, environ douze ans avant la seconde guerre punique. *Polyb.*, liv. II.

² On sait que, par une loi de Lycurgue, les étrangers étaient bannis de Sparte. On trouvera dans le *recueil de l'Académie des Belles-Lettres*, tom. *XII*, *pag.* 159 *des Mém.*, une dissertation de M. de la Nauze sur la Xénélasie des Lacédémoniens, où la matière est épuisée.

Pag. 371. — ¹ Ce proverbe était fort usité chez les Grecs : il se trouve dans Plutarque (*Vie d'Alcib.*), dans *les Guêpes* d'Aristophane, et ailleurs. J'ai cru devoir supprimer les deux premiers mots du chapitre Ἀριθμὸν σφηκῶν, comme absolument étrangers au proverbe, quoiqu'ils se trouvent dans quelques manuscrits et dans plusieurs des textes imprimés. Je n'ai fait en cela que suivre le sentiment de Périzonius, et de plusieurs autres commentateurs. Voy. sur Phrynichus, le chap. 8 du liv. III.

² La cause de la douleur des Athéniens était la crainte qu'ils avaient d'éprouver de la part des Perses le même traitement qu'avaient essuyé les Milésiens, que Darius, fils d'Hystaspe, avait fait mourir, après s'être rendu maître de leur ville, et dont il avait réduit les femmes en servitude. Aussi les Athéniens, non contens de chasser Phrynichus du théâtre, le condamnèrent à une amende de mille drachmes. *Hérodote*, liv. VI, c. 21.

³ Ce mot est emprunté des *Apophthegmes Laconiques* de Plutarque, où Cléomène est dit fils d'Anaxandride, pour le distinguer d'un autre Cléomène, fils de Cléombrote.

⁴ Cercidas, poëte et législateur des Arcadiens. Il faisait tant de cas des poésies d'Homère, qu'il ordonna qu'on mît dans son tombeau les deux premiers livres de l'Iliade. *Phot. in Ptolem. Heph.*

⁵ Hécatée, originaire de Milet, le premier, dit-on, qui ait écrit l'histoire en prose. Il vivait du temps de Darius, fils d'Hystaspe, environ cinq siècles avant J. C. *Voss.*, *Hist. Gr.*

⁶ Il y a eu deux célèbres joueurs de flûte de ce nom, tous deux Phrygiens, l'un disciple de Marsyas, l'autre qui vécut quelques temps après. *Plutarque.*

⁷ Le poëte Philémon portait bien plus loin son admiration

pour Euripide : *Si j'étais certain*, dit-il dans une épigramme de l'*Anthologie* (*pag. 244, édit. de Brodeau*), *que les morts fussent capables de sentiment, comme quelques-uns le prétendent, je m'étranglerais, pour avoir le plaisir de voir Euripide*. Grotius a traduit ainsi cette épigramme :

Si quis post mortem sensus, ut quidam putant,
Superesset, laqueo vitam finirem mihi
Libens, liceret ut spectare Euripidem.
Grot. Excerpt. ex Com. Gr., pag. 776 et 777.

Pag. 373. — ¹ On connaît la fable de Marsyas, écorché vif par Apollon.

² Smyrne, Rhodes, Colophon, Salamine, Chio, Argos, Athènes.

³ Junius, qui rapporte ce fait, à l'article de *Galaton*, n'en cite point d'autre garant qu'Elien. *Jun., de Pict. Vet.*, p. 91 *du Catalogue des Artistes*.

⁴ Ephorus, disciple d'Isocrate, était Eolien, de la ville de Cumes : il avait écrit l'histoire de la Grèce, depuis le retour des Héraclides dans le Péloponnèse, jusqu'à son temps. Au reste, rien de plus incertain que le genre de mort de Lycurgue. *Plut. et Justin.*

⁵ Lycurgue, Athénien, fils de Lycophron, disciple de Platon et d'Isocrate. Plutarque a écrit sa Vie.

Pag. 375. — ¹ Ce trait est déjà rapporté dans le chap. 10 du liv. VI.

² Clisthène était, par sa mère, petit-fils de Clisthène, tyran de Sicyone, dont on a parlé dans le c. 24 du liv. XII. Il rétablit la démocratie dans Athènes, après l'expulsion des Pisistratides (*Arist. Polit. III*). Il est fort incertain si Clisthène fut l'inventeur du bannissement par l'ostracisme : les uns l'attribuent à Thésée, d'autres aux Pisistratides, particulièrement à Hipparque ou à Hippias. *Meursius, Att. Leg., lib. V.*

³ Voy. le chap. 37 du liv. II; le chap. 17 du liv. III, etc.

⁴ Corinne, de la ville de Tanagre, en Béotie, était appelée *la Muse lyrique*.

⁵ Le texte porte, τοῦ ἄρτου θρύμμασι. Ainsi, Diogène avait au moins du pain à manger avec ses feuilles.

Pag. 377. — ¹ Diogène quitta Sinope, parce qu'il était accusé d'altérer les monnaies, et d'en diminuer le poids. *Diog. Laërce.*

² Diogène Laërce donne ce mot à Aristote.

³ Il resta dans cet état environ trente jours. Voy. le dernier chap. du liv. XII.

Pag. 379. — ¹ Xénophon, *Mémoires sur Socrate*, III, 11, et Athénée d'après lui, I, 20; XIII, 6. J. V. L.

Pag. 381. — ¹ Il est difficile de concilier le récit d'Elien avec ce que dit Hérodote (liv. II), que Rhodope florissait sous le règne d'Amasis, qui ne monta sur le trône que quarante-sept ans après la mort de Psammétique; à moins qu'on ne suppose avec Périzonius, ou qu'Elien s'est trompé sur le nom du roi, ou qu'il y a eu deux courtisanes du nom de *Rhodope*: l'une, qui devint la femme de Psammétique, et qui fit bâtir la pyramide qu'on voit encore aujourd'hui, et qu'on croit lui avoir servi de tombeau; ce sera celle dont parle Elien; l'autre, d'abord appelée *Dorica*, pendant son esclavage avec Esope chez Iadmon, et qui, après avoir été rachetée par Charax, frère de Sappho, dont elle était la maîtresse, exerça le métier de courtisane à Naucratis. Ce sera la Rhodope d'Hérodote, laquelle florissait sous le règne d'Amasis, et qui employa la dixième partie de son bien à faire faire des broches de fer qu'elle consacra dans le temple de Delphes, broches assez fortes pour rôtir des bœufs entiers.

² Psammétique, fils de Bocchoris, vivait environ six siècles et demi avant l'ère chrétienne.

³ Il y a beaucoup d'apparence que c'est de l'aventure de Léon que Cicéron a parlé, sans le nommer, dans le liv. V des *Tusculanes*, c. 20, où il dit, que Denys voulant jouer à la paume, donna son épée à garder à un jeune homme qu'il aimait. Un autre favori de Denys lui ayant dit alors, en badinant, qu'il remettait donc sa vie entre les mains du jeune homme, et celui-ci ayant souri du propos, Denys les condamna tous deux à la mort; le premier, pour avoir montré le moyen de lui ôter la vie, le second, pour l'avoir approuvé par un sourire. « Denys, ajoute Cicéron, eut une douleur mortelle d'avoir fait mourir celui qu'il aimait. »

— M. Coray, pag. 342, cite une conjecture de Clavier, ὅτι ποτε ἔδωκε τὸ ξίφος, d'après laquelle il faudrait traduire, *se maudissant lui-même de lui avoir donné son épée.* On pourrait proposer encore, ou de se rapprocher de ce sens en conservant le texte ordinaire ἔλαβε, mais en changeant le nominatif du verbe, ὅτι (ὁ Λέων) ἔλαβε τὸ ξίφος, ou de traduire, *se maudissant lui-même d'avoir jamais porté l'épée.* Il faut

avouer cependant que l'interprétation de Clavier se rapporte bien mieux au tour de la phrase grecque et au texte de Cicéron, qui semble prouver d'ailleurs que le chapitre d'Elien n'est pas complet. J. V. L.

⁴ Les cerfs, suivant Elien, I, 8, se guérissent aussi de la piqûre de l'araignée en mangeant du lierre sauvage.

Pag. 383. — ¹ Eurydice était petite-fille de Philippe, fille d'Amyntas et de Cynna, fille du même Philippe. Elle avait épousé Aridée, qui succéda au royaume de Macédoine après la mort d'Alexandre, et qui fut bientôt après mis à mort, ainsi que sa femme, par Olympias.

² Elien a déjà rapporté ce fait, mais avec moins de détail, dans le chap. 11 du sixième livre.

Pag. 385. — ¹ Alcibiade était accusé d'avoir mutilé, pendant la nuit, les statues de Mercure, et d'avoir divulgué les mystères de Cérès. Plutarque, Corn. Népos, etc.

² Mot à mot, il faudrait traduire : *Un accusé est un sot de ne pas chercher à s'enfuir, quand il le peut.* Mais j'ai préféré la correction proposée par Léopardus, qui retranche la négation μὴ devant ἀποφυγεῖν : je l'ai suivie d'autant plus volontiers qu'elle est justifiée par Plutarque, qui rapporte le même mot d'Alcibiade, et que d'ailleurs tout le sel de la réponse, qui consiste dans l'espèce d'opposition de φυγεῖν et ἀποφυγεῖν, disparaît en laissant la négation.

³ Pour traduire littéralement, il faudrait dire, *Je ne m'en fierais pas même à ma matrie.* Ce qui donne lieu à cette espèce de jeu de mots, c'est que les Crétois, au lieu de dire πατρίς, pour signifier la *patrie*, disaient, μητρίς, *la mère commune, la matrie.* Platon, liv. VIII *de la République.*

⁴ Cette guerre fut ainsi appelée d'une ville de l'Attique, que les Lacédémoniens fortifièrent par le conseil d'Alcibiade. Il en a déjà été parlé dans le chap. 5 du liv. II.

⁵ Voy. le chap. 43 du liv. II ; le chap. 17 du liv. III, etc.

Pag. 387. — ¹ Ce fut avant la fameuse bataille de Salamine, où Eurybiade commandait en chef l'armée navale de la Grèce.

² Phocion fut condamné à la mort par les Athéniens, après la prise du port de Pirée par Antipater, sous prétexte qu'il avait des intelligences avec ce prince. Voy. le chap. 47 du liv. III.

³ Elien veut parler de la réunion des Arcadiens dans la ville de Mégalopolis, qu'ils bâtirent par le conseil d'Epaminondas. Voy. le chap. 42 du liv. II.

Pag. 389. — ¹ Sur les moyens que Timothée employait pour se rendre maître des villes, voy. le chap. 16 du liv. III.

² Il eut ce plaisir aux jeux olympiques qui suivirent les victoires remportées par les Grecs sur Xerxès. Plutarque, *Thémistocle*.

³ Suivant Diodore de Sicile (liv. XV), ce fut dans un combat sur terre que périt Leptine.

Pag. 391. — ¹ On pourrait indiquer ici quelques autres exemples semblables de la reconnaissance des animaux. Tout le monde connaît l'histoire du lion et de l'esclave Androclès, rapportée par Élien, dans l'*Hist. des Animaux*, liv. VII, chap. 48, et par Aulu-Gelle, V, 14.

LIVRE QUATORZIÈME.

Pag. 393. — ¹ On ne sait de quels honneurs il s'agit. Était-ce une statue? Il paraît certain, par le témoignage de Pausanias (*Éliac.* II), qu'un homme dont on ignore le nom en avait érigé une à Aristote dans Olympie. Était-ce un autel? Les Stagirites, ses concitoyens, lui en avaient consacré un, au rapport d'Ammonius; ils avaient même institué en son honneur une fête, appelée de son nom *Aristotelée*.

² Voy. sur Antipater, le c. 47 du liv. III.

³ Aristophon fut l'ennemi de Timothée, et vint à bout, par ses imputations, de le faire exiler.

⁴ Ce mot peut s'appliquer également à un prodigue et à un avare : tous deux n'en ont jamais assez, l'un pour fournir à son luxe, l'autre pour satisfaire le désir d'amasser.

Pag. 395. — ¹ Suivant Hésychius et Suidas, les belettes en Espagne étaient plus grandes qu'en tout autre pays.

² Élien paraît avoir copié ce qu'il dit d'Apollodore et d'Héraclide, d'après le dialogue de Platon intitulé, *Ion*; ce qui sert à faire connaître à peu près le temps où ils ont vécu : il aurait pu, d'après le même Platon, ajouter à ces deux hommes Phanosthène d'Andros.

³ Élien a déjà fait plusieurs fois mention de ce philosophe et de ses opinions. Voy. le chap. 3 du liv. VII; le chap. 20 du liv. IX, etc.

Pag. 397. — ¹ Sur la frugalité des Lacédémoniens, voy. le c. 34 du liv. III.

* Athénée, qui rapporte le même fait beaucoup plus brièvement, dit au contraire qu'on fit avancer Nauclide au milieu de l'assemblée, où Lysandre lui reprocha la mollesse à laquelle il se livrait, et que peu s'en fallut qu'on ne le chassât de la ville. C'est d'après Athénée, que plusieurs commentateurs ont proposé de corriger le texte d'Elien, et de lire : Ἐς τὴν ἐκκλησίαν.... κατήγαγον, au lieu de, ἐκ τῆς ἐκκλησίας; et cette correction est justifiée par la vraie signification du verbe κατάγειν, qui n'a jamais été employé pour *abducere*.

Pag. 399. — [1] Célèbre sculpteur, né à Sicyone, environ un siècle avant Alexandre-le-Grand. Elien rapporte, dans le chap. 16 de ce livre, un trait qui fait connaître combien on estimait les ouvrages de cet artiste.

[2] Dans le chap. 6 du liv. II, Elien raconte la même histoire beaucoup plus au long, avec cette différence, qu'Hippomaque y est qualifié *maître de gymnastique*.

[3] J'ai suivi la conjecture de Périzonius, qui propose de lire, ἥμαρτε μηδὲν κατὰ τὸ αὔλημα, au lieu de, ἥμαρτε μέν. Dans la leçon du texte, le mot d'Hippomaque n'aurait aucun sel.

[4] Cependant Platon aimait Xénocrate, et le préférait à Aristote. Voy. le chap. 19 du liv. III.

[5] Il a été parlé de Phocion dans le chap. 25 du liv. I; 16 du liv. II; 47 du liv. III; 43 et 49 du liv. XII, etc.

[6] Démade était extraordinairement livré à la gourmandise, et les flatteries les plus basses ne lui coûtaient rien pour satisfaire cette passion. Quand il fut vieux, Antipater disait de lui : « Démade ressemble aux victimes; il ne lui reste que la langue et les entrailles. » Plutarque, *de Amore divit*. On peut voir encore ci-dessus, le c. 12 du liv. V; le c. 47 du liv. XII, etc.

Pag. 401. — [1] Philisque, né dans l'île d'Egine, disciple de Diogène, et l'un des instituteurs d'Alexandre. *Suidas*.

[2] Voy. le chap. 21 du liv. II, et le c. 4 du liv. XIII.

[3] Stratonique, Athénien, contemporain d'Alexandre. Nicoclès, roi de Cypre, le fit mourir, pour avoir lancé quelques traits satyriques contre les princes ses enfans. *Athén.*, liv. VIII, c. 12.

Pag. 403. — [1] Eustathe, sur le sixième livre de l'Iliade, attribue ce mot à Platon. Quant au proverbe, *Palumbem pro columbâ*, on peut voir les *Adages* d'Erasme. Nous disons de même en français, *Prendre martre pour renard*.

[2] Pauson, peintre célèbre, surtout dans le genre des ani-

maux : il était contemporain d'Aristophane, qui plaisante sur sa pauvreté, dans le *Plutus*.

³ Junius, en citant ce fait, à l'article de *Pauson* (*pag*. 147 *du Catalogue des Artistes*), avertit que Lucien et Plutarque l'avaient rapporté avec Élien.

⁴ On trouvera dans le quatrième volume des *Mém. de l'Acad. des Belles-Lettres*, pag. 360, une savante dissertation de M. l'abbé Fraguier sur l'*Ironie de Socrate*.

⁵ Voy. les chap. 16 et 23 du liv. IV.

⁶ Voy. le chap. 8 du liv. XIV.

Pag. 405. — ¹ Sur Archélaüs, voy. le chap. 21 du liv. II, et le chap. 9 du liv. VIII.

² Voy. le chap. 2 du liv. II, et le c. 12 du liv. IV.

³ C'est ainsi qu'Archélaüs attira près de lui Euripide, Agathon, Pausanias, etc. Voy. le chap. 21 du liv. II, et le c. 4 du liv. XIII.

⁴ Les jeux olympiques étaient célébrés en plein air : on n'y était à l'abri ni du soleil ni de la pluie. Cet usage subsista de même long-temps chez les Romains; et ce ne fut qu'assez tard, au rapport de Valère Maxime, qu'ils couvrirent avec de grandes toiles les lieux où se donnaient les spectacles. Suétone, dans la *Vie de Caligula*, raconte que quelquefois ce prince, quand le peuple était assemblé pour les combats de gladiateurs, et que le soleil était le plus ardent, faisait ôter les toiles qui couvraient le cirque, avec défense générale de sortir.

⁵ Voy. sur Archytas, le chap. 17 du liv. III; le c. 14 du liv. VII, etc.

Pag. 407. — ¹ Il en est de ce poëte comme de tous ceux qu'on dit avoir précédé Homère : on ne connaît guères que leurs noms. On trouvera dans le premier volume *de la Bibl. Gr. de Fabricius*, c. 34, tout ce qu'on peut savoir sur Syagrus.

² On lit dans le texte, *tyran de Truze*; mais comme on ne connaît aucun lieu qui ait porté ce nom, j'y ai substitué, d'après les commentateurs, celui de *Trézène*, ville du Péloponnèse.

Pag. 409. — ¹ Clinias, né à Tarente, contemporain et ami de Platon (*Diog. Laërce*, *Vie de Démocrite*). Il tenait cet usage de Pythagore : *Pythagoras perturbationes animi lyrâ componebat*, dit Sénèque, *de Ira*.

² Éétion n'est point nommé dans le texte; mais c'est indubitablement de lui qu'Élien veut parler. On voit qu'il a

fait allusion aux vers 188 et 189 du neuvième livre de l'*Iliade*.

Pag. 411. — ¹ Ce citoyen s'appelait *Onomadémus* ; il était à la tête d'un des partis. Plutarque, *de Reip. gerend. præcept.*

² Scipion Nasica pensait de même qu'il fallait laisser subsister Carthage, dans la crainte qu'en détruisant la rivale de Rome, les Romains ne s'abandonnassent à la mollesse. *Florus*, II, 15.

³ Antagoras était Rhodien. *Voss.*, *de Poet. Gr.*

⁴ Arcésilas, fondateur de la nouvelle Académie et contemporain d'Epicure, qui par jalousie chercha à le décrier. Il était né dans l'Eolide, et fut envoyé par ses concitoyens en ambassade vers Antigonus Gonatas. *Diog. Laër.*

Pag. 413. — ¹ Agésilas, avec le consentement des Ephores, suspendit, pour ce moment, les lois de Lycurgue, qui défendaient de faire mourir personne sans jugement préalable. Les assemblées nocturnes, dont il s'agit ici, avaient pour but de changer la forme du gouvernement. Plutarque, *Vie d'Agésilas*.

² Les Thébains étaient commandés par Epaminondas. Voy. le chap. 42 du liv. XIII.

³ Voy. sur Pythéas, le chap. 7 du liv. VII.

⁴ En effet, comme l'a dit P. Syrus,

Non est bonitas, esse meliorem pessimo.

⁵ On retrouve cette même pensée dans Juvénal, XIII, 209 :

Nam scelus intra se tacitum qui cogitat ullum,
Facti crimen habet.

⁶ On croit que cet Annon, qui s'écrit communément *Hannon*, est l'auteur du *Périple*. Vossius, *de Hist. Gr.*

Pag. 415. — ¹ Il paraît qu'il s'agit ici de Ptolémée Philopator, surnommé *Tryphon*, au rapport de Pline, VII, 56. Ce qu'Elien ajoute de la sœur de ce prince, convient aussi très-bien à Philopator, qui avait épousé sa sœur Eurydice, qu'il fit mourir dans la suite, étant devenu amoureux d'une femme nommée *Agathoclia*, qui pourrait bien être celle dont parle Elien dans ce chapitre.

Pag. 417. — ¹ Diogène faisait allusion au retour de Platon vers Denys, après que ce tyran l'eut fait vendre dans l'île d'Egine (*Diog. Laër.*, *Vie de Platon*). Le même auteur rapporte différemment la réponse de Diogène, dans la vie de ce philoso-

phe; *Vous avez raison*, lui fait-il dire ironiquement à Platon, *car je suis retourné vers ceux qui m'ont vendu*.

² Élien avait déjà dit la même chose dans le c. 4 du liv. XII.

³ Tite-Live s'exprime à peu près de même dans le préambule de son histoire : *Datur hæc venia antiquitati, ut miscendo humana divinis, primordia urbium augustiora faciat*.

⁴ Ceci ressemble à l'*Ephod* du grand-prêtre des Juifs, dont il est parlé dans l'Exode. Il était orné de pierreries, et suspendu sur la poitrine, comme le pectoral du grand-prêtre des Égyptiens. Une autre ressemblance entre les deux grands-prêtres, c'est que celui des Juifs, avant l'établissement de la royauté, jugeait aussi les peuples.

⁵ Voy. sur Laïs, le chap. 2 du liv. X, et la première note de ce chapitre. A l'égard du surnom de *Hache*, il lui fut apparemment donné pour faire entendre qu'elle diminuait la fortune de ses amans, comme la hache atténue le bois. Ce chapitre est le même que le cinquième du liv. XII, où l'auteur dit de plus qu'il l'a emprunté d'Aristophane de Byzance.

Pag. 419. — ¹ Ce chapitre se trouve déjà plus haut, XII, 6; l'auteur se contente d'ajouter ici les noms de Servius, d'Hostilius et de Romulus.

² Tout ce qui est dit ici des Muses, a déjà été rapporté, presque dans les mêmes termes, liv. XII, c. 2.

³ Artaxerce Mnémon.

⁴ Antalcidas, par haine pour Agésilas, dont il voyait que le crédit croissait pendant la guerre, conseilla aux Lacédémoniens de faire la paix. Ayant été envoyé, pour cet effet, en ambassade vers Artaxerce, il conclut un traité honteux et déshonorant, en abandonnant aux Perses les Grecs établis dans l'Asie. Plutarque, *Vie d'Artax.*

Pag. 421. — ¹ Alexandre était neveu et gendre de Jason, dont Élien a parlé dans le chap. 9 du liv. XI. Thébé, fille de Jason et femme d'Alexandre, ne pouvant plus supporter sa cruauté, et secondée par les frères du tyran, le fit mourir. Plutarque, *Vie de Pélopidas*.

² Plutarque, qui rapporte ce fait dans l'endroit que je viens de citer, qualifie Théodore, *acteur tragique*, sans dire qu'il fût poëte. En effet, Aristote (*Polit.*, *VII*) parle d'un célèbre acteur de ce nom; mais comme plusieurs poëtes étaient en même temps acteurs, il est possible que Théodore

fût l'un et l'autre. Une autre différence entre le récit de Plutarque et celui d'Élien, c'est que Plutarque dit qu'on représentait les *Troyennes* d'Euripide. Quoi qu'il en soit, Érope, femme d'Atrée, déshonorée par Thyeste, pouvait bien fournir matière à une tragédie ; et nous savons par Plutarque, que le poëte Carcinus en avait composé une sous le nom *d'Érope*.

³ Apollodore, tyran de Cassandrée, ville qui avait pris son nom de *Cassandre*, et qui s'appelait auparavant *Potidée*. Apollodore, après avoir gagné le peuple en feignant un grand zèle pour la démocratie, s'empara bientôt de l'autorité souveraine, et l'exerça avec une cruauté inouïe. *Polyen*, liv. VI.

⁴ Voy. le chap. 19 du liv. III, et le chap. 9 du liv. XIV.

Pag. 423. — ¹ Comme il y a deux Ptolémées dont les femmes s'appelaient *Bérénice*, Ptolémée Soter, et Ptolémée Évergète, il n'est pas facile de décider auquel ce trait doit se rapporter. Périzonius pense qu'eu égard au penchant d'Évergète pour le plaisir et l'oisiveté, il lui convient mieux qu'à l'autre.

² Pénélope est célèbre pour avoir gardé constamment la foi conjugale à Ulysse, malgré les amans dont elle était obsédée.

³ Alceste, femme d'Admète, roi de Phères en Thessalie, aima si tendrement son mari, qu'elle voulut mourir en sa place. C'est le sujet d'une des tragédies d'Euripide.

⁴ La femme de Protésilas s'appelait *Laodamie* : ayant appris que son mari, qui était allé au siége de Troie, avait été tué en descendant de son vaisseau, elle en mourut de douleur. *Hygin*, *Fab.* 103 *et* 104.

⁵ Cornélie, fille du premier Scipion l'Africain, et mère des Gracques.

⁶ Porcie, fille de Caton d'Utique, et femme de Brutus, ayant appris la défaite et la mort de son mari, se tua.

⁷ Cestilie n'est point connue : Périzonius conjecture, avec beaucoup de vraisemblance, qu'il faut lire *Clélie*, cette femme courageuse qui se sauva des mains de Porsenna, en traversant le Tibre à la nage.

Pag. 425. — ¹ Il y avait en Asie deux villes du nom de *Magnésie*; celle dont parle Élien, et une autre au pied du mont Sipyle. Sur la première de ces villes, et sur la guerre contre les Éphésiens, antérieure au règne de Gygès en Lydie, on peut consulter *Strabon*, liv. XIV.

* Les Celtes menaient aussi à la guerre leurs esclaves et des chiens. *Strab.*, liv. IV.

³ Voy. sur le portrait d'Hélène, peint par Zeuxis, le chap. 12 du liv. IV.

⁴ Périzonius propose de lire, *Nicomaque*, peintre célèbre, que Plutarque compare à Zeuxis, et dont Junius parle avec éloge; au lieu qu'on ne connaît Nicostrate que par ce passage d'Elien.

⁵ Voy. le chap. 16 du liv. XII, où Elien a traité le même sujet, et dont celui-ci paraît être une suite.

⁶ *Arrhias:* Plutarque (*de Fort. Alex.*) l'appelle *Tarrias*; Quinte-Curce le nomme tantôt *Adarchias*, tantôt *Atharias* ou *Apharias*. Quoi qu'il en soit, il est certain que l'homme désigné sous ces différens noms était capitaine des gardes d'Alexandre.

⁷ Python était un des sept principaux écuyers d'Alexandre, dont Arrien fait l'énumération, et qui tous étaient les plus intimes amis du prince.

Pag. 427. — ¹ Tout ce qui concerne Archédamus n'est pas trop intelligible dans le texte, que la plupart des commentateurs ont regardé comme corrompu en cet endroit. J'ai cru pouvoir me permettre, pour y trouver un sens raisonnable, de faire une légère transposition, autorisée en quelque sorte par la parenthèse dans laquelle Périzonius a renfermé une partie de la phrase.

FIN DES NOTES.

TABLE DES CHAPITRES.

LIVRE PREMIER.

Chapitres.		pag.
1.	Du polype.	3
2.	Des araignées.	ibid.
3.	Des grenouilles d'Egypte.	5
4.	Du chien égyptien.	ibid.
5.	Du renard marin.	ibid.
6.	Des tortues de mer.	7
7.	Des sangliers.	ibid.
8.	De la tarentule.	ibid.
9.	Du lion malade.	ibid.
10.	Comment les chèvres de Crète se guérissent elles-mêmes de leurs blessures.	9
11.	Que les souris savent prévoir l'avenir.	ibid.
12.	Des fourmis.	ibid.
13.	De Gélon.	ibid.
14.	Du cygne.	11
15.	Des colombes.	ibid.
16.	De Socrate buvant la cigüe.	13
17.	Des petits chars à quatre chevaux, et du distique élégiaque.	15
18.	Du luxe des femmes.	ibid.
19.	Du luxe des Sybarites, des Colophoniens et des Corinthiens.	ibid.
20.	De Denys pillant les temples des dieux.	17
21.	Comment Isménias adora le roi de Perse, sans bassesse.	ibid.
22.	Présens du roi de Perse aux ambassadeurs.	19
23.	De Gorgias et de Protagoras.	ibid.
24.	Du défi d'Hercule et de Léprée.	21
25.	De la générosité d'Alexandre envers Phocion, et de Phocion envers Alexandre.	ibid.
26.	De la voracité d'Aglaïs.	23
27.	De plusieurs grands mangeurs.	ibid.
28.	Des mets les plus estimés des Rhodiens.	ibid.

CHAPITRES.	pag.
29. D'une brebis qui engendra un lion.	25
30. Ptolémée aimait autant Galatés pour son esprit que pour sa beauté.	ibid.
31. Loi qui oblige les Perses à porter des présens au roi.	27
32. De l'eau offerte en présent au roi de Perse.	ibid.
33. D'une très-grosse grenade donnée au même roi.	29
34. D'un père qui sollicitait la condamnation de son fils.	31

LIVRE SECOND.

1. Comment Socrate guérit Alcibiade de la crainte que lui imprimait le peuple assemblé.	33
2. Mot de Zeuxis à Mégabyze.	ibid.
3. Mot d'Apelle à Alexandre.	35
4. De l'amitié de Chariton et de Mélanippe, et de la clémence de Phalaris à leur égard.	ibid.
5. De l'économie du temps. Exemple de Lacédémone.	39
6. Ce n'est pas à la multitude qu'il importe de plaire.	ibid.
7. Que les Thébains n'exposent point leurs enfans.	41
8. De Xénoclès et d'Euripide disputant le prix de la tragédie.	ibid.
9. Décrets des Athéniens contre quelques peuples qui avaient abandonné leur parti.	43
10. Timothée se crut moins heureux après avoir entendu discourir Platon.	ibid.
11. Ce que dit Socrate à l'occasion de ceux que les trente tyrans avaient fait mourir.	45
12. Mot de Thémistocle.	ibid.
13. De Socrate joué sur le théâtre par Aristophane.	47
14. De la passion de Xerxès pour un platane.	51
15. Des Clazoméniens qui barbouillèrent de suie les siéges des éphores.	53
16. De Phocion.	55
17. Des mages de Perse, et d'Ochus.	ibid.
18. Mot de Timothée.	57
19. D'Alexandre qui voulait être appelé Dieu.	ibid.
20. De l'humanité du roi Antigonus.	ibid.
21. De Pausanias, et du poëte Agathon son ami.	59
22. De la sagesse des lois de Mantinée.	61
23. De Nicodore, athlète et législateur.	ibid.

CHAPITRES.	pag.
24. De Milon le Crotoniate.	61
25. Tradition des Grecs touchant le sixième jour du mois thargélion.	63
26. Choses merveilleuses concernant Pythagore.	ibid.
27. Mot de Platon à Annicéris.	65
28. Origine du combat des coqs.	ibid.
29. Comment Pittacus représentait la Fortune.	67
30. De Platon.	ibid.
31. Qu'il n'y a point d'athées chez les barbares.	ibid.
32. D'Hercule.	69
33. Des statues des fleuves.	ibid.
34. De la vieillesse.	71
35. De la mort de Gorgias.	73
36. De Socrate vieux et malade.	ibid.
37. D'une loi de Zaleucus.	ibid.
38. Loi qui ne permettait le vin ni à tout le monde ni à tout âge.	ibid.
39. Loi des Crétois sur l'éducation.	75
40. Les animaux haïssent le vin.	ibid.
41. Liste de quelques anciens qui aimaient à boire et qui buvaient beaucoup.	ibid.
42. Conduite de Platon à l'égard des Arcadiens et des Thébains.	79
43. Grands hommes de la Grèce qui ont été pauvres.	81
44. Description d'un tableau du peintre Théon.	ibid.

LIVRE TROISIÈME.

1. Description de Tempé en Thessalie.	85
2. Du courage avec lequel Anaxagore supporta la mort de ses fils.	89
3. Xénophon soutint courageusement la nouvelle de la mort de son fils.	ibid.
4. De Dion apprenant la mort de son fils.	ibid.
5. Antigonus ne fut point ému à la vue du cadavre de son fils.	91
6. De la grandeur d'âme de Cratès.	ibid.
7. De la calomnie.	ibid.
8. Un poëme valut à Phrynichus le commandement de l'armée athénienne.	93
9. De la puissance de l'amour.	ibid.

Chapitres.	Pag.
10. Du choix des amis chez les Lacédémoniens.	95
11. De l'âme.	ibid.
12. De l'amour chez les Lacédémoniens.	97
13. De l'ivrognerie des Tapyriens.	ibid.
14. De la passion des Byzantins pour le vin.	ibid.
15. De la même passion chez les Argiens, les Tirynthiens les Thraces, etc.	
16. Comparaison de Démétrius et de Timothée.	99
17. La philosophie n'est point incompatible avec les qualités qu'exige l'administration.	ibid.
18. Entretien de Midas et de Silène.	101
19. De la querelle d'Aristote avec Platon.	103
20. Présens qu'on offrit à Lysandre.	107
21. De la grandeur d'âme de Thémistocle.	111
22. De la piété d'Enée, et de la commisération des Grecs pour les Troyens.	ibid.
23. D'Alexandre.	113
24. Goût de Xénophon pour le beau.	ibid.
25. De Léonidas et des trois cents Lacédémoniens.	115
26. Du tyran Pindare.	117
27. De Platon, et comment il fut déterminé à s'appliquer à la philosophie.	ibid.
28. Comment Socrate réprima l'orgueil d'Alcibiade.	119
29. De la pauvreté et de l'orgueil de Diogène.	ibid.
30. De la continence de quelques Anciens.	ibid.
31. Du peintre Nicias.	121
32. D'Alexandre apprenant à jouer de la lyre.	ibid.
33. De Satyrus le joueur de flûte.	ibid.
34. Loi commune aux Lacédémoniens et aux Romains.	123
35. Il n'était pas permis de rire dans l'Académie.	ibid.
36. Pourquoi Aristote se retira d'Athènes.	ibid.
37. Loi de Céos sur les vieillards.	ibid.
38. Particularités de l'histoire d'Athènes.	125
39. De la première nourriture de quelques peuples.	ibid.
40. Des satyres et des silènes.	ibid.
41. Divers surnoms de Bacchus.	127
42. De quelques femmes devenues furieuses.	ibid.
43. D'un joueur de lyre tué par les Sybarites.	ibid.
44. De trois jeunes gens qui allaient à Delphes.	129
45. Oracle rendu à Philippe.	131
46. Loi des Stagirites.	ibid.
47. De Timothée, et de quelques autres grands hommes.	133 ibid.

LIVRE QUATRIÈME.

1. Coutumes de différens peuples. — 135
2. Dispute de Nicostrate et de Laodocus. — 137
3. Comparaison de Polygnote et de Denys. — ibid.
4. Loi des Thébains concernant les peintres et les sculpteurs. — 139
5. Traits de reconnaissance. — ibid.
6. Oracle concernant Athènes. — 141
7. De l'état des méchans après leur mort, et de Pausanias. — ibid.
8. De l'inconstance de la fortune. — 143
9. Modestie de Platon. — 145
10. Conduite de Périclès envers le peuple d'Athènes. — 147
11. De Socrate. — ibid.
12. D'un tableau d'Hélène peint par Zeuxis. — ibid.
13. Sentiment d'Épicure sur le bonheur. — 149
14. De l'économie, et de la conservation de son bien. — ibid.
15. Exemples singuliers de l'utilité de la maladie. — ibid.
16. Caractères particuliers de quelques Anciens. — 153
17. Opinions de Pythagore; traits singuliers qui le concernent. — ibid.
18. Honneurs que Denys rendit à Platon. — 155
19. De Philippe et d'Aristote. — ibid.
20. De Démocrite. — 157
21. De Socrate et de Platon. — ibid.
22. Du luxe des Athéniens. — 159
23. De quelques prodiges. — ibid.
24. Des moyens d'entretenir l'amitié. — ibid.
25. Folie extraordinaire de Thrasyllus. — ibid.
26. D'Electre. — 161
27. De Pamphaès et de Crésus. — ibid.
28. De Phérécyde. — 163
29. Traits de folie d'Alexandre. — ibid.

LIVRE CINQUIÈME.

1. De Tachos, roi d'Egypte. — 165
2. De la mort de Phérécyde. — ibid.
3. Des colonnes d'Hercule. — ibid.

Chapitres.		pag.
4.	De l'olivier et du palmier de Délos.	165
5.	De la pauvreté d'Epaminondas.	167
6.	De la mort volontaire du sophiste Calanus.	ibid.
7.	D'Anacharsis.	169
8.	Des injures.	ibid.
9.	D'Aristote.	ibid.
10.	Pertes que les Athéniens ont essuyées.	ibid.
11.	Cruauté d'un roi de Thrace.	171
12.	Démade condamné à une amende.	ibid.
13.	De l'inconstance des Athéniens.	ibid.
14.	Deux lois attiques.	173
15.	Du jugement de l'homicide à Athènes.	ibid.
16.	Enfant jugé comme sacrilége.	ibid.
17.	Superstition des Athéniens.	175
18.	Femme enceinte condamnée à la mort.	ibid.
19.	Comment Eschyle échappa au supplice.	ibid.
20.	Des Tarentins et des Rhéginiens.	177
21.	De Médée.	ibid.

LIVRE SIXIÈME.

1.	Traits d'inhumanité et d'injustice.	179
2.	Valeur du fils d'Harmatide.	181
3.	Du jeune Isadas.	ibid.
4.	Du mariage de la fille de Lysandre.	183
5.	Des ambassadeurs d'Athènes.	ibid.
6.	Lois lacédémoniennes.	ibid.
7.	Tremblement de terre arrivé à Sparte.	185
8.	Du meurtre d'Artaxerxe.	ibid.
9.	Trésor cherché dans le temple d'Apollon par les Delphiens.	ibid.
10.	Loi portée par Périclès.	187
11.	De Gélon voulant abdiquer l'autorité suprême.	ibid.
12.	Révolution arrivée dans la fortune de Denys.	ibid.
13.	De la tyrannie.	189
14.	Conjuration contre Darius.	191

LIVRE SEPTIÈME.

1.	Comment Sémiramis parvint au trône d'Assyrie.	193
2.	De la vie délicieuse de Straton et de Nioclès.	ibid.

CHAPITRES. pag.
3. Mot d'Aristippe. 195
4. Éloge du moulin. ibid.
5. Ulysse et Achille s'occupaient quelquefois du travail des mains. ibid.
6. Réponse d'un Scythe au sujet du froid. 197
7. Mot de Pythéas sur Démosthène. ibid.
8. Douleur qu'Alexandre ressentit de la mort d'Héphestion. ibid.
9. De la femme de Phocion. 199
10. De la femme de Socrate. ibid.
11. Chaussure des femmes romaines. ibid.
12. Mot de Lysandre ou de Philippe. ibid.
13. Mot d'Agésilas. 201
14. Des philosophes guerriers, et des philosophes politiques. ibid.
15. Comment les Mityléniens punirent la défection de leurs alliés. 203
16. De la fondation de Rome. ibid.
17. Arrivée d'Eudoxe en Sicile. ibid.
18. Des Egyptiens, et des femmes indiennes. ibid.
19. Stratagème de Solon, commandant l'armée athénienne. 205
20. Mot d'Archidamus, au sujet d'un vieillard de Céos. ibid.
21. Du désir que César et Pompée avaient de s'instruire. 207

LIVRE HUITIÈME.

1. Du démon de Socrate. 209
2. D'Hipparque, fils de Pisistrate, et de son amour pour les lettres. ibid.
3. Usage singulier de l'Attique. 211
4. Luxe ridicule de Poliarque. ibid.
5. De Nélée et de Médon, fils de Codrus. ibid.
6. Ignorance des Barbares. 213
7. Des noces d'Alexandre. 215
8. De l'art de la peinture. ibid.
9. D'Archélaüs, roi de Macédoine. 217
10. De Solon. ibid.
11. Du dépérissement successif de tous les êtres. ibid.
12. De Démosthène et d'Eschine, de Théophraste et de Démocharès. 219

Chapitres.	pag.
13. Personnages qui n'ont jamais ri.	221
14. Mort de Diogène.	ibid.
15. Précaution de Philippe contre l'orgueil qu'inspire la victoire.	ibid.
16. De Solon et de Pisistrate.	ibid.
17. De Scythès, roi des Zancléens.	223
18. D'Euthyme et du Génie de Témèse.	225
19. Épitaphe d'Anaxagore.	ibid.

LIVRE NEUVIÈME.

1. Caractère d'Hiéron.	227
2. De la victoire de Taurosthène.	ibid.
3. Luxe d'Alexandre.	229
4. De Polycrate et d'Anacréon.	231
5. D'Hiéron et de Thémistocle.	ibid.
6. De Périclès.	233
7. Egalité d'âme de Socrate.	ibid.
8. Juste punition des excès de Denys le jeune.	ibid.
9. Du luxe de Démétrius.	235
10. Du mépris de Platon pour la vie.	ibid.
11. Du peintre Parrhasius.	237
12. Conduite des Romains et des Messéniens à l'égard des Epicuriens.	ibid.
13. De la gourmandise et de l'embonpoint excessif de Denys.	239
14. De la maigreur de Philétas.	ibid.
15. D'Homère.	241
16. De l'Italie.	ibid.
17. De la vanité de Démosthène.	243
18. De Thémistocle.	ibid.
19. De Démosthène et de Diogène.	ibid.
20. D'Aristippe.	245
21. Mot de Théramène.	ibid.
22. Philosophes qui s'appliquèrent à la médecine.	ibid.
23. D'Aristote malade.	247
24. De la mollesse de Smindyride.	ibid.
25. Conduite de Pisistrate envers les Athéniens.	ibid.
26. De Zénon et d'Antigonus.	249
27. Naïveté d'un Lacédémonien.	ibid.
28. Mot de Diogène.	ibid.

CHAPITRES. pag.
29. Socrate, au-dessus de la crainte et de l'intérêt. 249
30. Prévoyance d'Anaxarque. 251
31. Mort subite d'un athlète vainqueur. ibid.
32. De la statue de Phryné, et de celles des cavales de Cimon. 253
33. Réponse d'un jeune homme à son père. ibid.
34. Mot de Diogène. ibid.
35. Orgueil d'Antisthène. 255
36. D'Antigonus et d'un joueur de lyre. ibid.
37. Plaisanterie d'Anaxarque au sujet d'Alexandre. ibid.
38. De la lyre de Pâris. ibid.
39. Passions insensées. 257
40. Usage des Carthaginois. ibid.
41. De Pausanias et de Simonide. ibid.
42. D'Artaxerxe et de Darius. 259

LIVRE DIXIÈME.

1. Phérénice aux jeux olympiques. 261
2. Continence d'Eubatas. ibid.
3. De l'instinct de quelques animaux. 263
4. Marche forcée d'Alexandre. ibid.
5. Mot d'Ésope sur les tyrans. ibid.
6. De quelques hommes d'une maigreur singulière. ibid.
7. De la grande année. 265
8. Des bienfaits. ibid.
9. De la gourmandise de Philoxène. ibid.
10. Des anciens peintres. 267
11. Réponse de Diogène. ibid.
12. Mot d'Archytas. ibid.
13. D'Archiloque. 269
14. De l'oisiveté. ibid.
15. Pauvreté d'Aristide et de Lysandre. ibid.
16. D'Antisthène et de Diogène. 271
17. Exemples d'hommes célèbres qui se sont enrichis aux dépens du public. ibid.
18. Du berger Daphnis, et de l'origine des poëmes bucoliques. 273
19. Action courageuse du lutteur Eurydamas. ibid.
20. Réponse d'Agésilas à Xerxès. ibid.
21. De Platon, enfant. 275
22. De l'athlète Dioxippe. ibid.

CHAPITRES.   DES CHAPITRES.   521
                                                      pag.

LIVRE ONZIÈME.

1. *Lutte sicilienne.* 277
2. *Ecrivains plus anciens qu'Homère.* . . . . . ibid.
3. *De l'athlète Iccus.* . . . . ibid.
4. *D'Agathocle, devenu chauve.* . . . . ibid.
5. *Méchanceté des Delphiens.* 279
6. *D'un adultère.* . . . . ibid.
7. *Mot sur Lysandre et sur Alcibiade.* . . . . . ibid.
8. *De la mort d'Hipparque.* . . . . ibid.
9. *Exemples illustres de désintéressement.* . . . 281
10. *De Zoïle.* 283
11. *De Denys.* . . . . ibid.
12. *Mot de Socrate à Xanthippe.* 285
13. *D'un Sicilien dont la vue s'étendait à une distance étonnante.* . . . . ibid.

LIVRE DOUZIÈME.

1. *Histoire d'Aspasie.* 287
2. *Les Muses sont amies de la paix.* 301
3. *Epaminondas mourant.* . . . . ibid.
4. *De Sésostris.* . . . . ibid.
5. *De Laïs.* 303
6. *De la famille de Marius et de celle de Caton.* ibid.
7. *D'Alexandre et d'Héphestion.* . . . . ibid.
8. *Mauvaise foi de Cléomène.* . . . . ibid.
9. *De Timésias qui se bannit volontairement de sa patrie.* 305
10. *Des Eginètes.* . . . . ibid.
11. *Temple de la Fièvre.* . . . . ibid.
12. *Peine de l'adultère, dans l'île de Crète.* . . 307
13. *Mot de la courtisane Gnathène à un grand parleur.* ibid.
14. *Grands hommes célèbres par leur beauté.* . . ibid.
15. *Personnages illustres qui aimaient à jouer avec les enfans.* 309
16. *D'Alexandre.* . . . . ibid.
17. *Conduite indécente de Démétrius Poliorcète.* 311
18. *De Phaon.* . . . . ibid.
19. *De Sappho.* . . . . ibid.
20. *Du rossignol et de l'hirondelle.* . . . . . . ibid.

TABLE

CHAPITRES. pag.
21. Courage des femmes lacédémoniennes. 313
22. De Milon le Crotoniate, et du berger Titorme. ibid.
23. De la bravoure des Celtes. 315
24. Du luxe de Smindyride. ibid.
25. Liste d'hommes illustres qui ont eu des amis ou des maîtres utiles. ibid.
26. De quelques grands buveurs. 317
27. Humanité d'Hercule envers ses ennemis. ibid.
28. Du Léocorion. 319
29. Mot de Platon sur le luxe des Agrigentins. ibid.
30. Des Tarentins et des Cyrénéens. ibid.
31. Noms des vins grecs les plus estimés. 321
32. Vêtemens et chaussures de quelques philosophes. ibid.
33. Générosité des Romains. ibid.
34. De Pausanias et d'Apelle. 323
35. Des Homonymes. ibid.
36. Du nombre des enfans de Niobé. ibid.
37. Circonstance de la vie d'Alexandre. 325
38. Usage des Saces. ibid.
39. Audace de Perdiccas. ibid.
40. Du luxe de Xerxès. 327
41. Du peintre Protogène. ibid.
42. De quelques enfans nourris par des animaux. ibid.
43. Personnages célèbres qui étaient nés dans l'obscurité. 329
44. Des carrières de Syracuse. 331
45. De Midas, de Platon et de Pindare, enfans. ibid.
46. D'un prodige qui annonçait que Denys serait roi. ibid.
47. D'Aristomaque, femme de Dion. 333
48. Des poëmes d'Homère. ibid.
49. Magnanimité de Phocion. ibid.
50. Du peu de cas que les Lacédémoniens faisaient des lettres. 335
51. Du ridicule orgueil de Ménécrate. ibid.
52. Mot d'Isocrate sur Athènes. 337
53. Des causes des plus grandes guerres. ibid.
54. Lettre d'Aristote à Alexandre. 339
55. Coutume bizarre des Libyens. ibid.
56. Mot de Diogène sur les Mégariens. ibid.
57. Prodiges qui apparurent aux Thébains, lorsque Alexandre marcha contre eux. 341
58. De Dioxippe. ibid.
59. Mot de Pythagore. 343

CHAPITRES.
	pag.
60. *Réponse de Denys à Philippe.*	343
61. *Honneurs rendus à Borée.*	ibid.
62. *Loi singulière des Perses.*	345
63. *De la courtisane Archédice.*	ibid.
64. *D'Alexandre mort.*	ibid.

LIVRE TREIZIÈME.

1. *D'Atalante.*	351
2. *Punition de Macarée.*	359
3. *Du tombeau de Bélus ouvert par Xerxès.*	361
4. *Mot d'Euripide.*	ibid.
5. *De Laïus.*	363
6. *Qualités particulières de quelques vins de la Grèce.*	ibid.
7. *Conduite d'Alexandre après la prise de Thèbes.*	ibid.
8 et 9. *De Lysandre, et de Lamia.*	365
10. *Double mariage de Denys.*	ibid.
11. *Effet d'une harangue d'Isocrate.*	ibid.
12. *De l'astronome Méton.*	ibid.
13. *Mot de Ptolémée.*	367
14. *Des poëmes d'Homère.*	ibid.
15. *Noms de quelques imbéciles célèbres.*	369
16. *Des Apolloniates.*	ibid.
17. *Ancien adage.*	ibid.
18. *De Denys.*	371
19. *Mot de Cléomène sur Homère et sur Hésiode.*	ibid.
20. *Mot de Cercidas mourant.*	ibid.
21. *De la peau du satyre Marsyas.*	ibid.
22. *Du temple d'Homère.*	373
23. *De Lycurgue.*	ibid.
24. *De quelques législateurs pour qui les lois qu'ils avaient établies ont été funestes.*	ibid.
25. *Combat de Pindare avec Corinne.*	375
26. *Profit que Diogène tira de l'exemple d'une souris.*	ibid.
27. *De Socrate.*	377
28. *Mot de Diogène.*	ibid.
29. *Mot de Platon.*	ibid.
30. *Mot d'Olympias, mère d'Alexandre.*	ibid.
31. *De l'humanité de Xénocrate.*	379
32. *Mot de Socrate à une courtisane.*	ibid.
33. *De la fortune de Rhodope.*	381
34. *De Denys.*	ibid.

CHAPITRES.   pag.
35. Remèdes dont se servent les cerfs.   381
36. De la mort d'Eurydice.   383
37. Gélon et les conjurés.   ibid.
38. Quelques mots d'Alcibiade.   ibid.
39. D'Ephialte.   385
40. Quelques mots de Thémistocle.   ibid.
41. Mot de Phocion.   387
42. Beau trait de la vie d'Epaminondas.   ibid.
43. De Timothée et de Thémistocle.   389
44. De Thémistocle et d'Aristide.   ibid.
45. Cruauté de Denys l'ancien.   ibid.
46. D'un dragon reconnaissant.   ibid.

LIVRE QUATORZIÈME.

1. Mot d'Aristote.   393
2. D'Agésilas.   ibid.
3. Mot de Timothée.   ibid.
4. Mot d'Aristide mourant.   395
5. Du gouvernement d'Athènes.   ibid.
6. Conseil d'Aristippe pour conserver l'égalité d'âme.   ibid.
7. Lois et usages des Lacédémoniens.   397
8. Comment Polyclète et Hippomaque firent sentir au peuple son ignorance. 399
9. Réponse de Xénocrate.   ibid.
10. Réponse de Phocion à Démade.   ibid.
11. Devoirs d'un roi envers ses sujets.   401
12. Occupation des rois de Perse dans leurs voyages.   ibid.
13. Des tragédies d'Agathon.   ibid.
14. Du joueur de lyre Stratonique.   ibid.
15. Socrate comparé au peintre Pauson.   403
16. Mot d'Hipponicus.   ibid.
17. Mot de Socrate sur Archélaüs.   405
18. Menace singulière d'un maître à son esclave.   ibid.
19. De la décence des discours d'Archytas.   ibid.
20. Anecdote de Sybaris.   ibid.
21. Du poëte Syagrus.   407
22. Trait singulier de tyrannie.   ibid.
23. De l'usage que Clinias et Achille faisaient de la musique.   409
24. Générosité de quelques particuliers.   ibid.
25. Moyen singulier de conserver la paix dans un état.   411

Chapitres.	pag.
26. D'Antagoras et d'Arcésilas.	411
27. D'Agésilas.	ibid.
28. De l'orateur Pythéas.	413
29. De Lysandre.	ibid.
30. De la vanité d'Annon.	ibid.
31. De Ptolémée Tryphon.	415
32. Mot du Lacédémonien Timandride.	ibid.
33. Réponse de Diogène à Platon.	417
34. De l'origine des lois chez les Egyptiens.	ibid.
35. De Laïs.	ibid.
36. Leçon pour ceux qui tirent vanité de leur naissance.	ibid.
37. Sur les statues et les tableaux.	419
38. Conseil d'Epaminondas à Pélopidas.	ibid.
39. D'Antalcidas.	ibid.
40. D'Alexandre, tyran de Phères.	421
41. Passion d'Apollodore pour le vin.	ibid.
42. Maxime de Xénocrate.	ibid.
43. De Ptolémée et de Bérénice.	ibid.
44. Loi lacédémonienne contre l'avarice.	423
45. De quelques femmes célèbres.	ibid.
46. Manière de combattre des Magnésiens.	425
47. Mot du peintre Nicostrate.	ibid.
48. Personnages suspects à Alexandre.	ibid.
49. Trait de la vie de Philippe.	ibid.
Notes.	428

FIN.

Original en couleur

NF Z 43-120-8

www.ingramcontent.com/pod-product-compliance
Lightning Source LLC
Chambersburg PA
CBHW071417230426
43669CB00010B/1574